KB155692

인지과학

학문 간 융합의 원리와 응용

인지과학

학문 간 융합의 원리와 응용 이정모 지음

Cognitive Science

Interdisciplinary Convergence
and Applications

성균관대학교
출 판 부

Contents ● ● ●

Jung-Mo Lee (2008).

Cognitive Science: Interdisciplinary Convergence and Applications.

Sungkyunkwan University Press.

ISBN: 978-89-7986-784-8   93180

   1. Cognitive Science 2. Cognition

BF 311

153.

머리말 • • •

인지과학이 1950년대에 미국에서 출발한 지도 벌써 50여 년이 지났다. 1986년에 한국에서 최초의 인지과학 공동연구 모임이 시작한 지도 어언 20여 년이 지났다. 그동안에 국내에서 한국인지과학학회도 생겼고, 작은 인지과학 연구 모임도 이루어졌고, 소프트과학 등 인지과학 관련 국가적 연구 프로젝트도 진행되었고, 몇 개 대학에 인지과학 협동과정이 생겨서 석사, 박사들을 배출하고 있으며, 정기적으로 인지과학 학술대회도 매년 개최되고 있다.

그런데 인지과학 전반을 소개하는 기존의 국내 서적들은 여러 분야의 전문가 교수님들이 각자의 영역을 분담하여 깊은 전문적 학술적 내용을 집필한 뒤 그 원고들을 수합하여 편집한 책들이기에 책의 각 장들의 내용들이 유기적인 연결이 다소 부족하거나 통합적 조망의 제시가 부족하였다고 볼 수 있다. 이러한 연유로 인지과학에 관심을 가지고 있는 학생들이나 학계의 연구자들, 또는 일반인은 그러한 면을 보완할 수 있는 서적을 원하여왔다.

그러나 이러한 인지과학의 대부분의 영역에 대하여 전체적 조망과 분야 간의 연결을 지닌 설명을 제시하는 책을 집필한다는 것은 쉬운 일이 아니었다. 더구나 한 사람이 그 많은 분야에 대하여 어느 정도 익숙해 있거나, 전문적 학술 용어가 아닌 어휘를 사용하여 책을 집필한다는 것은 아주 무모한 사람이 아니면 해내기 힘든 일이었다. 그러한 이유로 인지과학이 국내 학계에서 자리 잡은 지난 20여 년 동안, 인지과학 개괄 도서의 출판은 저조하였다.

필자도 그러한 무모함을 피하여 인지과학을 강의만 하는 수준에 머물러왔다. 지난 10여 년간을 성균관대에서 또는 다른 대학 대학원에서 학부 또는 대학원의 인지과학 개론과 대학원의 인지과학의 개념적 기초 강의, 그리고 인지과학 방법론 또는 인지과학의 응용 과목들을 강의하여왔다. 강의를 계속하면서 통합적, 전체적 조망을 줄 수 있는 서적의 필요성을 절감하였지만 강의만 하여왔다.

인지과학을 조망하는 통합적인 책을 직접 집필한다는 것은 엄두를 내기 어려운 과제였다. 철학, 심리학, 인공지능, 신경과학, 언어학 등의 학문이 학제적으로 연결되어 다학문적 과학으로 이루어진 학문이라는 인지과학의 넓은 영역의 이론적 기초와 변화 그리고 그 응용의 현장들을 모두 파악하기란 힘든 일이었다.

2002년에 미국과학재단이 미래 과학기술의 기본 틀을 융합과학기술로 규정하며, 미래 융합과학기술의 4대 핵심 축이 NT, BT, IT, CogT(인지과학기술)라고 공식적으로 천명한 이래, 인지과학기술의 응용적 미래 시사를 이해하려면 현재와 미래의 융합과학기술의 특성을 이해하여야 하는 부담이 추가되었다.

또한 인지과학의 여러 영역에서의 다음과 같은 전반적인 변화 추세도 인지과학 책을 집필하는 용기를 내기 어렵게 하였다.

20세기 말부터 뇌영상기법의 정교화의 결과로 인하여 신경과학과 인지과학이 결합되어 인지신경과학이 강조되며 뇌 연구 중심으로 학문이 빠르게 변화하는 경향이 생겼다. 또한 인공지능 연구와 로보틱스가 응용인지과학과 연계되어 인지컴퓨팅, 인공인지시스템, 인지로보틱스, 인지공학, Cognitive Ergonomics, 인지기능향상 등의 영역으로 확장되어가는 경향, 전통적인 경제학이 인지과학의 원리를 도입하여 재구성되어 행동경제학, 인지경제학, 신경경제학 등의 분야가 창출되는 경향, 사회과학에서 인지적 접근이 법학에 적용되고 행정학, 매스커뮤니케이션 등의 영역으로 확산되며, 교육학에서 인지적 원리를 적용한 뇌기반학습 등 학습과학 분야들이 부각되는 등의 경향이 이루어지고 있다.

이외에 인문학 분야에서 인지과학과 연결되어 철학의 연구 주제와 방법론이 변화되며, 인지과학과 진화심리학이 연결되어 전통적 도덕론, 윤리론들이 재구성될 뿐만 아니라 종교학, 신학이 인지적 접근을 도입하여 인지종교학, 인지신학, 신경신학 등의 분야가 창출되고, 문학에서 인지문학적 접근이 시작되며, 인지과학 전반에서 "체화된 인지(Embodied Cognition)"적 접근이 확산되는 등의 변화가 일어나고 있다.

이 모든 변화 추세를 파악하거나 어느 정도 이해하여 인지과학 책에 반영한다는 것은 아주 어려운 일이며, 무모한 시도라고 볼 수 있다.

그러나 과거 10여 년간 마땅한 교재 없이 학부 및 대학원 인지과학 강의를 해온 필자에게는 부족한 수준의 통합적 인지과학 책을 집필하는 무모함의 부정적 결과보다는, 당장 적절한 조망 서적이 없어서 힘들어하는 학부생, 대학원생, 지적인 일반인들의 상황이 더 마음에 걸렸다. 그래서 그 많은 사람들을 위하여 무리한 모험을 감행하기로 결심하였다. 부족하더라도 분야에 대한 전체적 조망을 줄 수 있는 책을 엮어내야겠다는 생각이었다.

이러한 집필 시도가 물론 그 많은 분야에 대한 저자의 지식의 한계, 무식함을 드러내는 것이 될 것임을 필자는 잘 알고 있었다. 그러나 자신의 무식함을 드러내는 그 창피함보다는 저 밖에서 이러한 전체적 조망의 책을 기다리고 있을 많은 사람들의 지적 갈증이 더 중요하게 여겨졌다. 성균관대학교의 우수도서 발간지원 사업은 이러한 나의 주저함을 접고, 집필 기획을 구체화하는 단초가 되었다. 그래서 이 무모한 시도를 하였고, 그동안의 학부, 대학원 인지과학 강의 내용들을 보완하여 편집한 책이 여기에 나오게 된 것이다.

여러 장의 내용을 집필하면서, 다시 한번 깨달은 것은 그동안 필자 자신이 안다고 생각하였던 많은 영역에 대하여 잘 모르고 있었거나 틀리게 알고 있었다는 깨달음이었다. 집필을 하면서 점점 더 학생 신분으로 돌아가 공부하는 자세로 자료를 찾고 엮게 되었다. 그러나 제한된 시간에 제한된 분량으로, 제한된 지적 능력으로 책을 엮어야 한다는 현실적 제약을 무시할 수는 없었다. 약정된 기한을 넘겨서, 일차적으로 원고를 적절한 수준에서 마무리하여 이 책을 엮어낸다. 필자가 보아도 여러 가지로 부족한 측면이 책의 곳곳에서 눈에 뜨인다.

이 책을 읽는 방법은 독자의 지적 관심, 지적 수준에 따라 다를 수 있다. 인지과학의 개념적 기초에 관심이 있는 독자는 I부의 내용인 1장에서 5장까지를 중심으로 읽고, 인지과학의 여러 분야가 어떻게 전개되는가에 관심이 있는 독자는 II부의 6장에서 13장까지를 중점적으로 읽고, 인지과학의 응용에 관심이 있는 독자들은 III부의 14장과

15장을 읽기 바란다. 인지과학 전체의 미래 조망은 마지막 장인 15장에서 다루었다.

Ⅰ부와 Ⅲ부의 내용은 인지과학의 개념적 기초와 조망을 다룬 장들이고 과거에 관심을 갖고 다루어온 주제들이기에 그리 큰 결함이 있으리라 생각되지 않지만, 인지과학의 여러 분야를 다룬 Ⅱ부의 여러 장들의 내용은 필자가 잘 모르는 전문 분야에 대하여 개관을 하다 보니 틀리거나 부족하거나 거론이 안 된 부분이 많이 있을 수 있다. 이러한 점은 독자가 너그럽게 이해하여주기 바란다.

이 책을 집필하면서 책의 부피가 너무 커지기에 가능한 한 참고문헌 수를 줄이려는 노력을 하였다. 여러 곳에서 참고문헌을 언급하여야 한다는 생각을 억제하며 가능한 한 참고문헌을 줄여서 서술적으로 기술하려 하였다. 상세한 참고문헌 및 기타 자료는 후에 다른 방식으로 (블로그 http://krcogsci.google.blog.com/에서 레이블 [인지과학 책–참고문헌] 내용) 보완하려 한다.

이 책이 출간되기까지 여러모로 집필에 도움 준 다음의 여러 선생님들께 감사를 드린다: 강은주, 김홍기, 도경수, 박문호, 박수진, 박충식, 여명숙, 이영의, 이재호, 장대익, 조숙환. 이분들이 지적한 내용들을 다 반영하지는 못하였다. 그 지적을 모두 반영하자면 책을 대부분 다시 써야 할 정도로 많은 중요한 지적들이 있었기 때문이다. 지적하여준 내용들을 충분히 반영하지 못한 점에 대하여 사과드린다. 그리고 필자의 무리한 원고 수정 요구를 참을성 있게 수용하며 편집과 관련하여 여러 도움을 준 성균관대학교 출판부 여러분들께 감사를 드린다.

이 책을 완성하는 데 아주 큰 역할을 한 다음의 제자, 학생들이 있었다: 강혜진. 김규희, 김도희, 김지은, 이남석, 이병화, 이유리나. 특히 김지은과 김규희의 헌신적인 노력이 없이는 이 책이 마무리되지 못하였을 것이다. 이들에게 깊은 감사의 마음을 표한다.

이 인지과학 책을 집필하는 시기가 늦어지다 보니 은퇴를 한 학기 앞둔 시점에 이르렀다. 자연히 이 책의 집필과 연관하여 그동안의 대학 생활을 되돌아보게 되고, 학문의 진솔한 재미에의 빠짐을 몸소 보여주신 서울대 조명한 교수님께 가장 큰 감사를 드린다. 그리고 유학 시절에 심리학사와 이론체계의 영역을 알게 하고 인도하여준 머레이(David J. Murray) 교수, 과학과 인지과학의 본질에 눈을 뜨게 해준 쾨니히슬뢰브(R. von Königslöw) 교수, 1986년부터 1년간 함께 밤늦게 토론하며 인지과학의 중심문제에 함께 빠져들었던 대우재단 인지과학 공동연구모임 철학의 소흥렬 · 정대현 · 김영정, 심리학의 조명한 · 김정오 · 정찬섭, 언어학의 이기용 · 이익환, 컴퓨터과학의 김진형 · 이일병 · 최기선, 신경과학의 서유헌, 사회학의 이병익 등 여러 교수들에게 감사를 드린다.

또한 1980년대 중반에서 1990년대 말까지 성균관대 토요인지세미나의 주축으로서 인지의 여러 문제들을 함께 토론하며 변함없는 정서적 지지를 준 이재호, 강은주, 이종구, 이건효, 김미라, 김선주, 김성일, 김수연, 김정호, 노영희, 박희경, 방희정, 변은희, 이홍철, 장윤희, 전문기, 조혜자, 최상섭 등 여러 선생님들에게도 진한 고마움의 마음을 전한다. 1980년대 중반 이래 인지과학 관련 여러 강의에서 나에게 자극을 준 성균관대, 고려대, 연세대학교의 대학원생들, 1990년대 전반에 국내 최초의 학부 인지과학 팀티칭 연세대 강의에 나를 동참하게 하여준 연세대 정찬섭 교수, 1990년대 초기 천리안 인지과학 동호회의 학생들과 일반인들, 나의 다소 가라앉아가려는 인지과학에 대한 관심을 다시 일으키고 새 틀 추구의 자극을 준 조숙환 · 장대익 교수, 다음넷의 인지과학학생 카페의 회원들, 성균관대의 심리학과의 교수들과 인지팀 학생들, 그리고 나의 홈페이지에 자주 들러주어서 인지과학에의 관심을 살려준 여러 사람들에게 감사한 마음을 전한다.

2008. 12 이정모

차 례 • • •

제 I 부 | 인지과학의 기초

Foundations of Cognitive Science

제1장

인지과학이란 무엇인가?
What is Cognitive Science?

1. 서론

1) 로봇의 몸과 마음

인간의 얼굴 모양과 팔다리 및 몸통의 모양, 그리고 팔다리의 움직이는 근육들을 그대로 모방한 로봇을 만들었다고 하자. 그 로봇이 과연 인간처럼 생각하고 느끼고, 언어를 이해하고 말하고 글을 쓰며, 사람들이 하는 것처럼 다른 로봇과 사회생활을 할 수 있을까? 이 질문에 대해서 사람들은 그렇지 않다고 대답할 것이다. 로봇이라는 기계가 인간의 몸의 모양과 작동원리를 그대로 옮겨 갖고 있다고 하더라도, 인간이 어떻게 생각하며 느끼고 언어를 이해하며 사회생활을 하는가 하는 것이 그 로봇에 그대로 옮겨 구현되지 않으면 그 로봇은 인간의 외양만 닮은 모사품에 지나지 않을 것이다.

왜 그런가? 로봇에게는 인간의 마음이 결여되어 있기 때문이다. 인간의 마음이 로봇의 몸에 구현되어 있지 않은 까닭이다. 몸은 있으되, 적절한 마음이 구현되어 있지 않아서 인간처럼 기능할 수 없다면 과연 그 마음이란 무엇인가? 그 마음의 특성, 특히 작동 특성을 어떻게 파악할 수 있고, 또 로봇에 구현할 수 있을 것인가? 아니, 그 구현이 현실적으로 가능한가? 인간의 마음이 그 로봇이 닮고 구현하려고 하는 사람의 마음이라면, 도대체 로봇이 가지고 있지 않은 인간의 마음이란 과연 무엇인가?

2) 마음에 대한 인지과학적 물음

나는 내가 마음을 지니고 있다는 것을 안다. 다른 사람들이 마음을 지니고 있다는 것도 안다. 나는 나의 마음을 활용하여 다른 사람의 마음을 헤아릴 수 있고, 그 사람이 어떻게 생각하고 느낄까를 짐작하여 행동을 한다. 인터넷으로 또는 핸드폰으로 자료나 메시지를 주고받을 때 다른 사람이 어떻게 받아들일지, 내가 어떻게 해야 할지도 나는 마음으로 안다. 우리의 일상생활이 우리 각자의 마음에 의해 의미가 생기고 이루어지고 있음을 안다.

나의 마음은 어떻게 작동하는 것일까? 어떻게 해서 이러한 모든 것을 알까? 지나가는 사람을 보자마자 어떻게 그 짧은 순간에 흘깃 보고도 그 사람이 여자인지 남자인지, 잘생겼는지, 내 나이 또래인지, 다시 쳐다볼 만한 가치가 있는지를 판단하여 알 수 있는 것일까? 지금 이 순간에 글자를 보면서 나는 어떻게 글자의 알파벳을 파악하고 또 단어와 문장의 의미를 알고, 생각을 할 수 있을까? 어떻게 다른 사람의 말을 이해하고 또 의미가 통하는 말을 내가 할 수 있는 것인가? 어떻게 해서 귀의 고막을 울리는 공기 압력의 변화에 지나지 않는 진동에서 아름다운 음악 소리를 추출하여 낼 수 있는 것일까? 어떻게 해서 스타벅스 커피 맛이 구멍가게 커피기계의 커피 맛과 다르다는 것을 알 수 있을까?

나를 넘어서 다른 사람들을 생각해본다면, 갓난아기는 세상을 제대로 인식하지 못하고 말도 하지 못하는데, 어떻게 그런 상황에서부터 어른과 같은 마음이, 지능이 발달할 수 있는가? 인간의 마음은, 지능은, 감정은, 사회적 행동 특성들은 유전에 의해 결정되는 것일까? 내가, 그리고 인간이 동물에서 진화된 것이라면, 동물은 인간과 같은 마음을 갖지 못하고 있는데도 불구하고 인간의 높은 수준의 마음과 행동은 어떻게 하여 동물로부터 진화되어서 형성될 수 있었을까?

내가 이런 모든 것을 안다고 할 때 내 마음은 이런 것을 직접, 바로 아는 것일까? 아니면 컴퓨터에서처럼 대상이나 현상에 대한 자료를 저장하였다가 이것을 꺼내어보며 대조해보아서 아는 것일까? 그렇다면 나의 마음과 컴퓨터와의 관계는 무엇일까? 컴퓨터도, 아니 인공지능도 마음을 지니고 있을까? 동물은? 로봇은?

그런데 도대체 마음이란 무엇인가? 또 어떻게 작동하는 것일까? 마음이란 그저 두

뇌의 신경생리적 현상에 지나지 않을까? 아니면 심리학이나 뇌과학에 무지한 사람들이 '머리로 말하지 말고 가슴으로 말하라' 라고 말하듯이 마음은 내 심장에 있고 나의 이성만 머리에, 두뇌에 있는 것일까? 마음이 심장에 있는 것이 아니라 뇌의 작용에 의해 이루어진다면, 마음과 뇌는 같은 것인가, 아니면 다른 것인가?

뇌의 어떤 부분이 손상된 사람들은 공포를 느끼지 못하거나, 대상에 적절히 주의하지 못하거나, 대상을 보고도 그것이 무엇인지, 누구인지 인식 못하거나, 말을 이해 못하거나, 논리적 사고를 못하거나, 기억을 잘 못하거나 한다. 바깥의 행동으로 나타나는 이러한 모든 마음의 여러 작용들은 뇌의 어떤 메커니즘에 의해 이루어지는 것일까?

같은 핸드폰이라도, 같은 MP3 기계라도, 같은 TV 리모컨이라도, 같은 워드프로세서 프로그램이라도 어떤 것은 다루기 쉽고 또 사용하고 싶은데, 어떤 것은 그렇지 않다. 왜 그런가? 그리고 어떻게 하면 사람들이 사용하는 도구들을 가장 사용하기에 편한 방식으로 설계할 수 있을까?

내가 나의 마음에 대하여, 인간의 마음에 대하여, 인공지능과 로봇의 마음에 대하여, 동물의 마음(?)에 대하여 갖고 있는 이 수많은 물음들을 학문적으로 던지며 탐구하고, 또 그 탐구에서 얻어진 결과들을 실제 장면에 적용하는 학문은 무엇일까? 좀 더 생각해보면 이 물음들은 마음, 뇌, 로봇, 컴퓨터, 인공지능, 동물, 말, 글 등의 여러 주제와 대상들이 관련되는 것인데, 과연 이러한 여러 주제를 수렴하여 탐색하는 학문이 가능할까. 그러한 학문이 존재하는 것인가? 존재한다면 그러한 학문은 역사적으로 어떻게 탄생하게 되었고, 현재는 어떤 방식으로 움직이고 있는가?

이러한 많은 물음에 답을 줄 수 있는 학문이 인지과학(Cognitive Science)이다. 마음과 동물 및 인간 또는 기계의 지능과 관련되어서 던져질 수 있는 이러한 수많은 물음들이 인지과학이 계속 묻고 탐구하는 물음이다. 그런데 이러한 물음을 던지는 것, 그리고 그에 대한 답을 탐색하는 것은 직관적으로 해낼 수 있는 것이 아니라 여러 과학적 방법을 사용하여 체계적으로 탐구해야 한다. 또 어떤 하나의 학문에서 모든 것을 다 알아내고 해결할 수 있는 것이 아니라, 여러 학문 분야들이 함께 생각하고 질문을 던지며 수렴적으로, 협동적으로 탐구하는 과정을 통해서 가능하다는 것이 마음에 대한 물음을 던지며 탐구한 사람들이 발견한 사실이다. 이러한 물음에 답을 얻기 위해서는 전통적인 문과 이과, 자연과학이나 인문사회과학의 경계를 넘어서는, 이 모두를 연결하는 과학이 필요하다.

심층분석 1-1 | 비행기 조종석의 정보처리 환경과 인지과학

비행기 조종석의 내부를 보면 그 복잡함의 정도는 일반인의 상상을 훨씬 뛰어넘는다. 이러한 복잡한 시스템은 시시각각 변화하는 환경과 관련이 있으며, 비행기 조종사는 그러한 변화에 대해서 정확한 조작으로 대처해야 하는 것이다. 그러나 이러한 복잡한 기기를 다루는 것은 쉽지 않다. 조종사는 한꺼번에 여러 가지 정보의 입력을 받으면서 정보처리하여야 하기 때문이다. 인간의 머리(뇌)는 상대성 이론이나 양자역학이론을 만들어낼 만큼 뛰어나지만, 지각적 수준에서는 한 번에 주의를 기울일 수 있는 양에 한계를 가지고 있으며, 사물에 대한 판단이나 기억할 수 있는 정보의 크기 및 시간 등에 제약을 지니고 있다.

이와 같이 정보를 받아들이고 처리하는 과정에서 나타나는 인간의 인지적 한계는 이를 통해서 매 순간 정확하게 이루어져야 하는 인간의 행동 반응에 영향을 주어 결국에는 잘못된 판단과 의사결정을 일으킬 수도 있고, 대형 사고를 일으킬 수도 있다.

따라서 이러한 문제를 극복하기 위해 비행 조종석과 같은 복잡한 상황에서도 인간이 효율적으로 정보처리하는 기술의 훈련, 기기 시스템의 설계, 인간과 물리적 환경과의 상호작용의 문제에 대한 체계적 연구가 필요하다. 인간이 가지고 있는 인지적 능력의 한계와 이의 대처 방안에 대한 기초학문 및 응용학문적 이해는 이러한 상황에서 정확한 조작이 쉽게 이루어질 수 있도록 시스템의 설계에 기여할 수 있을 것이다. 인지과학의 기초연구에서 탐구해놓은 인간의 기본 인지 능력에 대한 연구결과와 이러한 복잡한 환경 상황에서 사용자가 사용하기 편한 기기의 설계 및 그러한 기기와 시스템에 대한 효율적인 적응, 활용 방안들에 대한 응용인지과학적 연구에 의해서 우리는 복잡한 기계인 비행기를 조종할 수도 있고, 그것을 통하여 사람들은 삶의 안전을 누릴 수도 있는 것이다.

3) 과학적 보는 틀: 인지주의, 인지과학의 중요성

일반인의 상식처럼, 학문 분야를 인문과학, 사회과학, 그리고 자연과학으로 분류해 온 종래의 분류법을 당연한 것으로 받아들이는 사람이 있다면 그는 몇십 년 시대에 뒤진 학문관을 지니고 있다고 볼 수 있다. 정보과학, 컴퓨터과학, 인터넷 및 디지털 시대, 가상세계, 미래 로보틱스 등을 이야기하면서도 인지과학이 무엇인지, 그리고 이러한 과학기술의 바탕에 이들 과학기술의 미래 발전의 핵심에 인지과학이 어떻게 자리잡고 있는지를 모르고 있다면, 그는 19세기 식의 뒤떨어진 생각을 지닌 사람이라고 할 수 있다.

그러한 이유는 그 사람이 지난 20세기 후반에 이루어진 인지과학적 틀의 존재와 그 의의를 모르고 있기 때문이다. 1950년대에 시작하여 20세기 후반에 서구에서 기초과학으로서 자리를 잡은 인지과학은 하나의 과학혁명이었다. 인간의 마음과 뇌, 컴퓨터, 정보, 디지털 세계, 인공물 등을 보는 관점을 새롭게 형성한 인지주의의 혁명이 일어난 것이다(Baars, 1986). 두뇌의 좌반구와 우반구의 기능의 차이를 드러낸 분할 뇌(split brain)의 연구에 의해 1981년에 의학/생리학 분야에서 노벨상을 수상한 신경심리학자 스페리(R. Sperry)는 인지과학의 등장을 과학적 혁명으로 보았는데, 그는 1993년에 APA(미국심리학회)에서 수여한 '뛰어난 평생 기여 상'을 수상하면서 '심리학의 미래'라는 수상 연설을 하였다. 그 속에서 그는 '인지혁명'의 의의에 대하여 인지혁명(cognitive revolution)이 20세기 후반에 일어난 가장 중요한 과학적 사건이라고 말하며 다음과 같은 견해를 피력하였다.

인지주의 과학혁명의 영향 결과로 일어난 기본적 변화란 수준 간 인과적 결정론에 대한 상이한 패러다임의 출현이라는 것이다. 모든 것이 전적으로 아래에서 위로 결정된다는 전통적 (물리학의) 가정 대신에, 우리는 역방향적 하향적 결정론을 전제하는 것이다. 전통적 상향적 입장과 인지주의의 하향적 입장이 조합된 '이중 방향', '이중 결정' 모형은 과학으로 하여금 인간 자신과 자연의 질서 전체를 지각하고, 설명하고, 이해하는 전혀 새로운 양식을 — 진정한 쿤(Kuhn)적 세계관 패러다임의 전이로서의 — 부여하였다. 이전에 양자역학에 돌렸던 세계관적 의의의 대부분이 이 새로운 거시적-심리적 패러다임에서는 창발적

하향적 제어에 의해 무가치하게 된다. 우리는 더 이상 현실의 궁극적 본질을 최소의 물리적 요소에서 찾으려 하지도 않으며, 가장 깊은 심층적 진수에서 찾으려 하지도 않는다. 그 대신 탐색의 방향은 요소들의 패턴에 주로 초점이 맞추어지고, 차별적 시공간화, 점진적 패턴의 상위 패턴으로의 복합과, 그것의 발전 전개적 본질과 복잡성에 초점 맞추어진다.

그 결과로, …… 과학이 상징하던 바, 과학이 지지해오던 바, 과학의 신조와 세계관들이 급진적으로 수정되는 것이다(Sperry, 1995, pp. 505~506).

이러한 과학적 혁명, 변혁을 구체적으로 가능하게 하며 그 기초 이론을 제시하고 이 변화의 개념적, 구체적 의의를 탐색하는 학문인 인지과학(認知科學, Cognitive Science)이 1950년대에 탄생하였고, 지난 반세기 동안에 과학의 핵심 분야로서 급격히 부상한 것이다. 대부분의 과학철학자들이 인지주의, 인지과학의 등장을 하나의 과학적 변혁으로 간주하는 데 동의하고 있으며, 그들은 과학에 대한 이론적 논의를 전개할 때 물리학을 논하기보다는 인지과학을 중심으로 논하는 경향이 증가되고 있다. 새롭게 등장한 인지과학이 현대 학문의 주요 특징을 잘 반영하고 있는 핵심 학문임은, 과학재단 이사장, 과학기술부 장관, 유엔 원자력위원회 위원장, 과학기술한림원 원장을 역임한 정근모 박사가 과학재단 이사장으로 재직하고 있던 1989년의 신문 인터뷰에서 언급한 다음의 인용문에서 잘 나타난다.

기자 우리나라의 과학이 어떻게 발전해야 하는 것이며 문제점은 무엇인지 점검해보고 싶습니다.

정근모 박사 현대과학의 특징은 세 가지가 있습니다. 우선 기초연구가 시장화되는 시간이 매우 짧아졌습니다. 30년에서 2~3년으로 줄었습니다. 다음으로는 학문 간을 분리하는 벽이 허물어져서 분야 간 협력이 매우 중요해졌습니다. 가장 대표적인 예가 20세기 후반 인지과학의 등장을 꼽을 수 있겠지요. 컴퓨터와 뇌와 마음을 연결하는 인지과학은 문과와 이과를 통합하여 인식하는 능력을 기르는 종합적 학문이랄 수 있겠지요. ……

기자 지금 배우는 학생들이 앞으로 미래를 대비하려면 어떤 공부를 하는 것이 좋습니까?

정근모 21세기에는 어떤 분야에서 일하든지 과학기술을 모르면 안 됩니다. 어느 학과를 공부하는 것이 좋다는 것보다 무슨 공부를 하든지 과학기술을 이해해야 한다고 말하고 싶군요. 반대로 이과 쪽 학생도 철학을 알아야 합니다. 처음에 잠깐 언급했지만 인지과학 같은 학문의 벽을 허무는 학문을 해야 합니다. ……(정근모, 1989).

또한 미국에서는 국립과학기술원 나노과학공학기술 위원회의 요청을 받아서 미국과
학재단(NSF)과 상무성(DOC)이 공동으로 2001년 12월에 융합(수렴)과학기술 워크숍
을 개최하였다. 그들은 세계 과학기술계를 이끌고 있는 주요 과학계 연구자, 산업계 인
사 및 정부기관 정책연구자 등의 전문가들에게 의뢰하여 21세기의 과학기술이 학계의
연구 측면에서, 산업 장면에서, 국가과학기술 정책 측면에서 어떤 틀을 바탕으로 추진
되어야 할지를 모색하게 하였다. 그러한 탐색의 결과로, 미국에서 향후 20여 년 동안
에 앞으로 추진되어야 할 미래 과학기술의 새로운 틀로 2002년 6월에 도출된 것이
'NBIC 융합과학기술(수렴 테크놀로지, Converging Technologies)' 틀이다. 미래
과학기술은 Nano, Bio, Info, Cogno의 4개의 핵심 과학기술 축이 초기 단계부터 수
렴, 융합되어 가르쳐지고 연구되고 응용 개발되어야 한다는 것이다. 여기에서 Nano
는 나노과학공학기술, Bio는 생명과학공학기술, Info는 정보과학공학기술, Cogno는
인지과학공학기술(Cognitive Science Technology)을 지칭한다(Roco, &
Bainbridge, 2002). 미국과학재단이 제시한 미래 과학기술의 틀 그림은 〈그림 1-1〉과

그림 1-1 미국과학재단이 도출한 미래 융합과학기술 틀

같다. 그림에서 보면 인지과학기술이 미래 융합과학기술의 4대 핵심축의 하나인 것이다.

미래 과학기술의 발전에 인지과학이 핵심을 차지하고 있음, 즉 미래 과학기술의 틀을 융합과학기술로 정의할 때 그 틀에서 인지과학이 핵심축의 하나를 차지하고 있음은 그러한 미래지향적 과학틀을 제시한 미국과학재단의 연구보고서나, 유럽공동체의 미래 과학기술 예측 보고서 등에서 잘 나타나 있다. 미국과학재단이 제시한 미래 융합과학기술(NBIC Converging Technologies)의 틀을 과학적 설명 수준의 거시성과 미시성을 고려하여 재구성하고, 나노과학으로 대표되는 물리학과 같은 미시 수준의 과학적 접근에서부터 인지과학과 같은 거시적 수준의 접근까지의 관계를 그림으로 다시 나타내보면 〈그림 1-2〉와 같다.

이에서 한 걸음 더 나아가 융합과학기술과 과학 일반에 대한 포괄적인 틀을 IBM 알마덴(Almaden) 연구소의 스포러(J. Spohrer) 소장(Spohrer & Englebart, 2004) 등이 제시하였다(〈표 1-1〉). 이 틀에서는 세상을 복잡계로 보고, 이 복잡계를 자연체계와 인공체계로 나누고, '인지 시스템'을 물리 시스템, 생명 시스템과 함께 자연계의 3대 시스템으로 분류하고, 인공체계를 사회과학체계와 테크놀로지로 나누어 2-5 시스

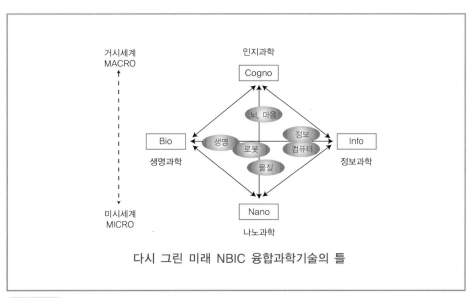

그림 1-2 미시–거시 차원에서 재구성한 미래 융합과학기술의 틀

표 1-1 IBM 리더들이 제시한 2-5 복잡계의 구조 개념 틀

A. Natural Systems(자연체계)

    1. 물리체계(Physical Systems): 물리학, 천체물리학 나노기술 등

    2. 생명체계(Living Systems): 생물학, 화학, 동물생태학, 발생학 등

    3. 인지체계(Cognitive Systems): 인지과학, 심리학, 신경생리학, 아동발달과학 등

B. Human-Made Systems(인공체계)

    4. 사회체계(Social Systems): 사회학, 동물생태학, 언어학, 경제학, 정치학, 조직행동

    5. 테크놀로지체계(Technology Systems): 테크놀로지디자인과학, HCI, 인간공학,

                                              바이오닉스 등

템의 틀을 기술하고 있다.

인지과학이 미래 과학기술에서 차지하는 이러한 중요성은 미래 학문체계와 대학체계를 재구성하려는 시도에서도 나타난다. 국내 서울대학교의 개교 60주년 기념 심포지엄에서 서울대 김광웅 교수가 발표한 미래 대학 틀에서도 이러한 측면이 잘 드러난다. 김광웅 교수에 의하면, 미래 대학의 체제와 학문체제는 인지과학 중심으로 재편되어야 한다. 그에 의하면 미래 학문체계와 대학체계는 다음과 같이 재구성되어야 한다(김광웅, 2006).

새로운 '미래의 대학'은 기초교육원과 통섭대학원이 대학의 주축이 된다. 이들을 떠받들면서 다른 통합과학(대학)과 연계되는 기본 분야가 이들을 둘러싸고 있다. 코그노·나노·바이오·인포·디지그노로서 이들 다섯 기술이자 분야는 모든 학문의 기초가 될 수밖에 없다. 그리고 대학의 기초는 인문, 사회, 자연 등을 포함하는 '인지과학 대학'이다. 몇 개의 대학체제는 존중되어야 하나 새롭게 우주를 개척해 무한 공간을 넓혀갈 것이므로 '우주과학대학'이 있어야 하고, 예술과 감성 그리고 디자인 중심의 '예술미학 대학'이 하위 통섭을 이루며 탄생이 기대된다. 과학의 기본으로 '생명과학대학'과 '인간·생활·정보과학대학' 그리고 실천적 차원의 융합공학대학은 예대로 존재해야 할 것이다. 생명과학대학에 약학대학, 농업생명과학대학, 수의학대학, 그리고 의과대학의 약리학과 병리학 등이 포함된다. 대

학이 통섭의 개념 위에 서는 것이라면, 응용과학 위주의 전문대학원은 철저하게 분과학으로 전문성의 깊이를 인정해야 할 것이다.

그러면 왜 인지과학이 미래 융합과학기술체계나 학문체계에서 이러한 중요한 위치를 차지하는 것일까?

4) 인지과학이 왜 중요한가? 과학기술이나 일상생활에서 무엇과 관련이 있는가?

위에 거론된 바와 같이, 미래 과학기술 핵심 축의 하나이며, 미래 학문체계의 주축이자 미래 대학체계 틀의 주축이라고 평가되는 인지과학은 구체적으로 무엇을 다루는 학문이고, 어떠한 학문이나 응용 분야와 관련이 있으며, 실생활과는 어떻게 연결지어서 생각할 수 있는가? 이러한 물음에 대해서는 다음의 5절(인지과학 내의 여러 학문들)에서 자세히 설명하겠지만, 인지과학과 관련된 중요한 학문 분야와 응용 분야 등에 대하여 미리 간단히 언급하면 다음과 같다.

첫째로는 컴퓨터와의 관련성이다. 주판처럼 숫자 계산기에 지나지 않았던 계산기가 각종 정보를 나타내고 저장하고 활용하는 디지털 컴퓨터로 변하며, 인공지능과 로보틱스를 가능하게 하고, 정보과학과 IT를 출발시키고, 인터넷을 가능하게 한 것은, 그러한 숫자 처리의 계산기를 정보도구로 변환시키는 개념적 틀의 탈바꿈이 있었기에 가능하였다. 발상의 전환이 있었던 것이다. 그런데 그러한 발상의 전환을 누가 하였는가? 그러한 발상의 전환은 무슨 사조가 변환된 결과였는가?

그러한 발상의 전환을 한 사람들이 바로 인지과학의 선구자들이었고, 그들의 발상의 전환이 이루어놓은 것이 바로 인지주의, 인지과학적 패러다임이다. 즉 오늘날의 디지털 컴퓨터, 디지털 세상, 인터넷, 정보과학, 정보화 사회의 개념적 틀의 기초를 놓은 발상의 전환을 이루어낸 것이 바로 다름 아닌 인지주의(cognitivism)와 인지과학의 과학적 패러다임이었던 것이다. 바로 그렇기에 인지과학의 등장 및 부상을 과학적 혁명, 인지혁명이라고 부르는 것이며, 미국의 과학재단이 미래 과학기술의 4대 핵심축의 하나로 인지과학을 규정한 것이다.

정보와 컴퓨터와 인간을 연결하여 생각하는 개념적 변혁인 인지주의의 출발, 인지과학의 형성이 있었기에 오늘날 우리가 컴퓨터를 사용하여 각종 정보를 저장·검색·활용할 수 있으며, 핸드폰이나 인터넷을 사용할 수 있고, 사회 각 분야의 정보들이 디지털 검색 가능한 형태로 저장될 수 있는 것이다. 디지털 세상, 정보화 사회를 가능하게 한 기본 개념들이 인지과학의 개념적 틀에서 나온 것이다.

둘째로 뇌를 컴퓨터 및 인간의 지적, 감성적 능력과 연결 가능하게 한 것이 바로 인지과학이다. 인지과학이 등장하기 이전에는 뇌를 연구하는 사람들은 주로 뇌의 해부학적 구조에 초점을 두어서 연구하였지, 인간의 인지적 기능이나 정서적, 동기적 기능 등과 체계적으로 연결하여 연구하지는 못하였다. 왜냐하면 뇌의 해부학적 구조 각각과 연결하여 구체적으로 어떠한 심리적(인지적, 정서적, 동기적 등) 기능을 탐색할 것인지 알지 못하였고, 뇌의 신경생물적, 신경생리적 과정을 정보처리 과정으로 개념화할 생각을 하지 못하였기 때문이다.

또 뇌의 세부 부위의 기능을 관찰할 수 있는 방법론적 기법이 발전하지 못하였던 탓도 있다. 인지과학이 등장하면서 이러한 개념적 연결 및 개념적 도구가 제공되었고, 구체적 연구 기술이 발전되었다. 그래서 20세기 후반에 들어서서 신경과학이 인지과학과 연결되어 떠오르면서 뇌의 연구가 새롭게 각광을 받게 된 것이다. 뇌의 해부적 구조만 보이는 것이 아니라, 구체적으로 뇌의 각 구조가 어떤 심리적, 정보적 기능과 연결되어 있는가를 보일 수 있게 된 것이다. 그리고 한발 더 나아가서 인간의 뇌와 컴퓨터를 직접 연결한다든지 할 수 있게 된 것이다. 이는 뇌와 마음과 컴퓨터를 모두 각각 정보처리체계로 보는 발상의 전환 때문에 가능해진 것이다.

셋째로 이러한 맥락에서 생각해본다면 인지과학이 우리 일상생활의 무엇과 관련 있는지 쉽게 열거할 수 있을 것이다. 자세한 것은 5절과 14장에서 다루어지겠지만, 인지과학이 적용되는 인지과학의 응용 분야를 일부만 미리 나열한다면 다음과 같다.

컴퓨터 워드프로세서를 인간이 사용하기에 가장 적합하도록 디자인하기/ 컴퓨터의 모니터, 키보드나 마우스 그리고 핸드폰의 자판이나 디스플레이를 사람들이 가장 효율적으로, 싫증 나지 않고 사용할 수 있도록 디자인하기/ 구글, 야후, 네이버 등의 검색 엔진 작동 메커니즘 디자인하기/ 찾기 쉽도록 자료를 데이터베이스로 만들기/ 각종 오프라인 및 온라인 게임의 구성 디자인하기/ 자동차나 오디오, 필기구 등 각종 도구 및 인공물을 사람이 가장 좋아하게, 또 효율적으로 사용하게 디자인하기/ 각종 학교 및 산업체의 교육 및 학습 장면의 학습자료를 효율적 학습-교육이 일어나도록 디자인하기/ 각종 뇌 손상과 질환에 따른 인지적, 정서적 기능의 이상을 파악하고, 이에 환자가 효율적으로 대처하도록 훈련 프로그램 디자인하기/ 뇌와 컴퓨터 연결 디자인하기/ 공부 및 학습력에 문제가 있는 학생들을 위한 교육-훈련 프로그램 디자인하기/ 인공지능 설계/ 인간과 같이 인식하고 행동하고 정서도 지닌 로봇 디자인하기/ 사람들에게 가장 효율적인 광고 디자인하기/ 산업체, 일반 회사, 서비스 부서, 관공서 등의 각종 일 장면에서 가장 효율적으로 정보처리하며 적응하도록 환경 및 인지기술 디자인하기/ 커피, 시리얼 등 각종 음식물을 사람들이 계속 찾고 먹도록 제작하기 등.

자세한 것은 5절에서 다시 설명하겠지만, 우리 일상생활의 많은 부분들 중 우리가 인식하지 못하고 지나치는 부분에서도 인지과학의 원리가 이미 적용되고 응용되고 있음을 알 수 있다.

2. 인지과학의 형성 역사: 짧은 소개

계산기를 디지털 계산기로 개념화하고, 디지털 계산기를 숫자 처리 계산기를 넘어서 정보를 처리하는 기계인 컴퓨터로 개념화하며, 이 컴퓨터의 처리과정과 인간의 마음의 작동 과정을 정보처리라는 공통적인 개념으로 엮어서 연결할 수 있다는 생각이 인지과학 출발의 핵심적 생각이었다.

그러나 이러한 생각이 갑자기, 단번에 형성된 것은 아니다. 오랜 기간을 통해 여러 분야의 학자들이 창의적으로 제시한 생각들이 1950년대 중반에 종합됨으로써 이러한 생각의 구체적 틀이 갖추어졌고, 그 결과로 인지적 패러다임으로 부상하게 된 것이다.

인지적 패러다임의 형성에 결정적으로 공헌한 여러 생각의 흐름들이 있다 (McCorduck, 1979; Lachman, Lachman & Butterfield, 1979; Gardner, 1985; 이정모, 2001, 4장 및 5장; 이정모, 2006ㄱ). 이 역사적인 흐름에 대한 자세한 내용은 이 참고문헌들과 이 책의 2~4장의 내용을 참고하기 바라며, 여기에서는 인지과학 형성에 공헌한 주요 생각들, 사건들에 대한 간단한 역사를 나열하는 것으로 대신한다.

인지과학의 형성은 여러 학문 분야들에서의 생각들이 수렴됨으로써 가능해졌다. 철학에서의 형식(정형)주의(formalism) 이론, 수학에서의 계산 이론의 발전과 튜링기계 이론, 디지털 컴퓨터의 발전과 컴퓨터과학에서의 폰노이만(J. von Neumann)의 '저장된 프로그램' 이론, 1930년대 커뮤니케이션 이론의 발전과 정보 이론의 부상, 두뇌를 논리기계로 간주하는 생각의 발달, 사이버네틱스라고 하는 두뇌-기계를 연결한 인공두뇌 이론과 일반체계 이론의 발달, 그리고 뉴웰(A. Newell)과 사이먼(H. A. Simon)의 범용목적적 물리적 기호체계 이론의 구체화, 촘스키(N. Chomsky)의 언어학 이론의 부상, 심리학 내에서의 정보처리 틀 형성 등의 여러 사조와 학문적 사건들의 수렴에 의하여 인지과학이 출발하였다고 할 수 있다. 이러한 여러 사조들이 어떻게 서로 영향을 주어 인지과학을 형성하였는가에 대해서는 2~4장에서 자세히 설명하기로 한다.

이러한 생각들과 연구결과들이 하나의 통일적 틀을 형성하지 못한 채 소용돌이로 있으면서 여러 학술적 모임을 통하여 점차 수렴되다가, 1956년 MIT에서 개최된 정보 이론 심포지엄을 기폭제로 하여 정보처리적 보는 틀이 인지주의라는 하나의 새로운 과학적 패러다임으로 형성되었다(Gardner, 1985; McCorduck, 1979). 이렇게 새로 형성된 인지적 패러다임을 구체화하며 그 순수 이론적, 응용적 의의와 가능성을 탐구하는 새로운 종합과학으로서의 인지과학이 1950년대 말에 탄생하게 된 것이다. 이후 1960년대에 인공지능학과 인지심리학의 떠오름을 발판으로 하여 인지과학은 자체의 틀을 가다듬고, 1970년대 후반에 이르러 공식적인 형태를 갖추어 발전하게 된 것이다.

3. 인지과학의 정의와 인지주의

1) 자연과학으로서의 인지과학: 인지주의, 인지적 패러다임

이러한 중요성을 지닌 인지과학의 바탕을 이루고 있는 기본적인 사조는 '인지주의 (cognitivism)'이다. 인지과학을 출발시키고, 인공지능, 디지털 세상, 뇌 등을 연결한 분야를 연구하는 과학적 틀, 즉 패러다임이 인지적 패러다임인 것이다.

'인지적 패러다임'은 마음과 두뇌와 컴퓨터의 본질과 상호 관계성을 규명하며, 이들 의 공통분모를 찾고 거기서 얻어지는 개념적 틀에 의해 인간과 세상을 설명하는 방식 을 재구성하려는 노력에서 이루어진 새로운 과학적 인식틀이다. 인지적 패러다임은 인 간과 마음에 대해 프로이트(S. Freud)처럼 '억압된 무의식적 충동 이론'으로 설명하려 는 것도 아니며, 행동주의 심리학자였던 왓슨(J. B. Watson)이나 스키너(B. F. Skinner) 처럼 '인간을 이해하는 데 있어서 마음을 배제하고 인간의 외적 행동만 기술하자는 지 나친 객관주의를 표방하는 것'도 아니다. 인지적 패러다임은 인간을 앎의 특성, 즉 지 적 특성을 중심으로 설명하자는 것이다. 데카르트가 인간 존재의 바탕을 앎(cogito)에 두었듯이, 인간이 그리고 동물이 어떻게 앎을 획득하고 활용하는가, 그리고 이것이 컴 퓨터의 지능과 어떻게 연관되는가를 중심으로 인간의 마음을, 인간을 설명하자는 것 이다.

1950년대에 형성되어 이후 60여 년간 인간과 세상에 대한 새로운 보는 틀을 제공해 온 인지주의에서는 인간이라는 존재를 다음과 같이 생각한다. 즉 인간이란 끊임없이 자극을 제공하는 환경에서 능동적으로 적응하며, 각종 의미 정보를 파악하여 알고, 앎 을 획득하여 이를 저장, 활용하는 존재로 본다. 그리고 그러한 앎을 가능하게 하는 심 적 인지 과정들과 인지구조의 내용을 설명함으로써 인간을 이해하고 설명하고자 한다 (여기에서 거론되는 '인지'라는 개념이 상식적 개념인 '인식'이라는 개념보다 포괄적 인 의미를 지니고 있음은 뒤의 '2) 인지과학의 일반적 정의'에서 다시 설명된다).

이전에는 심리 현상은 비물리적 현상이므로 과학적으로 접근할 수 없다고 생각했는데, 인지과학과 20세기의 심리학은 이러한 낡은 과학관을 버린 것이다. 자연과학은 무생물뿐만 아니라 생물을 그 연구대상으로 한다. 자연과학은 식물과 동물을 연구대상으로 하여 생물들의 특성을 밝히는데, 인간은 다른 동물들과 마찬가지로 동물, 즉 생물의 하나이다. 동물인 미생물의 삶의 특성들을 밝히는 것이 자연과학의 연구대상 현상인 것과 마찬가지로, 동물의 하나인 인간의 행동을 비롯한 여러 특성을 밝히는 것은 당연히 자연과학적 연구가 된다. 인지과학은 다른 자연 현상과 마찬가지로 인간의 뇌, 마음, 행동 현상을 자연화하여 과학적으로 연구할 수 있고 또 연구하여야 한다는 자연주의적 입장을 지니고 있다. 이것이 곧 인지주의 패러다임의 기본 입장이다.

　그러면 뇌는 물질이니까 자연과학인 생물학에서 연구하던 방법을 적용하여 연구하면 되는데, 인간의 마음과 행동은 어떻게 자연화하여 과학적으로 연구할 수 있는가? 인지과학은 인간의 마음의 핵심 특성을 앎이라고 보고, 앎의 내용과 과정, 곧 지식과 지적 과정을 정보와 정보처리의 개념으로 바꾸어 접근하려고 한다. 앎의 과정과 내용을 정보와 연관된 개념으로 표현할 수 있으며, 이를 논리학, 수학, 컴퓨터과학에서 논하는 술어(predicate) 논리나 프로그래밍 언어라든가 정보 흐름도(information flow diagram)나 자료 구조도(data structure diagram)와 같은 형식화된 개념적 도구를 사용하여 분석하고 기술할 수 있다고 본다. 또한 이렇게 분석된 정보처리의 구조와 과정에 상응되는 마음의 내용이나 과정을 실험실 실험을 통해 경험적으로 관찰하거나, 컴퓨터 시뮬레이션을 통해 논리적, 이성적으로 분석함으로써, 그리고 뇌의 신경생물적, 신경생리적 과정과 연결지어서 관찰하고 이론화함으로써 객관성과 경험적 증거라는 과학적 방법의 기준을 충족시킬 수 있다고 본다. 이러한 생각의 핵심에, 바탕에 놓여 있는 생각은, 마음과 컴퓨터와 두뇌가 본질적으로 동일한 추상적 원리를 구현하는 정보처리체계들(IPS: Information Processing System)이라는 생각이다. 이에 대해서는 4장에서 더 자세히 설명하기로 한다.

2) 인지과학의 일반적 정의

인지과학은 기본적으로 앎의 과학이다. 그런데 앎이 인간의 마음의 작용에서부터 비롯되는 것이기 때문에 인지과학을 좀 더 넓게 정의하면 '마음의 과학(the science of mind)'이 된다(Gardner, 1985; Stillings, Weisler, Chase, Feinstein, Garfield & Rissland, 1995). 그런데 컴퓨터나 동물과 같은 행위체(agency)도 인간의 앎, 마음과 유사한 지능(知, intelligence)을 보인다. 그래서 조금 달리 정의한다면 마음과 지(知)에 대한 다학문적인 학제적 연구가 인지과학이라고 할 수 있다.

심층분석 1-2 **인지과학이란 무엇인가? 인지과학에 대한 여러 정의**

'과학'이란 무엇인가에 대해 물으면 과학의 정의도 학자 간에 일정한 정의가 있는 것이 아니다. '인지과학'이라는 새로운 사조가 1950년대에 형성되어 계속 발전해오면서, 1970년대 초에 이르러서야 인지과학이라는 명칭이 사용되었다. 인지과학이라는 명칭은 1973년에 C. Longuet-Higgins라는 학자에 의하여 처음 사용되었다고 한다. 과학자들이 다양한 여러 학문에서부터 서로 다른 입장과 강조점을 가지고 인지과학에 합류하다 보니, 인지과학은 여러 학문이 연결된 다학문적인, 즉 학제적(學際的, inter-disciplinary) 학문이라는 점에는 의견에 일치를 보이지만, 학자에 따라서 학문의 정의가 조금씩 다르다. 여러 자료원에서 제시한 인지과학의 정의를 아래에 열거한다.

[정의 1] Cognitive science is the interdisciplinary study of mind and intelligence, embracing psychology, philosophy, artificial intelligence, neuroscience, linguistics, and anthropology (Thagard, 1996).

[정의 2] The study of intelligence and intelligent systems, with particular reference to intelligent behaviour as computation (Simon & Kaplan, 1989).

[정의 3] Cognitive science refers to the interdisciplinary study of the acquisition and use of knowledge. It includes as contributing disciplines: artificial intelligence, psychology, linguistics, philosophy, anthropology, neuroscience, and education. ⋯ Cognitive science was a synthesis concerned with the kinds of knowledge that underlie human cognition, the details of human cognitive processing, and the computational modeling of those processes (Eysenck, M.W. ed. [1990]. The Blackwell Dictionary of Cognitive Psychology. Basil Blackwell Ltd.).

[정의 4] Cognitive science is usually defined as the scientific study either of mind or of intelligence(e.g. Luger 1994). Practically every formal introduction to cognitive science stresses that it is a highly interdisciplinary academic area, in which psychology, neuroscience, linguistics, philosophy, and computer science, as well as artificial intelligence, anthropology and biology are its specialized or applied branches (http://en.wikipedia.org/wiki/ Cognitive_science).

[정의 5] Cognitive science is the interdisciplinary study of mind and intelligence, embracing philosophy, psychology, artificial intelligence, neuroscience, linguistics, and anthropology (http://plato.stanford.edu /entries/cognitive-science).

[정의 6] Cognitive science is the interdisciplinary study of mind and the nature of intelligence. Scholars can come from a wide range of backgrounds — including psychology, computer science, philosophy, mathematics, neuroscience, and others — but share the common goals of better understanding the mind. Training in cognitive science prepares students admirably well for many of the careers that are major growth fields of the twenty-first century, including: telecommunications, information processing, medical analysis, data retrieval, human-computer interaction, and education.

(미국 인디애나 대학 인지과학 과정의 정의; http://www.psych.indiana.edu/intro.html).

[정의 7] Cognitive science is a diverse field unifying three broad categories: the brain, behavior and computation. It's the study of how people, animals and computers think, act and learn. In order to understand the mind/brain, cognitive science brings together the methods and discoveries from neuroscience, psychology, linguistics, anthropology, philosophy and computer science.
−미국 캘리포니아 대학(UCSD) 인지과학 학과의 공식적 정의
(http://www.cogsci.ucsd.edu/index.php?cat=about&page=faqs).

[정의 8] Cognitive science is the multidisciplinary scientific study of cognition and its role in intelligent agency. It examines what cognition is, what it does, and how it works (Bechtel & Graham[1998], p. 3).

위의 〈심층분석 1-2〉에서 열거한 정의 가운데, 학부 및 대학원에 인지과학 학과를 가장 먼저 세웠으며 인지과학의 교육과 연구 및 체계가 잘 이루어진 대학인 UCSD의 정의를 말을 바꾸어 표현하자면, "인지과학은 뇌, 행동, 컴퓨테이션(*여기에서 '컴퓨테이션'이라는 개념은 수리적 계산이라는 의미보다는 '정보처리'에 가까운 의미이다)이라는 3개의 넓은 영역을 통합하는 다학문적 분야이다. 인지과학은 사람이(자연히 동물 및 컴퓨터[로봇]와도 연결된다) 어떻게 생각하고 행동하고 배우는가를 연구하는 분야이다. 인지과학은 마음과 뇌를 이해하기 위하여 신경과학, 심리학, 언어학, 인류학, 철학, 컴퓨터과학 등의 연구방법과 연구결과를 연결하는 학문인 것이다."

이렇게 정의한다면 왜 구태여 '인지'인가, 과연 '인지'가 무엇인가 하는 물음이 제기된다. 인지과학에서 인지(認知)라는 개념은 앎을 뜻한다. 인문학에서, 그리고 일반적으로 상식적으로 사용해온 인식(認識)이란 개념과는 다소 다른 뉘앙스를 지닌다. '인식'이란 용어는 사용하는 용법에 따라서 다소 수동적 수용(受容) 과정을 지칭한다고 볼 수 있으며, 의지(意志) 등과 같은 능동적인 지적 과정들을 다 포괄하지 못하는 좁은 의

미의 개념적 뉘앙스를 지니고 있다고 할 수 있겠다. 따라서 보다 능동적인 과정의 의미를 강조하며 지적 과정 전체를 포괄하는 심리적 과정이라는 의미에서 '인지'라는 표현을 사용한다.

3) 인지란 무엇인가?

(1) '인지'란 '인식'과는 어떻게 다른가?

'인지'란 상식적인 생각처럼 인간의 마음의 한 부분인 사고능력을 의미하는 그런 좁은 의미가 아니다. 지, 정, 의의 대부분을 포함하는 능동적 심적 활동을 의미한다. 정보, 또는 지식(지식의 개념도 의식적 지식만이 아니라 무의식적, 하의식적 지식[예: 운동기술] 등도 포함하는 넓은 의미의 지식이다)의 활용이 바로 인지인 것이다. 따라서 기계적 인지(machine cognition)나 인간 인지(human cognition), 동물 인지(animal cognition)라는 말이 가능할 수 있다. 또한 소프트웨어가 하드웨어적인 면과 아닌 면을 동시에 갖고 있는 양면적인 것처럼, 인간의 인지란 하드-소프트의 양면적 속성을 지닌 것이어서 신경생물학적 기초와 분리시켜서는 생각할 수 없는 개념이다(물론 이에 대해 존재론적 차원에서 반론을 제기할 수는 있다). 현 시점에서 일반적으로 인지과학에서 활용되는 넓은 의미의 '인지'는 '어떤 행위자(인간, 동물, 또는 기계[컴퓨터, 로봇 등])에 의한 지식의 활용(intelligent use of knowledge)'이라는 의미에 가깝다.

더구나 현재의 인지과학자들이 주장하는 '인지', '지(知, intelligence)'의 개념은 한 개인의 두뇌 내에 존재하는 인지나 지의 개념을 넘어서고 있다. 컴퓨터, 필기장, 볼펜 등의 인공물(artifacts) 없이, 그리고 사회-문화체계(예: 특정 회사 분위기, 행정시스템, 또는 특정 언어도 인공물로 볼 수 있다)를 전제하지 않고는 사고나 기억, 글의 표현, 커뮤니케이션, 작업 수행 등을 포함하는 어떠한 일도 가능하지 않다는 점을 고려해볼 때, 현실계의 인지는 이미 우리의 뇌를 벗어나 우리를 둘러싸고 있는 환경과 인공물, 인공체계 등에 확장되어 있는 분산된 인지(distributed cognition), 분산된 지(distributed intelligence), 확장된 인지(extended cognition)이다. 한 예를 생각해보자. 무언가 편지를 쓰려 할 때, 펜을 들고 종이 위에 쓰려고 하면 생각이 잘 진행되지 않는다. 그러나 컴퓨터 앞에 앉아서 키보드 위에 손을 올려놓는 순간, 좋은 생각들이 떠오른다. 우리의 지적, 인지적 능력이 우리 머리 안에만 내장되어 있는 것이 아니라 환경의 키보드와 컴퓨터라는 인공물에, 인공물과의 상호작용 과정에 확장되어 있는 것이다. 이것이 분산된 인지, 확장된 인지, 확장된 마음의 개념이다.

따라서 '인지'란 개념은 더 이상 전통적, 상식적으로 생각해오던 '인식'이란 개념과 같은 좁은 의미의 개념이 아니다. 그렇기에 인지가 '한 개인 내의 사고의 한 부분'이라는 상식과는 달리 두뇌-환경을 연결하는 '지식 활용의 과정과 내용' 전체, 그러한 행위라는 포괄적 의미라고도 할 수 있다. 인지의 본질에 대한 문제는 심리철학의 문제이기도 하기에 7장에서 다시 논의하기로 한다.

(2) 인지과학 초기의 인지 개념과 현재의 인지 개념의 차이

1950년대 이후 인지과학 출발 초기에 거론되어온 '인지' 개념과 현재의 인지과학, 특히 인지심리학이나 진화심리학 등에서 다루는 '인지' 개념에는 다소 차이가 있다. 1950년대 인지과학이 출발하면서 사용한 인지 개념은 다분히 철학의 전통을 이어받은 개념이었다. 인지과학자들은 20세기 초 철학의 논리주의, 형식주의(formalism)의 영향을 받아 인식론, 윤리학 중심으로 사용되던 '인지' 개념을 인지과학에 도입하였다. 이러한 인지 개념은 '사람은 죽는다', '이 물은 차다' 등과 같이 참과 거짓, 즉 진위를 가릴 수 있는 형태로, 논리적 형태를 지닌 명제, 즉 정형적 명제로 진술할 수 있는 그러한 내용에 대한 앎을 지칭하는 것이었다. 20세기 전반과 중엽의 철학자들의 '인지' 개념이나, 50년대 말에 인공지능을 출발시킨 사이먼(H. Simon) 등의 인지과학자들의 '인지' 개념은 이와 같이 진위를 가릴 수 있고 논리적으로 엄밀한 형태로 진술할 수 있는 그러한 명제에 대한 앎을 중심으로 전개되었다. 사이먼과 뉴웰(A. Newell) 등의 최초 인공지능 프로그램의 표현 언어 등이 러셀(B. Russell)과 같은 논리주의 철학자들의 논의 진술 형태에 가까운 것은 우연적 사건이 아닌 것이다. 이러한 좁은 의미의 인지 개념은 '인지 = 정형화할 수 있는 논리적 추리 또는 문제해결적 사고' 중심의 좁은 개념이었다. 그 당시 일부 학자들 중에는 이러한 인지 개념으로 모든 인지를 나타낼 수 있다고 믿었던 사람들도 있다. 따라서 이 당시의 입장은, 인지과학은 주로 사고, 기억, 언어 등과 같은 이성적 측면만 다루며 정서, 동기, 사회심리 현상 등은 다루지 않는다는 입장을 취하였다.

그러나 사회심리학 등의 일반심리학이나 동물생태학 등의 학문에서 사용된 '인지'의 개념은 이러한 논리 형태로 명료히 진술하고 그 진위를 가릴 수 있는 앎만을 인지라고 하지는 않았다. 인간의 동기, 정서, 무의식적인 태도에 대한 앎, 의식화되지 않는 앎도 포함된 그러한 넓은 '인지'의 개념으로 사용되어왔다. 마음의 대부분을 포함하는 의미의 인지 개념이다. 이러한 넓은 의미의 인지 개념은 인지과학 형성 초기에는 인지과학자들에 의하여 사용되지 않다가, 점차 인지과학이 발전하면서, 그리고 인지주의의 영향이 심리학의 다른 분야나 심리학 주변 학문들로 번져가면서 넓은 의미의 '인지' 개념이 용인되고 활용되기 시작하였다. 신경과학의 발달도 이에 한몫을 하였다. 그래서 오늘날의 인지과학에서 사용하는 '인지'의 개념은 엄밀한 사고, 논리적으로 형식화할 수 있는 추리, 문제해결 등의 사고뿐만 아니라 정서, 동기, 사회적 인지, 지각, 기억, 학습, 언어, 사고 등의 인간의 마음이 드러내는 모든 방식과 과정을 다 포괄하는 의미로 사용되고 있다. 따라서 '인지과학'은 '사고의 과학'이라는 좁은 의미가 아니라 '마음의 과학'이라는 넓은 의미로 사용되며, 이 '마음'이라는 개념에는 인간의 마음, 동물의 마음, 컴퓨터의 마음(지능), 인간이나 인공지능시스템들의 집단이 모여서 이루어내는 집단마음(집단지능) 등도 포함되게 되었고, 21세기의 미래에서는 인간 집단과 인공지능시스템 집단이 합쳐서 이루어내는 마음(지능)도 인지과학의 주제가 될 수 있게 된 것이다. 그런 배경을 전제로 하고 인지과학의 정의를 다음과 같이 정리해본다.

4) 인지과학의 핵심 주제와 인지과학의 재정의

인지과학의 연구대상인 마음은 각종 정보를 획득, 저장, 인출, 변형 및 활용하는 복합적인 정보처리 기관(체계)으로서 그 속에 우리의 세계가 반영되어 있는 하나의 소우주이다. 그러나 인간의 마음은 세상의 물리적 대상 자체를 인간 마음속에 그대로 도입하여 다루는 것이 아니다.

우리 인간은 대상들을 추상화하고 상징화, 즉 표상화(表象化)하여 그에 대한 마음을 짓는 것이다. 따라서 마음의 본질을 이해하기 위해서는 세상의 사물에 대한 인식 및 이해 과정, 그를 통해 상징으로서 두뇌(기억)에 표상(represent)되는 원리, 지적 능력을 구현하는 뇌의 구조와 기능, 컴퓨터를 이용한 지능의 분석이나 형식화, 문화인류학적인 인지 형태의 분석, 그리고 각종 인공물(artifacts: 인터넷, 책, 각종 도구, 문명물, 사회−문화체계 등)에서 지(知)가 구현되고 또 인공물을 활용하는 양식 등과 같은 제반 문제들을 다룰 수 있는 하나의 종합적인 설명의 과학이 필요하다. 바로 그것이 인지과학이다.

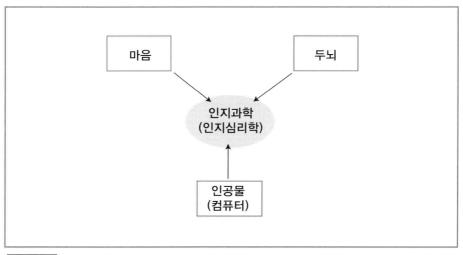

그림 1-3 인지과학의 핵심 주제와 영역

달리 표현한다면 인간, 동물, 및 기계(컴퓨터)에서 나타나는 지(intelligence)의 본질과 인간의 지적 활동의 산물인 각종 인공물(각종 도구, 문화체계, 기타 문화적 산물들, 가상현실 등)에서 이러한 지(知)가, 앎이 어떻게 구현되는가 하는 문제를 연구하는 종합과학적 학문이 인지과학이다. 다시 정리하면 '인지과학'이란 인간의 ① 두뇌와 ② 마음, ③ 그리고 이 둘에 대한 모형이며, 또한 인간의 마음이 만들어낸 인공물의 정수인 컴퓨터와 ④ 환경 속의 기타 인공물(지[知]의 확장의 부분들이요, 대상인)들의 넷 사이의 정보적(지식 형성 및 사용적) 관계를 다루는 학문이라고 할 수 있다(〈그림 1-3, 1-4〉 참조).

그림 1-4 재구성한 인지과학의 영역과 기본 관점

　이러한 맥락에서 볼 때, 인지과학은 종래의 학문 분류를 뛰어넘는 새로운 학제적 과학이다. 종래의 인문과학, 사회과학, 자연과학의 분류체계는 인지과학에는 맞지 않는다. 학문을 인문사회과학 대 자연과학으로 나누는 분류체계를 불가변의 학문 범주 분류체계로 믿고 있는 사람들은 19세기식 이분법적 사고방식에 머물러 있는 것이다. 인지과학은 이러한 시대에 뒤진 낡은 학문 분류체계를 허무는, 이를 뛰어넘는 미래지향적인 새로운 종합과학이다.

심층분석 1-3　표상이란 무엇인가?

　우리가 대상에 대한 지식, 정보를 다룬다고 할 때는 실제 대상을 그대로 우리 머릿속으로 가져와서 다루는 것이 아니다. 인간은 실제 대상을 어떤 상징이나 다른 형태로 재표현하여, 즉 추상화하여 다룬다. 이러한 점에서 앎, 정보의 내용을 '표상(表象; representations)'이라 한다. 다시 말하여 실물 자체가 아니라, 다시(re)-나타냄(presentation)의 결과가 우리 마음의 내용이기 때문이다.

　예를 들면 우리가 사랑하는 사람을 생각한다고 할 때는 우리의 머릿속에 사랑하는 사람의 실물이 들어 있는 것이 아니라, 그 사람에 대한 심상(image)이라든가 다듬어진 생

각이나 언어화된 일화나 감정에 대한 기억이 들어 있는 것이다. 자동차 한 대, 자동차 세 대라는 생각도 대상 자체가 아니라, 아래 그림과 같이 상징(기호)으로 표상되어 우리 마음에 남는다고 본다. 즉 실제의 대상이 아니라 '다시-나타내어(표현되어)' 추상화된 어떤 내용이 상징으로, 표상으로 우리 마음속에 들어 있는 것이다. 마음의 내용들이 곧 표상인 것이다.

> 표상: 대상 자체를 두뇌에 넣는(presentation) 것이 아니라 이를 다시(re-) 상징으로 바꾸어 이것을 두뇌에 저장하고 활용하는 것. 고로 → re-presentation.

4. 인지과학의 특성

인지과학에서는 〈그림 1-3〉에서 보이는 바와 같이 마음과 두뇌, 컴퓨터, 그리고 여타 인공물이라는 4개 영역에 대하여 그 각각의 본질과 관련성을 밝히려고 한다. 그런데 인지과학은 이러한 현상을 연구함에 있어 현상에 그냥 접근하려는 것이 아니라 일정한 보는 틀을 가지고 접근하려 한다. 보는 틀의 문제는 과학적 패러다임과 관련한 과학철학의 문제이다.

1) 과학과 과학적 패러다임 또는 보는 틀

과학은 자연 현상에 대해 과학자가 과학적 방법을 사용하여 연구함으로써 과학적 지식을 이루어내는 체계이다. 그런데 과학자가 복잡하고 다양한 자연 현상을 탐구하기 위해서는 아무런 관점이나 보는 틀 없이 접근하는 것이 아니라 어떤 개념적, 이론적 보는 틀을 가지고 접근하는데, 이것이 과학적 패러다임 또는 보는 틀이다.

과학의 전형으로 간주되어왔던 물리학은 물리적 현상을 연구함에 있어서 현상을 아무런 관점 없이 본 것이 아니라 뉴턴역학이라는 보는 틀, 아인슈타인의 상대성 이론이라는 보는 틀, 이후의 카오스 이론이라는 보는 틀을 바탕으로 접근하였다. 그리고 생물학에서는 다윈의 진화론이라는 보는 틀을 가지고 자연 현상을 연구하려 하였다. 마찬가지로 인지과학도 그 연구대상으로 삼는 마음, 두뇌, 컴퓨터, 인공물을 탐구함에 있어서 일정한 과학적 보는 틀을 가지고 접근한다. 그 과학적 보는 틀이 인지과학에서는 정보처리적 관점의 인지주의인 것이다(〈그림 1-5〉 참조).

그림 1-5 과학적 보는 틀과 인지과학

과학적 보는 틀, 과학적 패러다임이란?

한 영역에서 과학의 목표가 무엇인가, 연구대상이 지니는 현실적 기본 특성은 무엇인가, 연구대상인 현상에 대한 타당한 설명은 무엇인가, 의견의 일치를 보는 연구방법과 기술양식은 무엇인가, 전형적 연구 모델은 무엇인가, 명백하게 제시되지도 않고 흔히 경험적 검증을 받지도 않은 채 그 과학에 내포되어 있는 기본 가정들은 무엇인가 등의 문제들, 즉 다양한 특성을 지닌 연구대상의 무엇을 어떻게 추상화하여 이론화해야 하는가 등에 대하여, 또한 새로운 문제의 연구를 위해 의견의 일치를 본 방법을 제공해주는 전형적 연구 예와 연구 모델이 무엇인가에 대하여 그 분야의 과학자들 간에 의견의 일치를 (적어도 상당한 정도로) 보이고 있는, 그리고 실제로 그에 따라 연구가 진행되는 체계가 바로 과학적 보는 틀 또는 과학적 패러다임이라고 할 수 있다(Kuhn, 1970).

과학에서의 이러한 보는 틀은 무한한 복잡성과 범위를 지니고 있는 현실적 연구대상에 대해 보다 효율적으로 현실을 관찰하고 체계적으로 개념화하고 설명할 수 있는 이론 틀, 개념 틀, 준거 틀의 역할을 한다.

그러나 하나의 보는 틀은 한 과학 분야를 영구히 지배하는 것이 아니다. 그 보는 틀은 나름대로 연구자가 현실을 볼 수 있는 관점을 제한하고, 따라서 특정 고정된 한 면에서만 현실을 보고 해석하게 하는 부정적 측면을 갖고 있다. 그렇기에 현재의 보는 틀이 설명할 수 없는 현상들이 점진적으로 축적되고, 그 대신에 보다 효율적인 설명을 줄 수 있는 개념체계와 방법론이 논의되고, 끝내는 새로운 보는 틀이 옛 보는 틀을 대치하는 혁명이 일어난다고 본다. 현상에 대한 영구 불변한 고정된 보는 틀은 한 과학 내에 있을 수 없다. 과학자들은 현재 그 과학에서 정립되어 활용되고 있는 보는 틀을 사용하고 연구대상인 현상에 대하여 가장 좋은 설명을 줄 수 있는 길을 모색해야 하며, 동시에 기존의 보는 틀의 타당성이나 문제점을 찾아보고 더 좋은 설명을 줄 수 있는 새로운 보는 틀의 가능성을 끊임없이 모색하게 된다.

20세기 후반의 과학혁명으로 간주되는 인지주의의 정보처리적 보는 틀은 옛 보는 틀인 행동주의적 관점(behaviorism: 인간의 마음은 과학적 연구의 대상이 될 수 없으므로 객관적으로 관찰할 수 있는 외적인 행동만 연구하자고 주장한 20세기 초의 심리학적 관점)을 버리고, 정보처리적 인간관을 중심으로 하여 마음은 어떤 구조를 지니고 있으며 어떻게 작용하는가에 대하여 보다 좋은 설명을 얻기 위해 1950년대 이후에 대두된 새로운 보는 틀이 바로 정보처리적 접근(information processing approach)의 보는 틀이다.

그러면 정보처리적 보는 틀이란 무엇이며, 정보처리적 보는 틀에서는 마음을 어떻게 개념화하여 연구한다는 것인가?

2) 마음에 대한 정보처리적 인지주의의 관점

인지과학의 정보처리적 패러다임은 마음을 하나의 정보처리체계라고 상정하고, 정보처리체계로서의 마음의 작용을 감각, 지각, 학습, 기억, 언어, 사고, 정서 등의 여러 과정으로 나눈 다음, 각 과정에서 어떠한 정보처리가 일어나는가, 각 과정들은 어떻게 상호작용하는가를 묻고, 다음으로 각 과정에서 어떠한 정보(지식) 구조, 즉 표상 구조가 관련되는가를 규명하려 한다. 따라서 마음의 현상, 심리적 사건은 정보의 내용 및 정보를 처리하는 사건으로 개념화되는 것이다.

이러한 배경 위에서 정보처리적 패러다임의 인지과학은 인간의 앎의 과정, 즉 인지과정(cognitive processes)을 중심으로 연구를 수행해 나간다. 그 까닭은 정보처리의 본질이 자극의 의미를 파악하거나 부여하고 이를 정보로서 활용하며 그 결과를 내어놓는 과정, 곧 각종 앎을 획득하고 활용하는 과정이기 때문이다.

따라서 인지과학은 "인간은 어떻게 아는가?" "인간의 지(知)는 어떠한 본질적인 특성을 가지고 있고, 각종 앎을 가능하게 하는가?" 하는 물음에 중점을 두고 마음과 마음이 환경의 각종 대상들과 상호작용하며 빚어내는 각종 현상의 문제들을 기술, 설명하려고 하는 것이다.

'정보(information)'란 무엇인가

　　정보이론에서의 '정보'의 개념과 인지과학(특히 인지심리학)의 정보처리적 접근에서의 '정보'라는 개념의 정의의 차이점을 지적할 수 있다. 정보이론가들의 정보라는 개념은 어떤 '의미'의 지칭이라기보다는 양적으로 표시되는 정보로서 개념화되어 사용된다. 정보 이론은 "정보의 의미를 다루는 것이 아니라 정보의 양만을 다룬다"(Hamming, 1980)라고 보았고, 동등하게 일어나는 확률을 지닌 메시지들 중에서 어떤 메시지를 선택하는 것으로 생각하였으며, 구체적으로 동등(균등) 확률을 지닌 메시지들의 선택지 개수, 즉 불확실성(uncertainty)의 크기로서 정보를 측정하였다.

　　그런데 인지 현상에서는 이러한 균등 확률을 지닌 선택지의 양의 개념으로서의 정보라는 개념은 부적합하다. 거의 모든 인지 현상에서 균등 확률을 지닌 선택지들을 완벽히 파악한다는 것은 불가능하거나 지극히 힘들다. 따라서 정확한 선택지의 양 또는 불확실성의 양으로서의 정보의 측정은 인지과학에서 무의미하게 되는 경우가 대부분이다. 그런 까닭에 인지과학 일반에서의 정보의 개념은 정보 이론의 양적 정보라는 개념을 부분적으로 사용하고는 있으나, 일반적으로 메시지 의미의 개념과 연관해서 정보라는 개념을 사용하고 있다. 쉽게 풀어 이야기한다면 온갖 '지식의 기본 단위'로서 '정보(information)'라는 개념을 사용하고 있는 것이다.

　　'마음, 뇌, 컴퓨터'. 이렇게 마음을 정보처리 시스템으로 개념화하는 과정에서 자연히 떠오른 생각이, '그러면 컴퓨터는?' 하는 물음일 것이다. 오늘날 우리는 모두 컴퓨터가 정보처리 시스템이라는 것과 컴퓨터과학이 정보과학의 핵심이라는 것을 알고 있다. 아마도 대부분의 사람들은 '그러면 인지과학은 컴퓨터과학이 만들어낸 정보와 정보처리 개념을 뒤늦게 갖다 써서 만든 학문이구나'라고 오해할 수 있다. 그러나 학문의 역사적 흐름을 보면 그러한 생각은 틀린 생각이며, 오히려 그 반대가 참이다.

　　인공지능 연구, 그리고 컴퓨터를 정보처리 시스템으로 간주하는 일반적인 생각은 인지과학의 형성 과정에서 함께 형성된 분야이고 생각들이다. 단순히 숫자 계산기에 지나지 않던 계산기를 '정보를 처리하고 저장하는 정보처리 시스템'으로 간주하는 생각은, 인간의 마음을 정보처리 시스템으로 간주하는 생각과 함께 서로 맞물려서 형성된 것이다. 현재의 정보과학적 의미의 컴퓨터과학이 먼저 완전히 형성되고 인지주의가 그 것을 본떠서 나중에 형성된 것이 아니라, 함께 서로의 아이디어를 자극하며 형성된 것 이므로 둘을 별개로 나누어 생각할 수 없다. 컴퓨터과학에서의 정보, 정보처리, 정보처 리 시스템, 컴퓨테이션의 개념은 정보처리적 패러다임의 인지주의 형성 과정, 발전 과 정에서 컴퓨터과학자, 수학자, 논리학자, 심리학자, 언어학자, 신경과학자, 인공뇌학 자 등이 서로 생각을 주고받고 가다듬으면서 생겨난 것이다.

컴퓨터과학 자체가 처음부터 디지털 컴퓨터, 디지털 사회, 정보화 사회를 가져다준 것이라기보다는 정보처리적 패러다임의 인지주의 이론과 개념의 형성과 맞물려서, 정 보, 정보화 사회, 정보처리 시스템으로서의 컴퓨터 등의 개념이 형성되고 발전하여 이 루어진 것이다. 그렇기에 인지과학은 컴퓨터과학, 정보과학의 이론적, 개념적 기초를 제공하고 있는 것이다. 인지과학의 기초 없이는 오늘날의 컴퓨터과학이나 정보과학 (하드웨어가 아니라 소프트웨어적 측면만)은 출발하기 어려웠을 것이다.

바로 이러한 맥락에서, 인지과학이 전제하는 다른 중요한 핵심적인 생각은 인간의 '마음'과 '컴퓨터'가 정보처리라는 공통적인 원리를 구현하는 (하드웨어는 다르지만) 정보처리 시스템이라는 생각이었다. 인간의 마음과 컴퓨터를 동류의 시스템으로 간주 하는 것이다. 이런 의미에서 컴퓨터와 마음 사이의 유추가 가능해졌고, 마음을 컴퓨터 에 유추하는 은유(메타포)가 인지과학의 핵심적 은유로서 생겨난 것이다.

물론 생물체인 인간의 마음과 무생물체인 컴퓨터의 작동 과정을 동일한 원리로 간주 하는 것에는 한계가 있다. 태어나고 발달하고 생명을 갖고 활동을 하고 정서를 지니고 있으며, 결국은 생물적으로 죽음을 맞게 되는 인간과 무생물인 컴퓨터는 그 하드웨어 본질 상 다른 실체인 것이다. 정보처리 시스템으로서의 마음을 개념화하는 데 생명체 로서 살아 있는 몸을 지닌 인간 특성이 고려되어야 한다고 주장될 수 있다.

바로 이런 이유로, 후에 인지과학과 컴퓨터과학에서 1980년대에 (생명체의 하드웨 어인) 뇌와 신경계를 기초로 한 이론인 신경망 이론이 나오고, 또 신경과학과의 연결이 이루어진 것이다. 인간의 마음과 컴퓨터를 정보처리 시스템으로 간주하는 인지주의는 컴퓨터 은유에서 한 걸음 더 나아가, 인간의 마음의 물리적 구현체인 두뇌를 또한 정보 처리 시스템으로 보는 것이다. 따라서 마음, 뇌, 컴퓨터 모두를 정보처리 시스템으로 보는 '정보처리적 관점'이 가능해지는 것이다. 인지과학의 요체가 바로 여기에 있다. 그리고 그 '정보처리'라는 상식적 용어가 인지과학의 학술적 용어로는 계산

(computation)인 것이다. 계산, 즉 컴퓨테이션이 인지과학의 핵심 개념이 되는 이유가 여기에 있다.

3) 인지과학의 학문적 주요 특성

이와 같은 정보처리적 접근의 배경에서 출발한 인지과학은 계속 발전되고 변모해왔고 지금도 계속 변화하고 있다. 그렇기는 하지만 인지과학을 지속적으로 규정 짓는 주요 특성들이 있다. 인지과학의 학문적 주요 특성들을 다시 정리하면 다음과 같다.

첫째, 인지과학은 인간을, 마음을 정보처리 시스템으로 본다.
둘째, 정보처리 시스템의 기본 기능은 정보의 변환이라는 계산적 관점이 인지과학의 입장이다.
셋째, 정보처리 시스템은 표상을 다룬다는 표상주의가 인지과학의 또 다른 기본 입장이다.
넷째, 정보처리 시스템의 기초는 신경계라는 신경과학적 기초를 강조한다.
다섯째, 인지과학적 정보처리 시스템은 다학문적 접근의 필요성을 강조한다.

이 5개 항목에 대해서는 5장에서 자세히 논하겠다.

5. 인지과학 내의 여러 학문들

1) 인지과학의 핵심 학문과 주변 학문

인지과학을 형성하고 있는 학문들의 관계를 핵심 학문들 간의 관계와 그 학문들이 인지과학에 어떤 주제와 방법 등을 제공하였는가를 중심으로 그림으로 표시해보면 〈그림 1-6〉과 같다. 이러한 핵심 학문 이외에도 인지과학과 관련된 주변 학문들이 있는데, 이 모두를 나타내면 〈그림 1-7〉과 같다.

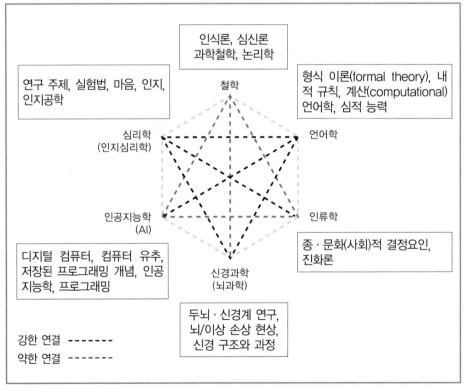

그림 1-6 인지과학의 각 핵심 학문 간의 관계와 각각 기여한 연구 주제와 방법

그림 1-7 인지과학의 핵심 학문과 주변 학문

2) 인지과학과 관련 학문들의 연구 주제적 연관성

인지과학과 관련된 여러 학문들이 인지과학 내에서 어떠한 내용을 어떠한 방법으로 연구하는가, 그리고 인지과학과의 주제적 연관성은 어떠한가를 살펴보며, 인지과학과 관련된 주요 학문들이 인지과학 형성에 기여한 이론, 주제, 개념, 방법들을 학문 분야별로 간략히 표로 나열하면 〈표 1-2〉와 같다.

표에서 언급된 학문 이외에도 국내에서 인간공학, 산업공학, 감성공학, 소프트과학, 인지공학, 뇌과학 등의 이름 아래 진행되고 있는 연구 분야들도 인지과학의 개념과 이론의 응용적 적용의 분야들로서 인지과학적 연구들이 그 핵심이 되어 진행되고 있다.

〈표 1-2〉에서 제시된 바, 즉 인지과학과 관련된 학문들의 연구 주제와 관련성을 인지과학의 핵심 학문 중심으로 요약하여 다시 정리하면 다음과 같다.

먼저 철학은 인식론, 심신론, 과학철학, 논리학을 제공했고, 수학은 형식주의(formalism), 계산 이론 특히 튜링기계 이론을 비롯한 자동기계(automata) 이론을 제공했으며, 정보 이론은 불(Boole)식 대수 논리체계를 두뇌 과정 모형에 적용하게 하고

표 1-2 인지과학 관련 학문이 인지과학에 제공한 연구 주제, 방법

학문	연구 주제
심리학	인지심리학(cognitive psychology)을 중심으로 하고, 이에 발달심리학, 사회심리학, 신경생물-신경생리심리학 등의 심리학 분야가 관련하여 인간의 형태 지각(pattern recognition), 주의, 학습, 기억, 언어 이해 및 산출, 개념적 사고, 문제해결적 사고, 추리, 판단과 결정, 창의성과 지능, 운동 행동을 비롯한 각종 행위(action)와 기술(skills) 등의 심리적 과정 등을 실험, 시뮬레이션, 언어 보고(protocol) 분석 등을 사용하여 정보처리적 관점에서 연구한다.
컴퓨터과학(인공지능학 및 기타 계산적 관점의 분야들)	기계(컴퓨터)적 시각 및 청각 대상의 지각(pattern recognition), 기계적 언어 처리(이해와 산출), 상식이나 전문가 지식의 표상, 문제해결, 기계학습 등의 정보처리와 관련하여 계산적 모델을 전통적 컴퓨터 또는 신경망 프로그램으로 구현하는 연구들을 인지과학의 틀에서 진행한다.
언어학	언어의 문법적 구조, 언어와 인지와의 관계, 의미론, 화용론, 자연언어 처리 등 인지 과정의 핵심 도구인 언어 정보처리의 문제를 논리적 분석, 실험, 시뮬레이션 등의 방법을 적용하여 연구함으로써 인지심리학과 인공지능 연구 그리고 철학의 교량적 역할을 한다.
신경과학	감각, 지각, 기억, 언어, 사고 등의 인지 과정 수행 및 이의 이상(異常)과 관련된 신경계의 조직과 기능, 신경적 과정들을 실험, 시뮬레이션 등의 방법으로 연구하여 인지심리학, 인공지능, 심리철학 등과 같은 인지과학 핵심 분야에 생물학적인 관점에서 인지과학에 대한 이론적, 경험적 기초를 제공한다. 신경생물학, 신경심리학, 의학심리학, 신경학, 시각과학(visual sciences) 등이 관련된다.
철학	인식론과 심신론을 통해 마음과 컴퓨터의 유추, 마음과 두뇌(물질)와의 관계, 지향성(intentionality), 언어철학, 표상 의미의 파생, 각종 심리 기능의 분화와 통일성, 인지과학의 과학철학적 기초 등의 문제를 논리적, 형식적 분석을 통해 다룸으로써 인지과학의 핵심적 기초 개념들과 인지과학적 이론들의 가능성을 연구한다. 도덕과 윤리의 심적 바탕 문제도 다루어진다.
인류학, 사회학	인지인류학, 인지(지식)사회학 등의 분야를 통해 거시적인 측면에서 종과 사회와 문화가 인간과 동물의 인지 양식과 표상구조에 미치는 영향을 연구한다.
수학	인지과학의 수리적 모델, 수리적(계산적) 개념적 기초, 표상의 형식, 네트워크 이론 등과 관련하여 인지과학과 연결된 연구가 진행된다.
(이론)물리학	두뇌의 물리적 현상과 의식 현상을 최신 이론물리학의 틀을 적용하여 설명하고, 심신(마음과 물질) 관계를 재정립하려는 이론적 연구가 시도된다. 마음의 물리학(physics of mind)을 물리학의 궁극적 개척지로 보는 입장이 있다.
기호학(Semiotics)	상징과 기호와 이들의 의미, 사용의 문제 등에서 인지과학과 관련된다.
커뮤니케이션학	인간의 언어적, 비언어적 커뮤니케이션과 관련하여 인지과학적 연구가 진행된다.
경제학	경제 행위의 시뮬레이션 모델링과 개인적, 집단적, 정책적 선택과 의사결정의 문제 연구에서 인지과학과 관련 지어 연구가 수행된다.
상학(商學), 경영학	기업 상황에서 개인적, 집단적 판단과 의사결정 및 선택, 정보 관리(정보의 제시 양식, 사람들 간의 정보의 분산 표상과 이의 활용 과정 등 포함), 인사 관리 등의 측면에서 관련된 연구가 진행된다.
도서관학	정보 구조, 정보 인출, 세만틱넷, 사용자와의 인터페이스 등의 문제에서 인지과학과 관련된 연구가 진행된다.

교육학	독서와 이해의 교육, 수리적 그리고 과학적 사고와 수행 모델, 일반 학습 모델 형성 등의 인지 교수(cognitive instruction) 방법과 관련되어 교육심리학을 중심으로 인지과학적 연구가 진행된다. 최근에는 뇌 기반 학습과학의 틀에서 많은 응용적 연구가 진행되고 있다.
법학	법정 증인의 기억과 이해의 정확성 문제, 배심원의 의사결정 문제, 배심원 선정 문제, 검사-변호사-판사의 증거 및 법조문 선택과 판단 결정의 인지 과정 문제, 법정에서의 설득이 이루어지는 사회적 인지 과정 문제, 검사-변호사-판사의 언급 내용에 대한 원고인 및 피고인의 이해와 기억의 문제 등과 연관되어 인지과학적 연구가 진행된다.
행정학, 정치학	행정적, 정치적 체제와 구조 내에서 판단과 의사결정이 이루어지는 과정, 정보의 분산, 인식(왜곡 포함), 저장, 활용 과정 등의 문제, 집단과 집단 또는 집단(체제)과 개인 간의 상호작용(인식, 태도, 신념) 등의 문제와 관련하여 인지과학적 연구와 연결된다.
광학, 음향학, 전자공학	복잡한 대상 또는 음향의 탐지 및 파악과 관련하여 시각과학과 음향학 등 (청각) 관련 학문들의 연구가 인지과학과 연관되어 진행된다.
음악학	음악의 지각, 음악심리학, 연주자의 수행 모델, 컴퓨터 음악 작곡 등과 관련하여 인지과학적 학제적 연구가 진행된다.
미학, 예술학	심미적 감각과 지각, 표현, 이의 이해 문제와 관련하여 인지적 모델이 제시되고 이론적, 경험적 연구가 인지과학 틀에서 진행된다.
건축학	건축은 인간의 심미적 감흥과 효율성, 편리성, 쾌적성, 유용성을 목표로 하는데, 이는 본질적으로 인간의 인지적, 정서적, 심리신체적 속성들에 의하여 결정된다는 점에서 인지과학과 관련된다.
문학 (이론)	인간의 삶과 각종 인지, 자아관 등이 본질적으로 넓은 의미의 이야기(narratives) 또는 텍스트(text)를 형성하고 해석하는 것이라는 관점에서 볼 때 문학(비평) 이론이 인간의 마음, 문화적 활동과 과정 등에 대한 하나의 인지적 설명과 기술의 틀을 제시해준다는 점에서 인지과학과 연결된다.
의학	신경의학, 면역학, 진료의학 등의 측면에서 인지과학과 관련된다. 신경의학은 각종 신경적 이상(異常)이 정서적, 지적, 운동적 기능의 이상과 통제(control)의 이상 문제를 유발한다는 점에서, 면역학은 면역학, 유전공학의 측면에서 세포 내의 정보의 표상, 저장, 활용이 생명-두뇌-마음에 대한 시사를 준다는 점에서, 진료의학은 진료와 치료의 대부분이 의사와 환자 사이에서 정보가 어떻게 전달, 해석, 기억, 준수되며 신념(belief)을 지니는가에 의한다는 점 등에서 인지과학적 연구와 연결된다.
종교학, 신학	인지심리학, 진화심리학, 인지신경과학, 인지인류학 등의 방법과 이론을 도입하여 종교적 믿음, 종교적 행위 등의 바탕을 탐구한다.
고고학	인류의 두뇌, 마음과 지(知), 문화적 양식과 표현이 어떻게 진화, 발전해왔는가 등과 관련하여 인지과학적 연구와 연관된다.
과학사 및 과학철학	과학의 형성과 발달을 인간의 개인적, 사회적, 체제적인 지적 진화 및 발달의 관점에서 접근하며, 인지과학의 형성 과정과 발달을 역사적으로 분석하고, 동시에 과학철학적 분석을 통하여 종합과학으로서의 인지과학의 개념적 기초를 규명하고 그 한계성과 가능성을 규명한다.

인공두뇌학을 발전시켰다. 심리학은 마음과 인지라는 연구 주제와 실험적 방법을 제공했고, 컴퓨터과학은 디지털 컴퓨터, 저장된 프로그램 개념, 컴퓨터 유추(은유), 프로그래밍 기법, 시뮬레이션 방법, 인공지능학을 제공했다. 언어학은 형식문법론을 중심으로 한 형식 이론을 제공했고, 내적 규칙과 심적 능력(competence)의 개념을 부상시켰으며, 인류학은 종 및 문화와 사회적 결정인의 중요성을 부각시켰고, 사회학은 구조주의와 민생방법론을 발전시켰고, 신경과학은 두뇌와 신경계의 구조와 과정에 대한 재개념화, 신경과학적 연구법을 제공했고, 신경계 이상 현상과 인지와의 관계성 탐구의 중요성을 부각시켰다.

인지과학의 연구대상 주제와 관련하여, 인지과학이 관련되어 있는 분야들을 인지과학의 대상 영역 또는 인지과학의 주제적 세계라고 본다면, 미국과학재단에서 제시한 NBIC 융합과학기술 틀과 연결하여 인지과학의 주제적 대상 세계를 심리적 세계, 사회적 세계, 정보적 세계, 신경인지적 세계, 생명-계산적 세계 등과의 연결로 개념화해볼 수 있을 것이다. 이러한 개념 틀이 〈그림 1-8〉에 제시되어 있다.

한 가지 유의할 점은 인지과학의 입장에서는 이들 학문들이 모두 연결되어 그 연결

그림 1-8 대상 주제 중심으로 본 인지과학의 세계

의 인지적 측면들에 대한 연구가 이루어지고 있지만, 이들 분야들 중의 어떤 분야 학문들에서는 일부 연구자들이 이러한 연관성을 자각하지 못하거나 무시하는 경향도 있다는 것이다. 특히 국내에서는 아직도 그러한 경향성이 강하다. 과학과 세계를 보는 관점이 인지과학에 의해 재구성되고 있지만, 그 당위성이나 필요성이나 변화 경향과 미래의 학문 경계와 과학관의 재구성의 필연성을 국내 학계나 연구자들의 상당수가 아직 인식하지 못하고 있다.

6. 인지과학의 연구 영역, 연구 주제, 연구방법

1) 인지과학의 연구 영역

인지과학의 연구 영역은 편의상, 크게 기초연구 영역과 응용연구 영역으로 나누어볼 수 있다. 그러나 실상은 기초와 응용을 이분법적으로 나눌 수 있는 것이 아니며, 기초 영역과 응용 영역을 구분하기 힘든 경우가 많을 만큼 인지과학의 응용 분야와 기초이론 분야는 밀접하게 연결되어 있다.

인지과학은 인간과 동물의 감각, 지각, 주의, 기억, 문제해결 행동, 정서, 사회적 인지, 신체적 움직임의 제어 등에서의 표상 및 정보처리 과정의 본질(주로 철학적 탐구)과 그 특성(주로 인지심리학적 탐구) 및 그의 신경과학적 기반을(주로 인지신경과학적 탐구) 기초 연구 영역으로 다루는 동시에, 인공지능이나 로봇 등의 인공체계에 구현되는 기계적 시각, 기계적 청각, 기계적 언어처리, 기계적 기억, 기계적 사고(판단, 추리, 문제해결) 등을(주로 인공지능 및 로보틱스의 탐구) 기초 영역으로 다룬다.

인지과학의 응용적 연구 영역은 인지과학의 기초 개념과 이론, 그리고 밝혀진 사실들을 인간과 동물의 실제적(개인적, 집단적) 삶에 적용하고, 각종 인공물(컴퓨터나 로봇, 핸드폰과 같은 하드웨어적 문화적 산물이나 경제체제, 교육체제, 행정체제, 문학, 예술 등의 각종 소프트웨어적 문화적 산물 등)의 개발 및 활용에 적용하는 분야가 해당된다. 인지과학의 기초 연구 영역에 대하여는 4장 8절을, 인지과학의 응용 영역에 대하여는 14장의 내용을 참고하기 바란다.

2) 인지과학의 연구방법

인지과학에는 여러 학문들이 수렴되고 연계되어 있다. 따라서 그 연구방법에는 관련된 여러 학문들이 지녀온 방법들이 모두 사용되고 있다. 심리학과 신경과학에서 주로 사용되던 실험실 실험법, 철학과 언어학에서 주로 사용되던 직관적 논리적 분석법과 형식적 분석 기술(記述)법, 컴퓨터과학(인공지능학)에서 주로 사용되던 컴퓨터 모의실험, 심리학과 인공지능학에서 주로 사용되던 내성보고 분석법(protocol analysis; Ericsson & Simon, 1984), 심리학이나 인류학 등에서 사용하던 자연관찰법 및 민속방법(ethnomethodology), 담화분석법(discourse analysis) 등이 인지과학의 주 연구방법으로 사용된다.

물론 인지과학의 각 핵심 학문들은 어느 한 방법만을 쓰기보다는 여러 방법을 사용하는 경향이 있으나, 각 학문 자체의 특성에 따라 특히 선호하는 방법론을 지닌다. 심리학자들은 엄밀하게 통제된 실험실 실험에 의하여 인지를 연구하거나, 자연적으로 일어나는 행동들을 체계적이고 상세하게 자연 관찰하는 연구법을 주로 사용한다.

언어학자들은 문법적 또는 비문법적 문장들에 대한 언어 사용자의 직관을 분석하거나, 아동들의 언어 획득 현상 또는 말실수 등을 관찰하고 분석하여 문법적 구조 지식에 대한 가설을 검증하는 방법을 주로 사용한다.

인공지능학자들은 지능적 행동을 보일 수 있는 컴퓨터 프로그램을 작성하고 이 프로그램이 어디에서 문제가 발생하는가를 검사하여 자신의 가설을 검증하는 시뮬레이션 방법을 주로 사용한다.

철학자들은 인지과학적 이론들의 개념적 통일성(정합성)을 이성적, 논리적으로 분석하고, 좋은 인지과학적 이론들이 충족시켜야 할 보편적 제약들을 형성한다.

신경과학자들은 생리학적, 생물학적 실험을 통해 두뇌의 정보처리 과정의 생리학적, 생물학적 기초를 밝힌다.

인지과학자들이 사용하는 이러한 주요 방법들의 내용에 대한 자세한 논의는 5장에서 다루어진다.

7. 인지과학의 의의

정보처리적 패러다임을 적용하여 인간의 마음과 컴퓨터와 두뇌 등을 연결하는 학제적 과학을 인지과학이라고 하지만, 조금 더 포괄적으로 생각한다면 인지과학은 어떠한 학문적, 과학적 의의를 지니는 것인가? 인지적 패러다임의 특성들을 구현하여 정보처리의 개념을 구심점으로 부상한 인지과학은 다음과 같은 순수이론적 의의와 응용적 의의를 지닌다고 할 수 있다.[1]

첫째로 과학사적 중요성이다. 인지과학은 예로부터 철학의 주요 관심 주제였던 심신 관계와 인식의 문제를 정보처리적 틀 내에서 재구성하게 했다(김재권, 1994; Churchland, 1986). 이러한 심리철학적 관점의 재구성은 인간과 동물과 기계, 물질과 정신의 본질과 상호관계성에 대한, 그리고 인식론, 존재론에 대한 전통적 관념을 재구성하게 하는 커다란 변화를 가져왔다. 또한 미래의 정보사회를 구현하는 이론적 틀과 개념적, 방법론적 도구를 제공해주었다고 할 수 있다.

더욱이 인류의 생물학적 진화가 이제 정지되었다고 간주할 수 있는 현 시점에서 이 한계를 컴퓨터와 마음과 두뇌를 창의적으로 조합한 인지(의식)적 변혁에 의해 극복할 수 있는 가능성(Ornstein, 1991)을 제시했다고도 할 수 있다. 또한 전통적인 과학관, 세계관이었던 일방향적 인과적 결정론(모든 것이 미시적인 물질 요소들의 작용에 의해

---

1 이 책의 마지막 장인 15장에서 인지과학의 조망을 다루면서 인지과학의 의의 부분에 대하여 다시 설명을 전개하겠지만 인지과학에 대한 개관을 돕기 위하여 여기에 인지과학의 의의를 기술한다.

상향적으로 인과적으로 결정된다는 관점)에서부터 양방향적 결정론(거시적[예: 심리-인지적] 요인도 하향적으로 인과적 영향을 준다는 관점)의 가능성을 인정하게 됨에 따라(Sperry, 1995), 자연 현실을 보는 세계관이 달라졌다. 이에 따라 세상이 가치 중립적인 물리적 힘, 전통적인 물리적 과학기술에 의해서만 결정되고 지배되는 것이 아니라 인간의 가치와 신념, 의식(인지)에 의해 지배되는 것이며, 따라서 현재 세상의 모든 환경적, 생태적, 문화사회적 문제점들이 전통적 과학기술의 발전에 의해서라기 보다는 인간의 인지, 의식의 변혁을 통해 교정될 수 있다는 새로운 세계관에 대한 '과학적(추상적, 직관적인 것이 아닌)' 인식이 가능하게 되었다(Sperry, 1995).

둘째로 순수이론적 측면의 의의이다. 인지과학은 인지심리학적 연구를 통해 인간이 어떻게 지각(知覺)하고 주의하며 기억하는가, 언어를 어떻게 구사하는가, 각종 문제해결적 사고와 판단, 추리, 결정적 사고를 어떠한 정보처리 과정을 통해 수행하며 그 한계성은 무엇인가를 계속 밝혀주고 있다. 또한 인지신경과학적 연구를 통해 신경계의 정보처리적 특성이 어떠하며 신경계의 구조와 기능에 의해 인지적 정보처리가 어떠한 제약을 받는가, 두뇌 손상을 입은 사람들의 정보처리적 특성은 어떠한가 등을 밝혀주고 있다. 또한 컴퓨터에 의한 기계적 형태 지각, 학습, 언어 처리, 문제해결과 추론 및 판단 과정들을 밝히는 효율적 모형과 이론들을 제시해준다.

셋째로 학제적(學際的, interdisciplinary) 측면의 의의이다. 인지과학은 여러 학문이 연결된 종합적 접근을 제시함으로써 기존의 인문사회과학 대 자연과학의 이분법적 분류체계가 현재와 미래의 학문체계에는 부적절한, 시대에 뒤떨어진 분류체계임을 드러내 보이고 이를 극복하는 대안적, 학제적 종합과학의 틀의 전형을 제시해주었다.

넷째로 응용과학적 측면의 의의이다. 일반 공학적 측면에서는 지능 컴퓨터로 구현할 수 있는 이론적 모형을 제시해주고, 인간 두뇌의 신경세포망을 기초로 한 신경망 컴퓨터의 개발을 위한 모형을 제시해주며, 컴퓨터와 인간의 상호작용 모형을 제시하여 사용자 편의 위주의 컴퓨터 하드웨어와 소프트웨어를 고안하게 하는 이론적 기초와 실제 응용 모형을 제공해준다. 또한 산업 및 일상생활 상황에서 인간이 사용하는 각종 도구와 기계의 디자인을 효율적으로 하는 이론적 기초와 방법을 제공해준다.

인지과학의 부산물인 인지(지식)공학적 측면에서는 각종 교육 장면에서의 새로운 지식 및 기술 습득과 활용의 효율화 모형과 방법을 제공하고 있다. 또한 의료 장면, 행정 장면, 산업(서비스산업 포함) 장면 등에서 효율적으로 판단, 추리, 결정하는 인간 전문가와 기계적 전문가 모형 및 구체적 프로그램들을 제공해주고 있다. 또한 각종 문화적, 문명적 이기(利器)인 인공물들(artifacts)에 정보를 어떻게 분할 저장해야 나중에 효율적으로 활용할 수 있는가에 대한 모형을 제공해준다(Norman, 1990).

또한 인지과학의 연구가 보다 더 발전되면 미래에는 정보 공간, 사이버 공간에서의 인지적, 정보적 공간과 거리(타인의 정서적, 인지적 안정감을 해치지 않는) 개념의 재구성과 조정이라든가 적시에 적절한 정보를 다량으로 빨리 훑어보고 즉각 선택, 추출하는 인지적 기술과 이에 부합되는 최적 환경을 디자인하는 기술, 개개인 또는 집단이 각종 정보환경에서 효율적으로 사고하고 문제해결하는 인지적 기술 등의 인지생태학적 응용기술이 발전되리라 본다.

다섯째로 임상 교정적 의의이다. 두뇌에 손상을 입거나 유전적으로 결함이 있는 사람들의 언어, 주의, 사고 과정 등의 지적 기능 이상 현상을 분석하여 설명하고 이를 교정, 지원하는 이론들을 제공해준다. 또한 운동감각 및 지각능력 장애자의 증상 개선 이론 및 학습지체나 천재아의 교육 이론과 모형을 제시해준다.

여섯째로 기타 일반 사회 문화적 의의이다. 경제, 정치, 외교, 경영, 군사, 재난과 안전 등의 측면에서의 판단과 결정의 오류를 정보처리적 차원에서 분석하고, 대처 방안에 대한 이론적 모형을 제공해준다. 또한 정치적, 경제적, 행정적, 산업적 각종 집단 상황에서 상황구성원들 사이에 각종 자극 정보가 어떻게 전달되고 지각되며, 어떻게 사람들 간에 분할되어 표상되고(distributed representation) 또 이것이 재활용되는 과정이 어떠한지, 또 이것이 집단적 인식과 과제 수행과 태도 변화에 어떻게 영향을 주는지를 분석, 설명해준다. 그리고 음악, 미술, 건축, 문학 등의 예술적 표현과 이의 이해 과정에 대한 인지과학적 분석과 설명을 제공해준다.

인지과학의 이와 같은 의의와 중요성을 종합해본다면, 인지과학은 인간 마음의 작용과 관련된 각종 인간 활동과 그 활동의 산물에 대한 이해와 설명 및 개선을 위한 개념적, 이론적, 방법론적 틀을 제공해주는 포괄적인 학문이라고 할 수 있다. 인간 자신과 생물계, 기계와 문화에 대해, 또 물질과 정신에 대해 컴퓨터 시대, 정보화 시대에 맞는 새로운 패러다임을 제공해주는 종합적 학문이다. 자연의 가장 오묘한 구조와 현상이며 인류 최후의 개척 분야라고 불리는 두뇌와 마음을, 20세기 인류 과학기술 문명의 정수라고 할 수 있는 컴퓨터의 계산적 정보처리 틀과 연결하여 미래의 정보화 사회, 컴퓨터 문화를 형성해가는 구체적 도구와 개념적 틀과 철학을 제시해주며 21세기 인류 과학의 중심이 될 학문이 바로 인지과학이라고 하겠다.

8. 인지과학의 확장과 제도화 추세

인지과학이 하나의 새로운 다학문적 종합과학으로 자리 잡음에 따라 어떤 추세들이 나타나고 있는가? 학문적 연구의 깊이와 폭이 계속 발전되고 있는 것 이외에 다음과 같다. 인지과학의 확장과 관련된 제도화 추세가 이루어져왔다.

1) 해외 인지과학의 발전 추세

• 대학의 인지과학 학과, 과정, 학부 설치

대학에서는 인지과학 학과 또는 인지과학 대학을 제도적으로 설치하는 대학들이 급격히 증가하였다. 미국의 UCSD, 영국의 에든버러 대학 등과 같이 1980년대부터 대학 학부와 대학원에 인지과학 학과가 독립적으로 설치된 대학이 있으며, 최근에는 학부와 대학원에 '인지 및 뇌과학(Cognitive and Brain Science) 학과, 또는 뇌 및 인지과학 (Brain & Cognitive Science) 학과 등 인지과학과 신경과학을 밀접히 연결한 학과들

---

2 2,000억 원 규모의 MIT 뇌/인지과학 학과 및 신경과학연구소 빌딩. 2005년 12월 2일에 MIT 대학에서는 뇌/인지과학 컴플렉스 (Brain and Cognitive Sciences Complex [BCSl]) 빌딩이 공식적으로 오픈되었다. 맥거번 가족의 기증 등을 받아 1억 7,500만 달라(약 2,000억 원)를 들여 건축하고 앞으로도 계속 총 3억 5,000만 달러(약 4,000억 원)를 들여 보완할 이 건물은 연건평 41만 1,000제곱피트나 되는 거대한 빌딩으로, 석회석과 유리로 지어졌으며, MIT의 캠퍼스 내에서 가장 큰 건물이 되었다. 세계에서 가장 큰 신경과학연구센터가 된 이 건물에는 3개의 기관이 있다. MIT의 뇌/인지과학 학과(Department of Brain and Cognitive Sciences), 맥거번 뇌연구소(McGovern Institute for Brain Research), 그리고 피카워 학습-기억연구소(Picower Institute for Learning and Memory)가 그 세 기관이며, Athinoula A. Martinos 뇌영상센터도 함께 있다. MIT의 인지과학 학과는 1개의 학과인데도 한국 대학의 단과대학 하나의 규모를 지니고 있다. 교수가 41명, 대학원생과 학부생이 200명 이상, 포스닥 및 연구원 180명, 행정 및 기술지원 스태프 32명, 도합 450여 명이다.

이 생겨나고 있다. 미국 MIT의 뇌/인지과학 학과가[2] 그 대표적 예이다.

대학에 따라서는 인지과학 학과는 없으나 거의 학과와 마찬가지의 기능을 하는 교과 과정을 운영하는 대학도 상당히 있다. 하버드 대학 학부의 MBB(Mind, Brain & Behavior) 과정과 영국 옥스퍼드 대학 학부의 PPP(Psychology, Philosophy and Physiology) 과정 등은 대학에 자리 잡은 대표적인 학위 과정이다. 특히 옥스퍼드의 PPP 과정은 가장 많은 학부학생들이 지원하는 과정으로 꼽히고 있다. 이 학부 과정들은 그 대학의 대학원 인지과학 과정 또는 학과와 연계하여 실제로 많은 교수와 상당한 재원의 확보하에 많은 학생들이 전공을 하고 있다. 또한 학부에는 인지과학 학과나 과정이 없지만, 대학원에는 인지과학과(또는 교과 과정)가 있는 대학들이 북미와 유럽을 합하여 상당한 수에 이르고 있다. 북미에서는 인지과학과나 대학원 프로그램이 없으면 낙후한 대학 또는 일류가 아닌 대학으로 취급받는 추세가 학생들, 교수들, 학교 당국자들, 과학원, 기타 연구비 지원 단체들에 퍼져 있기 때문에 대학들은 다투어 재정을 우선적으로 할당하여 우수한 인지과학자를 영입하고 교과 과정을 개설하고 있는 형편이다. 북미의 일류 대학들은 대부분 학부에서 인지과학을 전공학문이나 부전공학문으로 채택하고 있으며, 북미, 유럽, 호주 지역만을 통틀어도 이러한 인지과학 과정을 학부 또는 대학원에 개설하여 인재를 양성하고 있는 학교의 수가 100여 곳에 이르고 있다.(해외 인지과학 대학원 목록: http://www.gradschools.com/Subject/ Cognitive-Science/70.html)

• 민간재단과 국가기관의 인지과학 지원과 학회의 출발

미국의 경우, 인지과학이 태동한 이래 많은 사립 재단들과 정부기관 및 회사 등이 이들의 연구에 각별한 관심을 보이며 재정적인 지원을 아끼지 않고 있다. 대표적으로 슬로언 재단(Sloan Foundation)과 벨(Bell), IBM 등의 컴퓨터 관련 기업체들이 인지과학 연구를 적극적으로 지원하였다. 특히 1976년 슬로언 재단의 지원을 받아 1977년에 『Cognitive Science』라는 인지과학 전문 학술지가 창간되었으며, 이어서 1979년에는 인지과학회가 창립되었다. 현재 세계 각국의 정회원을 1,000명 이상 보유하고 있으며, 미국 내의 연례 학회와 세계 각국의 인지과학 학회를 공동 주관하고 있다.

• 인지과학 관련 연구소 설치와 발전

최초의 인지과학연구센터가 1960년에 브루너(J. Bruner)와 밀러(G. A. Miller)에 의해 하버드 대학에 설립된 이후, 카네기 재단의 재정적인 지원으로 더욱 발전하게 되었다. 이후 많은 미국과 유럽의 유수한 대학들과 컴퓨터 회사, 전기통신 회사, 연구재단들에 인지과학연구소가 설립되어 인지과학 연구의 중심 역할을 해오고 있다. 프랑스와 같이 국가적 단위의 인지과학연구소가 설립된 곳도 있다.

독일 과학원뿐만 아니라 이러한 인지과학의 연구 성과들은 단순히 학문적 가치뿐 아니라 실제 인간 생활의 여러 장면에 직접 활용될 수 있다는 인식이 확산되면서 벨 연구소, 제록스사의 팰러앨토(Palo-Alto) 연구센터, 휴렛패커드 연구소 등 다수의 기업체 내에 인지과학 관련 연구소들이 설립되었다. 기업체, 국가와 대학에서 지원하고 있는 이러한 연구소들은 인지과학의 학제적인 공동연구를 수행하는 데 중추적인 역할을 하고 학술대회, 워크숍, 세미나 등을 활발히 개최하여 인지과학 연구들의 학술정보를 교환할 수 있는 장을 제공하며, 인지과학 이론의 실제 응용적인 측면을 살려 사회에 기여하고 있다. 또한 국가 과학원에 인지과학연구소나 실험실이 설치되어 있거나, 유럽공동체처럼 여러 국가가 연합하여 인지과학 공동연구 프로젝트를 수행하기도 한다 (Imbert, Bertelson, Kempson, Osherson, Schelle, Streitz, Thomassen & Viviani, 1987).

2)국내의 인지과학의 출발과 확산[3]

심리학, 언어학, 철학, 인공지능 등의 분야에서 독립적으로 연구를 수행하던 국내 학자들은 1980년대 초에 인지과학이라는 종합적 틀 내에서 학제적 연구를 수행할 필요를 느끼고 있었다. 1986년 6월부터 서울대 조명한 교수(심리학) 등 14인이 대우재단으로부터 '인지과학의 제 문제' 라는 공동연구 지원을 받은 것이 국내 최초의 공식적

---

3 한국인지과학의 형성 및 발전사에 대해서는 이정모(2002)의 2절의 내용,
또는 http://korcogsci.blogspot.com/2008/07/blog-post_18.html의 내용 참조.

인지과학 연구모임의 출발이 되었다(이정모, 2002). 1987년에 인지과학회가 창립되었고 컴퓨터과학자, 인지심리학자, 언어학자들이 주축이 되어 비교적 활발한 활동을 전개하고 있어 회원의 수와 연구 영역 및 그 수준이 높아져왔다. 한국인지과학회는 연례 학술대회를 개최하고 있으며, 학술지 『인지과학』을 기관지로 발간해오고 있다. 1990년대 후반에는 소프트과학, 감성과학, 뇌과학 등의 학제적 연구 프로젝트에 인지과학자들이 참여하여 새로운 협동적 융합적 연구 추세를 가져오고 있다.

국내 대학에서는 1995년부터 서울대, 성균관대, 연세대에서 인지과학 프로그램이 대학원 협동과정으로 개설되었고, 부산대에서도 1996년부터 개설되었다. 또한 1996년 이래 연세대와 서울대에 인지과학연구소가 설립되어 연구 활동을 전개하고 있다. 대학에서 인지과학을 제도화하는 움직임이 계속 증가하고 있다.

한국인지과학회는 1991년에 한국과학재단과 미국과학재단의 지원하에 서울에서 개최된 한미인지과학학술대회를 개최하였고, 1989년 이래 매년 10월에 개최되는 '한글 및 한국어 정보처리 학술대회'를 정보과학회와 공동으로 개최해왔으며, 언어학회와 연계한 서울국제언어학술대회와 철학회와의 공동학술대회 등이 이루어졌다. 국내 HCI(Human Computer Interaction) 학회의 창립과 발전에도 인지과학회 회원들이 관여하였다. 1997년에는 중국, 일본, 태평양 연안국가의 연구자들과 더불어 국내 인지과학 연구자들이 국제인지과학회(ICCS)를 조직하고 그 첫 학술대회를 한국에서 개최하였으며, 현재 ICCS는 일본에서 2차, 중국에서 3차, 호주에서 4차, 캐나다에서 5차 학술대회를 연 후 2008년 서울에서 6차 학술대회를 개최하였다. 한편 국내 인지과학 동호회는 1995년에 천리안 '인지과학 동호회'가 출발하였고, 2002년에 자생적 조직으로 출발한 '인지과학 학생회'는 인지과학을 전공하거나 관심을 가진 학생들과 일반인들의 모임으로 온라인(http://cafe.daum.net/cogsci)과 오프라인에서 활동을 벌이고 있다.

서구와 국내에서의 인지과학의 계속적인 확산과 발전은, 이것이 단순한 시대의 일시적 학문적 조류라는 인식을 넘어서 새로운 세기를 맞는 인류에 있어 필연적으로 직면한 문제로서의 인간의 인지 과정에 대한 연구의 중요성을 절감케 해주는 명백한 증거라고 할 수 있겠다.

9. 종합

인지과학은 마음, 두뇌 컴퓨터와 기타 인공물의 연결 관계상에서 인간의 마음을 비롯한 지(知) 체계의 본질을 밝히려는 학자들의 자연적인 지적 호기심에서 생각들이 수렴되고 여러 단계의 발전을 거쳐 점진적으로 형성되었고, 그 이론체계와 방법론적 틀, 경험적 증거들을 기초로 하여, 그리고 인지과학적 물음들의 본질적 중요성과 의의로 인하여 20세기의 핵심 과학으로 발돋움하였다. 인지과학은 20세기의 다른 어떤 학문들보다도 주변 학문들에 커다란 영향을 주고 있으며 인간, 신체, 마음, 환경, 정보 및 정보처리 활동, 과학, 세계에 대한 기존 관점들의 재구성을 초래하고 있다.

인지과학이 출범하여 이와 같이 20세기의 핵심 과학으로 자리 잡는 데에는 튜링기계 이론에 기초한 고전적 계산주의의 힘이 컸다. 계산주의에 힘입어 인지심리학의 문제가 언어학 및 컴퓨터과학과 연결될 수 있었고, 컴퓨터과학, 인지심리학, 신경과학이 연결되었으며, 오늘날과 같은 폭넓은 학제적 연구가 가능할 수 있었다.

그러나 최근의 인지과학 연구 경향은 전통적인 고전적 계산주의(물리적 기호체계 이론)가 더 이상 인지과학을 독점하지는 않는 방향으로 흐르고 있다. 신경계 단위 사이의 작동 특성에 근거한 신경망 이론, 즉 연결주의 이론이 대두하여 컴퓨터 은유와 계열적 처리, 표상을 강조한 고전적 인지주의에 대한 대안적 관점을 내놓았고, 이어서 마음을 컴퓨터에 은유하는 전통적 인지주의보다는 인지신경과학적 연구 기법의 발전에 따라 마음과 뇌의 연결에 초점을 맞춘 뇌 은유의 신경과학적 접근이 대두되어 인지신경과학이 형성되었으며, 그 영향으로 인지과학의 판도가 변화하고 있다. 또한 물리학에서 동역학적 접근이 도입되어 정적인 시간상에서의 단속적 정보처리를 강조한 과거의 전통적 인지주의에 반하여 계속 흘러가는 시간 계열상에서의 정보처리 특성과 표상의 역동적 변화를 강조한 동역학체계적 접근이 등장하였다.

물론 자연과학적, 경험과학적 관점에서 볼 때, 현 시점에서 유망한 접근은 인지신경적 접근과 진화이론적 접근이라고도 할 수 있을 것 같다. 이 외에도 '몸에 바탕한 마음'을 강조한 체화(embodied)적 접근도 제3의 인지과학 패러다임으로 강력히 떠오르고 있다.

그렇다고 해서 전통적 계산주의가 인지과학에서 중심적 위치를 내주었다는 말은 아니다. 전통적 계산주의, 정보처리적 관점은 활발하고 생산적인 연구를 통해 아직도 인지과학의 주류를 이끌어 나가고 있다. 한때 전통적 계산주의를 대치할 것 같은 기세를 보였던 연결주의 세력도 그 한계가 거론되었고, 다소 정체 상태를 거쳐 이제는 이를 극복하려는 시도로서 다른 새로운 접근과의 유대를 모색하고 있다. 연결주의란 동역학체계적 접근의 형성을 위한 중간 단계라는 주장도 제기되고 있으며(van Gelder, 1997), 신경과학과의 새로운 형태의 연계도 시도되고 있다.

인지과학의 미래는 타학문과의 연계성의 증대와 그 발전 속도의 빠름으로 인하여 정확히 예측하기가 힘들다고 하겠다. 그러나 현재 진행되고 있는 인지과학 연구의 전반적 흐름을 근거로 예측할 수 있는 것 중 하나는, 이러한 새로운 접근들과의 상호작용을 통하여 인지심리학, 인공지능학, 신경과학, 물리학, 철학, 언어학, 수학, 인공생명학, 로보틱스, 진화생물학, 인류학, 동물행동학 등의 연구들이 서로간의 경계 없이 '자연적 마음', '인공적 마음'의 과학적 이해와 실제적 구성을 위해 하나로 수렴되어가며(Franklin, 1995), 인지과학이 21세기 과학의 핵심이 되는 모습이 우리가 쉽게 생각할 수 있는 인지과학의 미래라는 것이다.

제2장

인지과학의 형성 역사: 개관
The History of Founding
Cognitive Science: An Overview

1. 인지주의 형성 이전의 역사

1) 고전적 인지주의의 배경

인간의 마음을 이해하고 연구하려는 시도들은 역사적으로 다양한 형태로 이루어졌다. 마음의 문제는 주로 철학에서 다루어져왔다. 철학 내에서 마음의 문제를 연구하는 학자들은 고대 그리스의 플라톤, 아리스토텔레스 이래로 마음의 본질적인 특성을 밝히려고 사변적 분석을 해왔다. 마음에 대한 철학적 접근의 대표적인 사상가는 17세기의 르네 데카르트로 그는 가장 영향을 많이 끼친 사람이다. 그는 마음과 몸이 서로 다른 실체라는 심신이원론을 전개하였으며, 마음의 내용이 주로 합리적 이성에 의해 이루어진다는 유럽 합리론을 전개하였다. 반면에 존 로크나 데이비드 흄과 같이 지식은 경험을 통하여 형성된다는 경험주의 철학자들은 마음이 감각경험을 바탕으로 형성된다는 입장을 전개하였다. 이러한 합리론과 경험론이 인간의 마음에 대한 학문적 접근에서 계속 서로 엎치락뒤치락하며 입장을 전개하였다.

19세기에는 유럽에 경험주의적 과학의 풍조가 강해졌고, 과거에 철학 내에서 제기되어온 심리학의 문제에 생리학과 물리학의 실험방법을 적용하여 새로운 과학으로서의 심리학이 형성되었다. 그러나 어떠한 방법론을 심리학의 주된 방법론으로 택할 것인가에 대하여, 그리고 심리학의 연구 주제가 의식의 내용인가, 심적 활동인가, 아니면 행동인가에 대하여 시대에 따라, 학자에 따라 다른 견해가 전개되었다. 철학에서 마음 관련 주제를 연구해온 기존의 연구방법은 학자 자신의 심적 경험을 직관적이고 논리적으로 분석하는 방법인 내성법이었다. 19세기 후반에 심리학이 실험생리학과 실험물리학의 방법을 도입하여 실험적, 과학적 심리학으로 출발하였지만, 의식 내용의 연구를 하는 데 있어서는 철학에서 사용하던 내성법이라는 방법을 버리지 못하였다. 따라서 19세기 말에서 20세기 초의 독일의 구조주의(구성주의) 심리학자들이 마음을 탐구한 기본 방법은, 시각자극 또는 청각자극 등의 물리적 자극을 제시하는 단계에서는 엄밀한 실험방법을 사용하였지만, 그 자극을 감각, 지각하는 체험의 분석방법으로는 주관적 체험의 내용에 대한 체계적 분석법인 내성법을 적용하는 방식을 취하였다. 이러한 주관적 방법의 사용에 대한 반발이 후에 행동주의 심리학의 떠오름으로 나타나게 된다.

한편 인간의 마음의 본질을 보는 관점은 계속 변화하였고, 17세기 이후 오랜 시간 동안을 지배해온 이원론적 생각, 즉 마음과 신체를 구별하려는 관점은 점차 다른 관점에 의해 잠식당하기 시작하였다. 19세기에서 20세기 초 사이에는 처음에는 진화론 등의 생물학적 접근의 영향을 받아 생물적 기계로서의 인간과 동물의 연속성, 인간 지능과 동물 지능의 연속성이 강조되며, 외적 행동을 강조하는 기능주의적, 역동적, 행동주의적 입장이 우세하였다.

그러나 20세기 중기에 들어서면서 인간의 마음이 하나의 추상적 계산 기계일 수 있다는 이론이 제기되었고, 디지털 컴퓨터의 급격한 발전은 컴퓨터 시뮬레이션(모사)을 통해 이러한 생각을 구체적으로 확인할 수 있는 가능성을 제기하였다. 이 새로운 입장은 마음에 대한 개념의 혁명적인 전환을 요구하고 있었다. 그러한 개념적 전환, 인간과 세상을 보는 틀의 혁명적 전환이 1950년대에 급격히 이루어졌으며, 그로 인해 새로 형성된 과학적 패러다임이 정보처리적 접근의 인지주의(cognitivism)이다.

그런데 정보처리적 접근의 인지주의가 형성된 것은 심리학 내에서의 행동주의적 관점에 대한 반발이 한몫을 하였다. 인지주의 형성의 배경과 역사를 이해하기 위해서는 먼저 행동주의 심리학의 입장을 이해해야 된다고 생각한다.

2) 행동주의 심리학

심리학의 연구 중심 주제를 의식이라 보고 의식 내용을 내성법을 통해 분석하려는 분트(W. Wundt)나 티치너(E. B. Titchener)의 구조주의 심리학에 반발하여, 심리학에서 객관적인 자연과학적 방법론적 엄밀성을 지켜야 한다고 주장하며 등장한 것이 행동주의 심리학이다. 1910년대에 시카고 대학의 왓슨(J. B. Watson)은 동물심리학적 연구, 파블로프 등의 조건형성 연구 패러다임, 유럽의 실증주의, 시카고 대학 중심의 기능주의 등의 전통을 결합하여 행동주의 심리학을 출발시켰다. 행동주의 (behaviorism)는 인간의 내적 의식 내용의 구조적 분석을 중심으로 하는 분트와 티치너의 구조주의 심리학에 반발하여, 관찰 불가능한 내적 구조를 가정할 필요 없이 외적으로 관찰 가능한 행동의 원인조건과 결과, 즉 환경 자극과 유기체 반응 사이의 관련성을 기술하는 것이 과학적 심리학이 추구해야 할 바라고 주장하였다. 따라서 분트 식의 심적 구조나 과정, 더 나아가 '마음'이라는 개념조차 행동주의 심리학에서는 배척되었다.

그들에 의하면, 인간의 행동은 '자극-반응'의 관계로 추적해갈 수 있다. 따라서 행동주의 심리학 이론이 인간 행동을 설명하는 방식은, 하나의 행동이 어떤 환경 자극 상태하에서 산출되었는가, 그리고 그것이 환경 조건에 의해 어떻게 강화되었는가 하는 '자극-반응-강화(자극)'의 연쇄 관계를 분석하는 것이었다.

모든 행동이 조건형성 학습 과정에 의해 이러한 자극-반응의 기계적 계열적 연결의 집적으로 형성됨으로써 가능한 것이며, 다른 아무런 심적 구조나 사고, 규칙 등의 인지적 과정이 개입될 필요가 없다고 보았다. 또한 그들은 구조주의 심리학에서 사용해온 내성법은 과학적 방법이 될 수 없으며, 관찰할 수 있는 현상만을 객관적 실험방법에 의해 기술하는 것이 심리학의 기본과제라고 간주하였다. 그들은 모든 개념을 객관적으로 관찰 가능한 행동과 관련된 언어로 표현하려 했다. 이러한 접근은 20세기 초에 독일 등을 중심으로 전개되었던 빈 서클 철학자 등의 논리실증주의 철학 입장을 반영한 것이었다.

행동주의 심리학의 관점

행동주의자들의 방법론적 논리는 다음과 같았다. 번쩍이는 불을 보고 쥐가 도망가는 현상에 대하여, '쥐가 번쩍이는 불이 무서워서 도망갔다'라는 상식적인 인과적 설명은 실상 두 요소를 내포한다. '쥐가 무서워했다'와 '번쩍이는 불(관찰 가능한 자극)이 주어질 때마다 도망간다(관찰 가능한 반응)'는 요소다. 행동주의자들에 의하면 전자는 쥐의 행동을 인과적으로 설명하는 데 아무런 쓸모가 없다. 왜냐하면 그것은 직접적으로 관찰에 의해 검증될 수 없기 때문이다. 쥐의 반응 행동으로부터 '무서워한다'는 것이 추론되는 것이지, 쥐의 반응 행동과 독립적으로 '무서워한다'는 것이 검증될 수 없으며, 첫째 요소가 두 번째 요소보다 더 예언력이 있다고 할 수 없다.

따라서 첫 요소, 즉 '쥐의 무서움'에 대한 언급은 부적절한 것이며 그보다는 쥐의 행동에 대한 관찰 가능한 선행조건을 언급하는 것이 더 타당하다. 첫 요소인 쥐의 인지적 상태에 대한 언급은 두 번째 요소, 즉 관찰 가능한 자극(조건)과 반응 사이의 상관을 편의적으로 재기술한 것에 지나지 않는다는 것이다. 즉 인지적 상태에 관한 이론적 개념이나 명제는 형이상학적 잉여성에 지나지 않는 것으로 쓸모가 없다. '무서워한다'와 같은 인지적 상태라는 것은 '번쩍이는 불' ⇒ '심장 박동 증가' ⇒ '신경전달물질인 에피네피린 분비' ⇒ …… ⇒ '뛰기' 등과 같은 일련의 관찰 가능한 더 단순한 자극-반응(S-R)의 연계 사슬로 대치될 수 있는 이론적 명제에 지나지 않는다는 것이다. 그들은 이러한 인지적 상태를 '설명적 허구'라고까지 불렀다. 따라서 왓슨은 마음은 물론, 인지 상태와 같은 내적 상태가 과학적 심리학 연구에 불필요할 뿐만 아니라 존재하지 않는다고 주장했다.

행동주의 심리학의 관점에 따르면 피아노 연주 행동도 단순화하여 표현한다면, '음표 1-건반 1을 누르는 반응'-'음표 2-건반 2를 누르는 반응2'-'음표 3-건반 3을 누르는 반응' ……의 자극-반응 연쇄의 학습에 지나지 않는다. 즉 사람의 머릿속에 있을 멜로디에 대한 인지구조 등을 인정하지 않았다.

스키너 – 사고는 행동의 한 형태
– S-R에 의해 사고 연구

연합연쇄 이론 예) 피아노 연주 S : 음표 1, 음표 2… R : 건반 누르는 반응

S1   S2   S3   S4……

R1   R2   R3   R4……

그림 2-1 행동주의 심리학자들의 자극-반응 이론 틀

왓슨의 뒤를 이어 행동주의 심리학의 대표적 주창자가 되었던 스키너(B. F. Skinner)는 마음이나 인지와 같은 내적 상태의 존재를 완전히 부정하지는 않았으나, 내적 상태와 같은 추상적 이론적 개념은 과학에 불필요하며, 오로지 인간이나 동물이라는 유기체를 넘어서 그 밖에서만 객관적으로 관찰할 수 있는 외적 자극과 반응을 통해서 비로소 유기체에 대한 설명을 줄 수 있다고 주장하였다. 유기체 밖에서 주어지는 자극과 그에 대한 유기체의 (외현적) 반응 사이에는 인과관계가 있기 때문에, 그 이외의 관찰 불가능한 어떤 이론적 내적 상태나 개념도 도입할 필요가 없다고 보았다.

스키너는 인지, 지능, 마음과 같은 이론적 내적 상태 또는 가설적 구성개념(constructs)을 도입한 설명은 참 과학이 아닌 소모적인 과학 활동으로 간주하였다. 따라서 그는 인간의 사고나 언어와 같은 고등 심리 과정과 그 내용을 자극과 반응(S-R)들이 이어진 연쇄로 환원시키려 하였다. 특히 고등 정신 과정의 하나인 언어 과정에 대하여 스키너는 『언어 행동(Verbal Behavior)』이라는 저서를 통해서 인간의 언어 산출에 인간의 마음이 개입될 필요가 없음을 보이려 했다. 예를 들면 〈그림 2-1〉에서 보이는 바와 같이 피아노 반주라는 복잡한 행동을 단순히 무수한 (자극[건반i]-반응[건반 누르기 반응j])들의 연결에 지나지 않는다고 보는 것이다.

심층분석 2-2   스키너의 언어 행동 이론

행동주의 심리학의 이론을 구체적으로 언어에 어떻게 적용하여 언어 행동을 기술할 수 있는가 하는 모델을 가장 강력히 전개한 것이 스키너였다. 언어 행동에 대한 그의 이론은 이미 1930년대에 생각되어 1947년 하버드대에서의 윌리엄 제임스(William James) 강좌 특강에서 학계에 알려졌고, 최종 체계는 1957년에서야 『언어 행동』이라는 저서를 통해서 공표되었다.

이 책에서 스키너는 인간의 언어와 언어 행동의 산출에 인간의 마음이 개입될 필요가 없음을 보이려 했다. 그는 강화에 기반을 둔 조건형성 과정에 의해 언어 행동을 기술하였다. 스키너에 의하면 언어 상황에서의 발화자에 대한 다른 인간들의 역할은 강화자극을 제시하는 강화자(reinforcer), 또는 상황을 구별하게 하는 변별자극(discriminative stimulus)의 위치에 국한되었다.

일반적으로 고전적 조건형성(Classical Conditioning) 이론의 행동주의에서는 인간의 행동을 특정 '자극– 반응'들의 관계로 간주하고, 하나의 행동 반응이 어떤 환경 자극 하에서 도출(elicited)되었는가, 그리고 그것이 환경(다른 사람들)에 의해 어떻게 강화되었는가를 분석하는 것이다. 이러한 조건형성 패러다임은 이미 유기체의 반응 레퍼토리에 있지 않던 새로운 언어 행동(예를 들면 새로운 언어 표현 등)이 나타나는 현상을 설명하기에 곤란하다. 그러나 스키너의 행동주의 이론은 조작적 조건형성(Operant Conditioning)을 중심으로 한 이론이다. 스키너에 의하면 조작적 반응의 발생 강도는 강화(reinforcement)의 정도에 달려 있다. 조작적 조건 반응으로서의 인간의 언어 행동은 부모나 주변 사람들에 의해 주어지는 사회적 인정 등의 강화에 의해 그 언어 행동의 재발 가능성, 강도가 증가된다. 어린아이가 말을 배우는 어떤 상황에서 여러 가능한 언어 표현 중의 어떤 언어 표현(반응)을 아이가 말하고, 이 언어 반응이 타인들에 의해 긍정적 강화를 받으면, 그 강화받는 상황과 유사한 상황에서 또는 전반적으로 그 언어 표현이 다시 나타날 가능성이 높아지고, 강화를 받지 않으면 그 언어 반응은 점차 사라지게 된다는 것이다. 어떤 단어, 형태소, 구 등이 문장들이나 맥락의 특정 위치에, 즉 특정 문장 틀에서 나타나는 것을 경험하면, 사람들은 이 단어, 형태소, 구들을 다른 문장이나 맥락에서 같은 위치에 사용하게끔 일반화 학습을 하게 된다는 것이다.

스키너의 언어 행동 이론은 인간의 언어 행동을 논함에 있어서 '심적 개념'을 거론할 필요 없이, 그저 조작적 조건형성 원리에 따라 강화를 통해 학습된 언어 행동적 습관으로 환원시킬 수 있다고 주장하는 것이다.[4]

이러한 극단적 견해는 후에 행동주의자들 사이에서도 다소 완화되어 언어와 사고에 관한 행동주의 심리학자들의 연구가 어느 정도 이루어졌다. 그러나 이들 연구도, 앞의 기본 개념인 의미가 제거된 자료인 무의미 철자라든가(예: 츄뿌, 더표 등), 낱개 단어들의 단순한 조건형성을 통한 자극과 반응의 연결로서 사고와 언어 행동을 설명하려 하

---

4 스키너의 언어 행동 이론에 대한 자세한 설명은 이정모(1998ㄱ)의 7.1절을 참조하고, 이에 대한 촘스키의 비판의 세부 내용은 이정모(1998ㄴ)의 2.2절을 참고할 것.

였다. 이들은 한 생각이 다른 생각을, 또는 한 단어가 다른 단어를 불러일으켜 언어 또는 사고가 이루어지는 과정을, 단순히 과거에 그 두 단어가 함께 경험되었던 연합경험과 그 강도에 따라 한 단어가 다른 단어를 확률적으로 직접 불러일으키거나 또는 그 둘을 매개하는 수많은 매개 자극-반응의 연결을 거쳐서 이루어지는 것으로 보았다.

행동주의 이론들은 객관성을 지닌 엄밀한 과학적 틀을 표방하며 제시되었지만, 이러한 이론들이 실제로 설명하고자 하는 심리 현상과는 거리가 너무나 떨어져 있음이 점차 드러나게 되었다. 또한 아주 간단한 언어 행동의 설명에도 주체할 수 없을 만큼의 수많은 자극-반응 연결을 동원해야 함이 드러나, 설명의 부적절성이 점차 지적되었다. 이러한 상황에서 1950년대 중반에 행동주의의 부적절성에 대해 날카로운 비판을 제기하며 등장하여 행동주의 입장을 무너뜨리고 새로운 학문적 틀로서 자리를 잡게 된 것이 인지주의이다.

2. 인지주의의 출발

고전적 계산주의(classical computationalism) 또는 고전적 인지주의(classical cognitivism)라고도 불리는 인지주의의 기본 입장은 인간의 마음을 어떻게 하면 자연화하여(naturalized) 과학적으로 연구할 수 있는가에 대해 '정보'와 '앎'의 개념을 사용하여 접근하려 한 것이다. 인지주의는 인간 마음의 작용 현상들을 앎의 내용과 과정, 곧 정보와 정보처리의 개념으로 바꾸어 생각하여 표현하고 설명하려 한다. 인지주의는 이러한 정보의 내용 구조와 정보처리 과정을 (논리학이나 컴퓨터과학에서 사용하는 술어 논리나 프로그래밍 언어라든가 정보 흐름도나 자료 구조도와 같은) 형식화된 개념적 도구를 사용하여 분석, 기술하려는 것이다.

인지주의는 이렇게 분석된 정보처리의 구조와 과정에 상응되는 마음의 내용이나 과정을 실험실 실험이나 컴퓨터 시뮬레이션 등을 통해 경험적으로 관찰하거나 논리적으로 분석함으로써 객관성과 경험적 증거라는 과학적 방법의 기준을 충족시킬 수 있다고 본다. 이러한 생각의 바탕에는 마음과 컴퓨터와 두뇌가 본질적으로 동일한 추상적 원리를 구현하는 정보처리체계, 계산 체계들이라는 생각이 놓여 있다.

컴퓨터가 보편화된 디지털 사회의 지금의 시점에서 생각하면 별로 새로울 것이 없는 생각, 평범한 생각이라는 느낌을 가질 수도 있지만, 마음과 컴퓨터를 정보처리 시스템이라는 개념 틀로 연결하여 유추하는 바로 이러한 생각이 오늘날의 컴퓨터와 디지털 사회를 가능하게 한 것이다. 그렇기는 하지만 이러한 생각 틀은 단숨에 형성된 것은 아니다. 오랜 기간을 통해 여러 분야의 학자들이 동시 다발적으로 창의적으로 제안하고 주고받은 생각들이 1950년대 중반에 종합됨으로써 짜여진 구체적 틀이 갖추어졌고 그것이 인지적 패러다임으로 부상하게 된 것이다.

1940년대, 1950년대에 인지적 패러다임이 형성되는 데 비교적 직접적으로, 그리고 결정적으로 공헌한 여러 생각의 흐름들이 있다(McCorduck, 1979; Gardner, 1985; Bechtel & Graham, 1998; Boden, 2006). 이러한 사조들을 1장 2절에서 간략하게 열거한 바 있는데, 이 흐름들을 몇 개의 항목으로 묶어 다시 설명하면 다음과 같다.

(1) 인지과학 형성의 첫째 배경은 철학과 수학에서의 형식 이론(formal theory)과 계산 이론(theory of computation)의 공헌이다. 이러한 이론들은 마음의 내용과 과정을 객관적으로 다룰 수 있는 형식 틀을 제공해주었다. 특히 제2차 세계대전 당시에 독일 군사 암호를 해독하는 기계인 '에니그마(Enigma)'의 설계에 핵심적인 이론을 제시한 영국의 수학자 튜링(A. Turing)은 '튜링 자동기계' 이론을 제시하여, 신비하고 과학적 연구가 불가능하다고 생각해온 인간의 수학문제 풀이의 사고 과정들을 엄밀히 형식화할 수 있는 가능성을 제시하였다. 마음을 컴퓨터에 비유하여 생각할 수 있는 길을 열어준 것이다.

(2) 다음에는 20세기 전반의 디지털 컴퓨터의 발달과 폰노이만(J. von Neumann) 교수의 이론을 중심으로 한 '저장된 프로그램' 개념의 발달이다. 단순한 숫자적 자료의 저장기계가 아니라, 그 자료에 어떤 조작 처리를 하는 집행 과정으로서의 프로그램이 계산기에 저장된다는 개념은 인공지능 연구의 출발을 촉진하고, 인간의 사고와 컴퓨터의 처리 과정의 유사성에 대한 생각을 가능하게 하였다.

(3) 기계의 릴레이 회로를 (그리고 이후에 발달되는 컴퓨터의 전기적 과정을) 불(Boole)식의 2진법 형식체계로 표현 가능하다는 섀넌(C. Shannon)의 생각과 정보를

양화할 수 있고 수리적으로 분석할 수 있다는 그의 정보 이론(information theory)도 영향을 주었다.

(4) 두뇌는 하나의 논리기계로 간주할 수 있으며 신경세포 간의 작용을 명제논리체계로 표현할 수 있다는(따라서 후대 사람들에 의하여 뇌의 과정을 컴퓨터의 과정 표시와 마찬가지로 개념화할 수 있다는 생각의 바탕이 된) 매컬러크(W. McCulloch)와 피츠(W. Pitts)의 생각(McCulloch & Pitts, 1943)의 출현과 확산이 또 다른 주 영향의 원천이었다.

(5) 정보란 에너지 개념으로 환원할 수 없는 고유의 개념이라는 비이너(N. Wiener)의 주장과 피드백 개념을 중심으로 한 그의 '인공두뇌학(cybernetics, 사이버네틱스)' 틀의 떠오름 및 시스템 이론의 형성과 확산은 인지과학 형성에 중요한 역할을 하였다.

(6) 2차 세계대전을 전후로 한 두뇌 손상자들에 대한 신경학적 연구결과의 집적이 긍정적 영향을 주었다.

(7) 디지털 컴퓨터는 단순한 숫자 조작기계라기보다 여러 가지 기능을 수행하는 범용적 목적의 상징(기호) 조작체계(general purpose symbol manipulation system)인 튜링기계로 간주할 수 있다는 사이먼(H. Simon)과 뉴웰(A. Newell)의 생각의 형성과 이러한 생각의 확산과 수용, 그리고 이를 구체적으로 구현한 인공지능 프로그램의 제작이 또 다른 주요 전환점이 되었다.

(8) 마음에도 구조와 규칙 및 인지적 능력(competence)이 있다는 관점과, 마음의 작용에서 형식적 통사론을 강조한 촘스키(N. Chomsky)의 언어학 이론의 등장 및 확산, 그리고 행동주의적 심리학에 대한 촘스키의 강력한 비판의 대두와 이러한 비판의 타당성에 대한 학계의 점진적 인정의 확산이 인지주의의 대두에 또 다른 주요 흐름을 담당하였다.

이 외에도 추가적으로 다음과 같은 것을 생각해볼 수 있다.

(9) 심리학 내에서의 인지심리학(cognitive psychology)의 출범과 지각, 주의 등의 분야에서 정보처리적 특성을 보여주는 인지심리학적 연구의 실험결과들의 집적과

(10) 새로운 과학철학과 심리철학의 부상 그리고

(11) 인류학, 사회학에서의 민생방법론(ethnomethodology) 및 새로운 인지인류학(cognitive anthropology), 인지사회학(cognitive sociology) 등의 부상

등 여러 분야의 새로운 생각과 시도들이 수렴됨으로써 인지주의적 패러다임의 형성

이 가능해졌다.

　그러나 이러한 생각들과 연구결과들이 하나의 통일적 틀로 묶여지지 못한 채 산발적인 소용돌이로 있다가 1956년 MIT에서 개최된 정보 이론 심포지엄을 기폭제로 하여 하나의 새로운 과학적 패러다임이 형성되었다(Gardner, 1985; Bechtel & Graham, 1998; McCorduck, 1979; Boden, 2006).

　이 심포지엄에 참여한 심리학자, 언어학자, 전기공학자, 신경과학자, 정보 이론학자 등이 공통적으로 생각하고 깨달았던 개념은 '마음이란 본질적으로 정보처리의 문제이며, 이는 여러 상이한 학문들이 공통적, 협동적으로 접근할 수 있고 그렇게 해야 한다'는 생각이었다. 그것이 바로 인지적 패러다임의 핵심이었던 것이다. 이러한 생각은 구체적 물질 중심의 전통적인 과학, 즉 뉴턴의 에너지 개념 중심의 과학 틀에 '정보'와 '정보처리체계로서의 마음'이라는 하나의 혁명적 관점을 제시한 것이었다. 바로 그런 의미에서 인지주의의 등장은 하나의 과학적 변혁의 사건이었던 것이다. 인지과학의 출발에 핵심적 역할을 한 심리학자 밀러(G. A. Miller)의 다음 회고담이 당시의 지적 흥분의 분위기를 잘 전해준다.

심층분석 2-3　　인지과학을 출발시킨 학자의 회고: 인지심리학자 밀러의 회고[5]

　'실험심리학자들이 심리학의 정의를 다시 생각하고 있는 사이에 중요한 발전들이 다른 곳에서 이루어졌다. 비이너의 사이버네틱스(인공두뇌학)가 인가를 얻기 시작하였고, 민스키(M. Minsky)와 매카시(J. McCarthy)가 인공지능을 발명하기 시작하였으며 뉴웰과 사이먼이 컴퓨터를 사용하여 인지 과정을 시뮬레이트하기 시작하였다. 마지막으로 촘스키는 혼자 힘으로 언어학을 재규정하고 있었다. ……1956년에 매카시, 민스키, 섀넌과 로체스터(N. Rochester)가 다트머스 대학에서 인공지능 학회를 열었고, 당시 그 분야에 있던 거의 모든 사람들이 참석하였다. 같은 해에 섀넌과 매카시는 『자동기계연구』를 편집하였으며, 민스키는 몇 년 후에 「인공지능을 위한 단계들」이라는 논문이 될 원고 초고를 연구자들 사이에 돌려주고 있었다. 또한 같은 해에 브루너(J. Bruner), 구디너프(J.

---

5 George A. Miller(2003)의 내용 중 일부 번안임.

Goodenough)와 오스틴(G. Austin)은 『사고 연구』라는 책을 발간하였고, 태너(W. P. Tanner), 스웨츠(J. A. Swetes) 등은 신호탐지 이론을 지각에 적용하고 있었고, 나는 「The magical number seven, plus or minus two」라는 논문을 발표하였고, 구디너프 (W. Goodenough)와 란즈버리(F. Lounsbury)는 인지인류학의 모델이 된 논문들을 발표하였으며, 캐럴(J. B. Carroll)은 언어가 사고에 주는 영향을 다룬 책을 편집하였다. ……MIT의 '정보 이론 특별연구그룹'에 의하여 조직된 'MIT 정보 이론 심포지엄' 첫날은 주로 부호화 이론을 다루었다. 둘째 날인 1956년 9월 11일이 인지과학이 탄생한 날이라고 볼 수 있다. 뉴웰과 사이먼의 '논리기계(logic machine)' 첫 발표가 있었고, IBM의 로체스터 등의 연구자들이 그 당시에 가장 용량이 큰 컴퓨터(IBM 704)를 사용하여 캐나다의 신경심리학자인 헵(D. Hebb)의 세포군집 이론을 검증하는 발표를 하였고, 잉베(V. Yngve)는 언어의 통사와 관련된 통계적 분석 연구를 발표하였다. 촘스키는 정보 이론을 변형생성문법에 적용하는 것에 대하여 발표하였고, 이 심포지엄의 조직위원장인 엘리어스 교수는 언어가 수리적 특성을 지니고 있는데 촘스키 교수가 언어의 수리적 특성을 확인한 최초의 연구자라고 코멘트를 하였다. 촘스키의 이 발표는 후에 인지혁명을 촉발시킨 '통사적 구조' 논문의 기초가 되었다. 다음에 지칼리 (G. C. Szikali)는 지각적 재인속도 실험을 발표하였다. 나는 그 심포지엄을 떠나면서 실험심리학, 이론언어학, 인지과정의 컴퓨터 시뮬레이션 등의 이 모두가 더 큰 덩이 - 미래의 학계와 사람들이 이 분야들 간의 공동의 관심이 더 다듬어져서 정교화되고 협응될 그러한 전체의 부분들이라는 직감적 생각을 하였다. ……1960년에 이르러 새 학문의 떠오름은 명료해졌다. 하버드대에서는 그것을 '인지 연구'라고 불렀고, 카네기멜론대에서는 '정보처리심리학'이라고 불렀으며, 라호야(UCSD)에서는 '인지과학'이라고 불렀다. 1976년에 슬로언 재단이 이 움직임에 관심을 갖기 전까지는 그것을 무엇이라고 부르건 별로 큰 문젯거리가 되지 않았다.

당시에 슬로언 재단은 '신경과학'이라는 새 영역을 지원하는 아주 성공적인 연구지원 프로그램을 막 끝낸 상태였다. 그들은 다음 단계의 성공적 연구지원을 찾고 있었는데, 이 재단의 부회장이었던 화이트(S. White)와 싱어(A. Singer)는 다음 단계의 과업은 '뇌'와 '마음' 사이의 간격을 메워 연결시키는 것이라고 생각하였다. 그들은 이 다음 단계의 과업을 지칭할 이름이 필요하였고 이 단계, 이 분야의 이름으로 '인지과학'이라는 이름을 선택하였다. 그래서 이 단계의 과제의 가능성을 탐색하기 위하여 '슬로언 재단 인지과학 특별 연구지원 프로그램'이라는 지원 프로그램을 만든 것이다. 당시의 재단 행정가들은 인공지능의 창시자인 민스키 교수나 MIT의 다른 연구자들과 이야기하여 이 재단 연구 기획을 인공지능에 투자하는 쪽으로 기획하고 있었다. 그러나 나는 슬로언 재단 사람들에게 이야기하여 그러한 연구지원 기획은 결국은 연구비를 컴퓨터 사는 데 소비하게 할 것이고, 인공지능은 실상은 더 큰 움직임의 일부분에 지나지 않다고 주장하며 로비를 하였다. 이 새 움직임에는 최소한 6개 학문 분야 즉 심리학, 언어학, 신경과학, 컴퓨터과학, 인류학, 철학이 포함되며, 이 6개 학문 중 심리학, 언어학, 컴퓨터과학은 핵심 영역, 다른 셋은 주변 영역이라고 보았다. 슬로언 재단은 이 프로젝트 관련 위원회를 만들었고, 1978년에 보고서를 작성하였다. 이 보고서를 기준으로 슬로언 재단은 연구지원 기금을 만들어 연구자들을 지원하였고, 그러한 결과로 오늘날의 인지과학이 기초를 확립하게 되었으며, 이 연구기금의 하나로 가자니가(M. Gazzaniga) 교수가 인지신경과학이라는 분야를 창시하게 된 것이다.

이렇게 새로 형성된 인지적 패러다임을 구체화하며 그 순수 이론적, 응용적 의의와 가능성을 탐구하는 새로운 종합과학으로서 인지과학이 탄생하게 된 것이다. 이후 인지과학은 1960년대 인공지능학과 인지심리학의 떠오름을 발판으로 하여 자체의 틀을 가다듬고, 1970년대 후반에 이르러 공식적인 형태를 갖추어 출범하였다. 인지과학이 하나의 새로운 학제적 학문으로 형성되는 초기 과정에 기여한 다음과 같은 다른 사조와 흐름들도 있었다. 이제 인지주의를 배태하여 인지과학을 출발시킨 이러한 선구적 학문의 흐름과 그 영향을 자세히 살펴보기로 하자.

3. 인지주의 형성에 기여한 20세기 중반의 사조들

1) 철학의 영향

과학철학에서는 논리실증주의로 대표되는 통념적 또는 전통적 과학관이 20세기 초에 들어와 무너지면서 새로운 과학관이 대두되었다. 통념적, 전통적 과학 철학관은 행동주의 심리학 논리의 기초가 되어왔던 과학관이다.

이 과학관은 일차적으로 원리론적 인식론에 기초하고 있었다. 원리론적 인식론은 인식하는 주체인 인간과는 독립적으로 인식 대상이 자연 현상에 존재하며(주체와 객체의 엄밀한 구분), 대상에 대한 경험적 자료는 인식 주체인 인간의 주관과는 독립적이며 객관적으로 획득될 수 있다고 가정한다(순수한 경험적 자료의 인정). 또 인간의 마음은 감각 경험을 통해 자연 현상을 있는 그대로 반영하는 수동적인 거울과 같다고 본다(자연의 단순한 거울로서의 마음과 인식). 원리론적 인식론에서는 모든 지식은 감각 경험 요소로 환원시킬 수 있기에 그 객관성과 확실성이 보장되며 객관성이 있다고 가정한다. 또한 과학에서 사용되는 언어의 의미란 경험 요소에 의해, 그리고 객관적으로 관찰 가능하고 감각 경험할 수 있는 대상과의 연결에 의해 주어진다고 본다.

이러한 실증주의적 과학관은 행동주의 심리학이 형성되기 시작할 당시부터 철학 내에서는 이미 비판을 받고 무너지기 시작하였다. 실증주의적 과학관에 대한 비판의 요점 중 하나는 과학적 탐구에서의 경험이건, 일상의 경험이건 간에 인간의 경험은 주체와 객체를 엄밀하게 구분하기 어려운 경우가 많다는 것이었다. 또한 모든 경험은(설혹 그것이 엄밀한 과학적 연구라고 할지라도) 탐구, 경험하는 자의 생각이, 지식이, 가치가 개입되게 마련이며, 인간의 마음은 수동적으로 거울처럼 자연 현상을 있는 그대로 감각 경험에 반영하는 것이 아니라 능동적으로 무언가 첨가하고 변화시켜 인식하는 것이라는 것이다.

전통적 과학관의 이러한 부적절성을 인식하여 새로운 과학관이 대두되기 시작하였고 (이의 대표적 논의가 쿤[T. Kuhn] 등의 과학적 패러다임의 논의이다), 이 새 관점에서는 순수한 경험적 관찰이나 경험적 자료는 없으며, 항상 (관찰자, 과학자의) 이론에 의존하게 된다(theory-laden)고 주장하였다. 이론에 의해 관찰 대상을 선택하고, 범주화하고, 관찰 방법과 자료의 해석이 결정된다는 것이다. 과학에서의 관찰과 경험적 자료의 본질이 엄밀한 의미에서 볼 때 순수한 객관성을 지니지 못하고 연구자의 주관적 관점이 자연히 개입되어 '이론 의존적'일 수밖에 없다면, 논리실증주의나 행동주의 심리학의 "과학적 연구는 객관적으로 관찰 가능한 것만을 다루어야지, 이론적인 가설적 개념적 구조(constructs)를 다루어서는 안 된다"라는 주장은 잘못된 것임이 드러난다. 이러한 인식에 따라 자연히 논리실증주의의 전형이었던 행동주의는 그 뿌리가 흔들리게되었으며, 행동주의 접근에 의해 배척되었던 심적 개념들(인지, 구조, 규칙, 범주, 스키마 등)이 심리학을 비롯한 학문들에서 소생될 수 있는 바탕이 마련되었다.

2) 형식적 신경 모형

정보처리적 접근 형성에 큰 영향을 준 다른 한 흐름의 입장은 신경세포 사이의 작용들을 논리적 정보처리 과정으로 본 매컬러크와 피츠(lMcCulloch & Pitts, 1943)의 형식적 신경 모형(formal neuron models)이었다. 이들은 신경세포들 사이의 신경 연결을 논리(logic)에 의해 모형화(modelling) 할 수 있으며, 신경을 논리적 진술로, 그리고 신경의 흥분 또는 흥분하지 않음(신경 흥분 격발 또는 무반응)을 참-거짓(true-false)의 명제적 조작으로 간주할 수 있다고 보았다. 즉 신경세포 하나가 흥분되어 활성화되고 이것이 다른 신경세포를 격발시키는 것을, 마치 논리적 명제들의 연쇄에 있어서 논리적 한 요소 또는 한 명제가 다른 하나를 함축하는 것과 같다고 본 것이다.

그렇다면 인간의 두뇌를 논리적 원리에 의해 작용하는 체계, 논리적 계산기로 간주할수 있다. 동시에 모든 명료한 논리적 진술들은 신경계의 신경망 단위들의 상호작용으로구현할 수 있게 된다. 그들은 구체적으로 심리학의 전 영역이 이러한 망들의 규정에 의해 기술될 수 있으며, 따라서 심리적 현상이 신체라는 '기계 내의 신비한 도깨비(the ghost in the machine)'[6]가 아니라 물리적으로 구현될 수 있는 현상임을 시사했다. 이러한 생각은 정보처리적 접근의 보는 틀을 형성하는 데 상당한 영향을 주었다.

이 입장은 1940년대와 1950년대의 커뮤니케이션 이론, 사이버네틱스(인공두뇌학, cybernetics) 이론, 디지털 컴퓨터 이론 형성에 영향을 주었을 뿐만 아니라, 1980년대 후반에 이르러 수정되고 가다듬어져서 인지과학과 인지심리학에 '신연결주의(신경망적 접근)'로 재도입되어 고전적 정보처리 접근에 대한 대안 형성에 결정적인 영향을 주게 된다(〈그림 2-2〉 참조).

그림 2-2 매컬러크 등의 신경 모형 이론의 핵심 내용

3) 커뮤니케이션 공학과 정보 이론의 영향

1950년대에 심리학자들이 인간공학적 연구를 하는 경향이 증가하였는데, 이에 대한 영향을 가속화시킨 것은 커뮤니케이션 공학과 정보 이론(information theory)이었다. 20세기에 들어와서 전신, 전화, 라디오, TV 등과 같은 각종 커뮤니케이션 시스템이 발전하였고, 이에 따라 커뮤니케이션 공학 연구자들은 이러한 커뮤니케이션 시스템들에

---

6 '기계 속의 도깨비'라는 어구는 데카르트적 심신이원론을 고수하며 마음이나 영혼을 추상적인 또는 신비한 어떤 것으로 보려는 사람들에 대하여 철학자들이 비판적으로 사용하는 어구로, 영국의 철학자 라일(G. Ryle)이 1949년 그의 책 『The Concept of Mind』에서 이 어구를 사용하고, 그 후에 작가 쾨스틀러(A. Koestler)가 동명의 책(1967)에서 사용하여 널리 알려진 어구이다.

공통적으로 적용할 수 있는 추상화된 커뮤니케이션 일반 이론을 제기하게 되었다.

이러한 커뮤니케이션 체계 이론의 특징은 자료원에서 방출된 메시지가 본래 형태 그대로 자동적으로 수용자에게 전달되는 것이 아니라 여러 처리 과정을 거쳐서 수용된다는 것이며, 이러한 처리 과정들이 일어나는 구조들이 시스템의 구조적 요소로서 초기 정보 입력에서부터 이에 대한 반응이 산출되는 단계 사이에 존재한다는 것이었다. 정보 유통 통로(channel), 잡음(noise), 커뮤니케이션 통로의 유통 용량의 한계성(channerl capacity) 등의 개념도 이들에 의해 제기되었다(〈그림 2-3〉).

이러한 배경 위에서 섀넌(1948) 등은 완벽한 정보 소통이 가능하게 되는 방도에 대한 수리적 이론을 세웠는데, 이것이 정보 이론으로 발전하였다. 그들은 '정보'의 단위를 설정할 수 있으며 정보를 마치 물질이나 에너지와 같이 양적으로 다루어 측정할 수 있고, 전달 통로의 용량이(마치 오늘날의 컴퓨터 RAM 메모리의 용량 한계처럼) 제한되어 있으나 적절한 여과(filtering) 방법과 부호화(encoding) 방법에 의해 이 전달 용량의 제한성을 극복하고 메시지 전달 속도를 절약할 수 있다고 보았다. 그들의 이론은 인간을 하나의 정보처리체계로 보고, 마음을 정보처리 구조와 과정으로 이해할 수 있는 가능성을 시사해주었다(〈그림 2-4〉 참조).

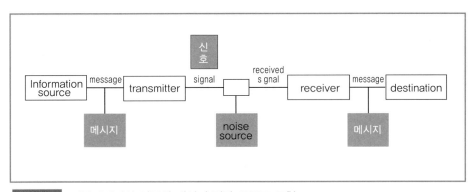

그림 2-3 커뮤니케이션 이론의 메시지 전달 흐름도 모형

그림 2-4 섀넌과 매컬러크 이론의 연결 틀

4) 사이버네틱스 이론의 영향

이러한 이론과 개념들을 도입하여 인간을 어떻게 개념화할 수 있을까 하는 모형을 간접적으로 제시한 것이 바로 사이버네틱스 이론이었다. 비이너(1948)는 신경 모형, 커뮤니케이션 이론, 정보 이론, 기계어 이론, 자동기계 이론 등을 종합하여 사이버네틱스라는 분야를 형성시켰다.

즉 기계공학에서 피드백, 자가 교정, 자가 조절 등의 제어의 본질에 대한 개념과 커뮤니케이션 공학에서 메시지, 정보 유통 등의 개념을 연결지어 사이버네틱스란 종합적 학문 분야를 출발시킨 것이다. 그는 동물(인간의 신경계나 다른 동물들의 생체 기관)이거나 기계(전자 컴퓨터나 다른 커뮤니케이션 기계와 같은 조작 기계)이거나 간에, 모두 외부로부터 정보를 받고 이를 보유하며 전환시키고, 이에 의해 행위를 수행하고, 행위 결과에서 돌아오는 피드백(feedback) 정보에 근거하여 목표와 현재 수행 상태의 차이를 계산하고, 이에 근거하여 자가 교정, 자가 조절, 새로운 행위를 내어놓는 등의 커뮤니케이션 체계라는 공통적 특성들을 보인다고 생각했다.

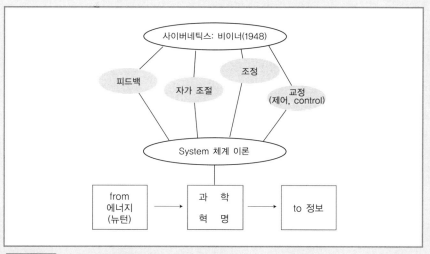

심층분석 2-4   사이버네틱스란 무엇인가?

그림 2-5 사이버네틱스의 기본 개념

　　사이버네틱스란 1947년에 비이너가 기존의 학문들, 즉 전자공학, 수학, 생물학, 신경과학, 인류학, 심리학 등과는 별개이면서도 이들과 관련되는 새로운 다학문적 분야의 학문을 지칭하는 개념으로 사용하면서 유행하게 되었다. 생체이건, 기계이건, 아니면 어떤 사회기관이건 간에 그 시스템의 목표와 예언, 행위, 피드백, 반응들 사이의 상호작용을 제어하는 그러한 분야를 지칭하는 용어로 사용되었다. 초기에는 전기회로를 설계하거나, 대포를 조준하는 등의 물리적 시스템의 제어 중심 개념으로 사용되었지만, 점차 사회체계와의 연결성이 인식되면서 여러 영역에 적용되기 시작하였다. 인간의 마음과 관련해서는 인간이 각종 자극을 입력받고 이를 처리하여 반응하고 그 결과가 다시 피드백(되먹임)되어 새로운 자극을 준다는 의미에서 인간의 신체와 마음을 피드백 시스템으로 개념화하는 데 도움을 주었고, 인지과학의 기본 개념인 정보처리적 시스템으로서의 '마음' 개념 형성과 이를 기계에 유추하는 이론적 작업에 도움을 주었다. 현재의 인지과학에서는 사이버네틱스의 개념들이 각종 자극의 입력과 시각, 청각, 촉각 등을 통한 이의 처리 및 피드백 등의 개념, 그리고 두뇌 작용 등의 연구의 배경 개념을 이루고 있다.[7]

───────────────

7 사이버네틱스에 대한 정의 및 그 제안 배경, 그리고 학문적 영향에 대한 자세한 한글 자료가 다음에 있다:
　http://kr.dic.yahoo.com/search/enc/result.html?pk=14480100

일반체계(general system) 이론

일반체계 이론(von Bertalanff, 1968)에 의하면, 우주는 구체적 체계들이 계층적으로 조합되어 있고, 구체적 체계는 물질과 에너지로 구성되어 있고, 한 체계의 최소한의 충족 조건은 체계의 단위이건 구성 요소이건 간에 부분들을 지니고 있어야 한다는 것이며, 이 부분들은 공통적 특성을 지니고 있어야 하고, 부분이 상호의존적이어야 하며 그 체계 내에서 상호작용해야 한다는 것이다. 한 체계 내부에는 하위체계(subsystem)의 계층이 형성되어 있고, 한 체계는 환경에서 입력(input)을 받아들이고 환경으로 출력(output)을 내보내는 개방적(open) 특성을 지니고 있어야 하며, 상위체계는 하위체계에 없는 특성을 지닌, 근본적으로 적응을 위한 목적체계이고, 체계는 체계 내의 항상성을 유지하기 위하여 물질 에너지 또는 정보의 입력, 내적 처리, 출력을 통제, 조작한다고 본다. 이러한 체계의 기본 특징은 구조(체계의 부분들의 배열)와 과정(체계 내에서 시간이 경과함에 따라 일어나는 변화들)을 지닌다는 것이다.

그림 2-6 일반체계 이론의 기본 개념

5) 심리학 내의 새 움직임: 20세기 전반

신경생리심리학 연구: 이러한 주변 학문의 변화에 상응하여 심리학도 변화하기 시작하였다. 심리학 내에서의 점진적 변화의 첫째 움직임은 19세기 초의 신경생리심리학적 연구의 영향이다. 신경생리심리학적 연구의 주 입장인 생리심리학적 기계론은 생리적 메커니즘이 심리적 메커니즘과 구조에 선행됨을 심리학자들로 하여금 믿게 하였으며, 이러한 생리적, 기계론적 메커니즘이 나타나는 심적 구조(외현적 행동이 아니라)를 이론적으로 찾는 바탕을 제공하였다. 1940년대의 신경심리학자 헵(Hebb, 1949)의 세포군(cell assembly) 개념이나 집단활동 개념은 인지과학의 '조직화된 구조를 지니는 내적 표상'의 개념을 함축하고 있었던 것이다.

기능주의 심리학의 개념: 다른 하나는 19세기 후반과 20세기 초의 미국을 중심으로 대두되었던 기능주의 심리학이 행동주의 심리학으로 변형되기 이전에 제기했던 심적 과정에 대한 생각들이다. 초기 기능주의자들은 마음의 적응적 특성을 강조하며 마음이 조직화되어 있고 여러 다른 기능(구조)으로 구성되어 있다고 보고, 심리학의 과제란 의식의 전형적인 기능적 작용을 발견하는 것이라고 보았다. 이들의 생각에는 이후의 정보처리적 패러다임의 인지과학의 '구조'와 '과정' 등의 개념들이 함축되어 있었던 것이다.

형태심리학: 이러한 흐름의 다른 하나는 형태주의(Gestalt) 학파의 영향이다. 형태주의 심리학자들은 인간의 마음과 행동을 '자극-반응'의 단순 연쇄로 환원시키는 것에 반발하며 마음의 구조와 조직화 과정을 강조하는 입장을 전개하여 행동주의 심리학의 대안적 관점을 전개하였다(이정모, 1983). 형태주의 심리학자들이 심리적 환경과 마음의 구조적, 조직적 특징을 강조한 것은 인지심리학적 개념들의 선구가 되었다. 쾰러(W. Köhler)의 통찰적 사고 개념, 또는 형태주의를 행동주의와 조합한 톨먼(E. Tolman)의 인지도(cognitive map)의 개념, 또는 레빈(K. Lewin)이 시작한 장(場, field) 이론 중심의 사회심리학도 인지적 구조와 과정의 개념 발전을 촉진시켰다.

심리측정, 기타: 심리측정학(psychometrics) 분야에서 지능, 적성, 성격 특성들을 분석하고 검사를 개발한 것도 인지적 기능, 구조, 과정 등에 대한 개념을 발전시키는 데 도움을 주었다고 할 수 있다. 자극을 지각함에 있어서 개인의 판단과 결정 경향을 강조한 신호탐지 이론(signal detection theory)을 중심으로 한 정신(심리)물리학 (psychophysics) 이론과 개념들도 인지주의적, 정보처리적 심리학을 형성시키는 데 촉진적 역할을 했다고 할 수 있다.

한편 프로이트의 정신역동 이론도 비록 그 과학적 타당성은 현재의 인지심리학자들에 의해 부정되고 있으나, 심적 구조와 역동적 과정 그리고 메커니즘의 개념을 이론적으로 부각시키고 가다듬었다는 점에서 인지심리학의 개념들이 나타날 수 있는 간접적 배경을 제시해주었다고 할 수 있다.

언어 학습과 기억 연구: 행동주의 접근의 부적절성에 대한 자각은 심리학 안에서 언어 학습과 기억에 관한 연구를 중심으로 강하게 일어났다. 행동주의의 자극-반응 연합이론에 의하면 우리가 학습하는 것은 접속성(함께 일어난다는 관계)에 의한 자극과 반응의 단순한 기계적 연합이다. 따라서 학습된 양식(특히 학습된 순서)대로 자극-반응 연합을 기억해내야 할 것이다. 그런데 언어 학습과 기억에 관한 연구는 행동주의 이론의 예언과는 어긋나는 실험결과들을 보고하기 시작했다.

1950년대 초에 이루어졌던 언어 학습(verbal learning) 연구에 의하면, 여러 단어들을 피험자들에게 무선적으로 제시하여도 피험자들은 제시된 순서대로 기억해내는 것이 아니라 단어들 사이의 일정한 관계, 범주적 관계나 연상관계에 의해 몇 개의 덩이로 무리 지어 회상해낸다는 사실을 발견했다. 즉 주어진 자극들의 물리적 시공간의 접속성에 의해 기계적으로 자극과 반응을 수동적으로 연합 학습하였다가 그대로 기억해내는 것이 아니라, 인간은 어떤 의미적 관계성을 파악하여 그 관계성에 의거하여 새로운 순서로 재구성, 조직화하여 기억해낸다는 것이다. 이러한 결과는 자극과 반응 사이에서 자극과 반응을 재구성하고 조직화하는 어떤 심리 작용을 상정하지 않을 수 없게 했으며, 이러한 작용이 상당히 체계적으로 조직화된 인지구조를 근거로 자극의 수용과 산출에 계속 관련되어 있음을 인정하지 않을 수 없게 하였다.

이러한 입장은 자극과 반응 사이에 수동적이고 기계적인 연결 상자로서의 마음만을 인정하던 행동주의 심리학 접근에 본질적으로 어긋나는 것이다. 행동주의에 대한 이러한 비판적 논의가 언어 학습과 기억 과정의 연구를 중심으로 1950년대에 제기되었고, 행동주의 입장이 지닌 문제점이 점차 심리학자들 사이에서도 인식되기 시작하였다.

전통적 심리학 내에서의 언어 학습 및 기억 연구에서의 이러한 반행동주의적 움직임과는 별도로, 인지심리학의 선구되는 개념들, 입장들이 다음과 같이 유럽을 중심으로 전개되었다(Baars, 1986; Mandler, 1985; Kendler, 1987).

유럽의 인지심리학 선구자들: 20세기 초엽의 행동주의의 영향을 덜 받은 유럽에서는 인지주의적 개념 및 비행동주의적 개념과 경험적 연구가 비교적 뚜렷한 형태로 부상하였다.

그 대표적 연구의 하나가 1930년대의 바틀레(Sir F. C. Bartlett, 1932)를 중심으로 한 기억 및 사고 연구이다. 바틀레는 기억이 수동적 재생 과정이 아니라 능동적 구성 및 재구성 과정이며 의미에의 노력(effort after meaning)임을 기억 실험을 통해 보였고, 사고도 여러 가지 신념과 태도 등에 의해 구성되는 것임을 보였다. 그는 이후 1990년대에서야 널리 인정될 '인지사회심리적' 연구와 관점을 이미 1930년대에 보여준 것이다. 이에 따라 능동적 구성으로서의 마음의 개념과 능동적 구성을 결정하는 사전지식 또는 스키마(schema)라는 심적 구조의 중요성이 부각되었다.

피아제(J. Piaget)는 행동주의가 배제하였던 개념인 지능, 사고 과정 개념, 그리고 지식구조인 스키마 개념을 강조하면서 인지적 발달의 조작적(operational) 측면, 능동적 인지 과정, 인지구조, 생득적 지식 등의 측면들을 부각시켰으며, 사고와 지능에 관한 경험적, 이론적 연구의 발전을 촉진시켰다.

한편 독일의 젤츠(O. Selz)와 그의 제자 드 그루트(A. de Groot) 등은 체스 두기 등의 문제해결 과정 연구를 제시하여 인지적 연구의 가능성을 보였고, 소련의 비고츠키(L. S. Vygotsky)나 루리아(A. R. Luria) 등은 언어, 사고, 기억 과정들을 분석하고 인지적, 사회적 측면이 강조된 대안적 이론을 제기하였다.

미국의 인지심리학 선구자: 그런데 정작 정보처리적 인지심리학이 탄생한 미국에서의 인지심리학의 직접적 선구는 1950년대 이전에는 드물었다. 1939년에 무어(T. V. Moore)라는 심리학자가 『인지심리학』이라는 책을 써서 반응시간 방법을 적용한 인지심리학적 연구를 주장하였으나, 별 영향을 주지 못하였다. 1949년과 1950년대의 초에 포스트먼(L. Postman), 밀러(G. Miller), 가너(J. Garner) 등이 낱개 논문이나 책에서 '인지'나 '정보'의 개념을 제기하였으나, 이것도 직접적 영향을 초래하지 못하였다. 밀러나 애트네브(F. Attneave)[8] 등이 정보 이론을 심리학에 도입하였음에도 불구하고 그들은 초기에는 인지적, 심성적 개념을 심리학에서 사용하는 것을 비과학적 접근으로 보았거나, 정보의 분석 접근을 심리학적 접근으로는 그리 중요하지 않다고 보았다.

행동주의 심리학이 지배하던 20세기 전반에 심리학 내에서 그나마 인지에 대한 관심을 지니고 연구를 해오던 사람들은 사회심리학자들이었다. 심리학에서 사회심리학 분야를 개척한 심리학자 애쉬(S. Asch)는 1952년에 출간된 『사회심리학』이라는 책에서 사회적 태도의 기초로서 인지적 기초, 인지 양식이라는 용어를 사용하였다. 1957년에 인지부조화 이론을 제시하여 유명해진 페스팅거(L. Festinger)는 지식, 앎과 연결시켜 '인지'라는 용어를 그의 이론의 핵심 개념으로 사용하였다. 그의 뒤를 이어 하이더(F. Heider)는 1958년에 출간된 『대인관계심리학』에서 사회적 신념, 태도, 욕구 등과 관련해 '인지'라는 개념을 사용하여 이론을 전개하였다. 사회적 태도, 신념, 사고양식 등과 관련하여 사회심리학에서 인지에 대한 관심을 계속 제기함으로써 심리학계의 분위기를 행동주의 심리학에서 벗어날 수 있게 만드는 데 일조를 하였다.

그러나 이러한 1950년대 사회심리학에서의 인지 요소 강조 분위기는 실제로 당시의 인지과학이나 인지심리학의 출현에 직접적인 영향을 끼치지는 못하였다. 그러한 이유는 사회심리학자들이 이야기하는 인지 개념은 정서, 동기 등과도 관련될 수 있는 상당히 넓은 의미의 개념이었던 데 반해, 철학자나 언어학자나 초기 인지과학자들이 생각한 '인지' 개념은 형식화하거나(formalize) 진위를 가릴 수 있는 논리적 명제와 같은 류의 인지였기 때문이다.[9]

심리학 내에서의 이러한 비교적 막연한, 그리고 활발하지 못한 인지적 접근 시도에 변화를 가져오도록 큰 영향을 준 것은 브루너, 구드노프와 오스틴의 『사고의 연구』 (1956)와 밀러, 갈란터(E. Galanter), 프리브램(K. H. Pribram)의 『행동의 계획과 구조』(1960)라는 두 책의 발간 및 하버드 대학에 '인지연구센터'가 설립된 것이었다. 브루너 등은 『사고의 연구』라는 책을 통해 행동주의자들이 '자극-반응' 연쇄를 통해 사고 과정(특히 개념형성 과정)을 설명하려 한 것이 부적절함을 보이고, 개인의 인지적 가설 형성(사고) 과정과 인지적 전략의 중요성을 제시하여 행동주의에 대한 대안적 접근의 가능성을 보였다. 한편 밀러 등은 행동주의 심리학의 '자극-반응' 연결 강조 대

---

8 "Information theory was new and exciting to a great many psychologists in the 1950s. The basic works of Wiener and Shannon in the late 1940s had an almost immediate impact on psychology. In 1949 Miller and Frick showed how response sequences could be analyzed in informational terms, and in 1951 Garner and Hake presented a method of multivariate informational analysis that had a generality far beyond its original application to absolute judgments"(Attneave F., 1959), http://www.garfield.library.upenn.edu/ classics1980/A1980JU46900001.pdf

9 사회심리학의 이러한 접근과 윤리학, 철학에서 철학자들을 중심으로 거론된 '인지' 개념의 차이에 관하여 인지과학에서의 '인지'라는 용어의 유래는 그린(Green, 1996)의 내용 참조.

신에 '계획'을 행동의 기본 단위로 대체해야 한다고 주장하였다. 행동주의 심리학자들이 주장하듯이 자극-반응의 연결에 의해서 행동이 이루어진다고 하기보다는 자기 조절하는 체계가 정보의 피드백(feedback)에 의해 행위를 인도해 나가는 것이라고 보았고, 인간이 문제를 해결하는 것은 계획이라고 하는 다양한 인지적 책략을 사용하는 것이라고 보았다. 이러한 입장은 행동주의적 틀을 완전히 벗어나지는 못했으나 심적 구조, 정보처리 프로그램, 서브루틴, 정보의 흐름, 통제 등의 개념들의 선구를 제시해주었고, 뉴웰과 사이먼(1961)이 정보처리체계를 구체적으로 개념화하고 정보처리적 접근을 정식으로 진수시키는 데 결정적 바탕을 제공해주었다.

그림 2-7 밀러 등의 TOTE 피드백 모형

이러한 심리학 내의 반(反)행동주의적 움직임에 박차를 가하여 행동주의 심리학을 붕괴시키고, 대안으로서 정보처리적 접근방법에 기초한 인지주의를 형성시켜 인지과학이 출발할 수 있는 배경을 심리학 밖에서 제공한 여러 인접 학문들의 영향, 사조들이 있었다. 이러한 인접 학문들이 앞에서 기술한 철학, 신경 모형, 커뮤니케이션 이론, 사이버네틱스, 정보 이론, 언어학, 컴퓨터과학 등이었으며, 이에 상응하는 움직임으로 심리학 내에서 나타난 것으로 인간공학 연구, 브로드벤트(D. Broadbent)의 정보처리 이론 등을 들 수 있다.

6) 인간공학(human engineering)의 연구와 심리학자의 공헌

정보처리 또는 정보유통의 개념은 제2차 세계대전을 전후로 인간공학적 연구를 통하여 심리학에 도입되었다. 2차 세계대전 중에 종군하면서 어떻게 하면 각종 병기나 기계(비행기 조종석, 잠수함의 수중음파 탐지기 등)를 가장 효율적으로 다룰 수 있는가, 효율적인 기기로 고안할 수 있는가 하는 문제를 연구하던 심리학자들은 종래의 행동주의 심리학의 '자극–반응' 학습에 대한 연구가 심리 현상의 설명에는 별로 도움을 줄 수 없음을 깨달았다. 그들은 인간을 단순한 자극-반응 학습자로서가 아니라, 기계와 상호작용함에 있어서 기계의 계측판과 기계의 통제 사이에 끼어 있으면서 계측판 등에서 각종 정보를 입수하고 처리하여 결정을 내려 기계를 제어하게 하는 정보제어 체계 또는 정보전달 체계로 볼 필요성을 느끼게 되었다. 따라서 그들은 외부의 정보가 어떻게 인간에게 들어와 흘러가며 처리되는가에 관심을 가지게 되었다. 그 결과, 행동주의 심리학에서 강조하던 학습 과정에 대한 연구보다는 지각, 기억, 주의, 신호 탐지, 결정 등의 문제와 이러한 문제들을 포괄하는 인지 과정에 대한 연구가 활발히 이루어지기 시작하였다.

브로드벤트의 공헌: 이러한 배경에서 1950년대에 정보처리 체계 및 정보유통 개념과 이론을 가다듬어 심리학에 적용을 시도한 학자들은 브로드벤트(Broadbent, 1958)와 그의 동료들이었다. 브로드벤트는 인간의 지각과 의사소통이 즉각적으로 이루어지는 것이 아니라 단계적인 자극 정보처리 과정에 의해 이루어진다고 보았다. 그는 이 과정들을 〈그림 2-8〉과 같이 제시했는데, 그에 따르면 자극 정보처리 과정은 다음과 같다.

자극이 감각기관의 통로를 통해 정보처리체계 안으로 들어오면 들어온 자극은 임시 저장고인 단기기억에 머물러 있게 되고, 이것이 선택적 여과기에 의해 통로별로, 또는 자극 유형별로 선택되어 제한된 용량을 지닌 중앙처리기로 넘어가며, 여기에서 보다 의미 있는 정보로 추상화 처리된다. 그러한 처리 결과는 기억에 저장되거나 아니면 반응 생성을 통제하는 체계를 거쳐 어떤 반응으로 산출된다. 구체적으로 브로드벤트는 신호 탐지 상황 등에서 선택적 주의와 관련하여 이러한 정보처리 과정이 어떻게 이론화될 수 있는가를 실험적으로 보였다.

이러한 브로드벤트 모형은 자극과 반응의 단순한 연합에 의해 인지 과정을 설명하던 종래의 행동주의 이론의 부족함을 드러내주었고, 인간 내부에서 어떻게 자극이 지각, 분석, 조직, 해석되어 처리되는가 하는 내적 처리 과정의 중요성에 대해 학자들의 주의를 환기시켰다. 또한 이러한 과정들을 설명하는 데 사용할 수 있는 정보처리적 개념들을 체계화하여 제시함으로써 인지심리학이 어떠한 방향으로 형성될 수 있는가 하는 본보기를 보여주었다.

이와 같이 정보처리적 보는 틀이 인지 과정의 문제를 중심으로 심리학에서 태동하는 단계에서 결정적인 박차를 가한 인접 학문이 언어학과 컴퓨터과학이었다.

그림 2-8 브로드벤트 정보처리 모델(1958)

7) 언어학의 영향

1950년대 말에 시작하여 촘스키를 비롯한 언어학자들은 인간의 언어 행동을 설명함에 있어서 행동주의 접근이 부적절하며 새로운 접근이 필요함을 보여주었다. 그들은 언어란 행동주의자들이 주장하듯이 단순히 자극-반응의 연결고리를 학습하여 이루어지는 것이 아니라, 본질적으로 규칙적이고 구조를 지니고 있으며 과거의 경험에 구속되지 않고 문법 규칙에 따라 새로운 언어 표현을 얼마든지 변형 생성해낼 수 있다고 보았다. 그들은 주장하기를, 언어의 외적 표현 행동인 수행(performance)이 중요한 것이 아니라 내적 언어 능력(competence)이 중요하며, 이러한 언어 능력은 생득적으로 주어지는 것이지 생후에 조건형성을 통하여 자극-반응 연결로 학습되는 것이 아니라고 주장하였다. 그리고 이러한 주장들에 대한 증거로 아주 단순하고도 명백한 언어 표현 또는 이해의 예를 제시하였다(Chomsky, 1959).

이러한 주장은 언어를 중심으로 한 인간의 심리적 과정이 단순한 자극-반응 연결의 집적 또는 그것의 단순한 재현이 아니라, 문법과 같은 어떤 규칙에 의하여 변형되고 생성, 처리되는 특질을 지니고 있는 인지적 구조와 기능을 중심으로 이루어지는 과정임을 보여주었다. 촘스키는 심리학 내에서 언어에 대한 행동주의적 접근, 특히 스키너의 언어 이론이 잘못된 것이며, 행동주의자들이 주장하듯이 외현적 자극-반응의 연결에 의해 언어를 설명할 수 있는 것이 아니라 눈에 보이지 않는 내적, 심적 구조, 문법적 규칙, 생득적 지식 등에 의해서 설명될 수 있음을 주장하였다(조숙환, 2009).

심층분석 2-6　행동주의 심리학의 입장에 대한 촘스키의 공격의 요점

행동주의 심리학자인 스키너의 언어 행동 이론에 대한 촘스키(1959)의 설득력 있는 비판은 행동주의적 접근의 부적절성을 단적으로 드러내 보여, 행동주의가 붕괴되고 인지주의가 출발하는 데 결정적 역할을 하였다.

촘스키가 스키너 이론을 포함한 행동주의 이론이 언어 행동을 설명함에 있어서 부적

절함을 지적한 논지는 크게 세 가지이다. 하나는 어린이들의 언어 습득에서 나타나는 몇 가지 특성, 특히 언어 습득 속도와 습득의 정확성은 행동주의 이론이 주장하는 단순한 모방과 조건형성적 강화에 의한 학습만으로는 설명할 수 없다는 것이다. 어린아이들이 언어를 습득하는 속도는 수많은 반복 경험에 의해 조건형성되어 이루어지는 것으로 설명하기에는 다양한 표현의 습득 속도가 너무 빠르다. 그리고 부모들이 아동들의 잘못된 표현들에 대하여 일일이 부정적 강화를 해주는 것도 아닌데 아이들은 상당히 정확한 언어 표현을 쉽게 습득한다. 이는 행동주의자들이 주장하는 조건형성 학습에 의해 설명되기에는 부적절함을 의미한다. 다른 하나는 이와 관련하여 모든 언어의 밑바탕에는 언어의 음운, 의미, 통사의 원칙이 모여 있고 이들은 심적인 언어 능력을 구성하는 것이며, 이것은 외적인 언어 행동인 수행만으로는 설명할 수 없다는 것이다. 셋째는 언어에는 창조적 생산성이 내재해 있어 인간은 이전에 경험하거나 학습해보지 못한 거의 무한에 가까운 새로운 수많은 문장들을 창의적으로 생성해낼 수 있다는 것이다. 이러한 창조적 생산성은 규칙 지배적이어서 통사적 규칙, 변형생성문법 체계에 의해서 온갖 언어적 표현이 심층구조로부터 표면구조로 산출될 수 있다는 것이었다.

촘스키의 반행동주의적 논지의 전개가 많은 심리학자들을 전향시킬 수 있었던 것은 단순히 그가 설득력 있게 행동주의 이론을 비판했기 때문만은 아니었다. 행동주의에 대한 대안을 제시하면서도 행동주의처럼 명료하고 엄밀한 체계를 사용하였기 때문이다(이정모, 1998ㄴ).

촘스키는 이러한 논지와 자신의 언어 이론을 수학과 논리학의 체계를 사용하여 설득력 있게 전개하였기에 행동주의적 이론, 특히 스키너의 언어 이론은 그 뿌리가 흔들리게 되었다. 이렇게 촘스키의 비판적 논지가 제기되고 심리학자들을 비롯한 다른 학자들이 이 비판을 긍정적, 적극적으로 받아들임에 따라서 행동주의 심리학의 접근방법이 언어 및 사고의 연구방법 이론으로서 부적절하다는 인식이 급격히 확산되었다.

이에 따라서, 이전에 행동주의자들에 의해 배제되었던 심성적(心性的, mentalistic) 개념들—내적 구조, 심적 과정, 심적 능력, 관념, 의식, 사고, 인지 등의 개념들—이 소생될 바탕이 이루어졌고 지각, 기억, 언어, 사고 등에 관한 새로운 개념화와 방법론이 대두되었다. 이러한 새로운 움직임에 따라서 학자들은 심적 규칙, 관계성, 구조와 같은 개념들을 재도입하여 심적 과정을 생각하게 되었다. 또한 정보처리, 정보유통의 개념들을 이에 융합하여 언어 이해, 언어 생성, 사고, 문제해결 등의 과정들을 정보처리 과정들로 간주하고, 언어 자극의 지각에서부터 이들의 분석 및 의미 이해, 언어 처리 규칙들을 기억 속에 저장하는 과정 및 이러한 저장된 정보의 활용 과정 등에 대하여 정보처리적 모형을 세우고 이를 검증하기 시작하였다. 이러한 새로운 연구 접근의 시도와 진행 과정에서 언어, 사고, 및 인지 과정들의 이해를 위해 보다 명확한 개념을 제시하고, 이론화하는 방법을 제시하며, 그러한 이론의 객관적 검증의 도구를 제공하여 커다란 영향을 준 것이 컴퓨터과학이었다.

8) 수학과 컴퓨터과학의 영향

1950년대 초의 디지털 컴퓨터의 발달과 더불어, 단순히 수리적 계산만 할 수 있다고 생각되었던 컴퓨터가 숫자 조작을 넘어서 상징(기호) 표상도 가능하다는 것이 수학자, 컴퓨터과학자들에 의해 인식되기 시작하였다. 일반적으로 인간이 어려운 수학 문제를 풀 때는 어떤 도약적이고 창조적인 지적 과정을 거쳐서 문제를 해결한다고 여겨져왔으며, 이러한 과정은 확실히 밝혀 지적할 수 없고 설명하기 곤란한 과정이라고 생각되어왔다. 그런데 수리논리학에서는 이러한 도약적 인지 과정을 명백하게 규정될 수 있는 단계 절차들로 밝히려고 노력해왔다. 이러한 가운데, 1936년에 수학자 튜링은 튜링 자동기계 이론을 내놓았다.

소수의 기본적인 규칙들에 근거한 어떤 추상적인 기본 논리체계와 몇 개의 실행 능력을 지닌 자동기계(automata)를 만든다면, 이러한 자동기계는 창의적인 인간 지력(知力, intellect)의 개입 없이도 모든 수학적 문제를 자동적으로 풀 수 있을 것이며, 또 문제를 푸는 효율적인 단계 절차들이 명확히 규정될 수 있을 것이라고 보았다. 이러한 자동기계를 튜링은 튜링(보편) 기계라고 불렀고, 이러한 보편 기계의 추상적 원칙이 디지털 컴퓨터와 같은 다른 기계 체계에도 적용될 수 있으며, 이러한 원칙이 적용되는 기계들은 서로 상대방 기계 체계의 행동 절차를 충분히 흉내(simulate)낼 수 있으리라고 시사했다(자세한 것은 3장 8절 참조).

사이먼과 뉴웰의 생각: 컴퓨터와 마음의 유추 이러한 만능 기계가 주는 의의는 상당히 큰 것이었으나, 그러한 의의는 1950년대 후반까지는 올바로 파악되지 못하고 있었다.

1956년 여름 다트머스 대학에서의 심포지엄과 가을의 MIT 대학의 심포지엄에 모인 과학자들은 학문적으로는 여러 다른 배경을 가지고 있었지만, 한 가지 공통된 생각을 지니고 있었다. 그것은 다름이 아니라 기계가 인간의 지능을 가질 수 있다는 것이고, 인간의 마음을 과학적이고 형식적(formal)으로 설명할 수 있어야 하며, 디지털 컴퓨터는 그것을 위한 가장 좋은 기계라는 생각이었다.

이러한 심포지엄에 참석한 사이먼과 뉴웰은 컴퓨터를 숫자이든 아니든 간에 모든 종류의 기호를 조작할 수 있는 기계로 보았다. 대부분의 사람들이 컴퓨터를 연산장치로 보고 있던 그 당시에 그들의 직관은 혁신적인 것이었다. 그들은 단순한 숫자의 조작기계로만 생각하던 컴퓨터를, 숫자의 계산 수준을 넘어서 범용(汎用) 목적의 상징(기호) 조작체계(General Purpose Symbol Manipulation System)로 볼 수 있으며, 따라서 튜링기계도 숫자 조작체계의 수준을 넘어서 상징 조작체계로 볼 수 있음을 주장하였다. 그들은 이어서 한 걸음 더 나아가 인간의 마음도 컴퓨터와 같이 상징조작체계로서 개념화할 수 있으며, 따라서 인간의 마음을 일반목적 상징조작체계인 튜링기계의 현실적 구현으로 간주할 수 있음을 제안하였다. 인간의 마음을 정보처리체계로 본 뉴웰의 생각과 인간의 마음을 기호(상징) 조작체계로 본 사이먼의 생각은 서로 사용하는 어휘가 달랐지만 그 의미는 똑같았다.

이러한 사이먼 등의 생각은 혁명적인 것이었다. 인간의 사고 과정이 실체가 없는 추상적이고 불확정한 과정이 아니라 튜링기계라는 추상체계를 지닌 자동기계 내에서 수리기호라는 상징을 조작하는 과정으로서, 명확하고 구체적인 절차와 과정에 의해 기술될 수 있고 구체적으로 조작될 수 있음을, 다시 말하여 수리기호 조작 과정이 물체나 물리적 과정과 같이 구체적으로 연구할 수 있는 대상임을 튜링은 보여주었다. 사이먼 등은 한 걸음 더 나아가 그러한 튜링기계를 수리기호 처리만이 아닌 일반 목적의 상징 조작체계로 개념화할 수 있고, 디지털 컴퓨터와 인간의 마음도 이러한 체계의 추상적 원칙을 구현하여 상징을 조작하는 체계 또는 기계로 볼 수 있다고 본 것이다. 그러므로 동일한 원칙을 구현하는 한, 컴퓨터라는 체계는 다른 상징 조작체계인 인간 마음의 작용을 충분히 모사(simulate)할 수 있다고 보았고, 따라서 인간 마음의 내용과 과정을 컴퓨터 유추 개념과 컴퓨터 모의실험(simulation)을 통해 명확한 구조와 절차로 기술하고 구체적으로 조작할 수 있으리라는 가능성을 제시한 것이다.

이러한 이론적 보는 틀의 테두리가 일단 형성되는 과정에서 사이먼과 뉴웰은 동료들과 함께 정보처리적 보는 틀의 개념을 가다듬고, 구체적으로 인간 사고과정을 구현한 최초의 인공지능 프로그램인 '논리이론가(Logic Theorist)'를 만들었으며(1956년), 그러한 개념들과 컴퓨터 모의실험을 통하여 인간의 심적 과정을 유추할 수 있는 세부적 방법론을 제시하였다(Newell & Simon, 1972).

그들은 컴퓨터와 인간 마음의 공통 특징인 상징(기호) 조작 과정이란 근본적으로 입력된 자극 내용에서 정보를 추출, 조작하여 출력하는 정보처리 과정이라고 간주한다. 이러한 정보처리 과정을 내포하고 있는 것이 정보처리체계(IPS: information processing system)이며, 그 기본 특성은 정보처리 구조와 과정을 지닌다고 보았다.

심층분석 2-7   정보처리체계란 무엇이며 어떤 특징을 지니는가?

정보처리체계는 기본적으로 사물을 상징으로 표상(表象, representation)하는 능력과 상징을 조작하는 능력을 지니고 있다고 본다. 사물의 표상은 정보처리체계의 기본 요소인 상징(기호, symbol)과 개개의 상징이 관계성(relation)에 의해 연결된 것들이 모여 이루어진 상징구조(symbol structure)로 표상된다. 여기에서 유의할 것은 사물에 대한 상징 표상 이외에 이러한 상징구조를 조작하는 처리 과정 자체도 상징의 형태로서 표상된다는 점이다. 이러한 처리 과정의 상징 표상이 곧 정보처리 프로그램이라 할 수 있다. 이러한 상징, 상징구조, 프로그램과 각종 자료들이 기억이라는 하위구조 체계에 저장된다. 상징의 조작이란 상징과 상징구조를 입력으로 받아 이를 처리하여 다른 상징과 상징구조로 출력하는 과정을 일컫는데, 이것이 곧 정보처리 과정이다(Newell & Simon, 1972; Simon, 1981).

뉴웰과 사이먼은 어떤 정보처리체계가 지니는 기초 정보처리 과정(EIP: elementary information process)에는 다음과 같은 과정이 있다고 본다.

1. 변별 과정 – 상이한 상징 또는 상징구조에 따라 다른 정보처리를 함.
2. 비교, 검증 과정 – 상징의 예(토큰[token])들이 동일한 개념 또는 상징의 원형(prototype) 또는 유형에 속하는가를 검증하는 과정.

3. 기타 과정– 새 상징의 창출 과정, 상징구조의 산출 과정, 상징구조의 복사 및 변형 과정, 외계 자극에 내적 상징을 부여하거나 또는 내적 상징구조에 외현 반응을 생성하는 과정, 상징의 참조 준거를 지목 또는 연결하는 과정, 상징구조의 저장 과정 등. 뉴웰과 사이먼은 이러한 기초 정보처리 과정이 처리구조(processing structures) 요소 사이에서 작용함으로써 각종 수준의 정보처리가 이루어진다고 보았다.

그림 2-9 뉴웰과 사이먼의 정보처리체계 모델

사이먼과 뉴웰은 인간의 심적 과정을 이러한 정보처리체계의 구조와 과정들에 어떻게 대응시킬 수 있는가를 다음과 같이 기술하였다. 인간이 대상을 지각하고 경험에 의하여 학습하고 기억하고, 언어를 이해하고 구사하며 사고한다는 것은 인간의 감각기관, 기억, 중앙처리구조, 반응(운동)기관 등의 각 정보처리구조들 사이와 각 구조의 내부에서 상징을 조작, 처리하는 정보처리 과정들이 일어난다는 것을 말한다. 그 결과로 자극에 대한 감각정보가 부호화(바꾸어 풀어 넣기 작업, encoding)되어 상징(기호)으로 표상된 다음 기억에 저장(store)되고, 저장된 상징 내용들이 후에 다시 꺼내어져(인출, retrieval) 내적인 상징구조의 변화, 또는 반응기관과 연결된 외적 행동의 변화로써 내놓아진다(출력, output).

그들은 이러한 심적 정보처리 과정을 컴퓨터 모의실험을 통해 구현하여 연구할 수 있다고 보았다. 이러한 컴퓨터 모의실험방법의 도입 영향은 매우 컸다. 이 방법은 합리주의 전통에서 강조되었으며 실험심리학 전통에서 배척되어왔던 개념들을(생득적 능력, 심적 구조, 도식[스키마], 규칙, 통제 등과 같은 심리 기능적 개념들) 구체적으로 조작, 기술할 수 있는 컴퓨터 체계의 상징 조작 개념들(통제 과정, heuristics, subroutines, production rules, encoding, retrieval 등의 개념들)로 재개념화하여 명확히 규정할 수 있도록 했다.

물론 컴퓨터 유추에 기초한 정보처리적 접근방법의 기본 요소가 모의실험만으로 이루어지는 것은 아니다. 모의실험 이외에도 다른 방법론적 요소가 첨가되어 있다. 또한 컴퓨터 유추 모형에 의해 정보처리 과정을 설명하려고 하면서도 기본적 개념과 일반 절차만 도입하여 적용하고, 실제의 검증은 전통적 실험방법을 사용할 수도 있다. 특히 정보처리 과정의 개개 단계를 분리시켜주는 힘을 가지고 있다고 간주되는 반응시간 (reaction time) 측정방법 등을 사용하여 실험연구를 할 수도 있다. 이는 후에 5장에서 다시 설명될 것이다.

이상에 기술된 컴퓨터 은유의 기본 개념과 이론이 처음부터 그대로 받아들여진 것은 아니었다. 최초에는 그저 단순한 하나의 유추 개념으로서 받아들여졌고, 1970년대에 이르러서야 비로소 컴퓨터 모형이 인지 과정에 대한 이론 형성 및 그 검증에의 도구가 될 수 있음이 인식되었다.

사이먼과 뉴웰 등의 접근방법의 기본 개념들과 방법론은 새로운 돌파구를 마련해주었다. 여기에 정보 이론, 커뮤니케이션 공학, 언어학 등의 영향이 융합됨으로써 마음과 인지에 대한 기존의 개념 체계와 이론이 대거 수정되고 다듬어졌으며, 정보처리적 접근방법이라는 새로운 보는 틀에 의해 인지 과정과 마음 전반을 연구하는 인지과학이 새로이 대두되었다.

9) 인지심리학의 공식적 출발

이러한 변화의 움직임이 종합되면서 인접 분야 연구자들 간의 협응적, 학제적 연구가 왕성하게 일어남에 따라, 또 앞서 기술한 바와 같이 브루너(Bruner) 등의 『사고의 연구』(1956)와 밀러(Miller) 등의 『행동의 계획과 구조』(1960)라는 두 책의 발간 및 하버드 대학의 '인지연구센터' 설립 등, 그리고 기타 심리학 내의 변화에의 움직임이 수렴되어 정보처리적 패러다임의 인지심리학이 탄생하게 되었다. 인지심리학의 공식적인 출발은 1967년 나이써(U. Neisser)가 『인지심리학』이라는 책을 출간함에 따라 이루어졌다. 이와 함께 '인지주의'가 정식 용어로 확정되고, 인지심리학이 심리학 내의 하나의 독자적인 분야 및 연구 패러다임적 틀로 자리잡게 되었다. 인지심리학이 출발하여 확고한 위치를 차지하는 초기에는 인지심리학의 연구가 주로 시각 연구와 기억 연구 중심으로 전개되었지만, 앞에서 언급한 사이먼과 뉴웰의 상징체계적 정보처리 패러다임과 연구 전략이 좋은 배경이 되었다.

심층분석 2-8 ┃ 인지심리학의 성격을 규정하였던 나이써의 『인지심리학』

1967년에 나이써 교수는 『인지심리학(Cognitive Psychology)』이라는 책을 출판하였다. 이 책은 새로운 정보처리 패러다임의 인지주의의 공식적인 등장을 알리는 획기적인 책이었고, 이후 10여 년간 학자들의 필독서가 되었다. 이 책에서 나이써는 인간의 인지를 컴퓨터에 유추하면서, 인지를 어떻게 생각해야 하는가에 대한 정보처리적 입장을 구체적 경험적 연구결과를 언급하면서 논하였다. 그는 심리학과 인지심리학을 다음과 같이 정의하였다: "Psychology by definition is the study of behavior and the underlying mental processes. To that end, scientific methods are employed in an attempt to create a coherent view of what is observed." 그리고 인지란 "refers to all the processes by which the sensory input is transformed, reduced, elaborated, stored, recovered and used(4쪽)."이라고 규정하였다.

그는 더 나아가 인간의 정보처리적 과정이 여러 단계로 이루어진다고 보았다. 자극이 입력되면 감각적 영상(icon)이 영상기억에 남고, 이후에 형태 재인(인식)이 이루어지며 주의, 단기기억, 장기기억 등의 과정을 거쳐 자극에 대한 정보가 기억에 남고 또 활용된다는 것을 기술하였다. 이 책에서는 지각과 기억 중심으로 인지심리학의 영역이 다루어졌고, 언어와 사고 과정에 대해서는 중요하게 다루어지지 않았다. 이 책은 이후의 60년대에서 80년대 초까지의 인지심리학의 틀에 상당히 영향을 주었다. 이 책의 첫 페이지의 첫 문단 내용은 다음과 같다.

"'아름다움은 보는 사람의 눈에 있다.'고 말해왔다. 기능의 위치에 대한 가설로는 이 말은 맞는 말이라고 할 수 없다. 눈이라고 하기보다는 뇌가 더 중요한 관련 기관이다. 그러나 (그보다는) 이 어구는 바로 인지의 중심적 문제를 지적하고 있는 것이다……"

이 책의 내용은, 1부는 서론: 인지적 접근, 2부는 시각적 인지(5개 장), 3부는 청각적 인지(4개 장), 4부는 고등 심리 과정(1개 장)으로 되어 있다. 언어 부분은 청각 인지에서 조금 다루어지고 있고, 4부는 기억과 사고에 관한 내용으로 되어 있다.

4. 요약과 종합

정보처리 접근의 인지과학이 형성된 역사적 배경에 대한 이상의 논의를 요약한다면, 인지과학의 형성은 개념 체계와 방법론의 조화를 찾으려는 노력의 결산이었다. 하나의 과학의 특정 보는 틀의 타당성과 발전 가능성 여부는 연구대상에 대해 얼마나 좋은 설명을 줄 수 있는가의 여부에 달려 있다. 이것은 그 대상을 설명하기 위해 형성된 개념 체계와 방법론이 얼마나 조화를 이루며 그 대상을 설명하고 있는가의 문제라고 볼 수 있다. 심리학에서 구조주의 심리학은 개념 체계의 틀은 잡혀 있었으나 내성법이라는 방법론의 빈약으로 인해 붕괴되었으며, 행동주의 심리학은 방법론의 엄밀성을 강조하여 높은 수준의 방법론을 제기하였으나 개념 체계가 너무 편협하여 현상의 설명에서 여러 가지 난점에 부딪혔던 것이다. 정보처리적 접근의 인지주의는 여러 관련 학문의 개념 체계와 방법론을 종합하여 결합시킴으로써 개념 체계와 방법론의 조화를 찾은 것

표 2-1	인지과학 형성 과정에 영향을 준 분야의 영향 또는 역할
근원	인지과학에 제공한 개념, 방법, 영향
구성주의	1. 능동적 과정으로서의 마음과 심적 활동 개념 제공 2. 기억, 주의, 의식 내용의 강조 3. 심적 과정을 분석, 통합하는 접근 제공 4. 내성법 제공. 프로토콜(protocol) 분석법으로 수정, 보완됨. 반응시간 측정법 제공
언어 학습 연구	1. 기억이 주요 문제임을 강조 2. 언어 학습의 경험적 자료 일부와 실험실 절차와 측정기술 등 제공 3. 연구 활동이 활발한 실험심리학자들 제공
철학	1. 인식론, 심신론, 과학철학, 논리학의 바탕을 제공 2. 마음과 컴퓨터의 은유 논의, 마음과 두뇌(물질)와의 관계 문제, 지향성(intentionality), 표상 　의미의 파생 문제, 각종 심리 기능의 분화와 통일성, 단원성, 인지과학의 과학철학적 기초 등 　의 문제에 대한 논의와 개념 틀 제시
인간공학	1. 인간을 의사결정자, 정보전달자로 유추하는 틀 제공 2. 정보전달의 한계, 신호 탐지 이론 등 제공 3. 공학과 물리과학의 개념들과 심리학 개념들의 접근 마당 제공 4. 고도화된 실험실 기법 제공
커뮤니케이션 공학, 정보 이론	1. 커뮤니케이션 채널의 유추 틀 제공 2. 정보 이론 및 채널 용량의 한계 개념 제공 3. 직렬 대 병렬 처리 등과 부호화, 해독, 인출 등의 처리 과정 개념 제공 4. 불확정성 개념 등 제공
컴퓨터 과학	1. 인간이 상징 조작체계라는 틀 제공 2. 디지털 컴퓨터와 컴퓨터 은유 제공 3. 저장된 프로그램 개념과 계산 개념 제공: computationalism 4. 컴퓨터 모의실험(simulation) 방법 제공 5. 복잡한 지적 행동에 대한 강조와 이를 형식적으로 분석하는 틀 제공 6. 인공지능학(후에 로보틱스) 영역 제공
언어학	1. 신행동주의를 거부할 이유 제공 2. 형식문법론을 중심으로 한 형식 이론 제공 3. 내적 규칙과 심적 능력(competence)의 개념을 부상시킴 4. 언어에 대한 강조 5. 창조성과 규칙성에 대한 관심 되살림 6. 능력과 수행의 구분
신경과학	1. 뇌와 인지 (심신)의 관계 논의를 위한 경험적 바탕 제공 2. 뇌영상기법 등 인지신경기법 및 자료, 이론 제공 3. 뇌-마음 은유 제공: 신경망(연결주의) 접근의 기초 제공 4. 여러 인지 이론의 신경적 타당성 근거 검증 및 제공: 의식 연구의 부활
인지심리학	1. 인지과학의 핵심적 경험과학으로서의 기초 역할 2. 인지 과정에 대한 경험적 자료, 개념, 이론 및 주제 제공 3. 인공지능과의 밀접한 연결고리: 인공지능 연구의 이론적, 개념적 배경 제공 4. 신경과학에 어떤 심적 과정을 어떻게 개념/이론화하여 접근할 것인가의 개념, 이론, 자료 제공 5. 철학, 신경과학, 인공지능 등 핵심 학문 및 진화생물학, 응용공학 등 주변 학문과의 연결고리

이며, 따라서 보다 넓은 폭의 설명 영역을 가진 종합 과학적 보는 틀로 대두된 것이다. 인지과학 형성에 기여한 학문적 분야의 영향 또는 역할을 표로 나타내면 〈표 2-1〉과 같다(Lachman 등, 1979).

그러면 이러한 정보처리적 접근의 인지주의 패러다임이 형성단계를 넘어서 하나의 학제적 학문으로 정식 체계화됨에 따라 인지과학은 어떠한 패러다임적 특성을 지니게 되고, 어떠한 주제를 중심으로 연구하였는가? 이러한 논의를 4장에서 다루기에 앞서, 마음과 기계 개념의 연결 역사에 대한 집중적 논의를 3장에서 서술하겠다.

제3장

마음과 기계 개념의 연결 역사
The History of Connecting the Concepts of Mind and Machine

1. 서론

20세기 과학의 가장 큰 업적이며 특징 중의 하나는 인간의 마음과 컴퓨터(기계)를 개념적으로 연결한 것이라 할 수 있다. 그러한 개념적 변혁을 가능하게 한 것이 정보처리적 패러다임의 인지주의이다. 인지주의의 핵심은 인간의 마음과 컴퓨터를 모두 정보처리체계로 보았다는 것이다.

1950년대에 출발한 인지주의의 기본 생각은 마음을 기계에 유추하는 컴퓨터 은유(computer metaphor)가 그 핵심이었다. 마음을 컴퓨터에 유추하려는 생각은 20세기에 시작된 것이 아니라 멀리 서양 그리스 시대의 신화에서도, 그리고 동양의 고대 중국에서도 있었던 생각이었다. 인간과 같은 기계를 만들 수 없을까? 인간의 신체와 같은 기능을 하는 기계, 그리고 인간의 마음과 같은 기능을 하는 기계를 만들 수 없을까? 인간과 기계가 본질적으로 같은 지적 능력을 지닌 것을 보일 수 있을 것인가? 어떻게 기계에 사람의 심적 능력을 부여할 수 있을까? 이러한 물음에 대한 대답은 예로부터 인간이 만들어온 자동기계, 생각기계, 계산기계의 역사를 살펴봄으로써 찾을 수 있다.

인간이 '기계인간'을 만들려고 수없이 노력해왔다는 것은 그리스 신화나 이슬람권의 역사, 또는 유럽 역사상 기발한 생각을 지녔던 유럽인들에게서 찾아볼 수 있다(McCorduck, 1979). 기계인간은 인류의 역사에서 오랜 꿈이었으며, 기계인간에 대한 생각, 시작품들, 그리고 이에 대한 공상적 이야기들이 계속 만들어져왔다. 초기의 이러한 생각의 대부분은 인간의 몸처럼 기능하는 자동기계(automata)를 만드는 데 관심이 있었고, 점차 인간의 마음을 모방하는 자동기계, 생각하는 자동기계를 만들어내는 것에 관심을 갖게 되었다.

이러한 노력들이 중세까지의 단순한 시행착오식 산발적 생각이나 시작품의 시도를 넘어서서 이론적 기반을 지니기 시작한 것은 17세기부터였다. 17세기 데카르트의 이원론적 생각의 제기 이후에, 인간의 신체를 기계로 보는 데에는 거의 이의가 없어왔다. 데카르트는 동물을 마음이 없는 하나의 순수한 자동기계로 보았으며, 인간은 신체와 마음이 있는데 신체는 동물과 같이 자동기계이지만 마음은 기계가 아니라고 생각하였다. 그러나 데카르트 이후의 프랑스의 유물론 학자였던 라메트리(J. O. de La Mettrie)는 인간의 마음조차 기계라고 생각하였다. 마음을 기계로 보는 관점은 라메트리 이래 계속적으로 제기되고 논쟁이 되어왔다. 현재에 이르러서는 마음의 본질을 기계의 전형인 컴퓨터에 유추하여 설명하려는 고전적인 인지주의적 접근과 이에 대립되는 견해가 심리철학과 인지과학에서 첨예화된 논제로 논의되고 있다.

일반적으로 기계론적인 마음을 주장하는 심리론의 입장, 마음은 물질인 두뇌의 산물이고 두뇌란 수많은 뉴런들이 모여 이루어지며, 이들 뉴런들은 기계적 법칙에 의해 상호작용하고 그 상호작용의 결과로 나타나는 것이 마음의 내용이라는 것이다. 즉 마음이란 두뇌의 작용을 반영하기에, 또 두뇌의 작용이 기계적이기에 마음의 작용도 기계적이며, 따라서 마음은 하나의 기계로 간주할 수 있다는 것이다. 여기에서 기계적이라는 말은 마음이 자동차나 커피머신과 같은 쇠로 만든 기계라는 의미가 아니다. 그 작동 과정을 엄밀히 규정할 수 있다는 의미에서 기계적이라는 의미이다.

이러한 입장의 기계론은 20세기 이전에는 다분히 사변적이며 엄밀한 개념 규정이 결여되었고 이론 틀로서 가다듬어지지 못했다. 이러한 결함이 1930년대를 기점으로 하여 튜링(A. Turing)을 비롯한 수학자들에 의해 가다듬어져 새로운 기계론으로 제기되었다. 마음과 기계론을 연결하려는 이러한 입장이 역사적으로 어떻게 발전되어왔는가에 대해서, 이러저러한 생각을 제시하여 마음-기계론을 발전시킨 데 공헌한 사람들의 생각을 중심으로 개략적으로 살펴보기로 한다.

2. 자동기계로서의 인간의 몸과 마음에 대한 초기의 생각

아마도 인간을 기계로 개념화하기 시작한 것은, 서양 중심으로 보았을 때 그리스 신화의 이야기들일 수 있다. 그리스 신 중에서 대장장이 일과 불을 맡은 신인 헤파이스토스는 판도라의 상자도 만들었지만 인간을 도울 수 있는 현대적 의미의 자동기계를 만들었다고 할 수 있다. 대장장이 일을 도와주는 자동기계인간, 보초를 서는 자동기계인간을 만들었다고 신화에서는 이야기되고 있다. 또한 그리스 신화에 의하면 결혼 혐오자인 피그말리온은 상아로 여성을 만들기도 하였고, 다이달로스는 얼굴 표정을 변화시키는 동상을 만들기도 하였다고 한다.

그리스 이후 알렉산드리아가 번영하던 시대에는 자동기계인형을 극장에서 사용하기도 하였다고 한다. 또한 중세의 교황 실베스테르 2세는 교황이 되기 전에 말하는 머리를 지닌 동상을 만들기도 하였다고 한다. 또한 중세의 과학적 명맥을 유지하던 이슬람에서는 자이리야(zairja)라고 하는 '28개의 아랍 알파벳을 이슬람 철학의 기본 개념 범주에 연결하게 하는' 생각하는 기계도 만들었다고 한다. 이러한 기계를 본 스페인의 기독교도인 라몬 룰(Ramón Lull)은 아랍의 자이리야 기계에 대응되는 기독교용 생각하는 자동기계를 만들어야 한다고 생각하였다.

1) 라몬 룰의 논리기계

13세기 스페인 카탈루냐 왕국의 왕의 고문으로 있던 라몬 룰은 아랍권을 여행할 기회가 있었는데, 이때 아랍의 이슬람 철학의 모든 문제에 대해 답을 주는 자이리야라는 기계를 보고 나서 이에 대응되는 기독교식의 기계를 만들어야겠다고 생각하였다. 그래서 그가 창안해낸 것이 서양의 '논리기계'의 시초라고 볼 수 있는 아르스 마그나(Ars Magna)라는 자동기계였다(〈그림 3-1〉 참조).

이 기계는 몇 개의 원판으로 되어 있는데, 이 원판들은 각기 한 중심점을 공유하는 동심원들로 이루어졌다. 각 원들은 기호 또는 단어들이 몇 개씩 적혀 있었고, 이 단어들은 기독교적 세계관 내에서 모든 주제에 대하여 진리에 도달할 수 있게 하는, 기독교적 사실을 발견하는 '생각하는 기계'의 설계 기획 아이디어였다.[10]

　예를 들면 그림에서 보이는 것과 같이 원반의 바깥쪽 원에는 주어로 사용될 수 있는 단어들이, 중간 원에는 동사로 사용될 수 있는 단어들이, 안쪽 원에는 목적어로 사용될 수 있는 단어들이 열거되어 있는 것과 같은 형태이다. 아래 원반의 예에서 "I love mice", "You hate cats" and "They eat frogs" 같은 내용을 나타낼 수 있다. 이러한 동심원의 원 하나가 16개 정도 있어서 다른 단어나 기호를 나타내고, 한 원반에 14개 정도의 동심원들이 있으며, 이러한 원반들이 여러 개가 있다면, 이들이 조합되면서 나타낼 수 있는 문장, 개념의 수는 상당한 수에 이른다.

아르스 마그나(Ars generalis ultima) 원반

그림 3-1 13세기 라몬 룰의 생각기계

　룰은 성서에 있는 모든 기독교적 철학과 관점의 기본 내용들에 관한 지식이 '유한한' 개수라고 생각하였고, 이 유한한 지식(예를 들어 "God's mercy is infinite", "God's

10 http://www.maxmon.com/1274ad.htm과
　　http://en.wikipedia.org/wiki/Ramon_Lull#Ars_generalis_ultima_.28Ars_Magna.29 참조

mercy is mysterious", "God's mercy is just")을 이러한 논리와 기호(단어나 어구를 포함한)가 연결되는 조합 방식을 통하여 모두 나타낼 수 있다고 보았다.

이러한 룰의 기독교 논리기계에 대한 생각은 현대 정보 이론의 선구였다고 볼 수 있으며, 이후 유럽의 많은 사람들에게 전파되었다. 『걸리버 여행기』의 작가 조너선 스위프트에게도 영향을 주어서 『걸리버 여행기』의 내용 중 이런 기계와 관련된 이야기가 나온다.

그러나 현대 정보 이론, 계산 이론과의 연결에서 중요한 것은 이러한 룰의 생각이 라이프니츠(G. von Leibniz)에게 영향을 주었다는 사실이다. 라이프니츠는 기계적 계산기와 미적분체계를 발전시켰는데, 이는 룰의 생각을 형식논리로 확장한 것이라고 할 수 있다. 라이프니츠에 대해서는 3절에서 설명하겠다.

이후 16세기 초에 파라켈수스(Paracelsus)는 '작은 인간(homunculus)'이라는 가상적 인간을 이야기하였고, 1580년경에는 폴란드의 유대인들 사이에서 인공인간 골렘(Golem)에 대한 이야기가 나타났다. 프라하의 랍비 뢰브(J. Loew)가 흙에 물, 불 등을 가하여 만든, 유대인들을 외부 공격에서 지키고 여러 가지 잔심부름을 하는 그런 인공인간에 대한 이야기가 만들어져 전파되었다.[11]

2) '작은 인간' 개념의 선구

16세기의 연금술사 파라켈수스는 자신이 작은 인간을 만들었다고 하였다. 그는 이것을 호먼쿨루스(homunculus)라고 불렀으며, 이 작은 인간은 12인치의 키에 자동인형이 하는 모든 일을 한다고 하였다. 이 작은 인간을 만드는 처방은 동물들의 뼈, 정충, 피부 조각들과 털을 조합하는 것이며, 말똥으로 둘러싸인 땅에 40일간 놓아두면 배아가 자연히 생겨난다고 했다. 이것은 인간의 모습을 지녔지만, 투명하고 신체가 없다. 40일 이내에 인간의 피를 먹으면 살게 되고 인간의 지능을 지닌다는 것이다.

이 작은 인간 개념은 이후 여러 사람들에 의하여 사용되었는데, 정충 속의 자동인간

---

11 골렘 소개 영문 자료는 http://en.wikipedia.org/wiki/Golem 참조.

의 개념으로도 사용되었다. 현대에 이르러 심리철학적 논쟁에서는 인간 내부에 있어서 인간의 행동과 생각을 좌우하는 여러 작은 인간의 개념 또는 논쟁을 위한 개념으로 사용되어왔다. 현대의 신경과학에서는 대뇌피질의 각 부분이 담당하는 기능이 감각과 운동, 특히 입과 손 부분에 상대적으로 많은 대뇌피질 영역을 할애하고 있다는 의미를 전달하기 위하여 하나의 비유적 개념으로 '감각-운동 작은 인간'이라는 용어를 사용하기도 한다.

3) 18, 19세기의 자동기계

이러한 공상적 이야기를 넘어서서 실제적으로 움직이는 기계로서 만들어진 첫 인공인간은 아마도 1730년대 프랑스의 보캉송(J. de Vaucanson)이 제작한 자동인형인 '플루트 연주자'일 것이다(그의 '오리'라는 자동기계도 유명하다). 이후 1809년에 폰 켐펠렌(W. von Kempelen)에 의하여 체스를 두는 기계 터크(Turk)[12]가 제작되어 인기를 얻었다.

이러한 18세기, 19세기의 자동기계인간은 사람들의 상상력을 불러일으켜 많은 기계 인간에 대한 공상적 소설들이 나타났다. 호프만(E. T. A. Hoffman)의 기계 할머니 올림피아(Olympia)나, 문학가 쥘 베른, 새뮤얼 버틀러, 괴테 등의 작품에서 이러한 자동기계에 대한 생각들이 반영되었다. 가장 유명한 것은 1818년 메리 셸리(Mary Shelley)의 소설에서 나온 프랑켄슈타인(Frankenstein) 이야기일 것이다.

---

12 소개 영문 자료 http://www.chessgraphics.net/arab.htm

3. 17세기와 그 이후의 계산에 대한 생각과 계산기의 발전[13]

인간의 마음과 기계의 연결에 대한 생각의 발전이라는 과학적 업적은 단숨에 이루어진 것이 아니다. 역사적으로 오랫동안 마음, 기계, 계산의 개념 사이의 연결들이 시도되고, 다듬어져온 결과의 산물이다. 역사적으로 마음과 기계를 관련지으려 한 학자들 중에서 현재 인지심리학의 논의와 가장 큰 관련을 지을 수 있는 사람은 프랑스의 학자 데카르트와 라메트리이다. 홉스에서부터 인간-기계-마음의 관계를 생각해온 대표적 인물들의 생각과 업적을 살펴보면 다음과 같다.

홉스: 17세기 중엽의 홉스(T. Hobbes)는 아리스토텔레스의 틀을 벗어나 갈릴레오와 케플러의 물리학과 하비의 생리학에서 강조된 운동의 개념을 인간의 마음에까지 확장하였다. 그는 영혼이나 마음이 몸과는 별도로 이해될 수 있는 것이 아니라고 보았으며, 인간은 근본적으로 기계라고 보았다. 심적 과정이란 완전히 물질적, 신체적 기초에 의존해 있고, 따라서 인간은 물리적 법칙, 즉 인과법칙에 의하여 작동하며 양적 과학의 기초 위에서 이해될 수 있다고 보았다. 감각과 사고, 정서가 감각기관과 두뇌 내의 운동으로 이해될 수 있으며, 뿐만 아니라 다른 종류의 심적 과정도 신체의 운동에 근거한다고 보았다. 그리고 인간은 쾌락 추구와 고통 회피의 기계적 원리에 의하여 작동하는 유기체라고 보았다. 그는 이러한 관점을 사회에까지 확장하였다. 그렇지만 홉스는 어디까지나 철학자였지 경험적 연구자는 아니었다.

데카르트: 홉스의 영향을 받은 데카르트는 그 나름의 기계론을 제시하였다. 그는 인간과 동물을 차별화하였다. 동물은 마음이 없는 하나의 순수한 자동기계로 보았으나, 인간은 신체와 마음이 있으며 신체는 동물과 같이 자동기계이지만(동물기계 [bête machine] 이론) 마음은 기계가 아니라고 생각하였다.

그는 우리가 동물과 같은 외모와 내부 기관을 지닌 기계를 만들었을 경우에 그 기계

---

13 소개 영문 자료 http://en.wikipedia.org/wiki/Frankenstein
　　이 장의 3절에서 10절까지의 내용은 이정모(2001) 4장의 내용을 보완, 재구성하였다.

와 동물을 구별할 수 있는 방법이 없지만, 인간은 다르다는 논지를 전개하였다. 인간의 경우는 어떤 기계를 만들어 그 기계에 우리의 신체와 같은 외형과 기관을 갖도록 갖추어준다고 하더라도 그 기계가 인간과 같을 수는 없다. 그 기계가 정말로 사람인지, 아니면 단순히 인간의 외형을 지닌 기계인지는 두 개의 검사를 해보면 알 수 있다. 하나는 언어 검사이고, 다른 하나는 지식-행위 검사이다. 아무리 기계를 인간처럼 만들어 놓더라도, 그 기계는 결코 우리와 같이 말이나 생각이 담긴 상징부호를 사용할 수 없을 것이며, 또한 아무리 인간과 유사하게 그럴싸하게 행동한다고 하더라도 단순히 신체 기관의 성향에서 행동이 나오는 것이지, 지식에서 행동이 나오지는 않을 것이다. 따라서 이 두 측면을 검사해보면, 그 대상이 인간인지 기계인지 알 수 있다고 하였다. 데카르트는 후에 전자, 즉 언어 테스트만이 인간과 기계를 차별화할 수 있다고 생각을 수정하였다. 동물이나 기계가 인간을 따라올 수 없는 이유는, 그들이 언어를 인간처럼 여러 양상으로 배열할 수 없기 때문이라는 것이다.

라메트리: 데카르트 이후의 기계론을 이어받은 라메트리(J. O. de La Mettrie)는 데카르트의 기계론을 근본적으로 수정하였다. 데카르트가 동물을 순수한 기계라고 한 것은 옳지만 인간은 기계가 아니라고 한 것은 틀렸다고 하며, '인간기계(le homme machine) 이론'의 관점을 다음과 같이 제시하였다.[14]

데카르트가 '동물은 순수한 기계다'라고 논증하였다. 그러한 그의 생각은 옳다. 그러나 인간이 동물과 본질적으로 다르지 않다는 것을 보일 수 있다. 그리고 인간도 기계라는 것을 보일 수 있다. 동물과 인간 사이에 차이가 없다는 것을 보이는 방법의 하나는 인간에게만 있는 기술과 능력이라고 혹자들이 생각하는 것들을 동물이나(예를 들면 언어를 사용하도록 원숭이를 훈련시킨다거나) 기계도(말하는 기계인간) 공유할 수 있다는 것을 보여주는 것이다.

그렇다고 해서 동물과 인간이 동일한 정도의 지능을 갖고 있다는 것을 보여주는 것은 아니며, 그들과 인간의 지(知)에 본질적 차이는 없다는 것을 보여주는 것일 뿐이다. 인간의 메

---

14 라메트리에 관해서는 다음 웹 자료 참조. http://en.wikipedia.org/wiki/La_Mettrie; http://www.aistudy.co.kr/pioneer/LaMettrie.J.htm

그림 3-2 라메트리의 초상

커니즘이 그저 더 크고, 더 미묘한 정도의 조직화와 복잡성을 지니고 있다는 것뿐이다. "우리는 결국 모두 기계인 것이다. 그러나 사고할 수 있는 기계라는 것이다." 단순한 기계일 뿐이라고 데카르트가 명증했던 동물이 언어적 기술을—데카르트가 인간과 동물을 구별짓는 기준이라고 생각했던 언어를—보일 수 있게 함으로써 동물이 본질적인 측면에서 인간인 우리와 다르지 않다는 것과 우리도 기계라는 것을 알게 된다. 따라서 동물기계는 인간기계로 변환되는 것이다. ……데카르트는 동물이 기계임을 보였지만, 사고와 감정이 없는 순수한 기계임을 보인 것은 아니다. 동물은 우리—앎과 지능적인 창조물인—인간과 같고, 우리는 동물들과 같다. 모두 사고와 느낌을 갖게 되는 복잡한 기계인 것이다(La Mettrie, 1774, Oeuvres philosophiques. Vol I.; in Gunderson(1985, pp. 23~24 재인용).

과연 그런가? 그렇다면 어떻게 '기계인간'을 만들 수 있으며, 기계에 사람의 심적 능력을 부여할 수 있을까? 이러한 물음에 대한 대답은 예로부터 인간이 만들어온 자동기계, 계산기계를 살펴봄으로써 찾을 수 있다.

계산기 개념 인간이 '기계인간'을 만들려고 수없이 노력해왔다는 것은 앞서 기술한 바와 같이 그리스 신화, 이슬람권의 역사, 역사상 기발한 생각을 지녔던 유럽인들에게서 찾아볼 수 있다(McCorduck, 1979). 기계인간은 인류의 역사가 지닌 오랜 꿈이었으며, 그 역사 속에서 시작품들이 만들어져왔다. 이러한 노력들이 단순한 시행착오식 수작업이 아니라 이론적 기반을 지니기 시작한 것은 17세기부터였다. 신학자, 천문학자, 언어학자이며 동시에 수학자였던 쉬카르트(W. Schickard)가 1623년에 '계산하는 시계' 라는 세계 최초의 계산기를 만들었는데, 이는 10진법에 기초한 계산기였다. 이후 파스칼(B. Pascal), 라이프니츠(G. W. Leibniz) 등이 새로운 계산기를 고안해냈다.[15]

파스칼: 1639년에서부터 6년여 동안 초기 계산기를 만든 파스칼은 오늘날의 주유소 휘발유 카운터나 수도 검침기와 같은 종류의 계산기를 1645년에 완성해냈다. 주로 10진법에 기초하고 덧셈과 뺄셈만 할 수 있던 이 기계를 파스칼 기계(Pascalina, the Arithmetique)라고 부른다.[16] 파스칼은 데카르트와는 달리 인간의 사고도 비물질적 요소로만 되어 있는 것은 아니라 기계적 요소가 있는 것은 아닐까, 즉 데카르트의 생각은 틀렸고 인간도 기계와 같을 수 있지 않은가 하고 생각하였다. 그러나 파스칼은 이러한 문제에 대하여 계속 생각한 결과, 결국은 부정적인 결론을 내렸다. 인간의 마음은 이성과 감정, 의지로 구성되어 있는데, 이성은 기계적 요소를 지닐 수 있으나 감성과 의지는 이성에 의존하지 않고 작용하여 앎이 이루어지기에 인간의 마음이 기계적일 수는 없다고 결론지은 것이다. 이는 오늘날 일반인들이 컴퓨터와 마음의 관계에 대하여 기본적으로 지니고 있는 상식적 생각과 같다고 하겠다.

여기에서 파스칼 계산기와 관련하여 우리는 의문이 들 수 있다. 그까짓 덧셈 정도나 하는 그 당시의 계산기계를 근거로 해서 인간의 이성, 사고가 기계적인가를 판단하는 파스칼의 생각의 타당성 문제이다. 이에 대해서는 인간 지능 진화사의 상황적 설명을 제시할 수 있다. 17세기 유럽의 일반인들은 현대의 초등학교 학생들이 하는 셈 정도도 잘 못하였다. 현대에는 초등학교 학생들이 백, 천, 만, 억 단위의 숫자를 사용해 자유자재로 덧셈 뺄셈을 하고 있지만, 당시의 사람들은 아주 쉬운 덧셈 뺄셈도 하지 못하였

---

15 1920년대까지의 계산기의 발전 역사를 개관한 책 자료는 다음을 참조 :
   http://www.rechenmaschinen-illustrated.com/Martins_book/Ernst%20Martin%20-%20Rechen%20Machinen%
16 http://en.wikipedia.org/wiki/Pascaline

그림 3-3 파스칼 계산기

다. 덧셈 뺄셈은 아주 지능이 높은 학자들이나 하는 것으로 되어 있었다. 그것도 숫자 열 자리 범위 이내에서 그러했다. 왜냐하면 이 당시 유럽에서는 아라비아 숫자가 사용된 것이 아니라 로마자를 사용해서 수를 표현하였기 때문이다.

이후 인도의 수 체계가 아랍을 통해 유럽에 유입되어 10진법과 0을 지닌 아라비아 숫자 체계를 사용하면서 일반인들의 산술 계산 능력이 발달하였다. 이러한 바탕에서 갈릴레오는 과학은 수학의 언어로 설명해야 한다고 하였고, 홉스는 인간 이성은 본질적으로 수리적 계산의 형태라는 주장을 제기하였다. 이에 따라 수리적 계산법, 계산 체계가 발전되고, 계산은 규칙적이며 그 단계는 세밀히 규정 가능하다는 생각과 계산 원리는 기계로 수행 가능할 것이라는 생각이 자리 잡게 되었다. 체계적인 계산, 규정 가능한 계산이 곧 인간 이성적 사고의 특성일 수 있다는 생각의 바탕이 싹튼 것이다.

17세기 중엽에 이르러 유럽에서는 이후 20세기의 인지과학과 인지심리학에 영향을 줄 세 개의 중요한 발전이 있었다(Fancher, 1996). 첫째는 체계적 규칙에 따라 수리적 계산을 하는 능력이 발전한 것이었다. 이러한 수리적 계산 체계의 발전은 과학적 법칙의 도출을 가능하게 하였고, 이것은 물리적 세계에 대한 이해도를 높였다. 둘째는 계산의 원리가 규칙적이고 엄밀히 규정될 수 있는 형태로 진행되기 때문에, 이는 기계에 의해 수행될 수 있을 것이라는 생각의 발전이었다. 셋째는 이러한 체계적이며 명세화할 수 있는 계산 과정이 인간의 이성적 사고의 본질과 닮았으리라는 생각(원래는 홉스의 생각)의 떠오름이었다.

이러한 생각들은 이후 몇 세기를 거쳐 확장되고 가다듬어지고 발전되었다. 계산기의 지속적인 발전은 마침내 20세기 컴퓨터의 발명과 발전으로 이어졌고, 산술의 발전은 대수의 발전으로, 그리고 이것은 수학 체계의 발전으로 이어졌다.

홉스의 기본 가정을 현대적 표현으로 바꾸어본다면, 인간의 이성적 사고는 본질적으로 일정한 상징(기호)들을 명료히 규정할 수 있는 어떤 규칙에 따라 체계적으로 조작한다는 것이다. 이것의 의의는 인간의 사고, 이성도 하나의 계산 과정으로 볼 수 있다는 것인데, 300여 년을 앞선 홉스의 이러한 생각은 20세기에 이르러 후대 학자들에 의해 체계화되고 정교화된다.

라이프니츠: "기계를 사용한다면 누구에게라도 맡길 수 있는 계산을 하기 위하여 계산 일에 노예처럼 수많은 시간을 소모해야 한다는 것은 뛰어난 사람이 할 일이 못 된다."고 말하였던 라이프니츠는 언젠가는 계산기가 산술뿐만 아니라 논리에서도 인간의 이성적 사고를 능가하리라고 생각하였다.

그는 다음과 같은 '보편언어' 개념을 제시하였다. 숫자는 모든 종족, 국가, 문화에서 공용으로 쓰인다. 그렇다면 숫자와 마찬가지로 모든 국가, 민족에 공통적으로 쓸 수 있는 보편적 언어를 만들 수는 없을까? 이러한 언어 특성은 본질적으로 논리적 위계 특성을 지닐 것이고, 그 언어의 개념들은 동식물 분류에서처럼 '내포'와 '배제' 관계로 표현할 수 있을 것이며, 이러한 내포, 배제의 개념적 조작이란 수학에서의 덧셈 뺄셈 조작과 같을 것이고, 그렇다면 모든 개념에 그 개념과 다른 개념의 포함 정도를 나타내는 숫자를 부여하여 그 개념을 나타낼(represent) 수 있지 않을까? 이러한 새 언어를 사용하여 모든 나라의 사람들이 의사소통을 하고 또 각종 문제를 해결할 수 있지 않을까? 국가 간의 논리적, 윤리적 문제 등이 생기면 서로 논쟁할 필요 없이 '우리 앞아서 계산합시다' 하는 식으로 그저 이 체계에서 계산만 하면 되지 않을까? 이러한 생각은 '인간이 사고한다는 것은 계산하는 것 이상의 것이 아니다'라는 홉스의 생각을 발전시킨 것이었으며, 현대 인지주의의 기본 생각과 상당히 근접해 있는 것이었다.

이러한 생각을 하던 그는 1671년에 파스칼 계산기보다 한 단계 진보한 계산기를 고안하였다(제작은 1673년). 독일어로 'Staffelwalze', 영어로는 'Step Reckoner'라고

---

17 라이프니츠 계산기 그림은 http://www.diycalculator.com/imgs/hist-step-reckoner.jpg 참조.

불리는 이 계산기는 덧셈과 뺄셈만 하는 파스칼 계산기와는 달리 곱셈과 나눗셈도 할 수 있었다.[17] 라이프니츠의 또 다른 중요한 기여는 2진법 체계의 제시였는데, 그는 계산기가 2진법을 도입해야(오늘날의 디지털 컴퓨터와 같이) 한다고 주장하였으나, 당시 기술계의 기술 수준이 2진법 체계의 기계를 지원할 수 있는 수준이 되지 못해 그의 기계는 10진법에 기초한 체계에 머물렀다. 2진법을 계산기에 구현하며 규칙 기반의 기호 논리 체계에 연결하는 것은 20세기에 이르러 컴퓨터 발달과 기호체계 이론의 발달이 이루어진 후에야 가능하였다.

기계 제작을 넘어선 라이프니츠의 생각의 핵심은 논리적 진술을 수학으로 환원하는 데 있었으나, 이후 논리학계의 연구는 다른 방향으로 진행되어 전통적 수학과 논리학을 기호논리학의 하위 영역으로 접근하는 방향으로 흘러갔다.

배비지: 이러한 라이프니츠의 생각은 19세기 중반 배비지(C. Babbage)[18]의 계산기계 이론에 의해 일보 진척이 되었다. 배비지는 모든 수학적 계산표들을 기계에 의해 할 수 있으리라 생각하고, 처음에는 '차이기계(Difference Engine)'를, 그 다음에는 '분석기계(Analytical Engine)'를 제안하였다. 후자의 이론은 100년이나 앞선 생각이었다. 이 기계는 이론적으로 어떤 유형의 계산도 가능한 계산기이자 데이터, 계산 절차로

표 3-1 배비지의 분석기계의 구성요소

---

1. 제1요소: 자료 (data)

　　　　　지시 (instructions)

2. 제2요소: 계산 방앗간(mill)

3. 제3요소: 제어기제(Control Mechanism)

　　　　　– 입력을 받아 계산 방앗간에 전달하고, 계산 방앗간이 계산하도록 통제

4. 제4요소: 기억 (memory) 요소

　　　　　– 원래의 자료와 계산 결과를 저장

5. 제5요소: 출력 기구(output device)

---

18 배비지의 생애, 차이기계, 분석기계 그림 자료는 http://www.charlesbabbage.net/ 참조.

서의 지시(instructions), 계산 순서에 따라 진행되는 실제 계산의 세 요소를 갖춘 이론적 기계였고, 하나의 보편기계 이론이었으며, 오늘날의 프로그램 가능한 컴퓨터의 이론적 원형이었다고 할 수 있다.

그러나 당시에는 실제로 이를 기계로 구현할 수 있는 공학기술이 없었다. 배비지의 생각은 당시의 하드웨어 공학기술이나 이론 수준보다 20여 년 앞선 것이었기에 실현되지 못하였다. 아마도 그 당시에는 기관차 정도 크기의 계산기와 그 정도의 동력이 필요하였을지도 모른다. 그의 분석기계는 100년이나 앞선 생각이었다. 실현 가능한 공학기술이 당시 없었기에 그의 창의적인 생각은 아이디어로만 존재하였다(물론 작은 모형은 있었지만).

예외적으로 당시의 러브레이스(Ada Lovelace) 백작부인은 배비지의 기계 이론을 이해하고 이 기계가 오늘날의 디지털 컴퓨터와 같이 여러 유형의 문제해결에 적용될수 있을 것이라는 가능성을 인정하였고(배비지 자신은 이런 의의를 충분히 파악하지못하고 수리적 처리 중심으로 생각하였던 것 같다), 이론적 발전에 도움을 주었으며, 이 이론적 기계를 위하여 세계 최초의 프로그램(기호 조작)을 작성하였다.

불: 이어서 불(G. Boole)은 모든 수학적 작업은 체계적 기호(상징) 조작의 한 형태로서, 수학은 수와 양의 학문이 아니라 기호를 사용하는 한 방법이라고 규정하였다. 라이프니츠의 생각에 따라, 논리학과 계산 수학을 조합하여 기호논리학을 새롭게 출발시킨것이다. 이러한 입장은 20세기 초의 철학자 화이트헤드(A. N. Whitehead)와 러셀(B. Russell)에 의해 더욱 발전한다. 이러한 일련의 작업들은 ① 모든 전통적 수학/산출 계산과 ② 기호(상징)화 가능한 모든 논리와 추리의 문제를 계산해낼 수 있는 '보편적 기계(Universal Machine)'가 가능하다는 생각의 바탕 작업이었다고 볼 수 있다.

다음 단계는 이러한 기계와 마음에 대한 생각의 가능성을 보다 구체적인 개념적 기계 이론으로 정교화하는 작업이었다. 이 작업은 1930년대에 튜링을 중심으로 한 튜링기계 이론이 제시된 후에야 결정적으로 이루어졌다.

물론 1930년대에 튜링기계 이론이 제기되기 이전에도 마음과 기계를 연결하려는 여러 시도들이 20세기 초에 있었다. 스페인의 케베도는 20세기 초에 스페인의 왕립학회

회원으로서 체스를 두는 기계를 발명했으며, 사고하는 기계에 대해서 생각하였다. 상황의 변화에 대해서 적절하게 잘 대응하는 기계는 감각기관들과 팔다리와 같은 것들을 가져서 감각기관을 통해 들어온 정보들에 따라 일을 수행할 수 있어야 한다고 생각한 것이다. 그러나 당시의 기계 제작 수준과 제어 수준이 조잡하였기에 이토록 지능적인 기계의 탄생은 후에 전자공학에서 집적회로가 개발된 이후에나 가능해졌다.

또한 미국, 영국 등이 최초로 프로그램으로 제어되는 범용 디지털 컴퓨터를 만들었다고 생각하기 쉬우나, 이미 제2차 세계대전이 끝나기 전에 독일에서 이러한 수준의 기계가 기계공인 쭈제(K. Zuse)에 의해 제작되었다. 그는 라이프니츠처럼 귀찮은 계산을 대신해줄 기계의 고안에 착수하였으며, 생각하는 기계에 대한 가능성에 대해서는 분명한 관점을 갖고 있었다. 그는 1941년에 세계 최초로 프로그램에 의해 제어되는 T3라는 튜링 컴퓨터를 만들었으며, 'Plankalkül'이라고 이름 붙인 프로그래밍 언어도 개발하였다. 이외에도 마음과 기계를 연결하려 한 다른 이들의 여러 시도들에 대해서는 다음 절에서 설명하겠다.

4. 튜링기계에서 컴퓨터로

1장 '서론'에서 그리고 2장의 '형성사' 내용에서 컴퓨터과학의 영향을 설명하면서도 언급하였지만, 인지과학의 주요 두 핵심 개념은 마음의 내용을 지칭하는 개념인 표상과 마음의 과정을 지칭하는 개념인 계산이다. 그리고 이 두 개념의 밑바탕에 놓여 있는 정보처리 패러다임의 생각은 표상의 양식 및 계산 과정의 표현 또는 규정에 일정한 형식을 부여하여 접근할 수 있다는 것이었다.

조금 단순하게 생각을 해보면 마음과 컴퓨터가 다 같이 '언어'와 같은 특성을 지니고 있다고 할 수 있다. 내용 요소(마음의 내용, 컴퓨터의 데이터)가 있고, 그 요소에 무언가 작용(심적 과정, 컴퓨터의 계산 과정)이 일정한 규칙에 의존하여 일어난다고 볼 수 있다. 정보처리적 패러다임의 인지과학은 이 마음과 컴퓨터의 요소들 및 작용 과정들에 대하여, 객관성을 지닌 어떤 동일한 방식으로 표현하며 기술할 수 있을 것이라고 가정하고 접근하였다. 과학적 객관성과 엄밀성, 단순성을 담보하는 어떤 방식으로 기술할 것인가를 생각하는 과정에서 도출된 것이 '형식성' 이라 할 수 있다. 마음과 컴퓨터의 내용들, 그리고 그에 작동하는 과정들을 정보처리적 틀에서 기술하는 것의 지름길은 그 대상들을 형식적으로 기술하는 것이라고 본 것이다.

그러면 어떠한 틀의 형식적 기술을 할 것인가. 마음과 컴퓨터가 기본적으로 어떤 내용적, 작용적 특성과 형식적 기술 측면에서 관련된다고 볼 수 있을 것인가 하는 물음과 관련하여 고전적 인지과학의 생각의 핵심을 이루고 있는 것이 '튜링기계' 이론이다. 튜링기계 이론은 영국의 수학자 튜링이 단독으로 이루어냈다고 하기보다는 수학 내에서, 그리고 논리학의 도움을 받아 어떤 대상을 규정하고 기술한다는 것이 무엇인가, 무엇을 기술할 수 있는가 하는 문제에 대한 오랜 생각들, 특히 수학자 처취(A. Church), 힐베르트(D. Hilbert), 괴델(K. Gödel) 등의 생각이 모아지고, 이를 발전시켜 새로운 형태로 전개한 것이라고 할 수 있다.

5. 수학적 기술과 자동기계, 계산 가능성

튜링의 기계론을 설명하기에 앞서 설명되어야 할 것은 현상에 대한 수학적 기술 이론(theory of mathematical description)이다. 이 이론에 의하면, 과학적 방법은 본질적으로 자연 현상을 수학적으로 기술하는 기술 유형의 하나를 선택하는 방법이라고 볼 수 있다.

자연 현상은 무한할 수도, 유한할 수도 있다. 현상이 유한하면서 수학적으로 유한히 기술될 수도 있고, 무한하면서 유한히 기술될 수도 있다. 자연 현상을 수학적으로 기술하려는 입장의 핵심은, 무한한 또는 유한한 현상을 유한히 기술할 수 있다고 가정하는 것이다.

수학에서는 현상에 대한 기술의 개념이 무한 기술(記述)의 필요성에서 유한 기술로,

유한 기술에서 함수들 또는 규칙 집합(rule-sets) 기술의 개념으로 옮겨간다. 그런데 우리가 고교 시절에 배운 미적분학에서 보듯이, 모든 비연속적 현상은 특정 기호(스트링)에 자연수를 연결시켜주는 함수에 의해 표상될 수 있다. 그리고 어떤 자연수도 기호 스트링들에 의해 나타낼 수 있다.

따라서 결론적으로 말하자면, 과학에서 자연 현상을 기술하는 문제란 수학적으로 표현한다면 함수 또는 규칙집합에 대한 기술의 문제, 다시 말해 한 스트링 집합과 다른 스트링 집합을 대응(사상, mapping)시켜주는 문제이다. 그런데 한 스트링 집합과 다른 스트링 집합을 대응시키는 함수를 다루는 수학적 이론이 자동기계(automata)이론이며, 자동기계 이론 중 가장 대표적인 이론이 계산가능성(computability) 이론이다 (이에 대한 더 자세한 설명은 이정모[2001]의 pp. 154~157 참조). 이 계산가능성의 개념을 명확히 해주고 심리 현상의 기술에까지 적용된 이론이 바로 '튜링기계 이론'이다. 1930년대부터 튜링이 발전시킨 '튜링기계 이론'과 '마음에 대한 기계론'의 배경을 정리하면 다음과 같다.

6. 수학적 접근

사람들은 각종 논리적 추론을 하며 창의적 사고를 한다. 또한 수학자들은 각종 수리적 문제를 제기하고 이에 대하여 연역적으로 추론해 문제를 해결한다. 그들은 어떤 한 명제의 참과 거짓을, 증명을 통하여 밝힌다. 이러한 추론적 사고, 수학적 추론은 어떻게 이루어지는 것일까? 이러한 사고 과정을 이어가는 절차들을 명확히 설명할 수는 없을까? 즉 어떤 완전한 형식적(formal) 틀을 갖춘 일관성 있는 공리적 체계에 의해 이 과정들을 단계별로 정확하고 엄밀하게 기술할 수는 없을까?

이러한 물음은 예전부터 수학자, 논리학자, 철학자, 심리학자, 그리고 최근에는 인공지능학자들이 관심을 가져온 문제이다. 각종 수학적 문제의 제기와 증명의 추론 과정을 완전히 형식화된 어떤 공리와 규칙의 체계에 의해 설명할 수 있다면 그것이 지니는 의의는 큰 것이다.

이러한 물음에 대하여 수학자들은 기계론적 입장을 취한다. 그들에 의하면 수학적 추론이란 기계적이다. 수학적 개념이나 명제를 형식화할 수 있고, 주어진 비공식적 증명을 어떤 형식체계 내에서 점검할 수 있는 형태로 형식화할 수 있으며, 수학적 증명 방법을 형식체계 내의 잘 규정된 절차로 환원할 수 있다는 것이다.

그런데 이러한 형식체계는 기계로 간주할 수 있으며(쇠로 만든 구조물만이 기계가 아니다.) 입력과 출력 사이의 과정과 관계를 엄밀히 규정할 수 있는 모든 시스템이 기계인 것이다(〈심층분석 4-1〉 참조). 이 체계 내에서의 정리와 산출 과정은 기계적 조작(연산, operation)으로 간주할 수 있다. 그러므로 모든 (수학적) 추론은 기계화, 형식화할 수 있다.

동시에 이를 확대하여 해석하면 수학적 추론의 상위체계인 인간의 마음도 기계로 간주할 수 있으며, 마음의 작용도 기계화, 형식화할 수 있다고 주장할 수 있다. 이러한 기계론을 체계적으로 강력히 전개한 것이 튜링이었으며, 이에 반대되는 입장으로 해석된 것이 괴델 정리의 확대 해석이다(이정모, 1996ㄱ).

7. 튜링의 삶과 생각

앨런 튜링은 오늘날의 컴퓨터가 주판과 같은 단순한 숫자 처리 기계에 머물지 않고 인간의 마음, 특히 사고를 흉내 내며 정보처리를 하는 기계로 바뀌는 개념적 전환, 발상의 전환의 기초를 놓은 사람이다. 따라서 그는 인공지능에 있어서 독보적인 기여를 한 사람이었다. 그는 수학자이자 논리학자였고, 수학 문제에 대한, 전통과 어긋나는 특이한 해결 방법을 갖고 있었다. 튜링은 제2차 세계대전 중에는 울트라(Ultra) 프로젝트에 참가하여 5비트 체계인 기계를 통해서 독일의 암호 장치인 에니그마의 암호 체계를 풀어냈고, 전후에는 영국의 국립 물리연구소에 ACE(Automatic Computing Engine)의 개발을 위해 참여하였다. '마담(Madam: Manchester Automatic Digital

Machine)'의 개발에 참여하기도 하였으나, 동성애자였던 그는 결국 영국의 반동성애적 문화와 제도를 이겨내지 못하고 젊은 나이에 자살하였다.[19]

튜링기계 이론 그는 1937년에 「On Computable Number with an Application to the Entscheidungs-problem(결정 문제)」[20]이라는 논문을 통해 어떤 수학 문제들은 고정되고 제한된 명료한 처리 과정들에 의해서는 풀릴 수 없다는 것을 증명하였다. 여기서 '제한되고 명료한 처리'란 그가 제안한 보편적이고 추상적인 기계가 할 수 있는 처리를 얘기한다.

그가 제안한 기계가 튜링기계인데, 이 기계는 뒤에서도 다시 설명되겠지만 무한히 긴 종이 테이프를 갖고 있고 그 테이프는 다시 칸들로 구분되며, 각 칸들은 숫자나 빈 공백으로 채워져 있어 한 번에 한 칸씩만 스캔할 수 있는 이 기계가 그 종이 테이프를 앞으로 뒤로 왔다갔다 읽어가거나 혹은 지우고 써가면서 작업을 하게 되어 있다.

튜링은 이처럼 아주 단순한 기계가 2진표기 체계로 되어 있는 그 어떠한 프로그램도 실행시킬 수 있음을 보여주었다(즉 오늘날의 컴퓨터의 가능성에 대해서 당시에 미리 예견하였다). 역으로 이야기한다면, 어떤 과제이건 간에 그것의 해결을 수행하기 위해 필요한 단계 과정들을 명확히 표현할 수 있다면 그러한 과제나 문제는 모두 그가 제안한 보편기계에 2진법 형식으로 나타내어 그 문제를 해결할 수 있다는 것이다. 이러한 그의 주장이 갖는 의의는 튜링기계로 명확하게 정의될 수 없는 문제는 알고리즘에 의해서 해결할 수 없는 문제이고, 일정한 규칙에 의해 해결할 수 있는 모든 문제는 튜링기계에 의해 계산될 수 있다는 것이다.

이러한 튜링기계 이론은 수학과 계산 이론에 큰 의의를 지니는 개념이었다. 이 개념은 배비지의 분석 엔진과 유사한 것이기는 하지만, 이후의 디지털 컴퓨터 등 모든 종류의 컴퓨터를 만들 수 있는 개념적 모델을 제공하였다.

지능적 기계와 튜링 테스트 인간의 지능을 그리고 사고를, 가능한 대상, 대안, 답들을 나타내는 상징에 대한 탐색이라 생각하였던 그는 1950년에 튜링 테스트에 관하여 쓴

---

19 튜링에 대한 한글 자료는 http://windshoes.new21.org/person-turing.htm에 자세히 소개되어 있다.

20 http://web2.comlab.ox.ac.uk/oucl/research/areas/ieg/e-library/sources/tp2-ie.pdf

논문[21]에서 지능적 기계의 관점과 '튜링 테스트'라는 생각을 내놓았다.

그는 '지능적 기계'의 관점을 통해서 어떻게 기계가 인간의 지능을 나타내게 할 수 있는지에 대해 검토하면서 인간의 뇌를 그 지침으로 삼았다. 또한 인간을 닮은 생각하는 기계를 만들기 위해서 인간의 뇌의 작용을 놀이에서 모사하는 기계를 만드는 것이 도움이 될 것이라고 생각하였다. 체스, 체커, 틱택토(tic-tac-toe), 브리지, 포커 등의 게임들을 할 수 있는 뇌를 만드는 것에 대하여 계속 생각한 것이다.

그는 뇌의 기능을 규명하는 데 있어 해부학적인 접근보다는 수학적인 접근이 더 유용할 것이라 생각하였고, 뇌와 기계는 정보처리적인 관점에서는 서로 유사하다고 보았다. 따라서 기계라는 하나의 구조를 아는 것이 뇌라는 다른 하나의 구조를 아는 것에 도움을 줄 것이라고 생각하였으며 인간과 기계의 작동하는 차이를 질적(유형) 차이이기보다는 양적(정도) 차이라고 생각하였다. 물론 그 당시의 컴퓨터가 기능이 아주 제한적이라는 점에서 튜링의 생각이 더 발전하지는 못하였지만, 그는 다른 사람들이 컴퓨

그림 3-4 튜링 테스트 상황

21 A. Turing(1950), Computing machinery and intelligence. Mind, LIX, 2236, 33~60.

터와 인간 신경계가 물리적으로 다른 속성이기에 컴퓨터와 인간이 서로 다를 것이라고 주장하는 반론에 별로 귀를 기울이지 않고, 그러한 물리적 수준보다는 다른 수준에서 (오늘날의 용어로는 정보처리 수준에서; 그러나 당시에는 정보처리 수준이란 개념이 없었다) 컴퓨터와 뇌가 공통점이 많으리라고 생각하였다.

그에게 암호 해독은 세상의 물리법칙에 대한 하나의 비유에 해당되는 것이었다. 그는 학습에서 기계의 학습과 인간의 학습은 유사하다고 보았으며, 기계에 처벌과 강화에 의한 조건 형성과 동기 부여를 할 수 있다고까지 생각하였다. 그는 '인간을 흉내 낸 기계' 보다는 '기계와 비슷한 인간' 이라는 생각을 전개하였다.

'과연 기계는 생각할 수 있는가' 하는 물음에서 출발한 그의 '튜링 테스트' 는 인간과 기계가 과연 똑같이 생각을 하는지 그 여부를 확인하는 방법에 대한 이론적 개념이다. 튜링 테스트란, 튜링기계와 인간 피험자 및 질문자의 세 개체가 각각 서로 다른 방에 있으며 이 세 개체 사이의 의사소통이 텔레타이프를 통해서만 이루어진다고 할 때, 답이 튜링기계에서 나오는 것인지, 인간 피험자에게서 나오는 것인지를 질문자가 구분할 수 없다면 그 튜링기계는 튜링 테스트를 통과한 것이며 그 기계는 인간과 같이 사고할 수 있다고 결론짓는 것이다. 만약 질문자가 자신이 얘기하는 대상이 사람인지 기계인지를 구분해낼 수 없다면 그 대상을 사람이라고 규정할 수밖에 없을 것이고 그것이 자연스러운 것이다. 이러한 튜링기계론과 튜링 테스트의 개념은 인공지능 연구 분야의 형성과 인지심리학에서의 정보처리관의 발전, 그리고 심리철학에서의 기계론의 대두 등에 직접 또는 간접적으로 커다란 영향을 주었다.

8. 튜링기계 이론

튜링기계 이론의 세부 내용을 살펴보면 다음과 같이 설명할 수 있을 것이다.[22]

---

22 이 내용들은 실제는 추상수학적 이론이라고 할 수 있다. 관련 한글 자료는 국내 인공지능 연구자들의 사이트 http://www.aistudy.co.kr/linguistics/turing_linz.htm에 제시되어 있다.

수학은 형식체계로 이루어졌다고 볼 수 있다. 일반적으로 형식체계란 일련의 기호 요소들(알파벳)의 집합과 이들을 구성하고 변환시키는 명백하고 유한한 알고리즘 규칙 또는 절차로 구성된다. 알고리즘 또는 효율적 절차(effective procedures)란 어떤 수리적 조작을 수행하는 기계적 규칙이나 자동적 방법 또는 프로그램을 의미한다. 효율적 절차란 그 절차가 단계적으로 수행되면 일정한 유한 수의 단계를 거친 후에 출력이 나온다는 의미를 가진다. 형식체계란 유한히 기술될 수 있는 체계를 의미한다. '유한히 기술될 수 있다'라는 것은 한 형식체계 내에서 알고리즘적 유한 절차들을 기계적으로 적용하여 주어진 상징 스트링이 규칙에 잘 맞는가, 또는 공리인가를 결정할 수 있고, 또 어떤 진술이 규칙에 잘 맞는 유한 진술 집합에서 도출될 수 있는가를 결정할 수 있다는 것이다.

이러한 형식체계 T의 알고리즘적 규칙들만 주어진다면, 체계 T의 정리들을 기계적으로 하나씩 산출하여 열거할 수 있는 기계 Tm을 구성할 수 있다. 마찬가지로 무한한 기억을 지닐 수 있는 컴퓨터가 있다면, 그 기계의 출력이 형식체계 Tm의 정리들과 동일한, 어떤 특정 형식체계 Tj를 발견할 수 있을 것이다. 그렇다면 어떤 형식체계도 기계로 간주할 수 있으며, 반대로 어떤 기계도 형식체계로 간주할 수 있다는 정리를 세울 수 있다.

심층분석 3-1 　기계의 정의와 자동기계

기계는 자동차와 같은 쇠로 만든 하드웨어만이 아니라, 어떤 명백한 일련의 규칙에 의해 일련의 조작을 수행하는 체계이다. 기계 체계에 내장된 조작의 유형과 기본 가정이 일정한 수라면, 우리는 이들 모두를 적절한 기호로 표상하여 종이에 적어볼 수 있다. 최초의 기본 가정들은 공리라든가 계와 같은 기본 공식으로 표상될 수 있으며, 하나의 조작은 조작이 일어나기 전 상태와 후의 상태를 나타내는 공식과 어떠한 규칙이 적용되었는가를 명시함으로써 표상될 수 있다. 기계의 조작들이 아무리 많고 복잡하더라도 충분한 시간만 주어진다면 이러한 조작 계열의 아날로그를 기록할 수 있다. 그리고 이러한 아날로그는 형식적 증명이 된다. 즉 기계의 조작 하나하나가 규칙의 적용에 의해 표상된다. 또 일정 상황에서 기계가 어떤 조작을 수행할 것인가 여부를 결정하는 조건들은, 이 표상에서 일정 공식에 어떤 규칙이 적용될 수 있는가 여부를 결정해주는 조건, 즉 적용성의 형식적 조건(formal conditions of applicity)이 된다. 이러한 규칙을 추론의 규칙으로 간주함으로써 하나하나의 공식이 이전의 공식 또는 공식들에 어떤 형식적 추론 규칙을 적용하여 도출되는 증명 계열을 획득할 수 있다. 따라서 한 기계가 산출해낼 수 있는 조작 계열, 즉 결론들이란 그 기계와 대응하는 형식체계 내에서 증명될 수 있는 정리와 상응한다. 즉 기계의 조작 결과인 출력은 한 형식체계에서 도출된 정리에 해당한다는 것이다.

일반적으로 기계란 유한 자동기계(finite automaton)를 칭한다(Arbib, 1964; McNaughton, 1982). 유한 자동기계란 어떤 유한 수의 입력을 받아들일 수 있고, 유한 수의 내적 상태를 지니고 있으며, 어떤 유한 수의 출력을 내놓을 수 있는 체계이다. 유한 자동기계를 A, 유한 수의 입력을 I, 유한 수의 내적 상태를 q, 유한 수의 출력을 O, q와 I가 상호작용하여 결정하는 A의 다음 상태 ($q \times I \rightarrow qi$)의 함수를 λ, 다음 출력의 함수 ($q \times I \rightarrow O$)를 δ라 한다면,

$$\text{자동기계 A} = (I, O, q, \lambda, \delta)$$

의 형식으로 표현할 수 있다. 이러한 자동기계는 불연속적 시간 척도상에서 작용하는데, 만일 시간 t에서 상태 q에 있었고 입력 a를 받는다면 시간 t + 1에서는 상태 $\lambda(qi, a)$로 바뀌고 $\delta(qi, a)$를 출력으로 내놓게 된다. 이러한 기계를 이산 상태(discrete state) 기계라고 할 수 있다.

튜링(1936)은 이러한 이산 상태 기계의 논리를 근거로 튜링기계의 이론을 제시하였다. 튜링기계란 현대적 용어로 디지털 컴퓨터가 할 수 있는 계산을 모두 할 수 있는 유한 자동기계이다(그런데 현대적 디지털 컴퓨터란 튜링기계 이전에 만들어진 것이 아니라, 튜링이 튜링기계 이론을 내놓은 후에 비로소 그 이론에 바탕하여 만들어진 기계라는 점을 기억해야 한다).

튜링기계에는 입력기구인 테이프와 무한 용량의 기억고가 있고, 출력을 테이프 위에 하며, 테이프 위의 기호들을 훑어서 읽고, 기호를 테이프로 인쇄하고, 또 테이프 위로 좌우로 움직이는 기구(D)가 있다. 튜링기계는 유한 수의 어떤 상태들 중의 한 상태에 처할 수 있다(〈그림 3-5〉 참조). 입력기구인 테이프는 선형 테이프로서 좌우 양방향으

로 무한하며 나뉘어 있고, 한 정방형은 공란이나 한 기호를 지닐 수 있다. 테이프는 이 자동기계가 매 순간 t에 정방형 하나만을 판독하여 하나의 일정한 상태에 있을 수 있도록 움직여진다. 〈그림 3-5〉를 참고하여 튜링기계의 전반적 구조와 특성을 파악할 수 있을 것이다.

튜링기계에서는 판독되는 정방형의 내용과 각 순간의 기계의 상태가 그 순간의 기계의 전체 형태(양상, configuration)를 결정한다. 전체 형태란 한순간의 기계의 상태와 입력된 정보 및 이를 판독하고 있는 입력기의 부분으로 구성되며, 유한 수의 내적 전체 형태들이 있을 수 있다. 현재의 전체 형태가 다음에 어떤 조작(연산)을 할 것인지를 결정한다. 조작은 판독되는 정방형의 내용을 바꾸거나, 그 정방형을 좌우로 움직이거나, 현재 상태를 다른 상태로 바꾸거나, 정지하거나 한다. 정지한 때의 테이프의 내용을 출력이라 한다(〈표 4-2〉 참조).

튜링기계는 알파벳의 유한 집합에서 추출된 상징들이 테이프에 주어지면 이를 하나씩 스캔하여 판독하고 현재의 상태를 점검하고, 기억내의 기계표(machine table)에서 이 두 조건이 규정하는 지시, 알고리즘, 추론 규칙을 조회하여 출력 $\delta(q,a)$를 내어놓고,

그림 3-5 튜링기계

표 3-2 튜링기계의 조작 수행의 한 예: (3+2) = 5

A **조작 과제:** 덧셈 (3+2) → (5)

테이프 내용의 변화: 0/1/1/1/0/1/1/0 ⇒ 0/0/1/1/1/1/1/0

판독기의 위치:　　　(이후 테이프가 좌우로 움직임)

B **기계표:** IF(현 상태, INPUT), THEN(OUTPUT, 변화된 새 상태, 테이프 움직임)

현 상태	INPUT :	0	1
S1		(0, S, 좌)	(0, S2, 좌)
S2		(1, S3, 좌)	(1, S2, 좌)
S3		(0, S0, 정지)	(0, S3, 좌)

C **기계표를 사용하여 (3+2) (5)의 조작을 수행한 단계별 내용**

단계	현 상태	입력(판독)	출력	새 상태	테이프 움직인 방향	출력 후 테이프의 내용
1	S1	0	0	S1	좌	0
2	S1	1	0	S2	좌	0 0
3	S2	1	1	S2	좌	0 0 1
4	S2	1	1	S2	좌	0 0 1 1
5	S2	0	1	S3	좌	0 0 1 1 1
6	S3	1	1	S3	좌	0 0 1 1 1 1
7	S3	1	1	S3	좌	0 0 1 1 1 1 1
8	S3	0	0	S0	정지	0 0 1 1 1 1 1 0

상태 λ로 옮겨가는 유한 자동기계이다.

　이 기계는 복잡한 계산 또는 기계적 조작을 몇 개의 단순한 기계적 조작들의 조합 또는 반복에 의해 수행할 수 있음을 보여준다. 이는 알고리즘의 복잡성이 질적으로 증가하는 것을 기억의 크기와 알고리즘을 수행하는 시간의 양적 증가로 대치한다. 튜링기계가 기계적인 까닭은 이 기계의 조직들이 본질적으로 순환함수라는 의미에서이다. 즉 효율적 알고리즘 절차가 있으며 순환적으로 셀 수 있는(recursively enumerable)[23] 함수이기 때문이다.

튜링의 보편 튜링기계(Universal Turing Machine) 정리에 의하면, 어떠한 튜링기계 Tm에 대해서도 이를 모사(simulate)할 수 있는 보편 튜링기계 Um이 존재한다.

이는 보편 튜링기계가 보편 목적적(범용적) 디지털 컴퓨터와 대등하다는 의미가 된다. 보편 튜링기계에 주어진 입력 자료란 스트링은 디지털 컴퓨터에 넣는 프로그램으로 볼 수 있고, 이 프로그램이란 튜링기계 Tm의 한 스트링과 다른 스트링을 대응시키는 함수로 볼 수 있다. 그렇다면 이러한 프로그램을 지닌 컴퓨터란 유한히 기술할 수 있는 상징 조작 과정을 구현화하는 보편 튜링기계라고 할 수 있다.

보편 튜링기계가 존재한다는 것은 상당히 큰 의의를 지닌다. 덧셈하는 기계, 체스 두는 기계 등 그 하는 일에 따라 서로 다른 기계를 따로 만들어야 할 필요가 없어지기 때문이다. 서로 다른 종류의 일을 하는 기계들 각각을 모사할 수 있는 하나의 보편튜링기계만 있으면 된다. 각 튜링기계들의 행동이 유한히 기술될 수 있으며, 보편 튜링기계가 각 튜링기계를 합한 기억 및 처리능력만 보유하고 있으면 되는 것이다.

9. 튜링기계 이론의 의의

튜링의 보편 튜링기계의 구성 이론은 마음을 기계로서 보는 기계론으로 발전하였다(Turing, 1950/1964). 우리가 타인의 마음을 이해한다는 것은 타인의 외현적 행동을 보고 아는 것이다. 그런데 인간의 행동을 그대로 흉내 낼 수 있는 어떤 기계가 있을 수 있다. 더욱이 인간의 행동이 상징(기호)으로서 표출된다고 했을 때, 그 기호 표출 조작 과정을 충분히 흉내 낼 수 있는 기계가 있을 수 있다. 즉 인간의 행동을 그대로 모사할

---

23 순환적으로 셀 수 있다는 것은 어떤 기호 스트링들에 대해 각각 특정 집합에 소속되는지를 가려낼 결정 절차가 있고, 이 스트링 집합과 다른 스트링 집합을 대응시켜주는 알고리즘이 있으며, 계산함수에 의해 유한히 기술 가능함을 의미한다. 튜링기계가 순환적으로 셀 수 있는 함수를 다룬다는 것은, 어떠한 함수이건 한 스트링 집합과 다른 스트링 집합을 대응시킬 수 있는 계산함수 모두를 튜링기계가 다룰 수 있다는 의미이다(McNaughton, 1982; Cutland, 1982; Jackson, 1985). 또한 어떤 유한히 기술 가능하며 계산 가능한 함수도 부분 순환 함수로 표현할 수 있다는 정리에 따른다면, 어떤 유한히 기술 가능한 계산 가능 함수도 튜링기계가 계산할 수 있다는 결론에 도달하게 된다.

수 있는 유한 자동기계가 있을 수 있다. 그런데 기계란 하나의 형식체계이다. 그렇다면 인간도 기호(상징)를 받아들여 이에 대해 추론 규칙을 적용하여 출력을 내놓는 형식체계로 간주할 수 있지 않을까? 그리고 형식체계에 적용되는 논리와 법칙을 사용하여인간의 마음을 설명할 수 있지 않는가? 그렇다면 인간의 모든 마음의 과정은 기계화, 형식화할 수 있으며, 곧 인간은 기계 이상의 무엇을 할 수 있는 체계가 아니라고 추정할 수 있다. 즉 튜링 자신은 '인간은 기계이다'라고 강력하게 주장하지는 않고 단지'인간의 마음의 작용들을 모두 모사할 수 있는 기계를 구성할 수 있다'는 약한 표현을사용하였지만, 튜링에 의하면 '인간은 기계이다'라고 결론지을 수 있다. 튜링기계 개념은 배비지가 생각했던 보편적 계산기계가 이론적으로 가능하다는 것을 형식적으로증명한 것이었다.

그러나 튜링의 튜링기계 이론은 실용적 의의가 부족하였다. 왜냐하면 튜링기계를 그대로 구현해서는 아주 단순한 문제해결에도 굉장히 많은 단계의 계산 절차를 거쳐야했기 때문이다. 이론적 튜링기계처럼 단순하면서도 상징(기호) 정보처리 능력이 효율적인 구체적 계산기의 개발이 필요하였다. 비슷한 시기에 일련의 학자들이 계산에 대하여 여러 이론을 제시하였던 것과 디지털 컴퓨터의 개발 및 발전은 이러한 필요성을채워줄 수 있는 바탕이 되었다.

10. 튜링 이후의 마음과 기계 연결 시도의 발전

2장에서 설명한 바와 같이 매컬러크와 피츠가 1934년에 「신경로 활동에 내재하는생각의 논리적 대수」라는 논문을 통해 인간 두뇌도 정보를 2진법으로 처리하는 기계로개념화할 수 있음을 논하였다. 뇌와 신경계가 수많은 신경세포들의 망으로 이루어졌고, 신경세포들 하나하나가 기본적으로 활성화되거나(ON) 안 되거나(OFF) 하며, 신경 흥분을 인접 신경세포에 전달하거나 안 하는 것이 기본 활동이고, 이는 2진법적 스위치와 같은 양상이라는 것이며, 전기-전자 컴퓨터의 기계적 과정이 뇌와 신경계에 대한 좋은 모델이 될 수 있음을 시사하는 것이다.

한편 섀넌은 1938년에 「전기회로 릴레이와 스위치의 상징적 분석」이라는 논문에서 전기회로를 보편적 계산에 쓸 수 있다는 이론을 제기하였다. 그는 2진법 기호로 일반적 산수 문제를 표현할 수 있으며, 불(Boole) 대수와 기호논리의 보다 보편적인 문제들을 표현할 수 있다고 주장하였다. 2진법 부호가 참-거짓 관계나 조건적 양자택일(either/or) 관계를 나타낼 수 있음과 모든 2진법 부호를 개/폐만 가능한 전기회로 릴레이로 기계적으로 표현할 수 있음을 논하였다. 즉 그는 논리적 명제를 2진법적 전기회로로 표현 가능하다는 것을 주장하여 마음과 기계의 개념적 연결에 새로운 가능성을 열어주었다.

비슷한 시기에 인간의 지적 과정도 기계적 과정에 의해 모사되고 흉내 내어지며, 튜링기계라는 보편 이론적 기계에 의하여 인간의 사고와 기계의 처리를 모두 나타낼 수 있다는 튜링기계 이론 및 인간의 사고와 기계의 사고를 구분하지 못하면 둘이 같다고 볼 수 있다는 튜링 테스트 이론이 제시되었다.

남은 일은 그러한 기계를 구체적으로 공학적으로 구현하는 일, 그리고 인간의 사고, 나아가서는 마음 전체가 어떠어떠한 특성을 지닌 시스템, 즉 기계와 같은 시스템인가를 설명하는 이론 틀의 제시이다. 즉 하드웨어적 발전과 소프트웨어적 생각의 전환이었다.

1) 기계의 하드웨어적 발전: 현대적 디지털 컴퓨터의 출현을 가능하게 한 이론

마음의 과정을 기계적 계산 과정으로, 2진법적 논리적 계산 관계로 개념화할 수 있다는 튜링기계와 관련된 이론적 틀이 급격히 발전하는 것에 이어서, 이러한 개념적 튜링기계를 실제의 컴퓨터로 공학적으로 구현할 수 있는 바탕을 제공할 수 있는 컴퓨터 하드웨어의 발전이 계속 진행되었다.

1943년에 과학자들은 전자기 릴레이를 사용하여 'Harvard Mark I'이라는 범용적 초대형 컴퓨터를 개발하였는데, 이는 모든 수리적 계산을 할 수 있는 컴퓨터였다. 그

직후에 전자 튜브를 사용한 ENIAC이라는 컴퓨터가 만들어졌다. ENIAC 컴퓨터를 개발한 연구자들이 수학자 폰노이만(J. von Neumann)과 토론하는 과정에서, '계산'의 본질의 개념을 바꾸어놓는 과학사적으로 중대한 일이 발생하였다.

이 당시의 컴퓨터는 이전보다 계산 속도는 놀라울 만큼 빨라졌는데, 그 계산을 수행하라는 계산 지시 방법은 뒤쳐져 있었다. 즉 매번 다른 계산을 할 때마다 새로운 지시들을 주어야 하고, 이 지시가 입력되어 처리될 때까지 컴퓨터는 쉬고 있어야 했다. 이러한 비효율성의 문제를 해결하는 틀을 폰노이만이 제시한 것이다.

20세기 중반의 가장 유명한 수학자이자 물리학자였던 폰노이만은, 대부분의 복잡한 계산들은 동일한 몇 개의 하위 계산처리 과정들(현대 의미로 컴퓨터 프로그램의 서브루틴)이 다른 순서와 형태로 조합되어 이루어진다는 것을 발견하고, 이러한 하위 계산처리 과정들을 미리 '지시(instruction)'로, 즉 일정한 순서를 지닌 2진법 부호들의 연쇄로 자료와 함께 컴퓨터의 기억에 저장하였다가 필요한 시점에서 사용하게 하는 '저장된 프로그램'의 개념을 생각해냈다. 데이터와 프로그램이 같은 주소 공간으로 매핑되는 2진법 부호의 컴퓨터 소프트웨어 얼개 이론을 제시한 것이다. 이것은 대단한 발견이요, 공헌이었다. 저장된 프로그램의 개념은 마음과 기계의 유추에서 심적 과정 절차의 개념에 바로 적용될 수 있었다.

심층분석 3-2 수학자 폰노이만

저장된 프로그램의 개념, 즉 컴퓨터의 내부 기억장치에 저장된 프로그램으로 컴퓨터의 제어를 맡도록 하게 하는 방식을 생각해낸 사람 중 하나이다. 이러한 저장된 프로그램이 갖는 중요성은 다른 확장된 새로운 프로그램을 만드는 데 컴퓨터 자체가 도움을 줄 수 있다는 것이다. 제2차 세계대전 당시의 핵 개발 연구인 맨해튼(Manhattan) 프로젝트에 관여하면서 빠른 계산 능력이 과학과 수학에 필수적임을 인식, ENIAC을 제작한 펜실베이니아 대학의 무어 스쿨(Moore School)과 연합하여 더 뛰어난 성능을 가진 컴퓨터를 개발하려 했고, 나아가 프린스턴의 고등 연구기관으로 하여금 범용 컴퓨터를 제작할 것을 주장하여 결국 IAS machine을 제작하게 되었다.

그는 컴퓨터를 얘기할 때 사람에 빗대어 이야기하였으며, 뉴런들의 작용을 기계로 모사할 수 있다고 주장하였다. 또한 컴퓨터를 만듦에 있어서 인간을 본으로 삼는 것에 대해 관심을 가졌으나, 어떤 방식으로 이러한 관련을 구체화할 수 있을지에 대해서는 많이 생각해야 했다. 이 문제를 해결하는 데 있어서 가장 큰 문제는 자동화된 기계에 대한 논리적인 이론이 없다는 것이었다. 이러한 자동화된 기계에 대한 이론의 부재는 1950년대 초의 기계들을 더 이상 복잡하게 발전할 수 없도록 하는 근본적인 문제였다. 그러나 그는 인간의 뇌나 컴퓨터를 정보처리기로 간주하는 생각은 하지 못하였다.

저장된 프로그램 개념에 의하여 컴퓨터 계산작업 지시와 관련된 고차적 언어인 프로그래밍 어셈블리 언어가 가능해져 컴퓨터 어셈블리 언어들이 탄생하였고, 컴퓨터의 개념적 발전이 급속도로 이루어지게 되었다. 하드웨어적 측면에서는 트랜지스터의 발명, 실리콘 칩의 발명과 병행되어 개념적 측면에서 '프로그래밍'의 이론과 도구 개발이 전반적으로 빠른 속도로 이루어졌다.

계산 이론과 컴퓨터공학의 이러한 발전이 이루어지면서 1950년대 초에 미국을 중심으로 새로운 지적 분위기가 형성되었다. 초기에 사람들은 배비지나 튜링의 기계 이론이 개념적, 이론적으로는 타당하지만, 효율적인 계산기계 구현은 현실적으로 곤란하다고 생각하였다. 그러나 폰노이만의 이론 제시 이후에 이루어진 계산, 프로그래밍 이론의 발전은 튜링기계의 실제적 구현이 2진부호로, 모듈 형태로 저장된 지시를 폰노이만식 아키텍처의 전자회로에 표현하여 구현 가능하다는 생각이 자리를 잡아가기 시작하였다.

2) 컴퓨터와 인간 마음 유추의 부상 배경

폰노이만의 저장된 프로그램의 개념과 앞서 설명한 섀넌, 매컬러크 및 피츠 등의 이론들과의 연결 시도가 점차 이루어지면서, 이제 기계가 인간의 사고 과정을 흉내 낼 뿐만 아니라 기계의 계산 과정과 인간의 사고 과정이 정말로 동등할 수도 있다는 생각이 빠르게 그 세력을 얻고 확산되기 시작하였다.

더구나 앞서 기술한 바처럼 1950년에 발표된 튜링의 「계산기계와 지능」이라는 논문은 기계가 인간처럼 사고할 수 있고, 기계와 인간의 사고 과정을 제3자가 구분할 수 없을 수도 있다는 논지를 제기한 바 있다. 이제 남은 일은 이 계산 이론의 급격한 발전과 기계, 두뇌, 인간의 마음에 대한 다양한, 그러나 밀접히 연결된 개념과 이론의 지적 소용돌이들을 하나로 녹여서 무언가 새로운 변혁, 과학적 변혁을 형성하는 일이었다. 그러나 이것은 시일이 걸렸고, 많은 학자들의 창의적인 아이디어들의 백화만발 식 전개가 필요하였다. 결국은 뉴웰과 사이먼의 종합적 이론 틀의 제기가 있게 되었는데, 그에 앞서 백화만발 식으로 아이디어들을 전개하였던 학자들의 흔적을 학자 중심으로 개략적으로 살펴보겠다.[24]

(1) 1940~1950년대 전반:

① **매컬러크**: 미국의 매컬러크(W. McCulloch)는 학부에서 철학을 먼저 전공하고 다음에 심리학을 전공한 후, 의학으로 전향하여 신경생리학자 겸 사이버네틱스 학자로서 활동하였다. 그는 지식이란 무엇이며, 그 지식을 알 수 있는 인간이란 어떤 존재인지에 대해서 궁금해 했다. 전자에 대한 적절한 답변으로 철학자 러셀이 지식은 모든 일대일 대응이 가능한 집합들의 집합이라고 얘기했다고 그는 믿지만, 후자에 대한 궁금증이 그를 평생토록 사로잡았다. 그는 철학과 심리학, 의학, 신경학 등 여러 방면에서 생각을 하였다.

로젠블루스 등(Rosenblueth, Wiener & Bielow)이 「Behavior, Purpose, and Teleology」를 써낸 것과 같은 해인 1943년에 매컬러크는 피츠와 함께 「A Logical Calculus of the Ideas Immanent in Nervous Activity」를 발표했는데, 이 두 논문 모두 인간의 정보처리 모형을 인간의 마음에 대한 유용한 가설로서 제시하였다. 매컬러크 논문의 의의는 사람들에게 인간의 두뇌를 생각하는 기계로 보는 새로운 시각을 소개했다는 것, 그리고 인간의 뇌와 지식 간의 관계가 밝혀져야 할 것이라는 점을 지적했다는 데 있다. 매컬러크 당시의 연구들은 신경세포의 작용 형태가 실무율적(all-or-none)인 것으로 여기게 했으나, 그 이후 신경세포들은 대개가 비선형적인(nonlinear)

---

24 매코덕(McCorduck, 1972)의 내용 참조.

반응 형태라는 사실이 발견되었다. 그러나 그 당시에는 역시 분석 도구가 되는 수학 기법이 충분히 발전되어 있지 않았기 때문에, 그의 단순한 신경망 이론은 당시에는 아주 타당한 것으로 간주되었다.

그는 철학의 문제도 신경 체계의 해부학이나 생리학적인 관점에서 해결되어야 한다고 생각하였다. 또 신경망이 학습이나 기억, 예측, 의도 따위를 어떻게 구현하는지에 대해서도 나름대로의 안목을 갖고 있었다. 그는 민스키(M. Minsky)와 같은 여러 학자들에게 큰 영향을 미쳤는데, 인간의 마음이 과학적으로 규명될 수 있다는 신념을 나타냄으로써 많은 사람들이 그러한 연구에 자신을 갖고 도전할 수 있게끔 했다.

② 민스키: 민스키는 "뇌는 고깃덩어리로 된 기계다(Brain happens to be a meat machine)"라고 얘기함으로써 당대의 사람들을 경악시켰다. 아마도 사람들은 인간을 기계와는 다른 그 어떤 존재로 인식하였기에 그렇게 당황하였을 것이다. 인지주의의 정보처리 모형은 인간 뇌가 담당하는 모든 지적 활동을 정보처리로 본다. 따라서 인간의 뇌도 하나의 기계처럼 인식될 수 있을 것이다.

③ 매케이와 Ratio Club: 당대의 영국과 미국엔 각기 Ratio Club[25], Teleological Society, Macy와 같은 인공지능에 관심을 나타내는 학회들이 있었는데, 이러한 학회들을 통해 폰노이만, 비이너, 섀넌, 튜링 등이 서로에게 영향을 주고받았으며, 이러한 학회들의 융성은 과학적 패러다임이 '에너지'에서 '정보'로(from ENERGY to INFORMATION) 바뀌고 있었음을 나타낸다.

영국에서는 매컬러크의 영국 방문과 때를 같이하여 Ratio Club이 생겼는데, 이 클럽의 구성원들은 대부분 생리학자들이었고, 신경세포의 발화 전위가 실무율적이 아니라 등급(graded) 전위(analog)라는 것을 알게 된 이후로, (디지털 방식의) 컴퓨터가 인간의 지적 작용을 연구하는 데 있어서 하나의 중요한 비유 내지는 모형이 될 수 있다는 생각에 대해서 냉소적이었다. 그 대표적인 사람이 매케이(D. MacKay)였다. 그는 모든 것이 수리적으로 형식화되어야만 그것을 진정으로 아는 것이라는 생각에 대해서 강한 의혹을 갖고, 대안으로서 등급 전위를 흉내 낼 수 있는 좀 더 높은 수준의 병렬처리 기계가 필요할 것이라는 생각을 밝혔다. 또한 아날로그와 디지털 기술을 어떻게 결합시킬 수 있는지에 대해서 생각을 하였고, 또 인간의 인지, 즉 성향이나 독창성, 선입관

---

25 http://en.wikipedia.org/wiki/Ratio_Club

과 학습, 추상과 같은 작용들을 나타낼 수 있게 하기 위한 메커니즘으로서 통계적인 메커니즘을 제안하기도 하였다.

④ 민스키와 페이퍼트: 민스키와 페이퍼트(S. Papert)는 로젠블라트(F. Rosenblatt)의 신경망 연구와 연결하여 『Perceptron』이란 책을 펴내고 신경망 이론을 전개하였으나 성공하지 못하였다. 당시에는 세포 수준에서 뇌의 작용을 잘 알지 못하였기 때문이다. 이것이 후에 1980년대에 이르러 신연결주의, 신경망 이론으로서 인지과학에서 재등장하게 된다.

(2) 1950년대 중반: 다트머스 모임

과연 기계가 생각을 할 수 있을까? 이전에는 마음을 인간의 몸과 분리시켜 실재하지 않는 영적인 것으로 생각했기 때문에 인간의 내적 세계, 즉 마음은 과학의 대상에서는 제외되어왔다. 그러나 1956년 여름 다트머스 대학에 모인 여러 과학자들의 생각은 그것과 확실히 달라 보였다. 그들은 여러 가지 다른 배경들을 각자 가지고 있었다. 수학자, 심리학자, 전기공학자, 심지어 학교뿐만 아니라 기업에 종사하는 사람들까지 함께 모였다. 이렇게 다른 배경에서 왔지만, 그들의 생각은 하나의 초점으로 수렴되고 있었다.

심층분석 3-3 **1956년의 다트머스 컨퍼런스와 MIT 정보 이론 컨퍼런스**

1956년 여름 다트머스 대학에서 학술모임이 열렸고, 이 모임 제안서에서 'AI'라는 명칭이 매카시(John McCarthy)에 의해서 공식적으로 최초로 사용되었다.[26] 이날이 인공지능(AI)의 공식적인 탄생일로 간주되고 있으며, 참석자는 매카시, 민스키, 로체스터, 섀넌, 솔로모노프, 셀프리지, 모어, 새뮤얼, 사이먼, 뉴웰 등이었다. 그들은 대학, 혹은 기업에 종사하는 사람들이었다. 매카시는 다트머스 대학의 수학교수였고, 민스키는 하버드에

---

26 제안서 http://www-formal.stanford.edu/jmc/history/dartmouth/dartmouth.html
모임 설명 http://www.livinginternet.com/i/ii_ai.htm

서 수학과 신경학을 전공하였으며, 로체스터는 IBM에서, 섀년은 벨(Bell) 연구소에서 일하고 있는 사람이었다.

같은 해 9월 11일에는 MIT에서 '정보 이론 심포지엄(Symposium on Information Theory)'이 열렸다. 이 학술모임에서 발표된 주 논문은 다음과 같다.

1. 뉴웰과 사이먼 : 「Logic Theory Machine」
   - 계산기계에서 사용되는 theorem의 proof 제시
2. 촘스키 : 「Three models of Language」
   - 섀년의 정보–이론적 접근이 'natural language'에 적용될 수 없다는 점에서 변형문법(transformational grammar)에 기초한 언어 산출 모델 제시
3. 밀러 : Magic Number 7 + or − 2
   - 인간의 기억이 정보처리적 과정임을 보임, 처리 용량의 중요성 제기

이 두 학술모임이 인공지능은 물론 인지과학의 출발에 획을 그었다고 할 수 있다. 뉴웰과 사이먼이 논리 이론가, 범용문제 해결가라는 인공지능 프로그램을 제시한 학술모임들은 인지과학이 출발하는 데 아주 중요한 역할을 하였다. 여러 아이디어들이 토론되고 수렴되어 결국은 정보처리 패러다임의 인지과학이 탄생하는 기폭제의 역할을 한 것이다.

그것은 즉 기계가 인간의 지능을 가질 수 있다는 것이고, 기계의 기능을 구성하기 위해서는 인간의 마음을 과학적이고 형식적으로 설명할 수 있어야 하며, 디지털 컴퓨터는 그러한 새로운 접근을 위한 가장 좋은 기계라는 생각이었다.

그들의 이러한 주장이 있기까지는 이론적 토대가 있었다. 튜링의 자동기계 이론으로 대표되는 수리논리학, 매컬러크와 피츠의 신경망 모델, 노이만의 프로그램 내장식 컴퓨터의 설계, 비이너의 사이버네틱스 이론, 섀년의 정보이론, 폰노이만의 자가증식자동기계 이론, 캐나다 생리심리학자 헵의 학습 규칙(learning rules) 등의 새로운 생각들은 인지과학의 탄생에 기여한 핵심적인 아이디어이며, 기계와 마음에 대하여 위의 주장을 할 수 있게 하는 근거들이다. 민스키는 사이먼, 뉴웰과 모임을 가지며 인간처럼 지능적으로 사고할 수 있는 컴퓨터 프로그램의 개발 가능성을 검토하기 시작하였다. '인공지능'이란 말을 맨 처음 사용한 매카시는 LISP이란 언어를 고안하여 새로운 연구

를 하기 시작하였다.

(3) 1956년 MIT 정보 이론 심포지엄

인지과학 형성의 대부라고 볼 수 있는 사이먼은 컴퓨터를 숫자이건 아니건 모든 종류의 기호를 조작할 수 있는 기계로 보았다. 대부분의 사람들이 컴퓨터를 연산장치로만 보고 있던 그 당시에 사이먼의 직관은 실로 놀라운 것이었다. 사이먼은 뉴웰과 만나자마자 곧바로 의기투합했고, 인간의 마음을 정보처리체계로 본 뉴웰의 생각과 인간의 마음을 기호(상징) 조작체계로 본 사이먼의 생각은 서로 사용하는 어휘가 달랐지만 그 의미는 똑같았다. 두 사람은 1956년에 공동으로 최초의 인공지능 프로그램인 '논리 이론가(Logic Theorist)'를 발표하였는데, 이것은 명칭 그대로 러셀의 수학 원리에서 골라낸 기호논리학의 정리를 증명하는 프로그램이다.

두 사람은 논리 이론가를 보다 발전시킨 프로그램을 개발하기 위해서 1958년부터 10여 년 가까이 연구를 진행한 끝에 '범용문제 해결자(GPS: General Problem Solver)'를 내놓았다(Newell & Simon, 1972). 이것은 인간의 문제해결 과정을 모형화한 프로그램으로, 두 사람은 GPS를 개발하는 과정에서 인간과 컴퓨터가 모두 기호를 조작하는 물리적 기호 체계라는 결론에 도달하였다. 인간이 문제를 해결할 때의 마음의 작용과 컴퓨터가 프로그램을 처리할 때 수행하는 기호 조작이 아주 비슷하다고 생각하였기 때문이다.

삼층분석 3-4 허버트 사이먼과 앨런 뉴웰의 삶

사이먼(Herbert Simon)은 인공두뇌학에 관심을 보였던 아버지의 영향을 받아서 행정학에 관심을 가졌다. 1948년에 출범한 카네기 공대의 GSIA(산업경영대학원)에서 행정학, 경제학 관련 연구를 하며 회사, 지방자치, 정부 정책, 체계 이론(System Theory)을 발전시켰다. 뉴웰(Allen Newell)을 만난 이후 1952년 뉴웰과의 이야기에서 도출된 아이디어에 흥미를 느끼고, 행정조직의 의사결정의 매우 적절한 대용책으로서 문제해결을 생

각하기 시작하였다. 뉴웰 등(A. Newell, J. C. Shaw, H. Simon)은 미국 기업 RAND 회사에서 1950년대 초에 팀을 형성하였는데, 이 당시의 RAND의 프로젝트는 대공방어의 모의실험으로 인간-기계의 상호작용을 연구하는 것과 인간 작업자의 실질적인 수행(performance) 증가를 보려고 하는 데 있었다. 1954년 여름에 뉴웰과 사이먼은 인간의 문제해결에 대한 이론을 컴퓨터에 모사할 수 없을까 하는 대화를 나누고, 1954년 패턴 인식에 관한 연구를 RAND에서 보고하였다. 이들은 단순한 패턴 재인 장치가 아니라, 정보의 변환을 수행하고 몇 가지 논리를 가진 인공지능 프로그램을 만들었다.

그들은 1950년대에 이미 컴퓨터는 수뿐만 아니라 정보를 처리하는 장치로 볼 수 있으며, 컴퓨터는 비숫자적(nonnumerical) 상징을 조작할 수 있는 능력이 있다고 보았고, 마음도 어떤 전제를 가지고 그것을 바탕으로 결론을 처리한다, 즉 마음은 입력과 자료를 어떤 처리 과정을 거쳐 출력하는 것으로 볼 수 있다고 생각하였다. 실생활의 지적 문제를 다루는 데 있어 두뇌와 컴퓨터가 유사하게 정보처리한다고 생각한 것이다. 사이먼과 뉴웰은 컴퓨터의 상징(기호) 처리 능력에 대한 연구를 깊이 있게 하고, 이를 통해 인간의 마음을 이해하려고 하였다. 그들은 '인간의 심적 과정은 어떤 기계로도 모사할 수 없다, 또 인공지능에 대한 연구자들의 의견은 아무 의미가 없다'라는 견해에 대해 반증적인 새로운 패턴과 구조를 밝힌 학자들이었고, 인지과학의 출발에 결정적인 역할을 한 사람들이었다. 뉴웰과 사이먼과 쇼(J. C. Shaw)는 1956년 Thinking Machine 프로그램을 개발하여 다트머스 컨퍼런스에 '논리 이론가'라는 인공지능 프로그램을 발표하였다. 인간의 지능이 요구되는 과제에 적용되는 정보처리 모델이 작용하는 예로서 '논리이론가'는 '인공지능'이 하나의 과학이라는 주장에 정당성을 처음으로 제공하였다.

사이먼과 뉴웰의 생각이 어떻게 발전되었고, 어떠한 영향을 주었으며, 어떠한 의의를 지니는가는 2장의 '사이먼과 뉴웰의 생각: 컴퓨터와 마음의 유추'에서 그 내용을 다시 한 번 상세하게 참고하기 바란다.

11. 종합

2장에서 소개되었지만, 인지적 패러다임의 형성에 결정적으로 공헌한 여러 생각의 흐름들이 있었다.

첫째는 철학과 수학에서의 형식 이론과 계산 이론의 공헌이다. 특히 앞에서 기술한 바와 같이 수학자 튜링은 '튜링 자동기계' 이론을 제시하여 이전에는 신비하고 과학적 연구가 불가능하다고 생각해온 수학 문제 풀이의 사고 과정들을 엄밀히 형식화할 수 있는 가능성을 제시하였다. 또한 디지털 컴퓨터의 발달 및 폰노이만을 중심으로 한 저장된 프로그램 개념의 발달, 컴퓨터 프로그램을 불식의 형식체계로 표현 가능하다는 섀넌의 생각과 그의 정보 이론, 그리고 두뇌는 하나의 논리기계로 간주할 수 있으며 신경세포 간의 작용을 명제논리체계로 표현할 수 있다는 매컬러크와 피츠의 생각, 비이너 등의 사이버네틱스 이론, 디지털 컴퓨터는 단순한 숫자 조작기계라기보다 범용적 목적의 상징 조작체계(general purpose symbol manipulation system)인 튜링기계로 간주할 수 있다는 사이먼과 뉴웰의 생각, 그리고 행동주의에 대한 촘스키의 날카로운 비판의 제기 및 인지적 능력과 형식적 통사론을 강조한 그의 언어학 이론, 심리학 내에서의 인지심리학의 새로운 출범과 인지심리학적 연구의 실험 결과들의 집적, 두뇌 손상자들에 대한 신경학적 연구결과의 집적, 새로운 과학철학과 심리철학의 부상, 인류학, 사회학에서의 민속방법론 및 새로운 인지인류학, 인지사회학의 부상 등이 모두 하나의 시대정신 배경을 형성하면서 수렴됨으로써 인지적 패러다임의 형성이 가능해졌다.

그러나 1950년대 초반에는 이러한 생각들과 연구결과들이 하나의 통일적 틀을 형성하지 못한 채 산만하게 진행되다가 다트머스대 및 MIT에서의 심포지엄에서의 생각의 수렴을 발판으로 하여 인지주의가 하나의 새로운 과학적 패러다임으로 형성되었다.

앞장에서 이야기한 대로, 이 심포지엄에 참여한 심리학자, 언어학자, 전기공학자, 신경과학자, 정보 이론학자 등이 공통적으로 생각했고 깨달았던 개념은, 기계와 마음은 별개가 아니라 하나의 공통적인 개념 틀에 의하여 연결될 수 있다는 것이다. 즉 오랜 역사를 통해 여러 학자들이 가다듬고 발전시켜온 마음-기계의 연결 시도가 구체화 가능하다는 깨달음이었다. 일반인들이 신비하다고 생각해온 심적 작용이란 일종의 정보 변환 및 조작(계산, computation)이며, 컴퓨터 은유의 개념적 틀에 바탕하여 마음의 본질과 그 작동 특성에 접근할 수 있으리라는 생각이었다. '마음이란 본질적으로 컴퓨터와 같이 정보처리의 문제이며, 이는 여러 상이한 학문들이 공통적, 협동적으로, 수렴적으로 접근할 수 있고 그렇게 해야 한다'고 그들의 생각이 모아졌던 것이다. 즉 이러한 생각이 바로 인지적 패러다임의 핵심적 개념, 생각이었다.

이러한 바탕에서 출발하여 기계와 인간의 마음에 대한 이러한 관점의 변혁, 발상의 전환을 하나의 과학적 패러다임으로 구체화하며 그 순수 이론적, 응용적 의의와 가능성을 탐구하는 새로운 종합과학으로서 자연히 샘솟듯 생겨난 것이 '인지과학(cognitive science)'인 것이다. 마음과 기계의 관계성에 대한 선대들의 생각을 발상의 전환을 통하여 하나의 중요한 자연과학적 연구 주제로 구체화하고, 그것을 통하여 기계-마음의 연결을 탐구하는 마음의 과학을 자연과학의 반열에 올려놓을 수 있다는 과학적 틀의 변혁이 이루어진 것이다.

그러면 이러한 과학적 틀의 변혁을 통하여 이루어진 인지과학의 특성은 무엇이고, 어떠한 과학 패러다임적 특성을 지니고 있는가? 이러한 문제를 다음 장에서 다루겠다.

제4장

인지과학의 특성: 정보처리 패러다임
The Main Characteristics of Cognitive Science

1. 서론

2장에서 살펴본 바와 같이, 1940년대와 1950년대 초에 과학계 선구자들의 지적 흥분의 소용돌이에 놓여 있던 생각들, 즉 기호논리, 2진법, 계산 가능성, 자동기계 이론, 커뮤니케이션 시스템, 정보, 정보 이론, 튜링기계, 컴퓨터, 전기회로, 신경망, 마음의 구조와 작용 등의 개념이 점차 하나로 수렴되었고, 이것이 1950년대 말 정보처리적 접근의 인지주의 과학 패러다임 출발의 기틀이 되었다. 정보처리 패러다임은 철학에서 이전부터 다루어오던 마음의 구조와 작용에 관한 주제들에 대해서 경험적 방법을 적용하여 하나의 독립된 체계적 과학으로 인지과학이 출발할 수 있게 하였다. 이 장에서는 그러한 인지과학적 접근, 즉 정보처리적 인지주의 패러다임이 어떠한 개념적, 이론적, 과학 패러다임적, 방법론적 특성을 지녔는가에 대하여 고찰해보기로 한다. 1장의 3절 '인지과학의 정의와 인지주의'에서도 인지과학의 특성에 대하여 개략적인 이야기를 제시하였지만, 여기서는 보다 상위이론 (메타 이론) 수준에서 인지과학의 특성을 이야기하고, 1장의 내용을 확대, 보완하겠다.

2. 마음의 작용에 대한 생각의 변천 약사

2장에서도 언급하였지만, 마음이 어떤 구조를 가지고 있고 어떻게 작용하는가 하는 물음은 인간이 예로부터 계속해서 던져온 물음이다. 이러한 물음을 던지고 그에 대한 해답을 구하는 노력은 인류 역사의 초기에는 단순한 호기심에 의하여 막연한 추측을 하거나, 물활론적(animistic) 설명을 제시하거나, 모호한 초월적 신적 개념에 의하여 설명하려는 형태로 나타났으며 체계적 분석 및 이해의 노력은 없었다.

그리스 시대에 들어와서야 인간의 심적 구조에 대한 체계적 이해가 시도되기 시작하였고, 그들의 뒤를 이어 유럽의 철학자들이 인간의 마음에 대한 보다 조직적인 분석을 제기하였다. 그러나 이러한 그리스 철학자들을 출발점으로 이루어진 유럽 철학자들의 시도들은 경험적이고 객관적인 시도는 아니었다. 그들은 아리스토텔레스가 제시한 틀에 의하여 심리적 기능과 현상을 주관적으로 분류하고 사변적으로 기술하는 데 중점을 두었으며, 따라서 마음의 구성요소 또는 심적 기능의 유목과 그들 사이의 상호관계를 사변적으로 제시하는 데 그쳤고, 마음의 과정에 대하여 경험적, 객관적 분석 및 설명을 시도하지는 못하였다. 인간의 마음이 신의 개입에 의하여 움직인다고 보았던 중세 서구 기독교는 이러한 경향을 더욱 조장하였고, 이러한 경향은 18세기까지 계속되었다.

인간의 마음에 대한 체계적 이해가 이와 같이 여러 세기를 거쳐서 사변적 고찰에 머무르고 있는 동안, 다른 한편에서는 이탈리아의 실험적 방법론과 영국의 경험주의 철학, 프랑스의 수학 및 기계주의가 결합하여 물리학, 화학, 천문학, 생물학 등이 점진적으로 철학에서 독립하여 실험과학으로서의 자연과학이 형성되고, 체계적이며 경험적인 연구가 활발히 진행되고 있었다. 이러한 자연과학의 융성이 가능했던 것은 이 과학들이 철학의 분파로서 본래부터 물질에 대해 지니고 있던 자연철학적 물음들에 대하여 실험방법을 중심으로 한 과학적 방법을 적용함으로써 자연 현상에 대한 체계적이고 객관적인 설명을 모색하였기 때문이다.

그러나 이러한 자연과학적 접근방법을 적용하려는 시도들이 활발히 이루어지고 있었음에도 불구하고, 인간의 심리적 과정에도 이러한 자연과학적 방법을 적용하여 심적 과정이 어떻게 이루어지는가를 체계적이고 과학적으로 탐구하고 설명하려는 시도는 이루어지지 않았다. 그것은 그 당시의 일반 과학적 연구기술이나 과학적 개념들이 미흡하였기 때문에 그러했던 것만은 아니었다. 그보다는 고대로부터 인간이 인간 자신에 대하여 지니고 있던 자기중심적인(ego-centric) 생각 때문이었다고 하겠다.

고대부터 인간은 인간 자신의 마음이란 인간이 잘 알 수 없는 신비한 것으로, 신의 특성을 지니고 있는 것으로 생각하였다. 그뿐만 아니라 인류의 전체적 지적 발달 수준은 아직도 미흡하여, 인간 자신의 마음을 대상화하여 탈(脫)자기중심적으로 보려는 생각을 미처 발달시키지 못하였다. 따라서 인간의 마음이 작용하는 과정을 다른 자연 현상과 마찬가지로 객관화, 대상화하고 자연과학적 방법을 적용하여 분석하고 연구할 수 있다는 데까지 생각이 미치지 못했던 것이다. 심적 현상에는 과학의 기본 특성인 실험 방법이나 수학적 개념의 적용이 불가하다는 것이 18세기의 지배적인 생각이었다. 특히 칸트(E. Kant)는 심리학은 수학을 도입할 수 없기에 과학이 될 수 없다고 보았다.

이러한 그릇된 통념은 18세기 초에 들어와 깨어지기 시작하였다. 헤르바르트(J. F. Herbart)는 17세기 라이프니츠(G. W. Leibniz)의 생각을 이어받아 인간이 심적 과정에서 관념의 연합에 대하여 수학적 공식을 적용할 수 있음을 보였다. 즉 인간의 마음속에서 낱개의 관념들이 의식 수준 수면 위로 뜨고 안 뜨고의 역학이나, 하나의 관념과 다른 관념이 결합하거나 서로 억제하거나 하는 관계를 수리적으로 표현할 수 있다고 믿었다.[27]

뒤를 이어 독일의 베버(E. H. Weber), 페히너(G. T. Fechner), 헬름홀츠(H. Helmholtz) 등의 학자들은 정신(심리)물리학(psychophysics)을 시작하여 심리현상에 수학을 구체적으로 적용하여 기술할 수 있음을 보였다. 그들은 감각 및 지각 등의 한 심리 현상을 물리학이나 생리학 실험에서처럼 대상화하여 실험실에서 실험방법에 의해 연구할 수 있으며 또한 수량화할 수 있음을 보였다(정신물리학에 대해서는 5장에서 자세히 다루어짐). 이러한 배경에서 분트(W. Wundt)는 1879년 최초의 심리학 실험실을 독일 라이프치히 대학에 창설하고, 물리학과 생리학 등의 실험법 및 철학의 내성법을 적용하여 인간 의식의 작용과 구조 특성에 대한 물음들을 경험적이고 체계적으로 연구할 수 있음을 보여주었으며, 심리학을 독립된 실험과학으로 출발시켰다. 마음에 대한 과학적, 경험적 접근이 하나의 독립된 학문으로 시작된 것이다.

---

27 Herbart, J. F. (1816). Lehrbuch zur Psychologie. Königsberg, A. W. Unzer.

3. 과학적 패러다임과 보는 틀: 인지주의, 행동주의

이러한 과정에서 과학으로서의 심리학의 중심 문제로 대두된 것은 마음의 구조와 작용을 어떠한 입장에서 어떠한 개념적인 패러다임을 가지고 관찰하고 기술, 설명할 것인가 하는 문제였다. 어떤 자연 현상을 그것이 물리적 현상이건, 심리적 현상이건 기술(記述)하고 설명하는 것이 과학의 목적인데, 과학적 기술이나 설명은 어떠한 특정 이론 틀이나 개념적 모델에 의하여 이루어진다는 것이 과학의 일반적 특성이다.

그런데 과학에서 상대성 이론이건 진화론이건 어떤 이론이나 모델을 가지고 설명하는 경우에 그 이론이나 모델은 자연 현상을 현실에 있는 그대로 완전히 드러내 보인다고는 볼 수 없으며, 현실의 어떤 제한된 면만을 중점적으로 설명한다고 할 수 있다(이정모, 1988ㄴ). 따라서 과학적 설명에 있어서 연구대상인 현상의 어떤 면을 선택하고 강조하며, 그것을 어떠한 보는 틀에 의하여 기술하고 설명할 것인가 하는 문제가 제기된다. 동일한 현상도 어떤 면을 중심으로 볼 것인가, 또 어떻게 볼 것인가에 따라 달리 설명되게 마련이며, 그에 따라 현상 자체에 대한 설명의 적합성, 충실성도 달라지게 마련이다(Lachman, Lachman & Butterfield, 1979). 이러한 문제가 곧 과학적 패러다임의 문제이다.

1) 과학적 패러다임: 일반

과학에서의 패러다임(paradigm)이란, 1장에서 이야기한 바와 같이, 특정한 분야의 과학자끼리 그 분야의 일정한 기본 문제에 대하여 의견과 연구행동의 일치를 보이고 있는 통일된 관점의 집합적 틀이라고 할 수 있다(Kuhn, 1970). 한 영역인 과학적 목표가 무엇인가, 연구대상이 지니는 현실적 기본 특성은 무엇인가, 연구대상인 현상에 대한 타당한 설명은 무엇인가, 의견의 일치를 보는 연구방법과 기술양식은 무엇인가. 그러한 방법의 전형적인 연구 모델은 무엇인가, 명백하게 제시되지도 않고 흔히 경험적 검증을 받지도 않은 채 그 과학에 내포되어 있는 기본 가정들은 무엇인가 등의 문제들,

즉 다양한 특성을 지닌 연구대상의 무엇을 어떻게 추상화하여 이론화해야 하는가 등에 대하여 그 분야의 과학자들 간에 의견의 일치를 (적어도 상당한 정도로) 보이고 있는, 그리고 실제로 그에 따라 연구가 진행되는 체계가 바로 과학적 보는 틀이라고 할 수 있다(Kuhn, 1970; Lakatos, 1970).[28]

(1) 패러다임의 역할

그렇다면 패러다임은 어떤 역할을 할까? 패러다임은 현상에 대한 보다 좋은 이해와 설명을 할 수 있게 한다. 그리고 현상에 접근하는 구체적 탐색방법을 제안하며 많은 설명을 제공받지 않고도 대상에 대한 추론과 이해를 할 수 있도록 한다. 예를 들어 마음을 컴퓨터에 유추하면 우리는 많은 내용을 일일이 설명하지 않아도 컴퓨터의 특성과 관련지어서 마음의 특성을 이해할 수 있게 된다.

패러다임이란 마음을 연구하는 학문에만 존재하는 것이 아니다. 원자, 분자를 다루는 물리학에도 있고 그 틀은 뉴턴의 역학에서부터 아인슈타인의 상대성 원리까지 계속 변화, 발전하였다. 이 밖에 생물학, 기상학, 의학 등 많은 과학의 분야에도 패러다임이 존재한다.

(2) 보는 틀

과학적 패러다임의 특징 중에서 그 학문의 대상인 현상을 어떻게 연구하는가 하는 연구방식 등의 측면을 우선 제쳐놓고 현상을 어떻게 개념화하는가, 연구대상 현상을 무슨 현상으로 보는가 하는 측면만을 강조하여 이야기한다면 이것을 보는 틀이라고 할 수 있을 것이다. 보는 틀은 패러다임을 구성하는 하위 핵심 개념이라고 하겠다. 보는 틀이란 무엇인가를 이야기한다면, 대상 현상에 대하여 그 현상을 어떠한 현상으로 간주할 것인가, 그 현상은 본질적으로 무엇을 이루어내는 현상 또는 어떠한 변화를 이루어내는 현상인가 하는 관점의 틀이라고 할 수 있으며, 대상 현상을 탐구하기 이전에 지

---

28 토머스 쿤(Thomas Kuhn) 등의 과학적 패러다임의 개념 규정은
http://kr.ks.yahoo.com/service/wiki_know/know_view.html?dnum=IAM&tnum=96074 참조.

니는 개념적 그림이라고도 할 수 있다.

자연과학에서 원자, 분자를 다루는 물리학도 보는 틀이 있었고, 생물학도 보는 틀이 있었다. 대표적인 것이 아인슈타인의 상대성 이론, 다윈의 진화론 등이라고 할 수 있다. 그렇다면 자연 현상인 인간의 마음을 연구하는 학문에서도 보는 틀이 필요하게 된다.

(3) 은유

패러다임, 즉 보는 틀은 앞서 언급한 대로 많은 설명 없이 현상에 대한 추론과 이해를 가능하게 한다. 이를 보다 쉽게 기술하는 방법에는 어떠한 것이 있을까? 그것이 바로 은유이다. 은유, 즉 메타포(metaphor)는 우리가 문학작품에서 흔히 접할 수 있는 표현기법이다. '탱크 같은 남자', '비행기같이 빠른 선수', '용광로 같은 날씨'라는 말을 통해 우리는 많은 설명 없이 특정 대상에 대해 쉽게 이해할 수 있다. 이는 비단 문학작품에서만 쓰이는 설명기법이 아니다. 여러 과학적 탐구에서도 은유는 현상을 보다 쉽게 이해하기 위한 기법으로 쓰여왔다.

과학의 기본 목적은 현상을 설명하는 것이다. 그중에서도 인지과학은 마음의 구조와 과정이라는 현상을 설명하고자 한다. 그렇다면 과학적 설명이란 무엇인가? 실상 설명이라는 개념은 과학철학 내에서도 의견의 일치를 보지 못하고 있는 매우 복잡한 개념이지만[29], 본문에서는 설명을 '왜'라는 물음에 대한 답으로 짧게 정의하고 논의를 전개하도록 하겠다.

이 정의에 따른다면 설명은 문제의 사건, 현상을 가능하게 하는 어떤 것과 그 사건, 현상 간의 관계성을 밝히는 것이라고 할 수 있다. 그렇다면 과학의 기본 목적을 달성하는 데 은유와 유추는 어떠한 도움을 줄까? 은유와 유추는 이미 알고 있는 개념들과 현상의 단위, 단위 간의 관계성, 현상의 전체적 특성들을 사용하여 목표 현상을 보다 이해하기 쉽게 설명하도록 한다. 이를 위해 인지과학에서는 인간의 마음을 디지털 컴퓨터에 유추한 '컴퓨터 은유'를 사용하는 것이다. 컴퓨터 은유 이전에도 마음에 대한 은유가 있었다. 프로이트는 인간의 마음을 빙산에 비유하여 이론을 전개하였으며, 행동주의 심리학에서는 인간의 마음을 스위치보드와 같은 암흑 상자(black box)에 비유하

---

29 심리과학에서의 설명의 문제에 대한 논의는 이정모(1989)를 참조.

였다. 인지과학은 인간의 마음을 컴퓨터에 비유, 유추하는 컴퓨터 은유를 기본 틀로 도입하여 출발하였다.

2) 인지과학과 과학적 패러다임, 보는 틀

본격적으로 인지과학의 패러다임에 대해서 살펴보기에 앞서 전반적인 심리학적 보는 틀은 무엇이며 이를 통해 관찰 불가능한 마음을 어떻게 추론하는지 살펴보는 것이 중요할 것이다. 과학에서의 보는 틀은 무한한 복잡성과 범위를 지니고 있는 현실적 연구대상에 대해 보다 효율적으로 현실을 관찰하고 체계적으로 설명할 수 있는 준거 틀의 역할을 한다. 그러나 하나의 보는 틀이 한 과학 분야를 영구히 지배하는 것은 아니다. 그 보는 틀이 설명할 수 없는 현상들이 점진적으로 축적되고, 그에 따라 보다 효율적인 설명을 줄 수 있는 개념체계와 방법론이 논의되며, 끝내는 새로운 보는 틀이 옛 보는 틀을 대치하는 혁명이 일어난다고 본다. 현상에 대한 영구 불변한 고정된 보는 틀은 한 과학 내에 있을 수 없다. 그래서 과학자들은 현재 그 과학에서 정립되어 활용하고 있는 보는 틀을 사용하고 연구대상인 현상에 대하여 가장 좋은 설명을 줄 수 있는 길을 모색해야 하며, 동시에 기존의 보는 틀의 타당성이나 문제점을 찾아보고 더 좋은 설명을 줄 수 있는 새로운 보는 틀의 가능성을 끊임없이 모색해야 한다.

이러한 문제의 중요성은 구체적으로 손으로 만져볼 수도, 뇌의 덮개를 열고 마음을 눈으로 볼 수도 없고, 또 물리적으로 분해해볼 수도 없는 대상인 심리 현상을 그 연구대상으로 하고 있는 심리학에서는 더욱 크다고 하겠다. 20세기 후반의 심리학의 모습을 바꾸어놓은 정보처리적 인지과학은 바로 이러한 맥락에서 발생하였으며, 옛 보는 틀인 행동주의적 관점을 버리고 정보처리적 인간관을 중심으로 하여 마음은 어떤 구조를 지니고 있으며 어떻게 작용하는가에 대해 보다 좋은 설명을 얻기 위해서 대두된 새로운 보는 틀이 인지과학의 정보처리적 보는 틀이다.

앞에서 언급한 바와 같이, 물리학에서의 뉴턴의 역학과 상대성 이론, 생물학에서의 진화론 등은 자연 현상에 접근하는 보는 틀이었으며, 그에 버금가는 20세기의 새로운 과학적 보는 틀, 물리학의 에너지 개념 대신 정보의 개념을 부각시키며 인간과 동물,

기계(특히 컴퓨터)를 하나의 공통적 원리에서 접근하려는 그러한 과학적 보는 틀이 바로 정보처리적 보는 틀인 것이다. 마음이라는 현상을 어떻게 개념화하고 어떤 연구방법을 택하며, 어떤 현상 중심으로, 어떤 설명과 기술을 학문의 타당한 과학적 설명과 기술로 받아들일 것인가라는 학문적 체제의 틀을 정보처리체계의 개념을 중심으로 설정한 것이 정보처리적 패러다임 또는 인지주의 패러다임이라고 할 수 있다.

정보처리 패러다임의 특성: 정보처리 패러다임은 정보처리적 접근, 정보처리적 보는 틀이라고 달리 표현될 수 있으며, 인간의 마음과 그 물리적 구현체인 두뇌 그리고 컴퓨터를 보는 과학 이론적 관점을 말한다. 정보처리 패러다임에서 중요한 개념을 꼽자면 계산주의와 표상주의가 될 것이다. 계산주의란 인간의 마음과 컴퓨터는 기본적으로 정보를 처리하는 활동을 한다는 것이다. 이렇듯 정보를 처리, 활용, 변환하는 과정을 계산이라 한다. 그 계산 과정을 밝히는 것이 바로 정보처리 패러다임에서 할 일이라고 할 수 있다. 다음으로 표상주의란 각종 자료는 인간의 마음이나 컴퓨터에 표상의 형태로 저장되어 있다는 것이다.

정보처리 패러다임에서는 인간의 마음을 컴퓨터에 유추하여 설명한다. 이에 따라 정보는 컴퓨터뿐 아니라 인간에게서도 추상적 형태가 아닌 물리적 기호체계로 특정 기억 저장고에 저장된다고 본다. 1950~1970년대에 발전한 이러한 컴퓨터 유추 관점은 이후 등장한 다른 계산주의적 접근과 구별하기 위해 고전적 계산주의라고 한다.

정보처리 패러다임의 입장은 다음과 같이 전개할 수 있다. 인간의 마음의 내용이나 작동 과정이란 눈으로 또는 손으로 직접 보거나 만져볼 수 있는 것은 아니지만, 어떠한 특정 상황을 만들어놓으면 그 상황에서 마음의 작용과 내용을 간접적으로 드러낼 수 있다. 따라서 심리학자와 인지과학자는 이러한 상황조건을 찾고, 거기에서 마음이 어떻게 그 모습을 드러내어 그 상황조건에 영향을 주는가를 찾아 관찰하며, 이들의 관계에서부터 본래의 연구대상인 마음의 내용을 추론하여 설명하게 된다.

1장의 서론에서 이야기한 바와 같이, 마음을 드러나게 하는 조건들을 자극(stimulus), 또는 마음에 작용하여 어떤 영향을 끼친다는 점에서 들어옴(input, 입력)이라 하고, 이에 마음이 작용하여 그 작용의 양상을 통해 마음의 본질이 어떠한 종류로 밖으로 나타내어진 형태를 반응(response), 또는 내어놓음(output, 출력)이라고 본다면, 우리는 자극과 반응 또는 입력과 출력 사이의 관계에서 마음의 내용을 추론하여 찾아내야 할 것이다.

즉 현실에 있어서 마음에 작용하는 물리적 또는 심리적 조건인 자극 또는 입력을 I라 하고, 이 자극 또는 입력을 받아 이에 작용하는 인간의 마음을 M이라 하며, 그 경험의 결과로 인간이 어떠한 형태의 반응 또는 출력을 내어놓는 것을 O라 한다면, 인지과학의 과제는 O = f(I×M)이라는 관계를 설정하고, 마음의 내용 M을 I×O의 관계에서 (실제로는 완벽한 또는 가능한 모든 I와 O가 아니라, 연구자에 의해 표집된 I′와 O′의 관계에서) 간접적으로 추론하는 것이라고 하겠다(〈그림 4-1〉 참조).

그림 4-1 마음에 대한 인지과학적 접근의 기본 틀

이와 같이 추론함에 있어서, I와 O 사이에 있는 마음 M을 어떠한 입장에서 볼 것인가에 따라 마음에 대해 추론된 내용은 달라지게 마련이다. 즉 I와 O의 어떠한 특성에 중점을 두어 I−M−O의 관계를 설정할 것인가, 마음 M이란 근본적으로 어떤 기능을 지닌 것으로 볼 것인가, 수동적인 자극-반응 연합의 연결 및 집적 장소인가 아니면 목표를 지닌 능동적인 체계인가, 또 어떠한 방법과 논리로서 관찰하고 추상화하여 이론을 형성할 것인가 등에 따라 추론된 마음의 내용인 M이 제시해주는 마음의 본질은 실제의 마음의 본질과 달라지게 마련이며, 그에 따라 마음에 대한 인지과학적 설명력도 달라지게 된다.

행동주의 심리학의 보는 틀: 심리학이 체계적이고 독립된 과학으로서 출발한 이래 여러 가지 서로 다른 접근들이 제기되었고, 그에 따라 서로 다른 '마음의 모델'이 제시되었다. 2장에서 설명한 바와 같이 이러한 접근 중에서 1960년대까지 심리학에 가장 강

력한 보는 틀을 제공한 것은 행동주의 심리학이었다. 행동주의 심리학의 입장은 본질적으로 논리실증주의 과학 철학적 관점에 기초한 입장이었다. 행동주의(behaviorism)는 논리실증주의의 입장에 따라서 객관적으로 관찰 가능한 것만을 과학적 연구의 대상으로 다루며, 모든 과학적 용어는 경험적으로 관찰 가능한 것과 관련지어져야 하고 조작적으로 정의되어야 한다고 보았다.

따라서 경험적으로 직접 관찰이 가능하다고 하기 곤란한 '마음'의 존재와 그 작용에 대하여 심리학에서 이를 개념화하고 연구한다는 것은 비과학적이라고 간주하고 사고, 지능, 인지 등의 심성적(mentalistic) 의미가 개입된 개념들을 심리학에서 배제하려고 하였다. 즉 심리학 연구의 본령인 마음을, 방법론의 객관성과 엄밀성을 지켜야 한다는 이유로 심리학에서 축출한 것이다.

2장에서 설명하였지만, 행동주의 심리학자들은 '마음'이란 용어의 사용을 회피하였다. 그들의 입장을 달리 표현하자면, 그들은 마음을 하나의 수동적인 스위치 연결 장소로 보았다. 즉 자극 S와 반응 R이 접속관계에 의하여 기계적으로 조건화되어(conditioned) 연결되고, 이러한 조건화된 연합에 의하여 자극 S가 후에 제시되면, 그에 연합되었던 반응 R이 기계적으로 방출되는 것이 심적 과정이라고 보았으며, 마음이란 이러한 기계적 S-R, 즉 I–O 연결들의 집적 또는 중계 장소 이상의 아무것도 아니라고 생각하였다. 즉 마음이란 수동적이고 가변성 없는 스위치 연결 상자로 보았고, I와 O에 아무런 영향을 주지 못하는, 규명할 수도 없고 규명할 필요도 없는 하나의 암흑 상자라고 보았다.

따라서 실제 심리 현상에 대한 일반적 모델을

$$O= f(I \times M)$$

이라고 설정한다고 할 때, 행동주의의 심리학적 모델은 전체 I과 M 중에서 부분적으로 관찰되고 표집된 자극과 반응인 I′와 O′ 사이의 관계에서, 마음을 기계적 스위치보드의 암흑 상자로 보아 배제하고 자극과 반응 사이의 관계만 추론하자는 것이다. 실제 현실의 현상인 자연적 마음(M)의 본질을 추론하자는 것이 아니었다. 즉

$$O = f(I \times [가변성 없는 상수인 연결 상자]M)$$

에서 M을 무시하고 I에 따른 O의 관계만을 추론하자는 것이라고 할 수 있다〈그림 4-2〉 참조).

이러한 행동주의적 입장은 심리학에서 근원적으로 마음(M)의 본질을 추론하기 위하여 문제 삼게 된 I와 O에 대한 관찰방법과 기술방법에 대하여 실증적인 입장을 너무 강조한 나머지, 본래 심리학에서 설명하려고 출발했던 목표인 마음의 본질(M)을 도리어 배제하고 I와 O의 관계를 부족한 형태로 기술하는 데 그친 것이라고 볼 수 있다(물론 모든 행동주의자들이 마음을 완전히 텅 빈 암흑 상자로 본 것은 아니다).

그림 4-2 행동주의의 마음에 대한 보는 틀

이러한 행동주의적 보는 틀의 편협성을 인식하여 행동주의의 문제점을 보완하고, 행동주의 심리학에 의하여 심리학에서 축출되거나 실추된 마음의 개념을 되살리며, 마음이란 어떤 공통된 특징을 지닌 여러 개의 하위구조들과 그들의 상호작용으로 개념화하여 과학적으로 접근하고자 대두된 보는 틀이 정보처리적 접근이다.

4. 정보처리적 접근의 보는 틀: 형식적 기술

정보처리적 인지과학은, 행동주의 심리학과는 달리, 인간을 설명하는 보는 틀은 근본적으로 현실적인 인간 마음의 구조와 작용을 충실히 나타내는 틀이어야 한다고 주장한다. 이들은 환경으로부터 정보의 들어옴(I)과 이에 대한 인간의 정보처리 결과인 내어놓음(O) 사이의 기계적(mechanistic) 관계 또는 자극과 반응의 기계적 연결 관계를 행동주의 심리학자들처럼 규정하기보다는, 들어옴(I)과 내어놓음(O) 사이에 어떠한 심리적 과정이 일어나기에 이러한 I와 O의 연결이 가능하게 되는가에 대한, 즉 I와 O 사이의 마음(M)의 과정과 내용에 대한 추론 및 설명의 필요성을 강조한다.

그들에게 마음이란 행동주의자들이 주장하듯이 기계적으로 자극과 반응의 연결을 가능하게 하는 수동적 연결 장소가 아니라, 잠재적인 정보를 보유하고 있는 자극에서부터 정보를 추출하고 상징화하여 조직하고 처리하며, 이를 상징구조로서 저장하고 저장된 정보를 활용하여 처리 결과를 반응으로써 산출하는 정보처리적 목적체계(purposive system)로 생각된 것이다(Newell & Simon, 1972).

즉 '자극 또는 입력(I)'과 '반응 또는 출력(O)' 사이에서 정보를 해석하고 조직하며 결정하고 스스로를 점검(모니터)하는 역동적인 기호(상징) 조작체계(symbol manipulation system)로 마음을 보는 것이다(Newell, 1980). 여기서 체계란 여러 하위체계 또는 구성부분들로 이루어져 있으며, 그 부분들이 공통적 특성을 지니고 있고, 다양한 양식으로 상호작용하며 환경에서 입력을 받아 출력을 내놓는 개방적 전체를 지칭한다.

마음을 이러한 정보처리체계(IPS: Information Processing System)라고 한다면, 정보처리적 패러다임의 인지과학에서는 특정 입력정보 I'와 그에 따른 내어놓음(출력) O' 사이에 개재하는 정보처리체계 IPS'의 $O'=f(I' \times IPS')$의 관계를 통해 참 현실의 $O=f(I \times M)$의 관계를 추론하려는 것이며, 곧 마음(M)의 특성을 정보처리체계 IPS'의 특성으로서 추론하려는 것이다.

$$O'=f(I' \times IPS')을\ 관찰하여,$$
$$\Rightarrow 1차\ 추론: O = f(I \times M)$$

⇒ 2차 추론 : M ⇐ I와 O 사이의 관계

정보처리 이론은 이에서 한 걸음 더 나아가 마음이라는 정보처리체계 IPS′를 여러 개의 처리구조들(structures)과 과정들(processes)의 통합체로 본다.

처리구조라는 개념은 명확한 정의를 내릴 수는 없지만(왜냐하면 구조라는 개념을 정보처리 기능 또는 정보처리 단계와 같은 정보처리 과정에 연관된 개념들과 완전히 분리해서 기술할 수 없기 때문이다), 대체로 정보처리체계 내의 구성요소를 지칭한다. 이는 물리적 구성요소라기보다는 기능적 구성요소를 의미하는 것이며, 정보처리가 수행되어가는 과정에서 어떤 한 시점 또는 단계에 있어서 개인이 지니고 있는 정보, 즉 표상의 상태나 본질, 또는 특성에 의해 규정되는 가설적이고 추상적인 구성요소 또는 하위체계라고 정의할 수 있다. 장기기억이나 중앙통제체계가 그 예이다.

두 번째 개념인 '처리 과정'이란 이러한 구성요소 내의 기능, 또는 구조요소들 간의 정적 내지 역동적 관계성을 의미하며, 이러한 것들이 심적 조작 또는 작용(mental operations)으로서 실제로 구현되는 것을 지칭한다. 즉 구조요소들에 근거하여 정보, 즉 심적 표상이 실제로 처리되는 활동들을 말한다. 심적 조작이란 정보를 선택하고 변형하고 해석하고 표상하고 저장하며 활용하는 각종 작용이라고 할 수 있다. 심적 조작 또는 처리 과정의 대표적 예로는 부호화(encoding), 저장, 인출(retrieval), 반응 산출(response production) 등의 과정이 있다.

이러한 구조들과 처리 과정의 개념을 사용하여 정보처리적 보는 틀의 모델을 다시

그림 4-3 정보처리 이론의 마음에 대한 보는 틀

표현하면 〈그림 4-3〉과 같다.

위의 그림에서 정보처리 모델의 기본 입장은 다음과 같은 관계성을 전제한다.

$$O: = f(I' \times IPS')$$
$$= f(I' \times \sum[structures \times processes])$$
$$= f(I' \times \sum S'i \sum P'j)$$

이러한 관계성을 근거로 실제 현실의

$$O = f(I \times M)에서,$$
$$f(I \Rightarrow O) = M$$

으로부터 M의 특성을 추론하자는 것이다. 이는 인간의 마음이란 입력과 출력사이의 관계성에서 나타나는 정보처리체계의 구조(S')와 처리과정(P')들의 상호작용 관계의 총합으로서, 즉 마음(M)을 $\sum Si \times \sum Pj$로서 간주하자는 것이다. 이는 달리 표현하면 각 구조의 상태와 특성을 규정지어주는 표상과 이에 대한 조작의 상호관계의 총체로서 마음을 개념화한다는 것이다.

정보처리적 인지과학은 마음에 대한 보는 틀을 이와 같이 상정한 연후에 정보처리체계의 구조를 보다 세분화하고, 각 구조와 관련된 표상의 특성을 규정하고, 이러한 구조와 연관하여 실제로 정보처리를 수행하는 세부 과정들을 규정하며, 이들이 어떠한 단계에서 어떻게 상호작용하는가, 또 각각 어떠한 특성을 지니고 있는가를 치밀하게 분석한다.

정보처리적 인지과학은 이러한 과제를 인간의 앎의 심리적 과정, 즉 인지 과정(cognitive processes)을 중심으로 수행해 나간다. 그 까닭은 정보처리의 본질이 자극의 의미를 파악하거나 부여하며 이를 정보로서 활용하여 그 결과를 외적 또는 내적으로 내어놓는 과정, 곧 각종 앎을 획득하고 활용하는 과정이기 때문이다. 따라서 정보처리적 인지과학은 "인간은 어떻게 아는가?" 하는 물음에 중점을 두고 심리 현상 전반의 문제들을 이와 연관시켜 기술, 설명하려고 한다. 이러한 목표를 가지고 정보처리적 인지과학은 앎과 마음의 문제의 연구와 관련하여 나름대로 특성 있는 개념체계와 방법론을 제기하였다.

그런데 이러한 개념체계와 방법론은 정보처리적 인지과학이 독자적으로 발전시킨 것이라기보다는 이전에 있었던 심리학적 접근방법들이 사용한 개념들과 방법론에 반대되는 것, 또는 수정 보완된 것을 발전시킴으로써 이루어진 것이라 할 수 있다. 동시에 인접 학문의 영향을 강하게 받아 인접 학문들에서 제기된 개념과 방법론을 수렴하고 재해석하여 도입함으로써 가능하였다고 할 수 있다. 인접 학문의 영향은 1장과 2장에서 이미 다루었기에 여기에서는 자세히 논하지 않는다.

5. 정보처리적 접근의 기본 가정

정보처리적 인지과학은 기존 심리학적 접근과 공통되는 면도 지니고 있지만 그들과는 다른 독특한 특성을 지니고 있다. 다른 접근들과 공통적인 면으로는 정보처리적 인지과학에서도 다른 접근과 마찬가지로 법칙적 설명(개개인 사례 특성 중심으로 현상의 원인을 밝혀내어 설명하는 것이 아니라, 여러 사례들에 공통적으로 적용되는 인과법칙을 찾아내어 설명하는 방법)을 인지과학의 과학적 설명의 목적으로 삼는다는 것이다. 경험주의에 기초하여 연구하고, 따라서 실험실에서의 실험과 조작적 기술(operational description)의 중요성을 받아들이며, 자연과학적 방법의 제반 공준(公準)들(귀납적 추론, 이론 형성 등)을 이 접근의 공준들로서 받아들인다는 것이다.

이외에 다른 접근들과 차이가 나는 주요 특성들을 정보처리적 접근의 패러다임적 기본 전제들을 중심으로 열거하면 다음과 같다.

① 정보처리 이론가들은 먼저 인간을 보편 목적적 기계의 한 예로서 목적을 가지고 계획과 심적 전략(strategies)에 의하여 상징을 조작하는 상징(기호) 조작체로 간주하고, 인간의 복잡한 심리 현상을 상징 처리 과정으로 환원시킬 수 있음을 전제한다(일

부 인지과학자들은 이에 동의하지 않는 경우도 있다). 다음으로 상징 조작의 기능이란 본질적으로 사물(외적 자극 및 내적 상징 과정들)을 표상하는 것이라고 전제한다. 즉 상징 조작 과정을 통해 내외적 현실이 내적으로 표상(representation)된다는 것이다. 표상의 개념은 1장에서 설명한 바 있다.

② 다음의 기본 전제는 인간은 하나의 복잡한 자연체계라는 것이다. 앞에서 말한 바 와 같이 체계란 여러 구성부분들로 이루어져 있고, 그 부분들이 다양한 양식으로 상호 작용하며, 전체는 부분들의 단순한 합 이상의 특성을 지니지만 그럼에도 부분들의 특 성과 부분들 간의 상호작용의 특성에서 전체의 특성을 추론할 수 있는 그러한 전체이 다(Simon, 1981). 그러므로 이러한 체계로서의 인간의 지각이나 언어 및 사고와 같은 지적 활동이 다른 부분과의 상호 관련하에서 특히 환경의 표상과의 관련하에서 일어나 는 것으로 볼 수 있음을 의미한다.

③ 다음의 기본 전제는 인간은 정보의 능동적 탐색자라는 것이다. 즉 지각, 기억, 언 어에 있어서 인간은 스스로 상징구조를 구성하고, 재구성하며, 창조하고, 산출해내는 특성을 지니고 있다는 것이다.

④ 다음의 가정은 프로이트의 이론에서와 같은 본능이라는 추상적 개념에 의한 심 적 현상의 설명은 반박하지만, 촘스키의 언어학에서 주장되는 것과 같이 생득적 규칙 을 적용하고 정보를 조직화하여 구조를 형성하는 등의 생득적 인지적 능력의 역할이 중요하다는 것을 인정하며 강조한다는 것이다.

⑤ 다음으로 중요한 기본 전제는 심리적 사건은 시간 계열상에서 일어난다는 것이 며, 따라서 심리적 사건들을 가능한 한 작은 여러 과정으로 쪼개어 나누어 연구할 수 있고 또 그렇게 해야 한다는 것이다. 즉 복잡한 심적 현상의 하위구조와 과정들은 낱개 로 분리 고립시켜 연구할 수 있으며, 이러한 부분적 구조와 과정들에서 일어나는 정보 처리의 질적인 차이는 정보처리의 차이를 반영한다고 간주되는 반응시간(RT: reaction time) 방법을 인지과학적 연구의 주 방법으로 사용하여 연구할 수 있다고 본 다(Posner, 1978, 1995).

⑥ 다음의 기본 전제는 인지과학의 연구는 연구를 위한 연구, 실험실 내 인위적 상황 에 국한된 연구여서는 안 되고, 자연 현상의 인간이 어떻게 하는가를 충분히 밝힐 수 있는 생태적 타당성 또는 충분성 조건을 충족시키는 연구여야 한다고 본다. 따라서 인 위적인 실험실에서만 일어나는 심적 과정이 아니라 자연 상태에서 일어나는 인간의 심

적 과정에 대한 포괄적 연구가 핵심이 되어야 한다고 본다.

인지과학의 이러한 일반적 기본 전제들 이외에, 주제를 탐구함에 있어서 정보처리체인 마음에 대한 접근과 분석을 위한 정보처리적 패러다임의 핵심적인 가정들을 파머와 킴치(Palmer & Kimchi, 1986)는 몇 개의 기본 가정들로 정리하여 진술하고 있다. 그들의 가정들을 보완하여 정보처리적 접근의 핵심적 가정들을 체계적으로 다시 진술한다면 다음과 같다. 이 핵심적 가정 중에서 인지과학을 가장 특징짓는 가정은 계산성 가정이라고 할 수 있다.

정보처리적 접근의 핵심적 가정

가. 정보적 기술의 가정 : 정보처리적 접근의 인지과학에서는 심리적 사건을 정보적 사건으로 보고 이를 기술할 수 있다고 본다. 이러한 기술은 물리적(신경생물적, 신경화학적) 수준이나 현상학적 수준에서의 기술이라기보다는 기능적 기술이다. 기능적이라 함은 마음이 환경이라는 맥락 내에서 어떻게 작용하는가의 문제이다. 기능적 기술이란 정보적 기술이며, 하드웨어적 기술이라기보다는 소프트웨어적 기술에 가깝다. 심적 사건을 정보들 및 그 정보들을 연관짓는 심적 조작들에 의해 기술한다는 것이다. 심적 활동 또는 작용(mental operation)이란 현재, 과거, 미래로부터의 정보를 추출, 선택, 변형, 저장, 대응, 활용하는 여러 활동을 지칭한다. 이러한 심적 활동의 결과로 출력된 정보가 행동으로 표현되는 것이다. 정보적, 기능적 수준에서는 하나의 정보를 서로 다른 상징 또는 상징들의 배열들에 의해 나타낼 수 있다. 즉 정보적 등치(equivalence) 또는 기능적 등치가 가능하다. 정보적 등치란 서로 다른 사건들이 서로를 대치하면서도 동일한 양식으로 작용하거나 동일한 결과를 가져올 수 있다는 것이다. 이는 정보란 본질적으로 대치적 표상으로 구현될 수 있으며, 특정 물리적 실체를 넘어서는 추상적이고 보편적인 개념임을 의미한다.

추상적, 보편적 차원에서 정보를 기능적으로 기술한다는 것은 본질적으로 정보처리체 내의 입력 사건과 출력 사건을 대응(mapping)시킨다는 의미이다. 정보적 사건으로서의 심적 사건을 기술하기 위해서는 입력 사건, 그에 대한 조작, 그리고 출력의 세 요소를 기술해야 한다. 이는 행동주의 심리학에서처럼 단순히 입력 사건과 출력 사건을 기계적으로 대응시키는 것이 아니라, 이 둘 사이에 어떤 심적 구조와 과정의 기제를 전제하고, 이의 특성들을 규명하여 기술하며, 입력 사건과 출력 사건을 대응시키는 것이다. 단순히 입력 사건과 출력 사건을 대응시키는 것이라면, 행동주의 이론과 기브슨(Gibson)이론(생태적 환경의 자극 구조와 인간이 지각 반응을 대응시키는 이론으로서)도 해당이 된다. 그러나 정보처리적 접근은 이러한 단순 대응 이론들과는 달리 심리적인 내적 기제를 상정하고 이의 기술에 의해 입력-출력을 대응시켜 설명한다.

나. 순환적 분해 가정 : 정보처리 접근의 다른 한 특성은 하나의 단일한 사건도 그것을 보다 더 단순한 정보 사건들로 분해함으로써 보다 낮은 수준에서 더욱 명확하고 세밀하게 기술할 수 있다는 것이다. 어떠한 정보 사건이 어떤 한 기술 수준에서는 하나의 단일 사건이지만, 이를 순환적으로 계속 분해하여 ① 몇 개의 구성요소 정보 사건과 ② 그러한 구성요소 체계를 통해 정보가 어떻게 흐르는지를 규정하는 시간적 순서 관계로, 보다 낮은 수준에서 보다 충분히 상세하게 기술할 수 있다는 것이다. 즉 심적 작용을 하위의 단순 과정들로 분해하여 어떤 심적 조작이라는 정보 사건에 내재하고 있는 복잡성을 명시화시키며, 이를 보다 낮은 수준에서 기술하여 그 복잡성을 단순화시키자는 것이다. 순환적 분해 가정은 정보처리 활동이 흐름도(flow-diagram)로 분해될 수 있으며, 이 흐름도 안의 한 요소가 좀 더 단순한 또 다른 하위 흐름도로 순환적으로 분해될 수 있다고 본다. 그렇다면 그러한 분해를 어떠한 수준에서 멈추는가가 문제되는데, 이것이 정보처리 활동의 기본 원소(primitives)의 문제이다. 이 원소는 소프트웨어 수준적으로 결정하거나, 하드웨어적 또는 생리적으로 결정하거나, 결정을 하지 않고 원소를 무시한 채 이론을 제시하는 세 방법이 있을 수 있다. 뉴웰과 사이먼(1972) 등의 접근은 소프트웨어 수준에서 튜링기계의 능력과 동등한 능력의 조작들을 기본 원소로 삼은 것이며, 최근의 신연결주의 이론은 정보처리의 기본 원소를 하드웨어적 수준 또는 생리적 수준에서 규정하는 것이고, 생태학적 측면을 강조한 나이서(Neisser) 등의 입장은 기본 원소를 규정하지 않고 기술하자는 것이다.

다. 정보 흐름의 연속성 가정 : 심적 과정을 요소로 분해한다고 하여 어떠한 식의 분해이건

다 타당한 것은 아니다. 요소 간의 정보의 흐름이 연속성이라는 제약에 따라야 한다. 한 조작을 수행하기 위해 필요한 모든 입력 정보는 현재의 조작으로 흘러 들어오는 선행 조작들, 과정들의 출력에서 모두 주어져야 한다. 그에 의해 선행 과정과 후행 과정 사이의 정보의 연속성이 지켜져야 한다는 것이다.

라. **정보 흐름의 역동성 가정** : 연속성 가정과 연관된 이 가정은 어떠한 심적 활동 과정일지라도, 입력 정보의 충분성, 즉 연속성의 제약이 충족되었다 하더라도, 그 입력 정보를 처리하기 위한 충분한 시간이—아무리 그 시간이 짧더라도—경과되기 전에는 현재의 단계에서 출력을 내어놓을 수 없다는 것, 즉 정보처리 활동은 일정한 시간이 걸린다는 것이다. 이러한 가정이 '시간이 인지(과정)다(Time is cognition.)' 라는 가정으로 인지과학에 도입되고, 인지심리학의 기본 방법인 심리시간 측정법 또는 반응시간법을 사용하여 인지 과정과 구조적 특성을 연구하는 근거가 된다.

마. **물리적 구현의 가정** : 정보의 본질이란 추상적이고 기능적인 것이지만, 그러나 정보와 정보처리의 구현은 구체적이고 물리적인 세계에서 일어난다. 즉 역동적인 물리적 체계 내에서 정보적 사건이라고 기술될 수 있는 행동으로 이루어진다. 정보란 물리적 체계의 상태에 의해 나타내어지며(이를 표상이라고 한다), 정보처리라는 조작(활동)은 그 체계의 상태 변화에 의해 수행된다(이를 정보처리 과정이라고 한다). 여기서 '정보'와 '조작' 및 '표상'과 '과정' 간의 관계가 드러난다. 정보처리적 기술이라는 형식적 틀에서 이야기할 때는 '정보'와 '조작(operation)' 이라고 일컬어지며, 이들이 물리적 체계 내의 '대상'과 '사건' 으로 구현화된 것을 물리적 수준에서 기술하는 것이 아니라 정보처리체계 내의 기능적, 정보적 수준에서 기술할 때 '표상'과 '과정' 이 되는 것이다.

바. **표상의 인과적 효용성 가정** : 위의 다섯 가지 가정들에서 암묵적으로 시사되는 것이 표상의 인과적 효용성에 대한 가정이다. 즉 행동주의자들은 외적 자극만이 반응 또는 행동을 이끌어내는 원인이라고 보지만, 정보처리적 접근에서는 두뇌 상태로 구현되는 표상의 구조와 내용(소프트웨어), 즉 마음의 구조와 과정이 행동을 일으키며 제어(control)하는 인과적 원인으로서의 역할을 한다고 본다. 따라서 외적 자극과 인간의 외현적 반응과의 연결을 기계적(물리적) 인과 연결로 설명하려던 행동주의의 입장을 넘어서, 심적 상태와 심적 상태의 변화, 즉 표상의 내용과 이에 대한 조작이 외적 행동과

내적 심적 상태의 변화를 초래할 수 있다는 입장을 취하는 것이다. 이는 심적 상태, 즉 표상에 인과적 설명적 효용성(efficacy)을 부여하는 것이며, 행동주의나 생태주의 심리학(생태심리학자 기브슨 류의) 이론과는 전혀 다른 과학철학적, 심리철학적 입장을 취하는 것이다.

사. 계산성 가정 : '과정'과 관련하여 위에 제시한 가정들에서 암묵적으로 가정되는 것은 계산성의 가정이다. 물론 모든 정보처리 접근 이론가들이 계산성을 가정하고 있지는 않지만, 계산주의적 정보처리 접근 이론가들은 인간의 심적 과정을 계산으로 본다. 계산(computation)이란 단순하게 정의한다면 앞서 언급한 바와 같이 '정보의 변환'이라고 말할 수 있다. 그러나 이런 표현은 엄밀히 말하자면 '계산주의'(Pylyshyn, 1984)라는 하나의 관점을 전제로 한다. 계산주의는 앞서 진술한 뉴웰과 사이먼의 입장 및 포더(Fodor, 1975)의 '사고의 언어'로 대표되는 입장이다.

이 입장에 의하면, (튜링기계의 개념에 기초하여) 어떠한 과정을 효율적인 절차 또는 계산 가능한 함수로 나타낼 수 있으면 그 과정은 계산 가능하다고 본다. 효율적인 절차 또는 알고리즘이란 어떤 수리적 조작을 수행하는 자동적 방법 또는 기계적 규칙이다(Cutland, 1980). 어떤 함수 또는 조작의 값들을 구하는 데 있어서 알고리즘 또는 효율적 절차가 사용되면, 그 함수를 '알고리즘으로 계산 가능', '효율적으로 계산 가능', 또는 그저 '계산 가능'하다고 칭한다. 이를 심리적 사건에 적용시켜 개념화한다면, 입력과 출력 사이의 대응을 알고리즘적 절차, 또는 계산 가능한 규칙의 함수로 나타낼 수 있다면 심적 사건은 계산 가능하다고 볼 수 있다. 심적 사건이란 세상에 대한 어떤 정보를 담고 있는 자료인 표상에 명백한 처리규칙들을 적용하는 계산 과정이라는 것이며, 이러한 규칙들은 프로그램 언어나 일상언어 같은 통사규칙 체계를 지니고 있다고 보는 것이다(Fodor, 1975). 심적 대응, 심리적 조작이 계산 가능하다면, 정보처리적 접근의 인지과학자들이 할 일은 마음의 원소적 함수들을 발견하고, 그들이 어떻게 조합되어 보다 복잡한 알고리즘을 형성하고 그것이 심적 사건으로 나타나는가를 발견하는 일이 된다. 이것이 가능하다면 심적 사건을 과연 분해할 수 있는가 하는 의문을 제기하는 사람들에게 심적 사건은 계산 가능하기 때문에 분해 가능하다고 답할 수 있다.

이러한 계산주의와 정보처리적 접근을 완전히 동일시할 수는 없다. 왜냐하면 정보처리적 접근은 '분해 가능하지만 계산 가능하지 않은', 즉 명료한 알고리즘적 규칙에 의해 기술할 수 없는 부분들도 인정하기 때문이다. 그들은 계산 가능하다는 것이 정보처리체계의 사건을 분석하여 기술하기 위한 충분조건은 되나 필요조건은 못 된다고 본다 (Palmer & Kimchi, 1986).

정보처리적 접근의 기본 가정 요약

① 정보적 기술(記述) : 심리적 사건은 정보적 사건으로 기능적으로 기술될 수 있음.

② 반복적 분해: 하나의 정보 사건을 더 간단하고 단순한 정보 사건들로 계속 더 작은 단위로 재귀적으로 분해할 수 있음을 가정함.

③ 정보 흐름의 연속성 가정: 선행 정보처리 활동(연산)의 출력이 후행 조작의 입력으로 필요충분함을 가정함.

④ 정보 흐름의 역동성(dynamics): 충분한 시간이 경과되어야 정보가 처리되고 출력될 수 있다는 것을 가정함.

⑤ 물리적 구현: 정보의 본질은 추상적, 기능적 실체이지만, 정보와 정보처리 사건은 물리적으로 구현되어야 한다는 것을 가정함.

⑥ 표상의 인과적 효용성 및 정보처리 과정의 계산성을 가정함.

이러한 전제와 가정을 지닌 정보처리적 인지과학의 보는 틀은 그 연구대상 또는 주제로서 외현적 인간 행동에 중점을 두기보다는 심적 과정을 택한다. 즉 외적 반응 행동보다는 내적 심리 과정인 주의, 형태 파악, 지각, 기억, 학습, 개념 형성, 언어의 이해 및 산출, 지식의 활용 과정, 문제해결, 추리, 판단, 의식 등의 심적 과정과 지식표상을 중심으로 한 표상의 구조적 특성을 그 연구 주제로 삼는다.

이러한 패러다임적 특성을 지닌 정보처리적 인지과학은 1960년대 후반에서 1990년대 초에 이르기까지 이론적, 경험적 연구에서 많은 발전을 이루었고, 그 연구결과가 인지과학 자체뿐만 아니라 인접 학문 전반을 변모시켰다.

6. 인지과학의 접근 수준들

물질의 화학적 현상을 연구하는 화학자들도 같은 화학 현상이지만 서로 다른 방식으로 현상에 접근하여 연구한다. 어떤 연구자는 실험실에서 물질의 구성 성분을 가지고 이렇게 저렇게 조합하는 실험을 직접 하여 새로운 물질을 만들어내는가 하면, 어떤 연구자는 물질의 본질과 관련된 아주 상위 수준의 수리적 모형을 만들어내기도 한다. 같은 현상에 관심을 갖고 있지만 접근하는 방식, 접근하는 수준이 다르다.

마찬가지로 심적 현상을 어떠한 수준에서, 어떠한 방식으로 접근하여 설명해야 하는가에 대해서는 연구자마다 다른 접근 틀을 취할 수 있다. 인간과 동물의 뇌와 마음, 그리고 컴퓨터를 유사한 정보처리 원리가 구현된 체계로 보는 관점을 지닌 인지과학자들은 그 연구대상에 어떻게 접근하였을까? 정보처리체로서의 인간과 동물의 마음, 그리고 컴퓨터의 정보처리 특성에 접근하여 기술, 설명하는 방식도 다양할 수 있다. 스파이 007이 탐색해야 할 대상 국가의 기관에 여러 방식으로 접근하듯이, 인지과학자들은 인지 현상에 대하여 여러 접근방식을 적용하여 탐색하고 연구한다. 이러한 서로 다른 접근방식을 인지과학에서는 마음에 대한 접근 수준(levels of approach)이라 한다.

인지과학에서의 인지 현상에 대한 접근 수준들을 조금은 단순화하여 대별하면 다음과 같다. 이러한 접근(설명) 수준에 대한 이론적 틀은 계산 시각 이론을 내놓은 데이비드 마(David Marr, 1982)의 생각에 기초하고 있다(마에 대한 상세한 이야기는 시각을 다루는 9장에서 다루기로 한다.)

1. 구현(Implementational, 물리적) 수준 인간이건, 동물이건, 컴퓨터(로봇)건, 그 체계가 각종 정보처리를 하고 그 결과 행동을 내어놓는 것 모두를 가능하게 하는 물리적 하드웨어의 특성에 초점을 두어 이를 분석하고 기술하는 접근이 이 수준에 해당한다고 하겠다. 인지과학을 넘어서 일반적으로 단순화하여 이야기한다면 생물학, 신경과학과 전기전자공학적 입장에서의 접근이 이에 해당된다고 할 수 있다. 인지과학 내에서 이야기한다면, 표상과 계산의 논리(알고리즘)가 어떻게 물리적으로 구현되는가 하는 물리적 구현 수준에서 접근하여 심리 현상을 설명하는 수준이다. 이것에는 신경과학적 접근이 당연히 해당되겠고, 후에 논의될 연결주의적, 신경망적 접근도 여기에 해당되는 설명 접근이라고 할 수 있다.

2. 알고리즘적(기능적) 수준 하나의 정보처리 시스템에서 외현적 행동(출력)이 출현하기 위해 시스템 내에서 정보가 어떻게 입력, 처리되는가를 규칙 기반 중심으로 기술하는 접근으로, 정보처리가 이루어지는 세부 단계들과 메커니즘의 규정이 요청되는 수준이다. 일반적으로 컴퓨터과학의 계산적 모델링에 의한 인지 현상의 접근이 이에 속한다고 할 수 있다. 단순화하여 말한다면 현재의 인공지능 연구가 대체로 이에 해당한다고 볼 수 있다. 계산신경학, 계산언어학, 인지심리학에서의 계산 모델링 등도 이 수준에 연결시킬 수 있을 것이다

3. 계산적(행동적) 수준 이 수준에서 접근하는 연구자들은 하드웨어나 알고리즘 수준이 아니라, 동물과 인간의 행동을 관찰하고 기술함을 통하여 인지 현상을 이해하려고 한다. 정보처리체계의 계산이 어떠한 목적에서 이루어지는가, 무엇을 계산해내야 하는가, 왜 어떠한 계산 알고리즘과 전략이 적절한가 등의 기능적 수준의 이론이 요청되는 설명 수준이다. 조금 단순화시켜 이야기한다면 심리학, 언어학, 인류학 등이 이에 해당한다고 할 수 있다.

위의 세 수준을, 인간과 컴퓨터를 비교하여 대응시켜 단순화하여 생각한다면 다음과 같이 표로 나타내 볼 수도 있을 것이다.

수 준	별	인 간	컴 퓨 터
3	계산-행동 수준	인지 행동 수준	컴퓨터 소프트웨어
2	알고리즘 수준	인간 정보처리 기능 수준	컴퓨터 OS 수준
1	구현 수준	인간 뇌 수준	컴퓨터 하드웨어

이 세 수준은 서로 독립적이며, 수준 간에 대응이 이루어져야 할 제약이 있지는 않다. 다른 말로 이야기하여 하나의 설명 수준이 다른 수준으로 반드시 환원될 수 있다는 것이 아니라 3개의 설명 수준이 모두 다 필요할 수 있다는 것이며, 서로 다른 차원의 설명이 상보적 역할을 할 수 있다는 의미이기도 하다.

마의 접근 수준 틀이 제시된 이후에, 인지과학철학자인 필리신(Pylyshyn, 1984)도 정보처리체계가 3개의 수준에서 조직화되어 있다는 가설(tri-level hypothesis)을 제시하였다. 그가 이름 붙인 이 세 수준은 다음의 세 수준으로, 마나 필리신의 주장은 인

간의 심적 현상에 대한 적절한 설명을 주기 위해 이 세 수준별 설명들이 연결되어 종합적인 설명을 주어야 한다는 것이다.

① 생물적 또는 물리적 수준(The biological or physical level)
② 기호적 또는 통사적 수준(The symbolic or syntactic level)
③ 지식적 또는 의미적 수준(The knowledge or semantic level)

7. 인지과학을 구성하는 학문과 그 역할

인지과학을 구성하는 학문은 그 각각의 역할, 그리고 인지과학에 참여하게 된 역사적 시점, 다른 학문과의 주제적 연관성 및 관계, 응용인지과학으로서의 가능성, 현재의 중요성과 미래의 발전 가능성 등에 있어서 서로 다르다. 인지과학을 구성하는 핵심학문과 관련 학문에 대해서는 1장 5절의 '인지과학의 핵심 학문과 주변 학문', '인지과학과 관련 학문들의 연구 주제적 연관성' 및 〈표 1-2〉에서, 그리고 2장의 〈표 2-1〉에서 이미 다룬 바 있다. 또한 각 학문의 연구 주제 및 역할의 세부에 대해서는 앞으로 각 장에서 다루어지기에 여기에서는 자세한 논의는 생략하고, 인지과학 핵심 학문의 역할에 대한 다음과 같은 요점 중심의 요약을 제시하는 것으로 대신한다.[30]

관련 학문이 인지과학에 기여한 개념, 주제, 방법
① 철학 : 인식론, 심신론, 과학철학, 논리학을 제공함.
② 수학 : 형식주의(formalism), 계산 이론, 특히 튜링기계 이론을 비롯한 자동기계(automata) 이론을 제공함.
③ 정보 이론 : 정보 개념을 제시하고, 불(Boole)식 대수 논리체계를 두뇌 과정 모형

---

30 이 내용과 1장의 〈표 1-2〉, 2장의〈표 2-1〉의 내용을 연결하여 볼 수 있다.

에 적용하게 하고, 인공두뇌학을 발전시킴.

④ 심리학 : 마음과 인지라는 연구 주제와 실험적 방법을 제공함.

⑤ 컴퓨터과학 : 디지털 컴퓨터, 저장된 프로그램 개념, 컴퓨터 유추(비유), 프로그래 밍 기법, 시뮬레이션 방법, 인공지능 연구를 제공함.

⑥ 언어학 : 형식문법론을 중심으로 한 형식 이론을 제공, 내적 규칙과 심적 능력 (competence)의 개념을 부상시킴.

⑦ 인류학 : 종 및 문화와 사회적 결정인의 중요성을 부각시키고 민생방법론을 발전 시킴.

⑧ 사회학 : 거시적 관점의 구조주의와 민생방법론을 발전시킴.

⑨ 신경과학 : 두뇌와 신경계의 구조와 과정에 대한 재개념화, 신경과학적 연구법을 제공, 신경계 이상 현상과 인지와의 관계성 탐구의 중요성을 부각시킴.

역사적으로 볼 때, 단순화하여 이야기한다면 1980년대 중반까지의 인지과학은 신경 과학이 소홀히 된 채 인지심리학, 인공지능학 중심으로 전개되어왔다고 볼 수 있다. 인 공지능 연구가 보다 더 핵심 위치를 차지해왔다고 해도 무리가 아니다. 그러나 1980년 대에 신경망적 접근이 떠오르고 뇌 연구를 중심으로 신경과학의 중요성이 부각되면서, 1990년대 이후 인지과학은 신경과학(뇌과학)이 필수적으로 연결되어 중심 위치를 차 지함에 따라서 '인지과학-뇌과학'을 분리할 수 없는 하나의 용어로 사용하는 경향이 증가되고 있고, 신경과학(뇌과학)이 인공지능 연구를 대신하여 인지과학의 미래에서 차지할 위상이 점증하고 있다.

인지과학에서 각 학문이 차지하는 위상에 대한 설명과 관련하여 한 가지 유의할 점 은, 인지과학 내에서 각 학문이 차지하는 위치, 다른 학문과의 연결성, 미래 가능성은 학자마다, 그리고 각 대학의 인지과학 학과마다 그 생각이 다소 다르다는 것이다. 미국 과 유럽의 인지과학 학과/과정 또는 인지과학 연구소 관련 자료를 인터넷에서 검색해 찾아볼 때에는 이러한 대학 간, 학자 간 차이가 존재함을 염두에 두고 자료를 이해해야 할 것이다.

8. 인지과학의 연구 주제와 영역

인지과학은 앞절의 관련 학문들의 주제적 연관성에서 제기된 바 있는 주제들을 연구한다. 이러한 연구 주제들에 관해서는 『인지과학』이라는 저서(조명한 외, 1989)에서 소흥렬, 조명한, 이익환, 이일병 등에 의하여 제시되어 있으며, 해외의 인지과학 총론서들에서도 제시되어 있다. 이를 종합하고 보완하여 인지과학의 기초 연구 주제와 영역을 축약하면 다음과 같다.

1) 기초 연구 주제와 영역

인지과학의 기초 연구 영역으로는 인간과 동물의 시각, 청각 등의 지각 현상, 주의, 형태 지각, 심상(心象, imagery) 표상, 기억구조와 과정, 지식 표상구조, 언어 이해와 산출(말, 글 등), 문제해결적 사고, 추리, 판단 및 결정, 인간 전문가, 신념체계, 사회적 인지, 인지 발달, 인지와 정서의 관계, 인지의 문화적 기초와 차이, 인지의 신경생물적ㆍ신경생리적 기초, 신경망 모형, 언어 의미론ㆍ통사론ㆍ화용론 등의 인지의 언어학적 기초, 표상의 본질, 심신론, 계산주의의 가능성 등의 심리철학적 문제, 기계적 영상 처리, 기계적 말 지각 및 산출, 기계적 자연언어 처리, 기계적 학습, 기계적 문제해결, 추론기계, 전문가 체계, 로보틱스, 인공 마음, 진화심리학 및 진화생물학 이론 형성 등의 주제 영역이 있다.

인지과학 전체를 개괄, 정리한 책에 의하면(Bechtel & Graham, 1998), 1990년대 말 당시 인지과학의 주요 기초 연구 분야를 다음과 같이 정리해볼 수 있다.

동물 인지(animal cognition), 주의 과정, 두뇌 맵핑(brain mapping), 인지인류학, 인지 및 언어 발달, 개념 변화(conceptual change: 개념 습득, 개념 학습), 개념 조직화(기억 표상구조), 의식, 의사결정, 정서, 심상 및 공간 표상(imagery and space representation), 언어의 진화 및 신경기전(neuro-mechanism), 언어 처리(통사와 의미 처리), 텍스트 이해, 단어 의미, 언어학 이론, 기억, 지각, 문제해결, 유추, 추리, 사회적 인지, 무의식적 지능 등.

이 책의 2부에서는 이러한 기초 영역 분야를 학문 중심으로 철학과 인지, 뇌와 인지, 인공지능, 시각과 계산, 학습과 기억, 언어와 인지, 사고, 정서와 인지의 8개 영역을 중심으로 개관하겠다.

2) 인지과학의 응용적 연구 주제

인지과학의 응용 분야의 연구 주제를 체계적으로 분류한 시도(Bechtel & Graham, 1998)가 있었지만, 그러나 이 분류도 완전하거나 체계적인 것은 아니라고 본다. 인지과학이 계속 변화하며 발전하고 있기에 응용인지과학의 연구 분야 내용은 여기에서 열거하거나 분류한 것보다도 더 넓은 영역을 차지한다. 그렇기는 하지만 실세계와 관련된 주요 응용 인지과학의 분야로 벡텔(Bechtel) 등(1998)에 의하여 분류된 일곱 가지 영역을 보완하여 응용인지과학의 주제 영역을 다음과 같이 열거해볼 수 있다.

일상생활에서의 인간의 인지적 측면의 이해, 각종 하드 및 소프트 인공물을 인간의 인지 특성에 맞게 디자인하기, 인간 컴퓨터 상호작용, 교육과 학습 상황에의 인지과학 원리의 응용, 도덕 및 윤리적 행동의 이해와 설명, 행정 · 경제 · 법 등의 제도와 사회적 상황에의 인지과학의 원리 적용, 뇌 손상으로 인한 인지장애자의 인지신경적 진단 및 인지신경적 재활기술 개발 및 적용, 노년기의 인지능력 감퇴의 예방 및 대처 · 인지기술 개발 및 적용, 인지로보틱스 및 발달로보틱스 연구, 창의적 디자인의 인지기술 개발, 인지문학, 예술인지과학, 과학의 인지과학(cognitive science of science) 등이다.

이러한 인지과학의 응용 분야에 대한 세부 설명은 14장에서 다루어진다.

9. 인지과학의 방법론

인지과학의 연구방법론은 1장 5절의 '인지과학과 관련 학문들의 연구 주제적 연관성'에서 간단히 요약하였고, 5장에서 다시 자세하게 다루어지기에 여기에서는 논의를 생략한다.

10. 인지과학의 의의

인지과학의 의의에 대해서도 1장 7절에서 '인지과학의 의의'를 과학사적 측면의 의의, 순수이론적 측면의 의의, 학제적 측면의 의의, 응용과학적 측면의 의의, 임상 교정적 의의, 기타 일반 사회 문화적 의의 등의 6개의 의의를 들어 설명을 제시하였다. 또한 앞으로 각 장에서 그 의의에 대하여 직간접적으로 언급하며, 마지막 장인 15장에서 '인지과학의 의의와 조망'이 종합적으로 논의되기에 여기에서는 상세한 언급을 생략하겠다.

11. 종합

지금까지 기술한 패러다임적 특색을 지닌 정보처리적 보는 틀의 인지과학은 1960년대 후반에서 1990년대 초에 이르기까지 이론적, 경험적 연구에서 많은 발전을 이루었고, 그 연구결과가 인지과학이 탄탄한 자연과학으로 자리 잡는 데 크게 기여하였다고 할 수 있다. 인간의 마음을 컴퓨터와 유사한 정보처리 원리의 정보처리체계로 보는 정보처리적 접근의 인지주의 패러다임의 주요 기본 입장을 다시 정리하면 다음과 같다.

첫째로, 심리적 사건은 정보적 사건으로 정보와 정보처리의 조작(계산)의 둘로 분해, 기술할 수 있다. 정보란 세상에 대한 것이고 의미가 있고 지향적(intentional)이며, 그 정보를 처리하는 체계란 환경에의 적응과 같은 어떤 목적에서 정보를 처리한다.

둘째, 정보처리 과정은 표상적이다. 세상의 대상들 자체를 조작하거나 처리하는 것이 아니라, 그것들을 상징(기호)으로 표상화하여 정보를 처리한다.

셋째, 정보처리 과정은 통사적으로 정형적, 형식적으로 기술할 수 있다.

넷째, 이러한 정보처리 과정과 상징구조는 어떠한 물리적 매체로 구현되어야 가능하나, 그 하드웨어가 무엇이냐(뇌, 컴퓨터) 하는 것은 크게 중요하지 않다.

다섯째, 이러한 정보처리 과정에 대한 이해와 설명은 반복적 분해를 통해 접근할 수 있다.

여섯째, 정보처리체계에 대한 기술과 설명은 계산 수준의 설명이 중심이어야 한다.

최근의 인지과학 연구경향은 지금까지 논한 전통적 고전적 계산주의(물리적 기호체계 이론)가 더 이상 인지과학을 독점하지 않는 방향으로 흐르고 있다. 신경계 단위 사이의 작동 특성에 근거한 신경망, 연결주의 이론이 대두하여 컴퓨터 은유와 계열적 처리, 표상을 강조한 전통적 인지주의에 대한 대안적 관점을 내놓았고, 이어서 인지신경과학적 연구기법의 발전에 따라 마음을 컴퓨터에 은유하는 컴퓨터 은유적인 전통적 인지주의보다는 뇌에 은유하는 신경과학적 접근이 대두되어 인지신경과학이 형성되었으며, 동역학적 접근이 대두되어 정적인 시간상에서의 단속적 정보처리를 강조한 전통적 인지주의에 반하여 계속 흘러가는 시간 계열상에서의 정보처리 특성과 표상의 역동적 변화를 강조한 동역학체계(dynamic system)적 접근이 등장하였다.

이러한 변화들은 고전적 계산주의적 정보처리 패러다임의 표상주의, 계산주의 중심의 전개를 수정하고는 있지만, 인간의 마음, 뇌, 그리고 컴퓨터를 정보처리체계로 보는 관점은 크게 달라지지 않고 있다. 그렇기는 하지만 앞으로의 인지과학의 패러다임적 특성은 고전적 정보처리의 바탕 중심을 수정하여 신경망적 연결주의, 인지신경과학적 설명과 기술의 강조, 진화심리학적 설명의 강조, 사회 문화적 요인의 강조, 추상적 인지 과정이 아닌 신체가 통합된, 체화된 인지(embodied cognition)의 강조 등이 추가되리라고 본다. 이러한 변화 추세와 그 의의에 대한 자세한 논의는 마지막 장에서 다루어진다.

제5장

인지과학 방법론

Methods in Cognitive Science

1. 과학적 방법 서론

1) 과학적 방법 일반

인간의 심리 현상이란 다른 일반적 자연 현상과는 다른 특성을 지니고 있어서, 일상의 감각경험을 통해서 그 본질을 쉽게 알기 힘들다. 인류의 역사가 있은 이래 인간 자신의 마음을 하나의 과학적 연구대상으로 삼을 수 있기까지는 오랜 시간이 걸렸다. 즉 인간이 인간 자신의 심리적 경험을 하나의 독립된 연구 주제로 삼아 다른 자연적 현상과 마찬가지로 탐구할 수 있음을 깨닫는 데에는, 그리고 일반 과학에서 사용하는 과학적 방법을 적용하여 심적 현상에 대한 객관적인 지식의 체계화를 이룰 수 있으리라는 생각이 구체적 형태를 이루기에는 오랜 세월이 필요했다. 인간의 심리 현상에 인간이 접근할 수 있다는 것, 그것을 경험적으로 연구해야 한다는 것, 그것을 연구하기 위한 적절한 방법이 있다는 것에 대한 깨달음이 마침내 수렴되어 독립된 심리학이 과학으로서 출발한 것이며, 그리고 이후에 마음과 지능을 형식적(formal)으로 접근하려는 인지과학에 참여하는 여러 학문들의 방법들이 연결되어서 인지과학의 방법의 틀이 전개되었다.

인간은 자연 현상에 대하여 그것이 왜 일어나는가, 어떻게 일어나는가 하는 물음을 던지고, 이런 물음에 답을 줄 수 있는 지식을 획득하고 축적해왔으며, 그러한 획득과 축적의 방법으로서 발전시킨 방법 중의 하나가 과학적 방법이다. 자연 현상에 대한 정확한 기술, 참 설명을 줄 수 있는 지식을 획득하고 축적하는 객관적인 방법들이 모색되었고, 이러한 노력들이 체계화되어 형성된 것이 과학이며, 그 대표적인 방법이 실험법인 것이다. 과학적 방법이란 물음의 대상 규정, 문제의 제기, 물음의 답을 구하기 위해 관찰하는 방법, 이 결과를 해석하는 방법 등을 체계적이게 하며, 객관성 있고 신뢰성 있게 함으로써 보다 정확한 법칙적 설명을 찾는 방법이다.

왜 과학적 방법이어야 하는가 하면, 과학적 방법이 아닌 방법들의 문제점은 개인의 편견이 개입되기 쉽고, 맥락 효과가 나타날 수 있으며, 비논리적인 인과관계 추론이 가능하고, 결론의 진실성이 문제될 수 있기 때문이다. 과학적 방법은 주관적이고 애매한 기술이 아니라 객관적이고 비판적인 기술과 합리적인 설명으로 인과관계를 발견해야 한다.

즉 과학적 방법은 물음 대상을 규정하고, 문제를 제기하고, 물음에 답을 구하기 위해 상황을 관찰하고, 분석과 해석을 체계적으로 하며 객관적이고 신뢰성 있게 함으로써 인과관계를 찾아야 한다. 이때 객관성이라 함은 과학적 지식을 얻는 과정에 대해 의견의 일치를 보는 방법을 지칭하는 것이며, 이는 연구하고자 하는 현상이 법칙에 따라 반복하여 발생될 가능성을 보장하기 위한 것이다. 이러한 객관성은 체계적이고 통제된 경험적 관찰에 의해 획득된 증거에 의해 주어지는 것이다. 과학적 방법에서 통제된 (controlled) 관찰을 한다는 것은, 현상 발생에 영향을 주는 다른 가외 변인들을 통제하여(원인으로 잘못 해석할 수 있는 가짜 원인 변인들을 제외시켜) 현상 발생 원인을 최소화한다는 것이고, 관찰과 측정을 객관적으로 수행한다는 것이며, 결과 분석을 객관적으로 수행한다는 의미이다.

2) 인지과학 각 분야 학문의 대표적 방법

인지과학에는 여러 학문들이 수렴되고 연결되어 있다. 따라서 인지과학 연구방법에는 관련된 여러 학문들이 지녀온 방법들이 모두 사용되고 있다. 심리학과 신경과학에서 주로 사용되던 실험실 실험법(experiments), 철학과 언어학에서 주로 사용되던 직관적 논리적 분석법 또는 형식적 기술법(formal description), 컴퓨터과학(인공지능 연구)에서 주로 사용되던 내성보고 분석법(protocol analysis), 시뮬레이션법(simulation), 인류학 등에서 사용하던 자연관찰법 및 민속방법(ethnomethodology), 언어학의 담화분석법(discourse analysis) 등이 인지과학의 주요 연구방법으로 사용된다. 실험실 실험법 중에서 뇌영상법 등의 인지신경과학 방법은 현재 인지과학의 가장 각광받는 방법으로 떠오르고 있다. 인지과학 내에서 각 학문 분야별 대표적인 연구방법을 요약하면 다음과 같다.

① 심리학 : 실험법, 시뮬레이션, 자연관찰법
② 인공지능학 : 시뮬레이션(주), 언어보고 분석법(부)
③ 신경과학 : 신경해부법, 뇌 손상법, 인지신경법(뇌영상법)
④ 철학 : 논리적, 형식적 분석
⑤ 언어학 : 형식적 분석, 자연관찰, 실험법
⑥ 인류학 : 민생방법, 자연관찰법
⑦ 진화심리학 : 실험법, 자연관찰법, 민생법

각 분야의 연구자들이 사용하는 연구방법을 개략적으로 기술하자면 다음과 같다.

심리학자들은 엄밀하게 통제된 실험실 실험에 의해 인지 현상을 연구하거나, 자연적으로 일어나는 행동들을 체계적이고 상세하게 자연관찰하는 연구법을 주로 사용한다.

철학자들은 인지과학적 이론들의 개념적 통일성을 논리적으로 분석하고, 좋은 인지과학적 이론들이 충족시켜야 할 보편적인 조건들이 무엇인가에 대한 제약 조건들을 도출한다. 철학의 경우 전통적으로 형이상학적 방법을 사용하였으나, 최근에는 경험적 방법도 사용하고 있다. 최근에는 철학자들도 심리학자나, 신경과학자들처럼 실험을 하여 인식론에 관한 논의를 전개하기도 한다. 자연화된 철학(naturalized philosophy)은 현대 철학의 변화 특성 중의 하나로, 이 틀에서는 다른 자연과학과 마찬가지로 자연과학적 방법을 통해서 관찰하고 실험한 결과 자료에 바탕하여 인식론을 전개한다.

언어학자들은 문법적 또는 비문법적 문장들에 대한 언어 사용자의 직관을 분석하거나, 아동들의 언어 획득 현상 또는 말실수 등을 관찰하고 분석하여 문법적 구조에 대한 가설을 검증하는 방법을 주로 사용한다. 언어학도 철학과 마찬가지로 전통적으로는 실험법을 사용하지 않았다. 하지만 언어학자들도 점차 실험법을 많이 사용하기 시작하고 있다. 최근에는 한국 내의 언어학 연구에서도 실험법을 적용하는 연구자들이 증가하고 있다.

인공지능학자들은 지능적 행동을 보일 수 있는 컴퓨터 프로그램을 작성하고 이 프로그램이 어디에서 문제가 발생하는가를 검토하여 자신의 가설을 검증하는 컴퓨터 시뮬레이션 방법을 주로 사용한다.

신경과학자들은 생리학적, 생물학적 실험을 통해 두뇌의 정보처리 과정의 생리학적, 생물학적 기초를 밝힌다. 신경과학과 인지과학이 연결된 인지신경과학 연구방법에는 뇌의 작동 특성을 뇌의 영상 등을 통하여 연구하는 인지신경방법 등이 있다.

인류학자들은 특정 집단의 인지적 특성은 실험만으로 알기 어렵기 때문에 문화 간의 차이를 연구하게 된다. 이를 위해 사람들이 사용하는 언어, 문화를 분석하고 그를 바탕으로 인지 특성을 추출하는 민속방법이 활용된다.

2. 인지과학 방법의 유형

1) 실험법

(1) 실험법: 기초 개념과 절차

• 실험법의 기초 개념

인지과학의 여러 분야 중에서 인지심리학과 신경심리학은 실험적 방법을 기본적으로 이용한다. 실험법과 관련하여 다음과 같은 기본 특성을 정리해볼 수 있다.

실험은 전형적인 과학적 방법으로 사건을 인위적으로 발생시켜 그 결과를 살펴봄으로써 인과법칙을 탐구하는 방법이다. 사건을 발생시키는 것은 원인이 될 변인을 인위적으로 조작하는 것이며, 이는 기후변화와 같은 자연적 발생과는 구분되는 것이다. 여기에서 중요한 개념이 바로 사건의 원인이라 할 수 있는 선행 사건(독립변인)과, 그 변인의 결과로 측정되는 후속 사건(종속변인)이다. 실험법이란 결국 이 두 변인의 인과관계를 체계적으로 관찰하여 탐구하는 것이라고 정의될 수 있다.

실험은 무턱대고 실시되는 것이 아니며 특정한 이론을 바탕으로 해야 한다. 이론을 바탕으로 출발하여 검증할 가설을 이론에서 도출한다. 또 독립변인과 종속변인을 선정해야 하는데, 그 전에 조작적 정의를 하는 것이 마음을 대상으로 연구하는 분야에서는 매우 중요하다. 조작적 정의(operational definition)란 특정 개념을 객관적으로 측정할 수 있는 형태로 정의하는 것을 말한다. 예를 들면 굶주림이란 변인은 '굶은 시간'으로 정의될 수 있을 것이다. 실험을 실시하는 주요 절차는 다음과 같다. 변인에 따라 실험 및 통제조건 상황을 설정한 후, 참가자를 실험집단 통제집단에 무선 할당한다. 그리고 참가자에게 독립변인 조작 처치를 하여 현상을 일으킨 후, 그 결과로 나타나는 종속 반응치를 측정한다. 그 후에 실험집단과 통제집단을 비교한 후, 얻어진 결과에 대해 통계적 추론을 한다. 통계적 추론은 실험결과가 우연으로 인한 것인지, 독립변인 처치의 효과로 인한 것인지 추론하는 것을 말한다. 통계적 처리 후에 가설이 맞았는지의 여부를 확인한다.

실험의 장점을 요약하면 다음과 같다.

• 실험의 장점

① 변인 통제와 조작: 우연적 관찰이 아니라 의도적, 임의적으로 변인들을 조작하고 통제하여 현상을 발생시킨다.

② 단일 원인 변인의 독립적 조작이 가능하다.

③ 복잡한 현상의 단순화가 가능하다.

④ 인과관계를 파악하는 데 있어서 잘못된 결론을 추론하게 하는 가외변인들을 조작, 통제하는 것이 가능하다.

⑤ 고로 인과관계에 대한 보다 확실한 결론을 획득하는 것이 가능하다.

⑥ 반복 발생 및 측정이 가능하다: 발생 시간의 조절이 가능하여 한 현상이 과연 그

원인에 의해서 발생되는가를 반복하여 관찰하고 확인할 수 있다.

• 실험 절차

실험의 일반적 세부 절차를 단순화하여 기술한다면 다음의 단계로 진행된다고 할 수 있다. 하나의 예를 중심으로 단계별 절차를 설명하겠다.

① 관심을 지니고 있는 현상의 확인

예를 들면 무엇(A)을 학습하여 기억하였는데 이것을 망각하게 되는 이유가 단순히 시간이 경과됨에 따라서 자연히 그 기억 흔적이 쇠퇴하여 망각되는 것인지, 아니면 학습한 이후에 다른 것을 추가로 학습한 것(B)이 간섭을 일으켜 망각이 일어나는지를 알려고 한다면, 이러한 현상이 과연 존재하는지를 먼저 예비적으로 관찰하여 확인해보는 것이 첫 단계이다.

② 현상의 원인과 결과에 대한 가설의 설정

이 망각 현상에 대하여 연구자 나름대로 하나의 가설을 설정한다. 예를 들면 '후에 학습한 무엇(B)이 이전에 학습한 것(A)의 기억을 간섭하여 망각을 일으킨다'는 가설 1과 '간섭을 통해 망각을 일으키는 것은 A와 B가 유사한 것을 학습한 때문이다'라는 가설 2를 세운다.

③ 목표로 하는 '원인 1-결과'의 관계를 파악하는 데 있어서 영향을 주어 잘못된 인과관계를 도출하게 할 수 있는 가외변인들의 파악

실험 장면에서 독립변인 이외에도 작용할 수 있는 가외변인들을 파악한다. 위의 예에서 망각을 가져올 수 있는 여러 가능한 변인들을 생각하여 이를 파악한다. 학습한 이후의 시간의 흐름, 학습한 이후에 다른 것을 학습한 것, 학습한 이후에 복습을 하였는가 안 하였는가의 여부, 피로 정도, 수면 여부 등의 변인들을 생각해볼 수 있다.

④ 가외변인들을 고정시키거나 통제

이 변인들 중에 목표로 삼는 독립변인 이외의 변인들을 가외변인으로 통제한다. 위의 예에서 본다면, 기억해야 할 것 A를 학습한 후에 테스트를 받는 시간까지의 시간 경과가 가외변인으로 작용할 수 있기에 이를 모든 피험자에게 동일하게 통제하고, 이외에도 실험에 참여하는 피험자들의 피로 정도를 동일한 상태로 조정하며, 복습을 동일하게 시키거나 아니면 복습하지 않도록 하여 복습 정도를 동일하게 하고, 사전 수면 시

간과 사후 수면 시간을 동일하게 통제한다.

⑤ 원인변인인 독립변인 1의 조작

독립변인의 효과를 알기 위하여 독립변인을 실험자가 인위적으로 조작한다. 위의 예에서 A를 학습한 이후에 추가로 다른 어떤 것(B)을 학습하였는가가 망각의 원인 1이라고 가설을 세웠기에, 피험자들을 세 집단으로 나누어 한 집단(G1)에게는 B를 학습하지 않고 아무것도 하는 것 없이 시간이 지나가게 한다. 그리고 다른 한 집단은 둘로 나누어 한 집단(G2)은 A와 유사한 B1을 학습하게 하고, 셋째 집단(G3)은 A와는 유사하지 않은 B2를 학습하게 한다.

⑥ 결과변인인 종속변인의 변화 특성 관찰

독립변인에 따른 종속변인의 변화 특성을 관찰, 측정한다. ⑤의 예에서 일정한 시간이 경과한 후에 이 세 집단의 A에 대한 망각 정도를 각각 관찰하여 측정한다.

⑦ 관찰된 내용을 수량화하여 통계적으로 분석

⑧ 독립변인(원인 1)-종속변인(결과) 사이의 관계에 대한 가설의 타당성 결정

관찰된 내용에 대한 통계적 분석을 통하여 독립변인과 종속변인 사이의 관계에 대한 가설 명제의 타당성을 검증, 추론하여 결론을 내린다. 위의 예에서 기억한 양을 통계적 분석 및 검증을 한 결과, 만약 기억을 하고 있는 양의 정도가 '집단 1 〉 집단 2 = 집단 3'이면 가설 1만 지지된 것으로 결론을 내리고, '집단 1〉 집단 3〉 집단 2'이면, 가설 1과 가설 2가 함께 지지된 것으로 결론을 내린다.

⑨ 이 가설을 일반적 법칙으로 일반화

위의 결과에서 모든 상황에 대하여 일반화된 보편적 법칙을 제시한다.

(2) 실험법의 주요 기법 : 반응시간 법, 정신물리학 방법

자연과학 일반과 신경과학, 심리학에서 사용해 오던 전통적 실험법이 인지과학에서도 사용된다. 인지과학이 사용하는 실험법 중에는 자연과학의 일반 실험법 이외에 독특한 실험기법이 있다. 심리학, 특히 인지심리학에서 사용하던 방법 중의 반응시간법과 정신물리학 방법이 그것이다.

• 반응시간 법

반응시간 법(reaction time methods)은 인지심리학의 중심 방법으로서 인지적 과제가 질적으로(특히 복잡성에서) 또는 양적으로 달라짐에 따라 정보처리 시간(속도)이 달라진다고 보고, 문제 상황이 조금씩 달라짐에 따라 일어나는 반응시간의 차이에서 어떤 특정한 심적 정보처리 과정 또는 구조가 존재하고 관여되었으며 진행되는가, 그리고 그 특성이 다른 과정이나 구조와 어떻게 다른가를 탐색하는 방법이다.[31]

예를 들면 모니터에 K라는 글자 자극이 나타나면 마우스를 클릭하라고 지시를 한 후, 모니터에 다른 아무것도 없는 조건하에서 K자가 나타나거나 안 나타나거나 둘 중의 하나인 상태를 조작하면서, 귀로는 소설을 읽어주거나 잡음을 들려주어 주의를 분산시켰을 경우에, 귀에 들리는 청각자극이 그 사람의 정보처리 용량을 어느 정도 차지하기 때문에(컴퓨터의 멀티 태스킹 상황처럼) 시각자극인 K자가 출현하는 것을 인식하는 정보처리 반응시간이 청각자극이 들리지 않을 때보다 더 느릴 수 있다. 또 K자가 나타나기는 하지만 전체 화면 중앙의 한 위치에만 나타나느냐 아니면 무선적으로 화면 어느 곳에서나 나타날 수 있는 상황이냐, 또는 다른 글자들이나 그림들에 뒤섞여 나타나느냐 아니면 단독으로 나타나느냐에 따라 인간의 정보처리 특성(주의 집중, 파악, 선택 결정, 반응 등)은 달라질 수 있고, 이것이 반응시간의 차이로 나타날 수 있다. 자극의 특성에 따른 반응시간의 길고 짧음, 변화를 파악함으로써 어떤 종류의 자극이 어떤 유형의 인지적 정보처리를 초래하는가를 파악할 수 있는 것이다. 일반적으로 반응시간 뿐 아니라 반응의 정확성, 정확한 비율(양), 반응오류도 측정된다.

심층분석 5-1   **반응시간 측정방법의 논리**

19세기 중엽 네덜란드의 생리학자 돈데르스(F. C. Donders)는 반응시간을 측정하는 다음과 같은 방법을 제시하였다. 그에 의하면 사람의 반응에는 3개의 서로 다른 유형의 반응시간이 있다는 것이다.

---

31 반응시간 방법에 대한 설명 자료는 http://biology.clemson.edu/bpc/bp/Lab/110/reaction.htm 참조.

과제	자극 수	반응 수	측정된 심적 과정
A	하나	하나	단순반응시간
B	다수	다수	단순반응시간
			자극범주화 시간
			반응선택시간
C	다수	하나	단순반응시간
			자극범주화 시간

〈 돈데르스의 반응시간 과제 3개 유형 〉

예를 들면 돈데르스가 도입한 실험 과제는 다음 세 조건이었다.

과제 A=탐지 과제: 예를 들면 글자 X가(다른 자극 없이 그 X만) 나타나는데, 그 글자가 나타날 때마다 즉각적으로 'X'라고 발음하라는(또는 맞는 반응단추를 선택하여 누르라는) 과제가 이에 해당한다. 따라서 자극이 출현하였을 때 피험자는 어떤 자극이 나타나고 어떤 반응을 해야 할지를 미리 알고 있으므로 자극이 출현했다는 것을 탐지만 하면 될 뿐, 이에 대해 반응할 때 자극의 정체 또는 범주를 파악하는 심적 과정과 반응을 선택하는 부가적 과정은 포함되지 않는다.

과제 B=탐지-범주파악-반응선택 과제: 2개 이상의 자극(예를 들면 X와 O)과 2개 이상의 반응 유형(예: 'X'라고 발음하거나[현대 인지심리학 실험에서는 주로 키를 누르는 반응을 사용한다] 'O'라고 발음하기)이 있기에, 피험자는 자극이 제시되었는가를 먼저 탐지한 후 그 자극의 범주를 파악해야 하고, 그 자극범주 유형에 따라 서로 다른 반응을 선택해야 한다. 따라서 이때에는 탐지, 범주화, 반응선택의 세 과정 모두가 반응시간에 포함된다.

과제 C=탐지-범주파악 과제: 2개 이상의 자극(예: 'X' 또는 'O') 중 어느 하나(예: X)가 제시될 때에만 반응하게 하는 과제이다. 이 과제에서는 피험자들은 먼저 어떤 자극이건 자극이 제시되었는가를 탐지하고, 다음에 자극범주를 파악해내며(자극 재인), 이에 따라 지정된 반응(예: 'X'라고 말하기 또는 키를 누르기)을 해야 하는 과제이다. 이때 반응은 한 가지이므로 반응선택 과정은 개입되지 않는다는 것이 돈데르스의 생각이었다.

이러한 추론이 옳다면, 다음과 같은 공식을 도출할 수 있을 것이다.

- 자극범주화(재인) 시간　=　반응시간 (C − A)
- 반응선택시간　　　　=　반응시간 (B − C)

알파벳 시각자극을 사용한 돈데르스의 실험 연구 중 하나에 의하면 A, B, C의 반응시간은 각각 201, 284, 237msec이었다. 이 결과에 위의 감산법 공식을 적용하면

- 자극범주화(재인) 시간 = 237 − 201 = 36msec.
- 반응선택시간　　　　= 284 − 237 = 47msec.

이 된다. 돈데르스는 이 공식과 이러한 심적 반응시간 측정 절차에 의거해서 하나의 실험 과제에 어떤 정보처리 절차를 도입하고 감산법을 통해 그 도입 과정에 걸린 시간을 계산해냄으로써 특정 심적 과정이 이루어지는 시간을 측정할 수 있다고 생각하였다. 이 생각은 후의 반응시간을 통한 심적 과정, 특히 인지적 과정 연구의 방법론적 출발점이 되었다.

1960년대 후반에 이르러 스턴버그(S. Sternberg)는 돈데르스의 감산법에 문제가 있다고 주장하였다. 그는 하나의 심적 단계 과정을 삽입 또는 삭제하는 것은 반응선택 과정 자체를 변화시키며 다른 단계 과정에도 영향을 주는 것이라는 비판을 제기하고, 가산법(Additive Methods)이라는 새로운 반응시간법을 제시하였다. 그는 돈데르스와는 달리 과제 내의 처리 단계들의 수를 조작하기보다는 한 처리 단계 내의 조작 개수나 처리 양을 조작하는 반응시간법 틀을 발전시켰다. 예를 들면 실험적 조작으로 자극집합 크기를 변화시켜 조작하고, 그에 따른 종속변인으로 반응시간을 관찰하여 특정 정보처리 단계가 존재함을 자극집합 크기에 따른 반응시간 변화에 의하여 파악하는 것이다. 이러한 스턴버그의 방법은 인지 과정의 정보처리적 특성을 찾아내는 좋은 방법으로 인식되어 많은 인지심리학자들에 의해 사용되기 시작하였다.

반응시간법을 적용한 인지과학 연구의 대표적인 예 중 하나는 지각심리학과 관련된 '심적 회전(mental rotation)' 연구이다. 이 실험의 대표적 상황은 〈그림 5-1〉의 좌측 그림과 같은 자극을 주고 판단하게 하는 상황이다. 좌측에 있는 그림을 제시받은 피험자들은 좌우 그림이 같은 물체인지 아닌지를 판단하게 된다. 그 판단의 인지적 처리 과정 상에서 피험자들은 좌측 대상을 마음속으로 회전시켜 그 회전 결과가 오른쪽 그림과 같은지 여부를 판단한 뒤, 같다면 '예' 반응단추를 누르고, 같지 않으면 '아니오' 반응 단추를 누르게 된다. 이 실험에서의 가설은 피험자들은 이러한 그림에 대한 판단

▶ 기억의 아날로그적 표상   ▶ 심적 회전

그림 5-1 심적 회전 실험에서 제시된 시각자극(좌측)과 반응시간 결과 (우측)

과제에서, 실제로 대상물체를 손으로 회전시킬 때와 같은 방식으로 그림 상들을 머릿속으로 회전시켜 반응하게 된다는 것이다. 따라서 예측된 바는 회전하는 정도에 따라서 반응시간이 달라진다는 것이다. 실험 결과, 우측 선 그림표에서 제시된 것처럼, 회전한 각도가 많을수록 피험자들의 반응시간이 느려졌다. 이 결과를 통해 마음속에서 심상의 회전이 이루어졌음을 알 수 있다. 이 실험은 사람들이 물리적 대상에 대한 이미지(표상)를 물리적 대상 자체를 회전하는 것과 유사한 방법으로 조작한다는 것을 보여준 표상 실험이다.

정신물리학(심리물리학)[32] 방법

① 고전적 정신물리학 방법

정신물리학적 방법은 물리적 자극의 크기나 강도가 변함에 따라 그에 대한 감각, 지각되는 정도, 즉 심리적 변화 정도가 어떻게 달라지는가를 탐색하는 방법이다.

---

32 'Psychophysics' 라는 외국어를 우리말로 번역하는 시점에서 19세기 일본의 관행을 따라 '정신물리학' 이라고 번역하여 지금까지 사용하고 있지만, '정신' 이란 실체가 없는 비과학적 용어이다. 따라서 '심리물리학' 이 더 정확한 번역어이지만, 이미 몇십 년의 관행으로 '정신물리학' 이라고 용법이 굳어져 있기에 이 용어를 쓰고 있다.

이 방법은 물리적 자극의 일정한 양적 변화에 따른 그에 대한 심리적 감각, 지각되는 정도의 질적 변화를 탐지하고 이를 양화하여 '물리적 자극의 양적 변화'와 '심리적 반응의 질적 변화를 양화한 것' 사이에 일정한 등식관계를 도출해내는 방법이다. 고전적 정신물리학의 기본 가정은 자극과 그에 대한 심적 반응 사이에 물리적 연속선 차원이 존재하며, 또한 심리적 연속선 차원이 존재한다는 가정에서 출발한다. 그리고 이 둘 사이의 함수관계를 발견 또는 결정하려 하는 것이 정신물리학의 기본 목표이다.

예를 들면 빛의 밝기에 대한 사람들의 지각 반응을 탐지하기 위하여 빛이 완전히 차단된 깜깜한 방에서 촛불을 1개 켰을 때 사람들이 지각한 밝기를 측정하고 2개, 4개, 10개, 20개, ……100개 등으로 밝기를 물리적인 양으로 변화시키며, 그에 따라 얼마나 밝다고 지각하는가를 물어서(심리 척도라고 하는 평정 척도상에서 촛불 하나를 1점이라고 하였을 때, 각 상황에서의 밝기를 1점에서부터 10점 사이의 점수를 주게 한다든지 하여) 이 둘 사이의 관계, 즉 물리적 세계와 심리적 세계 사이의 관계를 양화하여 일정한 공식으로 표현하는 연구를 하는 것이 정신물리학적 방법이다. 이 방법은 감성과학이나 각종 시각적, 청각적, 촉각적, 미각적, 후각적, 운동감각적 도구와 공산품을 디자인하는 데에도 사용된다.

정신물리학 방법에서 주로 측정하는 것이 식역(문턱값, threshold)인데, 정신물리학 방법을 출발시킨 독일 심리학자 페히너(G. T. Fechner)는 정신물리학적 등식을 구성하기 위해서 먼저 절대식역(탐지 가능한 최소한의 자극 강도) 방법과—이를 측정하는 기본 방법은 한 번에 하나의 자극만 제시하고 탐지 여부를 보고하도록 한다—(변별 가능한 최소한의 자극 강도로 차이식역 방법—기본 측정방법은 한 번에 표준자극과 비교자극의 두 가지를 제시하여 그 차이를 식별하는가 여부를 보고하게 한다—을 구분하였다. 여러 가지 방법을 사용하여 그가 도출한 일반 공식은 자극의 강도(S: 자극 강도)와 그에 따른 심리적 반응의 강도(R: 반응의 크기) 사이에 다음과 같은 법칙을 도출할 수 있다고 보았다.

$$\text{페히너 법칙: } R = k \log S + A$$

$$R: \text{반응의 크기}$$

$$A: \text{상수(자극 특성, 유형에 따라 다름)}$$

즉 자극의 강도를 변화시킴에 따라서 그것을 감각할 수 있느냐의 여부는 일정하지 않다. 어두운 곳에서 촛불 하나를 켜면 그 자극을 감지하기 쉬우나 촛불 1,000개가 있는 곳에서 하나를 켜면 이를 잘 감지하지 못한다. 즉 우리의 감각(마음)은 물리적 자극 강도 그 자체로 결정되는 것이 아니라, 그 자극과 기존 환경 배경과의 관계에 대한 심적 판단에서 일정한 함수(대수 또는 지수 함수) 관계에 의해 결정되는 것이다. 즉

마음에서 감각, 지각, 인식되는 정도의 크기
= '물리적 자극의 크기의 양' × 일정한 함수 값

이라는 것이다. 정신물리학은 이와 같이 물질 세계와 정신(심리) 세계 사이의 일대일의 관계가 아닌 관계를 함수관계로 정량화하는 것에 초점을 두었으며, 시각자극의 여러 종류, 청각자극의 여러 종류, 촉각자극의 여러 종류 등에 대한 이러한 심리적 함수를 도출해내는 작업에 초점을 두었다. 정신물리학적 방법에는 여러 종류가 있고 아주 세련된 방법들이 있으며, 인간공학적, 감성공학적 연구 또는 인지신경학적 연구 등에서 많이 사용되고 있다.

② 신호탐지 이론

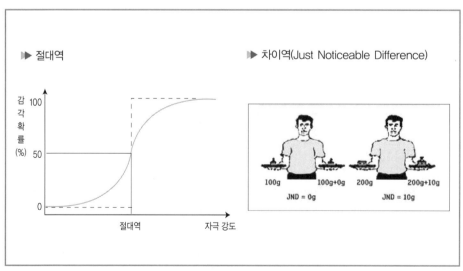

그림 5-2 절대식역 실험에서의 피험자의 반응과 차이식역 실험 상황

고전적 정신물리학적 방법은 20세기 중엽에 신호탐지 이론(Signal Detection Theory)이 대두하면서 한 단계 발전을 하게 된다. 신호탐지 이론의 기본 입장은 인간의 자극에 대한 감각 반응은 단순히 자극 크기의 함수로 결정되는 것이 아니라, 인간의 주관적 결정 과정이 개입된다는 것이다. 즉 자극에 대하여 감각을 하고 반응을 한다는 것은 자극 정보를 수집하는 단계와 이 자료를 평가하고 그에 대한 반응을 결정하는 단계의 2단계적 수행이라는 것이다.

따라서 신호탐지 이론에서는 고전적인 페히너의 정신물리학의 입장과는 달리, 자극의 탐지는 실무율(all-or-none)적이 아니라고 본다. 자극의 탐지는 신호(signal)를 잡음(noise)에서 구별하는 것이고, 잡음(방해, 간섭을 일으키는 배경 조건)은 항상 존재하며, 신호와 잡음은 각각 피험자의 반응에 고정된 효과를 주는 것이 아니라 무선적 변이 효과를 가져오고 피험자는 이에 대해 확률적 판단을 한다는 것이다.

잡음 요인으로 작용할 수 있는 것은 실제의 목표자극 이외에 배경의 다른 감각자극, 외적 사건들, 신경의 자발적 무선적 신경흥분 활동, 피로의 무선적 효과, 주의의 무선적 효과 등이 있을 수 있으며, 이러한 잡음이 자극인 신호와 동일한 연속선상에서 감각 반응에 영향을 주는데, 이 영향은 신호의 영향과 구별되기 힘들며 정상분포를 한다. 따라서 목표자극은 잡음 배경 위의 신호로서 작용하고, 이 신호는 잡음 효과에 첨가되어 '신호 + 잡음'의 효과를 일으키며 이는 정상분포의 양상을 지닌다. 잡음(N)과 잡음 + 신호(N+S)가 각각 정상분포를 한다는 것은 N 또는 N+S를 일련의 계열로 주었을 때, 안정된 반응이 늘 일어나는 것이 아니라 제시 때마다 그 자극들의 효과가 무선적으로 변화한다는 것이다. 즉 감각 효과에는 항상 잡음 효과가 따르게 마련이고, 따라서 감각 효과가 변이성을 지닌다는 것을 피험자 자신이 알고 있다는 것이다.

따라서 피험자가 자극 신호를 탐지하여 예(yes), 아니오(no)로 반응한다는 것은 피험자가 자극을 실제로 지각하거나 또는 안 한 것을 의미하는 것이 아니라, 주어진 정보들을 근거로 해서 자극이 실제로 제시되었거나 또는 되지 않았다고 결정하는 것을 선호(prefer)한다는 의미이다. 즉 '잡음'이냐, '신호 + 잡음'이냐를 확률적으로 결정한다는 것이다. 실험에 의하여 제시된 자극의 효과는 이러한 확률적 반응의 정상분포 평균을 잡음인 N분포로부터 움직여서 이동(displace away)한다는 것뿐이다. 이때의 피험자의 민감성 또는 신호탐지 가능성에 의해, 다시 말해 피험자의 결정 위치점, 또는 감각 준거값에 의해 자극 대상의 탐지 예(yes), 아니오(no) 반응이 결정된다. 이러한 과정에서 결정 위치 또는 준거값에 영향을 주는 요인들에는 개인의 기대, 동기, 보상(pay-off) 행렬 등이 있을 수 있다.

신호탐지 이론을 사용한 방법에서는 잡음과 신호가 함께 주어진 상황하에서 사람들의 긍정(yes), 부정(no) 반응 확률을 탐색하고, 자극에 대한 사람들의 반응 민감성을 측정해낸다. 자극이 실제 있거나 없는 상황 각각에서 피험자가 자극이 '있다' 또는 '없다' 라고 반응하는 비율을 탐색하는 것이다. 자극의 유무(2)와 피험자의 '유' 또는 '무' 의 반응(2) 조건들을 교차시키면 아래와 같은 네 가지의 조건들이 형성되며, 이 각각의 조건에서의 반응들을 아래 표에서와 같이 '정반응', '오경보반응', '오반응', '정확기각반응' 이라고 지칭한다.

	자극의 실제 있고 없음	
	있음	없음
피험자 반응 YES	hit(정반응)	false alarm(오경보반응)
NO	miss(오반응)	correct rejection(정확기각반응)

일반적으로 민감성(sensitivity) 또는 탐지 가능성은 피험자의 정반응(hit)과 오경보반응(false alarm)의 함수이다. 피험자의 반응 양상에 대하여 정신물리학적 방법은 감각자극-수용자-작용특성(ROC: receiver operating characteristic) 곡선을 구할 수 있다. 이 곡선은 관찰자, 즉 피험자의 민감성과 반응 편향(response bias)에 의하여 결정되며, 동일한 자극을 배경 잡음하에서 탐지하는 여러 점들을 나타내준다. 따라서 이 곡선상의 여러 점(값)은 반응자의 동일민감성(iso-sensitivity)을 나타내는 것이기에 이 곡선을 동일민감성 곡선이라고도 한다.

이 곡선상에서 개인의 민감성을 나타내주는 값인 d′는 자극 강도와 개인의 민감성에 의존한다. d′는 개인의 편향과는 독립적이며, 이것이 크다는 것은 자극의 탐지가 쉽다는 것과 민감성이 높다는 것을 의미한다. 이것은 다음의 공식에 의해 계산한다.

$$d' = (M[S+N] - M[N]) \ / \ \delta(N)$$

개인의 감각적 능력과 개인의 편향을 구별시킨 이러한 신호탐지 이론에 기초하여 자극에 대한 개인의 심적 반응 특성, 특히 민감성을 탐지하는 신호탐지 방법은 인지과학의 주요 방법으로 채택되어 주의, 지각, 기억 등의 인지 과정 연구 및 인지신경과학 연구에서 방법론적으로 중요한 기여를 하고 있다

(3) 실험법의 실제 예

• 실험: 예 1

실험적 방법에 대한 이해를 돕기 위해 두 가지 실험을 예시로 살펴보도록 하자. 첫번째 실험을 통해 살펴볼 현상은 기억이다. 먼저 우리가 세울 가설은 '학습할 때의 환경과 기억해낼 때의 환경이 유사한 정도가 클수록 더 잘 기억한다' 라는 것이다. 이 가설에 대한 답을 얻기 위해 중요시되는 것이 실험 조작이다. 먼저 독립변인은 학습할 때의 환경(A1)과 기억할 때의 환경(A2)인데, 둘 사이의 관계를 일치와 불일치 조건으로 나누어볼 수 있다. 모래사장이나 물속에서 단어를 학습하고, 후에 같은 환경에서 아니면 다른 환경에서 기억검사를 받는다면 다음과 같은 조건들을 나누어볼 수 있을 것이다.

종속변인은 기억해낸 단어의 양이 될 수 있다(기억해낸 속도를 종속변인으로 삼을 수도 있다).

■ 실험 절차

	학습 환경(A1)	
	모래사장	물속
기억 테스트 : 모래사장 환경(A2)　　　물속	모래-모래 모래-물속	물속-모래 물속-물속

실제로 실시된 인지심리학 실험에서, 실험 참여자는 잠수부이고 실험 재료로 단어 30개의 목록을 사용하였다. 실험 절차는 다음과 같다.

① 각각의 학습 환경(A1)에서 단어 학습(3분)

② 그 후 30분 동안 다른 활동(체조)

③ 그 다음에 기억 환경(A2)에서 단어 기억해내기(테스트)

　학습 환경(A1)과 기억 환경(A2) 관계: 동일, 다름

④ 결과 비교 및 가설 타당성 여부 확인

■ **결과**

인지심리학자들(Godden & Baddeley, 1975)이 이를 연구하여 〈그림 5-3〉과 같은 결과를 얻었다. 즉 실험 결과 육지에서 학습한 사람은 육지에서 테스트 받을 때 기억을 더 잘하고, 물속에서 테스트하면 기억을 잘 못한다는 것이 밝혀졌다. 반면 물속에서 학습한 사람의 경우 물속에서 테스트 받을 때 기억을 더 잘하나, 육지에서 테스트 받으면 기억을 잘하지 못했다.

■ **결론**

실험 결과에 의하면, 연구 초기에 설정했던 가설이 입증되었다. 즉 학습할 때의 환경

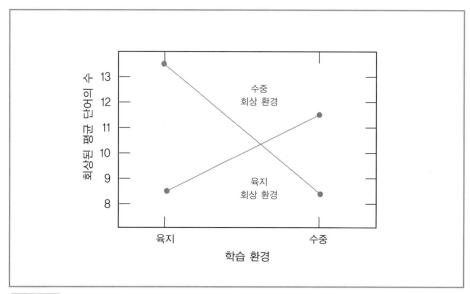

그림 5-3 학습 환경과 검사 환경의 일치 여부의 효과

과 기억해낼 때의 환경이 유사할수록 기억이 잘된다는 것이다. 이 현상을 설명할 수 있는 이론으로, 인지심리학자들은 부호화 특수성 이론을 사용하였다. 부호화 특수성 이론은 학습할 때의 환경 맥락 단서가 기억해낼 때의 기억 인출과 구성에 재활용된다는 것이며, 부호화 환경 맥락 단서와 인출 맥락 단서가 같을수록 기억이 잘된다는 것이다. 그러므로 이 이론에 따르면 학습-기억의 관계는 학습과 기억 회상시의 맥락 일치성에 의해서 결정된다.

• 실험: 예 2

다음의 실험은 그림을 기억하여 그리는 과제를 사용한 실험이다. 독립변인은 그림을 학습할 때 주어진 그림 이름 단서의 유형이며, 종속변인은 실험 참여자들이 기억하여 그린 그림이 원래 그림과 달라진 정도이다. 피험자 집단은 두 집단으로 나누어졌으며, 각 집단은 애매한 그림 자극들을 제시받았다. 집단 간 동일한 그림 자극을 제시하였으나, 각 그림에 서로 다른 이름을 붙여 제시하였다. 일정한 시간이 지난 후(30분, 1시간) 보여준 그림을 다시 그리라고 하였다.

A집단에 준 그림 이름	그림 자극	B집단에 준 그림 이름	A집단	B집단
안경		아령		
병		등자쇠		
초생달		문자 C		
꿀벌통		모자		
창문의 커튼		직사각형 속의 다이아몬드		
일곱		넷		
배의 조종대		태양		
모래시계		탁자		

그림 5-4 제시된 자극(좌)과 피험자들이 기억해내 그린 결과(우)

이 그림을 분석해보면, 동일한 그림을 보았는데도 단서로 제시되었던 단어에 따라 기억이 달라졌다. 즉 입력 시의 기억 단서(그림의 이름)가 기억 내용에 영향을 준다는 현상을 보여주고 있다. 이 연구의 결과는 단어가 기억이나 사고에 영향을 미치는 효과에 관한 자료로 사용되고 있다. 즉 그림의 언어 명칭이 기억된 그림의 회상 내용에 작용하여 그림을 변형시키게 만든다는 것이다.

2) 컴퓨터 모의실험(시뮬레이션)

인지과학이 컴퓨터 은유를 도입한 정보처리적 보는 틀을 바탕으로 하여 출발하면서 발전시킨 방법의 하나는 오늘날에 컴퓨터과학 및 인접 과학에 널리 퍼져 있는 컴퓨터 모의실험(computer simulation)이라는 방법론이다.

컴퓨터는 인지과학에 양면적으로 영향을 주었다. 개념적으로는 컴퓨터의 정보처리 체계적 특성에 유추하여 인간의 인지구조와 과정에 대한 모델을 형성하게 하였고, 방법적으로는 컴퓨터 모의실험을 통해 구체적 인지 모델들을 검증할 수 있는 도구를 제공하였다. 컴퓨터 모의실험은 예를 들면 인간이 3차원 공간에서 대상을 조작하는 인지적 과제 수행을 모사하게 한다든지, 또는 물리적 자극의 형태 파악이나 단기기억과 같은 인지적 과정을 모사하게 한다든지 하여 인간의 인지적 정보처리 과정 또는 구조에 관한 구체적 모형을 구성, 검증하게 한다.

정보처리 패러다임을 출발시킨 사이먼과 뉴웰 등은 인간의 심적 과정에 대한 정보처리 이론의 타당성 여부를 어떻게 모의실험을 통해 검증할 수 있는가 보여주었다. 그들은 컴퓨터의 기능적 요소들과 그러한 요소들의 기능의 조직화에 내재하고 있는 추상적 원리(abstract principle)는 하드웨어라는 물질적 구조가 아니라, 인간의 심적 기능의 구조 요소의 조직화 원리와 같다고 보았다. 따라서 그들은 인간 행동의 어떤 측면을 정확히 규정하여 이를 컴퓨터로 모의실험한다는 것은 곧 그 행동에 대한 설명을 제시하는 것이기 때문에, 모의실험 자체가 인간 행동에 대한 이론을 제기, 검증하는 것과 같다고 보았다. 실제 인지과학에서 사용하는 컴퓨터 모의실험의 실시 절차는 다음과 같다.

시뮬레이션 실험 절차

① 먼저 정보처리체계로서의 마음의 기본적인 기능적 구조 요소와 그 구조들의 특성
   및 상호관계를 컴퓨터 내의 기능적 구조 요소에 구현시키고
② 다음에 인간의 어떤 행동을 선택하여 관찰하고
③ 그 행동을 경험하는 피험자의 내성(think aloud) 반응에 근거해서
④ 그 행동이 이루어지기 전의 상태와 이루어진 후의 상태 사이에 일어나는 정보처
   리적 심리 과정에 대하여 엄밀한 이성적 분석을 가함으로써
⑤ 그 정보처리 과정 개개의 단계와 과정 특성을 가능한 한 세밀히 나누어 규정하고
⑥ 이를 컴퓨터 프로그램으로 구현하여 프로그램을 집행함으로써 모의실험을 실행
   시킨다.

즉 컴퓨터 모의실험에서는 개인의 외적 반응과 내성 보고들을 근거로 하여 어떤 심
리적 과정의 세부적 정보처리 조작(연산)들을 논리적, 이성적으로 추론하고 명세화하
여 분석하며, 이를 프로그램으로 바꾸어 컴퓨터에 넣었을 때 컴퓨터가 인간과 동일하
게 행동하는가(출력을 내어놓는가)를 관찰함으로써 그 프로그램이, 즉 연구자가 상정
한 정보처리 조작(연산, operations)이 이론적으로 타당한가를 검증한다. 특히 기억
속에는 컴퓨터와 마찬가지로 사물과 개념들에 대한 경험 내용 또는 의미가 자료 기반
(data base)으로 부호화되어 일정한 상징구조(표상)로 저장되어 있으며, 정보처리 과
정들은 컴퓨터의 알고리즘, 서브루틴(subroutines), 제어규칙(制御規則) 등과 같은
명확한 절차규칙에 관한 프로그램으로 저장되어 있다고 본다. 따라서 어떠한 자극 정
보가 입력되면 그것을 단서로 하여 기억 속의 절차규칙 프로그램들이 동원되고, 기억
속의 의미 자료 기반을 활성화(activate)시킴으로써 자극 대상에 대한 의미 분석, 이
해, 추리, 결정, 문제해결적 정보처리를 하고 그 결과를 외현 행동으로 출력시킨다는
것이다.

이러한 모의실험에 있어서 컴퓨터에 넣어진 프로그램이란, 근본적으로 인간의 심적
과정이 어떠한 절차를 거쳐 이루어지는가를 컴퓨터 용어로 표현한 이론이라고 할 수
있다. 또한 행동을 관찰하고 프로그램을 제작하고 이를 컴퓨터로 모의실험한 다음, 그

프로그램이 입력된 컴퓨터가 인간처럼 행동하는가를 관찰하고, 모의실험의 출력과 실제 인간 행동의 출력을 비교하여 프로그램(인간 정보처리 과정에 대한 잠정적 이론)을 수정 보완하며, 수정된 프로그램을 다시 모의실험하여 그 프로그램의 타당성을 검증하는 과정은(튜링 테스트 과정의 논리임) 본질적으로 하나의 설명을 찾아 수렴적, 단계적으로 진행되는 일련의 수렴 계열 실험(converging series of experiments)의 실시 과정과 같다고 볼 수 있다. 그렇다면 프로그램의 작성 및 모의실험 자체가 과학적 이론의 형성 및 그 검증 과정과 같다고 볼 수 있는 것이다.

즉 컴퓨터 모의실험은 인간의 정보처리 과정들을 논리적, 이성적으로 분석하여 명세화하고 이를 프로그램의 논리적 형식으로 구현함에 있어서 합리주의 전통의 주요 방법이던 이성적 분석과 내성법을 부활시켰으며, 동시에 이 프로그램의 시뮬레이션에 의하여 산출되는 결과와 사람의 인지 과정을 비교하여 그 타당성을 확인하는 과정에서 경험적 관찰방법을 적용하였다. '합리주의 전통의 방법론과 경험주의 방법론'을 창의적으로 결합한 새로운 방법론을 제시한 것이다. 따라서 컴퓨터 시뮬레이션 방법은 과학에 새로운 형태의 이론 형성 및 검증방법을 제시하였으며, 전통적으로 수행되어오던 실험실 내에서의 경험적 실험(empirical experimentation) 이외에 모의실험(시뮬레이션)이라는 새로운 이성(理性)적 실험(rational experimentation) 방법을 제시한 것이다. 이러한 컴퓨터 모의실험 접근방법은 자연히 인간의 고등 정신 과정을 이전보다 폭넓게 그리고 엄밀하게 기술하여 설명할 수 있게 하였고, 입력과 출력 사이에 개재하는 인간 마음의 작용에 대한 인지과학적 추론이 이전의 이론적 접근들에서보다 실제적인 마음에 더 근접한 모형으로 도출되게 하였다.

전통적인 실험실 실험법과 시뮬레이션의 실시 절차를 비교해보면 다음과 같다.

실험	컴퓨터 시뮬레이션
1. 실험(인지상황) 과제 규정	1. 모의실험 과제 규정
2. 실험 상황 제시	2. 언어 보고 결과를 세부 프로그램의 처리 과정으로 도입
3a. 피험자에게 내성 방법을 사용하여 언어 보고 받음	3. 전체 프로그램 확정
3b. 일반 인지적 반응 받음	4. Program run = simulation
4a. 인지적 반응 분석	5. Program run을 trace
4b. 언어 보고 분석, 세부 과정 규정	6. 프로그램 수정
	7. 이론으로 채택

3) 언어 보고 분석법(Protocol analysis)

19세기에 마음에 대한 과학적 연구를 시작하면서부터 심리적 현상을 관찰해야 했는데, 외적 관찰에만 의존하는 것에는 한계가 있어서 피험자들에게 그들의 내적 경험을 보고하도록 하여 이를 자료로 이용하였다. 이러한 방법은 행동주의 심리학자들이 등장하면서 비과학적이라는 이유로 거부되었으나, 20세기에 정보처리 패러다임이 등장하면서 내성법이 수정되어 부활하기 시작하였다(Ericsson & Simon, 1984).

내성법의 일종인 언어 보고 분석법은 어떤 과제를 수행하는 피험자 또는 참여자의 과제 수행 과정에 대한 내성 언어 보고를 분석하는 방법이다. 이 방법은 자극을 먼저 제시한 후, 마음속에서 일어나는 정보처리 내용 그대로를 언어적으로 보고하도록 하는 것이다.

이 방법에서는 첫째로 과제를 수행하는 사람의 정보처리 과정에 대한 언어 보고를 받는 방법을 정형화하여 체계화하고, 둘째로 피험자의 언어 보고를 연구자가 생성한 이론적 범주화 틀에 의해 객관화시켜(흔히 컴퓨터 프로그램으로 자동적, 객관적으로 범주화[코딩]하여) 자료로 사용한다. 자료가 개별 조각들로 나뉘어 코딩되면서 변형이 이루어지고 통계적 절차가 적용되며 그에 기반하여 사고 과정을 추론한다. 언어 프로토콜은 '생각을 크게 말하기(think-aloud)'에서 얻어진 언어 보고 내용을 의미하기도 하는데, 이는 어떤 자극 제시 상황에서 과제를 수행하는 동안 자신이 경험하는 내용을 보고하거나 과제가 끝난 후 역으로 회상하여 보고하는 것이다.

언어 보고 분석법은 동시 보고와 사후 보고로 나뉠 수 있다. 동시 보고법은 피험자가 현상을 경험하면서 동시에 자신 내부에서 어떠한 인지 과정이 일어나는가를 보고하는 방법인데, 현상을 경험하는 자신과 보고하는 자신 사이의 간섭이 일어나 현상을 잘 알 수 없다는 단점을 갖고 있다. 현상을 경험한 이후 좀 시간이 흐른 후에 보고하는 방법인 사후 보고법은 이러한 간섭은 없으나, 이미 현상에 대한 망각이 일어났을 수 있다는 단점이 있다.

언어 프로토콜 분석은 인지심리, 교육심리, 심리평가, 인지과학, 사회심리 등 많은 영역에 적용되는데, 예를 들면 전문가와 초보자 사이의 지식 표상 형성의 차이점을 알아내는 방식으로 이용된다. 그리고 학습 수행을 잘하는 사람과 그렇지 못한 사람 간에 절차 학습의 비교를 통해 학습력이 낮은 아이를 교육시키기 위해 이용된다.

4) 인지신경과학적 방법

인간 뇌의 작용에 대한 20세기 후반 이전의 신경과학적 연구는 방법론적으로 두 가지 흐름을 중심으로 진행되었다고 할 수 있다. 하나는 동물 뇌의 염색법, 또는 뇌 손상법을 수반한 동물 뇌의 해부학 연구 등 동물 신경과학이 연구의 주축을 이루었다. 20세기 중반에는 동물 뇌세포의 생화학적 탐구나 자극 신경반응 측정 방법 등이 발달하여 뇌에 대한 연구가 진전되었지만, 동물의 뇌 연구결과에서 인간 뇌의 신경적 특성으로 추론하였을 뿐 인간의 뇌의 작용을 직접 관찰하는 연구가 시도되지는 못하였다. 또 다른 신경과학의 방법론적 흐름은 인간 뇌 손상 환자들이 보여주는 이상 증후라든가, 환자들의 사후 해부에서 나타나는 조직의 이상과 인지 기능의 이상을 관련짓는 방법들이었다. 따라서 이때까지는 살아 있는 인간의 인지적 기능을 직접 탐색하는 연구가 진행되지 못하였다.

단일세포기록법, 단순한 뇌파 측정에 의해 신경구조의 특성과 심리 과정 및 구조의 특성을 연결하는 것은 과거에도 부분적으로 있었으나, 최근의 인지과학과 연결된 신경과학의 발달은 컴퓨터와 연결된 새로운 연구기법들이 생겨나는 것을 가능케 하여 뇌 연구의 양과 질이 대단히 증가하였다. 이제 살아 있는 뇌에서 직접 뇌를 영상화해볼 수 있게 되었고, 이전보다 더 세밀한 수준에서 다량의 자료를 수집, 기록, 조합, 처리할 수 있게 되었으며, 이전에는 습득 불가능했던 시간 계열이나 공간 측면의 자료를 대폭 획득할 수 있게 되었다. 또한 뇌의 구조뿐만 아니라 뇌의 기능적 특성을 탐지하는 기법이 발달됨에 따라서 인지신경과학은 획기적으로 발전하게 되었다.

인지신경과학자들은 양전자 방출 단층촬영법, 기능성자기공명영상 기법 등의 기능적 영상법을 사용하여 정상인이나 뇌 손상자의 뇌에서 뇌의 혈류, 신진대사량의 변화를 측정하며, 새로운 뇌파 측정방법을 사용하여 여러 인지 현상과 뇌의 관계를 연구하고 있다. 이러한 연구방법들이 생리심리학의 전통적인 방법인 단일세포반응측정 방법과 인지심리학의 전형적 방법인 반응시간법이나 정신물리학적 방법 등과 함께 사용되어 좋은 연구결과를 많이 낳고 있다. 인지신경과학의 주요 연구방법을 뇌영상 방법과 뇌자극 방법, 신경심리검사, 신경 과정의 계산적 모델링의 네 유형으로 나누어 다음과 같이 개괄한다.

(1) 뇌영상 방법

뇌의 구조 및 기능을 영상화함으로써 마음과의 관계를 연구하는 기법을 살펴보면 다음과 같다.

① 전기적 신호의 영상화
신경세포의 활동은 전기화학적 신호를 가진다. 전기적 활동의 변화는 이 활동에 민감한 기법들을 이용하여 측정될 수 있다.

A. 단일세포기록법(single cell recording)
신경과학에서 단일세포기록법은 신경의 활동을 측정하는 데 아주 중요한 진보를 이루게 한 방법이다. 단일세포기록법은 전극(electrode)을 직접 동물 뇌의 단일뉴런 근처에 주입하여 이 뉴런의 전기적 활동을 컴퓨터로 기록함으로써 뉴런의 활동에 대한 정보를 제공한다. 이 단일뉴런의 전기적 활동을 분석함으로써 다양한 행동 동안에 단일세포가 무엇을 하는가를 이해할 수 있다. 이 방법은 뇌수술 중에 사람에게도 사용할 수 있지만 뇌에 직접적으로 전극을 주입하는 대단히 침습적인 방법이기 때문에 거의 동물 실험에서만 사용된다.

단일뉴런이 뇌기능의 단위라는 가정 아래 이 방법이 사용되는데, 많은 수의 세포들의 활동을 개별적으로 기록하는 것으로 과연 뇌기능 이해에 도달할 수 있느냐는 의문이 남는다. 신경의 활동은 부분 뉴런들의 합 이상일 것이고, 어떤 뇌 영역의 기능은 개별 뉴런의 활동을 기록하는 것보다는 여러 뉴런의 패턴을 파악하는 것에 의해 더 잘 이해될 것이다. 이 방법은 해상도가 가장 좋으나 주로 동물에게만 이용될 수 있다는 문제가 있다. 최근에는 다수의 뉴런을 동시에 기록하는 방법으로 발전되기도 하였다.

B. 뇌파분석법(EEG: electroencephalogram)

뇌파분석법은 뇌의 전기적 활동을 두피 바깥에 다수의 전극을 부착하여 기록하는 것으로, 뇌의 다양한 지점 사이에서의 전위의 차이를 기록하여 뇌파를 그려내는 것이다. 신경세포들의 막 전위에서의 주기적 변화가 신호의 율동적인 패턴인 파형을 생성한다.

EEG는 특히 각성수준의 지표로서 유용하다. 혼수 상태에서부터 강한 정서적 흥분 상태에 이르기까지 EEG는 다른 파형을 그리고, 낮은 의식수준에서 높은 의식수준까지의 정상적인 파형이 잘 확립되어 있다. 따라서 정상적인 뇌파(EEG)의 패턴과 다르면 간질과 같은 병적 상태가 있음을 알려줄 수 있으며, 비정상적인 뇌파가 어느 위치에서 나오는지도 알려준다.

그러나 뇌파는 뇌의 전반적인 활동 패턴을 알려주기 때문에 특정 기능과의 관련성을 알려주기에는 한계가 있다. 따라서 뒤에서 설명하는 사건관련전위차 방법이 사용되게 된다. 또한 EEG 파형이 육안으로 분석된다는 한계점을 벗어나기 위해서 정량적 분석이 가능한 BEAM(brain electrical activity mapping) 또는 계량적 EEG 기법이 나타나게 되었다. 이것은 뇌파의 변화 특성에 대한 보다 상세한 양적 분석을 가능하게 해주고, EEG를 육안 판별하는 것을 넘어 좀 더 신빙성 있는 정보를 주기 때문에 연구들에 잘 활용될 수 있다.

EEG는 시간해상도 면에서 다른 영상들보다 좋으나, 공간해상도 면에서는 큰 부위에서의 결과만이 얻어지기 때문에 우수하지 않다. 최근 EEG는 다양한 심리질환 환자들에게 자신의 뇌파에 대한 피드백을 실시간으로 주어 자신의 특정 뇌파에서 정상적인 뇌파로 교정하여 치료하는 신경 피드백(neurofeedback) 방법에 이용되고 있다.

C. 사건관련전위차(ERP: event-related potentials)

사건관련전위차 방법은 동일한 자극 사건을 반복 제시하고 이들의 평균 전위를 획득하여 측정치를 얻는 기법이다. 일반적으로 이 방법은 피험자에게 자극을 주고(빛을 비추거나, 신호를 들려주거나, 문장을 읽거나 들려주거나, 운동반응을 유발하게 하는 등), 그 관련 사건에 따라 일어나는 뇌파의 변화를 시간 경과상에서 측정하고 이를 평균화하여 패턴을 파악한다. 즉 ERPs(averaged evoked response potentials; event related potentials) 기법은 특정 자극이 제시된 후의 뇌 활동의 특성을 반영하여 인지 과정에 대한 정보를 제공해준다. 또한 ERP는 시간적으로 정확한 정보를 제공하기 때문에 ERP가 지연되어 나타나는 것을 관찰하여 특정 질환에서 결함이 있는지 여부를 진단하는 용도로도 이용될 수 있다.

ERP는 자극이 제시된 후에 많은 정점(peak)으로 이루어지는 연속되는 파형을 구성하는데, 대체로 초기의 정점들은 자극에 대한 초반부 처리, 즉 대뇌피질로 전달되기 이전의 뇌간에서 일어나는 활동을 반영하고, 후기에 나타나는 정점들은 인지적 처리 과정의 특성을 반영한다고 본다. 자극 제시 후의 인지적 정보처리의 미세한 차이가 이러한 ERP들을 사용하여 측정될 수 있다.

그림 5-5 ERP 그림표 예

ERP에서는 P300이나 N400과 같은 표현을 자주 접할 수 있다. P와 N은 각각 positive(+)와 negative(-)의 약자이며, 이는 자극을 제시한 후에 정점이 언제 어느 방향으로 일어나느냐를 의미한다. 뒤의 숫자는 msec 단위의 시간을 표시한 것으로, 정점이 자극이 제시된 뒤 얼마 후에 나타난 정점인지를 의미하는 것이다.

D. 뇌자도(MEG: magnetoencephalography)

뒤에서 설명할 기능성자기공명 방법(fMRI)은 자극 제시에 따른 뇌의 특정 부위 신경세포들의 산소 소모량을 통해서 시간 경과에 따른 뇌혈류를 측정하여 뇌의 어떤 부위들이 주어진 자극 정보처리에 관여하는가를 간접적으로 추정한다. 뇌기능성자기공명 방법이 그 측정치를 얻어내는 데 걸리는 시간은 수초에 이른다. 그러나 지각 등 대부분의 인지 과정은 그 처리 과정이 일어나는 것이 몇 초가 아닌 msec 단위로 일어난다. 따라서 기능성자기공명 방법은 짧은 시간 내에 일어나는 뇌 부위의 활성화를 측정하는 데 그리 민감한 방법이 아니다. 또한 위에서 언급한 뇌파 측정방법들은 뇌의 여러 부위에서 전기적 활동을 바로 측정하는 방법인데, 다른 전기적 신호에 의해서 그 부위의 신호가 왜곡되기도 하고, 현재 수행되는 과제에 직접적으로 관련하여 가동되는 뇌 부위의 정확한 위치를 추정하기가 쉽지 않아 정밀한 공간해상도를 제공하지 못한다.

뇌자도 방법은 이러한 시간해상도와 공간해상도의 한계를 극복하기 위하여 도출된 방법으로, 뇌자도는 뇌에서 발생되는 자기신호의 그림을 지칭한다. 뇌가 활동하면 전기신호가 발생하고, 이 전기신호는 다시 자기신호를 만든다. 이 자기신호를 초전도 센서인 SQUID(superconducting quantum interference devices)라는 센서를 이용하여 측정하는 것을 뇌자도라 한다. 뇌자도는 뇌세포의 축삭에서 흐르는 이온들의 자기 흐름을 측정하는 것이며, EEG 등의 다른 뇌파 측정방법과는 달리 두개골이나 두피 등 센서 방해신호에 의한 왜곡이 적고 시간적 해상도가 좋으며, 자기장의 성질 때문에 현재 작동하는 뇌 부위의 위치를 정확히 측정할 수 있어 공간적 해상도도 좋다.

MEG는 EEG나 ERP에 비해 비용이 많이 들지만 뇌 활동의 위치를 더 정확히 알아낸다. 그러나 뇌의 일차적 청각, 체성감각, 운동 영역의 활성화 부위를 정확히 알아내는 데에는 도움이 되지만, 보다 복잡한 인지과제 수행 부위를 정확히 찾아내는 데에는 한계가 있다. 따라서 이 방법과 fMRI 방법 등을 함께 사용하는 것이 좋다.

② 뇌 구조 및 기능의 영상화

A. 컴퓨터단층촬영(CT: computerized tomography)

CT는 X-ray를 이용하여 뇌의 구조를 영상화하는 방법이다. 뇌 손상 환자들의 두개 골을 열지 않고 뇌를 영상화할 수 있는 CT가 신경학이나 신경과학에 끼친 영향은 지대 하다. CT가 도입되기 이전에는 뇌 손상 환자의 어느 부위가 손상이 되었는지는 그들의 장애 양상을 보고 임상가가 추정할 뿐이었으며, 수술을 하지 않는다면 실제 확인은 사후에 뇌의 부검을 통해서만 가능하였다.

CT는 X-ray의 원리를 이용하는데, 기존 X-ray가 2차원으로 된 단면사진만을 보여주는 반면, CT는 3차원으로 뇌를 재구성한다. X-ray를 인체의 일부나 어떤 물질에 투과 시키면, X-ray의 정도가 어떤 물질을 통과하면서 점차 약해지게 된다. X-ray를 뇌에 투과시키면 감소되는 정도, 즉 X-ray를 흡수하는 정도는 뇌의 조직에 따라 조금씩 다르다. 뼈와 같이 밀도가 높은 조직은 방사선을 많이 흡수하는 반면, 물이나 피와 같은 밀도가 낮은 조직은 덜 흡수한다. CT는 다양한 각도에서 X-ray를 투과시켜 뇌조직에서 X-ray를 흡수한 정도를 이용해 뇌의 구조에 관한 단면사진을 만들어냄으로써 뇌의 구조를 보여주며 뇌에 이상이 생긴 것을 확인할 수 있게 한다.

B. 단일광자방출단층촬영(SPECT: single photon emission computed tomography)

SPECT는 국소 뇌혈류(regional cerebral blood flow)의 분포 변화를 관찰하는 기능적 뇌영상이다. 감마선을 방출하는 방사성동위원소를 혈관에 주사하여 방출된 감마 선을 검출, 신호로 변환하여 이미지를 만들어내며 다수의 스캔을 통해 3차원으로 재구 성해낸다.

SPECT는 뇌의 구조를 보여주기보다는 뇌의 여러 위치에서의 혈류를 통해서 뇌의 활동을 보여주기 때문에 뇌의 기능을 나타내는 기능적 뇌영상 방법이다. 뇌혈류에 문제가 있는 환자나 정상인에 대한 기능 영상으로 이용될 수 있고, 비슷한 기능적 뇌영상인 PET보다 저렴하다는 장점이 있으나 PET보다 공간적 해상도가 떨어진다.

C. 양전자방출단층촬영(PET: positron emission tomography)[33]

이 방법도 뇌의 구조적 측면보다는 기능적 측면을 측정한다. PET는 방사성동위원소를 혈관에 투여하고 이 물질이 방출하는 방사성을 감지하는 카메라로 영상을 만들어낸다. 또한 방사성동위원소가 무엇을 표지하느냐에 따라 다양한 물질을 추적할 수 있는데, 특정 과제 동안의 뇌활성화를 보는 PET는 주로 혈류의 정도를 측정하는 방법을 사용한다. 혈류를 측정하는 데는 다음과 같은 가정이 깔려 있다. 뇌가 활동하는 데 에너지가 필요하여 뉴런의 활동이 증가되는 부위에 혈류나 포도당 대사가 증가한다는 것이다. 따라서 혈류나 포도당 대사의 정도를 측정하면 뉴런의 활동을 간접적으로 측정하게 된다는 것이다. 혈류의 정도는 방사성동위원소의 주입을 통해서 측정된다. 방사성동위원소를 혈류에 주입하면 이것이 혈류를 통해 다니면서 양전자를 방출하며 점점 붕괴하는데, 이 양전자가 전자를 만나면 충돌하면서 감마선을 생성한다. 이 감마선은 동시에 180도 방향으로 2개가 외부로 방출되는데, 이것을 외부의 감지기가 감지한다. PET에서는 다수의 감지기가 원형으로 구성되어 있어, 서로 반대 방향에 있는 감지기가 짝을 지어 동시에 감마선을 감지할 때 신호가 있는 것으로 기록한다. 그리고 이 기록된 신호를 영상으로 재구성해낸다.

이런 과정을 통하여 각종 인지적 과제를 수행할 때(주의, 운동, 감각자극에 반응, 의사결정, 독서 등) 뇌의 어느 부분이 가장 활동적인가를 측정한다. 일반적으로 특정 자극이 제시되지 않은 상태에서의 측정치(통제조건)와 자극을 제시하여 피험자가 무언가 인지적 활동을 하고 있는 실험 상태에서의 측정치를 얻어서 둘 사이의 차이값을 구하는 감산방법을 사용하여 최종 영상 측정치를 얻어낸다.

PET는 뇌의 각 부위별 기능의 정도가 어떻게 다른지를 보여주는 우수한 영상 방법으로 특정 과제 중의 기능적 뇌영상 방법으로 많이 이용되어왔으며, 뇌 손상 환자에게서도 구조적 병변으로 알아내지 못하는 기능적 결함을 보여주어 병의 진단에도 많이 이용되고 있다. 또한 혈류에 대한 영상과 포도당 대사에 대한 영상이 가장 많이 이용되지만 단백질, 신경전달물질 등 다른 물질들의 분포도 영상화할 수 있다는 장점을 지닌다. 그러나 PET의 기본 측정치인 혈류의 정도는 신경활동의 직접적인 측정치가 아니라는 것이 가장 큰 제한점이다. 또한 공간해상도와 시간해상도가 다음에 설명하는 기능성자기공명법보다는 떨어진다. 그 외에도 굉장히 비싸고 방사성동위원소는 급격히 소멸되기에 각 실험 시간이 짧다는 단점이 있다. 최근의 PET는 뇌와 인지기능의 연구

---

33 뇌기능영상 방법 일반과 PET, fMRI를 사용한 연구방법 및 주요 결과에 대한 설명은 강은주(2002)를 참조.

에 대해서는 fMRI에 자리를 내어주고, 그보다는 뇌에서 분자수준의 물질들을 영상화하는데 더 큰 역할을 하고 있다.

그림 5-6 PET 영상

D. 자기공명영상(MRI: magnetic resonance imaging)

뇌의 해부학적 구조를 자기 성질을 이용하여 영상화하는 방법으로, 매우 높은 해상도와 다양한 단면의 영상을 보여준다. MRI는 X-ray를 사용하지 않고도 뇌의 전자기장에서 수소원자핵을 중심으로 수소원자의 밀도와 주변 섬유들과의 상호작용을 탐색하여 뇌구조를 영상화한다.

높은 자기장이 있는 장비 안에서는 뇌 속에서 회전하고 있던 수소원자핵(핵 속의 양성자)들이 자장 방향으로 정렬하여 회전하게 된다. 이때 회전주파수와 맞는(공명) 고주파를 투사시키면, 특정 방향으로 정렬하였던 뇌 속 원자핵들의 회전축의 방향이 쓰러진다. 그리고 나서 고주파를 끊게 되면 이 원자핵들이 고주파 에너지를 방출하면서 다시 원래의 상태로 돌아간다. 이때 원래 자신의 상태로 돌아가는 동안의 신호가 수소를 함유하는 뇌의 물질마다 다른데, 이것을 이용하여 3차원 영상을 구성하게 된다.

CT가 횡단면(axial)의 영상만을 보여주는 것과는 달리, MRI는 세 방향의 단면의 영상을 보여줄 수 있다(axial, sagittal, coronal). 그리고 영상 획득을 위한 다양한 패러미터를 사용하여 영상의 음영도를 다양한 방식으로 얻을 수 있어 영상 촬영의 목적에 맞는 다양한 영상을 얻을 수 있다(T1, T2 diffusion 강조영상 등). 또한 뇌의 아주 작은 구조적 변화도 탐지 가능한 높은 공간해상도를 가지고 있으며(1mm 정도), 고주파만을 이용하여 인체에 해가 없다. 그러나 MRI는 촬영 동안에 머리를 움직이면 영상화에 심각한 오차가 발생하고, 금속성 물질을 몸에 지니고 있는 경우에 촬영이 불가능하다. 일반 MRI는 뇌의 해부학적 구조에 대한 영상을 제공하지만, 뇌의 기능적인 과정적 변화를 탐지하는 방법을 제공하지는 못한다.

E. 기능성자기공명영상(fMRI: functional magnetic resonance imaging)

fMRI는 MRI를 이용하여 뇌의 기능적 활성화를 측정하는 기능적 뇌영상 방법으로, 일반 MRI와는 달리 산소의 농도 차이(BOLD: blood oxygen level dependent) 신호를 반복 측정하여 뇌의 활성화 정도를 영상화한다.

뇌의 신경세포가 활성화되면 그 부위로의 혈류 공급이 증가되어 혈류 속에 산소와 결합한 헤모글로빈의 비율이 높아진다. 즉 산소와 결합한 헤모글로빈과 산소가 없는 헤모글로빈의 비율에서 차이가 나는데, 이 농도 차이가 주변 자기장에 영향을 끼쳐 MRI 신호에 변화를 일으킨다. 이 신호를 3차원 영상으로 재구성하여 원하는 뇌 부위의 활성화 양상을 측정할 수 있다.

기능성자기공명영상을 이용하는 연구에서는 주로 관심이 있는 인지적 요소를 포함하고 있는 실험 과제의 사이클과 이와 거의 유사한 비교 과제(통제조건)의 사이클을 교대로 반복해서 수행하는 동안 신호를 측정하여 두 과제 주기의 차이를 비교함으로써 특정 인지적 처리 과정에 관여하는 뇌 영역을 관찰할 수 있다. 최근에는 앞에서 언급한 ERP기법과 유사한 '사건 관련 기능성자기공명영상(event-related fMRI)' 기법을 사용하여 시행 내의 시간 변화에 따른 차이를 연구하기도 한다.

fMRI는 다른 기능적 영상인 PET과는 달리 특별한 물질을 주입하는 것이 아니어서 비침습적이고 공간해상도도 뛰어나다. 그러나 앞에서 언급한 것처럼 움직임 때문에 영상의 질이 떨어질 수 있으며, 금속성 물질을 사용한 사람에게는 시행할 수 없다. 또한 PET와 동일하게 신경활동의 직접적인 측정치가 아니라 신경활동으로 인한 이차적인 변화인 혈류를 측정한다는 제한점이 있다. 그러나 이런 제한점에도 불구하고 다른 어떤 영상 기술보다 공간해상도 면에서 가장 질 높은 영상을 제공하고 비침습적이어서 뇌와 인지기능의 관계를 연구할 때 가장 많이 사용되고 있는 방법이다.

F. MRS(magnetic resonance spectroscopy)

물 분자는 뇌물질의 80%를 차지하고, 앞에서 설명한 MRI는 이 물 분자에 대해서 영상화할 수 있다. 그러나 나머지 20%를 차지하는 뇌의 다른 물질들(micromolecule, cell membrane, glial cell 등)은 영상화하지 못한다. 이 물질들에 대한 영상화 방법이 MRS로, 이는 방사선의 빈도가 어떤 조직을 영상화할지를 결정하여 이 빈도를 변화시킴으로써 각각 다른 물질들을 영상화한다.

G. 기능성근적외선기능영상(fNIS: functional near infrared spectroscopy)

fNIS는 최근에 근적외선영상 방법을 뇌기능 연구에 적용한 방법으로, 근적외선을 이용하여 fMRI처럼 혈류를 측정하는 데 산소와 결합한 헤모글로빈과 결합하지 않은 헤모글로빈의 농도를 측정하여 산소 소모량과 혈류 증가량을 측정한다. 이 기법은 근적외선을 감지하는 센서를 머리에 착용(머리띠형 또는 부착형)하여 센서에서 나오는 신호를 분석한다.

MRI처럼 특정한 장비 속에 들어가지 않아도 되고 움직임에 제약도 없어 피험자들의 입장에서 불편함 없이 뇌 기능을 측정할 수 있다는 것이 이 방법의 최대 장점이다. 또한 시간해상도도 좋으며 공간해상도도 EEG보다는 좋다. 센서가 부착된 곳에서만 측정치를 얻을 수 있어 정밀하지 못하다는 단점이 있지만, 특정한 뇌 부위의 기능을 확인하거나 관심 있는 영역에 대한 검증으로 사용하는 데는 좋을 것이다. 편리한 측정방식으로 인해 새로운 방법으로 사용될 잠재성이 크다.

H. DTI(diffusion tensor imaging)

DTI는 지금까지 설명한 영상방법들처럼 뇌구조나 특정 부위의 기능을 보여주는 기법과는 달리 신경섬유들의 연결성을 시각화하는 방법으로, 물 분자의 방향을 띤 움직임을 감지하여 신경섬유의 경로를 영상화한다. 이 방법은 주로 회백질(gray matter)의 기능을 보여주는 다른 방법들과는 달리, 회백질을 지지하고 있는 백질(white matter)의 연결성을 보려는 것이 주요 목적이다. DTI의 원리는 물 분자의 방향성을 감지하는 것인데, 물 분자는 세포체에 고르게 분포되어 있고 방향이 무작위적이다. 그러나 방향성을 띤 신경섬유 안에서의 물 분자의 움직임은 그 섬유의 방향에 의해서 제약된다. 움직임은 섬유의 방향을 따르는 경향이 있는데, 이 특성(anisometry)을 이용하여 영상화한다.

DTI는 백질을 구성하고 있는 뉴런의 축삭의 변성을 감지할 수 있게 하여 이상성을 진단할 뿐 아니라, 신경섬유들이 연결되어 있는 구조를 나타내어 뇌 부위들 간의 연결성을 파악할 수 있다. 최근에는 특정 기능을 단순히 하나의 영역으로 국재화시키는 것을 넘어 그 기능과 관련되는 다양한 부위들의 네트워크를 파악하고 연결구조를 밝히는 것이 더 관심의 대상이 되고 있기 때문에, 다른 방법들과 차별성이 있다고 하겠다. DTI는 다른 기법인 fMRI, ERP 등과 결합되어 연구될 수 있다.

(2) 뇌자극(brain stimulation) 방법

뇌와 기능을 연결하는 한 방법은 뇌의 특정 부위를 자극하여 어떤 기능이 유도되는지를 확인하는 것이다.

A. 경두개자기자극법(TMS: transcranial magnetic stimulation)

앞에 언급한 방법들이 뇌의 구조 또는 기능적 측면을 관찰하여 연구하는 방법이라면, 경두개자기자극법은 최근에 도입된 방법으로 뇌를 자극하여 특정 기능과의 관계를 연구하는 또 하나의 방법이다.

TMS는 일정 두뇌 영역을 자극함으로써 그 두뇌 영역에서 진행 중인 정보처리 과정을 일시적으로 간섭 또는 활성화할 수 있는 방법으로 간주된다. 자기 코일을 통해 일련의 자기장 펄스(pulse)를 두개골 밖에서 특정 부위에 적용하여 전류를 흘려주면, 이 부위의 밑에 있는 뇌 영역에서 진행 중인 신경활동을 방해 또는 촉진할 수 있다는 것이다. 전기성을 띤 펄스는 코일 주변 자기장의 빠른 변화를 일으킨다. 이 펄스는 이런 자극으로 인하여 특정 두뇌피질 부위 'A'의 정상적인 활동의 교란이 수행 중인 과제 '가'의 저하를 가져왔다면, 그 두뇌피질 'A'가 과제 '가'의 수행에 필요한 인지적 정보처리에 관여하고 있다고 추론할 수 있는 직접적인 증거가 되는 것이다. 이 방법은 수렴적 접근 연구방법의 한 도구로, 다른 뇌영상법이나 전기생리학적인 방법과 병행하여 수행할 경우 매우 유익한 결과를 기대할 수 있을 것이다.

B. 두개강내뇌자극법(intracranial brain stimulation)

TMS가 두개골의 밖에서 뇌를 자극시키는 것에 반해 이 방법은 뇌 안에 전류를 직접 삽입한다. 두개강내뇌자극법은 뇌 안에 전극(electrode)을 삽입하는 것이 활동 전위(action potential)를 일으킨다는 고전적인 관찰에서 유도되었다. 뇌에 직접 전기적 자극을 주는 것은 뇌의 특정 위치와 인지기능을 관련시키는 것을 넘어서 다양한 질환의 치료에도 이용되고 있다. 심부뇌자극법(deep brain stimulation: 뇌의 깊숙한 곳에 자리잡고 있는 시상 주변부에 주로 전극을 삽입하기 때문에 심부뇌자극법이라 불림)이라고도 불리는 이 방법이 주로 이용되는 곳은 파킨슨병의 치료로, 심한 무동증(akinesia: 움직임이 없는 증상)을 치료하는 것으로 알려졌다. 또한 최근에는 의식이 없는 환자들을 깨우기도 한다고 보고되고 있다.

두개강내뇌자극법은 대단히 침습적이라는 것이 가장 큰 문제이다. 따라서 인간에게는 심한 증상을 치료하는 방법으로만 사용될 수 있다. 치료의 효과는 입증되어 있으나 그 메커니즘은 아직 잘 이해되지 않고 있다.

(3) 신경심리검사(neuropsychological tests)

뇌와 마음의 관련성을 탐구할 때 실제 뇌 손상이 인지 및 심리기능의 어떠한 면을 손상시키는지를 관련짓는 방법으로 주로 임상장면에서 사용되는 것이 신경심리검사이다. 신경심리검사는 심리검사의 일종으로, 뇌 손상으로 인해 인지 및 행동상의 문제가 발생하였는지의 유무와 그 정도를 평가한다. 인지능력과 성격 및 정서 상태를 종합적으로 평가하지만, 주로 인지기능검사에 집중되어 특정 뇌 손상을 입은 경우 인지장애의 양상이 어떤 식으로 나타나는지를 탐색한다.

평가되는 인지기능영역은 매우 다양하여 감각 및 지각능력, 주의력, 운동통제력, 언어능력, 기억력, 시공간구성능력, 집행능력, 추상적 사고력 및 판단력 등이 포함될 수 있다. 종합적인 인지기능을 측정하는 대표적인 신경심리검사 도구는 Halstead-Reitan 신경심리검사 총집이다. 검사 내용은 촉각인지, 리듬, 손가락운동, 언어지각, 시간지각, 실어증, 감각지각 등이다. 또 루리아(Luria)의 경험적 이론과 검사들을 네브라스카

대학에서 표준화시킨 Luria-Nebraska 검사가 있다. 검사 항목은 운동, 리듬, 촉각, 지각성 언어, 운동성 언어, 쓰기, 읽기, 계산, 기억 및 지적 과정, 좌우 대뇌반구기능 등이다. 또 다른 잘 알려진 검사로는 벤톤신경심리검사가 있다. 이 검사에서는 시간지남력검사, 좌우지남력검사, 연속숫자학습검사, 얼굴재인검사, 직선방향구분검사, 시각형태변별검사, 판토마임재인검사, 촉각형태지각검사, 손가락위치검사, 언어음소변별검사, 토막구성검사, 운동지속력검사 등의 소검사 항목이 있다. 또한 위의 검사들처럼 포괄적인 인지기능을 검사하는 것이 아닌, 각 인지영역에 대한 검사들도 개별적으로 사용할 수 있다. 언어기능을 측정하기 위한 실어증 검사는 Western Aphasia Battery (WAB), Boston Naming test(BNT), 기억력을 측정하는 도구로는 Wechsler Memory Scale(WMS), California Verbal Learning test(CVLT), 시공간 구성능력을 평가하는 검사로는 Rey Complex Figure Test, 전두엽 집행기능을 측정할 수 있는 검사로는 Wisconsin Card Sorting Test 등이 잘 알려져 있다.[34]

(4) 신경 과정의 계산적 모델링(computational modeling)

이 방법은 인지신경과학의 방법이라기보다는 생물적 기초가 더 강한 계산신경과학의 주 방법이라 할 수 있다(Biologically-Based Computational Model of Cognition). 이 접근의 출발점은 후벨(D. H. Hubel)과 위즐(T. N. Wiesel) 등의 시각뇌의 단일세포 반응측정 연구, 마(D. Marr)의 계산적 시각 연구 등에 기초하고 있으나, 이후 1980년대에 등장한 연결주의적 접근의 기본 관점을 도입하고, 인지기능에 대해 연결주의적 방법론을 사용하여 신경계의 작용 과정에 대한 계산적 모델링을 하는 방법이다.

---

34 국내에서도 외국의 신경심리검사 도구들이 번안되어 재표준화되거나 독자적으로 개발되었다. 국내에서 개발된 종합적인 인지기능검사로는 SNSB가 있으며, 외국의 도구를 번안하여 표준화한 종합 인지기능검사로는 CERAD-K, K-DRS가 있다. 그 외 기억력 검사로는 성인용 Rey-Kim 기억검사, K-CVLT, 언어기능검사로서 K-WAB이 있다. 또한 간단한 치매 검사인 MMSE는 MMSE-K와 K-MMSE의 두 가지로 표준화되었다. 관련 자료원의 일부를 소개하면 다음과 같다.
SNSB: 강연욱, 나덕렬(2003). Seoul Neuropsychological Screening Battery; SNSB. 서울: 휴브알엔씨.
CERAD-K: 우종인 등(2003). CERAD-K. 서울: 서울대학교출판부.
K-DRS: 최진영(1998). 한국판 치매 평가 검사. 서울: 학지사.
Rey-Kim 기억검사: 김홍근(1999a). Rey-Kim 기억검사: 해설서. 대구: 도서출판 신경심리.
K-CVLT: 김정기, 강연욱(1999). 신경심리학적 기억검사 K-CVLT. 서울: 도서출판 특수교육.
K-WAB: 김향희, 나덕렬(2001). 파라다이스 한국판-웨스턴 실어증 검사. 서울: 파라다이스 복지재단.

이 접근에서는 뇌란 본질적으로 많은 단순 요소 단위인 신경세포 또는 세포군이 병렬처리 시스템적으로 연결되어 작동하고, 뇌 부위 기능의 특수화는 이 단위 요소들의 모수치적 변이(parametric variations)에서 비롯되고, 이 패러미터의 변이는 연속선상에서 일어나며, 지식은 뉴런 간의 연결 강도에 의해, 인지는 신경망에서의 활성화 확산에 의해, 학습은 단위 연결 비중의 수정에 의하여 일어난다고 본다. 생물학적, 기능적으로 현실적인 신경세포 또는 신경 시스템의 생리 기전과 역동을 계산적으로 기술하며 모델링하는 것에 초점을 맞춘다.

인지과학에서 연결주의적 접근이 복잡한 상위 인지 과정보다는 감각, 지각 등의 하위 인지 과정에 강조를 두고 있듯이, 신경 과정의 계산적 모델링 방법도 인간과 동물의 주의, 감각, 지각, 기초 기억 과정 등의 하위 인지 과정이 어떠한 생물적, 신경적 병렬처리적 계산 과정에 의해 일어나는가를 시뮬레이션 방법을 사용하여 분석하고 모델링한다. 신경 과정의 계산적 모델링 방법은 현재는 이와 같은 낮은 수준의 뇌의 인지 과정을 계산적으로 모델링하고 있으나, 앞으로는 계산신경과학과 인지신경과학이 더욱 밀접해짐에 따라 의식 과정은 물론 복잡한 표상의 문제까지 다루면서 인지과학 방법론에서 중요한 위치를 차지하리라 본다.

5) 비실험적 방법

인지과학에서는 주제에 따라서 비실험적 방법도 많이 사용되고 있다. 비실험적 방법으로는 사례 연구법, 자연관찰법, 민생방법, 형식적 분석법, 담화분석법 등이 있다.

사례 연구법: 기억술의 천재라든가 창의성이 뛰어난 사람들과 같은 특정 인지 현상을 드러내주는 사례들에 대한 종단적(동시대가 아닌 여러 연대에 걸쳐) 연구를 통해 인지의 구조, 과정의 변화와 이에 영향을 주는 변인들의 특성을 파악하는 경험적 연구이다.

자연관찰법: 인간의 인지 현상을, 관찰자가 상황에 개입하여 통제함이 없이, 실험실이 아닌 자연 상황에서 있는 그대로 관찰하여 분석하는 방법이다. 즉 특정 상황에서의 동물이나 사람들의 행동을 관찰하는 것을 말한다. 예를 들어 커피머신이 고장 나면 사

람들은 어떻게 하는지를 알아보고 싶을 경우, 우리는 발로 차는가? 두드려보는가? 타인이 있을 때와 혼자일 때 행동이 다른가? 등의 물음을 가질 수 있다. 이러한 경우 자연관찰법을 사용할 수 있다. 아동의 언어 발달, 사고 발달 등의 인지 발달 연구에서나, 컴퓨터와 인터넷 등을 사람들이 어떻게 사용하는가를 연구하는 응용인지과학 연구, 인지인류학, 인지사회학 등의 영역에서 사용된다. 이 방법은 인지 현상의 뚜렷한 일반 특성을 파악하는 데는 도움이 되지만, 인과관계를 확인해주지 못한다는 한계점이 있다. 따라서 다른 연구방법의 실시를 위한 보조 수단으로 흔히 사용된다.

담화분석법: 언어학, 심리학, 문학에서 사용되고 있는 방법으로, 원래 문학에서 주로 사용되는 방법이었으나 현재 언어학과 심리학에서도 사용되고 있다. 심리학에서는 그리 많이 사용되고 있지 않으나, 대표적으로 프로이트가 담화분석법을 많이 사용하였다는 것을 들 수 있다. 현재 심리학에서 사용되는 담화분석법은 프로이트 당시보다 훨씬 객관적이고 체계적이다. 예를 들어 이야기의 의미적 통사적 특성뿐 아니라 이야기 중 '그러나'를 몇 번 사용하는가 하는 통계적 수치가 합해져서 이를 통해 이 사람이 어떤 생각을 하고 있는가를 추론하는 것이다. 하지만 담화분석법은 독립적으로 수행되기보다는 실험법을 보완하는 용도로 사용되고 있다.

이외에도 인류학, 사회학 등에서 사용하던 민속방법론(ethnomethodology), 언어학의 (직관적, 경험적) 형식적 분석법 등도 사용된다. **민속방법론**이란 어떤 사회나 사회적 상황을 이해하기 위하여 그 사회나 사회 문화적 상황을 있는 그대로 관찰하고 기술하는 방법이다. 삶의 세계를 능동적으로 만들어가는 사람들의 상호작용을 직간접적으로 관찰하여 그 사회의 특성을 이해하고자 하는 방법으로, 언어 등 문화적 특성의 분석이 강조된다.

3. 종합[35]

인지과학에서 적용되고 있는 여러 방법을 개관하였다. 인지과학 방법을 적용함에 있어서 유의할 것은, 아무리 각 방법이 좋다고 하더라도, 각 방법들이 기반하고 있는 방법론의 이론 내지는 그 방법이 측정한다고 간주하는 특정 현상에 대한 인지과학적 이론 세련화의 중요성이 그보다 더 중요하다는 점이다. 아무리 민감한 방법이라 할지라도, 그 방법 자체가 탐구하려는 대상 현상 과정에 대한 개념화나 이론적 틀이 부적절하거나 세련되지 못하였다면 그 방법이 거둘 수 있는 효과는 미미하다.

예를 들면, 인지과학 연구에서 지나치게 신경과학적 방법에만 의존하는 것은 부적절하다. 신경과학적 방법을 인지 현상의 연구에 적용하는 데 있어서 반드시 유의하여야 할 점을 뉴욕대의 심리학자 펠프스(E. Phelps)의 말을 빌리자면 다음과 같다.

"인지의 신경적 관련 기제를 이해하는 것의 성공 여부는 행동 연구의 질에 달려 있다고 믿는다. 인지적 행동에 대한 최소한의 기본적 이해 없이는, 뇌기능을 연구하는 가장 세련된 기법을 아무리 가지고 있어도 (신경과학적 연구에서) 무슨 질문을 던져야 할지 알기 힘들다. 비록 행동 수준에서의 인지에 대한 우리의 이해가 뇌 연구의 자료에 의하여 수정될지라도, 인지의 행동적 요소에 대한 어느 정도의 이해 없이는 뇌 연구에서 의미 있는 질문을 던지기가 불가능하며, 신경학적 연구결과의 의미를 이해할 수 없다. 뇌 기능의 연구는 인지 이론이 뇌 연구를 인도해줄 것으로 의지하고 있다. 이러한 이유로, 행동적 데이터에 세밀한 주의를 하지 않은 채 뇌를 연구하는 것은 잘못이다. 인지신경 과학(인지의 뇌-행동적 상관 구조와 메커니즘의 연구)에 대한 관심이 점차 증가함에 따라, 행동 연구의 증대와 그 질에 대한 강조가 증가되어야 할 필요가 있다고 믿는다. 인지 행동에 대한 좋은 이해 없이는 그 행동의 바탕에 놓여 있는 뇌기능에 대한 연구는 극히 어려울 것이다. 인지에 대한 행동적 연구의 발전이 뇌기능의 인지적 상관기제를 연구하는 우리의 능력만큼 빠르게 발전하였으면 하는 것이 나의 소망이다 (Phelps, 1999, p. 319)."

인지과학자들은 어떤 방법을 적용하기에 앞서 인지과학의 방법들의 바탕에 놓여 있는 인지과학적 이론과 개념이 적절한가, 타당한가에 대하여 계속된 재평가와 세련화 작업을 해야 한다. 그렇지 않다면 아주 사소한, 부적절하거나 왜곡된 결과를 얻을 뿐이다. 마음이라는 실체 자체가 지니는 본질적인 특성과 과학적 방법의 논리를 제공하고 있는 과학 이론, 또는 방법론 이론이 지니는 논리적, 개념적 문제는 아직 해결되지 않

---

35 뇌영상화를 비롯한 뇌 연구방법 상의 문제에 대한 체계적 분석 논의는 김정오(2002)를 참조.

고 있다. 인지과학의 방법론은 앞으로도 계속 개선되리라 본다. 기존의 방법이 보완되고, 새로운 방법이 도출되는 작업이 계속 이루어지리라 본다. 인지신경과학의 방법의 중요성은 점차 증대될 것이다. 그렇기는 하나 철학, 언어학의 전통적 방법인 논리적, 형식적 분석 방법, 인지심리학의 반응시간법, 인지인류학의 기타 방법들의 중요성은 여전히 유지되리라고 본다.

제 II 부 | 인지과학의 제 영역

Areas in Cognitive Science

제6장

철학과 인지과학
Philosophy and Cognitive Science

과학으로서의 인지과학은 경험적 연구를 하게 되는데, 인지과학이 자신의 주제를 규정하고, 주제를 연구하는 이론적 방법을 규정함에 따라 무슨 물음을 어떻게 던질지, 그 물음에 어떻게 접근해갈지가 결정된다. 그렇다면 인지과학의 물음들은 올바른 질문인가, 인지과학에서 사용하는 개념들은 과연 학문적 바탕이 있는 개념들인가 등의 질문이 던져질 수 있다. 이러한 질문의 바탕이 인지과학에 참여하고 있는 철학에서 온다.

　철학이 인지과학에서 이런 물음들과 관련하여 중요한 역할을 할 수 있는 이유는 첫째로 인지과학이 아직 젊은 과학이기에 그 연구 내용과 방법에서 연구자들 간에, 그리고 인접 학문과의 의견의 합의를 보려 애쓰는 중이기 때문이라고 할 수 있다. 둘째로는 기존 철학의 하위 분야들이 과거부터 지금까지 제기하고 가다듬어왔던 중심 문제들이 인지과학의 주요 문제들에 관련된다. 심리철학의 심신관계, 의식, 지향성 등의 문제, 인식론에서의 타당한 지식의 원천의 문제, 논리의 본질의 문제, 설명 수준과 타당한 방법론 등의 과학철학적 문제 등이 그 예이다.

1. 인지과학에서의 철학의 역할

실험실에서 자극을 제시하여 피험자들의 반응시간을 연구하며, 뇌 영상을 분석하여 연구하고, 컴퓨터 모의실험(시뮬레이션)을 하는 인지과학의 핵심 학문의 하나로 인문학인 철학이 자리 잡고 있다. 철학은 과연 인지과학에서 어떠한 역할을 하는 것인가? 인지과학과 연결된 철학의 중심 주제는 무엇인가? 이러한 내용들을 이 장에서 살펴보기로 한다.

인지과학에서의 철학의 역할을 단순화하여 이야기하자면, 첫째 철학은 존재론과 인식론의 탐구를 통하여 인지과학의 중심 주제를 인지과학 출발 이전부터 오랫동안 가다듬어왔으며, 또 인지과학 출발 이후에도 이 주제들을 계속 정교화하여 마음에 대한 인지과학적 설명을 주고 있다. 둘째 과학철학적 탐구를 통하여 인지과학이 과학으로서 추구하고 갖추어야 할 학문적 여러 측면에 대하여 계속 비판적 분석을 하고, 인지과학이 과학으로서의 체계를 가다듬는 것을 도와주고 있다. 또한 인지과학의 이론들과 다른 분야의 이론들 간의 관계 등을 명료화함으로써 인지과학의 과학적 작업을 이끌어가고 있다고 할 수 있다. 셋째 철학은 인지과학의 주제를 연구하는 하나의 방법론을 제공한다고 할 수 있는데, 논리적 분석이 그것이다. 이 각각의 역할에 대하여 더 논하자면 다음과 같다.

1) 역할 1: 인지과학 탐구의 주제 제공

인지과학의 중심 물음은 인류의 오랜 역사 동안 철학자들이 던져온 물음들에서부터 출발하였다. 철학은 예로부터 인간의 심신관계 등 인간 마음의 본질에 대한 문제를 탐구해왔으며 인간의 앎의, 인식의 본질 등에 관한 물음들을 던져왔다. 철학자들이 그리스 시대 이래 인지과학의 중심 주제가 될 문제들을 거론하고 가다듬어왔던 것이 철학이다. 플라톤, 아리스토텔레스, 데카르트 등의 철학자들이 이런 문제를 논해왔다.

예로부터 철학이 다루어온 인지과학 관련 주제로는 존재론적 주제, 인식론적 주제 등이 있다. 인지과학은 철학이 탐구해온 이러한 물음들을 기반으로 하여 마음의 본질, 인지의 본질 등에 대한 물음을 정보처리적 보는 틀을 연결해서 다시 재구성하여 그 경험적 기반을 탐색하며 인지의 여러 측면들을 형식화하여 나타낼 수 있는 가능성을 모색하고, 마음과 인식의 신경과학적 기초를 밝히려 노력한다.

한편 인지과학의 출발과 더불어 철학에서 중요한 주제로 떠올라 새롭게 다루어지게 된 주제들도 있다. 철학에서 오랫동안 탐구되어온 마음이나 인식 관련 물음들은 인지과학을 기초로 하여 가능해진 현대 디지털 사회에서 또 다른 의의를 지니며, 그로부터 새로운 물음이 던져진다. 마음, 인식, 의식과 관련하여 현대에 이르러 컴퓨터의 발달이나 뇌과학의 발전과 더불어 던져질 수 있는 물음들은 과연 인간처럼 생각하는 컴퓨터가 가능한가, 나의 뇌는 나의 마음과 같은 것인가, 박쥐나 동물의 의식은 어떨까, 외계인의 의식은 어떨까, 외계인의 뇌는 인간의 뇌와 다를 터인데 그래도 인간과 같은 마음이나 의식이 있을까, 컴퓨터의 계산력과 기계가 계속 발달하여 가능해지는 미래의 세계에서 인공물과 인간과의 경계가 무너질 수 있는가 등의 물음이 던져질 수 있는데, 이러한 물음들은 모두 본질적으로 철학적인 물음들이다. 인지과학과 연결된 철학은 이러한 물음들에 대하여 깊이 있는 논의를 전개하며, 그러한 논의를 통하여 인지과학의 핵심적 주제가 무엇이 되어야 하는가, 이 주제들을 어떠한 방식으로 탐색할 것인가, 이러한 물음에 어떤 답을 줄 수 있는가 등을 제시한다.

2) 역할 2: 패러다임에 대한 과학철학적 기초 제공

다음에 과학철학적 측면에서 본다면, 철학은 인지과학의 메타학문적 인도자 역할을 한다고 할 수 있다. 인지과학의 과학사적 의의, 과학철학적 의의, 인지과학의 개념과 방법, 그리고 중심 문제에 대한 과학철학적 방법 및 평가 기준, 그리고 비판 등을 제공하고, 인지과학 패러다임에 대한 새로운 개념화를 인도해준다. 즉 인지과학의 개념적 기초를 철학이 다룬다고 볼 수 있다.

인지과학을 구성하고 있는 핵심 학문들이라고 해서 모두 자연과학은 아니다. 앞 장에서 언급한 바와 같이 인지과학과 연관된 자연과학에는 심리학, 신경과학, 컴퓨터과학 등이 있다. 사회과학 중에는 심리학, 사회학, 인류학 등이 포함된다. 심리학은 자연과학도 되고 사회과학도 된다. 인문과학에서는 언어학, 철학 등이 인지과학 관련 중심 학문이라고 할 수 있다. 철학은 인문학으로서 자연과학, 사회과학인 다른 학문과 함께 인지과학을 형성하고 있다는 특징을 갖고 있다. 과학으로서의 인지과학은 경험적 연구를 하고 있는데 자연과학, 사회과학으로서의 인지과학이 그 경험적 탐구 주제를 설정하고, 나름대로 이론적 틀에 따라서 이론을 어떻게 전개할지, 어떻게 경험적으로 이론적으로 접근할지, 해석할지를 결정한다. 그렇다면 인지과학이 탐색하는 물음들이 올바른 물음들인가, 인지과학에서 사용하는 개념들이 학문적 바탕이 있는, 즉 논리적, 과학철학적으로 타당한 개념들인가 하는 인지과학의 기초에 관한 반문을 던져볼 수 있을 것이다. 이러한 과학으로서의 인지과학의 학문적 틀, 기초, 형식의 타당성, 적절성의 비판적 분석과 대안 제시가 철학에서 온다고 할 수 있다.

3) 역할 3: 연구방법론의 제공

철학적 방법론이 있는데 개념적 분석, 형식논리적 분석, 사변적 분석방법이 철학의 방법이다. 이런 방법이 인지과학에서도 부분적으로 쓰인다. 특히 인지과학 출발 초기의 인공지능 연구나, 심리학에서 심리논리학 분야의 사고 과정의 분석, 또는 언어의 통사적 측면 분석에서 형식논리적 분석방법이 인지과학의 주요 방법으로 적용되었다. 현재에도 인지과학과 관련된 인공지능이나 언어학, 그리고 일부 인지심리학에서는 이러한 철학의 형식논리적 분석방법이 주요 방법의 하나로 활용되고 있다.

2. 인지과학과 관련된 철학의 주요 주제 개관

인지과학과 관련된 철학의 주요 주제를 다시 열거해본다면 이는 철학에서의 존재론, 인식론, 윤리학 및 윤리론, 심리철학, 과학철학, 가치론 등과 관련된 영역의 주제라고 볼 수 있다. 철학은 이러한 주제들의 본질을 규명하고, 이 문제들 간의 관계를 분석하며, 종합적 관점에서 이 문제들에 대한 이해 제공을 시도한다. 인지과학에서 주로 다루어지는 철학의 세 영역의 주제를 간단히 설명하면 다음과 같다.

① 존재론과 인지과학 : 인지과학에서 연구되는 마음, 인지, 의식, 정서 등의 추상적 구조의 본질에 관한 것과 일상적, 물리적, 심리적, 사회적 관계를 철학이 인지과학 내에서 다룬다. 즉 마음의 본질, 심신론의 문제 등을 다룬다.[36]

② 합리성, 인식론과 인지과학 : 인식의 내용, 인식의 참/확실성, 마음의 내용인 표상들 사이의 상호관계 탐구, 표상들이 마음에 작용해서 지식을 산출하는 과정에 관한 연구들, 선천적 지식이 어디에서 오는가 하는 문제 등을 다룬다.

③ 과학철학과 인지과학 : 이론 입증, 이론의 구조, 관찰/지각의 이론 의존성, 확률적 추리 등의 주제를 중심으로 인지과학의 학문적 작업을 정리하고 전체적으로 조망한다.

특히 심리철학과 인식론의 분야는 인지과학의 주요 분야라고 볼 수 있어서, 철학은 인지과학의 기본 개념인 심신관계, 표상 이론, 지각과 인식의 본질 및 관련 심리 현상의 개념적 범주화의 타당성 등에 대하여 비판적 분석을 제공하며 그 개념적 기초를 확인해준다. 인지과학의 핵심 개념인 '표상'과 '계산'의 본질에 대한 물음, 심신론에 대한 여러 관점들, 물리적 기호처리 체계, 신경망체계, 동역학체계의 본질, 이러한 체계들 사이의 상호관계성, 심적 현상을 신경과학적으로 환원할 수 있는가 하는 문제 등이 다루어진다. 한편 인지과학도 철학에 영향을 주는데, 심리철학 주제에 대한 심리학, 신

---

36 철학에서 존재론의 역사적 고찰에 관한 한글 자료는 다음 사이트에서 찾아볼 수 있다.
http://home.pusan.ac.kr/~ksjoo/_6/ontology.hwp

경과학 등의 경험적 연구가 철학에서의 심신론, 인식론 관련 사변적 개념과 범주, 이론의 현실적 타당성을 확인해준다.

3. 인지과학에서 철학이 다루는 중심 주제 1
: 심신론의 문제

인지과학은 심리 현상을 마음, 상태, 조작되는 계산(computation), 인지 과정, 표상, 정보 등의 개념을 사용해서 개념화한다. 그런데 문제는 '마음과 몸', 이들이 무엇을 지칭하는 것인가, 이들에 의한 인과관계가 무엇인가를 명확한 언어로 제시하는 것인데, 이런 문제를 철학에서, 심리철학에서 다루는 것이며 그것이 인지과학의 핵심 주제의 하나가 된다.

몸과 마음의 관계는 무엇인가, 몸과 괴리된 마음이 실체일 수 있는가, 마음의 본질은 무엇인가 하는 물음은 철학적 문제인 동시에 인지과학의 물음이기도 하다. 심적 사건을 몸의 상태, 과정으로 완전히 환원이 가능한가 등의 문제들이 심리론에서 다루어진다.

상식적 관점에서는 심리적 사건은 비물질적 사건으로 생각한다. 이러한 비물리적 심리 상태가 물질세계에 영향을 주어 물리적 사건을 일으키는 원인이 된다고 생각하는데, 이것은 환원주의적 물리주의를 추구하는 자연과학자들에게는 받아들이기 어려운 관점이다. 심리철학자들의 대부분은 이러한 상식적 생각이 과연 경험적 근거가 있는가를 되묻고 가능한 한 심적 현상을 물리적 바탕에서 재구성하려 한다. 그들은 심적 사건도 일종의 뇌의 신경 상태의 물리적 사건으로 볼 수 있는 것 아니냐 하는 물음을 던지며, 또한 심리적 사건도 과연 물리적 사건을 일으키느냐, 일으키지 않느냐 하는 물음도 던진다. 이러한 문제를 다루는 것이 심리철학이다. 심리철학은 인지과학과 관련하여 마음과 의식의 본질, 심신관계, 의식·마음의 내용, 의지, 지향성의 본질 등의 문제를 다룬다. 어디에서 이러한 것이 생겨나는 것이며, 마음을 이루는 표상이, 심리적 내용이 어떻게 신체적, 물리적 요소에 영향을 주는가 하는 문제를 다룬다.

1) 심신이원론

고대 그리스 시대부터 서구 철학과 일반 기독교적 전통 중심의 서구 사회를 지배해온 생각의 하나는 마음과 몸을 별개의 실체로 보는 심신이원론적인 관점이었다. 심신이원론에는 마음이 몸과 같이 독자적으로 실존하는 실체라는 관점과, 마음은 몸의 뇌의 작동에서 솟아나서 창발되지만 뇌의 상태로는 환원할 수 없다는 관점이 있다. 이원론의 몇 가지 유형을 살펴보자면 다음과 같다.

실체이원론 첫 번째 유형은 실체이원론적 입장이다. 실체이원론은 속성이원론과 대비되어 구분되는데, 이 입장에서는 몸은 공간을 차지하는(연장된, extended) 반면 마음도 비록 공간을 차지하지는 않지만(unextended) 실체라고 본다. 이는 기독교 사상과 데카르트의 고전적 이원론의 입장이다. 마음과 몸의 상호작용 측면을 중심으로 다시 나눈다면 몸과 마음의 상호작용을 인정하는 입장과 인정하지 않는 입장이 갈라져 상호작용론, 부수현상론, 평행론 등으로 나누어질 수 있다. 데카르트는 뇌의 송과선에서 마음과 몸이 서로 상호작용하는데, 주로 마음이 몸에 영향을 준다고 보았다. 그러나 공간을 차지하지 않는 마음이 어떻게 공간을 차지하는 신체 행동에, 물질에 영향을 주는가 하는 것은 충분히 설명하지 않았다.

감각다발이원론 데카르트 이후에 영국의 흄(D. Hume)은 심신이원론을 수용하지만, 마음의 실체를 단일한 비물질적 개체로 보는 데카르트의 관점을 수정하여 마음의 실체를 미세한 '감각들의 다발(bundles of sensations)'로 환원시켰다. 감각경험에 의하여 마음이 구성된다는 경험주의적 생각이 첨가된 것이다.

부수현상론 데카르트와 흄 이후의 철학자들은 마음과 몸의 상호작용을 인정하는 두 학자와는 달리, 어떻게 심적 상태가 물질인 몸, 특히 뇌에 영향을 줄 수 있는가에 대하여 고민하기 시작하였고, '마음은 몸에 대하여 인과적 힘을 발휘하지 못하는 부수현상이다'라는 입장을 전개하였다. 부수현상은 이원론의 막바지 형태였고, 부수현상론 이후에는 물리주의적 일원론적 관점이 득세하게 된다.

2) 심신일원론

마음과 몸의 관계에 대하여 제시된 심신일원론에도 여러 유형이 있다. 유심론적 일원론(mentalism, mentalistic monism)과 물리주의적, 유물론(materialism)적 일원론이다.

유심론적 일원론은 현대 과학자들이 대부분 기피하는 관점이다. 유심론적 일원론에 의하면 존재함을 확실히 알 수 있는 것은 오로지 관념뿐이다. 마음의 원인이 되는 물질이 존재한다는 것은 우리가 알 수 없다. 확실한 것은 나의 주관적 체험, 마음뿐이다. 이러한 유심론을 밀고 나가면 마음이 각종 행동에, 그리고 물질에 영향을 주느냐에 대답할 필요가 없다는 입장이 전개된다.

심신이원론이나 유심론적 일원론에 반대하며 과학적 접근을 강조하는 심리학자 및 인지과학자들은 흔히 물리주의적 심신일원론을 선호하는데, 이는 마음과 몸의 구분이 있을 수 없다는 입장이다. 이 입장에서는 심적 현상은 오로지 물리적, 생리적 자극 상태의 결과일 뿐이라고 하며 물리적 인과성을 강조한다.

행동주의 부수현상론에 의하면 비물질적 심적 상태는 물질적 세계에 아무런 인과적 영향을 줄 수 없는데, 그렇다면 물리적 세계에 인과적 관계를 지니지 못하는 비물질적 심적 상태를 아예 심신론의 이론적 개념에서 제거하거나 또는 물리적 상태로 개념화하면 안 될까 하는 생각이 대두되었다.

비물질적 상태인 심적 상태를 과학의 논의에서 아예 제거하고 그 대신 '행동'이라는 개념으로 대치하려는 시도가 심리학에서는 행동주의 심리학으로, 철학에서는 철학적 행동주의 관점으로 나타났다. 마음이, 심적 상태가 실재하는 것이 아니라 실제로 있는 것은 물리적 행동뿐이라는 입장이다. 앞서 다른 장에서 설명한 바와 같이, 심리학에서 행동주의는 심리학을 과학으로 만들려는 시도 과정에서 '마음', '심적 상태와 과정' 개념을 심리학에서 축출하고 이를 인간과 동물의 '행동'이라는 개념으로 대체하였다. 관찰 불가능한 것인 인간 내적 상태를 과학적 탐구의 대상으로 삼지 말아야 한다는 것이었다. 심리학에서의 행동주의와 맥을 같이하는 것이 철학자 라일(G. Ryle)로 대표되는 철학적 행동주의였다.

라일의 심신론 라일은 데카르트와 흄이 비물질적인 심적 상태를 물질적인 몸과 같이 별개의 독립적인 실체로 보는 것에 대하여 강한 비판을 전개하였다. 데카르트 식의 생각은 물질 속에 비물질적인 실제를 상정하는 '기계 속의 유령(the ghost in the machine)' 식의 생각이라고 비판하였다. 또한 이에서 한 걸음 더 나가 마음을 두뇌 상태와 동일시하는 심신동일론도 기계 속의 유령을 기계 속의 기계로 대체한 것에 지나지 않는다고 비판하였다.

그는 심신론에서 심신을 동일한 수준의 실체들이 상호작용하는 것으로 개념화하는 것은 '범주오류'를 범하는 것이라고 지적하였다. 그는 대학(university) 개념 설명의 예를 들어서 논지를 전개하였다. '대학'이라는 것이 무엇인지를 외부인에게 설명해주려 할 때, 대학 건물들을 보여주면서 이것이 대학 건물들이라고 하거나, 학생들 또는 행정직원들을 보여주면서 이런 것들이 대학을 구성하는 것이라고 아무리 이야기한다 해도 '대학'을 보여주는 것은 아니다. 대학 건물들이나 사람들을 합쳐놓아도 그것이 '대학'을 얘기해주지는 않는다. 건물, 구성원에 비하여 '대학'이라는 전체는 상이한 범주의 것이다. 전자는 경험적 범주이고 후자는 개념적 범주인데, 이 둘을 혼동함으로써 데카르트 이래 심신 상호작용의 논의들이 범주오류를 범하여왔다는 것이다.

그는 마음 개념은 행동적 성향으로 이해해야 한다고 본다. 철학적 행동주의에 의하면 심적 현상이란 행동하려는 성향의 기술 그 이상의 것이 아니었다. 이러한 행동주의의 입장은 심신관계에서 마음이 사라지고 행동과 물질적 현상만 남은 입장이었다. 그러나 이러한 행동주의가 설명할 수 없는 여러 주관적, 인지적 현상이 점차 대두되면서 심적 현상을 행동으로 대체하려고 하였던 행동주의의 시도는 (라일은 자기가 행동주의자가 아니라고 주장하지만) 실패하게 된다.

심신동일론 이러한 행동주의적 관점은 심신의 문제에서 지각, 의식과 같은 심적 현상의 존재와 그 특성을 제대로 설명하지 못한다. 바로 그러한 이유에서 인지주의가 대두되고 인지과학이 형성된 것이다. 마음 개념을 행동 개념으로 대체하는 행동주의의 접근에서 한발 더 나아간 대안적 철학적 입장이 플레이스(U. Place), 스마트(J. Smart), 파이글(H. Feigl) 등의 철학자로 대표되는 심신동일론적 입장이다.

이 입장에 의하면 심신론이 과학적이기 위해서는 심신관계에 대하여 물리주의를 유지해야 하는데, 물리주의의 한 형태인 행동주의가 심적 현상을 행동으로 대체하여 접근하려던 시도가 실패하였다면, 행동은 아니면서도 물리적인 것은 무엇일까라는 물음이 던져지게 되고, 이에 대한 답변으로 제시된 것이 심적 상태와 뇌의 신경적 상태가 동일한 것이라는 심신동일론의 입장이다. 다시 말해 물은 곧 'H$_2$O'이듯이 심적 사건, 심적 상태, 심적 과정은 곧 뇌의 특정 신경섬유의 활동 상태와 같다는 입장이다. 고로 심적 상태(예: 고통)가 무엇을 일으킨다는 것은 그에 대응되는 신경생리적 사건(예: 신경섬유의 발화)이 있다는 것을 의미한다.

심신이원론자들이나 비물리주의적 입장에 있는 학자들이 인간의 욕구, 의지 등이 독특한 심적 속성을 지니며 이는 물리적 상태로 환원할 수 없다고 하지만, 심신동일론에 의하면 어떤 욕구(예: 냉장고에서 맥주를 꺼내 먹고 싶다는 욕구)라는 심적 상태는 실제 우리의 두뇌 안에 있는 신경적 상태, 즉 물리적 과정과 동일하다고 보는 것이다.

심신동일론은 두 가지 의미에서 환원적이라고 할 수 있다. 첫째는 존재론적 환원이다. 예를 들면 고통을 겪고 있다는 것은 특정 뇌신경 상태에 있다는 것을 의미해야 한다는 것이다. 둘째는 개념적 환원이다. 고통을 겪는다는 심적 술어는 그에 상응하는 특정 신경적 상태를 기술하는 물리적 술어와 정의적으로 동등하다는 의미이다.

심신동일론을 단순화하여 분류하면 유형동일론(Type Identity Theory)과 무법칙적 일원론으로 나누어볼 수도 있다. 전자는 모든 유형의 심적 상태는 그것에 상응하는 유형의 물리적 상태, 즉 두뇌 상태가 있다. 고로 모든 심리 현상은 물리 현상으로 환원 가능하다는 입장이다. 후자는 어떤 심리 현상 j에 상응하는 두뇌 현상은 j일 수도 k일 수도 m일 수도 있다, 즉 심리 상태는 두뇌 상태에 의하지만 특정 심리 상태에 대응되는 두뇌 상태가 어떤 특정 상태여야 한다는 법칙은 없다는 입장이다.

이 심신동일론은 곧 문제에 부딪혔다. 많은 동물과 인간이 다 함께 고통을 느끼는데도 그들의 신경섬유가 각기 다 다르다든지, 인간의 특정 심적 상태를 컴퓨터와 같은 지능기계에 의해 구현하였을 때 그 기계와 인간의 특정 심적 상태는 서로 다른 물질적 기반을 갖게 된다든지 하는 (다중실현 가능성) 반론에 의해 그 경험적 타당성이 공격을 받게 된 것이다.

그러면 심신론의 문제와 관련해서 심신동일론의 문제점을 해결하며 일원론, 이원론의 갈등을 개선하는 철학적 이론 가능성은 없을까? 이런 탐색, 모색에서 일차적으로 1950년대에 인지과학의 등장과 함께 대두된 철학적 관점이 기능주의(Functionalism)[37]의 관점이다.

기능주의 철학적 기능주의는 위에서 언급한 부류의 문제점을 지닌 심신동일론에 대한 대안의 일환으로 20세기의 저명한 철학자인 퍼트넘(H. Putnum)과 포더(J. Fodor) 중심으로 제기되어 인지과학의 개념적 기초를 이루었다. 기능주의를 요약하자면, 마음이건 컴퓨터건 한 체계의 탐구는 그 체계가 어떤 물질로 만들어졌는지를 탐색해야 하는 것이 아니라 그것이 어떤 관계로 조합되어 있는가, 어떤 기능을 하는가에 의해서 설명해야 된다는 입장이다. 물리적 상태는 유한할 수 있지만 심적 상태는 무한할 수 있기 때문에, 유한한 상태라면 물리적으로 규정해야겠지만 심적 상태는 물리적 상태에 의해서 규정될 수 있는 것이 아니라 심적 상태들 사이의 관계성—사랑한다, 미워한다, 좋다, 나쁘다 등—이라든지 심적 상태와 입력, 출력 사이의 관계성에 의해서 마음을 규정할 수 있다는 것이다. 이러한 관계성이 '기능'의 개념으로 제시되는 것이다.

기능주의 철학의 관점은 학자에 따라서 그 강조점이 달랐다. 퍼트넘과 포더는 심적 상태를 계산주의적 관점에서 접근하였으며, 암스트롱(D. Armstrong) 같은 철학자는 마음의 기능적 역할에 초점을 두었고, 의미 이론과 관련지어서 기능주의를 제시한 학자도 있었다. 학자들마다 그 강조점이 달랐지만 대체로 공통되는 입장은 심적 상태는 다른 심적 상태와의 인과관계, 그리고 다른 감각적 입력과 행동적 출력과의 인과관계로 특징지을 수 있다는 것이다. 즉 심적 상태의 설명은 그에 대응되는 구체적 물리적 구현 기반 세부를 연결하려 할 것이 아니라, 비심리적 특성인 기능적 특성의 규명을 통해서 설명될 수 있다는 것이다.

기능주의에 의하면 심적 상태는 물리적 상태만이 아니라 물리적 상태의 기능 또는 조직이다. 비유를 들어 이야기한다면, 동물의 폐의 본질은 그것이 어떤 생체적 섬유로 되어 있는가를 규명함으로써가 아니라 그것이 유기체적 생물섬유로 되어 있건, 인공 플라스틱으로 되어 있건, 실리콘칩으로 되어 있건 간에(물질적 속성이 중요한 것이 아니라), 그 생체 체계 내에서 하는 기능을—탁한 공기를 배출하며 신선한 산소를 흡입하여 체내의 일정한 생화학적 균형을 유지한다는 기능을—과학적으로 밝혀냄으로써 설명 가능하다는 것이다. 어떠한 물리적 체계에 구현되는가가 중요한 것이 아니며, 같은 심적 상태가 다양한 다른 물질체계에 의하여 구현될 수 있다는 이러한 관점은 곧 다중실현 가능성(multiple realizability)의 개념이고, 이러한 개념이 초기의 인지과학에

---

37 심리학에서 행동주의를 배태하였던 기능주의 심리학과는 구별해야 한다.

서 인간의 마음, 지능에 대한 인지과학뿐만 아니라 기계의 마음인 인공지능에 대한 연구가 함께 발전할 수 있게 된 배경 틀이 된다.

　다른 비유를 들어 이야기하자면, 대상을 물리적 상태에서 보면 자동차와 비행기는 물질적인 차원에서는 서로 다르다. 그러나 기능주의 차원에서 분류하면 자동차와 비행기는 같은 부류(운송 수단)이다. 마찬가지로 인간의 마음과 외계인의 마음이 물질 차원에서는 다를 수 있지만, 기능 측면에서 볼 때 인간의 마음도 외계인의 마음도 정보처리 체계라고 한다면 기능주의라는 측면에서 이것들은 같은 부류에 묶을 수 있는 것이다. 즉 기능적인 측면을 보면 물리적 측면을 넘어서 기능이라는 같은 측면에서, 같은 원리에서 볼 수 있는 것이다. 그 원리라고 하는 것은 인지주의에서는 정보처리적 계산주의로 개념화된다.

　종합한다면, 마음이 바로 뇌의 신경적 현상은 아니라고 보는 입장이 기능주의이다. 기능주의는 이원론은 아니면서도 심적 상태를 물리적으로 환원할 수 없다는 입장이라고 볼 수 있다. 기능주의는 1950년대에서 1980년대까지 내려온 인지과학의 핵심인 인지주의 정보처리 패러다임의 토대적 기초를 제시하는 관점이었다.

비환원적 물리주의　이와 같이 마음과 몸의 관계에 대하여 역사적으로 여러 이론이 전개되어왔는데, 대부분의 철학자들은 심신론에 대하여 다음의 두 가지 관점을 지니고 있다고 할 수 있다. 하나는 물리주의가 맞으며, 모든 심적 상태는 물리적 상태여야 한다는 관점이다. 그러나 다른 하나는 기존에 제시된 환원주의적 물리주의의 이론들은 모두 불충분하다는 것이다. 즉 심적 상태는 행동으로도, 뇌의 상태로도, 기능적 상태로도 환원할 수 없는 것이 있다는 생각이다. 이러한 두 관점을 지닌다면 자연히 귀결되는 대안적 생각이, 그렇다면 그러한 불충분한 환원주의가 아닌 물리주의는 가능할 수 없는가 하는 생각이다. 그러한 생각에서 나온 입장이 비환원적 물리주의라고 할 수 있다. 비환원적 물리주의 입장을 전개한 대표적인 철학자가 데이비드슨(D. Davidson)인데, 그는 비정상적 일원론(anomalous monism)의 관점을 제시하였다. 이 입장에 의하면 마음과 몸이 별개의 독립적 실체가 아니라 물리적 실체만 있으며(일원론), 심적 상태는 물리적 사건과 동일하기는 하지만 심적인 것은 비정상적이어서 심적 기술에 있어 물리적인 것으로 환원할 수 없다. 즉 심적 사건들은 정확히 물리적 법칙에 의해 설명이나 예측될 수 없다. 고통을 느낄 때의 나의 심적 상태는 나의 뇌의 물리적 상태와 동일하고, 당신의 고통의 심적 상태는 당신의 뇌의 물리적 상태와 동일하지만, 나와 당신이 같은 고통을 겪을 때 우리가 함께 동일한 물리적 뇌 상태에 있어야 하는 것은 아니다. 따라서 고통과 같은 심적인 개념은 물리적 개념으로 환원시킬 수 없다. 이 비환원적 물리주의 입장을 취하는 사람들에 의하여 심신동일론에 대한 가장 좋은 대안적 관점으로 형성된 것이, 데이비드슨이 먼저 제기하고 김재권 교수가 발전시킨 수반 이론이다.

수반 이론 심신론에서 수반(supervenience)의 개념은 이전에도 다른 학자들에 의하여 제기되었으나, 현대적 심신수반 이론은 1970년대에 철학자 데이비드슨에 의하여 제기된 후 호건(T. Horgan), 루이스(D. Lewis), 그리고 특히 김재권 교수에 의하여 하나의 중요한 이론적 관점으로 발전하였다.

데이비드슨은 세상의 모든 사건들은 본질적으로는 물리적인데, 언어적으로 어떻게 기술되느냐에 따라 심적인 사건과 물리적 사건으로 나누어진다고 보았다. 몸은 현실적으로 실체로 존재하며 그 속성이 실재하는 존재적 범주의 것이지만, 마음의 현상, 심적 상태의 속성은 언어적 개념적 범주에 의해 생겨나는 것이지 존재론적으로 의미 있는 실재성을 지닌 것이 아니다. 즉 심적 사건은 존재론적 범주의 것이 아니라 개념적 범주의 것이라는 뜻이다. 따라서 심적 사건은 물리적 사건으로 환원되지 않으며, 그렇기에 심적 사건과 물리적 사건 사이에는 어떤 결정론적 법칙이 존재할 수 없다. 무법칙적 일원론이 타당하다.

그러나 심적 사건이 물리적 사건과 연결되어 있다는 통념적인 생각을 부정할 수는 없다. 따라서 데이비드슨은 심적 사건이 물리적 사건에 수반되는 현상이며, 물리적 속성의 변화 없이는 어떤 심리적 속성, 사건도 일어날 수 없다고 하였다.[38] 수반적 관계란 물리적인 모든 면에서는 같은데 심리적으로는 서로 다른 사건이 있을 수 없다. 물리적 속성이 변화되지 않고는 심리적 속성이 변화될 수 없다. 고로 심리적 속성은 물리적 속성에 수반된다고 본다.

이러한 수반의 개념은 이후의 심리철학에서 적극적으로 수용되었다. 심신수반론은 심리적인 것이 물리적인 것에 의존한다는 점에서는 물리주의의 입장을 지지한 것이라

---

38 "Supervenience might be taken to mean that there cannot be two events alike in all physical respects but differing in some mental respects, or that an object cannot alter in some mental respects without altering in some physical respects."

고 해석할 수 있으며, 다른 한편 심리적인 것은 물리적인 것으로 환원될 수 없다는 것은 비환원주의자들의 입장을 지지한다고 해석되었다. 이러한 이유로 수반론은 심리철학에서 각광을 받았고, 기능주의 철학자들에 의해 수용되었다. 환원적 물리주의의 논지를 전개하지 않으면서도 마음과 몸의 관계를 물리주의에 바탕하여 전개할 수 있는 여지를 제공한 것이다.

이러한 수반론을 데이비드슨에 이어 체계적으로 가다듬은 것이 김재권 교수이다. 한국인으로서 미국 철학자 중에서 유명한 이론가의 한 사람인 그는 물리주의자인 동시에 비환원주의자일 수는 없다고 하며 데이비드슨의 이론을 보완하였다. 그에 따르면 수반론은 애초에 반환원주의에 대한 대안으로 고안되었다. 비물질적인 마음을 상정하는 이원론은 현대 철학자들에 의하여 별로 고려되지 않으며, 물질적인 몸과 비물질적인 마음은 인과관계를 맺을 수 없다. 비물질적인 마음은 어떠한 설명적 목적을 위해서도 사용되지 못하는 불필요한 가정에 지나지 않는다. 비물질적 마음을 심신론의 논의에서 제외하고 나면 남는 과제는 심적 속성들이 어떻게 인과적 영향을 발휘할 수 있는가를 논증하는 일인데, 김재권에 의하면 심적 현상들이 물리적으로 환원될 수 있을 때에만 심적 인과의 문제가 해결 가능하다. 2007년 그의 책 『물리주의』에서 밝힌 바에 의하면, 그는 조건부 물리적 환원주의의 하나로 수반론을 전개하고 있다. 그는 물리적으로 환원 가능한 심적 속성만이 인과적으로 효력을 지닐 수 있음을 대전제로 제시하지만, 모든 심적 속성을 물리적으로 환원할 수 있는가에 대해서는 유보적인 입장을 전개한다. 즉 인지적(지향적) 심적 속성은 물리적으로 환원될 수 있지만, 의식의 질적 속성, 곧 감각질은 그렇지 않다고 본다. 감각질의 본래적인 성질은—예: 노랑이 노랑으로 보이는 주관적 체험의 속성—물리적으로 환원될 수 없다고, 즉 물리계 안에서는 포착될 수 없다고 보는 것이다.

수반론은 나름대로 비판을 받는다. 수반론은 심적인 것은 물리적인 것에 의존한다거나 물리적인 것에 차이가 없으면 심적인 것에도 차이가 없다는 것만을 단지 서술할 뿐, 왜 그러는지는 설명하지 못한다. 그래서 수반론은 설명적 이론이 되지 못한다는 비판을 받는다. 게다가 물리주의 이론이나 창발론 등의 다른 심신 이론들이 모두 심신수반을 인정하고 있기 때문에 수반론이 특별한 심신 이론은 아니라는 비판도 받는다.

이상의 철학적 심신론 논의를 보면, 아직도 심신론의 논의는 해결되지 않았으며 계속하여 새로운 관점이 기존의 이론에 대한 수정적 입장으로 제기되고 있다. 대부분의 인지과학자들의 입장은 김재권의 책 마지막 문장과 같은 생각을 지니고 있는 것 같다. "물리주의는 완벽한 진리는 아니지만, 거의 충분한 진리다. 그리고 거의 충분한 것은 충분히 좋은 것이다."

그렇기는 하지만 인지과학에서 물리주의의 입장을 견지하는 한, 주요 문제로 부각되는 주제들이 있다. 표상의 문제, 감각질의 문제, 지향성의 문제, 의식의 문제 등이 그것으로, 이는 후에 6절(인지과학의 주요 철학적 문제들)에서 간단히 언급하기로 한다.

4. 인지과학에서 철학이 다루는 중심 주제 2 : 인식론의 문제

인식론의 문제란 쉽게 표현하자면 지식에 대한 연구, 지식의 원천, 본질, 한계, 합법성 등에 관한 문제이다. 지식 개념의 정확한 분석이나 정의는 무엇인가, 실제로 지식에는 어떤 것이 포함되어 있는가, 지식은 어떻게 습득되는가, 참 지식이 있는가 등이 인식론에 관심을 지닌 철학자들의 주제이다.

이러한 관심에서는 지각이란 무엇인가, 인식이란 무엇인가, 오류가 있는 지각에서 우리가 착시, 착각을 하는데 그럼에도 불구하고 그것에서부터 어떻게 단순하고 안정적인 지식, 개념적 앎이 나오는가 하는 물음이 던져진다. 인식이 어디에서 오는가? 하는 본질적인 문제를 가지고 생각하면, 인간은 선천적으로 어떤 인식능력을 갖고 태어나는가? 모든 것을 다 알고 태어나는가, 아니면 백지장처럼 아무것도 없는 상태에서 태어나 경험에 의해 이런저런 지식을 쌓아가는가? 이것은 환경과 유전의 역할 문제이기도 하고, 생득적 지식의 문제이기도 하며, 진화심리학이나 진화생물학적 문제이기도 하다. 이런 문제들이 철학이 다루는 인식론적 문제이다. 이러한 문제들을 인지과학의 다른 학문인 심리학, 인류학 등에서는 경험적으로 다룬다고 볼 수 있다.

인식론의 한 주제로서 '개념이 무엇인가?'라는 물음을 던질 수 있다. 개념은 단위 경험적 사례들에 의해서 어떻게 어떤 점을 설명하는가? 우리 뇌의 어떤 보편적인 개념은 예를 중심으로 들어가 있는가, 아니면 사전에서 정의하듯이 그렇게 들어가 있는가? 이러한 물음들이 철학과 인지심리학의 연결로 인해 인공지능의 데이터베이스, 마음 및 두뇌 연구와 연결이 된다.

개인의 앎, 지식, 정보처리 과정이 비물리적 표상에 지나지 않는다면 우리 앎의 객관적 참, 타당성은 어떻게 주어지는가? 철학에서는 참(truth), 진리의 문제를 다루는데 사람들이 경험에 의해서 지식을 쌓는다면 대체 참이란 것이 가능한가, 참 지식이란 가능한가 등의 물음도 제기될 수 있다.

인식론의 전체적인 흐름은 고대 그리스 시대부터 절대적 지식, 지식의 영구성, 수동적이며 정적인 지식 등에 대한 관심에서부터 점차 지식의 상대성, 지식의 맥락 의존성, 지식의 계속적인 발달과 진화 등 지식의 보다 능동적인 측면 및 지식의 습득과 적응적 측면에 관심을 가지게 되었다. 고대 그리스의 철학은 비록 아리스토텔레스가 지식 습득의 경험적 방법을 강조하였기는 하지만, 대체로 플라톤 등의 입장은 절대적 지식 중심으로 전개되었다. 르네상스 이후에 경험론과 합리론이 뚜렷이 갈라지면서 지식의 원천에 대하여 다른 입장을 전개해왔다. 실험과학이 발전하면서 지식의 감각적 기반이 강조되었으며, 지식은 자연계 현상의 정확한 반영 또는 대응되는 것이라는 측면이 강조되었다. 칸트에 의하여 생득적 범주라는 인지적 구조에 의해 지각적 경험이 지식으로 구성되는 것임이 강조되었고, 지식의 주관적 측면과 물(物) 자체에 대한 절대적 지식을 습득할 수 없음이 인정되었다.

인식론의 초기 관점은 앞 절에서 잠깐 언급한 반성-상응(reflection-correspondence) 이론의 관점으로 어떤 명제(신념, belief; 표상)의 진리성은 그것이 대상과 상응하는 것에 의해 결정된다는 입장이었는데, 이러한 입장은 객관적 조작적 준거 결정이 곤란하다는 문제점이 있었다. 이어서 등장한 논리실증주의적 인식론에서는 조작주의(operationalism), 검증주의(verificationism)의 입장을 전개하였는데, 표상(명제)의 의미는 그것에 대한 관찰 조건들을 조작적으로 규정할 수 있느냐에 의해 검증될 수 있음과 조작적으로 규정할 수 있는 객관적 관찰 대상(조건)을 찾을 수 없는 개념, 표상, 명제는 무의미함을 강조하였다. 이것은 인지과학이 등장하기 이전의 심리학과 철학을 한때 지배하였던 행동주의적 관점의 인식론적 바탕이 되었다.

이후에 등장한 인식론의 입장은 실용주의(pragmatism), 현상학(phenomenology), 구조주의(structuralism), 구성주의(constructivism)의 입장이었는데[39] 이 입장은 인지과학의 기본적 틀과 부응하는 입장이었다. 이 입장에서는 위의 두 가지 이론은 다 문제가 있다는 것과 인식론적 논의에서 맥락적 중요성을 강조하였다. 실용적 입장의 인식론에서는 우리의 지식이 자연 현실을 그대로 복사하여 반영하는 것이 아니라, 환경을 표상함에 있어서 최대한으로 단순화하여 문제를 해결하려는 실용적 목적에서 형성되는 심적(인지적) 모델들이라고 보았다. 지식을 표상함에 있어서 어떤 인지적 모델이 선택될 것인가는 주어진 해결해야 할 문제에 달린 것이고, 지식 표상의 기본적 기준이란 그 모델이 가능한 한 정확하고 단순한 예측 또는 문제해결을 제공하는 것이며, 물 자체에 대한 지식이라든가 인지적 구성을 떠난 절대적 지식이란 무의미한 것으로 보는 입장이었다.

그런데 인지과학의 핵심 문제가 표상의 문제이다 보니 그것이 인지과학의 핵심 주제라는 측면에서, 그리고 이러한 문제들에 대한 이론과 정형적 모형을 제시하려는 인지과학적 시도들에서 자연히 인지과학은 인식론과 연결되게 되었다. 인지과학은 초기에는 논리실증주의 철학과 형식 이론의 철학적 전통의 영향을 받아 초보적이고 검증주의적 입장에서 의미와 진위성의 문제를 다루려 하고 이러한 맥락에서 인간 및 인공지능의 이론을 형성하려 하였다. 그러나 실용주의 인식론이 인간 인지의 구성성을 강조하는 인지과학의 기본 입장과 상응함이 인식됨에 따라 언어의 습득, 언어의 이해, 추리의 문제 연구와 연결되어 인지과학에서도 지식 표상에서 의미의 맥락적, 구성적 결정 측면을 강조하게 되었다. 철학에서의 후기 비트겐슈타인(L. Wittgenstein)의 입장이나, 오스틴(G. Austin)의 화행 이론(speech act theory)과 연결하여 말과 표상의 의미는 언어적 표상들(단어들)이 어떠한 맥락에서 어떠한 목적을 수행하는가 하는 화용론적(pragmatics) 측면에서 의미를 지니는 것임이 강조되고, 기호학자 에코(U. Eco)와 세벡(Seboek) 등의 입장인 기호(signs)의 용법과 해석은 상황에서의 목적적 행위에 의해 이루어짐과 표상의 구성 및 해석이 중요하다는 입장이 수용되었다. 이는 자연히 인지과학에서 인간 또는 인공적 지능 주체의 해석적 활동과 이의 맥락과의 상호작용의 중요성을 강조하는 연구 흐름으로 연결되었다.

그러나 인식론과 관련된 철학 영역들 중에서 인지과학의 발전에 가장 큰 영향을 준 것은 지식의 진리성, 타당성의 확인과 관련하여 철학이 발전시킨 철학적 논리체계였

---

39 현상학의 경우, 행동주의 출현 이전에 이미 철학의 주요 관점 중 하나로 자리를 잡고 있었다.

다. 현대 논리학은 정형적 표상과 수리적 증명 절차를 대폭 사용하였고, 철학적 논리학은 규준적, 기술적 측면을 강조해왔다. 합리적 인간, 컴퓨터 인공지능 체계들이 실제로 추리하는 데 사용하는 절차, 논리는 무엇인가, 그 추리 전략의 특성과 한계는 무엇인가 등에 관심을 지녔던 초기 인지과학자들은 인간의 추리를 모형화하여 인공지능 시스템을 개발하기 위해 철학자들이 사용한 논리체계 방법을 인공지능, 인지심리학 등에서 계산적으로 자동화시켜 여러 과제에 적용해왔던 것이다. 철학에서 정형적 추리 절차 구성에 사용하던 방법을 인간 및 인공지능체계의 인지적 모든 면을 모델링하는 데 적용할 수 있다고 믿고 인지 과정, 특히 문제해결적 사고 과정의 연구에 적용하였다. 대표적인 예가 1950년대 말에 최초로 지능 시스템을 만들었던 사이먼과 뉴웰의 보편문제해결자(GPS) 프로그램이었고, 이후의 인공지능 연구는 대체로 이러한 틀에서 전개되었으며, 인간의 발견 과정을 모사(simulate)하는 BACON 프로그램, 귀납 과정을 모의하는 PI 프로그램 등이 제시되었다. 인지과학 초기의 이러한 철학의 논리체계 의존적 연구 경향이 최근에는 변화하여 비정형적, 비추론적 측면이 지능의 작동에 중요함을 인정하게 됨에 따라 여러 변화가 이루어졌지만, 지식의 타당성을 확인하기 위하여 발전시킨 철학의 형식적(정형적) 논리체계는 아직도 인지과학 연구의 핵심적 위치를 차지하고 있고, 여러 연구 주제 영역에서 주요 연구 주제의 도출에 영향을 주어왔다.

5. 인지과학에서 철학이 다루는 중심 주제 3 : 과학철학적 문제

인지과학의 개념적 기초와 관련하여 던져지는 핵심적 물음의 하나는 심적 현상을 설명하기 위한 적절한 설명은 무엇인가하는 물음이다. 이 물음은 과학철학적 물음이다.

인지과학에서 과학적 설명이 적용될 수 있는가, 인지과학에 적합한 과학적 설명방식은 무엇인가, 인지과학을 구성하고 있는 여러 학문들의 관계는 무엇이고, 이들은 어떤 식으로 연결되고 종합되어야 심적 현상에 대한 올바른 접근을 하는 것이며 좋은 설명을 준다고 할 수 있는가 하는 물음을 던지게 된다.

또한 이와 관련하여 심리적 현상이 물리적 현상으로 환원될 수 있는가, 신경적 수준으로 환원시켜서 설명해도 그것으로 인지과학적 설명이 충분한가, 기능주의적인 접근이 과연 타당한가, 표상의 기능은 과연 존재하는가, 존재한다면 어떠한 기능을 하는가 하는 물음을 던지게 된다. 인지과학과 관련된 과학철학적 물음은 과연 과학으로서의 인지과학이 적절하게 물음을 던지고 있고, 적절하게 방법을 사용해서 현상을 제대로 설명하고 있으며 이것이 충분한가, 타당한가 하는 물음을 던지고 분석하는 것이다.

인지과학에는 여러 학문들이 관여되어 있고 마음, 뇌, 컴퓨터, 인간 사회문화 등의 여러 수준에서 접근해야 하는데 과연 어떠한 방법과 접근이 타당한 방법인지 반문하게 되며, 인지과학을 넘어선 과학 전체의 타당한 방법, 이론 구축과 재구성의 방법론이 무엇이어야 할지에 대한 논의가 활발히 제기되고, 과학철학의 논의의 표본 학문이 물리학에서 인지과학으로 넘어오게 된다.

연역–법칙적(deductive-nomological) 설명 이론을 제시한 철학자 헴펠(C. G. Hempel)에 의하면, 과학의 목적은 단순히 편린적인 관찰 사실들을 기술하는 데 있는 것이 아니라 보편법칙을 바탕으로 설명하는 데 있다. 과학이란 본질적으로 논증의 과정이며, 이는 단순히 관찰 사실을 기술하는 언명들의 집합이 아니라 언명들 사이의 추론관계에 의해 이루어진다. 어떤 한 언명은 다른 언명과의 관계에서 그것이 참임을 받아들이도록 하는 전제들에 의해 지지됨으로써 설명이 되는데, 이러한 전제들을 과학에서는 법칙이라고 한다. 적절한 과학적 설명이란, 설명되어야 할 현상을 어떤 법칙의 논리적 필연성의 함의임을 보임으로써 가능하다는 것이다.

그러나 이러한 연역-법칙적 설명의 입장은 생물학이나 인지과학의 여러 현상들을 설명하는 데 적절치 않음이 드러난다. 인지과학에서는 (생물학에서도 사정은 비슷하지만) 법칙이라고 할 수 있는 것이 별로 없다. 생물학도 따지고 보면 물리학적 법칙은 있으나 생물학 고유의 법칙이라고 할 만한 것은 많지 않다. 따라서 생물학이나 인지과학이나 헴펠이 이야기하는 류의 법칙보다는 기작(기전 · 기제, mechanism)[40]에 의해 탐구대상인 현상을 설명하려 한다. 기작이란 기본적으로 3개의 측면이 관여된다. 하나는

---

40 'mechanism' 이라는 용어는 국내에서 학문 분야에 따라 '기작', '기전', '기제' 등으로 달리 번역되고 있는데, 여기서는 '기작'으로 통일한다.

구조적 요소로 생물체계이건 인지체계이건 그 체계의 여러 다른 과정을 수행하는 구성요소 부분들이고, 둘째는 이러한 부분요소들의 작동 과정들이며, 셋째는 부분과 작동 과정들이 조직화되어 총체적 연계를 가지고 문제의 현상을 구현한다는 측면이다.

철학은 정보처리적 구조와 과정, 그리고 이들의 총체적 연결 및 조직화에 의하여 인지 현상을 설명하려는 인지과학의 이러한 기작적 설명 틀의 타당성, 적합성을 논리적으로 분석하고 문제점을 논한다. 생물학에서는 기작적 설명이 물질적 변환과 관련하여 전개되지만, 인지과학에서는 주로 정보처리체계라는 인지체계에서 정보적 변환 중심으로 전개된다. 인지체계에서 정보의 전환 메커니즘을 논함에 있어 당연히 전제되는 것이, 정보가 표상되고 이 표상이 변환된다는 것이다. 즉 표상의 조작과 변환이 인지과학의 핵심이 되며, 따라서 인지과학의 과학적 작업의 적합성, 타당성을 분석하는 과학철학적 작업은 인지체계에서의 표상의 본질, 기능, 역할에 대한 비판적 분석을 하게 된다. 따라서 인지과학과 관련된 과학철학적 탐구에서는 인지체계에서 과연 표상이 가능한가, 인지를 모델링하고 설명하기 위해서는 어떠한 유형의(예: 명제적, 아날로그적) 표상이 존재할 수 있으며, 무엇이 그러한 유형의 표상이 되는가, 표상에 대한 심적 작업의 본질은 무엇인가, 표상의 기능은 과연 인과적 기능을 할 수 있는가 등을 묻게 된다.

이러한 맥락에서, 마음을 구체적 뇌신경적 표상이나 신경적 조작 과정 수준과는 차별화하여 정보의 기호적 표상과 이에 대한 형식적 조작, 즉 계산을 인지체계의 핵심으로 삼았던 뉴웰과 사이먼의 물리적 상징체계(PSS: physical symbol system) 접근이나, 그와는 달리 마음을 뇌신경적 비표상 체계로 개념화하고 신경단위들 간의 신경흥분활성화 값의 조정을 기본 작동 과정으로 개념화한 연결주의(신경망체계)의 과학철학적 기초를 비판적으로 분석하고 이들이 제공할 수 있는 과학적 기술과 설명의 가능성 및 문제점을 분석하는 것이 인지과학과 관련된 과학철학의 주요 작업 중 하나가 된다.

이러한 물음을 전개하다 보면 자연히 물리적 상징체계이건, 신경망체계이건, 다른 체계이건 간에 그 체계 내의 표상단위들에 해당하는 어떤 것들이 어떻게 '의미'를 지니게 되는가, 그 표상단위들이 어떻게 대상을 참조하고 지칭하게 되는가 하는 문제가 제기되게 되고, 이에서 자연히 과학철학적 물음들은 심리철학적, 존재론적, 인식론적 물음들과 연결된다. 모든 심적 표상이 언어와 같은 표상인가, 인지가 언어문법과 같은 통사적 원리에 의해 작동하는 사고언어(language of thought, Fodor, 1975)의 특성을 지니는가 하는 문제도 제기된다.

인지과학이 시도하는 심적 현상의 설명의 적절성 및 타당성 문제를 논하다 보면, 자연히 말초세포의 작동 기작이라는 미시 현상에서부터 인간간의 사회적 상호작용을 다루는 거시적 현상에 이르기까지 심적 현상이 다원적, 다수준적 특성을 지니고 있음을 확인하게 되며, 이 여러 수준에서의 설명의 관계성, 특히 상위 수준의 기술과 설명을 하위 수준의(예: 신경적 수준) 기술과 설명으로 환원 가능한가의 문제가 거론되게 된다. 이러한 탐색은 자연히 인지과학에 참여하는 여러 학문들의 역할과 상호관계성의 문제로 넘어가게 되며, 과학의 통일성 등 과학철학의 기본적 물음을 인지과학 내에서 다시 묻게 된다.

인지과학을 구성하는 학문 간의 관계에 대한 물음의 주요 초점은 이 장의 처음에 다루었던 심신론의 문제와 밀접히 연결되는데, 심적 현상을 뇌의 신경적 현상으로 환원 가능한가 하는 심신론의 문제가 학문 간의 관계로 확대되면, 과학적 설명에 있어서 심리학 또는 인지과학을 신경과학, 생물학으로 환원하여야 하는가, 할 수 있는가의 물음으로 전개되게 된다.

이러한 물음에 대하여 그동안 전개된 과학철학적 논의를 심리학과 신경과학을 대립시켜서 단순화하여 약술한다면 다음과 같다. 이 물음은 한 학문의 이론을 다른 학문의 이론으로 환원할 수 있는가 하는 문제인데, 처칠랜드(Churchland) 부부 등은 그렇다, 그렇게 해야 한다고 주장하는 반면에, 포더, 퍼트넘, 벡텔(W. Bechtel) 등의 철학자들은 그렇지 않다고 주장한다. 한 학문의 이론이 다른 한 학문의 이론으로 환원되기 위해서는 두 학문의 이론의 전제와 결론에서 공통적인 개념, 용어를 사용해야 하는데, 이 철학자들에 의하면 심리학과 신경과학은 용어, 개념을 서로 다른 방식으로 사용하기에 환원이 곤란하다고 본다. 한발 더 나아가 과학철학에서 이미 많이 논의된 바와 같이 순수한 객관적 이론은 존재하기 힘들며, 어느 학문의 이론은 그 이론을 사용하는 학자들의 설명적 접근의 관점 및 약속이 항상 내포되게 되고 이는 순수한 객관적 의미의 이론을 넘어서는 것이다. 더구나 심적 현상이건 생물적 현상이건, 특정 법칙과 관련된 동떨어진 단일 이론에 의한 설명을 시도하는 것이 아니라 메커니즘, 기작에 의하여 설명을 시도하는 것인데, 앞서 논한 바와 같이 하나의 기작에는 구조적 구성요소, 작동 과정, 이들을 총체적으로 조직화하는 틀이 관여되게 마련이다. 따라서 기작 중심의 설명의 경우는 간단히 한 학문의 이론을 다른 학문의 이론으로 환원하기 곤란한 것이다.

지난 몇십 년간 인지과학의 출발 이래 정보처리적, 계산적, 표상적 접근이 성공적으로 인지과학을 끌어왔다. 철학이 던지는 여러 가지 문제들 중 인지과학에 관한 몇 가지 주요 문제를 추가로 생각해보겠다.

6. 인지과학의 주요 철학적 문제들: 선택적 개관

1) 표상의 문제

지식의 단위, 마음의 단위를 표상이라고 한다면 표상의 본질은 무엇인가? 과연 우리 마음속에 들어 있는 마음의 내용이라는 것이 표상에 의해 들어가 있다고 하는데 그 형태는 어떤 것인가? 그 표상이, 마음의 내용이 의미를 지니는데 그 의미가 전형적인 컴퓨터과학적, 논리적으로 기술해서도 다 다룰 수 있는가? 표상의 내용은 무엇이고 그 내용은 어떻게 습득되는가? 참과 거짓을 표상의 구별은 어떻게 될 수 있는가? 하는 물음이 제기될 수 있다.

2) 감각질의 문제

철학에서 '퀼리아(qualia)'라고 하는 감각질[41]은 유명한 반 고흐의 그림에서 보는 짙

---

41 감각질의 정의는 다음 사이트에 주어져 있다. http://www.aistudy.com/philosophy/qualia.htm
http://hero.hannam.ac.kr/hwp/qualification-exam.htm

은 청록색이라든지 바흐의 무반주 첼로의 음색이라든지 어떤 음악, 미술, 음식의 맛 등이 주관적으로 치환된 그런 마음의 감각적 자극에 대해서 우리가 주관적으로 느끼는 마음의 내용이다. 같은 붉은 사과를 보는데, 한 사람은 그대로 붉게 체험하고 다른 사람은 파랗게 체험한다면 이것은 감각질이 달라지는 것이다. 아주 무더운 날 여름에 어느 아이스크림 집에서 사 먹은 어떠어떠한 아이스크림의 그 맛, 이런 것을 과연 컴퓨터나 인공지능 형식에 정형적으로(formally) 구현할 수 있을까? 예를 들면 색맹인 사람은 색에 대하여 나와 같은 감각질을 체험하는가? 붉은색을 볼 때마다 내가 청색을 볼 때 체험하는 경험과 똑같은 경험을 하는 사람이 있다면 그 사람과 나의 감각질이 같은 것인가 하는 그런 물음을 철학자들은 인지과학과 관련하여 던질 수 있다.

감각질이 인지과학의 철학에서 중요한 주제로 던져지는 이유는, 과연 물리적 환원주의—모든 것을 신경적인 상태로 설명할 수 있다는 입장—라든지 모든 것을 컴퓨터의 프로그램 형식으로 설명할 수 있다는 입장에서 인간이 경험하는 주관적 체험을 과연 나타낼 수 있는가 하는 그런 물음과 연관하여 제기되는 것이다.

감각질과 관련해 여러 논란이 계속되었다. 요점은 어떤 감각적 자극에 대해서 주관적으로 우리가 체험하는 감각질의 내용을 과연 신경과학적 수준에서, 기능주의 수준에서, 컴퓨터 프로그램 용어로, 정보처리 수준에서 설명할 수 있느냐 하는 물음을 던지면서 전통적인 인지과학에 부분적인 의문을 제기한 것이다. 좀비(zombi)라는 것을 생각해볼 수 있겠다.[42] 감각질을 나와 같이 체험하지 못하는 그러한 좀비가 있을 수 있지 않느냐 하는 물음을 던질 수 있다.

물리주의나 기능주의와 관련해서 보면 이런 주관적 체험, 의식적 감각적 특질은 입력과 출력 사이의 정보처리적, 계산적, 기능적 과정으로 나타낼 수 있는가라는 물음에 대해서 나타낼 수 없다고 주장하는 사람들이 감각질의 문제를 들고 나왔다고 볼 수 있다. 뇌의 물리적 상태가 아니라 기능적 상태가 된다는 것이다. 뇌의 물리적 상태가 같다고 해도 똑같은 감각질을 가졌다, 체험했다고 볼 수는 없다. 입력과 출력 사이에 기능적 상태가 같다고 해도 똑같은 감각질(감각적 체험)을 갖는다고 볼 수 없다는 것이다. 감각질은 심리철학, 인지과학 철학의 중요한 문제 중의 하나이다.

---

42 철학에서 언급되는 '좀비'라는 개념은 주로 유물론이라든가 행동주의 같은 물리주의를 비판하려는 논지에서 사용되는 개념이다. 좀비란 의식경험이 없다는 것 이외에는 인간과 구별되지 않는 가설적 존재이다. 그래서 좀비를 꼬집거나 찌르거나 하면 외적으로는 인간과 똑같이 반응을 하지만, 아프다는 의식적 경험은 없이 반응하는 것이다.

3) 지향성의 문제

지향성의 개념은 브렌타노(F. Brentano)에 의하여 마음의 본질에 대한 이론적 전개에서 현대 철학의 중심 개념의 하나로 떠올랐다. 지향성(intentionality)이란 심적 상태가 그 자체 이외의 대상에 대하여 참조하며 지향하는 것이다. 세상 대상에 대하여 의도하고, 믿고, 욕망하고, 바라고, 두려워하고, 사랑하는 등의 모든 상태를 지칭한다. 즉 의식 자체가 어떤 '대상에 대한 의식'인 동시에 이 의식은 늘 어느 특정 대상을 '지향'하고 있음을 의미한다. 브렌타노에 의하면(Brentano's Thesis: 모든 심적 현상은 지향적이며, 심적 현상만이 지향적이다), 심리 현상의 특성은 본질적으로 지향성을 지니고 있다. 따라서 지향성 여부가 어떤 상태가 심리적인 것인가 아닌가를 가르는 규준이 된다고 본다. 순수하게 물리적인 존재는 대상에게로 향하는 지향성이 없다고 보는 것이다.

브렌타노의 지향성 개념은 인지과학의 핵심 개념인 표상과 밀접히 연결된다. 의식이란 무엇에 대한 의식이고, 표상이란 무언가 대상에 대한 상징적 재표현이며, 표상의 의미는 그 표상이 어떤 대상을 참조하는 지향적 관계에서 형성되게 된다. 따라서 지향성의 개념은 인지과학의 한 핵심 개념이 된다.

후설(E. Husserl)은 이 브렌타노의 지향성의 개념을 이어받아 발전시켰다. 그러나 그는 모든 심적 현상은 지향적이라는 브렌타노의 전제를 수정하여 제시한다. 심적인 것으로 지향적이지 않고 의식되지 않은 것도 있을 수 있으며, 의식의 내용과 대상을 구별하는 것이 중요하다는 논지를 제시하였다.

인지과학의 핵심 개념이 표상이며 표상이 어떤 것에 대한 지향적 표상이기에, 지향성의 문제는 인지과학에서 중요한 개념으로 다루어져왔다. 철학자 데넷(D. Dennett)은 마음에 대하여 기술할 때 물리적 입장을 취할 것이 아니라 지향적 입장을 취해야 한다고 하며, 심리 현상의 특성은 본질적으로 지향적 체계(intentional systems)에 의해 결정된다고 본다. 인지과학의 틀은 모든 심리 현상 유형을 그에 대응하는 물리적 사건 유형으로 대응시켜야 하는 물리주의도 부적절하며, 모든 심적 현상을 동일한 보편기계 프로그램의 구현화인 튜링기계의 구현인 튜링기계 기능주의도 부적절하다고 본다. 이러한 지향적 체계(intentional system)는 여러 형이상학적 문제점도 없으며, 인간의 행동계와 비지향적 물리과학을 연결시켜준다.

한편 썰(Searle, 1984)은 다른 입장에서 지향성 개념을 전개한다. 마음은 심적 내용, 특히 의미 내용을 지닌다. 의미란 통사론 또는 구문론에 의해 충분히 나타낼 수 없다. 그런데 튜링기계란 전적으로 형식적 또는 통사적 구조에 의해 규정된다. 따라서 튜링기계는 인간의 마음 의미 내용을 충분히 다룰 수 없다. 즉 세상 대상에 대하여 의도하고, 믿고, 욕망하고, 바라고, 두려워하고, 사랑하는 등의 모든 상태가 통사적 체계에 의해 나타내어질 수 없다고 본다. 이러한 심적 상태에 의해 물리적 대상에 변화가 일어나는 지향적 인과나 마음의 주관성 등은 튜링기계론에 의해 설명될 수 없는 비규칙 지배적, 비형식적 특성을 지닌다고 보는 것이다.

4) 지능과 이해의 본질의 문제: 컴퓨터가 사고할 수 있는가?

이것은 인식론의 문제이기도 한데, 컴퓨터의 계산능력은 인간의 사고능력과 같을 수 있는가? 컴퓨터는 사고할 수 있는가? 컴퓨터는 이해할 수 있는가 하는 종류의 문제이다. 일반적으로 인간과 같은 사람, 인간이 하는 것과 같은 일을 컴퓨터가 할 수 있는가 하는 물음이다. 물음에 답을 하려면 컴퓨터가 계산을 한다. 그런데 계산이란 과연 무엇인가? 계산이란 것이 인간의 마음을 나타낼 수 있는가? 한발 더 나아가 컴퓨터 은유가 인간의 마음에 대한 적절한 은유인가? 그러한 물음에 대해서 반문한다면, 사고한다는 것, 이해한다는 것이 무엇인가는 정의하기 나름이다.

컴퓨터가 사고할 수 있는가 하는 물음과 관련해서 9장에서 설명할 '강한 인공지능 관점(strong AI)'에서는 가능하다고 본다. 컴퓨터 모의실험을 통해서 인간의 모든 인지적 과정을 나타낼 수 있고, 지금은 불가능하지만 인공지능이 더 발달하면 그것이 가능하다고 보는 것이다. 즉 튜링 테스트를 컴퓨터가 통과한다면 컴퓨터는 인간처럼 사고할 수 있다는 입장이다. 그래서 '컴퓨터는 사고' 할 수 있는가라는 물음에 대하여 사고할 수 있다는 입장이 강한 '인공지능 관점'이다.

중국어 방 논변: 거기에 대해서 반론이 제기되었는데, 그렇지 않다는 논변으로 각광을 받은 것이 '중국어 방(Chiness room) 논변'이다. 중국어 방 논변은 인공지능과 관

련해서 철학의 문제, 인지과학의 문제로 상당히 많이 논의되며, 언어학에서도 많이 논의된다. 중국어 방 논쟁을 그림을 통해 설명하면 다음과 같다.

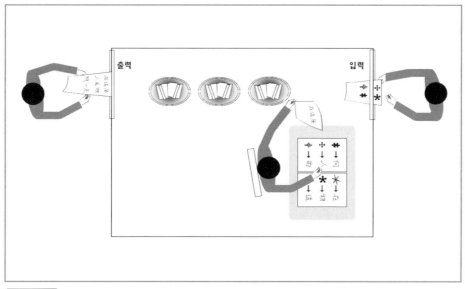

그림 6-1 중국어 방

그림에서 가운데 방 안에 있는 사람은 서구권의 사람이다. 이 사람은 중국어를 하나도 모른다. 중국어 한자가 입력되면, 그는 어떤 글자가 들어오면 어떤 글자를 내보내라는 규칙이 적혀 있는 매뉴얼(튜링기계에서 기계표에 해당한다)을 보고 그 규칙에 따라 한자를 출력시킨다. 그는 한문, 한자를 전혀 모르는데도 불구하고, 아마도 영어로 적혀 있을 그 매뉴얼 규칙에 따라 그것에 합당한 출력을 바깥으로 내보낸다. 예를 들어 '하늘 천(天)' 자가 입력되면 기계표를 참조하여 그 규칙에 따라 중국어로 '하늘'이라는 답을 밖으로 출력한다. 바깥에 있는 사람은 이러한 반응을 보고서 안에 있는 사람이 한자를 이해하고 있다고 잘못 생각할 수 있다. 그러나 방 안에 있는 사람은 한자를 이해하지 못하며, 단지 매뉴얼에서 미리 정해진 규칙과 절차에 따라 행동한 것이다.

어느 컴퓨터 프로그래머가 중국어 방을 모방할 수 있는 프로그램을 작성한다고 하자. 가령 컴퓨터에 중국어로 된 입력이 주어지면, 컴퓨터는 기억이나 데이터베이스와 대조해보고 중국어로 산출하도록 하는 것이다. 그런데 컴퓨터의 답변이 중국 본토인의 답변보다 뛰어나거나 그만큼 훌륭하다면, 컴퓨터는 중국 사람들이 중국어를 이해하고 답하는 것처럼 글자를 이해한다고 볼 수 있는가? 중국어 단어를 하나도 이해하지 못하지만 중국어 기호들을 다루기 위한 영어로 된 매뉴얼이 데이터베이스로 주어졌고, 이 매뉴얼이 참조되고 여기에 쓰여진 규정들의 규칙에 따라서 출력이 이루어졌다. 그런데 그 매뉴얼의 규칙들은 규칙(rule)을 다루는 통사론(syntax)만 있고 의미론(semantics)은 없다. 그럼에도 불구하고 그 프로그램이 출력하여 답을 내었고 그 답이 본토 중국인의 것과 다르지 않을 때, 그렇다면 중국어 방에서 일어나는 일은 튜링 테스트를 통과한 것이 된다.

이러한 중국어 방 개념을 제시하면서 인공지능을 비판한 사람은 썰(J. Searle)이라는 철학자이다. 그가 중국어 방 사고실험을 통해서 보여주려는 것을 요약하자면, 중국어 방에 들어가 있는 서구인이 마치 중국어를 정확하게 이해한 것처럼 보이지만 실상 하나도 이해하지 못한 것이며, 아무것도 달라진 것은 없다는 것이다. 마찬가지로 중국어를 이해하는 적절한 프로그램이 진행된다고 할지라도 그 프로그램이 중국어를 이해한 것은 아니다. 기계적으로, 규칙에 따라서 형식적으로 반응을 보인 구문론적인 것이지 인간과 같이 의미 자체를 이해한 것은 아니다. 따라서 컴퓨터가 인간처럼 사고한 것이 아니며, 그러므로 컴퓨터가 인간처럼 사고할 수 있다는 것은 잘못된 생각이라는 것이 썰의 중국어 방 논변의 요점이다.

이러한 논변을 전개함에 있어서 썰은 뇌가 마음을 야기하기는 하지만 마음은 심적 내용, 즉 의미론적 내용을 가지며, 컴퓨터 프로그램은 전적으로 형식적 혹은 통사적 구조에 의해 정의되지만, 통사론은 의미론의 충분조건이 아님을 전제한다. 그리고 이러한 전제들에서 다음과 같은 결론을 도출한다.

결론 1: 어떠한 컴퓨터 프로그램도 그 자체로서는 어느 체계로 하여금 마음을 갖도록 하는 충분조건이 되지 못한다. 요컨대 프로그램은 마음이 아니며, 프로그램만으로는 마음을 갖게 하기 위한 충분조건이 되지 못한다.

결론 2: 뇌의 기능이 마음을 야기하는 방식은 단지 컴퓨터 프로그램을 작동시키는 것만으로는 성립될 수 없다.

결론 3: 마음을 야기하는 다른 어떤 것은 최소한 뇌의 능력과 동등한 인과적임을 가져야 할 것이다.

결론 4: 컴퓨터 프로그램의 가동만으로는 우리가 만들 수 있는 어떤 인공물이 인간의 심리적 상태와 동등한 심리적 상태를 갖도록 하는 데 충분하지 않다. 오히려 그 인공물은 인간의 뇌와 동등한 능력을 가져야만 할 것이다.

이러한 썰의 결론은 인지과학에 도입된 철학적 기능주의와 강한 인공지능의 관점에 반론을 전개하는 것이다. 즉 인지과학에 도입된 철학적 기능주의는 컴퓨터의 내적 체제가 우리의 심리 상태와 기능적으로 동형적이라면 컴퓨터 역시 마음을 갖는다는 입장을 시사하고, 강한 인공지능의 입장은 컴퓨터가 인간의 마음을 가질 수 있다는 입장을 제시하는데, 썰의 중국어 방 논변은 이러한 두 입장에 대한, 더 나아가서는 제거적 유물론과 같은 물리주의적 심신론에 대한 강한 반론을 전개하는 것이다.

5) 현상학적 비판: 드레퓌스의 논변

썰과 유사한 문제를 제기하면서 철학자 드레퓌스(H. Dreyfus)는 전통적 인지주의가 잘못되었다고 보았다. 전통적 인지주의와 인공지능은 다음과 같은 입장을 전개해왔다. 즉 마음과 뇌와 컴퓨터는 정보처리체계라는 점에서 유사하다. 기억표상 내의 상징에 대하여 정보처리를 하는 알고리즘적 규칙을 적용해서 마음은 정보를 처리하며, 모든 심적 활동은 정형화되고 컴퓨터 용어로 나타낼 수 있다고 주장한다.

전통적 인지주의는 맥락과는 독립해서 의미를 파악할 수 있고, 인간의 마음에도 자연과학적 기초를 적용할 수 있다고 본다. 드레퓌스는 이에 대하여 현상학적 철학의 입장에서 비판을 한다. 그에 의하면 심적 현상에 자연과학적 법칙을 적용하고 이해하려는 것은 잘못된 것인데, 왜냐하면 인간의 마음은 맥락 의존적이기 때문이다. 인간의 심적 현상은 세상과 분리 불가능하며 마음과 몸과 환경은 하나의 단위이기 때문에 분리, 분석이 불가능하다. 그렇기 때문에 인간의 마음에 대해서 뇌와 마음을 같은 것으로 생각하여 접근하는 것은 잘못되었다고 본다.

6) 의식의 문제

인지과학에서 철학이 던진 문제 중의 하나가 의식의 문제이다. 즉 의식이란 무엇인가? 과연 의식이란 두뇌 상태로 환원될 수 있는가 하는 문제이다.

의식에 관한 철학적 논문 자료들은 많이 있다. 의식에 대한 철학적 물음에 대해서는 특히 찰머스(D. J. Chalmers)라는 심리철학자가 상당히 많이 다루었다. 의식이란 무엇이고, 의식의 전형적인 핵심은 무엇이며, 어떻게 발견하고 기술하고 이론화할 수 있는가? 의식이 무엇인가? 의식이 과학적으로 접근할 수 있는가와 같은 물음은 상당히 많이 제시되어왔다.

지난 20세기 후반 이전만 해도 과학자들은 의식의 얘기를 하는 것은 비과학적이라고 생각하였다. 1970년대까지만 해도 인지과학에서조차 의식은 다루지 않으려고 했다. 물론 철학에서는 의식의 문제를 얘기하였지만. 1980년대를 넘어서 신경과학이 발달하고 인지심리학 연구에서 주의, 기억, 지각, 정서 등의 문제가 연결이 되고 그것과 관련된 뇌의 어떤 과정이 주의, 자극, 수면 등과 관련이 있는가를 신경과학적으로 탐지하면서, 의식의 문제가 20세기 말에 자연과학적인 화두가 되었다. 이전에는 의식의 문제를 거론하는 것은 비과학적이라고 생각했던 사람들이 그것을 자연과학적으로 답할 수 있는 물음이라고 생각하기 시작한 것이다. 과연 의식에 대해 자연과학적으로 답할 수 있는가 없는가? 하는 반문은 철학자들에 의해서 전개되고 있다. 의식은 어떻게 존재하는가, 의식의 기능은 무엇인가, 의식은 뇌의 신경적 상태로 환원될 수 있는가, 이것과 관련해서 감각질의 본질은 무엇인가 하는 물음을 던져볼 수 있다.

■ 의식에 대한 신경과학적 입장

신경과학적 입장에서 보면, 의식은 자연과학적 연구의 대상이다. 의식은 뇌 신경세포들의 작용의 집합에 의해서 일어난다. 특정 뇌세포가 의식을 다 다루는 것이 아니라, 의식에는 여러 양상들이 있는데 그것을 여러 세포들이 서로 연결하여 협동해서 다룬다고 볼 수 있다. 그렇게 되면 의식은 뇌 전체에서 공통적으로 협동해서 다루는가, 뇌의 특정 부위에서 다루는가 하는 물음을 던질 수 있다. 그것에 따라서 뇌의 시상은 의식에서 어떤 기능을 하는가? 전두엽은 어떤 기능을 하는가? 좌우반구 기능은 어떤 차이를 보이는가? 의식과 무의식으로 나눠서 본다면 의식은 뇌의 어디에서 다루고, 무의식 역시 뇌의 어느 부분에서 다루는가 하는 그런 물음을 던져볼 수 있다. 인지심리학에서 제시한 주의, 작업기억 등과 관련하여 신경과학적 연구가 많이 연결되고 그것에 따라서 의식에 대한 철학적 관점이 상당히 달라졌다고 볼 수 있다. 그러나 의식에 대한 논의는 아직도 계속되고 있다.

많은 신경과학자들이 의식의 여러 측면, 여러 현상에 대해서 이런저런 의견을 내놓고 있다. 뇌를 다룬 이 책의 7장에서 좌반구와 우반구의 차이를 논하면서 제시한 그림 (〈그림 7-7〉 참조) 중에서 눈사람 그림, 닭 머리 그림을 보고 삽을 선택한 사람에게 왜 삽을 선택했냐고 물었더니 닭장 청소를 해야 하기 때문이라고 말한 사례가 있다. 시각적으로 지각된 내용을 뇌의 다른 부분에서 해석하고 있다는 의의를 제시하는 것인데, 그것이 인간의 의식에 대한 설명 예의 하나라고 볼 수 있다. 인간의 의식의 해석적 측면을 얘기하는 것이다. 주의, 잠, 언어, 표현, 작업기억의 문제 등과 관련해서 의식의 문제가 다루어진다. 의식은 뇌 특정 부분의 작용이라기보다는 많은 부분의 공동, 협동적인 작업이라고 보는 것이 옳은 것이다. 의식 상태에는 완전히 환원할 수 없는 그러한 측면들이 존재할 가능성이 있기 때문에, 철학자들 사이에서는 이것에 대해 왈가왈부 논쟁하는 입장들을 정리해주고 의식 현상을 양자물리학적인 이론으로 설명해보려는 입장도 있다.

7) 가치관의 문제

도덕이나 인간 삶의 관점에서 보면 고통을 회피하고 쾌락을 추구한다든지 하는 문제도 가치의 문제인데, 그런 가치 추구의 타당성 문제 등을 어떻게 이해하느냐 하는 문제가 제기된다. 또한 윤리학과 관련하여 도덕에서는 이렇게 저렇게 해야 한다고 가르치는데, 도대체 그 처방의 기준, 윤리의 기준은 어디에서 오는가? 옛날에는 신이 그 기준을 가져다주었다. 인간 사회 전체적으로 보면 진리, 논리적 합리성이 그 기준이라고 보기도 했는데, 인지과학이 발달하고 철학, 진화심리학이 연결되면서 도덕의 기준, 윤리, 박애감, 이런 것들이 어디에서 오는가를 인지과학이나 진화심리학, 신경윤리학[43]의 관점에서 이해하려고 하는 접근이 상당히 늘어나고 있다. 그렇게 되면서 철학 내에서의 도덕, 윤리에 관한 종래의 관점이 상당히 달라지고 있다.

7. 철학과 인지과학

1) 과학 일반에서의 철학의 역할

인류문화사에서 과학의 탄생이 철학의 자연철학적 탐구에서 배태되었음은 주지의 사실이다. 과학의 탄생 이후에도 철학은 과학 일반에 대하여 그 탐구대상인 자연 현상에 관한 세계관을 제공하며 그 대상을 어떻게 개념화, 범주화할 것인가를 제시해주었고, 이론적, 개념적으로 잘못 접근되었을 때 이를 벗어나는 대안적 생각의 틀을 때마다 제공해주었다. 철학은 이외에도 과학철학을 통하여 과학을 어떻게 해야 하는가에 대한 지침과 평가를 계속 제시하였다. 그러하기에 과학 탐구에서의 철학의 이러한 안내자(guide) 내지는 '권투연습 상대자(sparring partner)'의 역할은 미래의 과학기술 탐구에서도 계속 중요한 역할을 차지하리라 본다.

---

43 신경윤리학(neuroethics): 인지신경과학이 대두되기 이전에도 생명윤리의 문제가 논의되었고, 주로 의학자들이나 개인이 신체와 관련하여 고려해야 할 윤리적 문제들이 제기되었다. 신경윤리의 문제는 생명윤리의 하위주제로 볼 수도 있지만, 21세기에 들어서면서 부각된 신경윤리의 논의는 기존의 생명윤리의 논의와는 한 차원 다른 시사를 지니게 되었다. 즉 의학이나 신경과학의 윤리 측면(ethics of neuroscience)보다는 윤리의 신경과학(neuroscience of ethics)에 비중을 더 두게 된 것이다. 반사회적 행동자 또는 사회 부적응자의 뇌수술이나 인지기능 향상 약물의 복용 등의 윤리적 측면, 즉 신경과학자가 생각해야 할 연구의 윤리적 측면보다는, 개인의 도덕적 판단 및 개인 행위의 책임 문제, 도덕적 인지의 문제와 관련하여 신경과학적 연구가 시사하는 바가 중요한 주제로 다루어지게 된 것이다. 이러한 연관에서 철학의 역할이 중요하게 거론되는 것이다(Farah, 2005).

2) 인지과학적 탐구를 인도하는 철학의 역할

철학은 과학적 탐구로서의 인지과학에서도 빼놓을 수 없는 역할을 하였고, 또 미래에도 그 역할을 계속할 것이다. 인지과학의 연구 아젠다 또는 핵심 주제(존재론, 인식론 등의 주제 등)는 철학이 과거에 탐구를 통하여 가다듬고 설정해놓은 것이다. 철학은 인지과학의 주제인 마음에 대하여 존재론에서 데카르트의 실체이원론을 무너뜨리고, 물리주의적 심신론을 전개하고 이를 가다듬음으로써 경험과학으로서의 인지과학이 마음의 본질과 관련하여 설정해야 할 기본 바탕과 한계를 명세화하였다.

또한 인지과학이나 신경과학이 탐구해야 할 심적 현상의 범주(예: 기억, 언어, 지각, 의식) 등의 개념과 범주를 규정하고 분석하였으며, 현재에도 이러한 역할을 계속하고 있다. 최근에는 앞에서 언급한 바와 같이 인지과학, 인공지능, 로보틱스가 직면한 '몸-뇌-마음'의 관계 개념을 재구성하며 대안적 돌파구의 가능성을 제시하고 있고, 이러한 철학의 역할은 계속되리라 본다. 철학이 인간 심리 현상에 대한 기본 개념, 범주를 규정하면, 인지심리학을 비롯한 인지과학이 이 개념, 범주들의 기능적, 과정적 측면을 중심으로 세분하고 규정하여 기본 특성을 탐색하고, 철학과 심리학 등의 이러한 범주적, 개념적 규정과 분석의 존재론적, 인식론적 전제를 수용한 다음에 비로소 뇌에 대한 신경과학이 전개되는 것이다.

한때는 철학이 경험적 과학인 인지과학에서 과연 무엇을 더 이야기해줄 수 있는 것이 있을까 하는 회의적 비판도 있었지만, 현재 철학은 학제적인 인지과학의 학문적 추구에서 반드시 필요한 위치를 점하고 있다. 인지과학이 인간과 동물의 마음, 뇌, 인공적 지능, 사회적 지능, 진화 이론, 사회 현상 등에 대하여 경험적으로 탐구한 결과들은 종합적인 연결과 통합이 필요하다. 이러한 통합은 심리적, 인지적 현상 자체의 이해라는 순수이론적 의의에서나, 이러한 연구결과를 사회과학이나 실제 사회에 적용하기 위해서나, 각종 인공물을 인간에게 맞는 양식으로 개발, 적용하는 응용적 측면에서나 공히 필요한 것인데, 바로 이 통합의 안내자 역할을 철학이 하는 것이다. 이러한 통합은 인지과학적 연구결과나 타 과학기술의 연구결과를 그저 연결하면 되는 것이 아니라 한 수준 위의 많은 개념적, 이론적 작업이 부가적으로 연결되어 종합됨으로써 가능한 것이다. 이러한 작업은 신경과학에서나 인지심리학 또는 타 인지과학 분야에서 할 수 있는 것이 아니라 철학적 작업에 의하여 여러 분야의 연구결과들을 한 수준 위에서 메타과학적, 상식적 수준을 종합한 포괄적 개념적 이해 틀을 제공함으로써 비로소 가능한 것이다. 따라서 현재의 다학문적 인지과학 내의 통일성, 정합성을 이루기 위하여, 그리고 미래 인지과학의 발전을 위하여 철학과 인지과학의 연결은 필수적인 것이다.

앞으로도 철학은 심신관계, 표상의 본질과 역할, 계산과 정보처리 개념, 지향성, 의식, 의미 등의 문제, 그리고 마음과 인공물의 관계 문제 등과 관련하여 인지과학을 계속 인도하리라 본다.

3) 인지과학이 가져온 철학의 변화

철학이 인지과학에 영향을 주었을 뿐만 아니라, 인지과학도 철학을 변하게 하였다. 인문학의 기초 학문인 철학이 인지과학의 구성 학문으로 참여하면서 철학 내에 여러 가지 변화가 초래되었다. 철학은 인지과학에의 참여를 통하여 전통적인 심리철학, 과학철학, 윤리학 등의 분야에서 문제의 재구성뿐만 아니라, 철학의 방법론 등에서도 많은 변화를 겪고 있다. 인지과학이 출발할 수 있는 배경 틀인 기능주의를 제공한 이래, 인지과학과 연결됨으로써 전통적인 심신론이 정교화되어 여러 갈래의 심리철학 이론이 제기되었을 뿐만 아니라, 과학철학에서 종래에 과학의 전형으로 삼던 물리학 대신에 인지과학을 과학철학적 논의의 핵심(전형) 분야로 삼게 되었고, 논리적·사변적 분석만 하던 철학 연구방법론에 경험적 실험방법이 도입되어 연구방법 틀이 변화되었으며, 인지신경과학과 연결되어 신경철학 등의 새 분야가 생겨났고, 진화심리학 등의 관점을 도입함으로써 종래의 도덕 개념이 재구성되어 윤리학을 인지적 관점에서 접근하는 등의 변화가 철학에서 일어나고 있다.

8. 인지과학에서의 철학의 역할: 종합

마음의 본질, 인식의 본질에 대한 철학의 경험론과 합리론의 엎치락뒤치락과 대립은 인지과학의 초기에는 합리론 전통으로 기울어졌다가, 현재는 신경과학적 연구의 부상으로 경험론이 다소 우세한 경향을 보이고 있다.

인지과학의 출발 초기에는 인지과학이 철학적 틀과 개념화에 크게 의존하였지만, 경험적 인지심리학의 발달과 인공지능에서의 논리체계적 접근의 한계의 인식, 그리고 경험적 신경과학의 발달과 진화심리학의 대두로 인해 과연 인지과학에서 철학이 주요 역할을 할 수 있는가 하는 물음이 제기되기까지 하였다. 철학 내에서 로티(R. Rorty) 등은 인식론을 중심으로 한 철학의 필요성에 의문을 제기하였다. 전통적 철학의 물음은 오도된 개념화였고 체계적 대답이 불가하며, 그러한 존재론이나 인식론 문제에 대한 대답은 경험적 과학자들에게 넘겨주고 철학은 문화와 과학의 언어에 대한 해설자의 위치에 머물러야 하며, 인공지능이 지식의 처리 문제에서 계산적 설명 이론을 제공하게 되면 철학적 분석은 불필요하게 된다고 주장하기도 하였다.

그러나 철학은 역사상 자체적으로 계속 발전해왔으며, 인지과학의 출발 이후에는 경험과학자들과의 상호작용에 의해 그 발전이 가다듬어져왔다. 인지과학에서 앞으로의 철학의 역할은 앞의 7절 '과학 일반에서의 철학의 역할'에서 언급한 안내자 및 '권투연습 상대'와 같은 역할이 중요하게 될 것이다. 또한 가드너(H. Gardner)가 지적하였듯이 철학의 변증법적 역할이 중요하게 될 것이다. 경험과학과의 변증법적 대화와 상호작용으로 로티의 주장처럼 철학이 무너질 것 같은 철학의 막다른 위기를 벗어날 수도 있을 것이다.

인지과학의 출발과 지능체계로서의 컴퓨터의 대두는 철학에서 보다 정밀한, 그리고 개념적으로 확장된 분석의 필요성을 제기하였고, 경험적 연구결과를 근거로 옛 문제를 새로운 개념적 틀에서 생각하게 하였다. 시지각의 본질이나 감각경험의 본질 등은 철학의 문제가 아니라 경험과학적으로 접근해야 하거나 잘못 개념화된 것임이 드러났다.

그러나 지향성과 같은 개념의 문제는 철학적 분석이 필요하다. 인지과학은 철학에 자극이 되고, 철학은 인지과학을 돕는 학문이 될 수 있다. 철학은 인지과학의 물음들을 일관성 있는 양식으로 정의하며, 상이한 인지과학 영역들의 연구를 적절히 통합한다.

앞서 예시하였듯이 경험과학과의 연계가 없어진다면 철학은 아무런 쓸모없는, 과학적 작업과 무관한 적절치 못한 학문이 되고 말 것이다. 인지과학이 출발할 수 있는 기초를 제공한 철학이 이제는 그 인지과학의 도움에 근거하여 인지과학을 돕고(깨우치고, 새 해석을 주고), 자신을 도울 수 있을 것이다. 퍼트넘이 이야기하듯이, 과학과 철학을 별 개의 문제로 논하기보다는 인간과 자연을 이해하는 데 둘 다 필요 불가결한 것이라는 주장을 참고해야 할 것이다.

심층분석 6-1 　신경과학적 접근의 문제와 뇌, 몸, 마음

심리철학이나 인지과학과 관련된 철학의 핵심 문제 중의 하나가 마음과 뇌의 관계인데, 그것의 중요한 문제 중 하나가 '마음은 과연 뇌 신경 상태의 하나로 환원시킬 수 있는가?' 하는 문제이다. 여기에서는 전통적 인지과학의 개념적 기초를 제공하는 데카르트적인 존재론적 입장에 대하여 비판적 관점에서 과연 인간의 마음을 뇌의 신경활동으로서 모두 설명할 수 있는가에 대해서 논의를 제기하고자 한다.

먼저 데카르트의 존재론적 입장을 이야기하자면, 앞서 설명한 바와 같이 그는 심신이원론을 제기하였다. 비물질적 마음이 물질적 몸과 같이 독립적인 실체임을 주장하는 심신이원론을 전개하였지만, 데카르트는 마음 전체를 이야기했다기보다는 의식, 사고 중심으로 설명하였다. 의식, 사고하는 주체와 객체를 이분법적으로 생각한 것이다. 즉 뇌와 나머지 신체를 이분법적으로 나누고, 마음과 그 밖에 있는 환경을 이분법적으로 나눈 것이다. 이러한 데카르트의 입장이 현대 신경과학자들 안에 그대로 남아 있다. 데카르트의 입장을 현대 신경과학적 접근에서 단순화하면, 인간의 신체 부분인 뇌에 인간의 마음 전체가 하는 일을 귀속시키게 된다. 인간의 마음의 작용이라는 것은 신체를 가진 생물체인 인간이 환경에 적응하면서 이루어가는 모든 것인데, 이것을 데카르트는 머릿속의 사고중심, 의식 중심으로 설명했다고 볼 수 있다. 데카르트의 존재론은 인간 존재 전체가 아니라 부분이 심적 경험을 하며 심적 속성을 지닌다고 생각하는 그런 개념적 오류를 가지고 있다. 그런 것을 그대로 현대 신경과학에 적용하는 것이다. 신경 현상이 심적 현상을 일방향적으로 일으킨다는 인과적 설명 이론을 현대 신경과학이 택하고 있는데 그것은 문제가 있다.

인간은 사회적 존재이고, 사회 속에서 인간이 살아가면서 발전시킨 것이 마음이다. 그러한 사회적 특성, 사회적 차원을 빼놓고 물리적인 뇌 현상으로 단순화시켜서 환원시키는 것이 적절하지 않다고 비판할 수 있다.

신경적 접근의 이론에서 사용되는 언어적 개념들과 명제적인 진술들, 즉 신경과학에서 이러저러한 뇌 관련, 머리 관련, 마음 관련 개념을 사용할 때는 그 개념이 과연 실제 물리적으로 존재하는 것을 지칭하는가 하는 분석이 있어야 하는데, 그것을 하지 않고 신경학적으로만 접근하는 문제가 있다. 즉 신경적 접근에서 사용되는 유물론적, 환원주의적 개념이나 문제가 실제 심적 사건과 대응되고 객관적 의미를 갖는가에 대한 분석이 미흡하다. 당연히 그에 따른 설명의 타당성 및 충분성도 부족하다.

예를 들면 피아제가 얘기한 스키마(Schema, 도식, 쉐마)와 같은 개념은 심리학에서 사용하는 개념이지만, 그 스키마라는 개념이 존재론적, 인식론적, 신경과학적, 논리적으로 타당한 것인가 분석을 하고 분석이 끝난 뒤에 신경과학적으로 연구하는 것이 아니라, 피아제가 그 개념을 쓰고 인공지능에서도 쓴다는 것 때문에 별 저항 없이 신경과학에서도 그냥 사용하는 것은 문제가 있다.

인지신경과학적 접근의 한계를 생각해보자. 인지신경과학은 수많은 주요 발견과 새로운 발전 가능성을 갖고 있다. 과거에 많은 사실들을 발견했고 지금도 새로운 사실들을 계속 발견해내지만, 그러나 신경과학에서 쓰이는 개념, 이론, 명제, 방법론 등에 대해서 개념적, 논리적, 기술적 문제에 관한 체계적, 상위 이론적, 메타 이론적 분석이 소홀히 되고 있다고 비판할 수 있다. 인지신경적 개념, 이론이 정말로 무엇을 의미하는가? 실제가 무엇인가? 그런 식으로 개념을 사용해도 과연 문제가 없는가 하는 물음을 던져봐야 된다. 그런 개념이나 이론, 절차, 기법을 사용하는 그 밑바탕에 놓여 있는 전제나 가정이 무엇인가를 하나하나 분석해봐야 하는데, 그렇지 않고 접근해가는 것이 대부분의 신경과학적 연구 경향이라고 비판해볼 수 있다. 무엇은 연구할 수 있고 무엇은 연구할 수 없는가, 무엇을 오도된 방향으로 해석하고 연구하고 있는가 하는 물음도 던져봐야 된다.

마음과 뇌 사이에 어떻게 다리를 놓아야 하는가 하는 체계적 분석이 있어야 하는데, 신경과학은 모든 마음 현상, 심적 현상이 뇌의 신경적 현상으로 완전히 환원될 수 있다는 전제를 깔고, 마음과 관련된 심리학적 개념인 스키마, 작업기억 등의 개념들 자체에 대한 체계적 분석을 하지 않은 채 그대로 가져다 쓴다는 문제가 있다.

다시 말해 분석 가능성의 문제가 제기될 수 있다. 마음은 여러 하위 요소들, 부분들, 모듈들로 분화할 수 있다고 보느냐, 없다고 보느냐에 따라서 다른 식으로 접근하고 설명한다. 뇌도 기능적 단위들로 접근할 수 있다고 보느냐, 없다고 보느냐에 따라서 다른 식으로 접근하게 된다. 마음에 여러 하위 요소들이 존재한다면, 그것을 뇌의 각 국재화된 부분으로 배당해서 '이쪽 뇌는 이것을 담당하고 저쪽 뇌는 저것을 담당하고……' 하는 식으로 설명하는 것이 마음을 올바로 설명하는 접근인가에 대한 비판적 분석이 있어야 한다.

이것은 심적 속성의 분할 가능성의 문제이다. 인지심리학과 심리학 일반에서 사용되는 개념들은 가설적 구성 내용이다. 실물 자체라기보다는 현상을 설명하기 위해 만든 개념인데, 그 개념들 자체가 실제로 명료하게 서로 독립적으로 갈라질 수 있는 것처럼—표상, 주의, 지각, 정서 과정, 사고 과정 등이 독립적인 것처럼—생각하기 쉬운데 과연 그럴 수 있느냐 하는 물음을 던져볼 수 있다. 이들 사이에 명확한 경계가 있어서 떨어져 있는 것으로, 객관적 범주로 강조할 수 있느냐 하는 물음을 던져볼 수 있는 것이다.

다시 정리한다면, 신경과학적 접근이 수많은 아주 좋은 자연과학적 발견을 해왔고, 할 수 있음에도 불구하고 마음과 뇌로 이분화할 수 있는 것이 아닐 수 있고, 마음을 신경과학적 현상으로 단순히 설명하고 기술하는 그 수준에서 끝날 수 있는 것이 아니다. 신경과학적으로 접근하는 것에 대해 자기들의 전제, 가정, 출발점, 오류 가능성 등에 대해서 이렇게 저렇게 분석해야 된다. 환원주의적 유물론 가정의 타당성을 분석하고, 마음을 기능적 하위 단위로 나눠 단원적으로 생각하는 것이 타당한가를 분석한다. 그러다 보면 데카르트의 이원적 존재론—주제와 객체는 완전히 이분법적으로 갈라진다는—그 전제가 타당한가? 그 전제를 신경과학에서 깔고 있지 않은가를 분석하게 된다. 심리학적 개념이 실체적이라는 가정이 타당한지도 따져봐야 된다. 즉 심리학에서 사용하는 개념—스키마, 작업기억 등—이 과연 실체적인가 하는 물음을 던져볼 수 있다.

결론적으로 마음과 뇌가 하나인가, 둘인가에 관해 다른 관점들이 있을 수 있다. 한발 물러서서 신경과학적 연구에 의해 뇌의 기능을 모두 설명하고 이것과 관련된 여러 가지 과학철학적 문제를 해결했다 하더라도, 뇌의 각 부분이 별도의 서로 다른 기능을 가진다는 점을 밝혔다 하더라도, 그 밝힌 것이 주관적 느낌—내가 따뜻한 날 누구와 함께 포옹하면서 맛봤던 아이스크림의 쌉싸름한 맛—까지도 신경과학적으로, 컴퓨터과학적으로, 형식적으로, 규명하고 표현할 수 있는가 하는 문제라고 할 수 있다.

그런 측면에서 마음 개념은 꼭 뇌도 아니고, 뇌라는 기계 속에 갇힌 유령도 아니라고 볼 수 있다. 마음과 뇌는 같은 것이 아니고, 마음은 비신경적인 신체에 기반할 수 있다. 뇌 이외의 신체적인 몸, 그 다음으로 환경, 이 셋을 포함한 총체적인 집합이다 (Rockwell, 2005; 이정모, 2007). 마음이란 것이 무엇인가를 생각하는 것, 사고하는 것이라고 얘기하면, 내가 어떤 글을 써야겠다고 혼자서 생각한다고 해도 생각이 잘 나지 않고 펜을 들어도 생각이 나지 않는다. 그런데 컴퓨터 앞에 앉아서 키보드에 손을 대면 생각이 잘 떠오른다. 그때의 마음은 머릿속에 있던 것이 밖으로 나오는 것도 아니고, 손가락이라는 몸을 사용해서 컴퓨터라는 환경에 있는 인공물에 연결해서 내 뇌가 작동하면서 처리하는 과정이다. 내 뇌와 내 손가락 및 컴퓨터라는 환경자극, 환경도구 이 3개가 일치하여 나타나는 과정에서 마음이 작용하면서 글을 쓸 수 있다. 그런 점에서 일어나는 마음의 작용은 모든 것이 뇌의 상태에 의해 결정되었다고 설명하기 곤란하다. 환경, 몸, 뇌 이 3개가 통합적으로 함께 작용하였다고 볼 수 있기 때문이다.

마음과 몸은 하나인가? 마음을 뇌의 신경과학적 현상으로 환원시킬 수 있는가에 대해서 전통적인 입장에서는 그렇다고 보는 신경과학적 입장, 심신동일론 입장이라고 볼 수 있다. 일부 신경과학자들은 모든 심적 현상을 신경과학적 현상, 상태, 과정으로 설명할 수 있다고 얘기하는데, 과연 그런가에 대해서 철학자들은 의문을 던진다. 즉 마음은 뇌의 신경적 활동 상태로 완전히 환원할 수는 없다는 입장을 제시한다. 심신론 철학의 첨단에 서 있는 일부 철학자들의 주장이기도 하고, 또한 17세기 스피노자(B. de Spinoza)의 입장의 부활이기도 하다(다마지오, 2007). 그렇다면 마음은 무엇인가, 환경은 무엇인가, 몸은 무엇인가 하는 존재론적 물음이 다시 강조되면서 철학의 존재론 문제가 인지과학에서 사소한 문제가 아니라는 결론이 제시된다.

제7장

뇌와 인지
Brain and Cognition

1. 서론

인지과학의 연구대상인 뇌와 마음은 인류 지적 탐구의 최후 개척지라고 할 수 있다. 그러나 뇌와 마음에 대하여 인류가 옛부터 과학적으로 접근해온 것은 아니다. 고대에는 인류의 관심이 멀리 떨어진 대상인 해, 달, 별에서 점차 지구상에 있는 동물, 식물에 관심을 가졌고, 후에 인간 자신의 몸에 관심을 가졌으며, 점차 17세기를 넘어 19세기, 20세기에 들어오면서 뇌와 마음에 대한 관심을 확장하게 되었다.

앞 장에서 설명한 것처럼 철학에서 예로부터 던져온 심신론에 대한 물음으로 처음에는 데카르트적 심신이원론의 관점이 전개되었으며, 19세기와 20세기 초의 뇌 기능의 국재화(localization) 논의와 뇌에 대한 신경과학적 실험 연구의 발전이 현대의 뇌 연구를 촉진시켰다고 할 수 있다. 그러나 인지과학은 그 형성 초기에는 철학의 기능주의적 '다중구현' 의 관점에 영향을 받아 정보처리체계의 하드웨어적 속성이 중요한 것이 아니라, 정보처리 과정의 소프트웨어적 원리가 중요하다는 입장이 주축을 이루어 인지과학에서 뇌 연구가 소홀히 한 경향이 있었다. 이후 1980년대에 신경망적 접근의 부상과 뇌영상기법의 발전 등은 인지과학의 문제들을 물리주의적 입장에서 탐구하려는 신경과학적 시도를 낳았고, 그 결과로 인지과학 연구가 뇌 연구와 괴리되어서는 안 되는 것임이, 인지과학과 신경과학의 밀접한 연결이 중요하다는 점이 부각되었다.

이 장에서는 먼저 뇌의 기능을 규명하려 한 연구들의 역사적 흐름을 개관하고[44] 뇌의 신경학적 구조와 기능을 간단히 살펴본 후에, 인지과학의 중심 주제와 관련된 주요 인지신경과학적 연구결과를 개괄하겠다.

2. 마음의 자리와 뇌

우리 몸에서 마음이 자리 잡고 있는 곳은 대체 어디일까? 과학적 지식이 없는 일반인들은 상식적으로 '머리로 얘기하지 말고 마음으로 얘기하라'고 할 때 그 마음이 나타내는 자리가 심장이라고 생각한다. 예전 사람들도 마음의 자리가 당연히 심장이라고 생각해왔다. 그러나 고대에도 뇌와 마음을 연결해서 생각한 증거가 있다. 옛 유적에서 발굴한 고대의 해골을 보면 두개골에 구멍이 뻥 뚫려 있다. 머리 정수리에 구멍이 뚫려져 있는 경우도 있고, 또는 앞이마에 구멍이 뚫려 있는 유골이 발견되는 경우도 있다. 어떤 중남미 부족국에서는 고대 시대에 사람의 뇌에 구멍을 뚫어 시술하는 것을 보여주는 그림도 남아 있다.

마음의 자리가 심장이라는 상식적인 생각과는 달리 뇌를 통하여 마음에, 아니 그보다는 영혼에 어떤 영향을 주려 했던 관행은 중세 서구 사회에도 있었다. 중세 기독교 시대에는 미쳤거나 이단적인 행동을 한 사람을 처리하기 위해 사람의 두개골을 뚫어서 악령을 축출하려는 시도를 한 적이 있다. 뇌에 구멍을 뚫는 기계까지 만들어지기도 했다. 심지어는 악령이 들린 사람의 머리와 얼굴에 불을 질러서 악령을 쫓아내려고 했던 무지막지한 경우도 있었다. 이러한 시도들은 사람을 마취시켜놓지도 않고 의식이 있는 상태에서 그냥 시행되었다. 그리고 이런 관행은 중세에만 있었던 것이 아니라 현대에까지도 내려왔다. 서구에서 1940년대까지는 범죄자나 정신이상자를 치료할 때 코를 통해 뇌의 앞쪽(전두엽)에 구멍을 내어 뇌의 섬유와 액체를 흡입해내는 수술이 실시되어 왔다. 이러한 시도들은 여러 부수 문제가 있기는 하였지만, 당시 사람들이 뇌가 마음과 무언가 관련이 있다는 것을 짐작하였기 때문에 시도된 것이라고 간주할 수 있다.

---

44 뇌 부위의 기능 국재화 및 신경과학과 인지과학에 관한 자료는 이정모(2001), Ward(2006) 등을 참고해 정리했다.

학술적으로 뇌와 마음을 연결하려 한 시도는 17세기 데카르트 이후로 시작되었다고 볼 수 있지만, 더 거슬러 올라가면 고대 시대에도 이미 뇌를 중요하게 여겼던 증거가 있다. 이집트 의사들의 기록에 의하면 그들이 뇌 질환에 대해 잘 알고 있었음을 알 수 있다. 또한 기원전 4세기경 그리스의 히포크라테스는 이미 뇌가 감각의 장소일 뿐 아니라 지능의 장소라고 생각하였다. 그러나 그리스 시대 이후의 학문에 큰 영향을 주었던 아리스토텔레스는 심장을 마음의 자리라고 보았고, 뇌는 흥분한 심장에서 데워진 피나 체액을 식히는 냉각장치, 축적기로 보았다.

그래도 뇌를 마음의 기능의 자리로 보거나, 마음의 기능과 연결시켜 연구하려고 한 연구자들이 있었다. 대표적 인물이 2세기의 갈레노스(C. Galenos)였다. 그는 대뇌가 감각의 수용기이며 소뇌는 근육을 지배한다고 제안하였고, 뇌실의 발견과 기타 뇌 기능의 연구를 수행하였다. 그 이후 르네상스 시대에 베살리우스(A. Vesalius)에 의해서 뇌에 대한 더 많은 연구가 이루어졌고, 17세기에 들어 각종 기계의 발달은 뇌가 기계와 같은 작용을 한다는 생각을 형성시켰다.

뇌와 마음과의 관계를 점차 체계화하기 시작한 것은 데카르트라고 할 수 있다. 앞 장에서 언급한 바와 같이 17세기에 데카르트는 몸과 마음을 별개의 실체로 나눠서 생각하였다. 그리고 몸과 마음의 연결과 상호작용의 장소가 뇌의 송과선이라고 보았다. 〈그림 7-1〉에서 제시된 바와 같이 데카르트에 의하면 불에 발을 데이게 되면 발가락 끝에서부터 머리의 송과선까지 끊기지 않고 이어져 있는 어떤 섬유가 있어서 그 섬유가 잡아당겨져 그것에 의해 머리에 있는 송과선의 뚜껑이 열리고 여기서 동물정령(animal spirit)이 나와서 섬유 줄을 타고 내려가 발가락을 움직여 불에서 물러나게 한다는 생각을 제시했었다. 뇌가 마음이 활동하는 자리임과 다분히 기계론적 관점을 데카르트는 제시한 것이다.

데카르트 이후에 뇌는 연구자들의 관심의 대상이 되었다. 17, 18세기를 거치면서 뇌 연구자들은 송과선과 뇌실에 초점을 맞춘 전통적인 관점에서 벗어나 뇌에 대하여 더욱 구체적으로 접근하기 시작하였다. 17세기의 윌리스(T. Willis)는 뇌를 회질과 백질의 두 가지로 구분해야 함을 발견하였는데, 이러한 발견은 뇌를 엽(lobe)으로 나누는 것을 가능하게 하였다. 다른 연구자들은 뇌의 혈액 공급 중단이 마비를 가져온다는 것과 뇌 한쪽의 손상이 반대쪽 신체의 마비나 이상을 가져온다는 것도 발견하였다. 이러한 발견에도 불구하고 1800년대까지 뇌는 보편적인 과학적 관심의 대상이 되지 못하였

데카르트의 몸과 마음의 상호작용 과정

다. 이러한 경향을 전환시킨 것이 갈(F. J. Gall) 등의 골상학 연구이다.

3. 뇌 부위별 기능의 탐색 역사

중세 사람들의 일부는 뇌와 마음을 연결지어 생각하였다. 〈그림 7-2〉를 보면, 중세인들도 뇌의 여러 부분의 기능이 각각 분할되어 있다고 보았음을 알 수 있다. 그런데 중세인들이 뇌의 각 부위에 그림과 같은 심적 기능을 할당한 것은 과학적 근거가 없었다. 아무런 경험적 증거 없이 직관적으로 제멋대로 상상하여 뇌의 각 부분에다 심적, 영적 기능을 갖다 붙인 것이었다.

18세기에 이르러 뇌의 부위들이 다른 심적 기능을 담당할 것이라는 생각을 체계적으로, 그리고 경험적 관찰에 바탕하여 골상학이라는 뇌기능 국재화의 최초 이론체계를 발전시킨 것이 갈이었다. 오스트리아의 의사 갈은 서로 다른 심적 기능이 뇌의 서로 다

1. 성욕 2. 소아애 3. 거주성 4. 우애 5. 투쟁성 6. 파괴성 7. 비밀성 8. 획득성 9. 구조성
10. 자존성 11. 자부심 12. 경계심 13. 인혜 14. 숭경심 15. 양심 16. 강의 17. 희망
18. 염묘성 19. 이상 20. 기지 21. 모방성 22. 형상 24. 대소 25. 경중 26. 색체 27. 위치
28. 계수 29. 잘소 30. 사실 31. 시간 32. 음조 33. 언어 34. 비교 35. 추인

그림 7-2 중세 사람들이 생각한 뇌기능의 분화

른 부분에 국재(편재)되어 있다는(localized) 이론을 제기하였다. 그는 27개 이상의 심적 기능을 각각 담당하는 뇌의 각 부위 지도를 임의적으로 작성하여 제시하기도 하였다. 이러한 시도는 일반인들의 관심을 끌었고, 뇌가 마음 기능의 핵심적 자리라는 것과, 뇌의 부위들의 심적 기능이 분화되고 편재되어 있다는 관점을 부각시키는 데 성공하였다.

그는 골상학의 3대 원리를 제시하였다. 첫째는 인간의 심적 능력은 생득적이며, 이것이 현실에 나타나는 것은 뇌의 구조적 조직화에 의한다고 보았다. 뇌의 구조적 조직화가 각종의 심적 성향이나 능력을 결정한다고 보았다. 둘째로 뇌는 여러 부위들로 구성되어 있는데, 각 부위들이 담당하고 있는 특정 심적 능력이 있다고 보았다. 그리고 특정 심적 능력의 발달은 그 능력을 담당하는 뇌의 부위를 발달시키거나 더 커지게 한다고 보았다. 셋째로 이러한 특정 부위의 발달은 두개골의 형태를 바꾸게 하기에, 두개골의 모양을 적절히 분석하면 그 개인의 심적 능력을 진단해낼 수 있다고 보았다. 골상학자들은 두개골의 크기를 측정해 알아보려고 측정 기구를 고안하기도 하였다. 골상학자들은 뇌의 여러 부위를 지도처럼 갈라놓고, 각 부위가 어떤 기능을 담당하는가를 분류했다. 사랑 담당, 존엄성 담당, 효도 담당 등 뇌의 각 부위별로 담당하는 심적 기능을 분류했다.

그러나 골상학은 다음과 같은 문제점이 있었다.

첫째로, 실제로 뇌의 그 부위가 그 기능을 담당하는지를 정확하게 검증하지 않고서 직관적으로 뇌 지도를 만들었다는 것이다. 둘째로 뇌의 부위별 기능을 남녀사랑 담당 부위, 가족사랑 담당부위, 이웃사랑 담당부위 등과 같이 분류함에 있어서, 이런 뇌 부위들이 따로 있기 이전에 그런 심적 특성의 종류를 과연 서로 다른 범주로 범주화할 수 있는지 없는지를 먼저 논리적으로, 경험적으로 분석하지 않고 직관적으로 분류하여 뇌의 각 부분을 마음대로 담당 부위라고 이름 붙였다는 문제이다.

바로 이러한 이유 때문에 골상학은 비록 관찰에 바탕을 두고 뇌의 기능을 국재화한 최초의 체계적 노력이긴 하였지만, 과학자들의 비판을 받았다. 그의 접근은 불충분한 관찰 증거로부터 과도하게 일반화, 추상화된 것이어서 경험적 검증 논리의 준거를 충족시키지 못하는 잘못된 것이었다.

경험적 근거 없이 직관적으로 뇌의 여러 부위의 기능을 분류하는 골상학의 주장들을 넘어서서 현대적 의미에서 과학적 접근을 통해 실제로 뇌의 어떤 부위가 어떤 기능을 담당하는가를 경험적으로, 실험적으로 밝혀내는 시도가 정착되기 시작한 것은 플루랑 (P. Flourens), 브로카(P. Broca) 등의 연구를 통해서였다.

플루랑은 19세기 초에 절제(ablation) 손상법을 사용한 엄밀한 실험을 통해서 뇌의 부분들을 단계적으로 절제하며 뇌의 각 부분들이 갈이 지적한 바와 같은 심적 기능을 담당하는지 탐색하였다. 그 결과 뇌의 해당 부분들이 갈이 지적한 기능들을 담당하지 않는다는 증거가 얻어졌다. 그보다는 여러 심적 기능이 공평하게 뇌의 각 부분에 분배되었을 가능성이 대두되었다. 그래서 그는 소뇌와 대뇌피질이 일부 특정 기능을 담당하기는 하지만(action propre) 그보다는 이 둘 사이의 협응과 정보소통, 조화가 더 중요하며, 뇌 전체가 공통적으로 함께 하는 통일적 기능(action commune)이 있을 것이라고 보았다.

이후의 연구들은 플루랑의 이론에 더 수용적이었지만 일부 연구들은 갈의 이론이 세부적으로는 부정확하지만 개념적으로는 타당할 수 있다는 증거를 제시하기 시작했다. 프랑스의 부요(Bouillaud)는 뇌의 앞부분에서 '언어 중추'에 해당하는 부위를 발견하였고, 오베르탱(Aubertin)은 좌측 전뇌 부분이 언어를 담당한다는 것을 보였다.

뇌 부위별 기능의 국재화를 본격적으로 탐색하기 시작한 것은 프랑스의 의사 브로카의 연구에서부터였다. 브로카는 심한 언어장애로 인하여 'tan'이라는 말만을 할 수 있었던 환자에게서 사후 부검을 통하여 손상된 부위가 있음을 발견하였다. 그렇다면 그 부위가 언어를 담당하는 것이 아닐까, 더 나아가서 뇌의 특정 부위가 특정 심적 기능을 담당하지 않을까 하는 생각을 브로카는 하게 되었다. 그는 이 환자 사례를 통해 좌측전두엽 부분이 실어증 관련 부위임을 발견하였다. 이 부분이 현재 '브로카 영역'이라고 불리는 언어 관련 영역이다.

이후 1870년대에 이르러 독일의 프리치(G. Fritsch)와 히치히(E. Hitzig)는 개의 뇌 부위에 전극을 연결하여 전기 자극을 주는 새로운 연구방법을 사용하여 운동 담당 뇌 영역을 발견하였고, 같은 방법을 사용한 페리어(D. Ferrier)는 시각영역, 청각영역, 감각영역을 발견하였다. 한편 같은 시기의 베르니케(C. Wernicke)는 임상적 관찰을 통해서 수용성 실어증(sensory aphasia)과 운동성 실어증(motor aphasia)의 구분 필요성을 확인하고, 측두엽에서 말의 이해를 담당하는 수용성 언어 영역인 '베르니케 영역'을 발견하였다.

프리치와 베르니케 등의 연구는 단지 뇌기능 영역의 발견을 더 추가했다는 의미를 넘어서는 의의를 지녔다. 프리치 등의 연구는 뇌기능의 국재화가 타당한 연구가설임을, 그러나 갈의 골상학적 세부 뇌기능 이론은 버려야 함을 인식시켰다. 그뿐 아니라 더 나아가 그는, 절제나 전기 자극에 의해 뚜렷한 손상 효과를 보이지 않는 뇌 부위일지라도, 이러한 부위가 뚜렷한 기능을 지니는 인접 부위로부터 전달된 관련 정보의 기억 저장고의 역할을 할 가능성과, 이러한 부위들을 연결하는 연합 영역의 중요성, 그에 대한 연구의 필요성 등을 부각시켰다. 뇌기능의 국재화를 넘어선 상호연결, 협응, 통합의 기작(mechanism)에 대한 연구 관심을 불러일으킨 것이다.

다른 한편으로 베르니케의 연구는 뇌의 신경학적 연구가 심적 기능에 대한 체계적 이론이 없이 단순히 탐색하고 발견하는 식의 연구가 아니라, 뇌기능에 대한 심리학적 이론을 먼저 설정하고 그 이론의 타당성을 검증하는 이론 중심의 접근법을 출발시켰다. 베르니케는 수용성 실어증과 운동성 실어증 현상을 관찰하고, 뇌의 언어 수용 기능과 말 산출(운동) 기능 사이에 어떤 연결 기능이 필요할 것이라는 심리학적 가설을 세우고, 뇌의 언어수용 담당 영역과 언어운동 영역 사이의 어떤 연결 통로에 이상이 있는 사례(conduction aphasia)를 찾는 시도를 하였다. 이는 단순히 뇌기능의 국재화를 시행착오 식으로 경험적 증거를 찾을 것이 아니라, 심적 기능에 눈을 돌려서, 심적 기능에 어떠한 복잡한 과정들이 있는가를 이론적으로 먼저 탐색한 후에 그 기능을 뇌의 부위에서, 뇌의 과정에서 찾아내는 과학적 시도를 하게 한 것이다. 여기에서 전통적으로 의사들과 생리학자들 중심으로 전개되어온 뇌의 연구가 심리학자들과 연결되어야 할 고리의 필요성이 제기된 것이다. 그는 현대 인지신경심리학을 출발시킨 셈이다.

심층분석 7-1 | 뇌와 마음의 관련성을 드러낸 대표적 사례들

뇌의 부위별 기능에 대한 관심의 증가에도 불구하고 20세기 전반까지는 뇌의 심적 기능에 대한 연구에서 괄목할 만한 발전이 없었다. 이러한 상황이 20세기 중반에 이르러 변화하기 시작하였다. 2차 세계대전 시의 부상당한 사람들과 일상생활에서 사고를 당한 뇌 손상 환자에 대한 연구를 통하여 뇌 손상자의 인지적 이상 특성에 대한 여러 가지 현상들이 발견되었다. 이후의 뇌 기능 분화(국재화)에 대한 활발한 탐구가 일어나게 된 것은 계속된 신경심리적 연구의 성과와 1960년대 이후의 스페리(R. Sperry) 등의 분할뇌 (split brain) 연구, 그리고 1980년대에 급격히 세련화된 뇌영상기법 등의 발전의 영향이라고 할 수 있다.

이러한 연구 성과에 대한 개관에 앞서서 뇌와 마음이 관련이 있다는 대표적 경험적 증거로 자주 언급되는 특출한 연구 사례 3개를 언급하고자 한다. 사고로 뇌 손상이 된 게이지(P. Gage)의 예, 펜필드(W. Penfield) 교수의 실험 연구와 같은 뇌 자극 연구결과, 리벳(B. Libet) 박사의 자유의지와 뇌에 관한 연구 등이다.

첫번째 사례는 게이지라는 사람의 예이다. 그는 미국의 철도 공사 감독원이었는데 어느 날 갑자기 사고가 나서 쇠파이프가 그의 두개골을 뚫고 지나갔다. 그는 사망하지 않고 다시 일을 하게 되었는데, 얼마 후부터 그의 성격이 변했음이 관찰되었다. 성마르고 화를 잘 내고, 공손하지 못하고 불손하고, 계획을 세우거나 이를 집행하지 못하고, 충동적이고 어린아이 같아지는 그런 특성을 보였다. 그의 주치의였고 이 사례를 의학 학술지에 보고한 할로우 박사에 의하면 그의 지적인 능력과 동물적 성향의 균형이 깨진 것 같았다.[45] 뇌가 손상되면, 심리적 특성, 특히 사회정서적 특성이 변화된다는 것을 단적으로 보여주는 사례이다.

다른 한 사례는 캐나다의 신경학자였던 펜필드 교수의 연구결과인 뇌 전기자극 실험

---

45 뇌 손상된 게이지의 삶의 이상한 이야기:
http://www.brainconnection.com/topics/printindex.php3?main=fa/phineas-gage
http://www.deakin.edu.au/hmnbs/psychology/gagepage/

연구 사례이다.[46] 펜필드 박사는 뇌의 특정 부분을 자극하면 특정한 심적 내용이 다시 기억난다는 것을 보여줌으로써 뇌와 심적 내용과의 연결을 단적으로 드러내주었다. 펜필드 박사는 환자의 뇌를 수술하다가 우연히 실수로 뇌의 어떤 부위를 자극하였는데, 그 자극을 받은 환자가 예전에 경험했던 소리 자극이 되살아난다고 보고하였다고 발표하였다. 그 환자가 보고한 내용이 과연 과거에 직접 경험한 내용의 기억인가, 아니면 뇌자극을 받고 구성해낸 이야기인가 하는 의문이 제기될 수도 있지만 이 사례는 뇌의 특정 부위에 특정 심적 경험의 기억이 연결되어 있음을 보여주는 뚜렷한 한 예이다.

다음으로 1979년의 영국의 리벳 박사의 실험을 언급할 수 있다.[47] 그는 우리가 무엇을 하려는 의도를 내기 전에 이미 뇌는 벌써 움직이고 있다는 것을 손목을 까닥하고 움직이는 실험을 통하여 밝혀냈다.

이 연구결과는 학술지(Libet, Gleason, Wright, & Pearl, 1983; Libet, 1985)에 발표되었다. 그는 아주 재치있는 손가락 움직이기 실험을 통하여, 의식적으로 자유의지를 내기 이전 약 1초 전(정확히는 0.3 내지 0.5초 전)에 인간의 뇌는 이미 그 의도된 행동을 할 신경적 준비를 하고 있다는 놀라운 실험 결과를 내놓음으로써 인간의 자유의지와 의식 경험에 대한 오래된 철학적 문제를 다른 관점에서 볼 수 있는 가능성을 제시하였다.

이 실험에서 리벳 교수는 피험자들에게 아래와 같은 변형된 시계를 보면서 아무것도 생각하지 않으려 하고, 얼마간 아주 가만히 앉아 있다가 어떤 다른 이유에서가 아니라 오직 자신이 원할 때 오른쪽 손목을 한 번 까닥이도록 지시하였다. 흔한 말로 마음이 동할 때마다 한 번만 손목을 움직이게 하였다(이 자발적이고 의도적인 행위를 앞으로 까딱 이라 부르도록 하겠다). 실험 전에 피험자들의 두피에 여러 개의 전극을 부착해서 두뇌에서 일어나는 전기적 변화를 살펴보면, 까딱에 이르기까지 일어나는 두뇌 활동에서 명확하고 일관되게 나타나는 시간적·변화와 뚜렷한 모양의 전위를 관찰할 수 있다.

그 과정은 500~1,000msec 동안 일어나고 손목이 실제 움직일 때(이는 간단한 광전지에 비춰지는 빛을 손목이 차단하게 하는 감지장치를 통해 알아낸다) 끝난다. 손목이

---

46 Penfield & Ramussen(1950).
  단막 동영상: 뇌전기자극 이야기: http://www.histori.ca/minutes/minute.do?id=10211
47 리벳 교수의 실험의 요점: http://scienceweek.com/2004/sa040813-1.htm // 리벳 교수의 실험 상황:
  http://skeptically.org/sitebuildercontent/sitebuilderpictures/.pond/fig5-free-will-am-scientist.jpg.
  w560h340.jpg // 실험 결과: 의지를 내기 전의 준비적 전위의 활동 RP의 EEG:
  http://skeptically.org/sitebuildercontent/sitebuilderpictures/fig3-free-will-am-scientist-.jpg
  Haynes 박사 등의 2008년 연구: http://www.thelocal.de/11295/

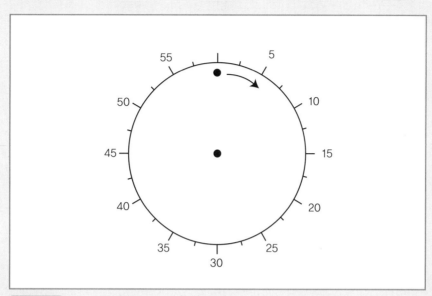

움직이기 50msec 전쯤에는 대뇌의 운동피질에서 팔뚝에 있는 근육에 이르는 운동신경의 활동이 일어나고, 그 운동신경의 활동이 일어나기 800msec 전에 뇌에서는 준비전위(readiness potential 혹은 RP)라고 알려진, 또렷하게 파악할 수 있는 전기적인 변화가 일어난다. 손을 까딱하기 이전 1,000msec라는 기간 어딘가에 피험자가 손목을 까딱이기로 의식적으로 결정 내린 시점이 있다.

- 손목 움직임 :   0.00초   →
- 운동피질이 척수 운동신경세포 가동 : 0.05초 전   ↑
- 손을 움직이려는 의지를 냄(의식됨) :   0.15초 전   ↑
- 뇌의 준비전위(RP) :   0.5초 내지 0.8초 전 ↑

리벳은 이 현상에 대한 자신의 해석을 이렇게 요약한 적이 있다. 자발적인 행위는 자신이 움직이길 원한다는 것을 의식적으로 알게 되기 전에 두뇌에서 의식되지 않은 채 시작되는 것으로 보인다. 그렇다면 자발적인 행위에 있어서 의식할 수 있는 의지의 역할은 무엇일까(Libet, 1985)? 이 물음에 답하기 위해서는 의식할 수 있는 의지(W)가 근육이 움직이기 대략 150msec 전에 나타난다는 점에 주목할 필요가 있다. RP보다 이후이 기는 하지만 의지적인 과정의 최종 결과에 영향을 미칠 수 있는 충분한 시간이다. 좀 더 정확히 말하자면, 150msec이 아니라 100msec이라고 말해야 한다. 근육이 움직이기 전 마지막 50msec는 1차 운동 피질이 척수운동신경세포를 활성화시키는 데 걸리는 시간 인데, 이 동안에는 대뇌피질의 다른 부분에서 오는 정보로 행위가 이루어지는 것을 막을 수 없다(Libet, 1999, p. 49).

이러한 현상의 연구는 의식을 과학적으로 연구할 수 있음을 보여주었고, 철학에서 오 래된 논쟁 주제인 자유의지와 결정론의 논란을 다른 관점에서 접근할 수 있음을 보였고, 또한 1980년대에 인지신경과학이 형성될 수 있는 하나의 자극을 제공하였다.

최근에, 독일의 막스플랑크 연구소의 인간 인지 및 뇌 연구팀에 있는 헤인스(John-Dylan Haynes) 박사 팀은 다른 연구자들(싱가포르 병원 인지신경 연구팀 등)과 협동 연 구를 통해 자유의지에 대한 추가적 뇌 연구결과를 내놓았다(Soon, Brass, Heinze, & Haynes, 2008). 이들에 의하면, 사람들이 무슨 결정을 할 때 그 사람 자신이 그것을 인 식하기도 전에, 즉 의식적으로 결정을 내리며 의식하기 이전 약 7초 전의 뇌의 활동을 보고 그 사람의 결정을 예측할 수 있다고 한다.

1980년에 리벳 교수가 '자유의지의 작용 약 1초 전에 뇌는 이미 움직이고 있다'라는 결과보다 그 시간을 7배나 확장된 결과를 제시한 것이다. 이 7초라는 결과가 과연 정확 한 측정치인가는 차치하고라도, 자유의지적 결정 이전의 상당한 시간 전에 뇌는 이미 그 와 관련한 활동을 가동하고 있음을 보여준다. 자유의지적 의식이 개입될 시점에는 이미 많은 일들이, 준비 활동이 이루어진 다음이라는 것이다. 손가락을 움직이려는 자유의지 를 내기 이전에 이미 뇌는 계획하는 전두엽이 가동된 다음 손을 움직이는 것을 제어하 는 두정엽으로 신경활동이 번져가고 그 이후에 의식이 개입된다는 것이다. 헤인스 박사 는 이 연구가 사람이 과연 자유의지가 있는가에 대한 물음을 다시 제기하였으며, 뇌와 컴퓨터를 연결하여 사용자, 환자가 움직이려 하는 의도를 미리 파악할 수 있게 할 수 있 다고 보았다. 그리하여 영화 「마이너리티 리포트」에서처럼 이것이 범죄와 관련하여 사용 될 수 있다고 보았다.

그러나 이 연구결과가, 마지막 단계에서 자유의지가 개입하여 작용할 가능성을 완전 배제하지는 못하기에 이후의 연구는 한번 결정한 것을 의식적으로 바꾸는 것이 얼마나 가능한지를 연구해야 할 것으로 보았다.

4. 20세기의 뇌기능 국재화 논란

뇌 부위별 심적 기능의 국재화를 경험적으로 탐색하던 신경학적 연구는 20세기에 들어 강한 도전을 받았다. 19세기 말 영국의 신경학자 잭슨(J. H. Jackson)은 뇌의 좌우 반구 사이에 어떤 한 반구가 지배적인 특성을 지닌다는 것을 지적하기는 하였지만 뇌의 부분 'A'가 손상되어 심리적 기능 'ㄱ'이 결함을 보인다 하여 뇌 부위 'A'가 'ㄱ'이라는 기능에 대한 필수적인 부분이라는 논리에는 문제가 있다고 이의를 제기한 바 있다.

한편 20세기 초의 신경학자들(P. Marie, K. Goldstein & H. Head 등)은 인지 기능은 편재화된 것이 아니라 두뇌가 전체적으로 반응하며, 같은 부분이 손상된 환자들이 서로 다른 기능의 결함을 보이거나 아무런 결함을 보이지 않는 현상이 있음을 지적하고, 모든 지적 활동에 뇌 전체가 하나의 통일체로 작동할 가능성을 제기하였다. 이러한 주장은 미국 심리학자 프란츠(S. I. Franz)와 래슐리(K. S. Lashley)의 연구에 의하여 더 강력히 전개되었다.

프란츠는 20세기 초 당시에 유행하던 동물 학습 연구에 뇌 절제술 방법의 접목을 시도하였다. 그는 동물에게 특정 행동을 학습시킨 후에 뇌의 일부분을 절제하였을 때에, 그 동물이 이전에 학습한 바를 기억하여 행동하는가를 탐색하였다. 그 결과 특정 행동에 대한 학습된 기억이 뇌의 특정 부위에 저장되어 있는 것이 아님을 발견했다. 즉 학습된 내용이 다른 부위에도 분산되어 저장되어 있을 가능성이 제기되었다. 또한 예를 들어 언어 담당 영역인 브로카 영역이나 베르니케 영역이 손상되어도 언어 능력이 복구되는 사례를 관찰하였다. 뇌기능의 편재화, 국재화를 넘어서는 가소성, 융통성을 발견한 것이다.

프란츠와 공동 연구를 시작한 심리학자 래슐리는 동물의 미로 학습 연구를 통해서 뇌기능의 국재화에 반대되는 연구결과들을 발견하였다. 미로 학습을 한 쥐들의 뇌를 절제한 결과, 뇌 부위에 따른 학습 수행 능력의 손상이 발견된 것이 아니라, 뇌 손상 양에 비례하여 학습 수행 정도가 달라진다는 것을 발견하였다. 학습된 경험의 내용이 뇌의 특정 부위에 저장된 것이 아니라 뇌 전역에 균등 분산 저장되어 있을 것임을 지지하는 결과였다. 이러한 결과를 근거로 래슐리는 균등능력(equipotentiality: 뇌의 어떤 기능 영역 부분들의 능력은 동일함) 개념과, 전량활동(mass action: 뇌 손상 양에 비례하여 행동 수행 기능이 결정된다는)이라는 개념을 제시하며 뇌기능 국재화 입장을 공격하였다. 그에 의하면 경험 정보는 두뇌 전체 또는 어떤 일부 영역 내에 널리 표상되며, 이 영역 내에서는 모든 세포들이 등가적으로 일정한 형태로 반응하는 능력을 획득한다. 이러한 래슐리의 입장은 뇌기능의 국재화를 주장하던 학자들에게 강한 타격을 주었다.

국재화 입장과 전체적 입장이 첨예하게 대립되고 있는 가운데 캐나다의 심리학자 헵 (D. Hebb, 1949)은 세포군집(cell-assembly) 이론을 통해 하나의 통합을 시도하였다. 그에 의하면 시지각과 같은 신경계의 행동 패턴은 특정 세포들의 집합인 세포군집의 연결에 의하여 형성된다고 볼 수 있다. 이러한 측면에서는 어떤 행동이나 지각내용이 뇌의 특정 영역의 특정 세포군에 국재화된다고 할 수 있다. 그러나 시간이 경과함에 따라 보다 더 복잡한 세포군 집합들이 형성되고(이것을 그는 국면계열[phase sequence]이라고 불렀다), 이러한 국면계열은 국재화되기보다는 뇌의 여러 영역에 분산되어 있는 세포들의 연결에 의해 이루어질 수 있으며, 따라서 뇌는 균등 능력적일 가능성이 높다는 것이다.

한편 1960년대의 시각에 대한 연구는 시각뇌의 특정 부분의 기능이 국재화되어 있음을 지지하는 실험 결과를 도출하였다. 특히 1950년대 후반의 후벨(D. H. Hubel)과 위즐(T. N. Wiesel)의 시각세포에 대한 연구는 인지신경심리학적 연구에 새로운 선을 그었다.[48] 그들은 고양이 등의 시각뇌피질의 낱개 세포의 전기적 반응을 기록하여, 뇌의 특정 세포가 특정 자극 형태에 대하여 반응한다는 것을 밝혀냈다. 각 세포마다 전담 반응이 있어서, 시각적 자극의 특질의 유형별로 서로 다른 시각특질들을 추출하고 조합해내는 특수세포들이 있음을 밝힌 것이다. 그들은 이 연구로 노벨상(1981년 의학 및 신경생리 부문)을 수상하였다.

이와 같은 뇌 부위 세포 기능의 국재화를 지지하는 결과들이 다음 단계의 연구들에서도 얻어졌다. 이 연구들은 낱개 세포 단위의 뇌기능 국재화의 연구가 아니라 보다 거시적 수준에서의, 특히 뇌의 좌우반구의 기능 국재화에 관한 연구였다.

분할뇌(split-brain) 연구: 1960년대에 신경심리학자들은 간질병 환자에게서 뇌의 좌

---

48 Hubel과 Weisel 시각뇌세포 반응기록 연구: http://kr.youtube.com/watch?v=MDJSnJ2cIFc

반구와 우반구를 연결하는 거대한 백질 섬유로인 뇌량을 절단하여 좌우 뇌의 기능이 분할되어 있음을 알게 되었다. 이 연구의 대표적 연구자가 후벨과 위즐과 함께 노벨의학생리학상을 수상한 스페리(R. Sperry)이다. 그는 이전의 연구에서 게슈빈트(Geschwind), 기무라(Kimura), 밀너(Milner) 등이 발견한, 좌뇌의 언어기능 지배 특성을 뇌량을 절단한 환자들에게서 재확인하였다. 이러한 분할뇌 연구는 뇌기능의 국재화를 지지하는 결과임에 분명하다.

이상에서 간략히 개관한 뇌기능 국재화 탐구는 1980년대부터 지금까지의 수많은 뇌신경과학적 연구를 낳았고, 뇌의 부위별 기능을 명세화한 뇌 지도(brain map)를 작성하려는 연구 흐름을 배태하기도 하였다. 뇌 부위별 기능을 국재화하려 한 시도들이 현대 신경과학, 인지과학의 발전에 기여한 바는 상당히 크다.

5. 인지신경과학 분야의 형성

정보처리적 패러다임으로 출발한 인지과학은 앞 장에서 설명한 기능주의 철학의 '다중구현 가능성' 개념으로 인하여 정보처리체계에서는 기능적 정보처리 원리가 중요하지 하드웨어는 중요하지 않다는 입장을 견지하였고, 이로 인해 신경생물적 기초 없이도 순수 인지 과정을 이해하는 것이 가능하다는 관점을 전개하였다. 이외에도 1950년대 후반에서 1980년대까지 인지과학이 신경과학적 접근에 주의를 기울이지 않은 데에는 나름대로 다른 이유도 있었다. 그 당시의 신경과학자들이 주도한 신경과학적 연구도구와 연구 물음이 인지과학적 연구와는 거리가 있었던 것이다. 분자 수준의 생물적 구조 중심의, 그리고 감각-운동 기관 중심의 신경과학적 연구는 고차인지 과정을 분석, 설명하려는 인지주의자들에게는 별 도움이 되지 않는 접근방법이었던 것이다.

이러한 경향이 1980년대 중반에 이르러 변화하기 시작하였다. 기능주의에 대한 반론과 도전이 시작되고, 뇌영상기법의 빠른 발전은 인지 현상을 설명하는데 있어서 뇌연구의 중요성과 두 분야의 생산적 연결 가능성을 인식하게 하였다. 이러한 자각과 구체적 연구결과로, 인지과학과 신경과학이 연결된 '인지신경과학(Cognitive Neuroscience)'이 형성되었고, 심리학 내에서는 인지심리학과 신경심리학, 생리심리학이 연결된 인지신경심리학(Cognitive neuropsychology)이라는 새 학문 분야가 형성되었다. 라이클(M. E. Raichle, 1998)에 의하면[49], 뇌영상기법은 신경과학자들의 뇌영상기법과 인지심리학자들의 실험설계법 등의 연구법이 연결됨으로써 빠르게 발전했다.

인지과학에서 인지신경과학이 형성되고 뇌 연구가 부각되게 된 배경은 무엇일까? 이러한 변화를 가능케 한 배경을 다음과 같이 생각해볼 수 있다.

첫째는 인지과학 내에서의 신경망적 접근(neural network approach)이라고 부르는 신연결주의의 떠오름이다. 심적 정보처리를 담당하는 기본 단위들이 뇌의 시냅스 같은 연결 및 활성화 특성을 지닌다고 보는 신경망적 접근은 인지체계를 뇌 신경망의 특성에 기초함으로써, 인지과학 초기의 고전적 기호체계적 접근이 가진 제한을 극복하려 한 것이었다.

둘째로 인지과학 영역 밖에서는 신경과학 자체의 변화가 있었다. 전통적인 분자 수준에서의 접근에서 탈피하여 뇌의 시스템 수준 중심으로 시스템 신경과학적 접근 시도들이 성공했다. 기억체계와 시각체계에 대한 신경과학적 연구 시도가 그 예이다. 이러한 시도들은 뇌의 서로 다른 영역 또는 신경전달 경로가 서로 다른 인지기능을 담당하고 있음을 보여주었다. 방법론적으로도 전통적으로 사용하던 해부학적 기법에 추가하여 인지심리학에서 발전시킨 행동관찰법(반응시간 방법, 정신물리학 방법 등)을 도입한 것이 변화에 커다란 도움이 되었다. 이러한 연결을 통해 인지기능에 대한 신경과학적 연구결과에 바탕하여 인지과학적 이론의 타당성이 정당화되거나 수정될 가능성이 드러난 것이다. 그동안의 고전적 인지주의의 물리적 기호체계 중심의 정보처리적 패러다임 하에서의 인지과학적 연구가 이론 전개와 경험적 자료의 축적에서 어떤 한계에 도달하였음을 자각하고 있는 상황에서, 신경망적 접근이나, 신경과학의 경험적 자료들은 인지 현상을 새로운 관점에서 새로운 방법을 사용하여 분석해갈 수 있으리라는 것

---

49 "······ It may well have been the combination of cognitive science and systems neuroscience with brain imaging that lifted this work from a state of indifference and obscurity in the neuroscience community in the 1970s to its current role of prominence in cognitive neuroscience. As a result of collaboration among neuroscientists, imaging scientists, and cognitive psychologists, a distinct behavioral strategy for the functional mapping of neuronal activity emerged."(p. 766) - Raichle, M. E.(1998).

을 시사해주었다.

셋째로 순수 인지과학적 연구와 임상적 연구의 수렴이다. 임상신경의학이 과거에 많은 연구를 해왔으나, 주로 이상인(abnormal person)의 기능 특성에 관한 연구였지 정상인의 정상적 기능과 뇌 구조와 과정 사이의 연결을 잘 정리한 세분화된 모델이 없었다. 그런데 정보처리적 틀의 인지심리학의 대두와 이의 이론적 경험적 발전은, 인지과학의 이론적 모델들을 정상적 인지기능에 대하여 임상적 모델로 도입하여 검증할 수 있는 개념적 틀을 제공하였다. 또한 인지심리학의 반응시간 방법 등은 정상적 인지 과정에 대한 모델을 임상신경의학에서 검증하는 방법을 제공하였다. 그동안 뇌 손상 환자들의 심적 기능의 이상을 관찰하면서도 그를 포괄적으로 분해하여 분석적으로 개념화할 수 있는 이론적 개념이나 이론적 모델이 부족하였던 임상신경의학자들에게 현상을 더 정교하게 개념화, 분해, 검증, 설명할 수 있는 세련된 이론적 언어와 모델, 부가적 방법이 제공된 것이다. 인지과학과 임상신경의학의 이러한 연결을 통해 뇌의 손상과 관련지어 특수 영역과 특수 인지기능의 연결을 확인하는 작업이 활발해진 것이다. 물론 역으로 인지과학자들은 작업기억 체계 특성이라든가 암묵적 기억 특성과 같은 인지과학적 이론에 대한 보다 신뢰성 높은 경험적 검증을 받는 한 방편으로 임상신경의학과의 연계를 능동적으로 모색했던 것도 사실이다. 이러한 과정에는 동물실험에서 사용하던 신경과학적 방법을 인간의 고등 인지기능 연구에까지 확대 적용할 수 있었던 것도 한 요인이 되었다. 동물, 특히 인간을 제외한 영장류에게 적용했던 단일세포기록 방법을 통하여 얻은 지식들을 인간에게 적용하면서, 인간의 상이한 인지기능에 참여하는 신경회로와 구조에 대한 정보와 그러한 기능 구현 과정에 대한 정보를 제공받을 수 있게 된 것이다.

넷째로, 이러한 일반적인 영향을 넘어서서 결정적 영향을 준 것은 이미 5장의 방법론에서 언급한 바와 같은 사건관련전위(ERP: Event Related Potential)방법, 기능적 뇌영상화(functional brain imaging)방법 등의 인지신경연구방법의 발전에 따른 영향이다. 이러한 연구 기법의 기본 방법들은 이전에도 알려져 사용되었으나, 1980년대 이후 컴퓨터 기술의 발전과 더불어 인지심리학의 방법론과 연결되면서 폭발적으로 발전해, 연구자들이 방대한 양의 자료를 기록, 분석하는 것이 가능하게 되었고, 이전에는 대개 획득 불가능했던 유형의 뇌 공간 및 시간적 측면의 자료들을 습득하고, 처리하는 게 가능하게 되었다. 특히 기능적 뇌영상법의 영향이 컸다. 기능적 뇌영상화 방법은 뇌의 여러 기능 영역들에서 특정 인지기능을 수행할 때 관여하여 활성화되는 수준을 계측할 수 있게 하였다. 즉 특정 영역 세포나 영역들의 조합으로 이루어지는 체계가 어떠한 인지기능 관련 정보를 처리하는지, 어떻게 하는지를 파악할 수 있게 된 것이다. 뇌의 상이한 영역이 인지기능 수행에 다른 정보를 제공하고, 다른 종류의 정보처리에 관여한다는 것을 드러내준 것이다. 이러한 영상화 방법은 정상인과 뇌 손상자의 인지과제 수행 상황의 세부를 포착하며, 인지신경 모델의 검증을 세련화하였다.

이러한 배경에서 형성된 인지신경과학을 요약하면, 인지심리학의 행동적 연구방법과 신경과학의 기능적 방법을 조합하여, 특정 인지기능에 관여하는 뇌 영역과 신경적 과정을 확인함으로써, 독자적으로 인지정보처리체계의 하위 처리 구조와 처리 과정에 대한 이론적 모델을 제시, 검증한다. 또한 인지심리학에서 일차적으로 제시한 이론, 모형, 모수치, 개념들의 타당성을 검증하고 세련화하는 작업을 한다.

6. 인지신경과학의 기본 가정과 뇌 손상 연구의 논리

인지신경과학은 몇 개의 가정을 전제하고 연구를 진행한다.[50] 첫째 가정은 기능적 단원(modularity)성 가정이다. 인지체계가 단원적으로 기능하는 여러 하위 구조들의 결합으로 이루어져 있다는 가정이다. 둘째는 해부학적 단원성으로, 기능적 단원성은 해부학적 구조의 특정 부위의 손상과 기능적 손상을 연결지을 수 있다는 것이다. 셋째 가정은 보편성 가정으로 모든 사람에게 기능적 구조가 균일하다는 가정이다. 똑같은 인지 현상이 사람마다 다른 기능적 구조에 의해 수행되는 것이 아니라 사람들 간에 일치성이 있다는 것이다. 네번째 가정은 감산적(subtraction) 원리의 가정이다. 인지기능 단원들 중에 어느 것이 손상되면 온전한 정상적 상태에서 인지기능 체계가 지니고 있던 기능의 일부만이 손상 또는 제거된다는 것이다. 뇌 구조의 일부분의 손상이 인지

---

50 Caramazza, A. (1986). / Rapp, B. (2001).

기능을 새로 추가하게 만드는 것이 아니라 기존 기능 중의 일부가 손상된다는 것이다. 이 가정을 달리 표현한다면 국지성(locality) 가정이 되는데 해부학적 구조인 신경계에 손상이 오면 그 영향이 국지적이라는 것이다. 그 해부학적 구조와 관련된 일부 인지기능에만 선택적으로 영향을 준다는 것이다. 손상이 안 된 나머지 부분들은 정상적으로 작동할 것이라는 가정이 전제되는데 후자는 투명성(transparency) 가정(Caramazza, 1986)이라고 부르기도 한다.

이러한 가정(전제)을 기반으로 하여 정상인과 뇌손상인에 대하여 다음과 같은 논리를 적용하여 신경계와 인지기능의 관계를 추론한다. 정상인의 경우에, 인지적 기능 A와 관련된 자극 상황을 제시하고 자극 제시 전과 후의 뇌 부위의 신경적 처리 과정 k의 변화를 탐지하여 k라는 뇌의 신경적 처리 과정이 A라는 인지적인 능력과 밀접히 연관되어 있다는 관계를 추론하는 것이 일반적 연구 논리이다.

뇌가 손상된 피험자의 경우에는 해리(dissociation)와 이중해리(double dissociation)라는 개념을 적용한 논리 위에서 뇌 부위의 기능을 탐구한다. 해리란 단일해리(single dissociation)를 지칭하는 것으로, 특정 뇌 부위(k) 손상자가 통제집단과 비교해 보았을 때 인지기능 A와 관련된 과제 A는 제대로 수행하지 못하는데, 과제 B의 수행에서는 통제집단처럼 정상이라면 뇌 부위 k는 인지기능 A와 상관이 있다고 추론하는 논리이다. 뇌의 해마가 손상되면 단기기억은 뇌 손상이 안 된 통제집단과 마찬가지로 정상인데 장기기억만 잘 되지 않는 경우의 연구 예가 이에 해당된다. 그런데 이 논리는 A, B 과제가 두 집단 차이에 동등한 민감성을 지니고 있음을 가정하여야 하는데, 실제로 그렇지 못한 경우가 있을 수 있다.

이러한 문제를 해결하기 위한 논리적 틀로 사용된 것이 이중해리라는 추론틀이다. 이중해리란 두 개의 단일해리가 교차되는 경우인데, 뇌 부위 j가 손상된 사람은 과제 A의 수행을 잘 못하지만 과제 B의 수행에서는 정상적인 반면에, 뇌 부위 k가 손상된 사람은 과제 A의 수행은 정상적인데 과제 B의 수행을 잘 못한다면, 뇌 부위 j는 과제 B와 관련된 인지기능을 담당하고 뇌 부위 k는 과제 A와 관련된 인지기능을 담당한다고 추론하는 논리틀이다. 이러한 해리와 이중해리의 논리틀이 인지신경과학 연구에서 흔히 사용하는 연구들이다.

7. 인지신경과학의 연구방법

뇌와 마음의 관계를 어떻게 연구하느냐 하는 현대 인지신경연구법의 세부는 5장에서 다루었지만 여기에서는 인지신경과학 연구방법 일반에 관해 간략히 개관하겠다. 인지신경과학에서 뇌와 마음의 관계를 연구하기 위해서 사용하는 방법은 피험대상의 측면에서 동물과 인간을 피험대상으로 하는 방법이 있다. 동물을 피험대상으로 하는 경우 뇌시술법이 이용될 수 있고, 인간을 피험자로 하는 방법은 뇌 손상 환자에 대한 연구와 정상인에서 뇌영상법으로 나뉘어질 수 있다. 따라서 크게 동물을 주로 이용하는 뇌의 직접적인 시술에 의한 방법, 뇌 손상 환자에서 손상 부위와 인지기능을 관련시키는 뇌 손상연구법, 정상인에서 인지수행 동안의 뇌 활동의 변화를 관찰하는 뇌영상법으로 구분하여볼 수 있다.

1) 뇌시술법

뇌와 특정 기능과의 관계를 추론하기 위해서는 직접 뇌에 조작을 가하여 그 부위에 상응하는 기능이 어떻게 달라지는지를 직접 관찰할 수 있을 것이다. 뇌시술법은 동물의 뇌의 특정 위치에 대하여, 뇌의 일부를 제거(ablation), 절개(incision), 손상(lesion), 임플랜팅(implanting: 뇌의 특정 부분에 전기적 활동을 감지하는 전극을 심어놓고 전기적으로 그 부분을 자극하여 반응을 측정)하여 연구하는 방법이다. 이러한 방법을 사용하여 해부학적 시술이 그 해당 부분에서의 기능에 어떻게 영향을 미치는가와 시술 후 어떠한 반응을 보이는가를 관찰한다. 이렇게 동물을 이용해 실험하는 방법은 조작한 뇌 부위가 행동에 미치는 영향이 직접적이기 때문에 인과성 추론이 좀 더 용이한 장점이 있다. 그러나 이 방법의 단점은 인간에게는 시도하지 못하며 따라서 이 방법에 의한 연구결과를 인간에게 일반화하는 데 문제가 있다는 것이다.

2) 뇌 손상환자연구법

뇌와 마음의 관계는 자연적으로 뇌 손상을 입은 환자들에게서 인지기능이 어떻게 변화하는지를 관찰하는 것으로 연구할 수도 있다. 특정 인지기능과 특정 뇌 부위와의 관계는 뇌 손상을 입은 환자들의 연구에 힘입은 바가 크다. 특정 부위의 손상이 특정한 기능상의 문제를 일으킨다는 것을 관찰하는 것은 그 부위가 그 기능과 관련이 된다는 추론을 가능하게 한다. 그러나 뇌 손상환자연구법은 뇌와 기능을 연결시키는 추론이 동물실험에 비해 덜 직접적이다. 왜냐하면 환자의 뇌 손상은 한 부위에만 국한하여 일어나지 않기 때문이다. 뇌의 손상은 특정 부위에 선택적으로 일어나지 않고 여러 부위에 동시에 일어날 수 있고, 손상의 원인에 따라서 정도와 손상 양상이 달라지며, 그에 따라서 행동에 미치는 영향도 달라진다. 또한 손상을 입은 환자의 특성이 다양하기 때문에 직접적으로 기능과의 관계를 추론하기도 어렵고 일반화하기도 어렵다.

뇌 손상과 인지기능의 손상을 연구하는 방법 중에서 일시적인 뇌 장애를 일으켜서 연구하는 방법도 있다. 정상인에게 경두개자기자극법(TMS)을 이용하면 일시적으로 자극을 받은 부위의 뇌기능이 억제된다. 따라서 특정한 기능을 하게 하고 다양한 부위에 TMS를 주어 어떤 부위에 TMS를 줄 때, 그에 영향을 받게 되는 기능이 무엇인지를 연구하기도 한다.

3) 뇌영상법

살아 있는 뇌에서 뇌의 구조와 활동을 직접 눈으로 확인할 수 있는 뇌영상법을 이용한 연구는 매우 활발하게 진행되고 있다. 뇌영상법은 환자의 병변을 확인하는 데 도움을 줄 뿐 아니라 특정 인지기능을 수행하는 도중에 일어나는 뇌의 활동 변화를 영상화하여 특정 기능과 뇌 부위와의 관계를 알려준다. 주로 정상인에서의 특정 인지기능 수행 동안의 뇌 변화를 관찰하여 정상적인 기능을 수행할 때 관련되는 뇌 부위를 탐색해준다. 뇌영상법에는 5장에서 설명한 바와 같이 뇌의 전기적 활동을 측정하는 EEG,

MEG, ERP가 있고, 뇌의 구조적 인과 모양과 뇌병변을 알려주는 MRI, CT가 있다 (Structural imaging). 뇌의 기능적인 면을 영상화하는 것으로는 PET, fMRI가 대표적이다. 기능적 뇌영상은 국소적 뇌 혈류나 포도당 소모량 등을 측정하여 현재 어떤 부위가 활성화되고 있는지를 알려준다. 뇌영상법은 해상도나 정확도 등 기술적인 면에서 문제가 제기될 수 있으나 계속적으로 진보해가고 있다.

인지신경과학의 기타 방법과, 방법 유형별 자세한 설명은 5장의 2.4.절을 참고하기 바란다.

8. 뇌 연구에 왜 심리학, 인지과학이 필요한가?

뇌의 구조와 기능에 대한 본격적인 설명에 앞서서 다음과 같은 질문을 던질 수 있다. 왜 뇌 연구에 심리학, 인지과학 연구가 필수적인가? 즉, 심리학이나 인지과학을 동원하지 않고 그냥 신경과학만으로 연구를 해서는 안 되는 이유는 무엇인가?

그에 대해서는 다음과 같이 이야기할 수 있다. 뇌와 마음은 동일한 실체의 다른 측면이기에 뇌만 연구해서는 심리적 현상까지 충분히 얘기할 수 없다. 분자 신경생물 수준이 아니라 시스템 이상 수준에서 뇌를 연구하려면 뇌의 물리적 수준을 넘어서는 상위 수준의 기능이나 측면 또는 특성을 알아야 하는데 이것은 분자생물 수준이나, 신경시스템 수준, 낱개의 세포 단위 수준에서 알 수 있는 것이 아니다. 이러한 상위 수준에서의 뇌 기능의 본질, 범주, 한계, 그 기능이 지니는 의미는 심리학이나 인지과학에서 주어져야 된다.

뇌 기능의 무엇을 탐색할 것인가, 뇌가 나타내는 심리적, 행동적 기능의 본질과 이를 구성하는 개념의 기능들의 범위, 한계, 이 기능의 하위 과정은 무엇이 있는가 하는 것은 신경과학 자체에서 다 얘기할 수 있는 것이 아니라 심리학이나 인지과학에서 틀이 주어지고 그 틀에 의해서 신경과학적인 연구가 인도되어야 한다는 것이다. 신경과학 연구 중 인과관계가 아닌 상관관계의 연구 측면을 심리학이 인과관계의 연구로 보완해야 한다는 것이다. 신경과학의 연구는 기본적으로 상관관계의 연구이다. 어느 뇌 부위가 활성화되고 어떤 심적 기능이 관련이 있다는 것이지, 인과관계 자체를 얘기할 수 있는 것은 아니다. 그래서 뇌를 연구하는 데 있어서 신경과학자들만 연구해서는 안 되고 심리학 등의 인지과학이 연결되어서 연구되어야 한다. 인지적 행동에 대한 기본적 이해와 분석이 신경과학적 연구의 기초를 이루고 있어야 한다는 것은 5장의 3절 종합에서 이미 기술한 바 있고, 6장의 〈심층분석 6-1〉에서 부분적으로 다루어진 바 있다.

9. 신경계의 일반적 특성

인간의 마음의 작동은 뇌를 비롯한 신경계의 생물적, 신경적 구조와 과정에 의해 이루어진다. 신경계를 구성하는 두 요소는 뉴런(neuron)과 신경교세포(glial cell)이다. 뉴런은 정보를 받아들여 통합하고 전달하는 역할을 하는데, 이 역할은 일반적으로 개개의 뉴런 내에서는 전기적인 형태로, 뉴런들 간에는 화학적인 형태로 이루어진다.

뉴런들로 이루어진 신경계의 구조를 살펴보면, 인간의 신경계는 말초신경계와 중추신경계로 구성된다. 중추신경계는 뇌와 척수로 구성되며, 말초신경계는 체성신경계와 자율신경계로 구성된다.

신경계의 특성은 뉴런의 구조와, 뉴런에서 전기적 정보처리가 어떻게 일어나는가, 뉴런들 사이에서 신경정보가 생물화학적으로 어떻게 전달되는가 하는 것을 중심으로 살펴볼 수 있다. 이미 많은 서적들이 신경계의 일반적인 구조와 기능에 대하여 기술하고 있기에 여기에서는 자세한 설명은 생략하겠다.

10. 뇌의 조직[51]

1) 뇌의 구조

그림 7-4 뇌의 구조

중추신경계의 하나인 뇌는 위치를 기준하여 크게 전뇌(prosencephalon/ forebrain), 중뇌(mesencephalon/ midbrain), 후뇌(rhombencephalon/ hindbrain)로 나누어질 수 있다. 척수에서 제일 가깝고 뇌의 뒤쪽에 있는 후뇌는 연수(medullar oblongata), 뇌교(pons), 소뇌(cerebellum)로 구성된다. 중뇌는 뇌의 중간에서 시작되고 전뇌에 의해 둘러싸여 있는 부분이다. 중뇌는 중뇌의 지붕인 시개(tectum)와 이의 하부 구조인 피개(tegmentum)와 흑질(substantia nigra)로 구성되어 있고, 시개의 상부 돌출부와

하부 돌출부를 각기 상(소)구(superior colliculus)와 하(소)구(inferior colliculus)라고 한다.

그림 7-5 대뇌피질 구조

일차 운동피질 / 중심열 / 일차 체감각피질 / 전두엽 / 두정엽 / 일차 시각피질 / 일차 후각피질 / 실버우스열 / 일차 청각피질 / 측두엽 / 후두엽 / 소뇌

전뇌는 뇌의 가장 앞쪽에 있고 종뇌(telencephalon)와 간뇌(diencephalon)로 구성된다. 상(소)구 위쪽으로 보면 시상하부(hypothalamus)와 시상(thalamus)이라는 아래위를 연결하는 중계소 역할을 하는 부위가 있는데 이 둘이 간뇌 부분을 구성하는 구조들이다. 간뇌 옆과 위로 종뇌를 구성하는 구조들이 있는데, 대뇌피질(cerebral cortex)과 기저핵(basal ganglia) 및 변연계(limbic system)가 종뇌를 구성한다. 기저핵과 변연계를 대뇌피질 아래 있다고 하여 피질하구조 또는 피질하계라고 하는데, 기저핵은 간뇌의 시상 좌우로 있는 구조물이며 3개의 하위 구조[미상핵(caudate nucleus), 피각(putamen), 담창구(globus pallidus)]로 구성되어 있고, 변연계는 간뇌와 대뇌피질의 경계 변두리에 있으며 간뇌의 시상하부와 대뇌피질의 대상회를 포함하여 여러 개의 하위 구조[편도체(amygdala), 시상하부(hypothalamus), 해마(hippocampus), 대상회(cingulate gyrus), 전측시상(anterior thalamus), 유두체(mammillary body) 등]로 구성되어 있다. 해마는 뇌궁(fornix)이라는 커다란 축삭로를 통하여 시상하부나 다른 구

조와 연결되고 시상하부에는 뇌하수체(pituitary gland)가 붙어 있다.

이러한 하위 구조들을 감싸고 있는 바깥쪽 뇌 부분이 대뇌피질이다. 대뇌피질이라는 회백질 층은 두 개의 대뇌반구를 구성하고 있으며 이 두 반구는 뇌량(corpus callosum)과 전교련(anterior commissure)이라는 신경축삭다발을 통하여 연결된다. 뇌피질의 많은 주름들을 회 또는 이랑(gyrus)이라고 하고 이 주름들의 모음 사이의 골짜기를 구 또는 고랑(sulcus)이라고 하며, 대뇌피질 뉴런 모음사이의 아주 깊은 골짜기를 열(fissure)이라고 부른다. 열에는 대뇌 반구를 앞뒤로 갈라놓아 주는 중심열(central fissure)과 또한 뇌를 옆에서 보았을 때 뇌의 바깥쪽 아래와 위를 대각선으로 갈라놓아 주는 골짜기인 외측열(lateral fissure)[또는 실비안열(Sylvian fissure)이라고도 함]과 좌우반구를 갈라 주는 세로열(longitudinal fissure)이 있다.

대뇌피질의 중심골짜기 앞부분을 전두엽(frontal lobe), 바깥쪽 골짜기 아래 부분을 측두엽(temporal lobe), 바깥쪽 골짜기 위이며 전두엽이 아닌 부분을 두정엽(parietal lobe), 중심골짜기의 뒷부분으로서 두정엽, 측두엽 부분에 해당하지 않는 뒤쪽 부분을 후두엽(occipital lobe)이라 한다.

2) 뇌의 기능

뇌의 각 부위별 기능에 대하여는 이미 많은 문헌들을(Gazzaniga, Ivry, & Mangun, 2002; Banich, 2008; 나덕렬, 2008; 박문호, 2008) 통하여 널리 알려져 있고, 또 계속된 연구들에 의하여 그 기능의 내용이 수정되고 있기에, 여기에서는 자세한 언급을 피하고 다음과 같이 간략히 핵심적 기능 중심으로 요약하는 것으로 대신한다. 뇌의 기능에 대한 자세한 설명은 이 장의 11절 [인지신경과학 주요 연구 결과 개관]의 내용과 위에서 언급한 문헌들의 내용을 참고하기 바란다.

1) 후뇌:

ㄱ. 연수: 척수와 연결되는 뇌의 가장 아래 부분으로 호흡, 심장박동 등 생명에 필수적인 기능을 관장한다.

ㄴ. 소뇌: 이 영역은 복잡한 조절기능과 피드백 기능을 수행한다. 신체균형을 유지하고 근육의 강도와 긴장도를 조절 및 협조작용을 하며 공간감각과도 관련이 있다.

ㄷ. 뇌교: 연수의 바로 앞부분으로 양쪽 소뇌를 연결해주는 제4뇌실에 걸려 있는 다리로서 신경정보 전달과 의식을 담당한다.

2) 중뇌

ㄱ. 시개: 상구는 움직이는 시각자극에 대한 반응 등과 주로 관련되어 있고, 하구는 청각정보의 중계 센터의 기능을 주로 담당한다.

ㄴ. 피개: 싸움, 교미 등의 행동이나 기타 운동행동 조절에 관여한다.

3) 전뇌

ㄱ. 대뇌피질:

뇌의 대뇌피질은 감각정보를 수용하고 처리하며, 사고, 언어, 기타 인지적 정보처리, 운동 계획 등의 일을 담당한다. 뇌의 앞쪽의 전두엽은 고차 정신과정, 운동 통제 등을 담당하고, 위쪽의 두정엽은 몸 감각 등을, 옆 쪽의 측두엽은 청각 등을, 뒤 쪽의 후두엽은 시각 등을 담당한다. 이들 부분을 제외한 대뇌피질 영역은 연합영역으로 대뇌피질의 75%를 차지하는데 전두엽의 연합영역은 문제해결, 계획, 판단 등을, 측두엽의 연합영역은 언어 등을 담당한다.

ㄴ. 시상: 시상은 중계자로써의 역할과 조정중추로써 작용하여 거의 모든 입력 감각정보를 대뇌피질의 각 부분에 전달, 연결한다(후각정보만이 예외로 시상을 거치지 않고 직접 대뇌에 전달된다). 시상은 주의에서 중요한 역할을 한다.

ㄷ. 기저핵: 대뇌피질 전체에서 입력을 받아서 뇌간의 운동센터에 연결을 하는 기관이다. 움직임을 계획하고 산출하는 역할을 한다. 비언어적 행위를 이해하고 표현하는

데도 관여한다.

ㄹ. 시상하부: 시상하부는 뇌의 거의 모든 부분에서 입력을 받아 거의 모든 부분에 연결하는 기관으로, 모든 자율신경계의 중추로 신체의 모든 자율기능을 통제하고 체온, 수분대사, 열 대사, 혈압, 혈당수준을 관리한다. 또 호르몬 분비와 관련된 명령 체계를 가진다. 기능 면에서 남녀의 차이가 가장 뚜렷하게 나타나는 부위이다.

ㅁ. 편도체: 해마의 바로 앞 부분에 있으며 각종 경험과 정서적 반응을 연결하는 역할을 한다. 특히 공포, 분노, 공격 등의 정서에서 중요한 역할을 담당하며, 얼굴 표정 인식에도 관여한다.

ㅂ. 해마: 새로운 정보의 저장에 중요한 역할을 한다. 새 경험마다 대뇌피질과의 연결을 형성하여 정보를 저장한다고 볼 수 있다.

11. 인지신경과학 주요 연구결과 개관 [52]

그동안의 인지신경과학의 연구들은 다음과 같은 여러 주제를 연구해왔다: 인지신경과학자들은 뇌의 인지 기능 지도를 탐색하고, 좌우반구 기능의 분화의 통합의 기제를 탐색하며, 대상의 지각적 특질을 탐지하고 형태재인(대상 인식)이 이루어지는 신경 과정을 탐구하며, 운동의 조식과 분화 및 통제의 신경적 기작을 탐구해왔다. 또 학습의 생화학적 변화 기작과 학습에 의한 뇌의 변화와 관련하여 신경적 가소성(회복, 복구)의 기작을 탐구하며, 기억의 생화학적 소재와 표상형성 및 이상기억의 기작을 탐색하고, 주의와 의식의 신경적 기작, 그리고 언어, 사고, 정서 등의 신경적 구조와 과정의 기작 등을 탐구해왔다. 그리고 정상인의 뇌의 신경적 과정뿐만 아니라 뇌 손상 환자, 유전적 뇌결함자, 뇌발달 이상자 등의 연구뿐만 아니라, 뇌−인지 기능의 진화와 관련된 연구

---

52 주요 인지과정(지각과 주의; 기억; 언어; 수 계산과 숫자 비교; 범주판단; 추리; 계획하기; 학습/교육)에 대한 뇌과학 연구를 최근에 개관한 것은 다음의 글의 II절의 내용에서 볼 수 있다: 도경수, 박창호, 김성일 (2002). 인지에 관한 뇌 연구의 개괄적 고찰, 평가, 및 전망. 한국심리학회지: 실험 및 인지, 14(4), 321-343.

와 계산신경과학 연구도 하고 있다.

이러한 주제들에 대한 자세한 내용은 최근의 인지신경과학 책에서[53] 상세히 언급되고 있기에, 여기서는 인지신경과학 연구결과의 핵심 부분을 개략적으로 요약하는 것으로 대신하고자 한다.

시지각 인지신경과학에서 시각적 처리는 사물의 위치를 파악하는 것과 사물의 정체를 파악하는 큰 두 흐름으로 나누어지는 경로가 확인되었다. 또한 대상의 여러 속성이 뇌에서 계열적이면서도 병렬적으로 일어난다는 신경학적인 증거들이 확인되었다. 인지과학의 시지각 연구는 형태재인 모델 즉, 대상 인식에 대한 이론적 모델 검증과 재구성이 인지신경과학의 연구에 바탕하여 이루어졌다. 뇌가 손상되어서 대상을 인식하지 못하는 실인증의 일반 현상이나, 특히 인간의 얼굴을 인식하지 못하는 현상을 중심으로 하여 얼굴 인식 정보처리 기작에 대한 연구가 많이 이루어졌다. 일차시각피질(V1)의 공간지도 표상 특성과 시각뇌가 의식에서 담당하는 역할, 시각맹 등의 연구가 이루어졌고, 대상 인식에서 범주 인식, 위치 및 방향 인식 등의 연구가 부각되었고, 얼굴 인식 과정이 다른 대상의 인식 과정과는 다른 양식으로 정보가 처리되며 다른 뇌 부위들이 관여되는 것에 대한 연구가 부각되었고, 실제 대상이 없는 상황에서 심상(imagery) 정보처리가 직접 대상을 보는 상황에서와 같은 뇌 부위가 활성화되며 유사한 신경정보처리가 이루어진다는 것에 대한 연구가 주목을 받았다. 뇌 손상으로 인하여 대상 인식을 못하는 증상인 실인증을 비롯한 시지각에 대한 인지신경과학적 연구결과에 대한 설명은 9장 7절 '시지각에 대한 인지신경적 탐구'에서 다루겠다.

주의 주의에 관해서는 주로 지각과 관련되어서 연구가 진행되었는데, 선택적 주의를 담당하는 뇌의 부분이 어디이고, 언제 선택이 이루어지는가, 어떠한 신경 과정이 진행되는가가 탐구되고, 공간 위치 중심 아니면 대상 전체 중심의 뇌의 메커니즘이 주의를 주고 떼는 신경 과정이 탐색되었고, 손상된 뇌의 반대쪽에 있는 자극을 인식하지 못하는 무시증후군(neglect syndrome) 현상과 관련된 뇌 부위 및 신경 과정의 탐구가 주목을 받았다. 또한 주의와 의식과의 관련성에 대한 경험적, 이론적 작업들이 진

---

53 Ivry Gazzaniga & Mangun(2002); Ward(2006); Banich(2008).

행되었다.

　주의의 결함과 관련하여 비교적 많이 연구되어온 현상이 무시증후군이다. 무시증후군은 주로 우반구 손상에서 더 흔하게 나타나는데, 주로 병변의 반대측 자극을 인식하지 못하거나 그에 반응하지 못하는 양상으로 나타난다. 무시증후군은 공간에 대한 무시에서부터 자기 몸에 대한 무시까지 다양한 양상으로 나타난다. 다양한 무시증후군 현상 중에서 우반구 손상 환자에게서 왼쪽 공간에 대한 무시가 나타나는 편측공간무시(hemispatial neglect)가 주목을 받았다(편측공간무시 증후가 있는 환자가 그린 〈그림 7-6〉 참조). 또한 무시 증상이 심한 환자에게서 자신에게 마비가 있는 것을 인식하지 못하거나 마비가 있는 자신의 팔과 다리가 자신에게 소속된 것인지를 알지 못하는 증상을 발견할 수 있는데, 이러한 증상들을 통하여 자기인식과 의식에 대해서도 연구되어왔다.

　무시증후군의 발생 원인은 주의의 결함이라는 설명이 지배적이나 그 원인들은 다양하다. 무시증후군의 원인은 주의 결함, 행동－의도 결함, 표상 결함의 크게 세 가지 가설로 구분될 수 있다. 또한 무시증후군과 연관되는 뇌 영역에 대한 연구들은 과거에는

그림 7-6 뇌무시증후군의 환자들이 그린 그림 : 위 그림은 자극을 보고 따라 그린 것이고, 아래 그림은 머릿속에서 생각하는 시계를 그려보라고 하여 그린 두 그림.

두정엽이 무시증후군을 일으키는 결정적인 위치라고 하였으나 최근에 뇌영상의 발전에 힘입은 체계적인 연구들은 두정엽뿐 아니라 측두엽, 전두엽 등 다양한 영역들이 무시증후군과 관련된다는 것을 밝혀내었다. 특히 한 영역의 손상 때문이 아니라 다양한 영역의 네트워크의 손상에 의한 것으로 설명되기 시작하여, 무시증후군과 뇌 영역과 관련된 연구는 계속 체계적으로 이루어지고 있다. 또 한편에서 무시증후군과 관련하여 많이 연구되고 있는 분야는 무시증후군을 완화시키거나 감소시키는 방법에 관한 연구로, 최근 들어서 이에 대한 진보가 있었다.

무시증후군과 함께 주의에 결함을 가진 증상으로 많이 연구된 것이 Balint 증후군이다. Balint 증후군 환자에게서 여러 가지 시각적 대상을 한 번에 처리하지 못하는 현상을 발견할 수 있는데, 이것은 하나씩 따로는 사물을 인식하지만 동시에는 여러 가지 사물을 인식하지 못하는 동시실인증(simultanagnosia)이라는 것이다. 이는 시지각 자체의 결함보다는 주의의 부하가 커지면서 발생하는 것으로 보인다. 동시실인증의 경우 부분들이 모여 하나의 전체를 이루면 작은 부분들이 무엇인지는 알지만 전체는 무엇인지 모르기도 한다.

심층분석 7-2 좌우반구의 기능 차이: 분할뇌(split brain) 연구

스페리 교수는 1950년대에 분할뇌를 연구하여 후에 노벨상을 수상했다. 좌반구, 우반구 차이를 연구한 스페리 교수는 간질 환자의 발작을 막기 위해서 좌반구와 우반구를 연결하는 뇌량을 절단한 후에 나타나는 증상들을 우연히 관찰하고 그것에서 아이디어를 얻어서 실험하기 시작했다. 눈으로는 화면의 중심점을 응시하다가 자극이 나타나면 자극을 보고 말로 반응을 하거나 손으로 하는 방식(즉, 시각 자극에 해당하는 물건을 손으로 짚거나 하는 식)으로 실험이 이루어졌다.

눈의 망막에서 시각 뇌로 가는 신경전도로는 중간에서 교차된다. 따라서 좌측 시야에 들어온 정보는 우측 뇌반구로, 우측 시야에 들어온 정보는 좌측 뇌반구로 전달된다. 이러한 정보의 교차에도 불구하고 좌반구와 우반구가 서로 정보를 교환한다. 뇌의 좌반구와 우반구의 중간에서 이러한 정보 교환을 하게 하는 섬유다발이 뇌량(corpus callosum)이다. 이 뇌량을 절단하여 좌우뇌 사이에 정보 교환이 차단되었을 때 나타나

는 현상에 의하여 뇌의 좌반구와 우반구의 기능이 추정되었다.

뇌량이 절단된 환자에게 왼손을 스크린 밑으로 내리게 하고 스크린의 왼쪽에 열쇠라는 단어를 10분의 1초 제시한 후 스크린 뒤쪽의 물건들 중 지금 본 자극을 손으로 골라내게 하면 분할뇌 환자들은 우측 시야(우측 뇌반구)에 들어온 정보는 쉽게 다루지만 좌측 시야 우측 뇌반구에 제시된 정보는 이름을 말하지 못한다. 그러나 왼손으로 그 대상을 잡을 수는 있다. 따라서 좌우반구가 담당하는 기능이 다르다는 것을 밝혀주었다.

예를 들어 사람의 코앞에 응시점이 있다. 1초도 안 되는 굉장히 짧은 시간에 왼쪽 시야 또는 오른쪽 시야에 정보가 제시된다. 왼쪽 시야에 자극이 제시되었는데 왼손으로 지금 제시된 자극과 같은 물건을 잡으라고 하면 왼손은 오른쪽 뇌의 영향을 받아서 제대로 집는다. 그러나 왼쪽 시야에 자극을 주면 그 정보는 오른쪽 뇌로 가는데, 이 경우에는 엉뚱하게 틀린 물건을 잡는 결과를 보여준다. 우측 시야에 열쇠라는 자극이나 그림을 주면 그 정보가 좌반구로 간다. 좌반구는 언어를 담당하니까 쉽게 처리된다. 반면에 좌측 시야에 열쇠라는 자극, 그림을 주면 그 정보는 우반구로 간다. 이 경우에 그것이 무엇이냐고 물으면 대답을 못한다. 우반구는 언어 담당 주 영역이 아니기 때문이다. 그러나 집으라고 하면 제대로 집을 수 있다. 지금 뭐 하고 있냐고 물으면 답하지 못한다. 언어를 담당하는 왼쪽 뇌는 이 손 움직임에 관한 정보를 갖고 있지 않기 때문이다.

좌측(head)과 우측(band)에 각각 머리띠(head+band)라는 단어를 제시한 후에 무슨 단어냐고 하면 band라고 대답한다. 무슨 밴드냐고 물으면 고무 밴드라고 혹은 락 밴드라고 엉뚱한 대답을 한다. 'head'라는 단어가 있었다는 것을 우측 뇌는 알지만 언어를 담당하는 좌측 뇌는 모르기 때문이다.

여자 피험자들에게 짧은 시간 동안 우측 시야나 좌측 시야에 남자 누드 사진을 제시했다. 우측 시야에 제시했을 때 이 정보는 좌측 뇌로 간다. 따라서 주어진 것이 무엇이냐고 물으면 피험자들은 웃고 나서 남자의 누드라고 대답한다. 언어를 담당하는 뇌가 처리하기 때문에 쉽게 대답한다. 그러나 좌측 시야에 제시한 후에 보이는 것이 무엇인지를 물으면 (이는 우측 뇌로 가는데), 아무것도 안 보인다고 답한다. 그러나 살짝 웃으면서 얼굴을 붉힌다. 왜 웃는지, 왜 얼굴을 붉히는지를 물으면 엉뚱한 대답을 한다. 실험자가 자기를 웃겼다든지······ 라고 대답한다.

다음 실험에서는 연필이나 칫솔을 왼손에 얹어준다. 왼손에 무엇이 있는지 물으면 몸짓으로는 칫솔질을 하는 모양을 흉내 낸다든지 할 수 있지만 오른쪽 뇌는 사물 이름에 관한 정보가 없기 때문에 칫솔이라고 대답할 수 없다. 좌뇌를 마취시키고 실험을 하면, 언어에 관한 내용은 제대로 반응하지 못한다. 왼손에 숟가락을 쥐어주고 나서 무엇을 쥐어줬냐고 물으면 사물 이름 정보가 없는 우뇌는 말을 못한다. 반면 손에 쥐어 준 것을 숟가락으로 가리키라고 하면 우뇌가 지배하니까 잘 반응한다.

상당히 의미심장한 실험이 있다. 블록 쌓기 실험인데, 좌반구와 우반구 사이의 뇌량이 절단된 환자에게 레고 블록을 주고 오른손으로 블록을 쌓게 한다. 오른손을 지배하는 좌측 뇌에는 공간 감각 기능이 부족하기 때문에 자꾸만 실수한다. 왼쪽 뇌가 명령을 제대로 못 내리니까 오른쪽 손이 실수를 한다. 그런데 이때 공간 능력을 담당하는 오른쪽 뇌에서 왼손을 사용하여 도우려고 하지만 오른손은 이를 밀쳐내다가 고생하기도 한다. 이런 일이 반복되고, 왼쪽 뇌(오른손)는 왼손에 대해서 간섭하지 말라고 심한 욕을 해댄다. 마치 한 사람 내에 전혀 다른 두 사람이 있어서 한 사람이 다른 사람을 도우려고 하는데 그 사람이 상관하지 말라고 욕을 하는 것과 마찬가지로 뇌량이 끊어진 한 사람 머리에 두 사람이 들어 있는 듯한 반응을 보이는 결과를 나타낸다.

그림 7-7 한 사람 안에 두 사람이 있는 듯 양손 갈등을 보이는 환자의 경우

두 손이 싸우는 것 같은 반응을 보여주는 환자의 실제 모습이 〈그림7-7〉에 있다. 이 환자는 뇌졸중으로 인하여 뇌량이 손상되었다. 환자는 검사자로부터 수건으로 얼굴을 닦으라는 지시를 들었다. 환자의 오른손은 수건을 들려고 하나 왼손이 다시 수건을 빼앗으려고 하고, 뺏기지 않으려는 환자의 오른손이 수건을 계속 잡아당긴다. 그래서 결국 환자는 얼굴을 닦지 못하고 계속 두 손이 실랑이를 벌이고 있다. 이렇게 두 손이 싸우는 것처럼 보이는 이런 증상에 대해서 양손갈등(intermanual conflict)이라는 이름이 붙여졌다.

한 단계 더 나가서, 피험자들에게 자극을 제시할 때 온전한 자극을 제시하는 것이 아니라 두 개의 그림을 반으로 잘라서 반씩 합친 혼합 자극을 제시한다. 왼쪽이 여자, 오른쪽이 남자인 혼합 그림을 좌반구, 우반구 사이의 뇌량이 절단된 환자에게 제시하고 '무엇을 보았냐'고 질문하면 언어는 좌반구가 지배하므로 남자를 봤다고 답하는데 지금 본 자극과 같은 그림을 왼손으로 고르라고 하면 왼손은 우반구가 지배하므로 여자 사진을

고르는 결과가 나타난다. 좌측 시야에 빨간불을 제시하고 무엇이 보이냐고 물으면 (좌측 시야이므로 우반구로 정보가 간다) 대답은 좌측 뇌가 해야 되니까 무슨 자극이 들어왔는지 모르므로 추측 반응을 하게 되어 50 대 50의 우연 수준에서 답한다. 추측 반응을 우반구가 듣고는 이것이 틀렸다고 강렬하게 반발 정서를 표현해서 얼굴을 붉히고 머리를 흔들거나 한다. 그러면 좌반구가 틀린 것을 눈치 채고 답한 것을 교정해서 정답을 얘기하는 경우가 있다.

분할뇌 환자가 손해만 보는 것은 아니다. 정상인보다 뭔가를 더 잘하는 분야가 있다. 두 개의 그림을 한꺼번에 좌우 시야에 제시하면서 그대로 그리라고 하면 두 그림이 서로 대칭적인 그림은 정상인이나 분할뇌 환자나 잘 그리는데, 서로 대칭적이지 않은 그림은 정상인의 경우 오류를 더 범하면서 잘못 그리지만 분할뇌 환자는 잘 그린다.

좌우반구의 기능 분할에 대해서 종합하면, 좌뇌는 언어 측면에서 우세하고, 언어 논리 시간적 반응에 친숙한 정보에 반응하기, 정상적 관계 맥락의 의미, 좁은 맥락의 초점 정보 처리를 잘 한다. 우뇌는 공간감각, 얼굴 지각, 주의, 세상 지식 활용, 새 정보 중심 처리, 다양한 맥락 처리, 선결의미 처리 이러한 측면을 더 잘한다고 볼 수 있다. 좌뇌는 분석적이고 세부 특성 처리를 더 잘 하고, 가설검증적·확률계산적 사고를 하고 사건, 이야기 해석을 하는데 우뇌는 총체적 형태 정보처리를 하고 직관적이고 전체적 특성에 민감하다고 볼 수 있다. 그렇기는 하지만 이런 식으로 좌뇌, 우뇌 기능을 고정적으로 나눠서 이분법적으로 생각하는 것은 위험하다. 서로 보완적으로 작용해서 기능하고 있기 때문에, 세간에서 흔히 이야기하듯이 이를테면 좌뇌인간, 우뇌인간으로 나눠서 생각하는 것은 인지신경 과학적 입장에서 본다면 적절한 시도가 아니라고 할 수 있다.

기억 기억과 관련해서는 단기(작업)기억과 장기기억이 별개의 체계여서 어느 하나는 온전한데 다른 하나가 손상될 수 있음이 밝혀졌고, 외현적(explicit) 기억과 암묵적(implicit) 기억의 차이와 이에 관여하는 신경구조들이 탐색되었고, 외현적 기억, 또는 선언적 기억(declarative memory)이라고 알려져 있는 기억의 형성에는 해마를 포함한 내측 측두엽이나 전두엽과 같은 신피질이 중요한 역할을 하는 것으로 밝혀졌다. 행동기술, 습관, 지각적 지식 기억 등과 같이 경험 결과가 의식의 도움 없이도 인출되는 암묵적 기억 또는 절차기억이라 불리는 기억의 형성 및 저장에는 직접 그러한 절차의 실행에 관여하는 신경구조가 관여하는 것으로 보인다. 특히 기저핵과 같은 피질하 구조가 중요하게 거론되고 있다. 뇌 손상에 따른 기억상실증, 특히 해마 손상 이후의 기억 장애 또는 치매 환자가 보이는 기억 장애에 대한 심리학 신경적 모델과 증거들이 제시되었다. 기억의 관한 자세한 논의는 10장의 내용을, 그리고 기억 유형(체계)에 따른 담당 뇌 부위에 관한 언급은 10장의 〈그림10-4〉를 참고하기 바란다.

언어 언어기능은 언어기능 담당 부위의 대표적인 영역인 브로카 영역과 베르니케 영역 등과 같이 뇌영역마다 담당하는 기능이 다르다는 것은 이미 잘 알려져 있다. 언어와 관련된 인지신경과학적 연구들은 말 인식에서 자극 단어의 범주적 정보를 파악하는 것이 청각적 신경 처리와 발성과 관련된 운동적 신경 처리 통로를 통하여 이루어질 수 있음을 보였고, 뇌의 복측의 'what'(의미)통로와 배측의 'how'(소리분절) 통로가 관여된다는 것을 밝혀내었다. 뇌 손상에 따른 언어 장애는 통사론과 의미론 처리가 비교적 독립적으로 작용할 수 있음을 보였고, 실어증 등의 현상 연구는 음운, 통사, 의미 정보가 각기 독립적으로 인출될 수 있음을 보였다. 글자 인식과 관련된 연구들은 글자 인식이 자동적으로 병렬적으로 진행되며, 난독증 연구결과에 의하면 글자를 소리 부호로 변환하는 신경적 처리 통로와 글자를 의미 부호로 처리하는 신경적 처리 통로가 별도로 존재한다는 것이 발견되었다. 또한 뇌의 좌측 내측 후두측두회(방추회: fusiform gyrus)에 '시각 단어 형태 담당 영역(visual word form area)' 이 있음을 찾아내었는데 이 영역은 자극이 제시된 이후 150 내지 200msec에 가동되는데 글자가 아닌 기호들보다는 친숙한 단어의 알파벳 배열에 더 잘 반응하였다. 시각적 글자 처리가 글씨 쓰는 움직임 담당 뇌 부위와 연관이 있음도 탐색되었다.

정서 다마지오(A. Damasio, 1994) 등의 연구에 의하면 인지적 판단을 할 때 정서가 그 밑에 깔려있다고 한다. 예를 들어 공포 같은 경우에는 우리는 뱀을 보자마자 깜짝 놀라서 두려움 때문에 도망가게 되는데 뱀을 보는 시각신경으로부터 뱀을 보자마자 뱀에 대한 정보가 시각중추로 간 뒤에 거기서 편도체(amygdala)로 가서 정서 변화를 일으킨다고 볼 수 있다. 르두(J. LeDoux) 등의 연구는 공포 자극에 대하여 편도핵과 전두엽의 대상회가 연결되어 바로 반응이 유발되는 통로의 중요성을 보였고, 얼굴 표정에서 정서적 단서 읽기의 신경적 기반을 밝히는 연구들은 안와전두피질(orbitofrontal cortex) 의 중요성을 시사하고 있다. 정서반응과 피부, 체성반응 등의 연결관계, 마음

이론(TOM)의 신경적 기반에 대한 연구 등이 정서 관련 인지신경 연구의 주요한 연구 분야로 대두되고 있다. 정서에 대해서는 14장에서 추가로 논의하겠다.

　사고　인지신경과학의 초기에 인간의 지적 기능을 연구할 때 비교적 저차원적인 기능이 많이 연구되는 경향이 있었다. 소위 고차인지기능은 동물실험이 불가능하며, 개념화 자체가 쉽지 않아 이에 대한 연구들은 시각 처리와 같이 비교적 단순한 기능에 비해서 덜 연구되었었다. 그러나 최근 사고 및 고차인지기능에 대한 이론적인 고려가 많아지고 뇌영상의 발전으로 인간 피험자에 대한 실험이 많아지면서 사고에 대한 연구도 활발히 진행되었다. 연역추리와 귀납추리와 논리적 추리와 관련되는 뇌 부위들이 연구되었다. 추리라는 것 자체가 다양한 기능을 포함하고 단일한 기능으로 한정짓기가 어려워 실험에서 도입한 방법이나 재료들에 따라서 연구들 간 상당한 불일치가 있어왔다. 그러나 추리와 통합적 사고 기능이 전전두엽의 기능이라는 점에서는 광범위한 의견 일치가 있었다(골드스타인, 2008; 나덕렬, 2008; 박문호, 2008)[54]. 추리에는 전두엽, 두정엽 등의 여러 부위가 관련된다는 것도 확인되었다. 세부적으로는 인지심리학에서 추리를 설명하는 이론인 언어적 처리(심성 규칙이론)와 공간적 처리(심성 모형이론), 휴리스틱스 시스템과 형식적, 보편적 규칙 시스템의 각각의 이론을 지지하거나 통합, 검증하려는 연구들, 신념편파나 이행적 추리 등 인지심리학적으로 제안된 개념에 대해서도 검증하려는 연구도 있었다. 최근 인지신경과학적 연구는 추리를 담당하는 시스템은 하나의 단일한 추리 시스템은 아니고 다양한 기능의 시스템으로 구성된다고 제안하기도 하였다(Goel, 2007).

　또한 의사결정(decision making)의 신경학적 기반을 찾는 연구들이 행해졌으며, 의사결정 또한 전전두엽 기능으로 초점이 맞춰지고 있다(나덕렬, 2008; 박문호, 2008).

---

54 전두엽은 어떤 주어진 시간에 그리고 그 시간을 초과하여 신경구조의 광범위한 부분의 활동을 조정하고 억제하는 '전반적'인 역할을 한다. 전두엽은 유기체가 직면하고 있는 필요한 모든 도전에 대한 특정 지식이나 전문된 지식을 갖고 있지 않다. 그러나 이들은 모든 특정한 도전에 대한 이러한 지식과 전문 지식을 소유하는 뇌 영역을 '찾아내'고 필요에 따라… 이들을 함께 묶는 능력을 갖고 있다. …전전두엽피질은 뇌의 각 기능단위와 직접 연결되어 있다. 전전두엽피질은 후방의 연합피질과 연결된 감각통합의 최고점이며, 전운동피질, 기저핵 및 소뇌와 함께 운동조절과 움직임이 여러 측면에 관여되어있으며, 해마 및 관련 구조와 함께 기억에 중요한 것으로 알려져 있고, 대상피질과 함께 감정과 불확실성의 처리에 중요한 것으로 추정된다. …마지막으로 중요한 것은 전전두엽피질은 뇌간핵과 연결되어 활성화와 각성의 역활을 한다는 것이다. 뇌의 모든 구조중 전전두엽피질만이 이와 같이 많은 망상형태의 신경통로를 가지고 있다. 이와 같은 독특한 연결을 가지기 때문에, 전두엽만이 오케스트라의 지휘자처럼 모든 다른 뇌 구조의 조정과 통합작업에 매우 적합하다(골드스타인, 2007).

그림 7-7 전전두엽과 감각 연합 영역의 연결(박문호, 2008)

이는 고전적으로 안와전두엽 영역이 손상된 환자에게서 의사결정이 손상되는 결과로부터 동기화된 것이다. 의사결정에 개입되는 과정들—선택, 평가 등—에 대한 정상인 대상 신경학적 기작들이 연구되었으며, 의사결정의 추론의 정도, 의사결정 전략(분석적이어야 하나 직관적이어야 하나)에 따라서 다른 뇌 부위가 관련된다는 연구도 있었다. 최근 의사결정 및 판단에 대한 인지신경과학적 관점이 탄생시킨 학문은 신경경제학(Neuroeconomics)으로, 이 분야는 의사결정에 대한 경제학과 심리학을 신경과학적 관점에 통합하려는 시도로 나타난 분야이다. 최근 리뷰(Lee, Rushworth, Walton, Watanabe, Sakagami, 2007)는 전두엽의 각기 다른 부위들이 의사결정의 역동적인 과정에서 다른 측면의 역할을 한다고 주장하고 있다.

또한 더 추상적인 사고인 창의적 사고(creative thinking)에 대한 연구도 이루어졌다. 기존에 있던 창의적 사고 검사를 사용하여 창의적 사고의 여러 요소들과 뇌 활성화의 패턴과의 관계가 연구되기도 하여, 더 고차적인 문제 해결에 대해서도 연구가 진행되고 있다.

의식과 집행 의식에 관한 연구결과에 의하면 주로 전전두엽 부분이 의식을 담당하여 신경적 처리를 한다고 볼 수 있다(박문호, 2008). 여러 행동과 인지적 반응들을 모니터링하고 제어하는 집행-제어(executive) 기능을 담당하는 신경적 구조와 과정에 대한 연구가 이루어졌고, 뇌영상 기법과 뇌 손상 환자 연구에 의하면 전전두엽이 집행 기능에서 중심 역할을 담당하는 것으로 드러났다. 전전두엽 손상 환자들은 문제 해결 과제나 멀티태스킹들을 잘 못하며 습관적인 행동을 제어-통제하는 데 어려움을 겪었다. 작업기억이 이 집행 기능 담당에서 중요한 역할을 담당하며, 좌측 배측전전두엽 영역은 배경맥락 설정 및 후보 선택지 중 선택에서, 우측 배측전전두엽 영역은 자극상 황이 애매해지거나 계속된 주의를 필요로 하는 집행 기능에서 중요한 역할을 담당하는 것 같다. 복측 전대상회 영역은 오류 탐지에 중요한 역할을 하는 것 같다. 이러한 집행 기능 관여 뇌 부위와 기능에 대한 논의는 의식의 신경적 기초 논의에 기초를 제공한다. 뇌 기능의 유전, 가소성, 뇌 기능의 통합에 대해서는 다음 절들에서 다루겠다.

12. 뇌는 어떻게 변화하는가? 유전, 환경, 발달, 가소성

뇌의 각 부위별로 기능이 전문화되어 있다면, 그러면 각 부위는 한 개인의 일평생 동안 동일한 기능을 하는 것으로만 고정되어 있는가? 아니면 변화하는가?

한 개인의 성장, 발달 과정에서, 그리고 신체적 부상, 각종 경험 과정에서 뇌는 계속 변화한다. 이러한 변화 가능성을 가소성이라고 한다. 이러한 변화의 본질과 그 변화가 일어나는 규칙 특성을 밝히는 일이 신경과학의 한 주요 영역이다. 태어나자마자 완전한 개체로 활동하는 하등동물의 뇌와는 달라서 인간의 뇌는 태어난 후에도 계속 발달한다. 한 개인의 일생의 여러 시점에서 뇌가 발달하는 과정은 예측 가능한 패턴을 보이며, 여러 시점에서 서로 다른 구조와 기능들이 서로 다른 속도로 성숙되고 발달한다. 새로운 신경 연결들이 급격히 많이 형성되는가 하면 불필요한 연결의 솎아내기 작업도 활발하게 진행되면서 계속된 구조 작업이 진행된다.

일반적으로 한 아이의 뇌의 발달은 출산 이전부터의 요인에 의하여 결정되고, 굉장히 빠른 속도로 진행되며, 여러 주기를 거친다. 뇌는 태아 시절부터 끊임없이 세포가 증가하며, 또 세포 간의 연결이 증가하는 발달 과정이 있지만, 다른 한편에서는 불필요한 연결이나 뇌세포 가지들을 계속 솎아내고 정리하는 작업이 이루어진다. 쓰지 않는 세포 연결이나 불필요한 가지들은 계속 정리되어 사라진다는 것이다. 따라서 그러한 뇌 부위의 세포와 세포 가지들은 일정한 기간(결정적 시기)이 지나면 제대로 기능을 할 수 없다는 것이다. 따라서 이러한 솎아냄이 이루어지기 전에 적절하고 풍부한 자극환경이 주어져야 한다는 것이다. 단, 뇌의 발달 수준에 맞는 자극이 적기에 주어져야 한다(다이아몬드, 2002).

그렇다면 발달 과정에서 유전자와 환경이 어떻게 상호작용하여 뇌의 기능을 구성해 나가는가? 유전자와 환경은 우리 뇌의 신경적 구조뿐만 아니라, 심리적, 행동적 특성을 결정한다. 유전자와 환경이 어떻게 상호작용하여 인간의 심리적, 행동적 특성을 결정하는가를 연구하는 분야가 행동유전학이다. 인간의 뇌가 심리적 특성을 발현하는 것은 마치 사진 필름의 현상과 같다. 사진을 찍으면 필름에 기본 이미지는 이미 박혀 있다(유전). 그러나 이 필름을 어떤 조명 수준에서 어떤 화학물질에 넣어서, 어떤 열을 가하여, 어떤 처리 절차를 거쳐서, 얼마나 오랜 시간에 현상하느냐에 따라(환경) 전혀 다른 색깔과 질감의 사진을 얻게 된다. 인간의 뇌와 심리적 특성의 발현도 마찬가지이다. 뇌의 신경세포들의 기본 구조나 연결 특성의 기본은 유전으로 결정되지만 그것이 구체적으로 어떤 구조와 기능 특성의 뇌세포로 드러내어지는가는 환경의 영향에 의해 최종 결정된다. 하나의 유전자가 표현되는 세포의 종국적 유형과, 어떤 유전자가 어느 정도 표현될 것인가는 환경에 의해 결정된다. 뇌의 발달은 유전자 부호에 따라서 일정한 단계를 거쳐서 발현된다. 예를 들어 아기의 시각민감성이 발달된 후에야 입체 시각이 가능해지며, 전두엽은 사춘기나 성인 초기가 되어야 완전히 발달한다.

어떤 화학물질을 내는 세포들과 연결할 것인가는 유전자 부호에 의해 결정되지만, 그 연결 과정의 세부 과정은 환경에 의해 결정된다. 예를 들어 뇌의 시각 담당 세포를 보면, 태어난 지 얼마 안 된 고양이의 눈을 붕대로 봉하고 몇 주일이 지나면, 붕대를 풀어도 그 고양이 새끼는 완전히 장님 고양이가 된다. 시각 기능을 담당하도록 유전적으로 준비되어 있던 시각뇌 세포들이 발달하기 위해 필요한 환경으로부터의 자극을 결정적 시기에 받지 못했기에 발달이 중지된 것이다. 반면 이 결정적 시기가 지나면, 예를 들어 나이가 든 고양이는, 환경 자극이 차단되어도 장님이 되거나 하지는 않는다.

이와 같이 환경 자극이 차단되거나 빈약한 상황과는 반대로 환경 자극이 풍부할 때에는 정반대 현상이 일어난다. 로젠츠바이크(R. M. Rosenzweig) 박사 등의 연구결과에 의하면 장난감, 굴, 층계 등의 풍부한 자극이 주어지는 환경에서는 쥐의 대뇌피질의 두께가 두 배 이상 증가된다. 물론 자극이 없는 빈약한 환경에서는 뇌가 그대로 있는 것이 아니라 오히려 대뇌피질의 부피가 반 이하까지도 얇아진다. 지루한 환경이 계속되면 나흘 만에 대뇌피질의 두께가 얇아진다고 보고되었고, 풍부한 자극 환경이 대뇌피질의 두께를 증가시키는 정도보다 자극이 없는 지루한 환경이 대뇌피질의 두께를 얇게 하는 정도가 더 크다고 한다(다이아몬드, 2002). 아마도 풍부한 자극 환경은 쥐가 진화 과정에서 자라온 자연 생태 환경과 더 유사한 반면 자극이 빈약한 환경은 그런 생태적 환경과는 거리가 멀기 때문에 일어나는 결과일 수 있다.

그러면 환경 자극이 풍부하여 뇌세포들이 발달한다는 것은 무엇이 발달하는 것일까? 이에 대하여 현재 대체로 지지되는 입장은, 새로운 경험이라는 것이 뇌의 신경 연결 구조나 배열을 전반적으로 재구성하게 한다기보다는 기존의 신경 연결들의 강도를 강화하는 것이 핵심이라는 입장이다. 같은 시기에 가동되어 활성화된 신경세포 사이의 연결이 강화되어서 그 이후에 함께 흥분, 활성화되는 '함께 흥분하면, 함께 연결된다' 라는 원칙에 의하여 연결이 강화되는 것이 환경에서의 경험을 통한 학습 효과인 것 같다 (이것은 1940년대에 캐나다 신경심리학자 헵이 제시한 세포집합[cell assembly] 개념과 합치됨).

환경의 영향으로 새로운 세포들이 형성되고, 새로운 신경연결 구조가 형성되는 경우도 있다. 이러한 현상은 뇌 손상 후의 회복 단계에서 두드러지게 드러난다. 얼마 전까지도 학계에서는 어른이 된 이후에는 인간의 신체의 다른 부분에서는 세포가 새로 생겨나도 뇌에서는 새 세포가 생성되지 않는다고 생각하였다. 그러나 그러한 관점이 최근에 바뀌었다. 뇌에서도 새로운 세포가 생성된다. 예를 들어 기억의 초기 저장을 담당하는 해마 부위에서는 새로운 세포들이 많이 생성되어 새 기억의 저장을 가능하게 하는 것 같다.

환경과 상호작용하며 일어나는 뇌 발달의 다른 한 측면은 역할 대행이다. 뇌의 특정 부위가 손상되면 인접 부위에서 그 부위의 기능을 떠맡아 대신 수행하는 경우가 흔하다. 단 그렇게 하기 위해서는 결정적 시기가 중요하다. 팔을 절단한 후 일정한 기간이 지나면 얼굴의 볼을 자극하여도 이제는 없는 절단된 손이 자극되는 듯한 감각을 느낀다. 손을 담당하는 뇌 부위와 볼을 담당하는 뇌 부위가 인접하여 있었는데 손 감각 기능을 볼 담당 부위가 떠맡은 경우의 예이다. 이러한 구조조정이 일어나지 않은 상태에서는 팔은 절단되었더라도 팔을 담당하는 뇌 부위는 살아 있기 때문에 이따금 없어진 팔에서 마치 자극이 오는 듯한 유령감각(유령 수족, Phantom Limbs)을 갖는 경우도 있다(Gazzaniga, Ivry & Mangun, 2002).

13. 무엇이 인간의 뇌를 특별하게 하는가?
: 뇌의 심리적 기능의 진화

진화론에 따른다면 인간의 뇌는 하등동물의 뇌에서부터 오랜 세월을 거쳐 단계적으로 진화하였다. 그런데 인간의 여러 심리적 기능과 행동을 살펴보면 인간의 뇌는 다른 동물과 달리 특수하다고 할 수 있다. 다른 하등동물이나 고등동물에는 없는 언어나 사고 기능을 갖고 있고, 고도의 문화를 창출하고 발전시키는 인간 능력의 기본이 인간 뇌의 특별함에 있다고 할 수 있다.

도대체 인간 뇌의 어떤 특성 때문에 그럴까? 진화 단계에서 어떠한 변이가 있었기에 이것이 가능해졌을까? 이에 대하여 여러 가지 이론이 제시되어왔다. 인간 뇌의 특수함의 문제를 인간의 심리 기능의 가장 대표적이라고 볼 수 있는 언어 기능이 어떻게 뇌의 발달에서 진화되게 되었는가를 중심으로 살펴보기로 하겠다.[55]

인간 뇌의 특수함에 대한 한 이론은 인간의 뇌가 다른 동물의 뇌에 비하여 크다는 이론이었다. 인간이 진화하면서 뇌가 발달하여 큰 뇌를 갖게 되고, 그에 따라 지능도 크게 발달하여 그로 인한 우연적 부산물로 최근에 언어가 생겨났을 것이라는 입장이다. 그러나 이러한 입장을 전개하기에는 생각해봐야 할 여러 가지 문제점이 있다. 뇌의 크기로 따진다면 인간의 뇌는 동물 중에 가장 큰 뇌가 아니다. 신체 대 뇌의 비율로 따져도 인간의 뇌가 이 비율이 가장 높은 것은 아니다. 다람쥐의 일종이 이 비율이 가장 높

---

55 생명의 탄생에서 뇌의 진화, 그리고 생각의 출현에 대한 상세한 기술은 박문호(2008) 참조.

다. 따라서 뇌의 크기나 신체-뇌의 비율에 의해 자연적 부산물로 언어가, 인간 지능이 나타난 것은 아님을 알 수 있다.

인간 뇌의 특수함을 좌반구 특성에 기인한다고 주장할 수도 있다. 그러나 동물의 좌우반구를 볼 때, 좌우반구 기능의 차이만으로는 확실한 답을 얻기 힘들다. 비둘기나 닭의 경우 좌반구는 대상의 범주, 정체를 확인하는 기능이 높으며 우반구는 대상의 색깔, 크기, 모양, 위치 등의 탐지에 우수하다. 동물에게 이러한 좌우반구 기능 특수화가 있다는 것은, 인간의 뇌가 특별한 것이 좌반구의 기능 특수화 때문이라는 주장과는 잘 맞지 않는다. 닭과 같은 동물도 좌반구에서 범주적 표상 기능 특수화가 되어 있는데, 닭은 언어가 없을 뿐만 아니라 인간과는 진화 역사상에서 다른 계에 속하기 때문이다.

다른 한 해석은 손동작 관련 이론이다. 200만 년 전에 직립 인간이 출현하면서, 이전에는 몸의 지탱 등의 기능을 하던 손이 그러한 기능에서 해방되었고, 이를 통하여 손이 의사소통적 제스처와 도구 조작을 담당하는 기능을 갖게 되었고, 다시 이것이 진화하면서 말의 출현을 통하여 손동작은 제스처의 기능에서 해방되게 되었다고 본다. 인간은 진화 과정에서 이러한 손운동을 지배하는 단일 중추가 필요하였고, 이 중추가 좌반구에 자리 잡게 되었으며, 좌반구는 오른손과 오른쪽 몸을 지배하면서 계열적인 몸동작을 제어하는 기능을 발달시켰을 것이라는 입장이다. 이러한 계열적 몸동작 제어가 입과 발성기관에까지 확산되었고, 그에 따라 좌반구의 언어 담당 기능이 특수화되었고, 인간의 뇌 같은 특수한 뇌가 발달하였을 것이라는 견해이다.

인간 뇌가 특수한 다른 한 이유는 인간이 다른 동물과는 다른 수준의 의식을 갖고 있다는 것이라고 할 수 있다. 감각, 지각, 주의, 정서 등의 측면에서 인간의 뇌의 작용은 다른 동물과 비슷하지만 언어와 의미 지식이 관련된 의식 측면에서는 다른 동물과 차별화되는 특성을 지니고 있다고 하겠다. 침팬지 등을 연구한 결과, 동물은 자신을 객관화하거나 자기의식을 지니는 능력이 절대 부족하다는 것이 보고되었다. 다른 동물이 따라오지 못하는 측면인 이러한 의식에 관해서는 14절에서 추가적으로 다루겠다.

인간의 뇌가 진화적으로 어떻게 다른 동물과는 다른 우월한 특성을 지니게 되었는가에 대한 명쾌한 설명은 아직 해결되지 않았다. 앞으로도 진화생물학, 진화심리학, 인지신경심리학, 문화인류학 등의 연구에 의해 그 답이 계속 찾아져야 할 것이다.

14. 뇌의 어떤 기제에 의해 의식이 가능해지는가?
: 의식의 여러 측면

우리는 의식을 지니고 있고, 주관적 체험을 한다. 의식이라는 것이 인간을 다른 동물과 차별화하는 가장 큰 기준의 하나이며, 아마도 자연 현상 중에서 가장 복잡한 현상일 것이다. 의식도 인간의 뇌의 작용에 의하여 가능해짐은 틀림없다. 그러나 뇌의 어떤 과정에 의하여 의식이 출현하고 가능해지는가? 의식을 뇌의 과정으로 다 설명할 수 있을까? 뇌의 손상에 의하여 의식에는 어떤 이상이 생길까?

의식의 문제는 아주 오래전부터 철학에서 다루어져온 문제이다. 데카르트 식의 심신이원론을 취한다면 우리가 관찰할 수 있는 것은 뇌 현상일 뿐, 그것이 의식 현상을 설명해주지 않는다고 할 것이다. 유물론적 심신일원론을 취한다면 뇌의 과정을 관찰하고 기술, 설명하면 의식 현상이 설명되었다고 할 것이다. 어떤 이론을 취하건 간에 주관적 내용으로서의 의식을 다루지 않고, 객관적 현상으로서의 의식을 과학적 경험적으로 연구한다면 일차적으로 관찰하고 설명할 것이 의식과 관련된 뇌의 과정이다. 의식을 뇌의 과정과 연결지어 연구하기 위해서는 먼저 의식이라는 것이 무엇인가를 정의해야 한다. 그런데 문제는 의식의 정의가 학자마다 다르다는 것이다. 그렇기는 하지만 이 장에서는 대상에 대한 인식, 주의, 정보에의 접근 가능성, 무의식적 처리와 의식적 처리의 차이 문제 중심으로 뇌가 의식에 어떻게 관여되는가를 간략히 살펴보기로 한다.

앞서 다룬 편측무시 현상, 그리고 9장 7절에서 설명될 대상인식 실패의 증후인 실인증은 대상에 대한 주의와 인식이 뇌의 손상에 따라 어떻게 달라지는가의 문제를 다룬 예들이다. 뇌의 두정엽, 후두엽, 측두엽 등이 의식에서 자극에 대한 주의 또는 인식이라는 측면의 기능과 관련이 있음을 보여주는 예이다.

지각적 의식의 기제를 밝히는 것과 관련해서는 TV 광고에서 자주 사용하는 기법의 하나인 역하자극에 의한 무의식적 정보처리의 예를 생각해볼 수 있다. 광고주가 암묵적으로 전달하려는 자극 내용을 찰나적으로 제시하면 시청자는 그 자극이 제시되었다는 것을 의식하지는 못하지만, 뇌 담당 부위에서는 처리가 일어나 후에 상품을 선택하는 단계에서는 그 상품을 선택하거나 상품에 대하여 호의적으로 반응하는 경우가 있다고 한다(이에 대한 반증 연구 결과도 있다). 이러한 사례들은 의식을 논함에 있어서 무의식에 대한 이론적 논의도 함께 해야 함을 시사하는 것이다. 다른 연구에 의하면 어떤 것을 학습하는 의식적 단계와 그것을 완전히 학습한 뒤에 무의식적으로, 기계적으로 처리할 단계에서(예: 운전의 경우) 각각 상이한 뇌 부위가 가동된다는 연구결과도 있다. 체스를 처음 배울 때는 주로 좌반구를, 고수가 되면 주로 우반구를 사용한다는 실험 결과도 있다. 의식 수준에서 일어나는 처리의 본질과 무의식 수준에서 일어나는 처리의 본질 차이는 앞으로 더 연구되고 규명되어야 할 것이다.

앞서 〈심층분석 7-1〉에서 예로 든 리벳의 마음내기와 준비전위의 실험 예는 우리가 의식하기 이전에 이미 마음(의도)을 내기 위한 예비 과정이 뇌에서 이루어짐을 보여준 예이다. 이 경우 우리가 우리 자신의 그러한 의도를 의식하는 것은 실상은 실제 뇌의 과정보다 500msec 뒤늦게 거꾸로 참조하는(backward referral) 것이라고 볼 수 있다. 즉 자각적 의식은 실제 뇌 신경 흥분이 일어난 후 얼마간의 시간이 경과한 후에 일어난다는 것이다. 그러나 우리는 일상생활에서 사건이 우리가 의식하는 바로 그 순간에 일어난다고 착각한다.

의식의 다른 한 측면은 자기 자신에 대한 자각이다. 자기와 관련된 정보에 대하여 자각하고 내성할 수 있는 기능의 측면이다. 뇌 연구결과에 의하면 이러한 자기 관련 정보처리가 전두엽과 우측 뇌에서 주로 이루어지는 것 같다. 전두엽이 손상된 환자의 경우, 직장 상급자의 입장에서 자기와 같은 사람의 문제점이 무엇이며 어떻게 처리해야 할 것인가를 이야기하라고 하면 객관적으로 정확하게 이야기하지만, 자신의 관점에서 자기 자신에 대하여 평가하고 이야기하라면 제대로 하지 못한다. 즉, 자기 자신의 행동을 여러 시간에 걸쳐 모니터링하고 통합하고, 또 오류를 수정하고 하는 것을 하지 못한다. 간질 환자의 경우, 좌우 반구를 각각 번갈아 마취하면서 자신의 얼굴과 다른 사람의 얼굴이 복합된 그림을 제시하고 누구인지를 말하라고 하면 우측반구는 정확히 하는데 좌측반구는 크게 오류를 범한다. 이는 우측 전두엽이 '자기'에 대한 의식을 관장한다는 것을 시사한다고 볼 수 있다.

〈통일적인 의식 경험〉

지금까지의 논의는 주로 뇌 각 부위의 기능 전문화와 역할 분담 중심으로 전개되었다. 그런데 우리의 일상 경험이란 조각난 부분의 경험이 아니라, 하나의 통일된 의식의 주체로서의 경험이다. 우리가 일상적으로 겪는 사건들은 흔히 원인과 결과의 틀이 적용된 이야기로서의 사건으로 경험된다. 서로 연결되지 않은 낱개 개별 사건으로서 의식되는 것이 아니다. 어느 시점에서 뇌의 어디에서, 우리가 경험하는 사건의 인과적 관계성을 어떻게 구성해내고 통일성, 통합성을 부여하는 것일까? 그리고 그러한 것은 인간의 의식, 마음의 본질에 대한 어떠한 의의를 지니는 것일까?

이에 대해 가자니가와 르두(Gazzaniga & LeDoux, 1978)는 좌반구에서 뇌해석기(brain interpreter)라는 시스템이 작용한다는 제안을 하였다. 이 시스템은 외적, 내적 사건에 대하여 적절한 행동을 산출하기 위한 인과적, 이야기적 설명을 도출하는 시스템이라고 볼 수 있다. 이러한 시스템이 좌반구에 내장되어 있고, 뇌의 여러 부위에서 일어나는 신경적 활동, 특히 의식의 범위 밖에서 이루어지는 신경적 활동에 대하여 그러한 활동의 의미를 부여해주는 시스템이라고 할 수 있다(Gazzaniga 외, 2002).

가자니가와 르두는 분할뇌 환자에게 그림과 같은 자극을 주었다. 이 경우 좌반구로는 닭발 그림이 표상되지만 우반구에는 눈 내린 겨울 풍경이 표상된다. 그림 중에서 선택하라고 하면 좌반구의 지배를 받는 오른손은 닭 머리를, 우반구의 지배를 받는 왼손은 눈 치우는 삽을 선택한다. 그런데 왜 삽을 선택했냐고 물으면 '눈 내린 겨울의 눈을 치우기 위해서'가 아니라 엉뚱하게도 '닭장을 청소하기 위하여 삽을 선택했다'고 답한다. 우반구의 지배를 받는 왼손이 삽을 선택한 이유를 모른 채, 좌반구가 알고 있는 유일한 맥락 정보인 닭과 연결시켜서 자신의 행동에 의미를 부여하는 해석, 즉 이야기를 만들어낸 것이다. 이것은 기능이 전문화된 뇌 부위 시스템들이 각각 (의식되지 않는 수준에서) 모듈적으로 작동하여 집행한 결과들을 좌반구의 해석기 시스템이 받아서 이들에게 통합적인 의미를, 인과성을, 이야기를 부여한 것이라고 볼 수 있다. 그 이야기에는 자기 자신 관련성이 들어가며, 이것이 자의식과 연결된다.

종합하여 이야기하하면 인간의 뇌가 다른 동물과 달리 특별한 이유, 인간이 의식을 가지고 있다는 것은 바로 이러한 좌반구에 내장된 해석기의 작용에 의한 것이라고 할 수 있다. 다른 동물도 대부분 지니고 있는 시각중추, 청각중추 등의 뇌 부위의 자동적 모듈적 기능 전문화와 그것들의 신경적 활동이 중요한 것이 아니라, 이러한 각 부위들의 활동 결과를 연결하여 통합적 의미, 해석을 부여하는 해석기 신경회로가 바로 인간의 의식과 마음을 특징짓는 시스템이라고 볼 수 있다. 이 해석기가 하는 일의 핵심이란 각 전문화된 뇌 부위 모듈 시스템의 능력, 활동에 대하여 해석을 부여하는 것이라 볼

그림을 제시한 후 다음 그림 중에서 관련된 그림을 골라라.

〈그림〉 삽, 닭머리 등등의 여러 그림.

피험자는 이 중 삽과 닭머리 선택.

이유: 왜? → '닭발 그림'을 보고 닭 머리를 선택했는데, 닭장을 청 소해야 하니까 삽을 선택했다라 고 둘러댐.

그림 7-8 분할뇌 실험 상황과 해석

수 있다. 이러한 의미에서 의식은 인간에게 특별한 것이라고 할 수 있다(Gazzaniga 외, 2002).

15. 인지신경과학 연구의 성과와 문제점[56]

성과 '두뇌는 마음을, 인지를 어떻게 가능하게 하는가?' 하는 물음을 갖고 출발한 인지신경과학적 연구는 인지과학에 많은 것을 제공하였다. 인지신경과학 연구는 앞장에서 논한 심신관계론에 대한 심리철학적 이론이 보다 견고한 신경적 자료와 개념 위에

---

56 여기에서는 이정모(2001)의 10장의 내용을 보완하여 기술한다.

서 재구성되게 했고, 인지심리학 이론의 정보처리 하위구조의 실재성과 처리(계산) 과정의 타당성을 확인하게 했으며, 인공지능학의 계산 모델의 구현 가능성을 검증하게 했다. 인지심리학과 인공지능학에 병행분산 처리의 신연결주의를 제공했고, 또한 계산신경과학이 탄생되게 하기도 하였다. 이러한 기존의 성과를 넘어서서 인지신경과학이 앞으로도 계속 좋은 연구결과를 내놓을 수 있다고 예측할 수 있는 것은 뇌-인지기능 연구에서 다양한 학제적 협동연구가 활발히 진행되고 있기 때문이다. 현재 이루어지고 있는 바, 신경과학을 중심으로 한 인지심리학, 인공지능학, 컴퓨터공학, 심리약학, 유전학 등의 여러 학문 영역 간의 공동전선적 통합적 분석-설명 접근의 노력은 뇌영상화 방법과 같은 민감한 연구방법이 지속적으로 빠르게 개선되게 하며, 현상에 대한 보다 적절한 개념화 및 이론화의 정교화 작업이 빠른 속도로 높은 수준까지 진행될 것이라는 예측을 가능하게 한다.

인지신경과학에 부정적인 사람은 인지신경과학이 전통적 심리학의 행동과학적 실험법 및 인지심리학의 반응시간 기법 중심의 방법론과 신경과학의 방법론을 단순히 조합하여 이루어진 것에 지나지 않는다고 비판할지도 모르지만 그런 것은 아니다. 인지신경과학 나름대로 방법론의 수준을 넘어서는 독특한 특성을 지니고 있다. 그것은 인지신경과학은 이전에 단일 설명 수준에 머물렀던 인지심리학이나 신경과학과는 달리 단일 설명 수준에 집착하지 않고 생리적, 기능적 개념을 조합하여 설명 모델을 구성한다는 점이다. 즉 '다원적 분석–설명 접근'을 내포하고 있다는 것이다. 복잡한 현상을 대상으로 하는 과학은 보다 성숙한 학문일수록 다원적 분석-접근을 취한다는 명제를 우리가 받아들인다면, 신경적 인지과학은 단일 설명 수준적 접근보다 설명적 차원에서 진일보한 성숙한 과학이라고 하겠다.

인지의 신경과학적 접근은 인간의 마음이 두뇌에 의해 가능해지니까 두뇌를 통해 접근 설명해야 한다는 원론적 이유를 제외하더라도 좋은 탐구 전략이다. 전통적 정보처리 패러다임의 인지주의는 입력 자극과 그에 대한 출력 반응 사이에 개재하는 마음을 하나의 능동적 처리 상자로 보고, 이 상자 내에서 이루어지는 계산 과정, 즉 정보처리 과정을 추정하여 마음을 설명하려 한 것이다. 그런데 이 상자 내에서 이루어질 수 있는 계산적 연결의 유형 집합은 거의 무한하다. 만일 인지심리학이 신경과학적 연구에 바탕하지 않고 이 계산적 연결 과정을 이론화한다면, 추론된 처리 과정 이론이 틀릴 가능성이 확률적으로 상당히 크다고 할 수 있다. 반면 신경과학적 자료에 근거하여 즉 뇌의 구조적, 기능적 특성에 근거하여 이들이 제시하는 제약 범위 내에서 내적 과정을 추론, 모델링 한다면 그 추론 집합의 범위는 상당히 줄어들어 보다 타당한 추론이 될 가능성이 커진다. 더구나 신경적 자료는 계산 유형 후보 집합에 단순한 제약을 가하는 것이 아니라, 실제 무엇이 진행되며 어떠한 계산이 이루어질지에 대하여 상당히 좋은, 경험적 근거가 튼튼한 시사를 제공한다. 즉 가능성이 있는 계산 과정에 대한 좋은 단서를 제공하는 것이다. 이와 관련된 신경과학적 접근의 또 다른 이점은 인지심리학적 설명적 접근의 단점의 뒷면이기도 하다. 심적 과정인 인지의 여러 수준에서는, 실제적으로 작동하는 기능적 범주가 무엇인지, 범주 간 경계가 어디인지가 규명되지 않은 경우가 많다. 이러한 경우에 보다 구체적이며 하위 수준인 뇌 수준에서 신경적 기능 이론이 제시된다면, 상위의 인지 수준에서의 기능의 범주와 조직화를 발견하기 쉽다고 하겠다. 따라서 인지 과정에 대한 이론을 구성함에 있어서 신경적 연구에 바탕한다는 것은 실용적으로도 좋은 전략이라고 할 수 있다.

문제점과 종합[57] 그러나 인지 현상을 신경 수준으로 환원해 그 바탕에서 이론을 구성한다고 해서 마음의 모든 현상을 신경생리적, 신경생화학 사건으로 환원시켜 설명할

---

57 도경수, 박창호, 김성일(2002)은 인지에 대한 뇌 연구를 개괄하면서 인지심리학적 연구와 신경과학적 연구의 연결에서 유의해야 할 점을 10개의 문제점을 중심으로 논의하고 있다. 이 논문에서 뇌 연구에 대하여 긍정적인 평가가 주어지기도 하였지만, 인지심리학 연구와 신경과학의 연결에서 우리가 분석적, 비판적으로 고려해야 할 내용이 기술되어 있다. 이에 관한 단락들을 재편집해 아래에 적어본다. 필자의 입장이 많이 반영된 편집본이다.

" ······인지 이론은 주로 기능 분석(functional analysis)을 통해 처리 이론과 처리 단위 등을 밝혀내는 데 반해 신경과학에서는 구조 분석(structural analysis)을 통해 인지 처리와 관련된 해부학적 구조를 밝히려 한다······ 만일 인지이론가들과 뇌 연구자들이 공통의 개념과 논리를 사용한다면, 둘 사이의 간극을 좁히는 것이 문제가 되지 않겠지만, 안타깝게도 이들이 가정하는 단원성(modularity)의 개념, 단계 간의 관계, 이들이 사용하는 논리 등에서 많은 차이와 문제점이 있다······ 인지이론에서 가정하는 단원성은 여러 가지 특성을 가지지만, 그 중에서 가장 중요한 것은 정보적으로 캡슐화되어 있다는 점이다······ 이는 행동과 계산 과정 간에 일 대 일의 대응이 있다는 것을 의미한다. 반면에 뇌 연구에서 가정하는 단원성은 이와 다르다. 뇌 손상과 인지 기능의 장애 간의 관계를 알아본 전통적인 인지신경심리학 연구에서는 해리, 특히 이중해리(double dissociation)를 통해 행동과 뇌 부위와의 일 대 일 대응을 밝혀내려 하였다. 즉 행동과 계산과정과 뇌 부위라는 세 수준 간의 대응에서 인지이론가들이 주목하는 대응관계와 인지신경심리학에서 주목하는 대응관계가 다르다.(밑줄은 필자가 추가함) ······이처럼 인지이론과 뇌 연구의 기저가 되는 단원성이라는 가정이 일치하지 않기 때문에 뇌 연구를 통해 인지 이론이 일방향적으로 도움을 받는다거나 그 반대로 인지이론에서 뇌 연구가 일방향적으로 도움을 받는다는 관

계를 기대할 수 없으며, 두 영역의 연구를 종합하는 작업은 특별한 주의가 필요하다는 것을 알 수 있다……

일곱번째, 인지신경과학적 연구의 또 다른 문제점은 결과의 수렴성 여부를 판단하기 어렵다는 점이다. 개인 간의 차이는 물론 연구 간의 분산이 지나치게 크므로 이를 비교/통합하는 노력이 절실하다. …… 개략적인 위치에 따른 영역 구분에서는 일치한다고도 볼 수 있으나 보다 세부적인…… 영역이나 해부학적 구분에 따른…… 아틀라스 메트릭스의 좌표에서 보면 연구결과 간의 일치 정도는 그다지 높지 않다고 볼 수 있다……

열번째, 뇌 연구결과 해석에서 확증 편파를 보일 가능성이 있다는 점이다. 그동안 뇌에 대한 여러 연구가 인지심리학적 이해의 지평을 넓혀주었다…… 뇌의 신경생리적 작용이 곧 심리 작용으로 이해될 수 없다는 사실은 아직까지 엄연하다. 뇌와 정신 간의 간극을 좁히기 위해, 최근의 연구들은 양자 간의 대응 혹은 상관관계를 입증하려고 애쓰는 듯하다. 그러나 이러한 연구들은 확증 편파(confirmation bias)를 보이는 면이 있다. 중요한 과학적 진보가 확증에 의해서가 아니라 반증(falsification)에 의해서 이루어진다는 포퍼(Popper)의 주장을 경청할 필요가 있다……

현재 상태에서는 인지심리학의 발전이 뇌과학 연구의 방향을 결정지을 수는 있지만, 뇌과학 연구가 인지심리학의 방향을 결정지을 수 없다는 사실에 주목해야 한다. 뇌의 활성화나 변화를 측정하는 연구방법이 실제로 인지심리학 연구에서의 종속변인의 확장 및 다양화를 가져오게 되고, 이를 통한 연구결과의 수렴적 통합을 수반하게 되므로 이는 인지심리학의 이론 검증에 매우 유용한 도구가 된다고 볼 수 있다. ……현재 활발하게 이루어지고 있는 뇌 연구결과가 새로운 골상학(neo-phrenology)의 도래 정도로 끝나버리지 않으려면 심리학적 이론에 근거한 가설과 엄밀한 연구방법을 활용하여 체계적인 연구가 진행되어야 한다……

뇌 현상과 정신 현상 간의 상응성이 분명하지 않은 상태에서, 양자 간의 일 대 일 대응을 찾으려는 노력은 많은 논리적 비약을 범하게 된다. 예컨대, 뇌 활성화의 양과 심리 작용 간에 어떤 유효한 (공식화할 수 있는) 관계가 있는가? 뇌 활성화의 시, 공간 패턴으로부터 심리 과정에 대한 어떤 인과성 혹은 (제어)체계를 알 수 있는가? 뇌 활성화의 의미를 일관되고 일반성 있게 파악할 수 있는 해석 체계가 있는가? 이와 같은 질문에 대해 제대로 답할 수 없다면, 뇌 현상을 통해 인지적 체계를 정당화하는 것은 섣부른 것이다.

다음으로, 인지심리학자들이 가지고 있고 생각할 수 있는 모형들의 대안들에 비해 뇌에 있는 신경조직과 신경원의 수, 결과적으로 가능한 네트워크의 수는 너무나 많다. 그러므로 뇌 연구를 통해 어떤 인지모형을 지지하는 신경 조직 혹은 네트워크를 찾음으로써 해당 인지모형을 지지하기는 쉬워도 그 모형의 타당성을 부정하는 결과를 얻기는 일반적으로 매우 어렵다(뇌 측정의 해상도 문제도 관련될 것이다). 즉, 어떤 인지 현상 혹은 모형에 상응하는 것이 뇌 현상으로 지금까지 발견되지 않았더라도 그에 상응하는 뇌 현상이 존재하지 않는다고 말하기는 곤란한 것이다.

뇌과학은 뇌라는 고유한 연구대상을 가지고 있는 반면에, 뇌 현상을 분석하는 방법론과 그 결과를 정신 현상과 연결짓는 해석 체계에는 아직 많은 허점을 안고 있다. 그래서 뇌 연구의 논의들은 신경생리적 현상과 측정치의 의미를 인지심리학 개념과 모형에 기대어 해석하는 경향이 짙다. 이러한 의존 관계는 결국 두뇌와 심리 현상에 대한 순환론적인 설명을 낳기 쉽다. ……방법론적인 그리고 개념적인 돌파구를 찾아야 할 것이다.

수 있으며, 인지심리학, 철학, 인공지능학 등이 없이도 신경과학이 독자적으로 충분히 마음을 설명할 수 있다는 입장을 취할 수 있다는 것은 아니다. 이미 6장의 철학의 논의에서 심신론이 단순히 물리주의적 신경과학의 이론으로 그리 쉽게 환원할 수 있는 것이 아님을 논하고, 또한 5장 3절과 〈심층분석 6-1〉에서, 신경과학적 방법을 인지 현상의 연구에 적용하기에 앞서 개념적 분석의 기초를 다져야 함을 논한 바 있다. 인지신경과학적 접근이 지니고 있는 일반적인 문제점을 다음과 같이 몇 가지 생각해볼 수 있다.

심리학에서의 연구 전략에 대해 철학자 커민스(R. Cummins, 1983)의 다음과 같은 진술은, 사람의 인지적인 활동에 대한 신경과학적 연구에도 그대로 해당된다: "어떤 시스템 S가 P라는 속성(property) 혹은 능력(capacity)을 어떻게 가지게 되는가를 설명하려는 분석은 S의 구성요소들의 속성과 그들이 조직된 형태에 의해 이루어진다(Cummins, 1983, 15쪽)." 다만, 인지심리학에서의 연구가 인지의 하위체계들을 개개의 과정이나 기능에 따라 개별화하는 반면에, 신경과학에서의 연구는 그에 덧붙여, 물리적으로 규정된 단위(예를 들어, 해부학적으로 파악할 수 있는 신경회로와 같은)를 경계로 하위체계를 개별화하는 경향이 강하다는 차이가 있다. 이러한 두 분석 수준 간에 원활한 연결이 없다면, 신경과학은 '두뇌를 비롯한 신경계에 대한 과학'일 수는 있지만, '마음에 대한 과학'에 참여하기는 어려워질 수밖에 없다. 신경과학이 신경계에 대한 연구에서 멈추는 것이 아니라, 신경계 연구를 통한 마음에 대한 탐구로서 자리 매김을 하려면 부딪히게 되는 첫 번째 어려움이 이곳에 있다.

6장에서, 그리고 이 7장 7절에서 기술한 바와 같이 이 어려움은 두 분석 수준 간에 원리적으로 다음과 같은 어긋남이 얼마든지 가능하다는 사실에서 비롯한다; i) 인지심리학적 연구에서와 같은 기능 분석을 통해 얻어진 기능적으로 규정된 구성요소가 신경과학에서의 구조 분석을 통해 얻어진 해부학적으로 규정된 구성요소와 일대일로 대응이 꼭 되리라고 확신할 필요는 없다(하나의 기능적인 구성요소가 다양한 물리적 구성요소들에 걸쳐서 나타나는 일은 흔히 볼 수 있다). ii) 하나의 단일한 물리적인 구성요소가 하나 이상의 기능을 수행하는 것도 얼마든지 가능하다.

인지적인 능력이나 속성 C를 측정하면서, 이와 함께 그 능력과 동시에 발생하는 두뇌의 처리 과정 B를 포착하고, B라는 두뇌의 처리 과정이 C라는 인지적인 능력과 밀접하게 연관되어 있다는 사실을 보임으로써 어떤 능력 C에 대한 설명을 제공하려는 것이 신경과학 연구의 밑바탕에 흐르고 있는 추론의 줄기이다. 과학적 탐구에 있어서 그 지위가 다소 허약하다고 할 수 있는 상관관계를 통해 설명을 제공하려 한다는 점을 문제 삼지 않더라도(이는 아래에 다시 이야기된다), 신경과학 연구는 C라는 인지적인 능력에 대한 상세한 기술과 함께, 그 능력을 검출해낼 수 있는 방법을 별도로 필요로 하게 마련이다.

하지만 불행하게도 인지적인 능력이나 속성은 '직접' 그 모습을 드러낼 수 없다. 바로 이러한 연구대상의 특수성과 싸워온 학문이 심리학이라면, 신경과학 연구는 '마음에 대한 과학'이기 위해('신경계에 대한 과학'만이 아니라), 심리학 중심의 인지과학적 연구결과에 기댈 수밖에 없다. 물론 심리학자들 또한 당연히 신경과학자들과 비슷하게 어느 정도 강제적인 연구상의 요구를 갖게 될 것이다. 사람의 마음이 놓인 자리가 결국 두뇌라면, 그것과 무관한 심리학 이론이란, 마음에 대한 과학적 이론이 충족시켜야 할 필수적인 제약조건 하나를 그냥 무시하고 있는 셈이 되어버린다.

이러한 상호의존성의 전형적인 모습을 살펴볼 수 있는 주제가 바로 '의식'에 대한 연구이다. 신경과학자들은 소위, 의식의 신경적 기반(NCC; Neural Correlates of Consciousness)을 찾아내려고 매진하고 있다. 주로 시상(thalamus)과 피질(cortex) 간의 상호작용에 주목하는 이 연구들은 '의식'에 대해 저마다의 측정 방식을 가지고, 그것과 공변하는 두뇌의 처리 과정을 밝혀내려는 시도를 해오고 있다. 많은 연구들은, 좀 과장하면 각자 다른 방식으로 의식을 말하고, 다른 방식으로 의식을 포착한다. 이러한 혼란을 피하기 위해서는 '의식'에 대한 개념적인 분석과 함께 의식 현상에 대한 인지심리학적인 연구결과가 동원되어야 할 필요가 있다. 그러한 과정을 통해서 개념적인 분석 오류와 인지심리학적 연구에 대한 새로운 시사점이 드러날 가능성도 열리게 된다.

신경과학적 분해분석적 접근의 다른 가능한 문제점으로 다음을 생각할 수 있다. 일반적으로 복잡한 상위 구조를 하위요소 기제로 분해하는 접근은 주로 선형적 분해로 진행되지만, 상하위 신경적 구조와 기작의 관계의 본질은 실제는 선형적 구조가 아닐 수 있다. 한 기능이 여러 부위에 분산되어 있는 경우에는 상위 구조를 선형적으로 분해하여도 그 구성요소 기작을 파악할 수 없을 수 있다. 더구나 뇌의 다원적 연결 구조에서는 특정 부위에 대해 간접적 증거만 가능한 경우도 있기에 문제는 더 커질 수 있다.

'마음에 대한 과학'으로서 신경과학이 맞닥뜨리게 되는 두 번째이자 보다 근본적인 어려움은, 어떤 두뇌의 처리 과정이나 영역과 이러저러한 인지적인 능력 사이의 상관관계를 통해서 마음에 대한 설명을 주곤 하는 신경과학 연구의 추론 방식의 문제이다. 어떤 시스템을 하위 시스템으로 분석하는 것은 그러한 하위 시스템들이 전체 시스템의 행동을 인과적으로 야기시키기 위해 움직이고 상호작용한다는 가정에 기반하기 때문에 가능하다. 하지만 신경과학적인 연구의 경우 실질적인 탐색 대상은 대개 인과관계라고 하기보다는 상관관계인 경우가 많다.

다음은 마음의 본질과 마음 내용의 의미와 관련된 어려움이다. 신경과학적 연구가 지각, 기억, 언어, 사고 등과 연관된 신경 구조와 기제를 연구하기 위해서는, 먼저 그러한 인지적 활동 자체가 무엇인가를 규정하는 이론과 개념적 틀이 있어야 한다. 이는 학문의 본질상 신경과학에서 제공되기는 곤란하다. 보다 상위 추상 수준의 인접 학문에서 주어져야 한다. 심적 활동의 본질과 이를 기술하는 개념들의 의미와 그 범주적 한계 등의 규정이, 그리고 심적 현상의 '무엇'을 탐색할 것인가의 틀이 신경과학이 아닌 인지심리학이나 다른 상위 추상 수준의 접근을 하는 학문에서 주어져야 한다.

이와 관련하여 최근에 인지과학에서 논의되고 있는 '인지', '마음'의 본질에 대한 재개념화 작업을 참고할 필요가 있다. 최근의 인지과학적 논의들은 기존의 관점인, 환경과는 독립적으로 인간의 뇌 내에서 일어나는 과정으로서의 인지라는 관점에서 벗어나, 인간의 마음이, 인지가 물리적, 사회적 환경에 확장되어 있으며, 환경에 신체로 체화된 (embodied) 개체가 환경과 상호작용하는 과정에서 일어나는 인지, 인공물 등에 확장된, 분산된, 사회적으로 공유된 인지의 본질을 거론하고 있다(이정모, 2007, 2008ㄴ; Calvo & Gomila, 2005; Chemero, in press; Wilson, 2002). 따라서 인지신경과학은 인지과학 내에서의 이러한 움직임에 대하여 이를 어떠한 형식으로 도입 수용할 것인가에 대한 진지한 탐색을 하여야 할 것이다.[58]

인지의 본질에 대한 이러한 개념적 재구성이 타당하다면, 당연히 뒤따라 거론되어야 하는 것이 인지 연구의 분석 단위의 문제이다. 마음이, 인지가 단순히 두뇌 내 과정에 그치는 것이 아니라 환경에 확장, 분산된 과정이라면, 인지 연구의 기본 분석 단위는 '뇌-환경 상호작용'이 분석 단위가 되어야 한다(Rockwell, 2005; Wheeler, 2005). 이는 뇌와는 관계없이 '마음'만을 탐구하던 전통적 인지과학이 신경과학에 의해 뇌라는 물질적 구조 기반에로의 '아래로 끌음(downward-pull)'에 의해 그 분석-설명적

---

58 van Dijk, Kerkhofs, Rooij & Haselager(2008).

접근이 변화된 것과 마찬가지로, 인지신경과학이 마음의 본질과 관련하여 사회-문화적 환경과의 상호작용을 포함하는 방향으로의 '밖으로의 끌음(outward-pull)'에 의해 그 분석-설명 접근이 수정되어야 함을 시사하는 것이다(Bechtel, Abrahamson & Graham, 1998).

이러한 '밖으로의 끌음'은 하위 추상 수준에서는 동역학체계적 접근과의 연결을 의미하고, 상위 추상 수준에서는 인류학, 문화-사회학, 나아가서는 화용론적 텍스트 언어학과의 연결의 필요성을 시사하는 것이다.

이와 관련하여 자연히 제기되는 것이 사고 과정 설명의 어려움이다. 지금까지의 인지신경과학 연구의 한계의 하나는 사고 과정에 대한 연구가 미흡하다는 것이다. 사고 과정은 인지심리학의 연구 영역의 큰 부분을 차지하고 있다. 개념적 및 범주적 사고, 연역적 추리, 결정과 선택, 문제 해결, 지능과 창의성 등의 하위 사고 과정들뿐만 아니라 언어 이해의 상위 과정과 관련된 사고 과정에 대해서도 인지신경과학적 접근은 전두엽이 중요함을 드러내었지만 뇌 부위 확인이나, 신경 과정적 특성에 대하여 이론적 의의가 큰 자료를 아직은 별로 내지 못하고 있다. 신경과학적 접근이 사고 과정 설명에 아직 성공하지 못한 이유는 상위 수준의 사고 과정 자체가 위에서 제기한 바와 같이 신경적 수준을 넘어서는 상위 의미적 설명 접근을 요하기 때문일 수도 있고, 아니면 사고 과정은 상당히 넓은 뇌 부위가 동시적으로 병렬적으로 작용하는 여러 정보처리 과정의 협동에 의해 이루어지기 때문이라고도 볼 수 있다. 이러한 경우 동시적으로 공변하거나 공동결정 변수가 되는 신경 구조나 과정을 시간적으로 분리시키거나, 그 영향을 고립시켜 연구하기가 현실적으로 곤란하다는 것이다.

끝으로 이분법적 사고의 경계를 들 수 있다. 이것은 비단 인지신경과학에만 해당되는 문제가 아니라 과학 전반에 걸친, 더 나아가 인간 사고 과정 일반에 걸친 문제이기도 하다. 뇌 연구와 관련되어 초기에 나타난 두드러진 한 현상은 뇌 연구자의 이분법적 이론화 경향이었다. 좌뇌는 무엇 담당, 우뇌는 무엇 담당 등의 배타적 이분법적 개념화에 의해 두뇌 현상을 설명하려 했고, 이것이 인지심리학자나 신경과학자나 일반인 모두에게 호소력이 있었다. 그러나 후의 연구결과에 의해 서서히 드러난 것은 두뇌의 구조 요소들의 기능은 이러한 성급한 이분법적 단정 식으로 일괄적으로 이해되어서는 안 되며, 이러한 성급한 이분법적 개념화는 현상의 이해를 오도한다는 것이다. '좌뇌는 언어와 논리, 우뇌는 공간 처리' 식의 이분법적 배타적 특성이 아니라, 그와는 달리 좌뇌에서도 중요한 공간정보 처리, 우뇌에서도 중요한 언어정보 처리 기능이 있음이 밝혀졌다. 더구나 좌우뇌의 기능들이 여러 피질하 신경 구조와의 다양한 연결 상에서 가능함을 고려할 때, 인지신경과학 연구 초기에 나타난, 그리고 일반인들에 의하여 아직도 계속되고 있는 이러한 성급한 단정적 이분법화는 지양해야 할 접근 태도이다.

그러나 한편 이러한 단정적 이분화는, 뇌를 연구하고 있는 인지신경과학자들 자신의 뇌의 인지적 작동 특성에 기인하였음을 인정할 수밖에 없다. 인지심리학자 카네먼 등(Kanheman, Slovic, Tversky, 1982)은 인간이 판단과 결정을 함에 있어서 논리적 정확성을 기하기보다는 간편법(휴리스틱스)적 전략에 의함을 보여주었다. 12장에서 다시 논의되겠지만 추리심리 연구자인 에번스 등(Evans, Over, Manktelow, 1993)은 인간이 논리적 타당성을 따지기 이전에 믿을 만한가(believability)를 따지는 것이 인간 추리의 특성이며, 인간이 논리적 합리성을 추구하는 존재이기보다는 논리적 오류를 무릅쓰고서라도 인지적 경제성(Cognitive Economy: 최소한의 정보처리적 노력을 들여, 최소한의 시간에, 최대한의, 최적의 적응 반응을 내놓는)을 추구하는 실용적 합리성 추구의 인지적 존재라고 논하였다. 비과학자인 일반인이건, 인지심리학 전공의 인지과학자이건, 인지신경과학자이건 이러한 인간 사고의 본질적 한계와 결함에서 자유로울 수 없기에 좌-우뇌의 이분법적 단정적 생각을 전개한다고 할 수 있다.

최근의 연구에 의하면 우뇌가 맥락적, 화용적, 실용적, 암묵적 의미 추론 기능과, 사건들을 이야기적 구조로 짜넣는 정보처리에서 우세하다고 한다. 이러한 경향성이, 논리적 합리성 중심의 좌뇌의 경직된 제한성을 극복하게 하지만, 자연히 부수적으로 사고 오류를 초래할 수도 있다. 인간은 이러한 우뇌의 보완적, 휴리스틱스적 경향의 작용에서 자유롭지 않을 수 있다. 또 어떤 현상을 굳이 이분법적인 범주화의 틀 속에 넣어 현상을 보는 것 자체가 좌반구의 편향일 수도 있다(Gazzaniga, Ivry, Mangun, 2002).

따라서 뇌의 인지 기능을 연구하는 인지신경과학자는 뇌-인지 기능을 개념화함에 있어서, 이미 진화적으로 결정되어서 우리에게 생득적으로 주어진 인간의 편향적(우뇌적인) 인지적 정보처리 특성에서 그 자신이 자유롭지 않아서, 뇌 반구 기능 차이 및 뇌 일반의 기능에 대하여 잘못 생각하고 있을 가능성에 대해서 항상 마음을 열어놓고 있어야 한다.

16. 맺는 말

마음과 몸의 연결성에 대한 물음 자체는 오랜 역사를 지니고 있지만, 둘 사이의 밀접한 연결성의 인식, 또는 마음을 몸의 속성 특성으로 완전히 환원시킬 수 있다는 관점의 재부상은 지난 세기 동안 급격히 이루어졌다. 1980년대에 이루어진 인지신경과학, 인지신경심리학의 출발은 바로 이러한 변화를 반영한 것이다.

지난 20~30년 사이의 많은 발견들은 인지심리학과 신경심리학, 더 나아가 인지과학과 신경과학 사이의 관계가 상호영향적임을 보여주었다. 그동안의 연구에 의하여, 주의, 지각, 학습, 기억과 같은 기초적 인지 과정으로부터 언어와 사고와 같은 고차 인지 과정까지, 인지 과정과 신경적 활동 사이에 뚜렷한 대응이 있음이 발견되었다. 또한 신경과학에서 사용하는 방법, 개념, 이론 등이 인지과학에 유입되고, 역으로 일반 인지과학의 개념, 방법, 이론, 보는 틀이 신경과학의 내용들을 변화시켜왔다. 인지과학에서 사용되는 개념들; 흥분, 억제, 식역, 일반화, (신경, 지식)망, 모듈 등의 개념들은 신경과학적 연구의 바탕으로부터 도출되었거나, 신경과학적 구조나 기작을 전제로 하여 그 이론적, 방법론적, 설명적 의미를 지니게 되는 개념들이다. 또한 역으로 인지과학이 신경과학에 제공해준 방법, 개념, 이론도 많다. 인지신경과학 연구에서 뇌 신경생리/생물적 특성을 관찰하는 방법과 함께 사용하는 행동 측정법, 인지 기능 측정법은 학습심리학과 인지심리학이 100여 년을 거쳐서 발전시켜온 방법이며, 신경과학 연구에서 사용하는 개념들인 기억인출, 작업기억, 암묵적 기억, 자동적 주의, 주의 채널, 지각 채널 등의 개념은 인지심리학에서 온 것이다.

또한 어떤 현상을 신경과학자들이 뇌를 연구하여 발견하기 이전에, 인지심리학자들에 의해 발견된 신경학적 현상도 있다. 시지각에서 색깔지각의 처리 채널과 대상지각의 처리 채널이 독립적으로 분리되어 있다는 사실은 심리학자들이 먼저 발견한 것이다. 지각 연구의 경우 어떤 사실들은 신경과학자들이 경험적으로 확인하기 이전에, 순전히 인지심리적 연구에 의하여 발견된 것들이 있으며, 이러한 현상에 대하여 아직도 신경과학에서 해당 신경 구조나 기제를 발견하지 못하였거나 설명하지 못하는 것들이 있다. 그 역도 성립할 뿐만 아니라, 인지심리학자들이 하나의 신념으로 지니고 있던 어떠한 개념이나, 인지 기작에 대한 이론이 신경과학자들의 경험적 연구결과에 의하여 뿌리째 흔들리는 경우도 있어왔다.

　그러나 이 두 연구 집단 간의 관계는 그렇게 이상적인 협동관계는 아니었다. 1980년대 중반까지는 일부 소수 선도적 연구 집단의 학제적 연구를 제외하고는 대부분의 경우, 신경과학적 연구 따로, 인지과학적 연구 따로, 서로 병렬적으로 진행되고, 이따금 필요한 경우만 교차하는 듯한 경향이 있었고, 지금도 그러한 경향이, 특히 국내에 남아 있다. 그러나 이제는 이러한 분리적 접근 중심의 옛 연구 틀이 효율적 연구 틀이 아니라는 것이 전반적으로 인식되어지고 있다. 둘이 독립적 모듈로 진행되어서는 마음과 뇌의 연결성을 찾는 작업을 제대로 이룰 수 없다는 것이 현실적으로 절박하게 인식되기 시작한 것이다.

　그렇다고 해서 인지과학이 마침내는 신경과학으로 환원, 흡수되고, 모든 인지 현상을 신경과학적으로 설명할 수 있다는 것은 아니다. 이미 앞의 6절에서 설명한 것처럼, 마음의 문제는 의미의 문제를 그 중심에 지니고 있으며, 이는 신경과학적 설명과는 전혀 다른 수준의 설명을 요하는 것이다. 마음이라는 다원적 차원을 지닌 현상의 설명에는 다원적 접근, 다원적 기술과 설명이 필요한 것이며, 그러한 점에 있어서 전통적 인지심리학적 인지과학적 설명이 요구되는 부분은 계속 남게 되는 것이다.

　단, 여러 인지 과정 중 그 인지의 의미-추상 수준에 따라서, 신경과학적 접근과 인지과학적 접근의 설명 비중이 서로 다를 것이라고 상정할 수 있다. 기초적 인지 과정인 주의, 학습, 지각, 단순 사상에 대한 기억표상 형성과 활용과 같은 과정에서는 그 현상에 대한 설명이 다분히 신경적 구조와 기작에 바탕한 개념과 이론이 주도하고, 인지과학적 기술과 설명이 이를 보조하는 방향으로 앞으로의 연구가 진행될 것이라 예상된다. 이러한 과정들에 대한 연구에서는 신경과학자와 인지과학자의 구별이 희미해지리라(지금도 그러하지만) 본다.

　그러나 보다 고차적 의미-추상 수준의 인지 과정인 지식표상, 텍스트 수준의 언어 이해 및 산출, 문제 해결, 추리, 의사결정 등의 인지 과정의 설명에서는 인지과학적 이론이 앞으로도 계속 주도하고 신경과학적 연구결과가 이를 보조하는 방향으로 진행되리라 본다. 이 분야들의 연구에서는 앞으로도 당분간 계속, 인지과학자와 신경과학자 사이에는 밀접한 상호보완적 연결 없이 연구가 진행될 수도 있다.[59]

　이외에도 상황지어진 마음(situated mind)과 체화된 마음(embodied mind) 개념에 기반하여, 심적 현상의 전개에서의 뇌의 역활을 축소하고 몸과 세상 환경에 비중을 더 주어 접근하려 하는 최근의 시도들(ECC[Embodied Embedded Cognition] Neuroscience) (van Dijk, Kerkhofs, van Rooij, Haselager, 2008)의 이론적 가능성과 그것이 인지과학 내에서 인지신경과학적 탐구 틀에 미치는 영향도 고려해봐야 한다. 이에 대해서는 15장에서 다시 언급하겠다.

심층분석 7-3 **다른 사람의 마음을 읽는 뉴런(mirror neuron)**

최근에 인지신경과학 연구에서 각광받는 주제로 떠오른 것이 거울 뉴런에 관한 연구이다. 거울 뉴런이란 다른 동물이 어떤 행동을 하는 것을 보면, 그것을 관찰하는 동물의 뇌에서 마치 자신이 직접 그것을 행동할 때와 같은 부위의 뇌 세포가 신경 흥분을 일으키는 뉴런을 말한다. 원숭이가 그런 거울 세포들을 갖고 있는데, 최근의 연구에 의하면 인간도 그런 거울세포를 갖고 있으며, 인간의 이 세포들은 하등동물에서보다 더 상당히 (특히 사회적 측면에서) 진화된 거울세포였다. 다른 사람이 아이스크림을 먹는 것을 보면, 내가 직접 아이스크림을 먹을 때 작동하는 것과 같은 뇌세포들이 작동한다는 이러한 뉴런은 인간에게서는 대뇌피질의 머리 위쪽 아래, 전운동 대뇌피질에 존재한다고 본다.

이러한 거울 뉴런의 특성이 인간이 하등동물보다 특수한 것은 하등동물의 경우에는 다른 동물의 행동을 보면 자신이 스스로 행동하듯이 거울세포가 작동되는 데 반하여, 인간의 경우는 타인의 의도, 타인의 정서와 사회적 의미를 파악하는 것과 관련된 뇌세포가 작동한다는 것이다. 이러한 거울 뉴런은 "Seeing is Doing, Doing is Seeing"이라는 해석을 가져오게 하는데, 이런 세포들의 작동을 보면 우리가 타인을 이해한다는 것은 사고

---

59 뇌와 인지 주제와 관련하여 더 참고할 일부 자료를 다음과 같이 나열한다.
〈도서〉: Carpenter(1991); Gazzaniga, Ivry, Mangun(2002); Ward(2006); Gazzaniga(2008); 조지프 르두 (2005), Banich(2008), 박문호(2008).
〈인지신경과학 및 신경과학 관련 자료 사이트 〉: 뇌의 비밀스런 생애: PBS방송국 방송자료(영문) :http://www.pbs.org/wnet/brain/; 위의 사이트에서 뇌의 3-D 그림과 뇌의 각 부위별 설명자료는 http://www.pbs.org/wnet/brain/3d/index.html 에서 볼 수 있고, 더 쉬운 뇌/신경과학 자료는 Neuroscience for Kids 라는 다음의 사이트에서 자세히 살펴볼 수 있다: http://faculty.washington.edu/chudler/ introb.html
〈한글 웹 자료〉:
뇌해부학의 한글 용어 검색 및 용어 검색 http://www.kams.or.kr/word_new/index.php
강원대 강은주 교수의 인지신경과학 연구실; http://cogneuro.snu.ac.kr/
고려대 인지신경심리 연구실: http://coglab.korea.ac.kr/ ;
뇌과학연구센터 fMRI Lab: http://www.fmri.re.kr/; 가천의대 뇌과학연구소: http://nri.gachon.ac.kr/
뇌신경생물학연구사업단: http://www.neuron.or.kr/home/kor/
뇌기능활용 및 뇌질환치료기술개발프론티어사업단 (BRC); http://www.brainfrontier.or.kr/
뇌과학연구센터 한종혜 박사의 뇌과학 이야기: http://bsrc.kaist.ac.kr/board/main.cgi?board=Drhan

를 통해서라기보다는 느낌, 정서를 통하여서 이해한다는 것을 시사한다. 이것은 이미 17세기에 스피노자 등이 주장하였던 관점이고, 최근에 신경심리학자 다마지오 등이 공포 정서와 관련하여 인지가 정서의 기반 없이 곤란하다는 연구를 한 내용과 연결된다.

이러한 발견은 문화, 감정이입, 언어, 모방, 자폐증, 심리치료 등의 이해 연구와 관련하여 기존의 관점을 깨고 새로운 관점과 이해를 가져오게 한다. 기존의 환원주의적 하드 사이언스 과학자들이 가졌던 관점, 즉 하드 사이언스, 예를 들어 생물학은 사회문화와는 별개로 연구될 수 있다는 전통적 관점이 깨지게 된다. 바로 이러한 이유에서 최근에 사회신경과학이 인지과학, 진화심리학과 연관하여 신경과학의 각광받는 주제로 떠오른 것이며, 예전의 관점인 인간의 뇌가 곧 마음이다라든가, 마음은 환경과는 별개로 인간의 뇌 안에 들어 있다는 등의 좁은 관점이 수정되고, '뇌-마음-환경'의 삼각형이 불가분의 관계임을 주장하는 대안적 관점이 논의될 수 있는 배경이 되는 것 같다. 이에 대해서는 6장 끝의 〈심층분석 6-1〉과 15장의 내용을 참고하기 바란다.

이러한 거울 뉴런의 작동은 시각적 자극에서 수평선, 수직선, 시각적 특질을 탐지하는 초보적 처리보다는 훨씬 더 복잡하며, 얼굴 인식, 신체언어(body language) 인식 메커니즘보다도 더 복잡한 상위 수준의 메커니즘이다.

거울 뉴런이 작동하는 경우를, 타인이, 음식을 먹는 경우 및 일반 동작의 경우, 스포츠 게임에서 상대방의 동작 및 의도의 이해, 신체적 고통으로 힘들어하는 다른 사람의 고통과 정서 이해 등의 경우에 일어나는데, 이러한 메커니즘을 근거로 미루어볼 때 자폐증 아이들은 타인의 정서 등을 모방하여 행하고 이해하는 거울 뉴런이 와해되었다고 추론할 수도 있다. 그들에게는 타인의 의도와 정서에 대한 느낌이 결여되어 있는 것이다.

인간이 다른 사람의 신체 일부분이 보이지 않게 되어도 그 사람의 의도와 다음 동작을 이해하는 것, 탁자 위의 컵을 다른 사람이 들면 그 사람이 컵의 물을 마실까 아니면 버릴까에 대한 의도의 파악 및 예측, 타인의 말 및 수화 이해 등은 이러한 거울 뉴런의 작용에 힘입는다고 할 수 있다.

TV에서, 영화에서, 소설에서 타인이 가하는 또는 당하는 공격이나, 공포, 고통, 슬픔, 기쁨, 성적 쾌감, 거절-거부감 등의 정서 행동을 보거나 들으면 우리의 뇌에서는 그 행동, 감정을 직접 체험하듯이 뇌가 작동하는데, 실제 행동으로 나타내지지 않는 것은 행동함(acting-out)을 억제하는 시스템이 뇌에서 작용하여 그런 것일 뿐, 우리 뇌는 그 상황을 우리가 실제 체험하듯이 작동한다는 것이다. 그렇기에 공감, 감정이입이 가능한 것이며, 모방행동이 가능한 것이고, TV보기 등이 아동에게 위험한 것이다. 이런 메커니즘이 심리치료 상황에 적용되어 치료자, 부모와 같은 인물에 대한 '전이' 현상이 일어나며, 치료자들은 환자, 내담자의 상황을 이해할 수 있는 것이다. 스포츠 선수들이 머릿속으로 실제 상황을 상상하는 이미지 훈련을 하여 상황에 대비하는 것, 그리고 테니스나 야구,

농구에서처럼 상대방의 움직임에 대처하는 것 등도 거울 뉴런으로 설명할 수 있을 것 같다. 이러한 거울 뉴런이 인간의 진화 과정에서 사회적, 문화적 환경 단서에 달리 반응하게 진화되었다고 볼 수 있다.[60]

---

60 (참고자료: http://www.psychologicalscience.org/observer/getArticle.cfm?id=2167
 - 거울 뉴런이란: 사전적 정의와 관련 참고문헌: http://en.wikipedia.org/wiki/Mirror_cells
 - 마르코 야코보니 (지음), 김미선 (옮김) (2008). '미러링 피플: 뇌과학의 최전선에서 발견한 인간의 비밀'. 서울: 갤리온(원저명: Mirroring People). http://www.yes24.com/24/goods/3303676
 - 거울 뉴런을 발견한 대표적 연구자인 Giacomo Rizzolatti 에의한 거울 뉴런에 대한 개관: 요약 Abstract/ Annual Review of Neuroscience/ Vol. 27: 169-192 THE MIRROR-NEURON SYSTEM
 V.S. Ramachandran 교수의 2006년 Edge자료: 2000년 이후의 이 분야의 주요 연구결과와 이 연구의 의의를 2006년 시점에서 재조명함. MIRROR NEURONS AND THE BRAIN IN THE VAT [1.10.06]
 http://www.edge.org/3rd_culture/ramachandran06/ramachandran06_index.html
 - 거울 뉴런은 과연 거울 기능만 하는가? 보다 상위 수준에서 정보소통 센터 역할
 http://talkingbrains.blogspot.com/2008/08/mirror-neurons-hubs-and-puppet-masters.html
 Nature 454, 167-168 (10 July 2008)

제8장

인공지능: 인지과학적 접근
Artificial Intelligence and Cognitive Science

1. 인지과학적 인공지능[61] : 중심물음과 정의

인지과학과 관련된 컴퓨터과학의 기본 물음의 출발은 마음과 기계의 관계, 다시 이야기해서 인간 지능과 인공지능, 즉 마음과 기계 지능 관계에서 비롯되었다고 볼 수 있다. 인지과학과 연관된 인공지능의 연구는 본질적으로 기계도 인간처럼 사고하고 행동할 수 있는가 하는 물음에 대한 해답을 얻고자 한다. 따라서 '과연 기계가 무엇인가?' '사고란 무엇인가?' '지능이란 무엇인가?' '인간과 기계의 사고가 같을 수 있는가?' '인간처럼 행한다는 것은 무엇인가?' 하는 문제가 인공지능의 연구에서, 그리고 인지과학에서 주요 물음으로 자연스럽게 떠오른다.

이미 이전에도 설명한 것처럼 '기계도 사고를 할 수 있는가' 하는 물음은, 과연 기계(machine)가 무엇인가, 사고한다는 것이 무엇인가, 지능이 무엇인가, 할 수 있다는 것이 무엇인가, 아는 것을 어떻게 정의하는가 등의 물음에 대하여 다른 방식으로 답할 수 있다.

---

61 여기에서는 실제 컴퓨터과학에서 진행되고 있는 인공지능 연구라기보다는 인지과학의 한 분야로서의 인공지능 연구에 초점을 맞추어 논의를 전개하겠다. 컴퓨터과학의 한 분과라고 볼 때 실제 진행되는 인공지능 연구는 추상적으로 인간과 기계의 관계를 중심 물음으로 한다라고 하기보다는 인간과 같이 지능을 가진 기계를 만드는 기술 측면에 치우쳐 있다. 실제 컴퓨터과학에서 가르쳐지고 연구되는 인공지능은 대체로 인지과학의 본질적 물음에 관계없이 효율적 지능 시스템을 구축하는 것에 관심을 갖고 있다. 이 장에서는 그러한 인공지능 연구의 현실적 실제 측면보다는 인지과학의 한 분야로서의 인공지능 연구가 다루어야 할 측면 중심으로 이야기를 전개하고자 한다.인공지능 영역은 필자가 익숙한 분야가 아니기에 이 장 내용 기술은 Russell & Norvig(2003), 장병탁(1998), Stillings 등(1995)의 내용을 참고하여 기술한다.

'기계'라고 하면 인지과학에서는 주로 튜링기계를 중심으로 논의를 전개해왔다. 튜링기계는 앞서 다른 장에서 설명한 바와 같이 수학적 이론에 기초하여 제시된 이상적 기계이고, 이 이론의 한 구현이 우리가 늘 사용하는 디지털 컴퓨터이다. '기계의 사고하기'라는 화두에서 전자 칩으로 이루어진 기계인 컴퓨터가 인간과 같은 사고를 한다는 것이 가능한가라는 물음을 던질 수 있다. 생명체가 아닌 디지털 컴퓨터 기계는 사고를 못하고, 단백질로 이루어진 생명체인 인간은 사고를 할 수 있다면, 단백질로 인공적으로 기계를 만든다면 그 인공기계에서는 사고가 가능한가 하는 물음도 던질 수 있겠다. 튜링 테스트가 무엇인지에 대해서는 이전 3장에서 언급한 바 있다. 주어진 자극 상황에서 컴퓨터와 사람 중에서 어느 쪽이 반응하는지를 구별 못하게 되면 그 컴퓨터가 인간과 같은 사고를 이루어내었다고 판단하는 것이 튜링 테스트의 기본 생각인데, 기계가 튜링 테스트를 통과하였다는 것을 기계가 인간과 같은 사고를 하는 것으로 간주하는 입장이 있다. 그렇기는 하지만 과연 그런 식으로 사고를 개념화해도 되는가 하는 물음을 던질 수 있다. 기계가 사고한다는 것이 실제적으로 구현 가능한가, 지금 가능한가, 미래 어느 시점에서야 가능한가 하는 물음을 던져볼 수 있다.

그런 물음들을 배경에 놓고 인공지능(AI: Artificial Intelligence)의 정의를 살펴보겠다. 인공지능이란 인지과학과 마찬가지로 단일한 정의를 내리기가 힘들다. 분야별로, 목표에 의해, 학자에 따라서 달리 정의될 수 있다.[62] 러셀과 노빅(Russell & Norvig, 2003, pp. 1~2)은 인공지능은 여러 형태의 접근이 있기에 인공지능의 정의는 두 개의 차원을 교차하여 생각해야 한다고 했다. 인공지능이 추리 등의 사고 과정에 초점을 두고 있는가 아니면 행위(act)에 초점을 두고 있는가 하는 한 차원과, 인공지능이 인간처럼 사고하고 행하는가 아니면 인간을 닮은 것 여부에 관계없이 합리적으로, 적절하게 사고하며 행하는가 하는 차원의 두 차원을 교차하여 생각할 수 있고, 따라서 인공 지능의 정의는 이 네 가지 부류에 어디에 속하는가에 따라서 달라질 수 있다고 보았다.

---

62 Sweeney는 2003년 보고서에서 인공지능의 9개 정의를 묶어 제시하고 있다 (L. Sweeney(2003), That's AI?, Carnegie Mellon University, School of Computer Science, Technical Report, CMU-CS-03-106. Pittsburgh: January 2003. http://privacy.cs.cmu.edu/people/sweeney/aidef.html). 정의 8, 9가 다음과 같다.
Definition 8. (artificial intelligence as defined by others, AI general) Artificial intelligence is the study of ideas to bring into being machines that simulates human thinking and behaving.
Definition 9. (artificial intelligence as smarter computers) Artificial intelligence is the study of ideas to construct smarter computers.

| 인간처럼 사고하는 체계 | 합리적으로 사고하는 체계 |
| 인간처럼 행하는 체계 | 합리적으로 행하는 체계 |

여기에서는 우리의 관심이 인지과학이기에 인간처럼 사고하거나 행하는 체계로서의 인공지능에 초점을 맞춰 생각해보겠다. 인공지능의 탄생을 주도한 매카시(J. McCarthy)나 민스키(M. Minsky) 등이 생각한 인공지능은 '인간을 포함한 지적 행위체의 지적 행위를 기계가 수행할 수 있게 하는 과학이다.'라고 정의된다.[63] 이 정의에 의하면 언어를 구사하는 능력, 대상을 인식하고 식별하는 능력, 문제 해결 능력, 논리적 추론 능력 등의 인간의 다양한 지적 능력을 기계가 갖추도록 연구하는 분야라고 할수 있다. 다른 정의에 의하면 '컴퓨터를 보다 지능적으로 만들려는 컴퓨터공학의 한연구 분야'가 인공지능이다라고 할 수도 있고, '현재로서 컴퓨터보다 사람이 더 잘할수 있는 일들을 컴퓨터가 할 수 있게 만드는 분야'라는 정의도 있다. 이러한 인공지능의 정의는 인공지능 연구의 탐구 방향과 목표를 만들어준다.

2. 인공지능 연구의 목표

인공지능의 목표를 단순화하여 두 가지로 생각한다면 다음과 같이 진술할 수 있을 것이다.

---

63 '인공지능'이란 용어를 처음 사용한 매카시는 최근 인공지능의 정의를 다음과 같이 기술하고 있다.

Q: What is artificial intelligence? A. It is the science and engineering of making intelligent machines, especially intelligent computer programs. It is related to the similar task of using computers to understand human intelligence, but AI does not have to confine itself to methods that are biologically observable.

Q. Yes, but what is intelligence?: A. Intelligence is the computational part of the ability to achieve goals in the world. Varying kinds and degrees of intelligence occur in people, many animals and some machines. (http://www-formal.stanford.edu/jmc/whatisai/whatisai.html)

인공지능 연구의 첫 번째 목표는 인지과학 본래의 목표와 관련지어 생각해볼 수 있다. 인지과학의 한 분야로서의 인공지능은 인공지능 기술을 통해서, 인간이 어떻게 지능적인 과제를 수행하는가를 연구한다. 인공지능 그 자체에 목적이 있는 것이 아니라 인간 인지를 포함한 지능 시스템 일반을 탐구하는 방편으로서 인공지능을 연구하는 것이다. 즉, 지능을 가능하게 하는 원리를 이해하는 것이 목표이다. 지능의 본질이 무엇인가를 밝혀내기 위한 것이다.

두 번째 목표는 인지과학 전체의 목표라기보다는 좁은 의미의 인공지능의 목표인데, 컴퓨터를 더 유용하게 하려는 것이 목표이다. 다른 분야의 연구에서 얻어진 인간 지능에 대한 지식을 컴퓨터과학에 적용해서 컴퓨터를 보다 더 유용하게 만들려는 목적에서 인공지능을 탐구하는 것이다. 예를 들면 체스를 둔다든지 수리적 문제를 해결한다든지 여러 응용 문제를 해결하는 것이다. 인공지능은 지능적인 능력의 적용을 자동화하는 것을 연구하는 컴퓨터과학의 한 분야이다.

이 두 목표 중에 어느 것이 더 옳으냐는 것은 학자들 간에 의견 일치를 못 보고 있는데, 인지과학 일반에서는 첫 번째 목표를, 인공지능을 좁게 봐서는 두 번째 목표를 강조한다고 볼 수 있다. 그렇지만 두 목표를 종합하면 인공지능이란 지능적 행위를 얼마나 프로그램화할 수 있는가를 연구함으로써 컴퓨터의 새로운 응용 가능성을 추구하고, 동물이건, 인간이건, 인공지능체이건 간에 그 지능의 본질을 탐색하는 것으로 재개념화된다. 즉 인공지능 연구는 지능의 본질을 이해하고 상황 인식, 이해, 판단 및 지식표상을 통하여 융통성 있고 최적의 해(solution)를 제공하는 자동화 시스템을 구축하려는 노력의 총합이라고 볼 수 있다.

지금까지 지능, 혹은 지능적이라는 용어를 마치 우리 모두가 이해하고 있는 듯이 다루어왔는데, 지능이란 과연 무엇인가 하는 물음을 던져볼 수 있다. 지능(intelligence)이란 개념도 한 가지 정의만 있는 것이 아니라 분야에 따라서, 학자에 따라서, 연구하는 목표에 따라서 조금씩 달라지고 있다. 지능이라는 것은 지식을 습득하고 활용하는 능력, 지각 능력, 의지적 대상 조작 능력, 언어 능력, 창의적 작업 능력, 추리력 등이 포함된다고 볼 수 있으며, 이들의 조합과 그것을 총합한 총체적 정보처리 능력을 지능이라고 얘기할 수 있다. 지능의 본질이 과연 무엇인가에 대해서는 지능의 구성요소를 살펴보아서 얘기할 수 있는데, 대상의 지각 능력, 의사소통이라든지, 지식이 어떻게 저장되어 있는가, 세상 지식이 무엇으로 표상되어 있는가, 목표와 계획의 문제, 창조성, 이런 것들이 지능의 구성요소라고 볼 수 있다.

3. 인공지능과 인지심리학

인공지능과 관련 있는 분야로는 철학, 인지심리학, 수학, 언어학, 컴퓨터공학, 계산
신경학, 로보틱스, 경제학, 제어 이론, 사이버네틱스 등을 들 수 있다.

인공지능 연구의 물음은 인지과학의 한 분야로서의 인지심리학적 물음과 상당히 유
사하다. 그러나 두 영역은 그 물음에 접근하는 방법이 다르다. 인공지능 연구는 인간
지능의 특성을 발휘하는 컴퓨터 프로그램을 개발하고 검증하는 그 주 영역이다. 지능
의 과정과 지식표상을 세부까지 정형화, 형식화해서 그것을 프로그램으로 구현하는
것이다. 만일 이 지능 프로그래밍이 실패하면 어느 과정을 거쳐야 될지에 대한 시사를
얻어서 실패한 과정에 대해서 새로 프로그램을 넣어 인공지능 프로그램을 발전시킬
수 있다.

그러나 이에 반해서 인지심리학의 연구에서는 지적 과정, 지능 과정에 대한 통제가
있지만 그것이 충분하지 못하고 제한적이다. 인간 지능의 내적 메커니즘 세부 과정을
인공지능 연구처럼 마음대로 프로그램으로 인간 안에 넣거나 뺄 수 없다. 여러 인지 과
정을 쉽게 프로그래밍하기가 곤란하기도 하고, 많은 시도, 탐색, 추론 등이 실험을 중
심으로 한 경험적 연구를 통해 이루어져야 한다.

인지심리학은 인공지능의 세부 과정의 구현을 위한 지능 과정의 이론이나 개념의 기
초를 연구하여 그 결과를 인공지능 연구에 제공한다. 인지심리학과 인공지능은 서로
맞물려서 도와주면서 인간 및 인공지능 시스템을 탐구해간다고 볼 수 있다. 상호보완
적으로 인간 인지의 본질에 대한 최선의 접근방법을 도출해간다.

인공지능 탐구의 특성을 살펴보면 무엇보다도 실제 인간이 아니라 인공물을 다룬다
는 것이다. 실제 인간의 지능을 다루는 것이 아니다. 또한 인공지능의 모델은 인간에
대해서 직접적으로 연구하는 인지심리학보다는 형식화되고 더 논리적, 과학적 엄밀성

을 지니게 한다. 컴퓨터로 인공지능을 구현하는 것은 인공지능에 적용되는 과제 상황을 양화시켜서 객관적으로, 자연과학적으로 접근하기 편하게 한다.

인지과학 하위 분야 중, 인지심리학 이외에 인공지능과 관련된 다른 주요 학문들을 살펴보면 철학, 수학과 언어학을 생각할 수 있다. 철학의 역할에 대해서는 이미 앞에서 언급한 바 있으며, 수학은 지능을 정형적으로 제공하는 형식(formalism)을 제공한다. 언어학 분야는 언어 이해, 생성 처리와 관련되는 여러 가지 관련 통사적, 의미론적 지식과 형식화할 수 있는 대상을 제공한다. 이외에 신경과학을 생각할 수 있다. 신경계의 기본 단위들 사이의 정보처리 특성에 대한 신경과학적 연구가 인공지능 시스템 작용 과정 모델 형성에 여러 시사를 제공한다.

4. 인공지능 탐구의 역사

인공지능 연구 영역의 세부에 대해서는 뒤에 가서 더 자세하게 다루도록 하고, 먼저 인공지능의 연구 역사를 간략히 살펴보도록 하겠다.

인공지능이 탄생하고 발전하게 된 배경에는 3장에서 언급한 바와 같이 여러 학문의 이론적 작업이 영향을 주었다. 그리스 시대부터 철학은 인식론과 심신론의 문제와 관련하여 지식의 본질, 타당한 연역적 사고의 형식적 규칙, 사고와 행위의 관계 문제를 다루어왔다. 수학은 형식적 규칙 문제와, 계산 문제, 불확실한 상황에서의 추리 문제, 알고리즘 문제들에 대한 생각을 발전시켜왔다. 경제학은 이득을 최대화하기 위하여 우리가 어떻게 의사결정하는가, 다른 사람들이 우리와 경쟁적 입장에 있을 때 우리가 어떻게 사고, 행동하는가를 다루어왔다. 신경과학은 뇌가 정보를 어떻게 처리하는가를 다루어왔고, 심리학은 인간이 어떻게 사고하며 행하는가를 다루어왔다. 컴퓨터공학은 효율적인 컴퓨터를 어떻게 만드는가를 탐구해왔고, 제어 이론과 사이버네틱스는 인공물이 스스로의 제어하에서 어떻게 작동하는가를 탐구해왔고, 언어학은 언어가 사고와 어떤 관계를 지니는가와 관련하여 통사적 규칙의 형식화 문제를 다루어왔다. 이러한 여러 학문적 흐름이 인공지능의 탄생과 이후의 발전 과정에 계속 영향을 주었다고 할 수 있다.

심리학의 편향을 가지고 보면 인공지능 연구가 별도의 학문 분야로 아직 형성되지 않았던 1930년대나 1940년대에도 일부 심리학자들의 인공지능 관련 선구적 작업은 있었지만[62] 구체적 영향으로 이어지지는 않았다. 1940년대 당시에는 자극과 되먹임(feedback), 즉 스스로 조직하는(self-organizing) 학습체계와 같은 측면만이 일부 동물행동학을 연구하는 학자들 사이에서 그리고 커뮤니케이션을 연구하는 학자들에 의하여 강조되었을 뿐이다. 이후 1970년대까지의 인공지능 연구 관련 주요 사건을 열거하면 다음과 같다.

1951년에 민스키 등이 미로를 통과하는 쥐를 시뮬레이션한 최초의 인공신경망을 만들었고, 1955년에 뉴웰(A. Newell), 쇼(J. C. Shaw)와 사이먼(H. Simon)이 최초의 인공지능 프로그램인 논리 이론가(LT: Logic Theorist)를 만들었다. 이는 수학 문제를 풀기 위한 추론 프로그램으로서 비수치적으로 사고하는 컴퓨터 프로그램이라고 소개되었다. 이 프로그램을 만들기 위해 사용된 IPL(Information Processing Language)은 그들이 개발한 새로운 컴퓨터 언어였고, 정보의 조각들 사이에 포인터를 제공하며, 상호작용하는 기호 구조를 생성, 변화, 파괴하는 기능을 지니고 있었다.

1956년에는 다트머스 대학에서 '사고 기계'에 관한 워크숍이 개최되었다. 이 모임에는 매카시, 민스키, 섀넌, 사이먼, 뉴웰 등이 참석하였고, 이 모임에서 뉴웰과 사이먼의 인공지능적 프로그램인 '논리 이론가' 프로그램이 주의를 끌었다. 3장에서 언급된 바처럼 이 모임에서 매카시가 '인공지능(Artificial Intelligence)'이라는 용어를 처음으로 공식 석상에서 사용하였다. 인지과학 형성사를 최초로 개관한 가드너(H. Gardner)는 이 모임의 특성을 다음과 같이 기술하고 있다.

---

62 '인공지능 분야가 형성되기 이전의 관련 심리학 연구'. 인공지능 분야가 형성되기 이전의 수학이나 컴퓨터 관련 분야에서 인공지능 분야 형성에 바탕이 된 개념들을 발전시킨 연구들에 대하여는 이미 3장에서 언급한 바 있다. 심리학 내에서도 다음과 같은 인공지능의 전단계적 모색이 있었다. 행동주의 심리학의 이론의 대가이며 심리학의 학습 이론적 논리적, 형식적 체계를 갖추기 위해 노력했던 헐(Clark Hull)은 1930년대에 로스(Thomas Ross)와 더불어 학습하는 로봇을 설계하기 위한 시도의 일환으로 '가설-연역체계'를 발전시켰다. '심리기계(psychic machine)'를 구축하려는 그의 목표와 이론화 작업은 아마도 후의 현대적 의미의 인공지능 연구의 선구라고도 할 수 있다. 한편 캐나다의 심리학자 헵(1949)은 단순한 연결적 망이 패턴을 기억하고 지각하는(연합하는) 망으로 작용할 수 있으며, 이러한 신경망은 입력자극 패턴에 대해 적절한 출력 패턴을 내놓기 위해 세포 단위 연결 간의 비중을 어떻게 부여할지를 스스로 가르칠 수 있음을 시사하는 그의 유명한 헵 학습 법칙을 제시하였다. 2개의 세포 단위들이 동시에 활성화되면 그 연결 강도가 증가된다는 그의 학습 법칙은 이후 1980년대 인공지능 연구의 신경망 접근에서 기본 학습 법칙의 하나로 되살아나게 된다.

다트머스 대학에서의 회합은 모두의 기대를 충족시키지는 못했다. 모임의 기획자들이 생각한 것보다는 학자들 간의 경쟁이 심했고, 또 자유로운 의견 교환도 없었다. 그렇기는 하지만 이 여름 모임은 인지과학 일반에, 그리고 특히 인공지능학에 결정적인 영향을 주었다. 그 영향은 실제적인 것이라기보다는 상징적인 것이었다. 이전 10년 동안(1940년대)에는 더 나이 든 세대들에 의해—비이너, 폰노이만, 매컬러크, 튜링 등—인간 두뇌가 보통 행하는 것과 같은 기능을 해내는 전자 컴퓨터의 개발과 발전을 가리키는 뛰어난 아이디어들이 빛을 보았다. 이 연장자 세대는 이러한 (컴퓨터와 새로운 관점의) 전개를 예지하였기는 하지만, 그들 자신이 이 약속된 희망의 땅을 탐색할 기회가 주어질지에 대해 확신이 없었다.

이러한 연장자들의 획기적 아이디어가 뿌려져 무르익은 지적 환경에서 성장한 젊은 세대들은 다트머스 대학의 모임에서 이제는 그들의 선배인 폰노이만과 비이너가 생각하였던 것을 실제로 해내는 컴퓨터를 만들고 프로그램을 쓸 준비가 되어 있었다(아니 일부는 준비 상태를 이미 넘어서 있었다). 이 젊은 학자들은 다음과 같은 강력한 생각에 (아직은 다소 애매하고 제대로 이해되지 못한 상태였지만) 이끌렸다. 데이터가 프로그램에 의해 처리되고 또 프로그램 그 자체가 될 수 있다는, 그리고 컴퓨터가 단순히 숫자계산(crunch numbers)을 넘어서 기호(상징)를 처리할 수 있을 것이라는, 그리고 새로운 언어(프로그래밍 언어)가 이전에는 가능하리라고 생각되어진 바가 없었던 기계의 하드웨어의 잠재력을 이끌어 내올 수 있다는, 그리고 컴퓨터가 과학적 이론을 검증하는 데 한 역할을 할 수 있다는 생각에 강하게 이끌렸던 것이다. 아마도 이 다트머스 모임 그 자체로만은 별 영향을 못 주었을 것이다. 그러나 이 모임은 뒤를 이은 MIT 정보 이론 학회 모임의 몇 주 앞서서 이루어졌던 것이다 (Gardner, 1984, pp. 139~140).

다트머스 모임 이후의 MIT 정보 이론 모임에서 사이먼과 뉴웰의 '논리 이론가' 프로그램이 다시 제시되었고, 또 그 이후 민스키의 논문 「인공지능에의 단계(Steps toward Artificial Intelligence)」가 널리 읽혀져서 인공지능 분야의 출현에 기틀을 놓았다.

이후 구체적 인공지능 프로그램 개발이 진행되어 1957년에 카네기멜론 대학의 뉴웰과 사이먼은 인공지능 프로그램인 GPS(General Problem Solver)를 내놓았다. 같은 해에 언어학자인 촘스키(N. Chomsky, 1957)는 저서 『통사적 구조』에서 언어의 통사는 의미로부터 독립적이라는 주장을 제시하여 지능에 대한 형식적 접근을 시도하는 인공지능 연구자들의 접근을 북돋았다. 1958년에는 매카시와 민스키가 MIT에서 인공지능 Lab을 만들었고, 1962년에 로젠블라트(F. Rosenblatt)는 이론적 뉴런에서의 학습이 뉴런 간의 연결 강도를 조절하여 이루어진다는 퍼셉트론 이론을 제시하였다. 인공지능 분야가 창출된 것이다.

1950년대부터 1960년대 말까지는 인공지능 분야의 출현 및 그 미래 가능성에 대한 열광의 확산 및 정착기라고 할 수 있는데, 인공지능 연구 분야가 자리를 잡고 확산되면서 기하정리증명 프로그램, LISP 언어의 개발, 미시세계 시뮬레이션의 시도 등이 이루어졌고, 기계적 지각, 지식표상(표현) 체계 등에 대한 연구가 주로 이루어졌다. 기억체계에서의 지식표상, 기억 중심의 학습, 기계적 암기에 의한 학습, 평가하는 함수를 적용하는 학습들이 거론되고 연구되었다고 할 수 있다. 1963년에 퀼리언(M. R. Quillian)이 의미망이라는 지식표상 방식을 제시하였고, 1965년에는 바이첸바움(J. Weizenbaum)이 단순한 패턴 매칭을 이용하여 언어 상담을 흉내 낼수 있도록 한 ELIZA라는 대화 프로그램을 제시하기도 하였다.

이후에는 인공지능에 대한 열기가 다소 식기도 하였는데, 그것은 인공지능이 초기에 생각하였던 것처럼 많은 것을 해낼 수는 없다는 현실적 인식에서 비롯되었다. 초기의 인공지능 프로그램이 단순한 알고리즘이나 휴리스틱스 중심으로 전개되었을 뿐 그 프로그램이 적용되는 영역에 대한 주제 지식이 거의 도입되지 않은 상태의 프로그램이었으며, 인공지능이 해결하려는 문제들이 상당히 복잡하고 다루기 힘들다는 것, 그리고 그 당시의 인공지능 시스템의 구조적 한계 등이 인식되기 시작하였다.

1970년대에는 인공지능 연구가 전문화되는 시점으로서 이전의 탐색(search) 중심의 학습 연구에서 지식표상과 영역 지식 활용에 의한 학습 연구로 초점이 변화되었고, 개념학습, 상징 학습에 대한 연구가 이루어졌다. 인공지능 형성 초기에 사이먼과 뉴웰이 제시한 인공지능 시스템에서는 문제공간(problem space)을 탐색하는 부류의 탐색 중심에 초점이 이루어졌는데 1970년대 초에는 점차 그런 단순한 탐색이 아니라 영역 지식을 활용해서 새로 학습하는 방향으로 인공지능 연구의 중심점이 옮겨져서 그것에 따라 새로운 지식 습득이 학습 연구에서 강조되었다.

인공지능 초기의 프로그램들이 소수의 알고리즘을 중심으로 다양한 문제를 해결하려 하는 범용 문제해결 중심의 프로그램들이었고, 이들이 해결하지 못하는 다양한 문제들이 많다는 것이 인식되어서 범용 문제해결적 '약한 방법(weak methods)'를 넘어서서, 다루는 영역은 제한적이며 좁더라도, 그 영역의 문제를 잘 해결할 수 있는 강한 방법(strong methods), 즉 영역 특수적 프로그램의 개발이 추진되었다. 그래서 대두된 것이 DENDRAL 등의 전문가 시스템 연구였다. 전문가 시스템 연구에 추가하여 이 시기에 이루어진 다른 대표적 인공지능 연구로서는 섕크(R. Schank)의 언어 분석 프로그램, 민스키의 지식표상 연구, 레넛(D. Lenat)의 자동학습 및 휴리스틱스 연구, 그리고 심리학에서의 마(D. Marr)의 계산시각 이론 연구 등이 있으며, 프로그램 언어인 PROLOG 개발 등이 있다.

초기의 인공지능 연구에서 가장 많이 사용된 계산 방법은 탐색 방법이었다. 그것은 지식을 여러 형태의 자료 구조로 저장한 후에 그 위에서 휴리스틱(간편법)적 방법으로 탐색하는 방법이다. 휴리스틱(heuristic)하다는 것은 규칙적인 것이 아니라 상황에 따라서 이렇게 저렇게 달리하는 방법이라고 할 수 있다. 인공지능에서의 탐색은 지식을 여러 형태의 자료 구조로 저장해서 휴리스틱적 방법으로 탐색해가는 방법으로 생각할 수 있겠고, 다른 또 하나의 중요한 방법은 생성 시스템(산출 시스템; production system)에 의하여 기호의 배열을 규칙에 의거해서 다른 기호의 배열로 변환시키는 방법으로 계산(computation)을 수행하는 것이었다.

1970년대까지는 모든 문제를 해결할 수 있는 보편적 범용 시스템을 연구한 데에 비해서 1980년대 중반부터는 그런 것보다 특수목적에 입각한 연구가 진행되었다. 즉 작은 규모의 특정한 문제를 해결하는 시스템을 연구하는 방향으로 나아갔다. 다시 요약하자면, 1970년대 중반까지는 범용성 인공지능, 즉 모든 지능적 영역에 적용할 수 있는 인공지능의 탐구가 연구의 목적이었다. 이러한 시도의 대표적인 것이 뉴웰 등의 GPS였고, 이는 모든 문제를 해결할 수 있는 프로그램으로서 개발되었다. 이러한 시도에 대한 반작용으로 나타난 것이 지식기반접근(Knowledge-Based Approach)이다. 지식과 이를 사용하는 추론 기능이 지능이라 보고 문제 풀이에 대한 지식을 적절히 표상하여 고성능의 프로그램을 구성하려는 시도였다. 이러한 시도에서 발전된 지식기반형 시스템에서는 문제풀이에 필요한 고도의 정제된 지식이 저장되어 있어야 하며, 매우 좁은 영역의 문제만을 다룰 수 있었다. 이러한 접근은 특정 분야의 전문가 시스템은 만들 수 있어도 상식적인 추론을 하는 시스템은 구축하기 어려웠다. 다양하고 복잡한 맥락에서 융통적으로 지식을 적용하고 추론하는 기능을 구현하기는 어려웠다. 반면 1980년대에 제시된 인공신경망의 기법은 데이터만 제공하면 스스로 학습에 의하여 해결책을 만들어갈 수 있는 체계였고, 고로 지식기반형 기법에 대한 대안으로 생각할 수 있었다. 인공신경망은 그것을 이용하여 논리적 사고 기능 훈련도 가능하며, 패턴의 분류와 연상기억의 문제를 용이하게 해결할 수 있는 강력하고 범용성 있는 방법론으로 인식되었다.

이후 논리 계산과 생성 시스템을 혼합한 형태의 각종 전문가 시스템이 왕성히 발전되었다. 논리학에 근거한 계산모형이 적용되고 정형적인, 형식적인 점이 강조되었지만 이런 논리가 과연 일상적인 문제를 해결하는 인공지능 시스템에 적절한가가 의문시되었다.

이러한 상황에서 1980년대 초부터 신경망적 접근이 대두되어 — 실제는 1960년대에 일시적으로 부각되었던 신경망적 접근의 부활임 — 인공지능 연구는 돌파구를 찾을 수 있었다. 뇌의 이상화된(idealized: 실제 특성을 그대로 모방한 것이 아니라) 이론적 신경 구조와 원리에 입각한 신경망(neural network) 모형을 사용하여 이전의 논리적인 방법으로 다루기 힘들었던 기계학습을 인공지능으로 구현하려는 시도들이 이루어지며 인공지능 연구의 판도가 변화되었다. 일상적인 대화의 이해, 손으로 쓴 글자의 인식, 말소리의 인식 등이 이러한 신경망적 학습을 통하여 인공지능 체계에서 구현될 수 있음이 모색되었다.

1980년대 후반 이후의 추세의 하나는, 이전의 인공지능 연구는 연구자의 통찰에 의한 직관적 이론 모형 형성이 대부분이었는데 반하여, 신경망 모델 중심의 연결주의가 대두된 이후 1980년대 후반부터는 인공지능 연구는 다른 과학의 연구 방식과 마찬가지로 이전의 이론적 연구에 기초하여 엄밀한 가설을 제시하고, 이의 타당성을 경험적 (모의)실험을 통하여 관찰하고, 그 결과를 통계적으로 검증하여 가설을 재구성하는 연구방법론을 택했다. 인공지능이 하나의 경험과학 학문 분야로서의 위치를 확립하는 단계였다. 이러한 과정에서 이전에 사용하던 직관적 통찰에 의해 도출되었던 알고리즘적 탐색 방법 대신에 문제 해결을 위한 지식을 탐색하는 절차로서 확률적 탐색의 중요성이 인정되고 수학과 통계학 등에서 엄밀한 수리적, 확률적 모델들을 도입하여 인공지능 이론을 구성하게 되었다. 이에 따라 마르코프(Markov) 모델이나 베이지안 모델에 의한 확률적 탐색과 결정의 이론들이 제시되었고, 이러한 엄밀한 수리적 모델과 경험적 실험에 의한 검증 방법은 오늘날의 인공지능 연구에도 그대로 적용되고 있다.

1980년대에는 기계학습의 연구도 증가하여 귀납적 일반화 알고리즘, 예에 바탕한 학습, 지도된 학습(supervised learning), 설명기반학습(EBL: explanation-based learning) 등이 연구되었다

1990년대 이후의 다른 하나의 추세는 지능형 에이전트(agent)의 추구 경향이다. 이러한 에이전트는 주어진 환경 내에서 어느 정도 자율적, 능동적으로 위임자의 대리자로서의 이동, 계획, 협조, 통신, 적응 등의 능력을 발휘할 수 있는 시스템이다. 인공지능의 어느 한 분야의 기술의 구현이라기보다는 여러 하위 영역의 인공지능 기술이 수렴되고 통합된 지능 시스템이다. 1990년대 초에 제시된 뉴웰의 SOAR 시스템은 이러한 통합적 에이전트 시스템 구축의 한 예라고 볼 수 있다. 이 지능형 에이전트로는 데스크톱 에이전트, 인터넷 에이전트, 인트라넷 에이전트 등이 연구되어왔다.

1990년대부터 최근까지의 인공지능 연구 특성 중의 하나는 기호체계(상징체계)와 신경망 체계를 혼합한 혼합체계(hybrid system)가 계속 발전했다는 것이다. 또한 신경과학의 발전과 더불어서 그리고 구체적 몸을 지닌 로봇의 환경과의 상호작용 행위와 관련된 인공지능 문제를 탐색하는 시도들을 통하여, 전통적으로 과거의 인공지능에서 강조해온 미리 내장된 지식표상의 비중이 약화되었고, 환경 맥락에 몸체를 가지고 적응하며 학습하는 인공지능 시스템의 측면이 부각되었다. 종래의 고전적인 '사전에 정형적인 지식이 내장되는' 형태의 인공지능이라는 개념보다는 경험에 기반하고 (empirical), 실체적 몸으로서의 환경과의 상호작용이 강조되고(embodied), 학습되어 서술적 지식과 절차적 지식이 계속 업데이트되며 변화되는 측면이 강조되고 (learning), 생물체의 지능을 모사, 구현하는 것이 강조되며(biological), 이 생물체의 지능이 환경과 상호작용하여 적응하면서 계속 진화하는 측면이 강조된(evolutionary) 인공지능 시스템의 탐구가 현재의 인공지능 탐구의 경향인 것 같다. 이러한 새로운 측면을 포괄할 수 있는 개념으로 '인지적 컴퓨팅(Cognitive Computing)'이라는 개념을 인공지능 개념 대신에 선호하기 시작한 것이라고 볼 수 있다.

5. 인공지능의 중심 주제

인공지능 연구는 계속 그 강조점, 초점, 접근방법을 변화시켜왔지만 계속된 변화에도 불구하고 인공지능의 중심 주제를 생각해볼 수 있을 것이다. 러셀과 노빅(Russell & Norvig, 2003)은 인공지능의 중심 주제로 인간처럼 행하는, 사고하는 체계 접근에서는 튜링기계 개념에 기반해 인공지능을 탐구하고, 이러한 접근에서 다루는 인공지능 분야 영역에는 자연언어 처리, 지식표상(표현), 자율적 추리, 문제 해결, 기계학습, 컴퓨터 시각, 로보틱스 등이 있다고 보았으며, 현재 추구되는 인공지능의 응용 영역으로, 자율적 계획하기와 스케줄링, 게임, 자율적 제어, 진단, 병참 계획, 로보틱스, 언어 이해와 문제 해결 등을 들고 있다. 그들에 의하면 인공지능의 주요 하위 연구 주제로 다음과 같다.

① 문제 해결: 탐색에 의한 문제 해결, 부분 정보하에서의 탐색, 제약 만족, 경쟁적 탐색

그림 8-1 인공지능의 분야와 접근방법(장병탁, 1998)

② 지식과 추리: 논리적 에이전트, 일차논리에서의 추론, 지식표상(표현),

③ 계획하기: 계획하기의 일반 문제, 현실세상에서의 계획하기

④ 불확실한 지식과 추리: 확률적 추리 일반, 시간 경과상에서의 확률적 추리, 의사결정(단순 의사결정, 복잡 의사결정)

⑤ 학습: 기계적 학습, 관찰에 의한 학습, 지식기반 학습, 확률적 학습, 강화학습

⑥ 의사소통: 자연언어 처리(지식기반 학습, 확률 학습)

⑦ 지각

⑧ 로보틱스: 행위

장병탁(1998)은 인공지능의 연구를 연구 분야, 응용 분야, 접근방법에 따라서 〈그림 8-1〉과 같이 나누고 있다. 접근방법에 따르면 고전적 접근의 논리기호적 합리론적 접근이 있으며, 1980년대 이후 발전한 확률통계적 학습을 강조하는 경험론적 접근, 신경적 단위 요소의 작동 특성에 기반한 연결론적 접근, 유전공학 및 진화론의 원리에 기반한 진화론적 접근, 인공생명을 구현하려하는 생물학적 접근이 있다. 이러한 접근들이 인공지능에 대하여 연구하는 주제로는 학습 알고리즘, 추론 메커니즘, 지식 표현(표상) 방식, 지능 시스템 구조(architecture) 등이 있으며, 이러한 연구가 응용되는 분야로는 전문가 시스템, 지능형 에이전트, 정보검색, 데이터마이닝, 자연언어 처리, 지능형 로봇 등이 있다.

인공지능에서 점차 중요성을 띠게 된 분야인 학습 영역은 새로운 자극 상황과의 상호작용에 의하여 새 지식기반(지식 데이터베이스)을 만들고, 상황에 대한 학습 모델을 만들고, 거기에 바탕하여 각종 상황에 대해서 이전에 배운 지식을 적용하는 과정의 인공적 구현을 다룬다. 물론 지식 적용 과정에는 기존 지식에 기반하여 대안이나 새로운 가능성을 추론하는 추리 과정이 개입된다.

인공지능의 주요 응용 연구 분야 중 자연언어 처리 분야는 일상적 언어의 이해가 어떻게 이루어지는가 하는 것을 인공지능적으로 구현해보는 것이다. 그러기 위해서는 언어지식이 인간 안에 어떻게 표상되는가를 밝혀야 하는데, 이는 인공지능 시스템 내에 언어 지식 표상으로 구현해야 하는 문제로 다루어진다. 언어 처리에서는 음성인식 분야가 상당히 중요한 분야로 떠오른다. 시각영상처리 분야는 컴퓨터가 대상을 시각적으로 인식하고 영상지식 표상으로 저장하여 이를 다루는 주제를 다룬다. 전문가 시스템

분야는 의료진단 전문가 시스템이라든지 회로 고장 수리 전문가 시스템, 법률전문가 시스템, 경영전문가 시스템과 같이 특정 전문 영역에서 전문가가 이루어내는 작업을 수행하는 인공시스템의 구현 분야이다. 각종 게임과 정보탐색 분야도 인공지능의 각광받는 분야이다.

다소 반복되는 이야기이지만 지금까지 인공지능의 중심 주제를 영역 중심으로 보았다면, 인공지능 시스템이 무엇을 해내야 하는가 하는 과제 중심으로 생각하면 다음과 같이 설명할 수 있다. 그 첫 번째로 인공지능의 일반적 과제가 있다. 일반적 과제라는 것은 지각 즉, 대상을 인식하는 지각(시지각, 청지각, 언어지각, 촉각지각 등) 과제, 자연언어를 이해, 생성, 번역, 의사소통 처리하는 과제, 상식 지식에 바탕하여 추론하는 과제, 로봇을 제어하는 과제 등을 생각해볼 수 있다.

일반적 과제를 넘어서 다분히 정형적(형식적, formal)이냐 아니냐 그런 측면에 중점을 두어서 보면 게임 관련 인공지능, 수학 관련 인공지능 등을 생각해볼 수 있다. 게임과 같은 유형의 과제는 상당히 형식적인 특성을 지닌다. 왜냐하면 게임의 어떤 요소들이 어떻게 움직이고, 무엇은 가능하고 무엇은 가능하지 않고, 이것들의 조합은 어떻게 이루어질 수 있다는 것이 형식적, 정형적으로 규정될 수 있기 때문이다. 지능적 과제 중에서 수학문제 풀이에서도 단계 단계를 명료하게 규정하고 형식적으로 정의할 수 있기 때문에 이것도 정형적, 형식적 과제라고 볼 수 있다. 게임을 한다든지 수학문제를 풀이한다든지 하는 것은 그런 것을 해내는 인공지능이 정형적, 형식적 과제를 해내는 것의 대표적 예라고 볼 수 있다.

앞서 언급한 전문가시스템 과제 중심으로 본다면 여러 공학전문가 시스템, 과학적 분석전문가 시스템, 의료전문가 시스템, 재정분석전문가 시스템, 비서전문가 시스템 등이 있을 수 있다. 이러한 응용적 과제에 대한 인공지능 시스템을 만들기 위해 여러 종류의 지식들이 탐색된다.

다시 요약하자면 인공지능의 보편적 주요 주제는 문제 해결과 관련하여 지식표상(표현)의 문제, 지식표상 구조와 이를 조작 처리하는 처리 과정의 문제, 특히 정보의 탐색과 정보처리 절차를 순서화, 조직, 관리하는 탐색과 제어(search & control)의 문제, 경험을 통해 각종 지식과 기술을 습득하고 표상 구조가 변화하는 학습(learning)의 문제, 지식기반에 근거하여 해결되어야 할 문제 상황에 맞는 지식과 해결을 도출하는 추론의 문제, 환경 감각 정보와 지식표상 정보들을 통합하여 잘 연결되고 조정된 움직임을 산출하는 문제 등이 있다. 이러한 인공지능의 주제 중 인지과학자인 필자의 입장에서 볼 때 주요하다고 생각되는 일부 주제를 다음에서 설명하고, 응용적 비중이 큰 주제는 별도로 6절에서 설명하겠다.

1) 지식표상(표현)[65]

(1) 지식표상(표현)의 일반적 문제

인공지능이라는 것은 어떤 문제 상황에서 그 문제를 해결하는 시스템을 구성하려는 것인데, 문제를 해결하려면 인공지능 시스템의 머릿속, 즉 컴퓨터의 데이터베이스에 그 상황과 관련된 정보가 아무것도 없이는 문제를 해결할 수 없다. 문제를 해결하려면 그 문제가 무엇인지, 그 문제와 관련된 일반적 서술적 지식과, 문제 관련 행위의 절차적 형태의 지식이 무엇인지를 알아야 가능하다. 지식의 문제를 거론하면 지식이 어떠한 형태와 구조를 지니는지 그리고 이것을 어떠한 표상기법에 의해 인공지능 체계 안에 구현할 것인지 등의 문제가 제기된다.

인공지능에서의 지식표상과 관련된 주요 문제들을 약술하면 다음과 같다.

첫 번째로, 어떤 지능적 과제 수행에 관련되는 지식은 무엇인가, 어떠한 유형의 지식들인가의 문제이다. 어떤 지능적 과제 수행에 관련되는 지식은 그 과제와 관련된 하위 지식들 간의 연결에 의하여, 그리고 그 연결들이 어떻게 조직화되어 있는가에 의해서 결정된다고 볼 수 있다. 그 하위 범주들의 지식은 무엇이며, 하위 지식들 간의 연결들은 어떤 구조와 조직화를 지니고 있어야 하는가가 인공지능 지식표상의 주요한 문제가 된다.

---

65 지식표현 또는 지식표상은 영어의 'knowledge representation'에 대한 우리말 번역어다. 현재 국내의 인지과학계에서는 이를 '지식표상'으로 번역해 사용하고 있고, 컴퓨터과학, 인공지능 연구에서는 '지식표현'이라는 용어를 쓰고 있다. 사람을 중심으로 인문학적으로 생각한다면 '지식표상'이 더 적절하나, 공학적으로 생각한다면 '지식표현'이 더 적절할 수 있다. 필자의 입장에서는 인간이나 인공지능 시스템이나 자극 대상을 표상하는 행위이기에 인공지능시스템에 사람이 지식을 넣어 표현하거나 기계 자체가 어떤 형식으로 지식을 표현하는 것과는 다른 시사를 갖는다고 생각한다. 그러나 국내 컴퓨터과학계에서 이미 '표현'이라는 용어로 몇십 년간 사용되어온 것이기에 이 책에서는 맥락에 따라 '지식표상', '지식표현'이라는 용어를 함께 사용한다.

두 번째로는 이 지식이 컴퓨터 내에서 인공지능 시스템에 각각 어떻게 표상되어야 하는가 하는 문제이다. 같은 지식이라도 내용을 어떻게 쌓아놓느냐에 따라서 처리의 용이성이 다르다. 창고에 물건을 저장해야 하는데 그냥 쌓으면 나중에 찾기 어렵고, 체계적으로 쌓으면 찾기 쉽다. 체계적으로 쌓을 때 어떤 방식으로 하여야 하는가? 제일 나중에 입력된 것을 맨 위에 놓는 최신 중심으로 쌓겠는가, 종류별로 쌓겠는가, 아니면 내가 좋아하는 것 순서로 쌓겠는가 등의 물음을 던질 수 있듯이 지식표상에서 지식을 구조화하여 저장하는 방식의 문제가 제기된다. 이러한 외형 중심의 표상 방식 이외에도 내용과 관련하여 주로 사례 중심으로 표상하겠는가, 정의 중심으로 표상하겠는가 등의 인공지능 시스템 내에 구현하는 표현, 형식화 방식이 중요한 문제로 제기된다.

세 번째로, 인공지능에서 이러한 지식을 넣어서 표상했다가 나중에 쓰려고 한다면 모든 지식을 다 명시적으로(명료하게 자세하게 규정하여) 넣어야 할 것인가 아니면 일부만 명시적으로 표상할 것인가, 그렇게 명시적으로 표상할 지식의 유형은 무엇인가 등의 문제가 제기된다. '사과는 붉다', '사과는 과일이다', '동물은 숨을 쉰다', '새는 동물이다'와 같은 경우는 기본적으로 명시적으로 표상되어야 하겠지만 '내가 어제 먹다 버린 사과의 꼭지는 짧았다' '참새는 숨을 쉰다'와 같은 것도 따로 들어가야 되느냐 하는 문제가 제기된다. 용량 제한상의 이유로, 저장 가능한 모든 개념 조합을 지식기반에 다 넣을 수는 없으니까 어떤 것은 저장하고 어떤 것은 저장할 수 없는데, 무엇은 저장하고 무엇은 저장하지 않아야 되는가? 특정 내용을 강조해야 할 것인가 하지 않을 것인가? 지식의 구조 유형을 어떻게 설정할 것인가? 이것을 서술지식으로(what 지식) 넣을 것인가 절차지식(how 지식)으로 넣을 것인가? 예를 들어서 자전거 타기를 인공지능 시스템에서 가르쳐줄 경우 자전거 타기의 세부 내용 하나하나를 의미적으로 기술하는 서술적(what) 지식으로 넣어줄 것인가 아니면 절차적 지식(how-to)으로 넣어줄 것인가 하는 물음이 제기될 수 있다. 명시적 지식으로 표상되는 것의 적절성, 편향성, 구조유형, 서술지식과 절차적 지식의 구별 등의 문제가 제기된다.

네 번째로 인공지능에서 문제 삼게 되는 것은 지식이 어떻게 습득되고 수정될 수 있는가 하는 학습의 문제이다. 어떠한 학습 알고리즘을 사용하여 지식이 어떤 방식으로 새로워질 수 있게 하는가, 옛 지식의 새 지식으로의 전이(transfer)는 어떤 과정으로 이루어지게 할 것인가, 지식의 어느 수준에서 어느 정도만큼 변화하게 해야 하는가 등의 문제가 제기된다.

(2) 개념과 지식표상

지식표상의 문제는 본질적으로 지식의 기본 단위인 개념의 표상 문제라고 볼 수 있다. 따라서 인공지능에서는 개념이란 무엇이며, 이를 어떻게 표상해야 하는가가 중요한 문제가 된다. 먼저 개념의 본질과 구조에 대하여 생각해보자.

인간의 경우에 개념이라는 것이 우리 머릿속에 어떤 구조로 들어가 있고, 또 인공지능 시스템에 어떠한 구조로 들어가 있어야 쉽게 활용할 수 있겠는가 하는 물음을 생각해볼 수 있겠다. 지식표상이 개념 단위로 보여질 수 있다면, 인간의 개념이 기억에 구조화되는 방식의 문제는 인공지능 시스템에 데이터베이스화되는 방식에 비교될 수 있다.

이에 대하여 인공지능이 시도한 첫 접근은 개념을 그 개념이 논리적으로 정의하는 바에 의하여 표상하려는 시도였다. 예를 들면 '총각' 이라는 개념을 논리적 정의에 의하여 '결혼하지 않은 어른 남자' 라고 정의하여 표상하는 방식이다. 다음의 개념 표상 접근은 개념을 대상의 속성들의 집합으로 보는 속성 이론적 접근이다. '총각' 이라는 개념을, 성별 속성 값은 남자로, 혼인 속성 값은 미혼으로, 연령 속성 값은 어른으로 규정하여 표상하는 방식이다. 이러한 접근은 초기 인공지능 연구자들이 크게 영향을 받았던 논리학과 언어학의 접근 틀을 도입하여 지식표상 방식에 적용한 것이다. 즉 논리학이나 언어학의 개념의 일차적 술어 논리를 인공지능의 지식표상 방식에 적용한 것이다.

의미망(SEMANTIC NETWOTRK) 다음 접근은 논리적 의미를 연결망으로 표현한 의미연결망(semantic networks) 접근이다. 의미망 지식표상 접근에서는 흔히 정보를 나타내는 마디(nodes)와 연결(links)로 이루어진 그물 형태의 지식망에 비유하여 기술하였다. 그리고 그 연결망은 개념의 포함 수준에 따라서 위계적으로 구성되어 있다고 가정하였다. 예를 들어서 'is-a(a-kind-of) 위계망' 적 형식을 사용하여 개념들 사이의 위계적 관계를 종속관계로 표시하며, 상위개념이 지니고 있는 속성이 하위 개념으로 상속될 수 있게 하든지, 'a-part-of(has part)망' 적 형식을 취하여 개념의 범주적 속성 표현을 가능하게 한다든지, 아니면 이러한 위계적 도형 형식이 아닌 순순한 언어적 일차술어 형식을 취한다든지 하였다.

이후에 지식표상의 위계적 가정에 더하여 언어학과 심리학 연구에 기반한 개념 수준 간의 전형(prototype) 이론적 접근도 인공지능의 연구에 등장하게 되었다. 예를 들면 새라는 개념 표상에서 새의 범주 속성은 새의 전형인 참새(영어권에서는 로빈새)의 대표적인 특성을 중심으로 개념화할 수 있다고 보고 이러한 방식으로 개념적 지식을 표상하려는 접근이었다. 예를 들면 '새'의 하위 개념인 '참새'와 '타조'는 새의 개념에서 전형성 정도가 달라서 심리적 거리가 서로 다르게 표상된다. 참새가 타조에 비해서 다른 새와 공통적인 속성이 많기 때문에 전형성 높게 표상됨을 가정할 수 있었다.

전형이론적 접근을 포함한 이러한 의미망 방식이 지식표상의 좋은 접근처럼 생각되었으나 곧 의미연결망 접근의 문제점이 부각되었다. 각 단위에 표현되는 정보의 세부 크기(grain size)를 어느 정도로 할까의 문제라든가, 적절한 최하 기본단위(primitives)를 무엇으로 설정할 것인가, 속성 정보(예: 숨쉬다)를 어떤 한 수준(예: 동물)에만 표현할 것인가, 아니면 중복 표현(예: 동물 마디에도, 새 마디에도) 할 것인가 등의 속성 상속 범위의 문제 등이 제기되었다. 후자는 개념의 상위 수준의 특성이 하위 수준으로 그대로 내려가느냐 아니냐 하는 개념 의미의 상속(inheritance)의 문제이다. 이는 지식표상에서 어느 정도의 추론을 허용하는가와 맞물려 있는 문제라고 할 수 있다. 이외에도 새로운 예(examplar)의 범주화가 일어나는 과정을 어떤 과정으로 내장하는가의 문제, 새로운 개념이 학습되는 과정의 구현 문제 등이 제기되었다.

도식(SCHEMA) 다음으로는 개념의 도식적 접근이 시도되었다. 이 접근에 따르면 개념은 산발적으로 흩어져 있는 것이 아니라 체계적으로 조직화되어 있으며, 지식표상의 체계적 조직을 도식(스키마, schema)이라는 개념을 사용해 기술하였다. 인공지능에서는 개념의 스키마적 구조를 형식적으로 구현하려는 여러 모델들을 제시하였다. 개념 의존 구조, 프레임, 스키마 구조 등의 지식표상 모델이 이러한 시도들의 예이다. 이후에 신경망 접근이 대두되면서 이러한 논리적 상위구조 중심의 개념 표상보다는 낱개 개념들이 학습 경험 빈도에 의하여 연상적으로 연결된 확률적 구조 형태로 표상되는 시도들이 전개되었다. 이에 따라 인공지능 연구에서 지식표상의 연구들은 처음에 시도하였던 논리적(정의적, 속성 규정) 접근에서, 전형 중심의 지식표상으로, 전형 중심 표상에서 스키마 또는 프레임적 구조의 지식표상으로, 다차원적 행렬적 상관관계 중심의 지식표상으로, 개념의 비고정성을 강조하는 지식표상 모델 중심으로, 그리고 신경망적 연상적 지식표상 중심으로 변화를 거듭해왔다고 할 수 있다.

프레임(FRAME) 도식적 지식표현 방식 중에 인공지능에서 많이 언급된 것은 프레임(frame)이라는 지식표상 구조이다. 프레임은 여러 조각의 지식들을 한 덩이처럼 사용하는 것인데, 예를 들면 자동차 사고가 났다고 한다면 사고 장소, 일시, 사망자, 손해 크기 이런 것이 하나의 밀접하게 연결된 내용으로, 관련 지식이 서로 떨어져 있는 것이 아니라 함께 한 덩이로 연결되어 있는 형태로 저장되고 활용되어 있는 지식 틀이다. 프레임의 일반적 형식과 다소 차이가 있는 지식표상 모델로 시도된 방식에 스크립트 표상 방식이 있다.

스크립트(script) 스크립트 혹은 각본으로 불리는 지식표상의 모델은 스키마나 프레임의 지식표상 모델의 특정한 지식표상의 유형으로 제안되었다. 이 지식은 고정된 정형화된 대상이나 사건의 지식표현이기보다는 행위나 사건의 연속적 관계를 시간적, 인과적 차원에서 표상하는 방식을 취한다. 예를 들면 '생일 축하' 스크립트라고 하면 선물 마련하기, 생일축가 부르기, 생일 케이크 자르기, 선물 증정하기 등의 생일축하 관련 행위들이 연속적으로 표상되어 있다고 가정하는 모델이다. 이들 행위 또한 행위의 중요성에 따라서 위계적으로 표상될 수 있다고 가정하고 있다. 선물 마련하기는 다시 선물 생각하기, 선물 구매하기, 선물 포장하기 등의 행위들로 표현될 수 있다. 마치 연극의 대본이나 각본처럼 행위들이 연속성과 위계성 차원에 기반한 표상을 구성한다는 모델이 스크립트이다.

사건을 이해하기 위해서는 그 사건 유형의 특정한 예의 이해뿐만 아니라, 일반 세상사에 대한 이해, 지식, 그에 기초한 추론이 필요하다. 인공지능에서의 지식표상과 관련하여 상식적 추리(추론)[66]의 어려운 문제가 제기된다. 인간이 이런저런 문제를 이해한다고 하면 인공지능 시스템도 이런저런 문제를 이해하고 거기에 대해서 적응해 나가는데, 예를 들어 '떨어지다'의 개념을 지식 기억 데이터베이스 망(net)에서 논리적 접근에 따라 규정하기를, '떨어지다'를 '물건이 아래로 떨어지다'라고만 정의했다면 다음과 같은 두 개의 상황에서 적응하기가 수월하지 않다. 유리병이 떨어지면 깨진다는 지식이 적용되지만, 동전이 땅에 떨어지면 깨지지 않고 소리가 난다. 그리고 '학교 성적이 떨어지면 어떻게 된다'와 같이 '떨어지다'의 개념도 맥락에 따라 서로 다른 의미가 나타날 수 있다. 이러한 측면을 인간은 쉽게 추론해서 해결하는데 인공지능 시스템은

---

66 인지심리학에서는 추리(reasoning)와 추론(inference)을 구분한다. 추리는 주로 명료한 전제를 출발점으로 한 연역적, 귀납적 사고를 지칭한다. 추론은 전제되는 지식이나 추론되는 지식이 불명료한 경우를 주로 지칭한다. 그러나 인공지능학에서는 추리를 추론의 하위 범주로 분류하여 추론이라는 개념을 폭넓게 사용하는 것 같다. 여기서는 국내 인공지능 분야의 용법에 따라 추리를 추론의 하위 범주로 분류하여 추론이라는 용어를 사용한다.

이것을 잘 못한다. 말하자면 상식적 추론은 잘 못하는 것이다. 이런 문제를 해결하기 위하여 상식적 지식을 인공지능 시스템에 얼마만큼 미리 넣어주어야 하느냐 하는 문제가 제기될 수 있다. 인공지능 시스템 연구자들은 인공지능 시스템을 어떻게 만들면 모든 지식을 미리 자세히 넣어두지 않고도 추론할 수 있게 하는 그러한 형태로 갈 수 있을 것인가, 무엇을 추론을 통해 알도록 해야 하는가 하는 그 탐색을 계속하고 있다.

생성(산출)체계(Production System)[67] 인공지능 시스템에 지식이 표상되는 방식에 대한 또 다른 접근 중에 생성(산출)체계적 접근이 있다. 각종의 지식을 'if -then' 형식의 산출 형태로 표상하는 접근이다. 예를 들어 '앵무새'에 대한 개념적 지식을, [if 어떤 것이 새이면, then '그것은 날개가 있다'를 연결하라]라는 형식으로, 즉 [if--라는 조건이 충족되면, then--이라는 액션을 하라]는 식으로 표상하는 방식이다. 예를 들어 자동차 운전 가속 생성체계를 생각해보면

> if 차를 출발시키려면, then 시동을 걸어라.
> if 시동을 걸려고 하는데 시동 열쇠가 안 꽂혀 있으면, then 열쇠를 꽂아라.
> if 시동을 걸려 하고 열쇠가 꽂혀 있으면, then 시동 열쇠를 돌려라.
> ......

의 방식으로 작동하는 시스템이다.

생성체계는 규칙기반(rule-based)적 표상 접근으로서, 다음의 세 부분으로 되어 있다: 규칙기반(if-then 규칙의 집합), 맥락, 해석기. 생성체계의 작동 단계는 3단계로 구성되는데 먼저 대조(matching) 단계는 규칙의 조건(if) 항이 현재의 입력항과 합치되는가를 확인하는 단계이다. 다음 단계는 갈등해결(conflict resolution) 단계로 조건항과 입력항을 대조한 결과, 상치되면 이를 해결하는 단계이다. 다음은 행위 취하기(then) 단계로 규칙에 규정된 행위항의 행위를 수행하는 단계이다.

이러한 지식표상 방식은 일반적 지식표상 체계로도 사용되지만, 의료 장면과 같이 범주화 작업 등이 많이 필요한 전문가 체계와 같은 문제 상황 중심의 표상에 그리고 학습 상황에도 흔히 적용된다. 뉴웰(1990)이 개발한 SOAR 시스템도 이러한 생성 시스템에 기초해 있다. 최근에는 규칙과 사례를 혼합하여 사용하는 혼합접근도 시도되고 있

---

67 국내 인지심리학계에서는 'production system(PS)'을 '산출체계'라고 번역한다. 이미 국내 인공지능학계에서 '생성 시스템'이라고 통용되기에 여기서도 '생성체계'라는 용어를 쓴다.

으며, 신경망적 접근과의 연결도 시도되고 있다.

신경망(NEURAL NET) 지식표상의 문제는 기본적으로 지능적 기계를 만들기 위한 기호(상징)주의적 주제이기에 기호주의(symbolic approach)에 대한 대안적 접근으로 대두된 신경망 시스템에서는 비기호체계적으로 다루어지는 지식의 문제를 지식표상의 문제라고 범주화하기는 다소 곤란하다. 그렇기는 하지만 여기서는 기호주의에서 거론하는 지식이 연결주의 신경망에서는 어떻게 표현되는가를 설명하는 맥락에서 연결주의에서의 지식표상의 특성을 간단히 언급하고 넘어가겠다.

7절에서 자세히 설명될 것인데, 인공지능의 신경망은 디지털 컴퓨터에서처럼 특정한 위치에 특정한 정보가 특정한 논리적, 의미적 관계 구조로 저장된다고 하기보다는 그러한 논리, 의미적 관계가 없이 개념들 간의 연결 빈도에 기반한 단순한 연상관계에 의하여 개념들이 연결되며, 한 개념 정보가 여러 위치에 분산되어서 저장되는 형태로 지식을 표상하는 방식이다. 신경망에서는 낱개 단위의 지식이 마치 뇌의 신경세포들처럼 인공지능 시스템 내에 각각 서로 연결되고 종합되어 새로운 지식을 나타낼 수 있다.

인공지능 시스템에서 지식표상과 관련하여 생각되어야 할 문제들은 다음과 같다. 지금까지는 주로 지식의 내용 측면의 문제를 다루면서 인공지능 시스템에서 지식표상과 관련해서 생각해야 할 다른 한 중요한 문제가 '어떻게' 임을 언급하였다. 인공지능시스템이 문제를 해결하기 위해서 뭔가 지식을 갖고 있어야 되는데 지식이 어떤 식으로 표상되어 있느냐 하는 것이 중요하다. 그러면 지식이 어떤 식으로 제대로 들어갔는지를 평가하느냐 하는 틀이 있어야 하는데, 지식표상이 얼마나 명료(간략, 투명)한가 라든지, 지식표상의 단순성(지식의 중복 표상 여부), 효율성, 편리성이라든지, 표상되는 지식의 범위와 세부 단위의 크기 문제, 표상의 기본요소(primitives)의 규정 문제, 지식을 수정하고 변화하는 것이 용이한가의 문제, 지식의 추가 습득이 가능한가 그리고 기존 지식과 연결, 통합, 일반화, 특수화, 갈등 해결이 가능한가 등의 문제가 있다. 이러한 것들을 고려해서 인공지능 시스템을 만들어야 한다.

또한 관련 지식의 인출에서 어떤 식의 인출이 가능하고 효율적인가(연상에 의해서? 위계적 관계에 의해서?), 어떤 유형의 추리가 가능하고 효율적인가(논리적 연역, 귀납?, 지식의 일부가 손상되어도 처리 가능?), 지식기반과 이것을 해석하는 프로그램 사이의 역할은 각각 어떻게 분담되어 서로 달라지는가(모든 것이 미리 부호화되어야 하는가? 아니면 해석기가 지식의 모자라는 부분이나 새로운 지식을 생성 가능한가? 어떤 지식이 암묵적이고 또 어떤 지식은 명시적인가?), 지식표상 자체가 수정되는가(새로운 기본요소를 창조해서 사용 가능한가, 표상 규칙, 규약 자체를 수정할 수 있는가, 그러한 변화가 해석기에 주는 의미는 무엇인가?) 등의 물음들을 생각해볼 수 있겠다.

인공지능에서의 지식표상 문제를 종합하자면, 인공지능 시스템이 지능적인 문제를 해결한다고 하는 것은 그 시스템이 주어진 문제 상황에 대해서 이해를 하고, 그것에 대한 적절한 해결책을 찾아내고, 그 결과를 밖으로 내놓는 과정의 세 단계가 있는데 문제 상황을 이해하려면 그냥 이해할 수 있는 것이 아니라 그 문제 상황과 관련된 지식이 인공지능 시스템 속에 있어야 하며 그 지식은 잘 조직화되어서 쉽게 찾아지고 쉽게 끄집어내고 좋은 해석을 줄 수 있는 형태로 지식이 저장되어 있어야 한다고 볼 수 있다. 지식의 표상, 저장이 어떤 양식으로 이루어져야 하는지에 대한 인공지능 연구의 모색적 연구의 대표적 예들을 지금까지 일부 설명했다.

심층분석 8-1 시맨틱 웹(Semantic Web)

시맨틱 웹은 자연언어로 된 웹문서를 기계가 자동적으로 이해하지 못하기 때문에 기계가 이해할 수 있도록 정형화된 형태로 웹문서를 만들어주기 위한 표준안 같은 것이다.

1965년 넬슨(Ted Nelson)은 제너두(Xanadu)라는 프로젝트에서 비선형적으로 문서를 작성하고 출력할 수 있는 미래의 컴퓨터를 묘사하였다. 이후 버너스리(Tim Berners-Lee)는 정해진 목차가 존재하지 않는 '하이퍼 링크'라는 새로운 개념의 연결(link)을 통해 분산되어 존재하는 문서들을 비순차적으로 참조할 수 있는 문서웹(Web of Documents)의 세계를 열었다. 월드와이드웹이라 부르는 새로운 온라인 공간을 실현하는 세 가지 중요한 기술적 요소들로 URI, HTTP, 그리고 HTML을 표준으로 제안하였다. URI(Uniform Resource Identifier)는 정보 공간에서 길을 찾기 위한 일종의 표시라고 할 수 있고, 더 나아가 정보 리소스에 대한 고유 구분자(unique identifier)라 할 수 있다. HTTP(Hypertext Transfer Protocol)는 하이퍼텍스트를 전송하는 프로토콜이고, HTML(Hypertext Markup Language)은 하이퍼링크로 연결될 수 있도록 텍스트를 마크업(mark up), 즉 주석을 달아주는 언어이다. 이 세 가지 기술적 요소들을 기반으로 이 세상에 분산되어 있는 모든 정보 자원들을 연결하자는 것이 웹의 기본 정신이다.

버너스리는 웹에 대한 아이디어를 처음으로 생각해냈을 때부터, 공통된 정보 공간 (information space)으로서의 웹은 궁극적으로 시맨틱 웹의 실현을 통해서 가능하다고 믿었다. 곧, 진정한 의미에서의 연결이란 하이퍼텍스트 링크를 통한 가상공간에서의 단순한 위치적 연결이 아니라 정보 자원들 간의 의미적 연결이라는 신념을 그는 일찍부터 가졌던 것이다. 웹은 궁극적으로 기계가 정보 자원의 의미를 이해하고, 이를 바탕으로 논리적 추론이 가능하게 됨으로써, 기계들 사이에서의 커뮤니케이션이 가능할 수 있는 웹으로 발전하게 될 것이라는 믿음인 것이다. 시맨틱(의미)이 "이해의 대상이 되는 새로운 것을 이미 알고 있는 다른 것과 관계 짓는 기술"이라고 할 때, 시맨틱 웹은 정보 자원들 간의 관계를 컴퓨터가 처리할 수 있는 방식과 언어로 표현하는 웹에서의 지식표상 방법이라 할 수 있다.

시맨틱 웹을 가능하게 하는 마크업 언어 표준으로서 RDF와 OWL이라는 언어가 있다. RDF(Resource Description Framework)는 객체 지향적 지식 표현 방식을 따르는 마크업 언어로 객체(object)—속성(attribute)—값(value)의 구조를 가지고 있는데, A(O, V)로 표현된다. 예를 들어, RDF로 Ora Lassila란 사람이 소유하고 있는 트럭에 대한 정보를 다음과 같이 표현할 수 있다. 이를 좀 더 자세하게 트럭과 사람을 포함한 해당 객체들 간의 관계와 관계들에 대한 제약조건들을 아래의 RDF Schema(RDFS)로 표현하였다. '트럭'은 일종의(subClassOf) '운송수단'이고 모든 '운송수단'은 오직 한 사람이 소유할 수 있다. '사람', '트럭', '운송수단'은 일종의 'rdf: Resource'인 것이다.

```
RDF Document
<?xml version='1.0' encoding='ISO-8859-1'?>
<!DOCTYPE rdf:RDF [
 <!ENTITY rdf 'http://www.w3.org/1999/02/22-rdf-syntax-ns#'>
 <!ENTITY mv 'http://protege.stanford.edu/mv#'>
]>
<rdf:RDF xmlns:rdf="&rdf;"
 xmlns:mv="&mv;">
 <mv:Truck rdf:about="&mv;test3_03">
 <mv:registeredTo rdf:resource="&mv;test3_04"/>
 </mv:Truck>
 <mv:Person rdf:about="&mv;test3_04"
 mv:name="Ora Lassila"/>
</rdf:RDF>
```

```
RDFS
<rdfs:Class rdf:about="&mv;MotorVehicle">
 <rdfs:subClassOf rdf:resource="&rdfs;Resource"/>
</rdfs:Class>
<rdfs:Class rdf:about="&mv;Person">
 <rdfs:subClassOf rdf:resource="&rdfs;Resource"/>
</rdfs:Class>

<rdfs:Class rdf:about="&mv;Truck">
 <rdfs:subClassOf rdf:resource="&mv;MotorVehicle"/>
</rdfs:Class>
<rdf:Property rdf:about="&mv;registeredTo"
 a:maxCardinality="1">
 <rdfs:domain rdf:resource="&mv;MotorVehicle"/>
 <rdfs:range rdf:resource="&mv;Person"/>
</rdf:Property>
```

```
<owl:Class rdf:ID="Adult">
  <owl:intersectionOf rdf:parseType="Collection">
    <owl:Class rdf:about="#Person"/>
    <owl:restriction>
      <owl:onProperty rdf:resource="#age"/>
      <owl:someValuesFrom
      df:resource="http://www.w3.org/TR/@@/owl-ex-dt#over17"/>
    </owl:Restriction>
  </owl:intersectionOf>
</owl:Class>
```

Woman	≡	Person ⊓ Female
Man	≡	Person ⊓ ¬Woman
Mother	≡	Woman ⊓ ∃hasChild.Person
Father	≡	Man ⊓ ∃hasChild.Person
Parent	≡	Father ⊔ Mother
Grandmother	≡	Mother ⊓ ∃hasChild.Parent
MotherWithManyChildren	≡	Mother ⊓ ⩾ 3 hasChild
MotherWithoutDaughter	≡	Mother ⊓ ∀hasChild.¬Woman
Wife	≡	Woman ⊓ ∃hasHusband.Man

이처럼 RDFS로 표현되는 것이 온톨로지(Ontology)이다. 온톨로지는 추론 가능한 데이터 모델이라 정의할 수 있는데, 웹 공간에서의 여러 자원들 간의 관계를 의미적으로 표현할 수 있는 기술이다.

OWL은 RDF의 표현력보다 훨씬 상세하게 의미를 표현할 수 있는 방법을 제공하는 웹에서의 온톨로지 마크업 언어이다. 시맨틱 웹의 발전 과정에서 인공지능 계열의 연구자들이 제안한 언어로서 Description Logic이라는 지식 표현 방법을 웹에 구현할 수 있도록 하였다.

Description Logic은 추론의 효율성과 풍부한 표현력이라는 두 마리의 토끼를 잡으려는 인공지능학자들의 오랜 연구결과로서 탄생된 새로운 지식 표현 방식이다. 시맨틱 웹은 원래 하이퍼링크 기반의 'Web of Documents'를 넘어서 모든 정보자원을 데이터베이스로 만들려는 'Web of Data'의 정신으로 출발하였다. 정보의 의미를 컴퓨터가 처리할 수 있도록 하자는 취지에서 인공지능의 영향을 받았고 OWL이란 언어가 등장했지만, 일반인들에게는 어려운 기술로 여겨졌다. 최근에는 추론이나 복잡한 지식 표현 이론과 결별하고, 인공지능과 차별된 웹 기술로 발전하려는 경향을 보이고 있다. 시맨틱 웹은 OWL과 같은 복잡한 온톨로지 언어보다는 RDF 기반의 데이터 표현 기술로서 일반인들이 쉽게 접근할 수 있게 노력하고 있다.

3) 탐색과 제어

인공지능에서는 지식표상 문제 외에도, 주어진 문제 상황에서 다음에 무엇을 할 것인가가 중요한 문제가 되는데, 이 문제는 탐색의 문제와 제어, 학습, 추론(추리), 그리고 행위(acts)의 문제이다. 학습과 추론의 문제는 5장 4절과 5절에서 다루고, 행위의 문제는 6절 로보틱스에서 간단히 언급하기로 하고 여기서는 탐색과 제어의 문제를 다루겠다. 사실 탐색은 지식표상 내에서의 과정이며, 제어는 지식표상을 넘어서 시스템 전체의 문제이기는 하나 여기에서는 지면의 제약상 하나의 제목 아래에서 간략히 설명하겠다.

탐색(search)이라는 것은 대안을, 주로 지식표상에서, 탐색해가는 과제 상황에서 다음의 대안, 선택지를 모색하는 것이다. 쉬운 예로는 체스나 바둑을 생각해보면 사람이든 인공지능 시스템이든 할 일은 지금 상태에서 그 다음 상태로 넘어가는 것이다. 다음 상태라는 것은 여러 대안들이 있으며 그 대안 중에서 어떤 것을 선택해야 되는데 선택하기 이전에 탐색해보는 것이다.

그런데 탐색만 한다고 해서 되는 것이 아니라 제어를 고려해야 한다. 과제를 해결하는 데에는 여러 하위 과제들이 있을 수 있다. 인공지능 시스템이 자동차를 운전한다고 했을 때 여러 가지 일을 해야 하는데, 여러 가지 일을 해야 되는 문제 상황에서 하위 과제들을 어떤 식으로 나누어서 우선순위를 두어 단계적으로 하느냐 하는 것이 말하자면 제어(control)의 문제이다. 과제가 여러 하위 과제로 분해될 수 있는 문제 상황에서 하위 과제들의 수행을 조정하는 것이다. 이는 처리 과정의 조직화의 문제로 언제 어떤 과정이 가동되어야 하고, 그 과정은 어떤 정보에 접근할 수 있어야 하는가 등을 조정, 제어하는 과정의 문제이다. 인공지능의 기본 주제인 지식표상이 아무리 잘되어 있고 탐색이 잘되어 있다고 해도 일을 해내는 과정들 사이의 조정이 잘 안 되어 있으면 문제해결이 어렵다.

먼저 탐색에 대하여 살펴보면, 탐색은 지식표상과 밀접한 연관이 있다. 탐색과 관련해서 던져지는 주요한 물음들을 다음과 같이 요약해볼 수 있다.

① 대안은 무엇이며, 그 특성과 조직화는 어떠한가?

② 좋지 않은 경로를 선택했을 때의 위험은 무엇이고, 좋은 경로를 선택했을 때의 보

상은 무엇인가?

③ 해결안(해[解], solution)이 존재하는가? 해가 존재한다면, 탐색결과로 그것을 발견할 수 있을 것인가?

④ 해결이 발견된다면 그 해결은 유일한 해결인가, 최적 해일까? 괜찮은 해일까?

탐색에서의 이러한 물음은 대안을 생성해내는 연산자(operators)의 활용 문제라고 볼 수 있다. 대안을 생성해내는 연산자를 어떻게 쓰느냐, 대안을 조직화하기 위해 지식 표상 구조를 사용하고 대안을 찾고, 평가함수를 적용하여 대안을 평가하고, 대안이 없으면 새로 만들어내고 하며 대안을 탐색해간다고 볼 수 있다. 어떤 정보를 활용하면 좋은 경로를 찾아내고 나쁜 경로를 제거하는 데 도움이 되는가, 나쁜 대안을 탐색하여 취한 후에 회복 가능성이 있는가, 좋은 경로를 놓치거나 자원을 낭비한 것에 대해 어떤 벌칙과 손해가 뒤따르는가, 성공적인 대안을 빨리 찾는 방도가 있는가, 해결이 존재하는가, 그 해결이 최적인가, 고유한 해결 방법인가, 최적의 해결이 불가능하다면, 차선의 최적 해를 발견할 수 있는가 등의 문제가 탐색과 관련된 문제다.

탐색의 기법 탐색기법이란 생각할 수 있는 여러 대안의 경우를 나열하고 분석하여 최선의 선택을 찾는 문제 해결 기법이다. 예를 들어서 바둑을 둔다든지, 장기를 둔다든지, 집에 가려고 전철을 탈까, 걸어갈까, 버스를 탈까, 자전거를 탈까의 문제를 해결해야 되는데 대안 중에서 무엇인가 최적인 것을 찾아야 하는데 가장 좋은 방법이 무엇인가 하는 것이다.

인공지능에서 중요하게 생각하는 탐색기법 연구는, 모든 경우를 분석하지 않고도 최적 혹은 최적에 가까운 해를 찾는 방법에 관한 연구다. 탐색기법으로는 병렬 탐색기법이나, 생물의 번식을 확률적으로 모형화한 유전자 알고리즘적 기법이나, 국지적 정보만을 이용했을 때 최적 해를 찾지 못하는 경우를 극복하기 위한 모의담금질(Simulated Annealing) 등의 기법 등이 있다.

초기 인공지능 연구에서는 대안들이 이루고 있는 위계적 구조의 문제 공간 내에서 대안을 탐색하는 기법을 모색하였다. 이러한 접근에서는 대안들 그래프나 나무 모양의 형태로 구조를 이루고 있어야 하며, 나무형 구조에는 마디(node), 연결호(arcs), 기본 마디(root node), 대안수(branching factor), 수준(level) 등의 요소들이 있다. 이러한 구조의 문제 공간에서의 탐색기법으로 초기 인공지능 연구에서 제시된 것은 다분히 논리적 탐색기법이었다. 초기 인공지능 연구에서 제안된 탐색기법을 간략히 열거하면 다음과 같다.

가장 단순한 탐색방법이 맹목적 탐색(blind search)이라는 것이다. 탐색에 있어서 문제 대안 공간 내의 구조만 사용하여 선택하는 경우이다. 이 탐색방법에는 폭 우선 탐색, 깊이 우선 탐색, 비용함수에 기반한 탐색 등이 있다.

깊이 우선(depth-first) 탐색은 맨 위에서 먼저 우물을 파듯이 깊숙이 출발한다. 대안적 선택지의 횡적 나열 구조에서 맨 첫번 선택지인 왼쪽 선택지부터 왼쪽으로 깊숙이 내려가며 탐색하다가 해결이 안 되면 다시 올라와서 오른쪽으로 깊숙이 내려가고 해결이 안 되면 다시 올라와 더 오른쪽 대안 선택지에서 깊숙이 내려간다. 폭 우선(breadth first) 방법은 수평선 평야를 가듯이 횡적으로 훑어서 해결책이 없으면 그 다음에는 아래층으로 내려가서 다른 대안을 훑어서 다른 가능한 길이 있는지를 찾는 방법이다. 이러한 방식은 문제 해결을 위하여 지식표상된 중에서 해결의 대안이 될 수 있는 것들을 찾아가서 그것을 찾아내는 데 탐색하는 방법이 여러 가지가 있다는 것을 보여주는 것이다.

지금까지 설명한 것은 상당히 계획적으로, 규칙적으로 진행하는 탐색인데 이와는 달리, 휴리스틱스적 탐색이란 너무 많은 해(solution) 공간을 오랜 시간 동안 탐색하여 현실적으로 얻기 어려운 최적 해를 찾기보다는, 효율적인 탐색을 위하여 간편식 또는 경험에 기반한 정보를 사용하여 해 공간을 효과적으로 탐색하자는 것이다. 가장 좋은 대안 또는 그럴싸한 대안을 찾는 별도의 척도를 활용하여 탐색하는 방법이다. 이러한 휴리스틱스적 탐색은 해의 발견을 위한 수학적 타당성을 가지고 있으며, 지능의 중요한 측면이라고 간주되고 있다. 언덕 오르기(hill climbing)라는 방법은 깊이나 수평이 아니라 남은 거리가 얼마나 되는가를 계산해서 남은 거리를 최소화하는 해결방안(대안)을 탐색해가는 것이다. 최근 인공지능에서는 불확실성 등을 고려한 다양한 무선적 탐색, 확률적 탐색 기법의 도입이 이루어지고 있다.

제어 제어는 인공지능 프로그램의 표상적 구조와 함께 인공지능에서 가장 중요한 주제의 하나로서, 처리 과정들 사이에 정보 교환을 하고 처리 과정들 사이에 무엇을 먼저 하고 나중에 한다는 조정 및 통제를 하는 것이다. 어떠한 처리 과정들이 있고, 그런 처리 과정들이 순위를 어떻게 결정하고 계산할 수 있는 계산 작업을 어떻게 하는가, 어떤 처리 과정들이 어떤 정보에 접근 가능하며, 어떤 처리 과정들은 서로 어떻게 의사소통 하는가, 계산 자원을 어떻게 할당하는가, 정보가 프로그램의 하위 모듈에서 어떻게 유통되는가, 하위 모듈들이 어떻게 상호작용하는가, 하위 모듈들이 어떻게 디자인되어야 하는가 등의 문제가 제어의 문제이다. 제어의 방법으로 인공지능 연구가 도출한 여러 가지 기법이 있으며, 뉴웰과 사이먼 등에 의해 제안되어 각광받은 제어 기법이 '수단-목표 차이 감소법(means-ends analysis)이다. '수단-목표 분석'은 최적의 해를 구하기 위해 문제 공간을 탐색하는 방식을 제어하는 기법이다. 현재 상태와 목표 상태 사이의 간격을 파악하고 이 차이를 제거하는 연산자(조작자)를 적용하여 목표에 도달하게 하는 기법이다. 이외에 backward-chaining, forward-chaining, agenda setting, procedural attachment 등의 다른 제어 기법들도 개발되어 적용되었다.[68]

4) 학습

이미 저장한 지식을 활용하는 데(기존에 알던 것에서) 그치지 않고 인공지능 시스템이 새로운 경험(시스템의 실행)을 통하여 스스로 학습하게 하는 문제가 인공지능의 한 핵심 영역으로 떠올랐다. 지식기반이나 프로그램을 재구성해서 새로운 상황에서 문제 해결을 하는 것이다. 이는 새로운 입력, 새로운 프로그램의 새로운 구동을 통해 한 시스템이 문제 상황을 더 잘 알게 되고 작업을 더 잘하게 하는 것의 문제이며, 때로는 지식기반을 재구성하거나 프로그램 구조를 재구성하는 문제이며, 본질적으로는 인식론, 인지심리학의 문제이기도 하다.

기존의 고전적 기호체계 인공지능 시스템은 대부분 연역적 시스템이어서 학습 능력이 전혀 없거나 아주 제한된 능력만 갖고 있었다. 대부분의 인공지능 시스템이 경험을 통해 주어진 정보로부터 귀납적 추론을 해 새로운 지식이나 기술을 학습할 수도 없었고, 시스템 자체의 오류를 교정할 수도 없었다. 인공지능 시스템의 탐구에서 경험에 의한 학습이 인공지능 시스템의 중요한 요소로 인식되면서 여러 가지 물음들이 제시되었고, 이를 해결하기 위한 시도들이 이루어졌다.

---

68 means-ends analysis는 탐색 시스템에서만 쓰이는 용어이고, backward-chaining, forward-chaining은 규칙기반 시스템에서만 쓰는 용어이고, agenda setting은 규칙기반 시스템이나 블랙보드 시스템에서 쓰는 용어이고, procedural attachment는 프레임 등에서 쓰인다.

인공지능 시스템의 학습 기능 구현에서 문제되는 것은 학습이 이루어지기 위해서 인공지능 시스템이 기본적으로 갖춰야 할 것이 무엇일까, 학습이 시작되는 출발점에 무엇이 있어야 되는가, 무엇이 있으면 충분한가의 문제 등이다. 사례에서 귀납적으로 아니면 문제 상황의 연역적 분석에 의해 새 지식이나 기술이 습득되고 증진되는가, 새 지식과 수행 능력과 기존의 것을 어떻게 통합하는가의 문제도 제기된다. 또한 흔히 인간의 학습은 모방에 의하여, 가르침에 의하여 일어나는데, 학습하는 인공지능 프로그램에서의 교사 시스템, 평가 시스템, 자가평가의 역할이 무엇이 있어야 하고, 무엇을 어떻게 변화시켜야 하는가의 문제도 다루어진다. 전통적 사이버네틱스나 인공지능 프로그램에서의 되먹임(feedback)의 과정과 그 효과의 문제이기도 하다. 이러한 학습 문제는 연결주의의 신경망 인공지능 시스템에서 특히 강조된다.

인공지능에서 학습이 중심 주제가 되면서 여러 학습 연구 패러다임이 대두되었다. 주어진 지식에서 유용한 결론을 도출해내는 연역적 학습, 긍정적 사례와 부정적 사례를 관찰하고 추론에 의하여 개념을 습득하는 귀납적 학습, 설명기반 학습, 분석적 사례 기반 학습, 신경망적 학습, 진화학습 등이다.

인공지능에서 학습이 강조되면서 고전적 기호체계에서와 같은 알고리즘에 의한 논리적 처리보다는 확률적 학습의 측면이 강조되었는데, 주어진 자료에 근거하여 가장 가능한 가설을 선택하는 확률적 계산 모델이나, 사전 확률을 조정하는 베이지안 학습 모델, 사례기반 학습 모델, 신경망 학습 모델, 퍼셉트론 식 학습 모델 등이 탐구되었다.

최근에 부각되고 있는 유전자 알고리즘 또는 진화 알고리즘 학습 모델은 자연세계의 유전자 수준의 변화와 진화 과정을 인공지능 시스템의 학습 방식에 반영하여 임의의 값들로 초기화된 가능한 해결안의 집합으로부터 출발해서 진화적 과정의 반복을 통해 우수한 해결안 집합을 생성하려는 시도다.

최근 인공지능 연구에서 학습 연구가 중요한 이유는, 고전적인 기호체계 접근에서처럼 미리 각종의 알고리즘을 사전 지식으로 내장시켜 특정 문제 상황에서 지능적 행동을 내놓도록 미리 프로그래밍하던 방식으로부터 탈피하여, 인공지능 시스템이 환경과 직접 경험적으로 상호작용하면서 각종 사례 및 경험 정보와 마주쳐서 이들을 근거로 확률적 계산 등의 방식에 의해 학습하여 기존의 지식, 기술을 변경하며, 그 과정을 통해 문제에 적절한 해를 찾아가게 하는 방법, 즉 경험적 학습에 의하여 지능이 향상되고 지능적 행동이 자연히 발현되도록, 변화하도록 프로그래밍한다는 데 있다고 할 수 있다.

5) 추론(추리)

인간의 추론 능력은 다양한 형태를 띠고 있다. 특히 상식이라고 하는 지식은 매우 광범위하고, 사용되는 규칙도 다양하다. 명시되지 않은 내용에 대하여 디폴트(default)처리(궐석처리)를 하여 추론하는 측면을 인공지능 시스템에서 어떻게 다룰 것인가 하는 문제가 주요 문제로 제기된다. 그동안 인공지능에서 연구된 추론 양식에는 전통적 연역논리적 추론 이외에, 정성적 추론, 비단조 추론, 가능성 추론 등이 있다

인간의 일상의 추론은 정보가 충분히 주어지지 않은 불확실한 상황하에서 일어나는 귀납적 추론이 많다. 인공지능 연구에서 고전적 기호체계의 미리 내장된 알고리즘적 처리 방식으로는 많은 경우에 적절한 추론을 이루어내기 힘들다. 추론의 문제는 다분히 지식표상, 탐색, 학습 문제와 연관되는데 최근에 학습 연구가 주목을 받고 또 확률적 학습 모델이 강조되어왔다. 추론의 연구도 인공지능 초기의 논리적, 알고리즘적 추론 연구에서 벗어나서 점차 학습 연구에서와 같이 사례에 기반한 추론, 확률기반 추론의 연구가 이루어지는 것 같다. 고전적 기초체계에서 강조한 명시적이고 완벽한 상황 지식에서의 논리적 탐색보다는 불확실하고 불완전한 정보 상황에서 암묵적인 그리고 자동화된 추론 측면의 연구가 주의를 받는 것 같다. 앞으로의 추론에 대한 인공지능 연구는 확률적 학습 등의 연구에 크게 의존할 것 같다.

6. 인공지능의 응용 영역

1) 전문가 시스템

인공지능의 대표적인 응용 시스템인 전문가 시스템에는 추론 시스템이 핵심이다. 보험자문 시스템, 컴퓨터로 음악을 생성하거나 예술작품을 생성하는 시스템, 인공생물 시스템, 학교 학습 시스템 등이 있다.

전문가 시스템의 역사를 살펴보면, 최초의 전문가 시스템은 DENDRAL이라는 시스템의 개발에 의해 시작되었는데, 전문가 시스템 DENDRAL은 1965년경에 스탠퍼드 대학의 파이겐바움 등(E. Feigenbaum, B. Buchanan, J. Lederberg, C. Djerassi)에 의해 유기화학 전공자를 돕기 위하여 개발된 시스템으로서 유기화학 전공자가 미지의 유기화학 분자 구조를 파악하는 과정의 문제 해결 행동과 의사결정을 자동화시킨 최초의 전문가 시스템이었다. 이것이 인공지능 연구의 흐름을 대폭 변경시켜서 지식공학이라는 새로운 학문을 탄생시켰다. DENDRAL은 1970년대에 MYCIN 등의 전문가 시스템의 선구가 되었으며, 화학 연구에 있어서 사람과 기계의 역할을 재정리하는 기초가 되었다.

MYCIN이라는 의료진단 전문가 시스템은 박테리아 감염 여부를 탐지하고, 약물을 처방하는 인공지능 시스템으로 개발되었다. 일반 의사들이 가진 전문 지식을 도입해서 박테리아 감염을 탐지하고 약물 처방을 하는 것을 가능하게 한 것이다. 의사들이 갖고 있는 박테리아 감염 연구, 처방 감염 연구 등의 지식을 종합해서 진단할 수 있게 한 것이다. 앞서 언급한 'if, then'의 생성체계가 사용되었다. 예를 들면

if 기침을 하면, then 감기를 의심하라.

if 감기를 의심하게 되면, then 목구멍을 진찰하라.

if 목구멍을 진찰했는데 빨갛다면. then 약물을 처방하라.

이런 식으로 처리한 것이다. MYCIN은 감염증에 대한 진단과 치료에 관한 어드바이스 시스템으로서 그 능력은 전문의에 충분히 필적된다는 것이 실증되어 전문가 시스템의 평가를 드높였다. MYCIN 시스템에서 EMYCIN이라고 하는 영역 독립적 전문가 시스템 구축용의 셸이 발전되었고, 이것을 사용해서 PUFF라고 하는 폐기능 진단 시스템도 개발되었다. EMYCIN은 의료 상황뿐만 아니라 비의료 상황에도 적용되어 그 우월성을 발휘하였다. 이외에 HYPO라는 전문가 시스템은 법적 추리 시스템인데, 과거에 유사한 사례 문제를 해결한 것을 기초로 해서 법적인 문제를 해결하는 인공지능 시스템으로 만들어졌다. 또한 AM이라는 시스템은 수학적 개념을 스스로 발견하는 인공지능 시스템으로 개발되었다.

2) 기계시각

기계시각 분야는 인공지능 시스템이 인간처럼 시각적으로 대상을 인식하도록 만드는 영역을 말한다. 인공시각 시스템이라고 하는데 계산적 시각을 설명하는 다음 9장에서 상세하게 다루겠다.

3) 자연어 처리

자연어 처리 영역을 인공지능 중심으로 이야기한다면 일반인들이 일상에서 사용하는 언어를 분석하고, 이해하거나 생성하는 인공지능 시스템을 구축하는 분야이다. 이 자연 언어 처리는 인공지능의 한 분야 또는 계산언어학의 한 분야로 취급되고 있다. 언어처리를 기계에 구현하는 것에 더 강조를 둔다면 자연언어 처리는 인공지능의 한 분야로, 인간의 언어 능력 자체에 강조를 둔다면 계산언어학[69]의 한 분야로 지칭할 수 있을 것이다. 인공지능에서는 자연언어 생성 시스템과 자연언어 이해 시스템이 연구되는데, 전자는 컴퓨터의 지식기반으로부터 특정의 자료를 자연언어로 자동적으로 바꾸어 생성하는 시스템이며 후자는 자연적 인간 언어(말, 글)를 이해하는 시스템이다.

전자이건 후자이건 간에 인공지능 시스템이 인간의 자연언어를 다루기 위하여 해결해야 하는 문제들이 있다. 첫째는 말소리의 분절 문제이다. 후에 언어 장에서 설명하겠지만, 말소리에는 글자에서처럼 글자 간, 형태소 간 경계선이 주어지지 않는다. 단위 간의 경계가 없이 들려오는 연속적인 소리에서 그 경계를 분절하여 파악하는 작업이 필요하다. 이에는 음성, 음운, 통사, 의미, 화용 등의 여러 지식이 관여된다.

자연언어 처리의 인공지능 시스템이 해결해야 할 다음 문제는 단어, 문장 등의 텍스트 분절 문제이다. 단어의 경계를 파악한다든지, 문장의 경계를 파악한다는 것은 일상의 대화에서 그리 쉬운 문제가 아니다. 인간은 잘하는데 인공지능 시스템은 잘하지 못하지만 인공지능 시스템이 해결해야 할 언어 관련 중요한 과제의 하나가 의미중의성(ambiguity)의 해결 문제다. 많은 단어들이 또는 단어들의 조합이 하나 이상의 의미를 지칭하는 중의적 표현으로 나타날 때가 많다. 이러한 경우에 단어의 여러 의미 중에서 현재 대화에 적절한 의미를 찾아내야 한다. 단어의 의미 지식, 일반적 세상의 의미 지식, 화용 지식 등 각종 지식이 동원되어 애매한 중의적 의미의 올바른 해석이 이루어져야 하는데, 인공지능 시스템에 이러한 능력을 구현하는 작업이 용이하지는 않다.

애매한 단어의 의미의 중의성 해결 문제 못지않게 중요한 과제가 통사적, 구문적 모호성 해결의 과제인데 인공지능 시스템은 각종의 언어 구문론적 알고리즘과 확률적 계산을 통해 이러한 구문적, 통사적 모호성을 해결해야 한다. 이에서 더 나아가서 언어의 사용 맥락에 따른 말과 글의 화용론(pragmatics)적 의미의 변이성을 해결하는 문제도 자연언어 처리 인공지능 시스템에서 해결해야 할 문제다. 자연언어 처리 연구가 응용되는 분야로는 기계적(외국어) 번역, 문서의 요약본의 생성, 매뉴얼, 공공문서, 소설과 같은 인간 언어 텍스트의 생성, 그리고 로봇 시스템이나 데이터베이스와 연결되어 질문에 대답하고 명령을 수행하는 것 등을 들 수 있다.

---

69 계산언어학(Computational Linguistics)은 자연언어 처리를 계산적 관점에서 접근하는 분야다. 자연언어에 대해 규칙기반적 모델링이나 확률적 모델링을 통해 이해하고 기술하려는 접근이다. 시초에는 자연언어를 단순하게 생각해 컴퓨터과학자가 주로 문제를 해결할 수 있으리라 생각했으나, 점차 자연언어의 복잡성이 인식되면서 학제적 연구를 통해 접근하려는 시도들이 더 강해지고 있다. 이 분야는 주로 일반 컴퓨터과학자와 인공지능학자들, 형식언어와 프로그래밍 언어에 친숙한 언어학자들, 인지심리학자, 수학자, 논리학자들이 참여하고 있다. 주로 말지각, 음성합성, 기계 번역, 자연어 구문분석기 설계, 태깅 시스템 설계, 말뭉치, 자연언어와 형식언어와의 관계 등을 연구한다.

4) 인지로보틱스: 궁극적 지능 시스템의 탐구

로봇은 인간 조작자의 개입 없이 스스로 움직이며 환경에 적응하는 기계라고 할 수 있다. 과거에 다양한 로봇이 개발되었지만 초기의 로봇은 인간과 같은 지능을 보이거나 인간의 몸 움직임의 유연성을 보이지 못했다. 중점적으로 개발되었던 산업용 로봇은 산업 장면에서 특정한 감각 기능이나 단순한 몸놀림을 하며 작업하는 로봇 중심으로 연구되었을 뿐, 인간이나 동물의 지능을 모사한 지능적 로봇이 시도되지는 못했다. 과거의 로봇 연구를 비판한다면 지능의 본질을 이해하거나 로봇에 구현하는 것을 피하는 방향으로 전개되었었다고 할 수 있다. 그러나 최근의 로봇 연구에서는 이러한 추세가 바뀌고 있다. 인공지능 연구가 로봇 연구에 연결되면서 지능 로봇의 연구가 활발히 발전하게 되었다.

인지과학적 연구와 로봇 연구가 연결되어서 많이 언급되는 것이 '인지로봇 연구(Cognitive Robotics)'이다. 인지로보틱스는 로봇에게 인간이나 포유류 동물들이 지닌 인지 능력을 구현하여, 계속 변화하는 환경에 자율적으로 적응하면서 스스로 학습을 통해 새로운 지식을 습득하며 복잡한 적응 목표를 이루어나가게 하는 것을 목적으로 한다. 그런데 기존의 인공지능 연구가 인간의 지능을 기계에 구현하기 어렵다는 것을 드러내주었기에 인지로보틱스는 당장의 연구 초점을 다소 달리 한다. 하나는 인간보다는 포유류 동물의 기초 인지 기능을 구현하려는 도달 가능한 목표를 추구한다는 것을 현재의 일차적 목표로 삼고 있다는 것이고, 다른 하나는 인공지능 연구와 인지과학의 다른 연구들이 드러내준 '행위(action)'의 중요성에 초점을 맞춘다는 점이다.

브룩스(R. Brooks, 1986, 1991) 등이 반사적 로봇(reactive robot)과 표상 없는 지능 시스템을 제안한 이래 인지과학에서는 많은 변화가 있었다. 미리 내장된 지식표상을 강조하던 과거 입장에서부터, 몸을 가지고 환경과 상호작용 행위(action)를 하는 것을 통해 새로운 지식과 기술을 습득하는 능동적이고 연속적인 역동적 행위체계로의 인간에 대한 관심이 증가되었다. 철학을 비롯한 인지과학의 여러 분야에서 물리적, 사회적 환경과의 행위적 상호작용을 통한 인지의 전개와 변화를 강조하는 이론적 추세는 자연히 이러한 일반 인지과학적 연구 추세와, 신경망 모델 이후 계속 변화되고 있던 인공지능 연구와, 단순한 몸 움직임의 구현을 넘어선 돌파구를 찾던 로보틱스의 세 분야의 수렴으로 이어졌고, 이에 따라 로보틱스의 연구에서 행위와 연관된 인지적 측면에 초점이 주어진 인지로봇 연구가 떠오르게 되었다고 볼 수 있다.

이러한 배경에서 출발한 인지로보틱스는 과거의 로보틱스와는 달리, 인공지능에서 탐구하고 구현하려던 여러 인지 기능의 본질과 구현을 탐구하게 된다. 감각 자극에 대한 지각적 처리, 주의의 할당, 기획 및 기대하기, 현재 상황의 모니터링, 각종 상황에 대한 추리와 판단, 타인 및 타 로봇의 마음(정서, 행위 의도 등)에 대한 추리와 심적(인지) 모형(즉 마음 이론) 세우기 및 그 대상들의 인지, 정서 등에 걸맞는 사회적 정서, 행위 등의 표현 등이 인지로보틱스의 주 연구 주제가 되고 있다. 인공지능 및 일반 인지과학에서 탐구하던 주제인 지식, 신념, 선호, 목표, 정보적 태도, 정서적 및 동기적 반응 및 태도, 물리적 환경에서의 자신의 몸체 움직임과 환경 대상의 유연한 조작 등이 인지로보틱스의 주제로 부각되고 있는 것이다. 이러한 탐구 방향은 기존의 인공지능 연구, 심리학 연구(인지심리학, 발달심리학, 생태심리학 등), 신경과학 연구를 로보틱스와 연결해서 가능해졌다. 물론 센서(sensors) 등과 관련된 현재의 공학 기술 수준의 제약을 받기는 한다.

인지로봇은 명령과 운동행동 및 센서 감각 사이의 인과적 관계를 학습하도록 하는 것이 그 한 목표라고 볼 수 있다. 스스로 자신의 행위를 이해하고 제어하고 행동을 계획해서 만들어내는 그런 로봇이다. 과거에는 인공지능 시스템은 모든 지식을 지식으로 내장시켜야 그것을 알아보고 문제를 해결했는데, 인지로봇 연구에서는 사람이 가르쳐 주면 또는 스스로 배워서 습득하는 외적 행위자(사람)에 의해 인도된(socially guided) 학습이 가능한 로봇, 그리고 다른 사람이나 로봇과 사회적 상호작용을 하며 지식을 습득해가는 로봇의 구현이 탐구된다.

인간 같은 사회적 기능을 하는 로봇의 개발을 탐구하는 과정에서 중요한 개념으로 인지과학 이론에서 수입한 것이 '마음 이론(Theory of Mind)' 개념이다. 로봇이 인간처럼 행동하기 위해서는 인간의 마음이나 다른 로봇의 의도를 읽어낼 줄 알아야 한다. 지금까지 로봇은 이것을 거의 하지 못했다. 로봇이 인간의 마음을 읽고, 다른 로봇의 의도를 읽어서, 다른 로봇이나 사람과 팀을 이루어서 같이 무슨 일을 해내야 하는 과제를 수행하기 위해서는 상대방의 마음을 읽는 인간의 마음의 작용 원리를 로봇에 구현해야 되는데 이러한 구현 작업에 적용되는 것이 인지과학의 마음 이론이다. 다른 사람의 마음을 내가 내 나름대로 이해해서 생각해내는 그런 것을 인지과학에서는 로보틱스에 적용하는 것이다. 정상적 아동과 자폐증 아동의 사회적 발달 인지 모델을 적용하여 기본적 사회적 기술을 지닌 로봇을 만들려는 목표가 인지 로봇 개발에 적용된다. 이러한 맥락에서 인지과학 원리를 적용하여 개발된 대표적 예가 MIT에서 만든 키즈멧 (Kismet) 로봇이다. 정서를 표현하고, 상대방의 정서와 표정을 이해하고 그에 맞게 반응하는 로봇(sociable humanoid robot)이다.[70]

인지과학과 로보틱스의 연결은 인지로보틱스 연구 이외에도 정서적 로봇, 자아의식적 로봇 등의 연구와 발달로보틱스, 후성로보틱스[71]의 영역에서도 이루어지리라 본다. 인지로보틱스의 분야는 그것을 통해서 역으로 인간의 지적 능력이 연구되기 때문에 인지심리학을 비롯한 인지과학적 이론의 검증대(test-bed)로서의 역할도 하리라 본다. 인공지능이 과거에 인지과학에서 하던 역할을 이제는 로보틱스가 하게 되는 것이다. 또한 미래에 인간과 기계의 경계선이 무너져 인간과 로봇이 융합, 결합되는 시점에서의 인간의 정서, 사회적 행동, 지능 일반, 의식, 윤리 등의 문제도 결국은 여러 학문들이 수렴된 인지과학과 로보틱스가 인공지능을 매개로 연결되어 연구되어야 한다고 본다.

5) 기타 인공지능 분야

인공지능의 기타 응용 분야로 각종 문제 상황의 과제 해결과 관련된 인공지능 시스템 연구들이 있다. 구글(Google) 탐색과 같은 탐색 엔진 시스템이라든가, 프로그램 자동생성 시스템, 지식 발견 시스템 등이 있다. 또한 인공생명 시스템은 생명공학과 인공지능이 연결되어서 이루어진 분야다. 인공생명(AL: Artificial Life) 연구의 궁극적 목표는 다른 매체 속에서 생명을 창조하는 것이다. 인간이나 동물이나 식물이 아니라 생명의 구체적인 세부를 통해 생명 본질이 추상화될 수 있는 그런 매체에서 생명 자체의

---

70 http://www.ai.mit.edu/projects/humanoid-robotics-group/kismet/kismet.html

71 후성로보틱스는 신경과학, 발달심리학, 공학 등의 수렴과 통합에 의하여 1) 자연적 생물체계를 이해하며, 2) 인공적 로봇 시스템이 사전에 미리 프로그램된 지식 없이도 환경과 자율적으로 상호작용하는 기술을 발전시키게끔 하는 것을 연구하는 분야다. 이 분야는 신체를 가진 체계가 오랜 발달 과정을 통해 물리적, 사회적 환경과 상호작용을 통해 다양하고 복잡한 인지적, 지각적 구조를 획득하는 것을 탐구 하며, 그것을 로봇에 구현하려는 분야다. 로보틱스, 인공지능, 발달심리학, 인지과학, 생물학 또는 신경생리학, 기타 학제적 융합 과학기술 분야가 관여된다.

실제 예가 될 수 있는 모형을 만드는 것이다. 이러한 인공생명 분야도 인공지능 연구와 밀접한 연관을 지니고 있다.

7. 신경망 체계[72]

앞에서 언급한 바 있는 신경망 체계는 병렬분산처리 체계, 연결주의체계 또는 신경망 체계라고 설명한다. 이 접근은 고전적 인지과학 틀에서처럼 인간의 마음을 컴퓨터에 유추하여 인지체계 이론을 도출하는 것이 아니라 마음을 뇌에 유추하여 인공지능 체계를 구축하고 인지체계 이론을 도출하려는 방식이다.

7장에서도 언급되었지만 컴퓨터와 뇌의 차이를 살펴보면, 컴퓨터는 망각이 없다. 한 번 입력된 것은 컴퓨터가 망가지기 전에는, 디스크가 지워지기 전에는 망각은 일어나지 않는다. 정보와 지식이 어디에 들어가는가 하면 지식 내용에 따라서 달리 들어가는 것이 아니라 일정 주소에 정보를 넣고, 되찾을 때는 주소를 찾아서 우편함처럼 그렇게 되찾는 것이다. 그래서 주로 계열적 탐색 처리를 하는데, 인간의 기억은 그렇지 않다. 예를 들면 중학교 1학년 때 짝의 이름을 기억해내어 맞춘다는 것은 디지털 컴퓨터처럼 계열적으로 주소를 찾아들어가는 것이 아니라 중학교나 고교 시절에 있던 짝 이름, 얼굴 외모 말투 걸음걸이 이런 것들이 종합되어서 찾아지는 것이다. 즉 그 특징은 계열적 탐색이 아니라 병렬적 탐색인 것이다. 우편함의 주소 찾기 방식은 기존의 디지털 컴퓨터에서의 내용 찾기와 같이 계열적 탐색인데 인간의 뇌에서 일어나는 탐색은 그런 것이 아니라 병렬적 탐색이다.

인지에 대한 신경망적 접근 모델은 카드섹션과 풀뿌리 여론에 유추해볼 수 있다. 전

---

72 컴퓨터과학의 인공지능 연구에서 신경망이론은 지능적 기계를 만들기 위한 아이디어의 일종이고, 일종의 학습 알고리즘이다. 신경망이론이 실제 인간의 신경체계에 비하여 너무나도 단순하기 때문에 많은 의미를 부여하기가 어렵다. 따라서 신경망적 접근은 인공지능 연구에서 작은 비중을 차지할 뿐이다. 그러나 이 책에서는 기존의 인지과학의 기호체계적 접근의 대안으로 제시된 이론적 비중의 측면에서 이를 조금 자세하게 다룬다.

국체전과 같은 대형 경기장에서 하는 카드섹션을 보면 미리 글자가 쓰여 있는 것이 아니라 글자 하나하나가 여러 색지 카드들의 조합에 의해서 이루어진다. 여러 카드들이 모여서 여러 글자들을 조합해내는 것이다. 여론의 경우도 미리 규정되어 있고, 어떤 한 사람의 의견이 있는 것이 아니라 풀뿌리 낱개 생각들이 모여서 조합되어 점차로 이루어진다. 바로 이런 유사한 방식으로 작동하는 것이 인간 두뇌의 정보처리 특성이고, 따라서 마음도 그런 방식으로 작동하리라는 것이 신경망 접근, 연결주의의 입장이다.

신경망적 모델을 적용하지 않으면 구현하기 곤란한 상황을 일상생활 장면을 생각해 보면 쉽게 알 수 있다. 우리가 빠르게 대상을 인식한다는 것은 어떻게 일어날까? 전통적 기호체계, 상징체계의 주장처럼 대상을 기호화해서 저장하고 내장된 규칙에 따라서 표상의 주소를 찾아서 파악하는 것은 아닌 것 같다. 운전 중에 갑자기 나타난 물체에 대한 반응을 보면 갑자기 물체가 나타났을 때 3분의 1초 이내에 반응하면 사고가 방지가 되는데, 이 사이에 판단과 결정행동이 다 일어나야 된다. 그 당시에 고려되는 것이 조명(어둡고 밝음), 거리(멀고 가까움), 낮 혹은 밤 여부, 눈·비 상황/자기 자동차의 속도, 보행자의 속도, 비상등 상태, 대상의 연령(어린이인가, 아이인가), 동물인가 사람인가, 브레이크의 위치, 밟기 강도, 자신의 반응에 대한 예측반응 판단, 밟아서 내가 죽는 게 나은가, 저 사람이 죽는 게 나을까, 저 사람이 사고 안 당하는 게 나은가? 그러한 모든 것에 대한 정보처리가 굉장히 짧은 시간 내에 이루어지는데, 이것은 디지털 컴퓨터가 계산하는 계열적 처리 방식으로는 처리할 수 없다. 컴퓨터에서는 많은 제약 정보들을 충족시키는 행위를 일순간에 순차적으로 수행해야 되는데 그런 식으로 계산해서는, 즉 기존의 계열처리 중심의 튜링기계적 디지털 컴퓨터 계산으로 해서는 인간은 현실적 상황에서 적응이 불가능하다. 그러면 어떻게 해서 이런 것이 이루어지는가?

인간의 뇌는 계열적으로 계산하는 것이 아니라 병렬적으로, 동시에 정보처리를 한다. 정보처리를 담당하는 뇌의 많은 신경세포들이 병렬적으로 연결되어 동시적으로 여러 조건들을 충족시키면서 문제를 해결하는 것이다. 전철 속에서 친구와 대화를 계속하면서도 자기가 내릴 곳을 지나치지 않고 내린다는 것은 정보를 병렬적으로 처리한다고 볼 수 있다.

이러한 뇌의 병렬적 처리 원리에 기반하여 도출된 인지체계 모형이 신경망적 틀이며, 이러한 이론틀에 바탕하여 탐구된 인공지능 시스템이 신경망 시스템이라고 볼 수 있다. 신경망 인공지능 시스템 연구는 이상화된 뉴런 체계를 컴퓨터로 시뮬레이션하는 인공지능 분야이다.

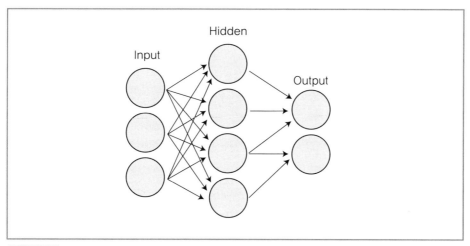

그림 8-2 신경망의 예

　전통적 정보처리적 모델은 폰노이만 모델인데, 컴퓨터에 유추한 전통적 기억체계 모델이다. 환경에서 감각기를 통해서 자극이 들어오면 중앙통제 처리기를 통해서 여러 가지 알고리즘을 사용해서 기획도 하고 처리도 하는데 신연결주의의 신경망 체계에 의하면 환경으로부터의 입력층이 여러 개가 있고 은닉(hidden)층이 있고, 출력층이 하나가 있다. 중간에 은닉층이 있다는 것이 큰 차이이다(〈그림 8-2〉 참조). 신경망의 일반 특성은 독립적 처리 단위들이 있고, 상호 연결이 있고, 연결에는 비중이 많이 있고, 비중은 고정적일 수도, 가변적일수도, 활성화적일 수도 있고, 억제적일 수도 있다. 신경망 모델의 기타 세부 내용이 아래 심층분석에 제시되어 있다.

　전통적, 물리적 기호체계(상징체계)와 신경망(PDP)을 비교해보면(〈표 8-1〉참조), 전통적 기호체계는 디지털 컴퓨터 유추를 했고, 신경망은 뇌 유추를 통해서 이런 모델을 끄집어낸 것이다. 전통적 기호체계는 상징체계(기억체계)이고 신경망은 상징이하 체계이다. 기호체계는 정보가 국재적으로(locally), 어떤 한 곳에 한 번만 정보만 들어가 있지만 신경망의 표상체계에서 정보는 중복되고 분산되어 있다. 한 정보가 여기저기에 중복적으로 사방에 퍼져 있다. 기호체계에서는 낱개 정보 하나가 한 마디에 들어 있는데 신경망에서는 여러 마디에 중복해서 공동적으로 들어간다. 기호체계에서는 정

표 8-1 연결주의 체계와 고전적 인지주의의 기호(상징)체계의 비교

	전통적 인지주의 입장 /상징주의	연결주의
은유(유추)	컴퓨터 유추	두뇌(신경계) 유추
체계특성	상징(기호)Symbolic 체계	상징이하Subsymbolic 체계
체계구조	별개의 여러 처리구조 (지각체계, 기억, 언어체계 등)	단일 처리 망 (입력, 은닉, 출력 층 있음)
표상위치	기억 내 특정 위치에 국재적(局在的) 표상	신경단위망 전체에 분산(分散) 표상
표상 양식	개별 상징(특질, 개념, 명제)이 낱개 기억표상 단위에 저장됨	정보가 망의 단위간 연결에 활성화 패턴 값으로 저장됨
처리(작용)	상징 조작 (부호화, 탐색, 변환, 인출 등)	신경망의 활성화 값 조정
계열-병렬성	계열적 처리	병렬적 처리
통제구조	상위 수준의 통제구조 있음	통제구조 없음
내장 규칙	처리규칙이 프로그램으로 내장됨	규칙 없음 (안정성, 하모니, 지엽적-전체적 최소화, 온도 등의 수리적 원리가 작용)
표상 의미	표상체계에 의한 해석이 의미임 (상징과 대응되는 참조 상징 또는 상징구조가 그 상징의 의미)	활성화 패턴 또는 벡터상의 위치
표상-처리구조	표상과 처리구조가 구분됨	구분 없음(처리구조의 모양, 형태, 작용 그 자체에 표상정보가 들어 있음)
학습	기억의 표상구조의 변화	체계 자체의 변화 (새 연결의 형성, 기존 연결의 수정)

보가 명시적으로 저장되어 있는데 신경망에서는 정보가 망의 활성화 패턴으로 저장된다. 예를 들면, 기호체계에서는 새는 동물의 한 예이다. 새는 날개를 갖고 있다. 이런 식으로 연결 정보가 명시적으로 주어지는데 신경망에서는 명시적으로 주어져 있는 것이 아니라 새와 동물이라는 두 마디 사이의 연결 강도만 있을 뿐이다. 기호처리체계는 계열적 처리를 하는데 신경망에서는 병렬적 처리를 한다. 기호체계에서는 학습이 기억 표상 구조를 변화하는 것인데 신경망에서는 새로운 연결을 형성하거나 연결값을 수정 하는 것이다. 기호체계에서는 손상된 자극 처리가 곤란한데 신경망에서는 그 체계의 일부분이 파손되거나 손상되어도 나머지 부분이 복구될 수 있다. 체계가 부분 손상되어도 문제를 해결하기 쉽다.

신경망 접근인 연결주의가 인공지능에서 어떤 위치를 차지하고 있을까? 상대적으로 새로운 접근법으로 많이 사용되고 있지만 그 가능성이 충분히 평가되고 활용되고 있지는 않다고 말할 수 있다. 형태를 인식한다든지 입력, 기억, 탐색에서는 연결주의가 더 강하고 설명력이 있지만 언어 이해라든지 문제 해결 추론 등의 상위 인지에서는 신경망적인 접근보다 고전적 기호(상징)처리 체계 설명이 설득력 있다. 연결주의의 접근의 세부 특성과 전망에 대한 논의에 관해서는 〈심층분석 8-2〉의 내용을 참고하기 바란다.

심층분석 8-2 │ 신경망적 접근: 연결주의[73]

A. 연결주의 접근 형성 역사

1940년대에 이르러 뇌가 하나의 특수한 계산기라는 개념이 부상하기 시작했고, 이러한 생각을 처음으로 체계화한 것이 매컬러크와 피츠(McCulloch & Pitts, 1943)의 신경 모델이었다. 입력과 출력 신경세포들 사이의 신경 연결을 논리에 의해 모형화할 수 있으며, 신경을 논리적 진술로, 신경의 흥분 또는 흥분하지 않음(신경 흥분의 격발 또는 무반응)을 진위의 명제적 대수의 조작으로 간주할 수 있다고 보았다. 그러나 당시의 이 입장이 구체적으로 정보처리적 인지과학의 원리로 도입되지는 못했다. 그 까닭은 이 입장은 두뇌와 논리체계를 직접적으로 대응시키려 했고, 체계의 가변성 특히 학습 가능성이 구현되지 못했다는 등의 제한점을 지니고 있었기 때문이다.

그 후 헵(D. Hebb, 1949)은 두 신경 단위가 동시에 흥분되면 그 둘 사이의 연결 강도를 증가시킨다는 이론을 제시하였다. 그러나 이러한 생각은 실제 인지 과정을 모형화 할 수 있을 만큼 엄밀한 형태로 제시되지도 않았다. 이러한 결함을 극복할 수 있는 가능성을 제시한 것이 로젠블라트(F. Rosenblatt, 1962)의 '퍼셉트론(perceptron)' 체계였다. 입력층과 출력층의 두 층을 지닌 이 체계에서는 신경 단위 간 연결 강도(비중)가 on-off의 이항적 차원이 아니라 연속적이며 다양한 정도의 값을 지닐 수 있으며, 신경 단위들이 이 연결 강도 값을 스스로 변화, 조정하게 하는 절차, 즉 학습하는 절차를 도입시킬 수 있다고 보았다.

---

73 이 연결주의에 대한 심층 분석의 내용의 상당 부분은 이정모(2001)의 9장 내용에 의존하였다.

그러나 로젠블라트의 퍼셉트론 이론은 현실적 적용에 한계가 있음이 인식되기 시작하였다. 민스키 등(M. Minsky & S. Papert, 1969)은 퍼셉트론 체계에 따른 정보처리, 즉 계산을 하자면 단순한 과제의 해결을 학습하는 데도 엄청난 양의 시간이 필요하게 되며, 또 단순히 입력층과 출력층의 두 층으로 이루어진 퍼셉트론 체계에서 단순한 학습 규칙의 적용으로는 체계가 도저히 해결할 수 없는 'Exclusive-Or' 관계와 같은 단순한 문제들이 있다는 것을 지적하였다. 이로 인해 신경망적, 연결주의적 접근은 한동안 인지모형으로서 가망성이 없는 것으로 간주되었었다.

1980년대 전반에 이르러 신경망을 모형화하기 위한 새로운 이론 및 수리적 도구가 발전되었다. 호프필드 등(J. Hopfield, G. Hinton, Ballard, D. Rumelhart)에 의해서 신경망의 비중을 수정해서 망 활동의 안정성을 구할 수 있으며, 그를 통해 정보가 저장될 수 있다는 생각과 이에 대한 수리적 이론이 발전되었다. 단일층이나 입력-출력의 2층 망이아니라, 입력층과 출력층 사이에 은닉층(hidden layers)이 추가되어 연결 강도를 조절할 수 있는 다층망을 훈련시키는 기법이 발전되었고, 비선형적 체계에 대한 수리적 기술 이론이 발전되었다. 인지과학자들에게 하나의 돌파구의 가능성으로 부각되었다. 이러한 흐름이 결집되어서 쉽게 컴퓨터 모델로 구현화할 수 있는 형태로 기술된 병행분산처리 모델의 핸드북이 인지심리학자들이 중심이 되어 출간됨에 따라(Rumelhart 외, 1986) 연결주의는 인지과학에 하나의 강력한 대안적 접근틀로 급격히 떠오르게 되었다.

B. 연결주의 신경망 모델의 일반적 특성

신경망적 접근인 연결주의는 일반적으로 다음과 같은 특징을 지닌다고 할 수 있다.

첫째는 인지 과정을 개념화하는 설명 또는 분석 수준의 재고이다. 인간의 심리 과정을 설명하고 기술하는 데 있어서 전통적 인지주의의 상징(기호) 수준을 벗어나 상징 이하(subsymbolic) 수준인 신경 수준의 접근이 적절함을 인정하는 것이다.

둘째는 새로운 형태의 계산 모델의 도입이다. 고도로 상호연결된 병렬적 계산단위들이 대량으로 존재하여 구성하는 신경망적 체계에, 신경계에 관한 신경과학적 연구결과와, 인지심리학적 실험 연구결과(모수치들), 계산 모델이 지녀야 하는 요건들에 대한 수학적, 물리학적, 컴퓨터과학적 연구결과를 종합하여 형성한 계산 모델의 발전이다.

셋째는 인지에 대한 새로운 개념화의 도입이다. 상징조작 처리를 강조하는 전통적 인지이론의 입장으로부터, 자극자료와 체계 내의 기본처리 구조의 가능한 형태 사이의 일치 '정도'를 반영하는 활성화 상태에 의해 인지 과정을 설명하는 입장으로의 변화다.

넷째는 학습의 강조다. 전통적 입장에서는 학습 과정은 행동주의자들이 연구하던 낡은 연구 주제이며, 인지 과정의 일부로서 별로 중요한 위치를 차지하지 않았다. 그러나 연결주의의 입장에서는 끊임없이 적응하고 학습하는 메커니즘을 강조하고 이를 중심으로 인지이론을 전개한다.

연결주의적 신경망 체계는 다음과 같은 일반 체계적 특성을 지닌다.

1. 연결주의의 신경망 정보처리체계는 대량의 처리 단위들(이항적 식역 논리 단위처럼)로 구성된다.
2. 단위들 간에는 연결이 있다.
3. 단위들과 이들 간의 연결들이 망의 구조를 결정한다.
4. 단위 간의 연결은 흥분적이거나 억제적이다.
5. 상호연결에는 비중이 주어진다
6. 비중은 고정적 또는 가변적이며, '+' 또는 '-'의 값을 지닌다.
7. 비중이 영(zero)이면 그 연결은 사용되지 않고 있다는 의미다.
8. 망에는 층(layers)이 있을 수 있고, 일정한 제약 하에서 단위들의 층들을 규정할 수 있다.
9. 층에는 기본적으로 3개의 층이 있을 수 있다: 환경에서 입력을 받는 입력층(input layer), 환경으로 출력을 내는 출력층(output layer), 환경과 직접 상호작용하지 않는 은닉층(hidden layers)이다.
10. 층의 규정은 연결 유형에 따라 그리고 위상적으로 이루어진다.
11. 한 층 내의 단위들 간의 연결은 연결이 없거나 억제적 연결의 경우가 가능하고, 층 간의 연결은 흥분적이거나 억제적 관계 연결이다.
12. 층 내의 단위들 간의 활동 패턴은 곧 그 층의 단위들의 상태다. 단위들의 상태에는 여러 상태가 있을 수 있다.
13. 어떤 상태가 하나의 표상을 이룬다. 즉 마디들 간의 연결들의 활성화 패턴이 표상이 되는 것이다.
14. 이 신경망 정보처리체계의 기본 활동은 외부 자극에 상응하는 활성화 패턴을, 수리적, 확률적 계산에 의해 형성하고 조절하는 것이며, 그 활동들의 총체가 인지이다.
15. 신경망 체계 모델은 단순히 하위 물리적 구현 수준의 모델이 아니라, 인지의 모델이다.

C. 연결주의의 장점과 문제점

〈장점〉

연결주의 모델은 여러 가지 장점을 지니고 있다고 평가되고 있다. 그 첫째 장점은 신경적 실제성 또는 가능성이다. 실제 인간의 두뇌의 정보처리적 신경 과정들에 기초하지 않았던 전통적 기호체계적, 정보처리적 접근은 그 모델들의 현실성, 실제성에 대해 의문이 제기될 수 있다. 그런데 연결주의 모델들은(비록 이상화된 신경 모델이지만) 두뇌의 신경과학적 연구에 기초하고 있기 때문에 현실성, 실제 가능성이 보다 더 높다.

둘째 장점은 연결주의의 신경망 모델들이 고전적 인지주의 체계보다 융통성 있는 체계라는 점이다. 입력에 순응하게끔 자신의 활성화 수준과 비중 값을 자동적으로 조절하는 체계이기에 자극의, 맥락의 변화에 대해 보다 융통성 있게 대응할 수 있다는 것이다.

셋째는 손상에 대한 부드러운 대응(graceful degradation)이다. 신경망 체계의 일부가 손상되어도, 단위들을 단계적으로 제거하여도, 이 체계의 수행은 전통적 컴퓨터 모델의 체계처럼 급격히 와해되는 것이 아니라, 서서히 무너지기 때문에 체계의 일부 단위나 연결들이 손상되어도 큰 무리 없이 자극 상황을 처리할 수 있다.

넷째는 처리 시간 면에서의 이점이다. 전통적 인지주의의 국재적 표상 모델에서는 표상에서의 탐색 시간이 기억저장고의 크기와 탐색 정보의 양에 비례하였기에, 또 계열적 처리를 하였기 때문에 일반적으로 처리 시간이 상당히 소요된다. 반면 분산적 연결주의 모델에서는 병렬적 탐색 시간은 주로 망 내에서의 층의 깊이에 비례하며, 또한 처리가 병행 처리이기 때문에 매우 적은 계산 단계를 거치게 되며 따라서 처리 시간이 상대적으로 더 짧다.

다섯째로 이론 형성 형식상의 단순성이다. 전통적 입장처럼 여러 처리 구조와 과정, 그리고 하위 구조와 하위 과정들을 전제하고, 분리하고, 이들 간의 상호작용 특성들을 규정하는 복잡함이 줄어들기 때문에 모델이 형식상 매우 간단하여 이론적 모델을 구성하거나 이를 검증하기가 비교적 쉽다.

이러한 연결주의적 접근은 종래의 고전적 정보처리 접근의 인지주의의 이론 체계와 개념을 변화시켰다. 연결주의에 의해 기존의 표상구조 체계가 수정되며, 의식, 무의식, 자아 등의 주요 심성적, 인지적 개념과, 학습 과정, 지각 과정 등의 과정적 개념들과 이들에 대한 이론적 모델들이 달라지고 있고, 마음에 대한 새로운 관점이 형성되게 하였다.

〈문제점: 비판〉

1. 연결주의 모델이 단순하나 주요한 여러 가지 함수들, 처리들을 다 계산해낼 수 없

는 약한 체계라는 비판,

2. 연결주의 모델이 구현 수준의 모델이지 인지 모델이 아니라는 비판,

3. 인지 현상은 신경생리 수준을 넘어서서 창발되는 현상인데 이를 신경 수준으로 환원시키는 환원주의라는 비판,

4. 두뇌의 신경적 특성에서 인지 현상에 대한 시사를 얻을 바가 별로 없으며, 아직 신경과학의 연구가 충분히 이루어지지 않았기 때문에 현재의 신경과학 연구결과 지식으로는 충분한 인지 모델을 제시할 수 없으며, 따라서 연결주의 모델은 현실성이 없다는 비판,

5. 생득론 대 경험론의 문제(특히 언어 현상과 관련하여)에 있어서 생득적 능력을 무시하고 지나치게 경험론에 의존한다는 비판,

6. 사람의 인지 과정과 동물의 행동을 모두 연결주의적 신경망에 의해 설명한다면 왜 사람과 다른 동물의 지적 차이가 생기는지를 설명하지 못한다는 비판,

7. 연결주의 모델은 운동 통제, 감각, 지각과 같은 낮은 수준의 암묵적 지식 현상만 설명할 수 있지 언어, 사고와 같은 높은 수준의 의식적, 명시적 지식과 관련된 인지 과정의 처리 과정을 설명할 수 없다는 비판.

D. 연결주의에 대한 전망

이상에서 제시한 여러 비판에도 불구하고 연결주의에 대해 다음과 같은 전망을 할 수 있을 것이다.

첫째, 인지과학 내의 한 주류로서 연결주의의 정착이다. 인지과학 내에서 새로 등장한 연결주의와 전통적 기호체계 접근 사이의 논쟁이 계속되고 있다. 이러한 논쟁이 이론적으로나 경험적으로 쉽게 판가름 날 수 없는 것임을 고려할 때, 또한 두 입장이 양립 불가하다는 어떠한 증거가 아직 없음을 고려할 때, 논쟁과 병행해 앞으로 계속 연결주의적 이론과 경험적 연구들이 계속 활발히 진행되며, 연결주의 모델이 고전적 정보처리적 입장과 병행하여 인지과학에서의 주 접근으로서 정착되리라 본다.

둘째, 연결주의적 접근 이론의 확산이다. 연결주의적 접근이 자료 주도적 연구에 적합하다는 것을 고려해볼 때, 인지과학의 여러 분야에 연결주의적 모델들이 비록 변형된 형태로일지라도 점차 확산되리라 본다. 물론 이렇게 되기 위해서는 연결주의 접근이 복잡한 상위 인지 과정들을 어떻게 모델링할 수 있는가에 대한 구체적 세부 모델들이 제시되어야 할 것이다.

셋째, 외적 환경과의 부합을 강조하는 생태학적 접근과 내적 표상을 강조하는 고전적

인지주의의 기호(상징)체계적 접근의 다리를 놓아주는 역할을 연결주의가 할 것이라고 예측할 수도 있을 것이다.

넷째, 연결주의와 전통적 기호주의를 연결하는 혼합 모형(hybrid models)으로의 발전이다. 기호주의(상징주의)적 제약 처리와 연결주의적 수리적 처리가 병렬적으로 이루어지면서 상호 제약을 가하며 계산해내는 혼합 모형이 인지 과정을 보다 잘 모형화할 수 있다고 할 수도 있다. 이러한 통합적, 혼합 모형은 '위로부터는(top-down)' 기호적, 의미구조적 특성에 의해 제약되고, '아래로부터는(bottom-up)' 신경망적 연결주의 모형의 수리적 특성에 의해 제약되는 그러한 혼합 모형으로 설명력이 큰 모형이라고 할 수 있다. 이러한 혼합 모형으로의 인지과학적 연구가 점차 증가되리라고 본다.

8. 인지컴퓨팅(Cognitive Computing)

최근 몇 년 사이에 인공지능 연구학계, 연구소, 기업 등에서는 인공지능이라는 개념 대신에 '인지컴퓨팅(Cognitive Computing)'이라는 개념을 사용하는 경향이 점증하고 있다. 미래에는 전통적 개념의 인공지능 분야라는 것은 점진적으로 뒷전으로 밀리고 인지컴퓨팅의 분야가 확실히 자리를 잡으리라고 본다.

그러면 왜 인공지능 대신 인지컴퓨팅이 떠오르게 되었는가? 인공지능(AI)이라는 개념이 1956년에 공식적으로 처음 사용되어 이 분야가 발전되어오면서 인공지능 연구자들과 인지과학자들은 두 부류로 나누어졌다. 한 부류는 '강한 인공지능(Strong AI)'을 추구하는 그룹이고, 다른 부류는 '약한 인공지능(Weak AI)'을 추구하는 집단이었다. 강한 인공지능 연구집단은 인공지능 연구의 목표가 궁극적으로는 인간의 마음(Mind) 또는 인지(Cognition), 또는 지능(Intelligence)을 모델링하는 것이라는 입장의 연구자들이었다.

다른 한 부류는 컴퓨터과학에서 다루는 인공지능은 인간의 마음의 연구라기보다는 (그것이 가능한지 아닌지에 대한 판단을 중지한 채; 물론 불가하다고 본 인공지능학자, 가능하다고 본 인공지능학자, 인지과학자들이 있었다) 그것이 인간의 참 지능, 마음의 능력을 모사, 모델링하는가에 관계없이 현실적으로 주어진 문제를 지능적이고 (intelligent) 효율적으로 해결하기만 하면 된다. 즉 그러한 소프트웨어 프로그램만 개발하면 된다고 생각하는 입장이다.

초기에는 인공지능학자나 인지과학자들 중에 강한 인공지능을 주장하며 지원하는 사람들이 많았지만 썰 등의 '중국어 방' 논쟁이 전개되면서 점차 약한 인공지능 입장의 연구자들이 더 많게 되었다고 본다. 인공으로 만든 컴퓨팅 시스템인 인공지능 시스템의 한계를 인정한 것이다.

그런데 최근에 이러한 경향에 변화가 생기고 있다. 강한 인공지능 입장이라고 볼 수 있는 '인지컴퓨팅'의 틀이 인공지능 시스템을 연구하는 학계, 산업계의 연구자들의 연구 틀로 자리잡기 시작한 것이다. 왜 그렇게 되었을까?

그 원인을 크게 두 움직임에서 찾아볼 수 있다. 하나는 인지과학에서 초기의 인공지능 등의 연구를 촉발시켰던 '마음-컴퓨터' 메타포가 점차 약화되고 '마음-뇌' 메타포가 자리 잡은 것이다. 그리고 이 움직임은 단순히 메타포의 수준을 떠나서 뇌영상기법 등의 연구를 통해 많은 인지신경과학 연구가 이루어지면서 새로운 가능성 등을 제시하고 있다. 다른 한 원인은 컴퓨터의 계산력의 빠른 발전이 가져온 움직임이다. 병렬 컴퓨터가 발전하고 컴퓨터의 계산력이 기하급수적으로 증가함에 따라 컴퓨터가 할 수 있는 능력에 대한 예상과 기대가 급증해 대폭 수정할 수밖에 없게 된 것이다. 그렇기에 커즈와일(R. Kurzweil) 같은 사람은 미래에 20년 이내에 컴퓨터가 인간의 지능을 능가하는 분기점이 생길 것이라고 주장하기까지 했다. '특이점 시나리오(Singularity scenario)'라고 불리는 이러한 가능성이 막연한 공상과학소설 같은 생각만이 아닐 수 있음에 대하여 학자들이 심각하게 생각하기 시작했다.

이러한 맥락에서, 이전에는 인간의 지능을 충분히 모사할 수 없더라도, 인간의 지능과는 다르더라도 '인공적(artificial)' 지능 시스템만 연구, 개발하면 된다는 생각으로부터, 이제는 인간이나 동물과 괴리된 인공지능 시스템이 아니라 '자연적(natural)' 생물적 측면이 강조된 '인지컴퓨팅'의 관점으로 개념적 틀이 바뀌게 된 것이라고 볼 수 있다.

인지컴퓨팅이 논의되는 것은 지능이, 인지가 생물적 실체인 두뇌에 의해 작동되는 것의 중요성을 인정하는 것이며, 과거의 인지과학적 인공지능 연구가 인간의 마음, 지능을 엔지니어링하려 했다면, 이제 인지컴퓨팅은 과거의 인공지능 연구와는 달리 마음, 뇌에 대해 리버스엔지니어링(reverse engineering)을 해나가려는 시도라고도 볼 수 있다.[74]

인간과 동물의 뇌에는 현재의 인공 시스템이 필적할 수 없을 정도의 고도의 정보처리 시스템이 있다. 비록 정확성이나 수리적 계산에서는 인공지능 시스템에 뒤질지 몰라도, 이 뇌의 정보처리 시스템은 적응성, 융통성, 기능성, 병렬성 등에서 기존의 직렬 컴퓨터 중심의 인공 시스템보다 우월하다. 인지계산 연구의 궁극적 목표는 이 뇌−인지 시스템을 역분석하여(reverse-engineer) 뇌−인지 시스템의 디자인 원리를 보다 보편적이고 적응 능력이 높은 인공계산 시스템 제작에 적용할 수 있게 하자는 것이다.

또한 인지컴퓨팅은 인공지능이나 신경망과는 다르다. 과거의 전통적 인공지능 연구는 출발 초기부터 신경생물학을 무시하였다. 그 후에 1980년대의 신경망적 접근은 비록 생물적 특성을 모델링하자는 동기에서 시작되었지만 이론적, 이상화된 신경계에 대한 모델에 기초해 있었고, 실제 뇌의 신경계의 특성과는 거리가 있었다. 더구나 인공지능의 신경망적 접근 연구의 이론들은 실제의 신경생물적 가능성을 무시한 채 진행되었다고 볼 수 있다.

과거의 전통적 인공지능이건, 신경망적 인공지능이건 두 접근 모두 각기 다룰 수 있는 적당한 문제에만 초점을 두고 기호적(상징적) 또는 신경망적 설명(해결)을 제안하였다. 그러나 인간의, 동물의 뇌는 그러한 제한된 문제만 다루는 시스템이 아니라, 그와는 달리 모든 문제가 생기는 대로 그 문제들을 해결하기 위해 진화해온 역동적 시스템이다.

인공지능과 신경망적 접근 테크놀로지는 뇌에 의해 나타나는 인지 현상들 중에서 한 개 또는 몇 개를 출발점으로 선택하여 알고리즘이나 학습 규칙을 만들어내어 뇌−인지 기능을 복사하려 했다. 그러나 이와 반대로 인지컴퓨팅(CC)은 뇌가 어떻게 작동하는가, 어떤 알고리즘을 제안해야 하는가, 어떻게 뇌−인지 메커니즘을 역분석하여 가능성이 있을 법한 모델을 검증할 것인가를 다룬다. 인지컴퓨팅은 뇌를 역분석하여 마음을 공학적으로 구성(engineering)하자는 것이다. 따라서 미래의 컴퓨팅(computing) 관련 학계나 산업계의 연구개발들은 뇌, 마음(인지), 계산의 세 개의 개념이 수렴, 융합된 연구가 되어야 할 것이다. 신경과학, 인지과학(인지신경과학), 컴퓨터과학, 수학,

---

74 http://tecfa.unige.ch/perso/staf/nova/blog/2006/05/07/from-artifical-intelligence-to-cognitive-computing.

정보 이론 로보틱스 등이 수렴(융합)되어야 하는 것이다. 바로 이러한 맥락에서 IBM의 최근의 프로젝트 시도는 시사하는 바가 크다.

IBM은 예전에 인간 체스 마스터를 이겨낸 딥블루(Deep Blue) 프로그램을 개발하였다. 이 IBM 회사가 2005년에 생명과학 등의 과학적 연구를 촉진하기 위해 리눅스 시스템으로 된 가장 계산력이 강하고 빠른 Blue/Gene L 슈퍼컴퓨터를 가동시켰다. 최근에 IBM은 스위스의 Ecole Polytechnique Federale de Lausanne 대학과 함께 블루 브레인(Blue Brain) 프로젝트를 가동시켰다. 이 프로젝트는 인간의 뇌의 신피질의 1만 개의 신경세포가 동시에 활성화되어 신경 흥분을 주고받는 상태를 시뮬레이션하는 연구 프로젝트로서 이렇게 많은 뇌 신경세포가 동시에 신경 흥분을 내면서 상호작용하는 상황을 시뮬레이션하는 것을 연구하기는 최초라고 한다. 이러한 생물적 뇌에 바탕한 인지컴퓨팅 연구는 뇌의 개별 세포와 다른 세포와의 상호작용을 연구하는 데에 새로운 큰 걸음을 내딛는 것으로 평가되며, 앞으로 미래에 추진될 인공지능 연구의 추세를 반영한다고 볼 수 있다.

9. 종합

인공 시스템의 본질

인공지능에 인지과학이 필요한 이유는 인공지능 시스템은 바로 인간의 인지행동에 관한 시스템인데 그것을 컴퓨터로 시뮬레이트하는 것이다. 인공지능 시스템은 지식을 데이터베이스로 사용하며 컴퓨터의 지식 표현, 지식표상을 하는 것이 핵심 작업인데 그것을 알기 위해서는 인간이 어떻게 하는가를 알아야 한다. 인공지능 시스템은 각종 지식, 기술을 습득해야 하는데 이것은 인간의 인지적 학습과정의 문제다. 즉 인공지능 시스템은 있는 지식에서 나아가 추론하여 문제와 관련된 내용에 추리·판단·선택·결정을 해야 되는데 이것을 모두 미리 다 집어넣을 수는 없다. 인간이 하는 것을 보고 집어넣어야 한다.

인공지능 시스템은 인간과 마찬가지로 기억을 지니고, 이 기억에 각종 지식을 저장하고, 이를 활용하고 새 지식을 만들어내는데, 인간과 마찬가지로 구체적 환경에 처하면서 문제 해결을 하는 시스템이 인공 시스템인 것이다. 모든 것이 인간의 인지적 과정과 인지적 표상 구조와 관련 있는 것이기 때문에 인공지능이 인지과학의 연구 없이는 적절한 시스템을 만들어낼 수 없다고 볼 수 있다.

인공지능 연구의 변화사

인공지능에 대한 과거의 접근의 변화 흐름을 요약하면, 인공지능은 초기에는 논리학을 이용한 문제 상황의 모형화, 즉 논리형식을 적용한 논리적인 시스템을 만드는 데 초점이 있었다. 문제 상황과 관련된 지식의 표상과 문제 해결 절차가 일차술어논리 형식을 빌려서 표현되었고, 수학적으로 잘 정의된 최적화 이론이 방법론으로 사용되고, 확률 예측 방법론이 불확실한 상황에서의 의사결정을 위한 모형으로 사용되고, 문제 공간에서 최적의 해를 구하는 탐색 기법이 여러 가지로 제시되었다. 그 후에 논리적 기법에 치중하기보다는 지식 처리 기법에 치중한 시스템 탐구가 이루어지고 조직화된 지식을 표상하고 고도의 판단을 하는 인공지능 시스템이 모색되고, 진위(참이냐 거짓이냐)의 이분법적 논리체계 틀을 넘어서는 인공지능 시스템이 퍼지 논리를 사용해 도출되고, 유전자 알고리즘, 혼돈(chaos) 모형을 적용한 시스템도 나왔다.

현재 이루어지고 있는 인공지능 연구의 변화 특성을 다음과 같이 요약할 수 있을 것이다(장병탁, 1998). 하나는 경험론적 연구방법론의 부상이다. 과거에는 사전에 입력된 지식의 적용에 의하여 문제 해결을 하는 직관적이고 선험적인 인공지능 시스템이 대부분이었는데, 최근에는 인공지능 시스템이 다루어야 하는 문제 상황의 복잡성, 내장된 논리적 규칙 적용의 한계성이 인식되어서, 그것보다는 수많은 경험적 데이터로부터 인공지능 시스템 자제가 스스로 학습해(그것도 개개 데이터보다는 전체 데이터에 나타나는 통계적 패턴 특성을 학습해) 문제를 이해하고 해결하는 학습 시스템 위주의 방향으로 전환하고 있다. 이러한 시스템을 발전시키기 위하여, 연구자는 과거 연구의 이론과 경험적 자료에 기반한 이론적 가설을 제시하고, 이 가설의 타당성을 경험적 자료를 처리하는 시스템의 작동 과정에 대한 통계적 검증을 통해 확인하는 전형적 경험적 과학 연구 패러다임이 도입된 것이다.

둘째로는 구체적인 몸통을 지니고 환경과 상호작용함에 의해 구현된 실체적(체화된,

육화된, embodied) 인공지능 시스템을 다룬다는 것이다. 몸이 없는 추상적 마음에 대한 인공지능 시스템이 아니라 환경에 구체적 몸을 지니고 체화되어 환경과 상호작용하는 에이전트의 인공지능 시스템의 특성을 연구한다는 것이다. 바로 이러한 측면이 인지컴퓨팅의 탐구에서 드러난다.

셋째로는 둘째 측면과 연계되어, 생물체적 지능의 강조다. 사전에 생득적, 선험적으로 내장된 전문지식에 의해 작동되는 인공지능 시스템이 아니라, 환경에 적응하며 경험을 통해 새로운 지식과 기술을 습득하고 전개하며 진화하는 생물체의 진화, 학습의 정보처리 원리를 반영한 인공지능 시스템 구축을 모색한다는 것이다. 유전 알고리즘, 진화 알고리즘, 진화 학습원리(Zhang, 2008) 등에 대한 탐구의 추세가 이의 한 예이다.

과거의 인공지능 연구의 핵심 생각은 인간이 물리적 기억체계를 사용해서 사고한다고 보았고, 지식표상을 명시적으로 한다고 보았고, 아주 형식적, 전형적, 논리적인 탐색 및 통제를 강조하였으며, 환경적, 생물적 측면은 소홀히 하였는데, 미래의 인공지능 연구 주제는 신경과학의 이론적 틀의 영향이 증가되고 로보틱스와의 연결이 증가하고 좁은 영역의 문제보다는 넓은 영역의 문제를 해결하는 인공지능 시스템이 점차 출현하게 되고, 생태학적으로 타당성 있는, 즉 실험적으로 가상적, 인공적인 인공지능을 위한 인공지능이 아니라 실제로 적용할 수 있는 시스템, 그러니까 모든 것이 다 지식으로 들어가 있는 것이 아닌 시스템, 생물정보학과 인공지능이 연결된 시스템의 탐색이 증가되고, 기호체계 시스템과 신경망 시스템, 생물 시스템이 통합, 결합된 통합·혼합적인 시스템이 추구된다고 볼 수 있다.

인공지능 분야의 틀 자체가 지금 빠르게 변하고 있다. 이미 언급한 바와 같이 '인공지능'이라는 용어를 최근에는 잘 안 쓰는 경향이 강해져가고 있다. 인공지능 대신에 '인지컴퓨팅(Cognitive Computing)'이라는 용어를 써야 한다는 것이 인공지능 분야의 창출 50주년 기념 다트머스 대학 학회에서 이야기된 바이다. 최근에는 '인공지능 시스템'이라는 용어 대신에 '인공인지 시스템(ACS: Artificial Cognitive Systems)' 내지는 '인지 시스템(CS: Cognitive Systems)'이라는 용어를 대신 쓰고 있는 추세인 것 같다.

이러한 변화 추세의 이유를 다시 설명한다면 그동안의 인지과학의 발전과 더불어 넓은 의미의 개념으로 '인지'라는 개념이 사용되게 되었고, 인지과학에서의 그동안의 마음-인공지능-뇌-몸의 개념 연결 작업의 결과에 힘입고, '인간의 지능, 인지, 마음'과

'로봇에 구현될 인공적 지능, 인지, 마음'을 이분법적으로 구분해온 과거의 접근이 인기를 얻지 못하게 되고, 미래에는 인간의 마음-뇌와 구별되기 힘든 인공적 마음이 로봇과 관련하여 출현할 것이라는 미래 예측이 대두되고, 로보틱스와 인지과학의 빠른 연결과 수렴의 경향과 미래에 그러한 추세가 더 강해질 것이라는 예측이 생겼기 때문이다.

조망

이제는 전통적인 인공지능이라는 20세기 개념보다는 인지컴퓨팅, 인지 시스템, 인공인지 시스템의 개념이 더 많이 사용되는 것 같다. 그러나 인공지능 시스템이라는 용어 대신에 인공인지 시스템 또는 인지컴퓨팅이라는 용어를 쓴다고 하여 연구계에서 갑자기 인공지능이 없어진다는 것은 아니다. 다만 미래의 과학기술 논의나 언급에서 진화생물학, 신경과학, 인지과학과 기존의 인공지능 연구의 연결에 의한 이론적, 개념적, 응용적 역할이 빠르게 점증하고 있다는 것은 부인할 수 없다.

전통적인 인공지능의 응용 현상은 인간 삶의 장면 도처에 산재해 있고 침투되어 있다. 컴퓨터 모니터, 한글 소프트웨어, 핸드폰, 은행 예금인출기 등에 침투되어 있다. 앞으로는 로보틱스와의 연결 가능성이 계속 확장되고, 인간과 컴퓨터의 인터페이스가 더 세련화되고 발전되고, 뇌와 연결이 계속 증가되고, 인공지능 기술을 활용한 인지기능 향상(cognitive enhancing) 시스템, 즉 인간의 지적 능력을 향상시키는 인공지능 시스템이 개발되리라고 보고 있다.

결론

돌아보면 인공지능의 역사는 컴퓨터 유추에서 출발해서 뇌 유추를 적용하여 신경망 시스템이 도출되고 고전적 기호 시스템과 신경망 시스템이 결합하는 혼합 시스템이 출현했고, 앞으로도 로보틱스와 연결해서 발전하고 인공생명과 관련해서, 그리고 유비쿼터스 컴퓨팅과 관련해서 인공지능 연구는 계속 발전하리라고 본다. 웹으로 연결된 유비쿼터스 컴퓨팅과 로봇 시스템과 인간이 연결되는 그러한 사이버물리 시스템(CPS: Cyber Physical Systems)의 시대가 다가오는 현 시점에서 이들이 효율적으로 상호작용할 수 있는 지능적인 인공물, 지능적인 인간 에이전트가 되도록 하기 위하여 어떠한 원리가 도출되어야 하는지가 앞으로 전통적인 인공지능과 로보틱스와 인지공학 등이 그리고 인지과학 일반이 연결되어서 찾아내야 할 과제라고 할 수 있겠다. 그러나 그러한 시도에서 잊지 않아야 할 것은 인간의 인지적 작용, 마음의 작용에 대한 깊은 이해가 없이는 어떠한 인공지능 시스템적 인공물의 디자인도 실제적으로는 크게 도움이 안 될 수 있다는 점이다. 인간과 인공지능 시스템 기반 인공물 사이의 간격을 줄이는 작업들이 인지과학을 매개로 하여 앞으로 많이 이루어져야 하리라 본다.

제9장

시각과 계산
Vision and Computation

1. 시각 정보 처리: 물음들

인간과 동물에서의 대상인식은 어떻게 이루어지는 것이며, 인공지능시스템으로 구현되어 이루어지는 컴퓨터의 기계시각이 대상을 잘 인식할 수 있도록 하려면 그 시스템을 어떻게 만들어주어야 하는가? 인간시각, 동물시각, 컴퓨터시각은 모두 일종의 계산일까? 정보처리 패러다임의 인지과학에서 시각을 계산적 처리로 본다면 시각에 대하여 인지과학은 어떤 식의 이론을 제기할 수 있을까? 대상 인식 또는 대상 지각이라고 하면 그냥 인간에서 일어나는 시각적 지각 현상으로 이해할 수 있겠는데, 시각에 계산이론이 적용된다는 것은 무슨 의미인가?

인간의 대상 지각이 어떻게 이루어지는 가를 논하기 전에, 고도의 시각 능력을 지닌 인공로봇이 등장하는 영화 「터미네이터」를 한번 생각해보자. 이 영화에서 터미네이터 또는 그의 적수가 되는 로봇이 대상을 쫓아갈 때 그 시각 정보처리 과정을 보면, 보통 사람이 대상을 쳐다보면 그냥 보이는 것처럼 생각되는 것과 달리, 윤곽이 잡힌 디지털 영상이 먼저 클로즈업되고, 다음의 여러 단계의 컴퓨터 영상의 명세화 과정을 거쳐서 대상이 무엇이지를 파악하는 과정을 볼 수 있다. 이것은 여러 단계의 정보처리적 계산을 통한 것이다. 대상의 모양이라든지, 대강적인 대상의 분류라든지, 그 대상이 얼마나 멀리 떨어져 있는지, 보는 관점에 따라서 다른 모양을 형성한다든지, 밝기와 그늘의 변화, 움직이는 대상에 대한 처리 등을 미래의 로봇들은 굉장히 빠른 시간에 디지털 계산을 하여 시각 이미지를 몇 단계로 구성해서 대상을 인식하고 도출한다고 볼 수 있다.

그러면 미래의 로봇에 내장된 시각 과정 프로그램만 그런 계산을 하는 것인가 아니면 인간도 이러한 정보처리 과정을 거쳐서 대상을 보는 것일까? 인지과학 이론에 의하면 인간 시각도 마찬가지의 정보처리적 계산 과정을 거친다. 그리고 영화「터미네이터」의 로봇들이 대상을 보는 이미지들은 사실은 인지심리학의 계산 시각 모델을 적용하여 만든 것이다. 사람들은 흔히 우리에게 보이는 것이 즉시적으로, 자동적으로 완전하게 보이는 것처럼 생각하지만 실제는 우리의 시각신경 체계에서 여러 단계의 정보처리적 계산을 거친다는 것이 인지과학의 시각이론의 입장이다.

그렇다면 우리가 대상을 본다, 인식한다고 하는 것은 무엇인가? 대상인식, 대상지각이라는 것은 무엇을 우리의 머릿속에서 이루어내는 것일까? 물론 물리적인 자극이 있어야 시지각이 이루어지겠다. 우리에게 물리적인 자극을 보여주면, 일차적으로 망막에 영상이 맺히는 것으로부터 시작하여 시신경을 거쳐 시각뇌에서 대상을 인식하기까지 여러 단계를 거치게 되는데 그 사이에 어떠어떠한 정보처리 과정들이 진행되며 어떠한 표상들이 중간 중간에 형성될 것인가? 이러한 여러 단계의 이미지들을 연결하는 과정은 어떤 과정들일까 하는 문제를 생각해 볼 수 있겠다. 이러한 것이 시각과 관련된 인지과학의 핵심물음 중의 하나이다.

사람들은 인간의 시각이 쉽고 자동적으로 이루어진다고 생각한다. 그냥 눈으로 보면 망막의 영상이 뇌의 어디론가 보내지고 그냥 대상 인식이 일어난다고 생각한다. 그런데 눈으로 보고 막연한 위치를 아는 것 말고 대상의 정체 인식에 관한 것은 그리 간단한 문제가 아니다. 대상을 알아본다는 것은 아주 복잡한 정보처리 과정에 의한 것이다. 대상의 윤곽이라든지 대상 간의 경계, 모양, 크기, 움직임, 밝기, 주변 대상의 움직임, 색깔 등, 이 모든 것이 우리가 의식하지 못하는 과정을 통하여 시신경 체계에서 처리된다. 우리가 하나의 대상을 볼 때 그 대상을 정확히 인식하기 위해서는 처리해야 하는 시각적 특질들(features: 모양, 색깔, 움직임 등의 정보)이 아주 많은데, 그것들을 시각 체계에서 모두 다 처리한다. 게다가 이러한 특질들은 먼저 독립적으로 각각 처리된 후에 통합되어 특정 색깔과 모양을 지닌 대상이 특정한 거리에서 특정한 방향으로 움직이는 것으로 지각된다. 또한 인간의 시각은 자극 자체로만 결정되는 것이 아니라 감정이라든지, 지식, 신념들이 개입되어서, 이에 따라 똑같은 대상을 보는 데에도 달리 볼 수 있고 달리 기억될 수도 있다.

이러한 시각적 계산은 자동적으로 당연히 일어나는 것이 아니다. 사람들은 눈에 보이는 것은 원래부터 자동적으로 당연히 그렇게 보인다고 생각하지만, 실제는 그런 것이 아니라 수많은 단계의 정보처리를 통해서 이루어진다. 인지과학에서의 시각의 문제란 2차원적으로 망막에 맺어지는 상에서 3차원적 대상의 표상을 도출하여 내고 이를 기억에 있는 그 대상 관련 지식과 대조하여 그 대상의 정체와, 의미를 계산하여 파악한다는 것이다. 이러한 과정이 어떻게 일어나는 것일까?

2. 시각 신경정보처리의 기초

일단 물리적 자극이 우리의 감각기관을 통하여 신경계를 자극하면, 즉 밖에서 물리적 자극이 들어오면, 감각 수용기에서부터 신경변환이(신경부호화가) 일어나는데, 밖에서 들어온 물리적 자극 그 자체가 바로 심리적 반응을 일으키는 것이 아니라 그 물리적 에너지가 우리의 신경계에서 감각세포를 통해서 전기 생화학적 부호로 바뀌어져서 여러 신경적 처리를 거쳐 처리된 것이다. 시각자극 입력 이후에 시신경계에서 일어나는 단계적 과정을 살펴보면 다음과 같다.

먼저 시각 정보처리의 출발점인 눈에서부터 생각해보자. 우리의 시각 담당 신경계의 전초병인 눈의 구조와 작용을 보자. 빛의 에너지 단위인 수많은 광자가 눈의 렌즈를 통과해서 망막 신경세포를 때리면 망막 신경세포에서 신경화학물질이 분해되어서 그 분해에 의해서 전위 차이가 일어나서 신경전기부호가 생기고, 그것이 신경신호로 상위 시각신경계로 전달이 되는 것이다. 망막에서의 정보전달을 보면, 밖에서 빛이 들어온 후에 이 물리적 자극이 수정체를 통하여 망막에 다다른다. 그런 후에 다시 역방향을 통하여 신경흥분이 전달이 되는데 추상체, 간상체에서 양극세포, 신경절 세포들을 지나고, 신경절 세포에서 나온 시신경다발들이 계속 연결되어서 뇌까지 가는 전달 통로를 따라 전달된다. 이 책의 7장에서 뇌에 대하여 설명하면서 좌반구 우반구의 기능 차이를 언급했는데 거기서 설명된 대로, 시각정보가 처리되는 경로는 한 방향으로 가는 것이 아니라 교차 처리된다. 오른쪽 망막에 비추어진 정보의 반은 뇌의 우반구로 투사되며, 나머지 반은 교차되어 좌반구로 투사된다. 왼쪽 망막 상의 정보도 반은 좌반구로 반은 우반구로 가게 된다.

시각신경정보의 처리과정 전도경로를 보면 망막의 감각세포에서 양극세포를 통해서 신경절 세포를 지나 눈의 맹점에서 뇌로 가는 신경다발이 모여서 상위의 신경계로 가는데, 신경다발의 반은 왼쪽과 오른쪽이 교차되어, 즉 시신경 교차가 되어서 외측슬상핵(LGN, lateral geniculate nucleus)[75]을 통해서 시각을 담당하는 대뇌피질로 가고, 여기에서 다시 대뇌피질의 여러 영역으로 가서 그 결과로 대상 인식을 하게 된다. 이것과 관련해서 여러 정보처리 단계들이 있다.

시각뇌의 일차적 계산적 정보처리 대뇌피질의 뒤쪽에 있는 시각뇌를 더 자세히 보면, 한 종류의 시각세포가 있는 것이 아니라 단순세포, 복합세포, 초복합세포(끝멈춤세포) 등이 있다. 시각뇌의 신경적 정보처리 과정에 대해서는 1960년대부터 많은 연구들이 1차시각뇌(V1, 1차시각피질) 중심으로 이루어졌다. 후벨과 위즐(Hubel & Wiesel 1963, 1979) 등은 고양이의 1차시각뇌에 대한 단일 세포 반응 특성 연구를 통하여 시지각이 여러 단계의 상향적, 계산적 신경정보처리과정에 의해 이루어짐을 보여주었다. 자극에 대한 정보가 망막에서 시상으로, 시상에서 시각피질로 전달되며 시각피질은 망막의 특정 위치의 특정 감각수용기의 정보를 처리함이 드러났다. 시각피질에는 단순세포, 복합세포, 초복합세포가 위계적으로 조직화되어 있어서 각각 시지각의 다른 세부 특질에 대한 반응을 담당하는 것이 규명되었다. 시상을 통해 시각피질에 전달된 정보에 대하여 시각피질의 단순세포(simple cells)는 특정 선분이나 막대 정보를 탐지하고 반응하며, 여러 단순세포에서 정보를 받아 조합하는 복합세포(complex cells)는 특정 방향의 선분 특질을 탐지하고 반응하며, 여러 복합세포의 정보를 종합하는 초복합세포(hypercomplex cells)는 특정 운동 방향과 특정한 크기의 선분 모양을 조합하여 특정 모양에 반응하는 식으로 기능이 전문화되어 있음이 밝혀졌다. 시각피질 세포들의 이러한 모듈적 기능 분담 및 위계적 조합에 의한 정보처리 특성은 계산적 정보처리의 예를 보여주는 것이며 후벨 등이 이러한 특성을 발견한 것은 후에 마(D. Marr)가 단계적 계산시각이론을 세우는 밑바탕이 되었다.

---

75 LGN(외측슬상핵)은 색채 정보처리도 담당한다. 파랑, 노랑을 담당하는 세포 1, 초록, 빨강을 담당하는 세포 2, 흑백을 담당하는 세포 3 등의 대립 세포들이 있어서 각각 자기가 담당하는 빛의 파장을 흡수해서 다른 색 정보처리를 위한 신경신호를 낸다.

다른 후속 연구들에 의하여 시각뇌의 기타 신경정보처리 특성이 연구되었고, 1차시각뇌가 손상되면 대상을 보는데도 지각을 못하는 맹시(blindsight) 현상이 존재함이 발견되기도 하였다.

시각 자극에 대한 시신경계의 단계적 이미지 구성 관련 반응을 넘어서, 이후에 일어나는 심리적 반응 특성을 물리적 자극 특성의 어떤 함수로 생각해볼 수 있는가 하는 것은 정신물리적 문제이다. 방법론 장에서 이미 설명된 것처럼 정신물리학 방법은 물리적 자극의 크기나 강도가 변함에 따라서 그에 대한 감각, 지각되는 즉, 심리적 변화정도를, 그리고 그 반응이 어떻게 달라지는가를 탐색하는 방법이다. 물리적 자극과 심리적 지각 반응 사이의 함수적 관계에 있어서 자극의 특징에 따라 두 변인 사이에 일정한 관계가 성립된다. 심리적 반응의 정도는 물리적 자극 강도의 변화에 비례하여 증감의 관계를 보이기도 한다. 이 관계를 일정한 수리함수로 나타낼 수 있다.

3. 시각 형태 인식 이론 1: 초기 이론

다음은 시각 대상의 정체 인식이 어떻게 이루어지는가 하는 시각대상 인식이론에 대하여 설명하겠다. 대상을 인식할 때 상식적으로 대상인식이라고 하는 것을 심리학이나 인지과학에서는 대상인식이라고 하지 않고 학술적 용어로 '형태인식' 또는 '형태재인(pattern recognition)'이라고 한다. 여기서는 형태인식이라는 번역어를 사용하겠다.

형태인식에 대하여 심리학에서 제기되어온 대표적 이론들로는 구성주의 이론, 형태주의 이론, 그리고 기타 고전적 이론들이 있다.

1) 구성주의 이론

구성주의 이론에서는 지각자의 지식 및 행동적 역할이 지각과정에 개입된다고 본다. 우리가 신호등을 지각한다고 할 때 신호등에 대해서 물리적 자극 그 자체가 모든 것을 결정하는 것이 아니라 신호등은 빨강, 파랑, 노랑으로 되어있다는 지식이 있고, 그리고 파란불이 켜져 있으면 보행자건 자동차가 앞으로 간다는 것 등의 그런 지식이 도입되어 대상에 대한 추론을 해서 대상을 지각한다는 것이다.

이 이론에 의하면 지각은 능동적이고 구성적인 과정으로서, 자극 입력에 의해 직접적으로 주어지는 것이 아니라 제시된 자극과 마음 속에 지니고 있던 내적인 가설들과, 기대 및 지식이 상호작용하여 얻은 결과물이다. 지각이란 입력된 자극에 대하여 감각 수용기에 의해 신호가 나오는 자료의 조각들(floating fragmentary scraps)에 다양한 추론과정이 적용되는 것이라고 볼 수 있다(Gregory, 1972). 지각은 감각기관에서 제시된 정보를 이해하기 위해 기대, 가설과 같은 추론적 과정을 적용하여 이루어진다고 구성주의 이론가들은 주장한다. 따라서 가설과 기대로 인한 지각오류가 발생할 수 있다. 이 이론은 그 지지 증거로 사다리꼴의 방을 직사각형으로 지각하는 아메스 방(Ames' room) 착시 등의 착시현상을 예로 들었다.

그러나 이러한 구성주의 이론에는 문제점이 있다. 가설과 기대가 구성주의 이론가들이 주장한 것과 같은 방법으로 지각에 영향을 줄 수 있다는 것은 사실로 인정할 수 있다. 그러나 그런 상황은 자극들이 매우 짧게 제시되거나 하는 경우에 주로 일어난다. 그런 조건은 실생활에서는 비교적 드물게 일어나기 때문에 구성주의 이론이 정상적인 상황에서의 지각 현상 일반을 설명하는 이론으로서 미흡하다고 할 수 있다.

2) 형태심리학 이론

이 이론은 지각에서 여러 개의 자극을 우리가 어떻게 묶어서, 조직화하여 같은 덩이의, 범주의 대상으로 지각하느냐를 중심으로 시각이론을 전개하였다. 자극 자체의 부분들을 묶어서 전체로 지각하는 과정에서 부분들이 가지고 있는 정보 이상의 것이 창발(emergence)되어 이를 지각한다는 것이 형태주의 이론의 입장이다.

1930년대에 코프카와 쾰러(K. Koffka & W. Köhler) 등에 의하여 제시된 형태주의 이론은 우리가 경험하는 것은 개별적 감각요소로 주어지거나 그것들의 단순한 조합으로써 이루어지는 것이 아니라, 직접적으로 주어지며, 하나의 현상 자체인 동시에 부분으로 환원할 수 없는 전체적 통일체의 구조로서 주어진 바라고 하였다. 이러한 전체란 그 나름대로의 특징적인 조직화 경향성과, 전체가 부분을 결정하는 특징 등의 전체적 특성, 법칙을 지니고 있으며, 낱개 조각이란 항상 전체과정의 부분으로서 나타나는 것이라고 본다. 낱개 부분의 특성과는 다른 새로운 특성을 지닌 불가분의 전체로서 인간의 의식에 떠오르는 전체(emergent whole)를 그들은 Gestalten이라고 지칭하였다(이정모, 1983).

이러한 Gestalten은 '맹목적인 외적 요인(기계적 습관과 같은)'이나 구성주의 이론에서 주장하는 '지적 추론 또는 판단'에 의해 결정되는 것이 아니라 구체적인 Gestalten 법칙에 의해 결정된다. 입력된 재료에 주어진 형식적인 어떤 것도 아니고, 특별한 내적 고유의 법칙을 지닌 전체 내지는 전체의 과정, 즉 구체적인 구조적 원리를 지닌 구조가 형태(Gestalten)라는 것이다(Wertheimer, 1922).

형태주의 심리학이 제시한 형태조직화 원리로는 가까운 대상의 부분들이 조직화되어 한 덩이로 지각된다는 근접성 원리, 비슷한 것끼리 묶어서 한 덩어리로 지각한다는 유사성 원리, 연결되어 있다고 생각되는 것이 한 덩어리로 묶이어 지각된다는 연속성 원리, 같은 방향으로 움직이는 것끼리 묶어서 한 덩어리로 지각된다는 공통행선의 원리, 채워지지 않았거나 불충분한 것은 채워지고 완성되어서 안정되고 통합된 하나의 전체로 지각된다는 충만성 원리 등이 있다.

형태주의 심리학자들은 그들의 이론을 지지하는 대표적 사례들로 직관적 사례들을 제시하며 이론을 전개하였지만 실제로 조직화 원리에 대하여 실험적 입증을 거의 하지 않았었고 주로 2차원 자극 특성에서 일어나는 조직화 원리로 대상지각 전체를 설명하려 하였고, 학습효과나 지식효과가 지각에 미치는 영향들에 대하여 이론을 제시하지 않았다.

이후의 실험적 연구들에서는 대상지각에서 작동하는 조직화의 원리가 기본적으로 형태주의이론에서 제기된 바처럼, 근접성, 유사성 원리에 의존함을 보이지만, 형태주의 이론에서 제시한 조직화 원리 간에 경쟁 또는 갈등이 생길 때에는 이러한 조직화 원리가 깨어질 수 있음과, 이러한 조직화 원리에 추가하여 균일적 연결성(uniform connectedness: 부분들의 색깔이 같다든지, 음영이 같다든지 하는 특성)이 형태주의 조직화 원리에 추가되어야 함도 지적되었다(Palmer & Rock, 1994)

위에서 설명한 고전적 이론들을 잠깐 옆으로 미루어 두고 생각해보면 대상에 대한 시각적 인식을 위해서 우리는 외부의 시각적 정보를 받아들여서 어떠한 방식으로든 우리 내부에서 그 시각정보를 다시 표상하는 것이다. 정보처리체계인 인간 내부에서 다시 표상을 형성하는 것인데, 단계에 따라 망막이미지가 될 수 있고, 신경계의 이미지, 시각 중추의 이미지 등의 이미지를 나눠볼 수 있다. 그러한 이미지가 여러 개로 표상되고, 여러 이미지들은 우리 내부에 저장되는데 기억에 저장되어 있는 사물에 대한 기억이나 기존의 표상들과 대조하여 그것이 무엇인지 결정하는 과정들이 있다. 즉, 대상을 보고 그것이 무엇인가를 알아보려면 우리 기억 속에 이미 알고 있는 지식(예를 들면 사과는 어떤 모양이라는 지식)과 대조해야 그 대상의 정체를(사과라는 것을) 인식할 수 있는 것이다. 인간의 장기기억 속에는 이미 지식으로 저장되어 있던 사물의 모양에 대한 정보들 중에 지금 들어온 자극과 관련된 기억표상이 있다고 가정하는데, 이들 기억표상과 망막에 맺힌 이미지, 망막보다 윗 단계인 신경계에서 처리하는 이미지를 대응시켜서 맞느냐 틀리느냐를 찾아서 대상이 무엇인가를 인식한다고 볼 수 있다.

위에서 든 고전적 이론 이외에 20세기에 발전된 대상인식 이론에는 여러 가지 이론들이 있는데, 기억 속에 들어 있는 표상이 어떤 형태인가에 대해서 다른 입장을 취할 수도 있고 그것의 개수라든지 형식, 계산방식 등등에 대해서 다른 가정을 취하면 다른 이론들이 나올 수 있다. 그 중에서 제일 먼저 나왔던 고전적 이론인 형판맞추기 이론을 생각해보자.

3) 형판맞추기(template matching) 이론

이 이론에 따르면 자극 정보는 장기기억에 저장된 다양한 축소된 형판과 직접 비교되어 대상의 형태 인식이 일어난다. 예를 들어 A라는 글자를 보고 우리가 A라는 글자를 어떻게 인식하느냐 하면, 자극 A가 입력되면 망막 이미지에 A와 비슷한 것이 어떤 형태로든 영상이 맺혀진다. 그러면 망막에 맺혀진 이미지를 기억표상의 내용과 대조하게 된다. 기억에 표상되어 있는 A의 형판과 대조하여 대상의 형태인식을 한다는 이론이다.

그런데 우리가 대상을 보고 그것이 무엇인지 안다는 것은 사람에게는 굉장히 쉽고 컴퓨터에게는 매우 어려운데 왜 그럴까? 글자 'A'에 대한 형판을 우리 기억에 지니고 있다고 보면, 'A'의 여러 가지 모양이 있을 수 있는데 글자체와 관련된 모양과 크기, 방향, 색깔 등이 다를 수 있다. 이런 것들을 모두 'A'라는 글자로 지각하기 위해서는 무엇이 필요할까? 이것을 설명하려면 형판이론으로 설명할 수 있는 것도 있고, 없는 것도 있다.

그림 9-1 형판 이론

형판 이론에 의하면 자극의 상이 망막상에 그대로 전달되어 이미 저장되어 있는 다양한 형판과 비교해서 대상의 정체를 인식한다는 것이다. 그런데 이 이론을 따르자면 〈그림 9-1〉의 오른쪽 A를 기억 속에 있는 A의 형판이라고 생각하게 된다. 그러면 조금씩 차이가 나는 다른 A도 모두 다 A로 지각해야 되는데 조금씩 다른 A에 대해서 각각 다른 이미지가 따로 따로 기억 속에 미리 저장되어 있어야 하느냐하는 문제가 생긴다. 이 세상에서 실제로 또는 상상 가능한 모든 A의 다른 모양에 대해서, 모든 다른 위치에서 다른 크기로, 다른 방향으로 본 A의 형태에 대하여 미리 저장된 모양을 기억 속에 다 갖고 있다는 것은 그 가능한 형태의 수가 얼마나 될지 알 수가 없기에 곤란하다. 무수히 많을 것이다. A에 대해서 만이라도 인간이 그런 모든 것을 머릿속에 다 저장하고 있다고 믿기는 어렵다. 모든 가능한 A, 모든 가능한 B, 모든 가능한 ㄱ, 모든 가능한 사과모양, 모든 가능한 원…… 등으로 인간 기억이 그 모든 형판을 일일이 다 저장할 수 없다. 저장에는 한계가 있다. 형판이론은 이러한 문제점과 서로 다른 형판을 구별하는 차이 기준에 대하여 충분히 설명 못한다. 요약하여 형판판형이론에서는 무한한 양의 형판이 기억에 저장되어있다고 보는 문제점이 있다.

4) 원형 이론(prototype theory)

이러한 문제점을 보완하는 이론으로 제시된 것이 원형이론(prototype theory)이다. 특정 대상에 대한 가능한 모든 형판을 저장하고 후에 이를 일일이 찾아서 대조하는 것이 아니라, 그 대상(예: A) 범주의 가장 전형적인 형태가 추상화되어 원형 형판으로 하나만 저장되어 있다가, 후에 그 대상이 제시되면 이 원형의 어떠한 변형이 제시되건 간에 이 원형에 대조하여 일치정도가 높으면 그 대상으로 인식한다는 이론이다. 이 이론은 대조 과정에 계산적 과정이 포함될 수 있는 여지를 지닌 이론이다. 그러나 그 대조, 대응 과정의 세부가 구체적으로 어떻게 일어나는지를 명세화하지 못하였다.

5) 세부특징분석 이론(feature theory)

이 이론에 의하면 대상에 대한 모든 형판이 머릿속에 들어 있는 것이 아니다. 대상의 형태는 그 형태를 구성하고 있는 세부특징(세로선, 가로선, 둥그런 선, 꺾어진 선, 원 등)들의 특정한 속성들로 구성되어 있으며 형태재인 과정은 입력된 자극으로부터 세부특징들을 추출하여 내고, 다음에 이 특징들이 조합되어 그 결과가 기억속의 정보와 비교됨으로써 대상의 형태인식이 이루어진다는 것이다.

세부특징 이론의 이해하기 쉬운 한 모형은 1950년대의 셀프리지(O. Selfridge, 1956) 등의 도깨비(pandemonium) 각축 모형이다. 이 모형은 세분된 인식 단계를 가정하고 각 단계는 독립적인 작용을 하는 것으로 가정한다. 이 모형에 의하면 밖에서 자극이 입력되면 시각정보처리는 다음의 네 단계를 거친다.

① 이미지 도깨비(demon) 단계 : 밖에서 물리적 자극이 입력되면 망막에 이미지가 형성되고 물리적 자극의 부분들이 인식 가능한 신경신호로 바뀐다.

② 특질을 추출하는 도깨비(feature demon) 단계 : 자극의 세부특질을 추출한다, 예를 들어 A자에 가로선이 있느냐, 빗금선이 있느냐, 뾰족한 것이 있느냐 이런 것을 탐지하는 것이다.

③ 인지적 도깨비(cognitive demon) 단계 : 특별한 특징 배열에 비중, 점수를 주는 것이다.

④ 결정 도깨비(decision demon) 단계 : 3번에서 가장 점수가 높은 것을 자극으로 선택하여 대상을 인식하는 반응을 하는 것이다.

망막에 이미지가 형성되는 이후의 세 단계를 그림으로 나타내보면 〈그림 9-2〉와 같다.

세부특징 이론의 하나가 형태소 이론인데, 우리가 글자 R을 지각하는 것은 R을 구성하는 모든 요소에 대한 특질기억들이 있어서 이것을 분석해서 종합하면 일치한다는 것

그림 9-2 망막 이미지 형성 이후의 형태재인에서의 도깨비 각축 모형

이다. 이 이론도 그럴싸하고 간단한 것 같지만 여러 가지 문제가 있다.

이 이론에 의하면 복잡한 자극의 시각 정보의 전체 패턴이 이해되기 전에 그들의 부분들이 최소한으로 분석된다. 보다 단순한 시각특징들이 먼저 분석되고 이를 조합하는 상위과정이 다음에 진행된다. 앞서 시각의 신경정보처리에서 언급한 후벨과 위즐 등의 시각뇌 세포의 작동 특성 연구결과는 이러한 단계적 분석-조합 과정의 특징이론을 강하게 지지하는 것으로 볼 수 있다. 특징이론의 장점은 시각특질이 크기, 방향 등의 세부 차원에서 다양하게 변하는 자극들이 동일하게 정의된 특징들을 지니면 동일형태의 한 예로 식별될 수 있다는 것이다.

과연 인간의 시지각이 모든 경우에 항상 이런 식의 논리적 분석과 종합 단계를 거쳐 이루어지는가에 대해서는 후의 연구들에 의하여 비판을 받았다. 그렇기는 하지만 이 특징분석이론은 그 다음에 제시된 비더만(I. Biederman)의 계산 이론 도출에 밑바탕이 되는 생각들을 제공하였다는 점에서 긍정적으로 평가되어야 할 것이다

다음에는 이외의 형태인식 이론들의 일부 이론들을 간략히 살펴보겠다. 이러한 이론에는 공간주파수 분석 이론, 마의 계산 이론, 비더만의 구성요소(RBC) 이론, 신경망 이론 등이 있는데, 신경망 이론은 인공지능 장에서 언급되었기에 이 장에서는 생략하고 나머지 세 이론을 중심으로 설명하겠다.

4. 시각 형태 인식 이론 2: 공간주파수 분석 이론

라디오를 생각하면, AM방송이건 FM이건, KBS냐 MBC냐 등 라디오가 통과시키는 채널 주파수에 따라서 방송이 나온다. 라디오를 튜닝하면서 돌리면 주파수에 따라서 다른 방송이 나온다. 그런데 심리학자나 인지과학자들은 비슷한 현상이 인간의 시각에서도 일어나지 않을까라고 생각하였다. 시각에도 공간주파수(spatial frequency)가 (소리주파수처럼) 작용할까 하는 물음을 제기한 것이다.

이 입장에 의하면 망막의 영상은 병렬적으로 작용하는 여러 규모의 시각적 주파수

분석기들에 의해서 전역적(globally), 전체적으로 처리되고 정보는 다양한 크기 처리들로 분산된다. 이런 것을 증명하는 생리학적 증거가 있다. 망막의 동일 위치에 여러 가지 다른 크기의 수용장(receptive fields)이 존재한다는 증거가 있다.

공간주파수 분석 이론은 푸리에(Fourier) 변환을 사용하는데, 이는 (소리건 시각이건 간에 같은 식으로 자극 정보가 저장되는데) 소리나 영상 등의 복잡한 물리적 신호를 시간 또는 평면 차원에서 달리 변화하는 함수 또는 소리의 함수, 빛의 강도의 함수로 표현한다. 그것을 몇 개의 단순한, 정현파(sine wave) 곡선으로 분석할 수 있으며 반대로 분석된 정현파 수준을 다시 합성함으로써 원래의 복잡한 함수를 복원할 수 있다. 모든 시각적 대상을 분석할 수 있다는 것이 공간주파수 분석이론이다. 이 이론은 모든 대상을 분석할 수 있는 과학적 단순성을 보장하는 이론이라고 간주된다. 공간주파수 분석이론을 보면 여러 대상을 볼 때 여러 상이한 주파수필터가 적용이 된다. 촘촘한 것을 탐지하는 고빈도 주파수 필터, 성긴 것을 탐지하는 저빈도 주파수 담당 필터 등이 작용해서 자신을 통과하는 자극에 따라서 신호를 보낸다. 특정 주파수가 있다는 것을 신호를 보내면 그 윗 단계에서 이것들을 수리적으로 종합해서 주어진 시각자극에 작은 것도 있고 큰 것도 있다 라고 판단한다. 이런 것들을 종합해가면 이 대상은 어떤 것이라고 결정을 할 수 있다는 것이다.

실제로 아인슈타인의 얼굴 사진을 지각할 때 어떤 식으로 지각을 하는가 하면, 〈그

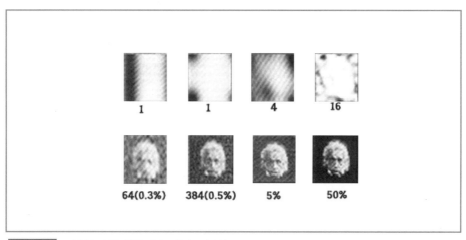

그림 9-3 아인슈타인 얼굴의 공간빈도 분석

림 9-3)과 같은 아인슈타인 얼굴을 지각할 때는 맨 왼쪽 위의 그림에서 굵은 파장을 (주파수를) 탐지하는 필터가 작용하여 굵은 배경 검정과 얼굴 흰색을 구분한다. 오른쪽으로 갈수록 조금 더 가는 것을 감지하는 필터들이 작동을 해서 아래 그림에서 더 가는 것, 더욱 더 가는 것으로 이렇게 여러 필터들이 자기 담당 주파수 정보를 분석해서 내놓으면 그것을 종합해서 보면 아인슈타인 얼굴이라고 판단하는 것이다. 컴퓨터시각 연구와 모델링에서 이런 방식으로 분석하는 입장들이 많이 적용되고 있다.

공간주파수 분석 이론의 장점은 신경정보처리의 효율성과 이론이 단순하다는 데에 있다. 지금까지 얘기한 여러 필터라는 것은 신경계에서 굵은 공간빈도를 담당하는 필터, 가는(촘촘한) 공간빈도 담당 필터 등을 찾아낼 수 있다는 데에서 신경정보처리와 맞아 들어가는 것이다. 이론의 단순성이란 필터가 자기가 담당하는 것을 계산해내는 공식만 적용하면 쉽게 대상지각에 대한 시각을 설명할 수 있다는 것이다.

이러한 이론은 수리적인 것이고, 계산적으로, 과학적으로 모델링하기에 유리한 이론이라고 볼 수 있다. 그러나 인간은 능동적 정보처리자이고, 인간의 시각은 정보의 선별보다는 전달 위주로 작동을 하고, 세부특징들의 기능과 의미를 파악하는데, 과연 공간주파수 분석 이론에서 가정했던 그런 필터들이 실제로 다 존재하는 것이냐, 그리고 이런 것들은 대체 무슨 기능을 하고 왜 존재하느냐를 충분히 설명하지 못했고 인간의 시각 의미정보처리의 풍부성을 모두 설명하지 못한다는 것 때문에 문제가 있다.

5. 시각 형태인식 이론 3: 마의 계산시각 이론

우리가 대상인식을 할 때 안구운동측정기를 통해서 눈동자를 보면 우리의 눈동자가 가만히 머물러 있는 것이 아니라 이쪽저쪽으로 옮겨 다닌다. 우리가 대상을 지각할 때 단 한 번에 대상의 모든 것을 지각하는 것이 아니라 우리가 신경써야 할 것에는 주의를 하면서 눈동자가 대상의 이미지의 여기저기를 옮겨 다니며 정보처리하여 대상을 인식한다는 것이다.

이러한 시각정보 처리가 어떻게 이루어지는가에 대하여 마(D. Marr)는 계산시각 (computational vision) 모형을 제시하였는데, 마는 시각으로 대상을 인식하는 것을 계산과정으로 이해할 수 있다고 보고 세부 계산 과정에 이론적 모형을 제시하였다. 그는 시각 과정에 대한 인지심리학적 연구자나 인공지능적 연구자, 신경과학적 연구자들이 시지각의 세부 과정의 탐색에 들어가기 전에 인간의 시지각이 무엇을 해내는 목적으로 작동하는 것인가에 대한 상위 수준의 개념화 작업, 즉 상위 수준에서의 설명이론을 반드시 갖고 있어야 한다고 보았다. 그는 이 수준을 계산수준이라고 명명하였다(계산수준이라는 마의 개념은 '계산의 목적'이라는 상위 수준에서의 의미이지만, 불행하게도 우리말이나 영어에서 일반인들은 '계산수준'을 단지 컴퓨터를 활용한 형식적 처리라는 좁은 의미로 생각하는 오류를 범하곤 한다. 마의 계산 개념은 우리가 지금까지 다루어온 '정보처리 과정을 형식화한다'는 의미와, 그러한 정보처리의 목표 수준에서의 설명을 거론한다는 의미의 양면적 의미로 사용됨에 유의하여야 할 것이다.)[76]

복잡한 시각정보처리 과정에 대해서 기존의 신경생리학, 형태심리학, 생태학적 광학 등에서 얻어진 데이터들을 가져와서 통합하고 인간이나 동물이 시각능력이 있게 된 목적이 무엇인가 하는 시각의 목적과, 입력 및 출력된 결과들이 신경계에서 어떻게 표상되는가를 시각정보처리의 알고리즘까지 구성하여 제시한 시각이론이라고 볼 수 있다. 이 마의 이론은 컴퓨터에 구현될 수 있을 정도로 구체적이고 자세한 알고리즘까지 제시했기 때문에 컴퓨터과학자들에 의해 널리 사용되었다.

심층분석 9-1 **인지 현상의 설명 수준**

인지 현상을 어떠한 관점에서 접근하여 설명하여야 하는가에 대하여 연구자마다 다른 접근 틀을 취할 수 있다. 정보처리적 접근처럼 정보처리체로서의 인간이 각종 자극을 상징(기호)으로써 표상화하고 이를 저장하고 활용하는, 상징 표상의 수준에서 접근하여 설명할 수 있지만, 그와는 다른 수준에서 접근하여 설명할 수도 있다. 신경생물적, 신경생

---

76 David Marr (1982). Vision: A computational investigation into the human representation and processsing of visual information. San Francisco: W. H. Freeman.

리적 수준에서 접근하여 심적 현상이 어떠한 신경적 구조와 기반에 의해 이루어지는가를 설명함으로써 인간의 마음, 인지 현상을 설명할 수도 있다. 또는 단순히 정보처리 과정이 어떠한 알고리즘적, 규칙 체계에 의해 이루어지는가 하는 수준에서 접근하여 설명할 수도 있다. 어떠한 수준에서 설명할 것이 적절한 것인가 하는 문제가 제기된다.

이에 대하여 마(1982)와 필리신(Z. Pylyshyn, 1984, 1999)은 심적 과정에 대한 심리학적 이론들이 어떻게 조직화될 수 있는가 하는 세 수준 설명(levels of explanation) 이론 틀을 제시하였다. 마에 의하면 인지심리학의 이론이 구성되고 적용될 수 있는 3개의 설명 수준이 있다. 하나는 최하위 수준의 구현 수준(implementation level)으로서, 표상과 계산의 논리(알고리즘)가 어떻게 물리적으로 구현되는가 하는 물리적 구현 수준에서 접근하여 심리 현상을 설명하는 수준이다. 신경과학적 접근이나, 연결주의적 접근이 바로 이러한 수준의 이론을 통한 설명 접근이다.

다음의 중간 수준의 설명은 알고리즘적 수준(algorithmic level)으로서, 정보처리체계 내에서 어떠한 특성의 표상을 어떠한 유형의 계산알고리즘 또는 규칙을 사용하여 정보 처리를 하는가 하는 상세한 기술을 하는 수준이다. 정보처리가 이루어지는 세부 단계들과 기작의 규정이 요청되는 수준이다.

다음으로 가장 상위 수준은 계산 수준(computational level)이다. 이 수준에서는 정보처리체계의 계산이 어떠한 목적에서 이루어지는가, 무엇을 계산해 내야 하는가, 왜 어떠한 계산 알고리즘과 전략이 적절한가 등의 기능적 수준의 이론이 요청되는 설명 수준이다.

이 세 수준은 서로 독립적이며, 수준 간에 대응이 이루어져야 할 제약이 있는 것은 아니다. 다른 말로 이야기하여 한 설명 수준이 다른 수준으로 환원될 수 있다는 것이 아니라, 3개의 설명 수준이 모두 다 필요하다는 것이며, 서로 다른 차원의 설명이 상보적 역할을 할 수 있다는 의미이기도 하다.

필리신도 정보처리체계가 3개의 수준에서 조직화 되어 있다는 가설을(tri-level hypothesis) 제시하였다. 그가 이름 붙인 이 세 수준은 다음과 같다.

1. 생물적 또는 물리적 수준(The biological or physical level)
2. 기호적 또는 통사적 수준(The symbolic or syntactic level)
3. 지식적 또는 의미적 수준(The knowledge or semantic level)
그의 기본 논지는 마의 입장과 같다.

심적 현상의 종류에 따라서, 다른 설명 수준에서, 그 수준에 해당되는 표상에 어떠한 정보처리가 일어났는가를 중심으로 설명되어야 한다는 입장의 마와 필리쉰의 세 설명수준 이론틀을 약술하였다. 이들의 주장은 인간의 인지 현상에 대해 적절한 설명을 주기 위해서는 이 세 수준별 설명들이 연결되어 종합적인 설명을 주어야 한다는 것이다. 고전적인 정보처리적 인지심리학은 주로 제일 상위 수준인 계산 수준의 이론을 형성하고 이를 지지하는 경험적 증거를 탐색하여 심적 과정에 대한 설명을 제시하는 접근을 취하여 왔다고 할 수 있다. 그러나 연결주의적 접근이나 인지신경과학적 접근은 생물적 수준, 구현 수준에서의 이론적 설명을 추구하는 접근이라고 할 수 있다.

마의 계산시각 이론은 인간의 시각이 지닌 목적이 무엇인가를 구성하는 것으로부터 시작했는데, 각각의 정보처리 단계에서 사용된 입력 표상과 처리의 결과로 얻어진 출력 표상을 결정하고 주어진 입력으로부터 유용한 출력값을 얻어내는 과정을 기술한다.

지하철역에서 전철이 들어오는 것을 지각한다고 했을 때 아무 목적도 없이 지각하는 것이 아니다. 무엇인가를 기대하고 어떤 모양의 대상을 기대하면서 무엇인가를 하기 위해서 지각하는 것이다. 그러한 대상지각의 목적을 고려하지 않고 아무것도 모르는 외계인이 전철역에 서 있다고 생각하면, 그 외계인은 망막상에서 전철이 들어오는 모양을 보면서도 그것이 전철인지를 모르고 아무것도 아닌 것으로 느낄 것이다.

마의 계산이론은 영화 「터미네이터」의 미래 로봇 시각 모형 구성의 원조 이론이라고 볼 수 있다. 터미네이터가 대상을 쫓아가면서 여러 가지 시각 이미지를 단계적으로 보게 되는데, 그런 것은 영화 「터미네이터」를 만드는 사람들이 바로 생각해서 만든 것이 아니라, 마의 계산시각 이론과 인공지능학자들에 의해서 컴퓨터시각(computer vision)의 모형으로 발전된 것을 영화 만드는 사람들이 쓴 것이라고 할 수 있다.

마는 인간 시각체계를 설명하거나 좋은 인공시각 시스템을 구성하기 위해서 인간에게는 자동적이고 당연하게 여겨지는 시각 과정들의 본질을, 그 하위 과정 세부를 명세화하는 것이 시각 탐구의 과제라고 보았다. 하위 과정을 명세화한다면 자연히 하위과정들에서 일어나는 정보처리 과정들을 명료히 기술하는 계산이론이 필요하게 되는데, 우리가 대상을 인식한다고 했을 때 무엇이 계산되고 왜 계산되고 어떠한 계산이 이루어지는가 하는 이론적 모형을 제시한 것이 마의 계산 이론이다. 그는 시지각 시스템의 정보처리 과정을 네 단계로 구분하고 각 단계에서 정보표상을 위한 입력, 출력 값과 그 안에서 작동하는 계산 알고리즘을 제시하고 있다. 그가 제시한 계산적 시각처리의 네 단계는 자극의 입력 단계, 1차 스케치(초벌 스케치) 형성 단계, 2-1/2 D 스케치 형성 단계, 3D 모형 형성 단계이다. 이 단계들을 차례로 개괄해보면 다음과 같다.

최초 자극입력 단계: 마의 1단계로 아직 진입하지 않은 전 단계의 자극 입력 표상이다. 바깥에서 들어오는 자극의 영상이 눈의 망막에 맺힌다. 망막에는 수억 개의 망막세포들이 있다. 자극에서 반사된 빛의 광자들이 이 망막세포들을 때리면서 반응을 일으킨다. 망막을 컴퓨터 스크린 또는 영화관의 영화스크린으로 생각해볼 수 있고, 그것은 X, Y 좌표로 나타낼 수 있다(우리의 망막상에서 하나하나의 세포정보를 X, Y 좌표로 표현할 수 있다고 본다면). 이러한 말단 세포 수준에서는 맺힌 이미지들이 상당히 조야한 것이어서 대상을 쉽게 알아볼 수 없는 형태로, 의미가 없고 신뢰롭지 않은 시초 이미지가 맺힌다. 밝기 차이 정도만 있다. 신문 사진을 굉장히 강력한 확대경으로 보았을 때에 보이는 것 같이 단순한 밝기 강약 차이만 있는 점들의 집합으로 보이는 상태와 같다.

마의 시각 1단계: 시각의 첫 번째 단계는 망막에서 맺혀지는 상을, 밝기/어둡기 기준의 상으로 배열한 것이다. 눈의 망막에는 1억 개 이상의 감광세포가 있어서, 자극이 들어오면 이 세포들이 반응을 하는데 이 반응을 이차원적인 수리 형태로 나타낼 수 있다는 것이다.

1단계의 정보처리 계산 내용을 요약하면 다음과 같다. 대상 자극이 망막을 통해서 망막의 감각 수용기 세포들을 때리면 그 결과로 세포들 각각의 신경화학물질의 분해가 일어나고 이에서 신경신호가 나오는데, 세포들의 반응에는 흑백 밝기 수준이 차이가 있는데 그 모든 것을 고려해서 다 정보로 나타내는 것이 아니라 몇 차례의 알고리즘적인 수의 계산을 해서 가장 밝기 차이가 나는 것만을 뽑아내는 것이다. 그것이 영점교차(zero crossing) 처리이다. 거기에는 어떤 필터를 적용하느냐에 따라서 굵은 차이를 뽑아낼 수도 있고 가는 차이를 뽑아낼 수도 있다. 그렇게 해서 모서리(edge)나 어떤 덩어리(blob)라든지 그런 것을 찾아내고 묶어서 그 다음 단계인 2-1/2 D 스케치를 하는 것이다.

1단계의 정보처리는 2개의 초벌 스케치(표상)를 도출해내는데, 먼저 도출되는 원초벌 스케치(초벌 1차 스케치, raw primal sketch)는 빛의 강도에 따라서 추출하여 낸

회색수준의 시각표상이며, 이 초벌 스케치가 지니는 애매성을 보완한 다음 단계의 완성 초벌 스케치(full primal sketch)는 얼룩, 선, 모서리 등을 형태주의의 조직화 원리인 근접성, 유사성 등의 원리에 의해 조직화 하여 테두리, 윤곽들의 덩이(grouping) 특성이 드러난 시각적 표상이다.

심층분석 9-2   1단계의 영점 교차 계산

〈마의 시각 1단계 표상〉

시각의 첫 번째 단계 : 회색 수준 배열

단계 ⇒ 단계 ⇒ 단계

- - - - - - ▶ 1억 개 이상의 감광세포

이들 세포들의 반응을 2차원적 형태로 나타낼 수 있음

이는 회색 수준 영상(gray level Image 각점(화소, pixel)에 강도 (흑백/밝기)를 나타냄

그림 9-4 망막에서의 밝기 특성에 따른 시각정보 계산의 출발점

위의 그림을 보면 T자가 있는데, T자 자극이 바깥에서 입력된다고 하자. 그러면 수정체를 통하여 빛이 가서 닿은 망막 부분과 그렇지 않은 부분의 신경적 신호의 반응 강도가 달라질 것이다.

설명을 위하여 T자의 자극이 당도한 망막 부분은 임의적으로 10 정도의 반응 강도가 나오고 안 비춰진 곳에는 3, 4, 또는 2 정도의 반응 강도가 나온다고 하자. 이는 컴퓨터로 말하면 각 화소, 즉 각 픽셀에서 거기에 비추어진 빛의 강도에 의해서 결정된 상대적 밝기 강도를 나타내어주는 값이라고 볼 수 있다. 망막의 각 픽셀들의 반응 크기가 4, 5,

4, 3, 1, 2…… 이런 식으로 들쑥날쑥할 수 있는데 이를 일정한 수리식(알고리즘)을 적용해서 평균적으로 변환하면 〈그림 9–6〉의 공식 1의 위 그림이 아래 그림처럼 계산되어서 고르게 나온다. 그런데 우리가 망막에서 찾아야 할 것은 급격히 밝기가 달라지는 점이다. 그것이 윤곽이 된다. 그 점을 찾아야 된다. 이러한 급격히 밝기가 달라지는 점을 찾기 위하여 위의 계산 결과에 또 다른 공식(계산 2)을 적용해서 계산하고, 다음에 이 공식을 다시 적용하여(계산 3) 한 단계 더 나아간 결과를 도출하는 것과 같이 이런 식으로 몇 단계 계산을 하면 〈그림 9–5〉처럼 급격히 밝기가 달라지는 점 즉, 영점이 교치되는 점을 뽑아낼 수 있다. 이것은 수리적인, 알고리즘적인 계산의 적용 결과인 것이다. 계산 2의 연산자인 '좌측 x (–1) + 우측 x (+1)'을 사용하여 두 번 계산한 것을 하나의 연산자로 표시하면 (–1) + (+2) + (–1)로 표시할 수 있고 이를 2차원적으로 표시하면 멕시코 모자 형태로 표시할 수 있다(Stillings 외, 1995, 12장).

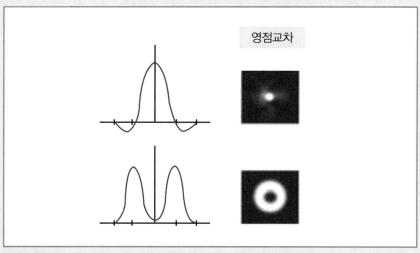

영점교차

그림 9–5 망막에서의 밝기 특성에 따른 영점교차

다음 2개의 그림을 강도변화(영점 교차) 탐지 필터(1차와 2차)를 결합시켜서 만든 필터가 멕시코 모자 모양 같은 것이 도출된다. 이 멕시코 모자 모양 필터에 의해 각 점들의 비중을 할당하고 계산을 계속하면(filtering), 그 결과로 영점교차 영상을 추출해낼 수 있다. 어떤 크기의 멕시코 모자 모양 필터를 사용했느냐에 따라서 영점교차(급격히 밝기가 달라지는 점)가 달라질 수 있다.

영점교차

1. 계산 1: 츨빌(Input) ⟸

454369879

$$\frac{각\ 점에서\ (좌측\ 화소\ 값) + (2점\ 화소\ 값) + (우측\ 회소값)}{3} \Rightarrow 평균값$$

 − 모든 점에서 이를 계산
  ⇒ 4 4 4 4 6 8 8 8 8

2. 계산 2: 갑자기 크게 변화하는 강도 값 파악 − 위의 평균값을 각 점에서
  [좌측×(−1)]+[우측×(+1)]−공식2 → 0 0 0 2 2 0 0 0

3. 계산 3: 공식 2를 재적용   0 0 0 2 0 −2 0 0

영점교차

두 개의 그림 합침 =

이 멕시코 모자에 의해 각 점들의 비중을 할당
  → 가까운 점: +, 먼 점: − , 아주 가까운 점: 0
이러한 식으로 gray level image를 계산 또는 filter 하면
  → 결과 도형: image: 영점교차 image
이때 어떤 크기의 멕시코 모자 $\frac{brand\ filer}{여과기}$ 를 사용했는가
몇 번 사용했는가에 따라 결과되는 [영점교차 image]가 달라짐

그림 9-6 필터 적용한 영점교차 계산 방식

초벌 스케치를 다시 설명하면 다음과 같이 이야기할 수 있을 것이다. 가령 약 1억 개 이상의 픽셀(망막세포)이 있는데 이 픽셀들이 대부분 밝기 차이가 조금씩 있을 뿐으로

그 중에서 조금 애매한 것은 다 제거하고(이론적 계산에서 포함시키지 않고) 가장 밝기 차이가 급격하게 나는 것만 사용해서 정보처리하여 계산하여 내는 것이다. 동일한 밝기를 가진 표면으로부터 투사된 영상의 경우도 눈의 수정체와 내부를 통과하는 과정에서 잡음(noise)의 효과로 인해 조금씩 차이가 날 수 있다. 필터링 과정은 이러한 잡음을 제거하는데도 효과적이다. 흑백 강도의 변화가 급격한 영역을 추출한 것이다. 각종 잡음을 제거하고 뚜렷한 특성만 뽑아낸 것이다. 영점교차를 중점적으로 추가적으로 처리하여 초벌 스케치(primary sketch)를 구성한다. 여러 다른 크기의 필터를 적용하여 나온 영점교차들이 같은 위치에서 이루어지면 그것을 동일한 모서리(edge)로 추정하게 되는 것이다.

그림 9-7 여러 다른 필터 적용의 예(1-4)와 2-1/2 D 스케치(5-6)

다음 〈그림 9-7〉의 첫 자극(1)은 철망에 식물이 있는 사진이다. 이 사진에서 급격히 밝기가 달라진 것만을 계산하여 뽑아낸다면 오른쪽의 그림 (2)와 같다고 볼 수 있다. 조금 다른 필터들을 적용하여 계산하면 (3)과 같은 영상을 얻을 수 있는 것이다.

그러한 계산의 결과가 1차적인 윤곽의 스케치인데 거기서는 모서리, 얼룩, 선, 띠, 경계선이라든지 불연속점이라든지 종시점이라든지 이런 것이 뽑아져 나오게 마련이다. 대상의 구성 요소들을 산발적으로 흩어지게 놓아두는 것이 아니라 같은 것을 덩이로 묶은 것이다.

망막의 화소 강도는 회색 수준의 표상이 있고 흑백 수준의 표상이 있는데 거기에서 가장 강한 것만 뽑아내서 영점교차처리를 하고 강도를 측정하고 다음 묶기(grouping) 처리에서 강도변화의 분포 및 구성을 하고 거기서 대충 윤곽이라든지 대상 경계선을 뽑아내서 초벌 스케치를 완성을 하고 그리하여 1단계 최종 스케치가 완성되는 것이다. 다른 것은 모두 다 제거하고 빛의 밝기만 급격히 변한 것을 뽑아내어 영점 처리한 결과가 〈그림 9-7〉의 2번 그림이라고 볼 수 있다.

2단계 2-1/2 차원 이미지: 3차원도 아니고 2차원도 아닌 그런 시각 표상을 만들어 내는 것이 2단계의 작업이다. 대상을 보는 사람 관점 중심으로 영상의 특성을 추출하는 것이다. 입체이긴 한데 표면 방향 처리 등 독립적인 처리 모듈들에 의해서 병렬적으로 처리된 정보가 통합되어서 최종적인 재인(인식)에 넘어가기 전에 일시적으로 만들어지는 표상이다. 망막상의 일반 좌표체계로부터, 외부세계 대상을 중심으로 한 좌표체계로의 변환이 이루어진 표상이다.

그림 9-8 관찰자 중심 표상인 2-1/2 D 스케치

이 단계에서는 표면에 기반한(surface-based) 이미지를 만든다. 그림 9-8의 왼쪽에 보면 컵 그림이 있다. 밝기가 크게 차이가 나는 것을 1단계에서 먼저 영점 처리를 하면

윤곽만 나타난다. 윤곽만으로는 이것이 컵인지 바닥에 박혀있는 것인지 알 수 없으니까, 컵이라고 하면 표면을 갖고 있고 표면은 쑥 튀어나오거나 뒤쪽으로 들어가는 것이 있을 터이므로 방향을 나타낼 수 있는 표지를 붙여주는 처리를 하는 것이다.

2단계를 다시 설명하자면, 초벌 스케치에서는 밝기가 큰 차이 나는 것에 초점을 두고 영상을 계산하여 뽑아냈는데, 2단계에서는 관찰자 중심으로 해서 대상 표면이 어떻게 보일 것인가를 대상 표면의 방향이라든지 깊이(정보를 추출하기 때문에 각 영역은 3차원적인 깊이 정보를 포함하고 있지만, 아직도 사람들이 지각하는 3차원 대상과는 달리 깊이 정보를 기준으로 해서 각 영역들이 군집화되어 각 대상들이 구별되지는 않는다. 이 때문에 마는 2차원의 평면 표상은 아니지만 완전한 3차원적인 표상이 아니라는 의미에서 2.5차원 스케치라는 용어를 사용했다) 뽑아낼 때는 같은 자극에 대해서도 관찰자의 두 눈 망막의 영상이 차이가 난다는 점에 착안하여 두 망막상의 대응점의 차이 점수를 계산해서 그것을 방향으로, 화살표로 표시한다. 원근의 차이가 화살표 선분의 길이로 표현되는 것이다.

입체라는 것을 우리가 어떻게 지각하느냐의 표시는(컴퓨터가 이 영상을 보고 입체를 어떻게 인식하느냐 할 때) 그림에 화살표를 붙여줄 때에, 위로 향한 화살표 면은 깊이가 있는 위쪽을 향하고, 오른쪽으로 향한 화살표는 오른쪽을 향한 것이고, 긴 화살표는 보는 사람을 중심으로 가까운 거리에 있는 것이고, 짧은 화살표는 보는 사람을 중심으로 보았을 때에 멀리 있는 것이다 라는 방식으로 영상에 표시를 하여 주는 것이다. 관찰자에게 비교적 다가와 있는 것은 컵에서 보면 아래쪽으로 방향 표지가 되어 있다. 그렇게 보는 사람 중심의 이미지 표상을 한 후에 다음 단계에서 대상 중심으로 표면을 나타내는 처리를 하는 것이다.

3단계 대상 중심 표상: 2단계에서는 보는 사람 중심으로 계산하여 영상을 만들어 냈는데, 3단계에서는 보는 사람이 아닌 대상 중심으로 만들어낸다. 그것을 어떻게 만들까? 한 가지 접근방법은 세상의 물체들은 일반적으로 원통형의 구조로 이루어져 있으며 이것들은 다시 계층적으로, 위계적으로 구성된 축들의 모임으로 표현된 것으로 나타낼 수 있을 것이다. 그러한 표상 틀은 관찰자 중심이 아니라 대상 자체 중심이 된다.

〈그림 9-9〉의 첫 그림인 막대 그림 표상을 보면 이 그림만 보고 대상이 무엇인지를 대체로 지각할 수 있다. 토끼, 기린, 타조, 말, 개, 금방 그렇게 지각이 된다. 왜 그렇게 지각이 될까? 대부분의 대상들이 원통축 중심으로 배열이 되어 있기 때문이다. 대상을

3차원으로 나타낼 때 이런 것들을 원통축 중심으로 표현하면 된다는 것이다.

그림 9-9 대상중심 표상의 3-D 모형 계산을 위한 축의 예

사람도 원통축으로 되어 있다고 볼 수 있고 계층적으로, 위계적으로 되어 있다고 생각할 수 있다. 팔이 있고, 팔은 위팔과 아래팔, 아래팔은 아래팔과 손, 손은 손등과 손가락의 조합으로 나타낼 수 있다. 사람의 몸의 영상을 이런 식으로 원통 축의 조합으로 나타낼 수 있는데 이와 같이 단순한 알고리즘을 통해서 시각자극 대상의 대상 기반 3D 속성을 분할해 나타낼 수 있다고 보는 것이 마의 이론이다.

마의 시각계산 이론 요약: 마의 시각 3단계 이론 요약을 〈그림 9-10〉에서 제시된 바를 중심으로 설명하면 다음과 같다.

먼저 자극이 입력이 되면 그것이 망막상의 이미지를 만든다. 그 이미지는 망막의 수용기 세포들의 반응강도에 따라 밝고 어두운 차이를 보이는 회색 수준의 표상이 된다. 이는 각 화소별(감각세포별) 지엽적 빛의 강도로 생각할 수 있다. 이로부터 급격한 강도변화를 탐지하고 가장 강력한 변화를 중심으로 해서 영점교차 처리를 하고 그런 것을 근거로 해서 개별 모서리(윤곽), 덩어리, 분절 등을 중심으로 원초벌 스케치를 만든다. 이것들을 덩이로 묶어(grouping) 묶여진 것들이 연결되어 선분이나 덩어리가 될 것인데 이런 것들이 완성 초벌 스케치(full primal sketch)이다.

다음 2-1/2 D 스케치에서는 물체 표면의 방향과 깊이 정보를 나타내는데 이것은 관찰자의 관점에서 나타난 것이고, 3단계에서는 거기에 상위 지식을 적용해서 대상 자체의 모양을 조직화해서 3차원 모형을 만드는 것이다. 그래서 1차 스케치, 2와 2분의 1

차원 스케치, 3차원 모형 이렇게 3단계를 거쳐서 망막으로부터 이미지가 형성이 되고 계산되어서 나오고 그것의 합을 통해서 기억에 있는 내용과 대조해서 대상을 인식한다는 것이 마의 이론이다.

마의 계산시각 이론에 대한 평가 마(D. Marr)의 이론은 인지과학계에 상당한 영향을 끼쳤다. 물론 그의 이론틀에 대한 비판도 있었다. 비록 그가 시각계산의 상위 수준의

그림 9-10 마의 시각 이론 요약

목표를 설정하여 상위 수준의 계산의 본질을 고려해야 한다는 개념 주도적(top-down) 처리 측면을 강조하기는 하였지만 그의 모형은 시각정보처리 초기에는 입력된 시각자극의 물리적 요소 부분으로부터 상향적으로 처리하여 가는 자료 주도적(bottom-up) 모형이 기본 틀이었다는 비판을 받는다. 또한 각 정보처리 단계들에서 독립적으로 기능하는 시각정보처리 모듈들을 전제로 하는 입장이었고, 초기 단계 이외에는 구체적으로 신경과학적 증거들이 별로 활용되지 않은 측면이 있었다. 그가 지병으로 35세에 요절하기 이전에, 그리고 사후에 이러한 측면에서 비판을 받았지만 그러한 비판이 지적하는 측면보다는 그의 이론적 모색이 인지과학에 긍정적으로 영향을 준 면이 많았다.

시지각 전공의 정찬섭 교수는 그의 기여한 바를 다음과 같이 표현하고 있다(정찬섭, 1989).

"지난 20년 동안 지각 분야에서 패러다임의 전환이라고 부를 만한 변화가 있었다면 그것은 데이비드 마(David Marr)의 초기 시각정보처리에 관한 계산이론의 출현이다. 마(1982)는 일상 지각경험, 정신물리학, 지각심리학, 신경생리학, 및 컴퓨터시각 등 여러 접근에서 얻어진 그간의 폭넓은 연구결과들을 토대로 하나의 통합된 시지각 계산 이론을 개발하였다. ……계산 이론이 선행되어야만 지각에 대한 이해가 순조롭게 풀려나갈 수 있다는 성찰을 경험적으로 예시하였다(p. 128)."

마는 일반인들이 단순하게 생각하였던 시지각이 일련의 상당히 복잡한 정보처리과정들의 결과임을 보였고, 이러한 과정들을 정보처리의 목표를 고려한 계산적 알고리즘을 적용하여 모형화 할 수 있음을 보여서 인공지능 학자들에게 그저 형식화하는 프로그래밍에 매달리기에 앞서 시각의 본질의 문제를 이해함이 중요함을 일깨우고 또 시각의 문제를 계산적 관점에서 어떻게 접근하여야 하는가 하는 본을 보였다고 할 수 있다. 또한 그는 당시에 신경과학적으로 알려진 것을 심리학적 계산적 이론에 포함시키려 노력하여, 그때까지는 인지과학에서 무시당하거나 소홀히 취급되던 신경과학적 접근과 계산적 접근의 연결을 시도함으로써, 이후의 인지과학이 종래의 고전적 기호처리시스템 위주의 인지주의 중심으로 진행되던 것을 벗어나서 신경과학적 탐구를 연결, 통합하여 종래의 컴퓨터 은유 중심의 좁은 접근에서 탈피하여 변모할 수 있는 전환의 한 자극제 역할을 하였다고 볼 수 있다. 그의 모형의 구체적 세부가 후속 연구에 의하여 비판을 받는다고 하더라도 이러한 계산적 모형 추구와 신경과학과의 연결의 추구는 마가 인지과학의 발전에 중요한 역할을 하였음을 인정하게 한다.[77]

6. 시각 형태인식 이론 4: 구성요소 이론

마의 계산시각이론 외에 다른 계산시각이론도 있다. 그 중의 하나가 비더만(1987)이 제시한 구성요소 재인 이론(RBC: Recognition by Components)이다. 비더만에 의하면 대상 지각에서 중요한 것은 기본 구성요소인데, 물질이 이온으로 구성되듯이, 지각 대상은 기하학적 이온(geometric ion)인 지온(geon: 시각의 기본개념 요소라는 의미에서 지온이라는 용어를 사용함)으로 구성된다고 본다. 약 36개의 지온이 대부분의 시각 대상의 모양을 구성해낸다는 것이다. 이 이론에 의하면 지각적 인식은 단순한 3차원 모형들의 대응으로 표상될 수 있다. 이들 단순한 3차원 모형들이 지온이며, 2차원상에서 수평선과 수직선 등의 형태소들이 결합해서 의미있는 사물이 되는 것처럼 3차원상에서는 이들 지온들이 서로 결합해서 사물이 된다는 것이다. RBC 이론은 입체적 사물의 인식을 위한 형태소 모형이라고 볼 수 있다. 이러한 시지각 원자요소들이 있고, 그것들이 기본이 되어 조합되어서 대상을 지각하는 것이다.

〈그림 9-11〉에서 지온은 왼쪽 칸(가)에 있는 것이고 오른쪽 칸(나)에 있는 것은 대상이다. 오른쪽 칸의 중간을 보면 전기스탠드가 있는데, 전기스탠드는 왼쪽에 지온 2와 지온 3을 합한 것에 지나지 않는다고 볼 수 있다. 컵은 왼쪽의 지온 5와 지온 2를 합한 것으로 볼 수 있다. 우리는 평상시에 약 3만 개 정도의 사물을 쓰고 있으며, 우리가 의식하여 이름을 댈 수 있는 사물명은 약 3천 개 정도인데, 작은 수의 지온으로 이들을

---

77 마에 대한 한글 소개는 http://www.aistudy.co.kr/pioneer/Marr.D.htm 참조.
영문 소개는 http://kybele.psych.cornell.edu/~edelman/marr.pdf 참조.

(가)　　　　　　(나)

그림 9-11 구성요소 재인 이론의 지온의 예

표상할 수 있는 것이다.

　이러한 지온에 바탕하여 대상의 형태재인이 어떻게 진행되는가에 대하여 구성요소 재인 이론은 다음과 같이 본다. 먼저 자극이 입력되면 그 망막 영상에서 모서리(edge) 추출 단계가 진행되고, 다음에 그 대상의 이미지들이 지니는 대상의 규칙성 또는 중요 불변적 특성(구부러짐, 요철, 균형성 등)이 추출되고, 다음에 이러한 특성들에서 지온이 구성되고, 이 지온들을 조합하여 그 결과를 기억에 있는 표상 후보들과 대조하여 형태인식이 일어난다고 본다. 여러 개의 요소(지온)들이 어떻게 조합되는가 하는 결합(binding) 문제에 대하여 비더만은 동시적으로 변화하는 단위들이 조합된다는 다층신경망 모델에 의하여 설명하려 한다.

　구성요소 이론을 지지하는 실험 결과도 있다. 여러 자극을 연달아 제시하였을 경우에 지온이 달라지면 형태인식이 늦어진다든지, 원숭이의 시각뇌에는 특정 지온에 민감한 세포가 있다든지 하는 연구결과들이 있다.

　구성요소 이론은 모서리(윤곽) 중심의 처리가 형태인식에 충분한 정보를 제공한다는 것과, 보는 사람의 관점(viewpoint)에 독립적으로 대상의 형태인식이 처리되는 측면을 강조하였는데, 과연 형태인식이 모서리나 윤곽 중심의 정보처리로 충분한가, 그리고 보는 사람의 관점을 무시한 대상 형태 표상으로 과연 기억 정보에 대조하여 계산을 할 수 있는가, 또 맥락의 효과를 무시하고 대상의 기하학적 요소 중심의 처리로 형태재인이 충분한가에 대한 이의가 제기되고 있다. 다른 연구(Tarr & Buelthoff, 1988) 등의 연구에 의하면 대상 형태인식이 보는 사람의 관점과 독립적 아니면 의존적으로 진행되는 것의 어느 하나가 아니라, 대상이 단순하고 과제가 쉬우면 관점과 독립적으로, 복잡하거나 어려우면 관점 의존적으로 진행되며 이 두 처리가 뇌의 다른 신경통로에서 관장된다고 한다.

7. 시지각에 대한 인지신경적 탐구 [78]

1) 계산시각 이론의 신경적 타당성 탐구

앞에서 후벨과 위즐(Hubel & Wiesel)의 시각뇌의 신경정보처리 연구가 세부특징 이론과 마, 비더만 등의 계산시각 이론의 바탕이 되었음을 언급한 바 있다. 그러면 마나 비더만의 시각 이론은 신경적 타당성이 있는 것일까? 리도크와 험프리(Riddoch & Humphrey, 2001)는 뇌 손상으로 인한 시각 이상 환자들의 시각정보처리 특성을 확인한 결과, 형태인식의 시각정보처리가 마와 비더만이 제시한 하위 과정들이 위계적으로 연결되어 일어난다고 보고하였다. 그들의 연구에 의하면 뇌 손상에 의하여 모서리 (edge) 처리에 문제가 있는 사례가 있고, 시각적 세부특징들을 조합(binding)하는데 문제가 있는 환자 사례가 있으며, 근접성이나 유사성이나 공통행선 등의 부분적 세부

---

78 이 내용은 인지신경에 관한 책 중에서, Ward(2006)의 책의 내용 중 6장, 7장의 내용을 많이 참고하여 정리하였고, Gazanigqa, Ivray & Mangun(2002)의 책의 내용도 일부 참고하였다.

특질의 처리에는 문제가 없으나 이들을 통합하여 전체 모양으로 구성하여 지각하지 못하는 환자 사례가 있고, 보는 각도가 달라짐에 따라 동일한 대상으로 지각하지 못하는 경우나, 대상을 복사하여 그리기는 하지만 보는 이의 관점에서 대상 형태 구조를 기술하는 것을 하지 못하는 사례 등도 있다. 마와 비더만의 이론들이 뇌 손상에 따른 형태재인 이상 현상을 부분적으로 설명해줄 수 있음이 보고되고 있다. 대상의 형태인식은 여러 유형의 신경적 정보처리 과정이 개입되는데, 초기의 비교적 단순한 수준의 시각 신경정보처리는 후벨과 위즐, 마, 그리고 비더만 등이 제시한 다분히 위계적으로 작동하는 요소분석 후 조합의 여러 단계 정보처리가 개입되는 것 같다.

그러나 보다 복잡한 형태의 대상이라든가, 배경 맥락정보와 경합을 일으키는 자극 상황이나 범주화하기 곤란한 과제 상황에서는 이러한 단순한 상향적(bottom-up) 처리 중심의 계산적 정보처리가 충분한 설명을 제시할 수 있는가에 대하여 이의를 제기하는 여러 근거가 제시될 수 있다(Eysenck & Keane, 2005). 여기에서는 이러한 논의의 세부는 생략하고 대상의 계산적 형태재인 이외의 시지각 관련 주요 신경정보처리 관련 주제를 다음에 간략히 소개한다.

2) 맹시

맹시(blindsight)란 시각뇌의 V1 영역의 일부분이 손상되어서 일어나는 의식없는 대상인식 현상이다. 이 영역 담당 부위에 제시된 시자극에 대한 대상 인식이 의식적 자각이 없음에도 불구하고, 이 자극에 대한 다른 종류의 판단과 변별 행동은 비교적 정확하게 할 수 있는 현상이다. 가장 많이 언급된 환자는 바이스크란츠 등(L. Weiskrantz 외, 1986)에 의해 연구된 환자 DB의 경우이다. 그는 편두통 때문에 V1 영역의 일부분을 제거하는 수술을 받았는데, 그 이후 시야에 시각 자극이 제시되면 그 위치로 눈을 돌릴 수 있고, 손가락으로 가리켜 자극의 위치를 확인할 수 있었다. 그러나 그는 아무것도 보이지 않는다고 하면서 그 자극의 모양을 식별하는 데에는 실패하였다. 이 맹시 현상은 의식적 인식이 없을 때에도 다양한 지각적 처리가 가능할 수 있다는 매우 강한 증거를 제공하는 것이다. 대상을 알아보지는(see) 못하지만 "어떤 것이 거기에 있다"는 감각을 지니고 있다고 환자는 말하곤 하였다. 대상의 모양, 정체에 대한 의식이 없이 시각적 정보처리가 일어나서, 자극의 의미성 지각이 의식적 자각 없이도 일어날 수 있다는 것을 보여주는 결과로써 의식적 시지각 정보처리와 의식되지 않는 시지각 정보처리가 우리 안에 공존함을 보여 주는데, 왜 어떤 신경적 과정은 의식적 시각정보처리에 연결되는데 다른 과정은 연결이 안 되는가, 그리고 이러한 이중 시각통로의 각각의 진화적 역할은 무엇인가 등의 문제가 미해결 문제로 남는다.

3) V4, V5 영역의 기능

1차시각피질(V1) 영역의 세포들이 시각대상의 모서리, 방향, 빛의 파장, 빛의 강도 등의 탐지 기능을 지니고 있고 이러한 탐지기능에 기초하여 대상의 모양, 색깔, 움직임이 지각된다고 할 수 있다. 시각피질에는 1차시각영역 이외에 다른 영역도 있는데, 연구결과에 의하면 이런 다른 영역들도 시지각과 관련된 다른 기능을 분담하고 있다. V4 영역은 주로 색깔 정보처리 센터이며 V5는 주로 움직임 지각정보처리센터임이 밝혀졌다. 따라서 특정한 시각적 특질 즉, 색깔, 움직임, 모양에 대해서 특정적으로 지각을 하지 못하는 증상(색깔지각결함, 운동지각결함)들이 나타날 수 있다. V1에서부터의 경로들이 계열적이면서도 각각 다른 특질에 대해서는 병렬적으로 처리되고 있다고 생각되며, 이를 지지하는 신경기반들도 일반적으로는 알려져 있지만 서로 다른 영역에서 담당하여 처리하는 모양, 색깔, 움직임 정보들이 어떻게 연결되고 통합되어 대상지각을 이루어 내는가에 대해서는 아직 완전하게 이해되지는 않고 있으며 계속 연구되고 있다.

4) 시각처리의 두 가지 경로

인지신경과학에서는 고전적으로 시각적 처리가 두 가지의 경로에 의해서 일어난다고 본다. 연구자들(Ungerleider & Mishkin, 1982)은 2개의 피질 시스템이 시각적 처리를 지원한다고 주장하였는데, 'Where' 시스템과 'What' 시스템이 그것이다. 'Where' 시스템은 시각장에 들어온 대상의 위치를 파악하기 위해서 작동되는 시각 공간정보 처리 시스템으로 후두엽의 V1에서 시작하여 뇌의 배측 경로(dorsal pathway)인 두정엽으로 정보가 이동된다. 'What' 시스템은 대상의 정체를 파악하기 위해서 작동되어 V1에서 복측 경로(ventral pathway)를 통해 측두엽으로 이동된다. 시각 계산에서 대상재인의 문제는 주로 대상의 정체를 파악하는 'What' 시스템이 관련되는 문제이다.

5) 대상재인의 결함: 실인증

초기 시각처리과정에서 대상의 특질들이 종합되고 나면 대상에 대한 전반적인 특징에 기반하여 정체가 파악되어야 한다. 그런데 뇌 손상으로 인해서 대상에 대한 정체 파악이 되지 않는 증상이 있으며, 이것이 실인증(失認症, Agnosia)이다. 실인증은 기본적인 감각에 문제도 없고 지능이나 말하기의 장애도 없지만 자극을 인식하는 데 문제가 있는 증상이다. 실인증은 다양한 감각에서 나타날 수 있으나(예를 들어 청각적으로 제시한 자극이 무엇인지 알지 못하면 청각 실인증) 여기서 언급하는 대상재인의 결함은 시각 실인증이다.

시각 실인증은 무엇을 인식하지 못하느냐에 따라 물체 실인증(object agnosia), 얼굴 실인증(prosopagnosia), 색깔 실인증(color agnosia) 등이 있을 수 있다. 물체 실인증을 크게 나누어 본다면, 대상 재인이 지각적 처리단계에서부터 문제가 생겨 발생하는 통각(통합적) 실인증과 대상에 대한 지각적 표상에는 문제가 없으나 그것을 재인해낼 의미정보 통합에 실패하는 연상 실인증이 있다.

통각 실인증(統覺 失認症, Apperceptive agnosia: 통각 실인증은 시각정보들을 통합적으로 연결하여 대상을 지각하는 능력의 상실을 지칭한다. 보통 후두엽을 포함한 뇌부위에 손상이 생겼을 때 일어나는 증상으로, 대상의 모양을 정확하게 지각하지 못한다. 기본적인 시력, 명암 식별, 색깔 지각 등은 정상인데도 불구하고 대부분의 경우

대상의 모양을 지각하는 것과 관련된 시각 능력에 장애가 있다. 부분들의 윤곽은 비교적 정확히 지각하는데도, 모양이 같은 대상들을 같은 것으로 짝짓지도 못하며, 모양을 알아차리지도 못하고, 여러 대상들 중에서 지시된 모양의 대상에로 주의를 바꾸지도 못하며, 그 모양의 대상이 있는지 없는지 확인하지 못한다.

심층분석 9-4 통각 실인증의 사례

실인증의 한 예를 들자면, 예를 들어 한 일산화탄소 중독증 환자의 경우에, 시력, 명암차이 지각, 움직임의 지각, 색깔 지각 등에서의 시각 능력은 정상적이었다. 말 이해와 기억도 정상이었다. 그러나 대상의 이름을 말하거나, 대상의 그림들, 대상의 구성 부분들, 글자, 숫자, 기하학적 도형 등을 알아채거나 그 이름을 말하지 못하였다. 대문자를 파악하거나, 같은 대문자들을 짝짓거나 하지 못하였고, 이따금 직선들로 된 숫자는 읽었으나 곡선이 들어간 숫자는 판독을 못하였다. X, L, 1, 4, 7 같은 글자를 이따금 형편없이 쓰기도 했으나 흔히 이들을 상하, 좌우를 거꾸로 쓴다던가 하였다. O자나 X자를 천천히 쓰거나 이 글자들이 씌어진 종이를 천천히 움직이면 이 글자들을 알아챘다. 그러나 그 움직임을 멈추면 조금 전에 읽은 글자인데도 알아보지를 못했다. 글자들이나 단순한 도형들을 그대로 옮겨 쓰거나 그리지를 못하였으며 일상의 물건들, 대상들에 대한 윤곽을 기술하거나 윤곽선을 따라 그리지도 못하였다. 또한 눈으로 보고서는 여러 사람들 중에서 자기 가족이나 자기 주치의도 알아보지 못했다. 사람들의 목소리로 사람을 구분하였으며, 자신의 사진은 자신의 군복의 푸른 색깔로 미루어 추론하여 겨우 자기로 알아보았다. 수영복을 입은 여자의 사진을 자세히 보고는 그 사진이 여자 사진이라고 했다. 팔에 털이 없으니 그렇다는 것이었다. 또 그 사진의 눈을 가리키라고 하니 가슴을 가리켰다.

다른 예를 살펴보자. 다른 환자의 경우, 9자를 A자로 파악한다던가, 원을 수많은 점들이라고 한다던가, X와 O를 구별 못한다던가 했다. 자극을 그대로 그리라고 해도 X자를 II 형태로 그린다던가 했다. 그림이 아닌 실물의 파악은 조금 잘 했으나 그 까닭은 실물에는 여러 가지 다른 단서들이 있어서 이 단서들(특히 색깔 단서)에 의존하여 종합적 추론을 하여 대상을 지각할 수 있었기 때문이었다. 즉 대상의 모양을 시각적으로 바로 지각하는 것이 아니라, 여러 가지 주변단서들에서 추론하여 간접적으로 대상의 모양이 어떤 것이고 따라서 그 대상이 무엇인가를 파악하는 것이었다. 어떤 대상들을 파악하여 이름 부르기를 여러 번 반복하여 학습했어도 그 대상의 색깔이나 크기가 조금이라도 달라지면 그 대상을 지각하지 못하였다.

	자극	반응	따라그리기
환자A		구분은 되는데 뭔지 모르겠어요. 둥그런 게 있고 가운데 중심으로 선이 열 개쯤 있어요	
환자A		모른다	

그림 9-12 연상 실인증 환자의 반응 사례

일부 학자에 따라서는 동시 실인증(simultanagnosia)이 통각 실인증의 하나라고 간주되기도 한다. 동시 실인증은 대상의 부분들에 대한 지각은 잘 하나 대상의 전체 의미를 파악하지 못한다. 시야에 들어온 대상들을 한 번에 하나씩만 파악할 수 있어서, 동시 실인증을 가진 환자에게 여러 물체가 있는 복잡한 그림을 보여주면 그림의 일부분

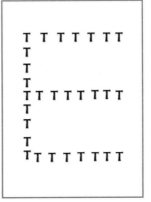

그림 9-13 부분-전체 갈등의 나본(Navon) 자극 도형
(좌측: '4'자들로 이루어짐. 우측: 'T'자들로 이루어짐)

은 볼 수 있으나 전체를 보지 못한다. 〈그림 9-13〉에서 이 실인증 환자들은 세부 글자인 '4'와 작은 글자 '달'은 인지하지만 그 글자가 이루고 있는 전체 모양인 '8'과 글자 '강'은 인지하지 못한다. 반면 정상인의 경우는 '8'과 '강'을 더 먼저 인지하는 전역 우선 효과(global precedence effect)가 나타난다.

연상 실인증(Associative agnosia): 대상에 대한 시각적 지각(perceptual)은 이상이 없는데, 그 대상이 무엇인지 대상의 의미의 파악(semantic)에 이상이 있다. 즉 연상 실인증은 대상이 무엇인지를 모르는 현상이다. 그런데 이 모르는 것이 시각 경로상의 지각적 처리의 결함 때문이 아니다.

한 사례의 경우, 어떤 뇌 손상 환자에게서 시각적으로나 언어적으로 정상인데도 불구하고 대상을 알아보지 못하는 증상이 나타났다. 뇌 손상 후 첫 3주 동안, 대상을 만져보아야 대상을 인식했다. 청진기를 보여주니까, 끝에 둥근 것이 있는 긴 줄이라고 정확히 지각은 하였으나 그것이 청진기인지는 파악하지 못했다. 또 열쇠를 보여주니, 쇠를 가는 줄인 것 같다고 설명했다. 또한 깡통따개를 열쇠라고 했고, 담배 라이터와 칫솔을 보여주니 무엇인지 답하지 못하였다. 이번에는 여러 사물을 놓고 물건들 중에서 빗을 지적하라 하니 그것도 하지 못하였다. 그는 이름을 말할 수 없는 물건에 대해서는 무엇에 쓰는 것인지를 제대로 말하지 못했고, 틀린 이름으로 파악했으면 그 이름에 맞는 용도를 이야기 하였다. 3주 후에는 대상의 이름을 맞게 붙이는 능력이 증진되었으나 여전히 문제가 남아 있었다. 똑같은 물건을 하루는 이름을 옳게 말하고 다음날에는 다른 이름의 물건으로 파악하는 경우들이 있었고, 물건의 부분을 덮어 놓으면 대상 이름을 알아채는데 힘들어 했다. 그는 같은 범주의 대상들을 함께 분류할 줄 몰랐다. 그는 가족, 병원의 직원들, 거울에 비춰진 자신의 얼굴도 못 알아보았다.

연상 실인증 환자의 경우 시지각 자체에는 이상이 없기 때문에 대상을 따라 그릴 수도 있고, 그 대상의 모양에 대해서도 말할 수 있다(〈그림 9-12〉 참조). 그러나 대부분의 연상 실인증 환자에서도 정도는 심하지 않지만 지각 장애를 갖고 있기 때문에 연상 실인증이 지각 장애는 없다고 완전히 단정내리기는 어렵고 상대적으로만 그러하다고 할 수 있다.

대상 인식의 3 단계 이상의 실인증 사례들에 대한 인지신경과학적 연구를 근거로 추론하여 보면 대상 인식은 다음과 같은 3단계를 거친다고 볼 수 있다. 첫째로 대상의 시각적 특질들이 분석되어야 한다. 이 단계에서는 기능이 뇌의 좌우 반구 중에 어느 하나로 편재화되지는 않는 것 같다. 둘째로 대상의 지각된 표상의 형성 단계로 이 단계는 주로 뇌의 우측 반구에서 이루어진다. 이 단계에서 대상에 대해 상세히 기술된 구조적 내용이 도출된다. 셋째로 둘째단계에서 도출된 지각된 바(percept)에 대해 의미가 부여된다. 이것은 주로 좌측 뇌 반구에서 수행된다. 시각뇌에 손상이 생기면 이들 단계 중에서 어느 하나 또는 둘이 이상이 생겨서 대상인식이 안 되는 것이 보통이다.

대상인식의 두 가지 처리 대상인식을 위한 시각적 처리가 두 가지 방식으로 일어난다고 제안되었다. 하나는 분석적 처리(analytic processing)로서 이는 좌반구에 편재화되어 있는 기능으로 알려져 있고, 다른 하나는 전체적 처리(holistic processing)로서 이는 우반구에 편재화되어 있다고 여겨진다. 이와 관련하여 파라(Farah, 1990)는 처리해야 하는 대상이 이 두 처리 중에 어떤 처리를 우세하게 하느냐에 따라서 실인증의 종류가 달라진다고 주장하였다. 시각 실인증은 물체, 얼굴, 글자, 색깔 등 다양한 시각적 대상에 대해서 나타날 수 있다. 파라의 이론에 따르면 분석적 처리, 부분 처리를 요하는 글자에 대한 실인증인 실독증(alexia)은 좌반구 손상 시에 주로 나타나고, 전체적 처리를 요하는 얼굴에 대한 실인증인 얼굴실인증(prosopagnosia)은 우반구 손상 시에 주로 나타난다고 하였다. 또한 분석적 처리와 전체적 처리 둘 다를 요하는 사물에 대한 실인증인 물체실인증(object agnosia)은 양반구 중 어느 하나의 손상에서도 일어날 수 있다.

6) 대상 인식의 다른 측면들

(1) 부분과 전체의 문제

대상의 색깔이나 움직임 속성을 고려하지 않는다 하더라도, 대상의 모양을 구성하고 있는 여러 측면들이 어떻게 정보처리되어서 우리가 하나의 통합된 모양의 대상을 지각하는가는 대상 인식의 중심 물음 중 하나이다. 이 물음에 대하여 가장 먼저 생각할 수 있는 문제가 부분과 전체의 문제이다. 우리가 대상을 지각할 때에 부분들을 먼저 정보처리하여 이의 합산에 의하여 전체 모양을 도출하는 것인가 아니면 전체를 먼저 지각하고 그에 의하여 부분 내용이 규정되고 연결되는가 하는 문제이다.

이 문제에 대하여 가장 먼저 그리고 가장 강력한 이론을 제시한 사람들이 형태주의 심리학자들이다. 이미 3절에서 언급한 바 있는 형태주의심리학은 1930년대 이후의 독일의 심리학자들(Koffka, Köhler, Wertheimer 등)을 주축으로 형성된 관점이며 대상 인식, 즉 형태재인은 시각 자극의 부분요소적인 특징이 아니라 전체적인 모양에 기초하여 이루어진다고 주장하고 '게슈탈트(Gestalt: 전체적 통합성을 지닌 형태)'를 지각 내의 분석단위로서 제안했다. 부분들이 먼저 처리되고 상위 전체모양이 형성되고 이것이 조합되어, 즉 임의적인 단편들, 요소들의 합에 의하여 대상의 전체 모양이 지각되는 것이 아니라, 전체의 특성이 먼저 치리되어 지각되고 이것이 부분을 결정하는 중요한 역할을 한다고 보았다.

형태주의심리학자들은 "우리가 경험하는 것은 개별적 감각요소로 주어지거나 그것들의 단순한 조합으로서 이루어지는 것이 아니라, 직접적으로 주어지며, 하나의 현상 자체인 동시에 부분으로 환원지을 수 없는 전체적 통일체의 구조로서 주어진 바라고 하였다. ……이는 정도를 달리하여 구조화되어 있으며(Gestalt), 상당히 구조화된 전체 또는 전체 과정으로 구성되어 있는데, 이러한 전체란 그 나름대로의 특징적인 전체화 경향성과, 전체가 부분을 결정하는 특징 등의 전체적 특성, 법칙을 지니고 있다(이정모, 1983)." 라고 하였다.

또한 그들은 자극 자체가 지니는 특성에 의하여 전체가 자연적으로 조직화되는 몇 개의 기본 원리를 제시하였다, 근접한 것은 하나의 전체로 묶인다는 근접성의 조직화 원리 이외에도, 유사성의 조직화원리, 좋은 연속성의 조직화 원리, 닫힘의 조직화 원리, 공통운명의 조직화 원리 등이 그 것이다.

이러한 게슈탈트(형태) 조직화 원리는 상식적으로 직관적인 호소력을 지니는 원리라서 대상 지각의 기초 원리로 많이 인용되었으며, 이후에 실험적 연구를 통하여 전역(전체적 형태 영역) 정보가 먼저 처리된 후에 지엽적 정보처리가 이루어진다는 것 등의 지지 증거가 제시되었다. 그러나 여러 조직화원리의 작동 세부 메커니즘에 대한 논란의 전개와, 일부 반증 현상 등의 제기로 형태심리학적 지각 이론은 시지각 현상 전반으로 설명하기에는 다소 부족하였고 시지각에서 전체와 부분의 문제에 대한 이론적 논의는 별로 발전이 없는 듯하였다.

이러한 논의가 결정적인 전환을 맞게 된 것은 정상인을 대상으로 한 실험 결과의 의의를 다루는 결과가 아니라, 시각뇌 손상환자에게서 드러나는 전역(golobal) 처리와 국지적(local) 처리의 상호 독립성 현상의 발견이다. 험프리 등(Humphrey 외, 1987, 1993)의 연구에 의하면, 후두엽과 측두엽 일부분이 손상된 환자 HJA는 대상을 복사하여 그림을 그리며 그 그림의 부분들에 대해서는 잘 기술하며 시각이 아닌 다른 감각을 통하여는 대상이 무엇인지를 인식하지만, 반면에 대상의 정체가 무엇인지는 인식을 못하며 형태주의의 조직화 원리가 적용되어 처리하지 않음을 보여주었다. 부분에 대한 지각은 되지만 전체를 하나의 통합된 대상으로 지각하는 데 실패함을 단적으로 드러내어준 통합적 실인증의 전형적 사례인 것이다.

그러나 전체와 부분의 처리 중 어떤 것이 선행하느냐에 대하여서는 아직도 이견도 있다. 대상인식이 시각자극의 개별적인 특징보다 전체적인 모양에 의존한다는 관점은 어느 정도 지지를 받지만 반드시 그런 것은 아니고, 부분과 전체 특징, 보는 상황조건, 관찰자의 과제 등의 요인이 관련되면 달라질 수 있다는 반론과 증거도 제시되어 왔다.

(2) 대상의 항상성 문제

시각적 대상지각과 관련하여 다른 중요한 현상으로 주목받는 것은 대상 항상성 지각 현상이다. 하나의 대상이 그것을 보는 각도, 거리, 조명 등이 달라져서 망막상이 달라져도 사람들은 같은 대상으로 지각한다. 전철역에서 전동차가 들어오는 것을 역의 다른 위치에서, 다른 거리에서, 다른 밝기에서 보면 모양이, 크기가 달라지는 데 그래도 그냥 전동차로 지각하는 것이 그 한 예이다. 어떻게 이것이 가능한가? 형판이론의 주장처럼 전동차의 모든 가능한 모양이 우리의 뇌에 수많은 형판으로 저장되어 있기 때문인가, 아니면 전동차의 대표적이고 전형적인 모양에 대한 구조적 기술이 표상된 정보가 우리 뇌에 저장되어 있다가 이에 대한 대조가 이루어져서 항상 같은 모양, 같은 대상으로 지각하는가? 앞서 구성요소 분석 이론을 제시한 비더만 같은 학자들은 부분들이 먼저 분석되고 이것이 뇌에 저장된 구조적 기술에 대조되어 대상을 같은 것으로 인식한다고 보는 반면, 다른 이들은 대상의 전체가 먼저 분석되고, 특히 대상의 중심축이 계산되고 추출되어 기억에 있는 표상과 대조되어 대상 항상성 현상이 나타난다고 주장한다. 두 방식의 처리가 모두 필요하다는 입장도 있다.

대상 항상성 지각에 대한 이러한 논란도 인지신경과학적 연구에 의하여 도움을 받는

다. 뇌 손상으로 인하여 대상 인식을 못하는 우측두정엽 손상자에 대한 연구에 의하면 이들은 공간정보 처리가 안 되어서 주어진 자극 대상의 중심축을 기준으로 대상의 이미지를 회전시켜서 같은 대상임을 인식하는 정보처리를 하지 못하기 때문에 대상을 보는 조망위치 중심 처리를 하지 못하여 대상을 다른 것으로 지각하거나, 아니면 같은 것으로 인식하더라도 둘이 같은 방향의 대상인지를 판단하지 못한다. 이러한 현상은 대상 지각에서 보는 관점과는 독립적으로 대상의 정체를 파악하는 신경정보처리 단위가 있음을 시사한다. 좌뇌의 IT(infero-temporal) 대뇌피질은 대상 조망 위치나 대상의 크기와는 상관없이 대상의 모양을 정보처리하는 반면, 우뇌의 같은 부위는 대상 조망 위치가 중요한 정보가 되는 것 같다.

(3) 범주 중심의 대상지각 문제

대상 항상성 지각의 문제를 확장하여 생각하면 대상의 범주 지각의 문제가 대두된다. 대상의 색깔, 움직임, 특정 모양 세부특징 등을 각기 담당하여 처리하는 시각피질 세포가 있다면, 한 걸음 더 나아가서 대상의 종류, 즉 동물, 나무, 얼굴 등의 범주 별로 달리 담당하여 정보처리하는 기능의 분화가 뇌에 있을까? 대상의 범주가 다르면 뇌의 신경정보처리 양식도 달라질 것이라는 생각이 대상지각에서의 범주특수성의 문제이다. 예를 들면 얼굴이라는 범주의 대상은 전체적 모양 중심으로 정보처리가 이루어지는 반면에, 단어 범주 자극들은 부분 중심으로 정보처리가 이루어질 수 있다.

워링턴(Warrington, 1994) 등의 연구에 의하면 어떤 뇌 손상환자는 무생물 범주의 대상은 비교적 쉽게 지각하는데 생물 범주의 대상은 인식에 어려움을 보였고, 반대로 무생물 범주의 대상지각을 더 어려워하는 환자도 있었다. 카니셔(Kanwisher, 1998, 2001) 등의 연구에 의하면 대상 범주에 따라 다른 뇌 부위의 신경정보처리가 관여된다. 대상보다는 장면에 특수화되어 있는 영역(PPA: parahippocampal place area), 장면이나 대상 또는 사람의 얼굴보다는 사람의 몸 인식에 전문화된 영역(EBA: extrastriate body area) 등의 예가 있다. 그렇기는 하지만 이러한 범주 중심의 실인증이 범주 자체에 대한 의미기억에 기인한 것인지 아니면 친숙성이나 쉽게 조작할 수 있는 가능성 등의 다른 요인에 의한 것인지 여부는 추후의 연구에 의하여 계속 밝혀져야 할 것이다.

(4) 얼굴 인식 문제

대상의 범주별로 다른 시각 신경정보처리가 관여될 가능성을 가장 두드러지게 보여주는 현상이 얼굴 인식 현상이다. 앞 절에서 논한 바처럼 대상 범주에 따라 뇌의 신경정보처리가 달라진다면 일반 대상을 인식하는 과정을 설명하는 이론들이 사람 얼굴 인식에 그대로 적용된다고 보장할 수 없다. 그러면 얼굴 인식에는 어떠한 정보처리과정이 관여되는가? 최근에 뇌 손상자의 얼굴 인식에 관한 인지신경과학적 연구를 중심으로 얼굴인식의 정보처리과정이 다른 일반 대상의 정보처리과정과는 다를 가능성이 강하게 제시되었다.

인간이 사람의 얼굴을 지각하여 인식하는 처리 방식이 일반 대상의 처리방식과 다르다는 증거는 얼굴 실인증(prosopagnosia)의 연구에서 찾아 볼 수 있다. 그 환자들은 다른 일반 대상들(의자, 탁자 등)을 알아보는 데에는 큰 문제가 없다. 그러나 얼굴 실인증 환자들은 심지어는 거울에 비친 자신의 얼굴조차도 못 알아본다. 자기 부인을 보고도 '당신은 누구더라… 이 집에 다른 여자는 없으니까 당신이 내 부인이 맞겠지…' 라는 식으로 반응하기도 한다. 그들은 친밀한 사람들의 얼굴을 알아보지 못한다. 다른 사람들을 전혀 기억하지 못하는 것은 아니다. 음성과 이름으로 친숙한 사람을 파악할 수는 있다. 그러나 그 사람의 얼굴을 알아보는 것에는 문제가 있다는 것이다.

Bruce와 Young의 얼굴 인식 모델: 브루스와 영(Bruce & Young, 1986)은 얼굴인식에 관한 단계 모형을 제시하였었는데 이는 여러 경험적 검증 결과에 의하여 지지되고 있는 모델이다. 브루스와 영이 제시한 얼굴 인식 모델의 요소들은 다음과 같다(〈그림 9-14〉).

① 대상에 대한 시야 관점(view) 중심의 얼굴에 대한 구조적 기술 표상 형성과 표정 분석
② 얼굴 재인 단위(face recognition units) 가동: 관찰자가 알고 있는 얼굴들에 대한 구조적 정보와 대조하여 얼굴이 친숙한 얼굴인가 판단.
③ 사람 정체(person identity nodes): 대상 얼굴의 사람에 대한 이름 및 유관 의미정보 접근
④ 이름 생성(name generation)
⑤ 인지 시스템(cognitive system) 처리: 얼굴인식에 이용되는 부가적인 정보를 포

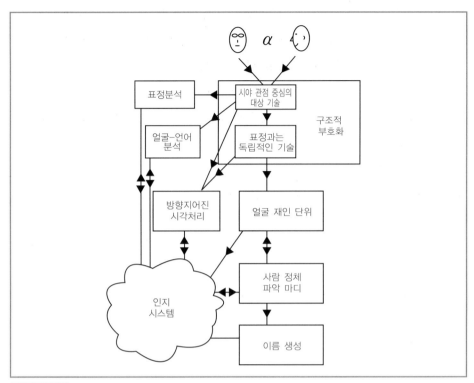

브루스-영의 얼굴 인식 모델

함하며 어떤 요소들에, 특히 낯선 얼굴일 경우에, 주의가 주어지는가를 결정.

⑥ 특정 방향으로의 시각처리: 1과 2에서 그리고 6에서 입력을 받아 특정 요소 중심의 처리를 함

브루스와 영에 의하면 친숙한 얼굴과 낯선 얼굴의 처리 과정에는 중요한 차이점이 있다. 친숙한 얼굴의 처리는 주로 1, 2, 3, 4 등의 처리가, 그리고 낯선 얼굴에 대해서는 1, 6, 그리고 얼굴의 말 표현 특성 분석 등이 개입된다고 본다. 다른 연구 (Kanwisher, McDermott, Chun, 1997)에 의하면 얼굴 담당으로 전문화된 뇌 영역은 우측 방추체 얼굴 영역(FFA: fusiform face area)이라고 할 수 있다.

얼굴 실인증 환자의 경우에 왜 일반 대상 지각은 문제가 없는데 얼굴 지각만 문제가 있을까? 초기에 제시된 이론들은 얼굴 인식이 다른 대상 인식과는 차별화되는 독특한 정보처리를 요하는 과정이며 특정한 뇌의 부위에서 담당한다는 입장을 제시하였다. 이러한 입장에서 가능한 설명으로는 얼굴은 다른 대상과는 달리 복잡한 자극이며 따라서

더 복잡한 정보처리를 필요로 하기 때문이라는 견해도 있다. 그럴 가능성도 있지만, 얼굴 실인증 증상은 없으면서도 일반 대상 실인증이 있는 환자의 사례의 경우는 이러한 가능성을 부정한다. 복잡한 것은 잘 처리하는데 단순한 것은 잘 처리하지 못한다는 사례의 예가 되니까. 또 얼굴이 아닌 상당히 복잡한 다른 시각자극과 얼굴을 자극으로 하여 실험한 경우에도 이러한 복잡한 다른 자극대상의 인식(재인)은 문제없는데 얼굴자극만 문제가 있다는 실험 결과도 이러한 복잡성 이론에 어긋나는 결과이다.

그러면 얼굴지각만 문제가 있는 것은 어떠한 이유에서일까? 아마도 얼굴이라는 범주가 독특한 정보처리를 요하기에 이를 담당하는 뇌 부위가 전문화되어 있고 이 뇌 부위가 손상되면 얼굴실인증이 생긴다고 볼 수도 있다. 그러면 그 독특한 정보처리라는 것이 무엇일까? 파라(Farah, 1990, 1998) 등은 얼굴 정보처리는 전체 중심적 정보처리를 요하는 것이고 일반 대상은 부분 중심적 정보처리를 하여 조합하여 전체 모양을 지각하는 것이며, 일반 대상 인식과 얼굴인식이란 것은 부분처리에서 전체처리가 하나의 연속선을 이루는 처리차원 상에서 아래쪽과 윗쪽의 어디인가에 각기 위치하고 있는 것이라는 연속차원이론을 제시하였다. 그러나 얼굴 실인증의 장애가 있는데, 일반대상에 대해서는 실인증이 없는 사례의 경우는 이러한 이론으로 설명하기에 적합하지 않다.

거티어 등(Gauthier 외, 1997, 2000)은 이와는 다른 이론을 제시하였다. 얼굴 인식은 '얼굴이라는 범주 내에서' 제시된 특정 예를 지각하는 범주내 정보처리과정인데 반하여, 일반 대상 인식의 경우는 대부분 '범주 간 정보처리'(그냥 자동차냐 비행기냐를 식별하는 것과 같은) 과정이 개입된다는 것이다. 그들은 얼굴이 아닌 일반 시각자극에 대하여 범주 내 정보처리를 요하는 자극의 경우에는 이의 정보처리가 얼굴정보처리 담당 뇌영역에서 이루어진다는 실험 결과를 보고하였다. 그러나 이 연구결과에 대한 반론을 전개하는 실험 연구결과도 상당히 있다.

얼굴인식은 대상 지각의 한 측면으로 일상생활에서 특별한 의미가 있는 것이다. 대상인식에 관련된 과정과 많은 부분을 공유하고 있지만, 대상 인식에 관한 어떠한 일반적인 이론도 얼굴 인식에 대해 만족스러운 설명을 제공하지 못하고 있다. 얼굴 인식이 얼굴이라는 독특한 범주가 가지고 있는 별도의 독특한 신경정보처리일 가능성도 있지만, 그보다는 전체 중심 처리, 범주 내 처리와 같은 더 기본적인 정보처리 방식의 조합일 가능성이 크다. 앞으로의 연구들이 더 밝혀내야 할 문제라고 본다.

(5) 시각적 심상과 대상 인식

시지각이 대상의 표상과 관련된 문제임을 논한다면, 자연히 실제로 대상을 보는 것이 아니라, 대상이 없는 상태에서 그 대상의 심상을 떠올렸을 때는 어떠한 정보처리가 일어나는가 하는 물음을 던질 수 있다. 만일 실제의 대상을 직접 보는 경우와 대상은 없는데 그에 대한 심상(Imagery)을 떠올리는 경우의 정보처리가 동일하다면 도대체 우리의 뇌는 실제로 대상을 보면서 형성한 이미지와 심상에 의하여 형성한 이미지를 어떻게 구별하는가 하는 물음을 던질 수 있으며, 동일하지 않다면 도대체 대뇌는 어떠한 목적에서 두 개의 별개의 이미지 표상 시스템을 발전시켰는가 하는 물음을 던질 수 있다.

시각 심상과 관련하여 코슬린 등(S. Kosslyn, 1994; Kosslyn & Thompson, 2003)은 시각 심상과 시지각 사이의 유사성을 강조하는 '지각적 기대 이론(perceptual anticipatory theory)'을 제시하였다. 시각 심상 과정은 시지각에서 자극을 예상, 기대하는 과정과 같은 신경과정이 관여하며, 두 과정 모두에 시각적 버퍼(시각완충기억, visual buffer)라는 영상적 표상을 형성하는 단계과정이 일어나는데, 시지각에서는 이 시각 버퍼가 실제의 외적 자극에 의하여 가동되는 반면, 시각 심상에서는 이 시각 버퍼의 작용이 기억에 저장된 자극에 대한 의미명제표상에 의하여 가동된다고 보았다. 만약 이러한 이론이 타당하다면 같은 시각 버퍼를 사용하는 시지각과 시각 심상은 상호 촉진 효과를 일으키든가(내용이 같은 경우), 간섭효과를 일으키든가(내용이 다른 경우) 해야 하는데, 연구결과에 의하면 이 두 효과가 모두 관찰되었다는 보고가 있다. 이는 시지각과 시각 심상이 공통 메커니즘에 의하여 이루어진다는 입장을 지지하는 결과이지만, 이에 대한 반증실험과 이의 제기 논의도 있다.

과연 시지각과 시각 심상은 공통적인 신경과정에 의하는 것인가, 아닌가? 뇌 손상 환자 사례를 살펴보면 두 입장을 지지하는 사례들이 모두 있다. 뇌가 손상되어서 실제 대상의 색깔을 못 보는 환자는 심상에서도 색깔을 떠올릴 수도 없다는 연구결과라든지, 실제 대상에서 공간정보를 처리 못하는 환자는 심상에서도 공간정보 처리에 문제가 있다든지 하는 연구 사례가 있어 두 과정이 공통적임을 지지한다. 반면 실제 대상의 정체를 인식하지 못하거나 이름을 말할 수 없지만 심상으로는 대상을 인식할 수 있는 (impaired visual perception with intact imagery) 환자의 사례나, 그 반대로 뇌 손상 후에 대상지각은 정상적으로 되돌아 왔으나 시각심상 능력에 문제가 있는(intact visual perception with impaired visual imagery) 환자의 사례도 있다.

이후의 연구에 의하면 무슨 대상을 심상으로 떠올리는가 하는 심상 내용에 따라서 심상과 실제 대상을 보는 것이 공통적으로 손상될 수도 있고, 반대로 서로 해리되어 하나는 가능한데 다른 것은 가능하지 않을 수도 있다.

이상의 여러 인지신경과학적 연구결과에서 드러난 시지각 현상들은 대상지각의 신경적 기반을 탐색하는 데 있어서 여러 가지 측면을 고려하여야 함을 보여준다. 단순히 해부적, 생물적 측면에만 초점을 둔 신경과학적 연구의 독자적 작업만으로는 대상지각의 신경적 정보처리 과정의 본질을 밝히기 어려움을 시사하는 결과들이다.

8. 생태학적 접근과 직접적 지각: Gibson의 이론

그런데 여기에서 잠깐 멈추어서 시지각이 과연 어떻게 진행되는 것인가, 정보처리하며 계산한다고 할 때에 과연 무엇을 계산하는 것이며 그것이 정말로 인간이 전개하는 과정인가 하는 본질적인 물음을 다시 던져보자. 과연 시지각은 외부에서 제시된 자극에 대하여 뇌 내에 표상을 형성하며 여러 단계의 신경적, 인지적 정보처리를 거치는 과정일까? 그렇지 않다는 입장이 있다.

심리학자 기브슨(J. J. Gibson)은 그렇지 않을 가능성을 생태심리학의 틀로 제시하였다. 그는 감각과 지각에 대한 생태학적 접근을 1960년대 이래 제기하여(Gibson, 1979) 그의 이론 틀의 기본 개념들이 이후의 생태학적 심리학 접근의 출발점이 되었고, 시각, 로보틱스 등의 분야에서 새로운 접근들의 이론적 구성에 영향을 주고 있다.

그에 의하면, 유기체와 환경을 이원론적으로 구분 지을 수 없으며, 지각은 '동물-환경' 단위체계의 창발적 속성이라고 본다. 지각이란 환경과 상호 작용하는 유기체의 행위에 의해 주어지며, 최소한의 심적 노력이 필요할 뿐, 별도의 복잡한 해석적 분석과정이니 표상과정이 필요하지 않다. 감각을 통해 물리적 자극에 대한 자료가 주어지며, 그 이후의 정보처리 기작이 복잡한 처리를 하고 표상을 구성하여 지각 내용이 결정되는 것이 아니다. 즉 지각 내용이 구성되거나 추론되는 것이 아니다. 직접적으로 지각되는 것이다(direct perception). 자극정보는 매일의 일상생활 환경의 구조 자체에 있으며, 감각을 일으키는 환경자극 내에 있는 정보들은 정확한 지각을 일으키기에 충분하다. 사람이나 동물들은 이러한 정보를 그냥 주워올리기만(pick-up) 하면 되는 것이다. 복잡한 계산적 정보처리를 할 필요가 없다.

그리고 자극은 수동적인 유기체에게 외부에서 부과되는 것이 아니라, 능동적으로 환경과 상호작용하며 적응하는 유기체의 행위에 의해 비로소 산출되고 획득되는 것이다. 따라서 마음이란 수동적으로 외부자극을 수용하는 것이 아니라, 유기체가 환경에 대해 무언가 활동을 하여, 그 결과에 따라 심적 경험 내용이 획득되는 것이다. 외부 자극에서 의미를 추출하는 것은 환경에의 유기체의 '행위'이다. 그런 한에서 인지주의에서 중심으로 삼는 내적 인지적 정보처리 능력은 대상 지각 및 행위에서는 문제가 안 되고, 그보다는 어떻게 특정 환경자극에 행위적으로 조향(attuned)되는가가 문제된다.

지각이란 환경 대상 자체가 유기체에게 가능성 있게 만들어주는 것(affordance)이다. 대상자체의 중요성은 동물의 반응 행위에 달렸고, 또 반응의 기회와 유형은 그 환경 대상이 제공하는 것이다. 유기체와 환경은 서로를 함축하는 것이다. 대상의 지각은 온전히 자극에서부터 오는 자료에 의해서 추진된다. 하향처리가 아니라 자극과 환경에 충분한 정보가 있기 때문에, 지각하는 사람은 그저 그 정보를 취하면 된다. 상위의 고도의 인지작용도 불필요하고 표상도 불필요하다는 것이다. 지각은 상향적 처리(bottom-up process)라는 용어로써 설명될 수 있다. 자극에는 일반적으로 생각했던 것보다 훨씬 더 많은 정보가 들어있고, 이것은 관찰자가 지각적 환경에서 이동할 때 특히 그렇다.

따라서 마음, 인지의 탐구는 1장이나 4장에서 언급한 고전적 계산주의의 입장처럼 마음 내의 표상, 계산 등의 연구에 초점을 맞출 것이 아니라, 유기체가 살아 움직이고 또 상호 작용하는 환경, 즉 자극세계의 생태적 본질에 초점을 맞추어야 한다. 심리학이나 인지과학이 해야 할 일이란 자극들의 변화 속에 내재하는 불변속성(invariant properties)을 탐지하는 것이다. 이러한 불변성이란 복잡한 지각 능력이 없는 하등 동물도 탐지가 가능하다.

이러한 기브슨의 생태학적 이론 틀은 본질적으로 환경 속의 마음, 환경과 분리되지 않는 마음, 행위로서의 마음을 추구한 것이다. 이러한 입장은 후의 인지과학 연구에 대안적 접근으로서 영향을 주었다. 지각 현상의 연구에서는 시각이나, 운동지각, 시각-운동 사건 지각에서 어떤 기억표상이나 통제체계를 전제하지 않고도 충분히 지각이 일어날 수 있다는 증거가 그의 동료들에 의해 제시되기도 하였다.

9. 종합: 시지각에서의 자료 주도적 처리와 개념 주도적 처리의 문제

지금까지 시각이 어떠한 정보처리 과정에 의하여 일어나는가를 계산적 접근을 강조하며 개괄하여 보았다. 먼저 시각의 일반적 특성을 살펴보고, 다음에 시각 대상의 형태 인식 이론으로 구성주의 이론, 형태심리학 이론. 공간주파수 분석 이론, 마의 계산시각 이론, 구성요소 이론 등을 개괄한 후에, 시각적 지각이 어떠한 신경적 기반위에서 가능한 가에 대한 인지신경과학적 탐구의 주요 부분들을 살펴보았다. 특히 실인증 현상을 부각시켜 살펴보았다. 다음으로 대상 인식에서 중요한 부분들인 부분-전체의 문제, 대상 항상성, 대상 범주인식, 얼굴 인식, 심상의 문제들을 살펴보고 끝으로 기존의 정보처리적 입장과는 그 기본 생각을 달리하여 환경에서 불변적 속성을 직접 주워내는 행위로의 시지각을 주장하는 기브슨의 생태학적 이론을 살펴보았다.

존슨레어드(P. Jonson-Laird, 1988)가 설파하였듯이 물리적 대상에서 빛이 반사되는 물리적 과정을 규명하는 것은 어려운 일이 아니다. 그러나 일단 빛이 사람의 망막에 닿아서 수많은 단계와 여러 신경적 정보처리를 거쳐서 지각된 바가 이루어져 나오고 물리적 대상에는 없는 '푸르름' 과 같은 감각질(qualia)을 이루어 내는 과정은 정말로 신비로운 과정이다. 어쩌면 정말 이루어내기 힘든 과정이며, 이 과정에는 단순히 물리적 자극 자체만 개입되는 것이 아니라 인간의 복잡한 여러 단계의 신경적 정보처리 과정을 거치며, 또한 개인의 기억에서 관련 지식이 개입되어 지각 대상의 의미를 도출하

게 한다.[79]

　시지각에서 지식의 개입이 일어나서 지각 내용을 결정하는 현상은, 과거로부터 내려온 '보는 것이 믿는 것이다(Seeing is believing.)' 라는 격언을 인지과학, 인지심리학에서는 '믿는 것이 보는 것이다(Believing is seeing.)' 라는 격언으로 바꾸어 말하지 않으면 안 되게 한다. 그와 동시에 시각 대상 지각에서의 무의식적, 암묵적 처리와 의식적, 명시적 처리 사이의 차이 그리고 이 둘이 어떻게 상보적으로 인간의 시지각을 인도하는가에 대한 이해의 문제가 거론된다. 자연히 시지각에서의 핵심적인 문제는, 인지신경과학적으로 시지각에 대한 뇌의 처리 메커니즘을 밝히는 일이나 인공지능 시스템이나 로봇시스템에 효율적인 기계시각 프로그램을 형식적으로 구현하는 것보다, 지각에서 지식이 어떻게 작용하며 어떠한 효과를 가져 오는가에 대한, 그리고 의식과의 연결에 대한 탐구가 된다. 이는 대상 지각이 물리적 자극의 요소 부분들의 조합으로부터 이루어지는가 아니면 대상에 대한 사전지식이 영향을 주어서 대상지각 정보처리 과정을 인도하는가 하는 자료 주도적(bottom-up) 정보처리 대 개념적, 지식 주도적, 하향적(top-down) 정보처리의 문제이다. 앞으로의 시지각 연구에서는 이러한 측면이 계속 탐구되고 논의되리라 본다.

　앞으로의 시지각 연구에서, 시지각의 일반적 신경적 기반이 얼마나 밝혀질지, 마음 이론과 같은 계산적 접근의 시도가 얼마나 이어지고 성공적일지, 각종의 시각적 특질 또는 다른 감각 정보가 어떻게 통합되어(binding problem) 통합적인 지각상(percept)을 형성하는 것으로 그 메커니즘이 밝혀질지, 관찰자(관점)와는 독립적으로 존재하는 자극 자체의 시각적 특성과 관찰자가 개입됨으로써 추가되는 관찰자 또는 관점 의존적, 의미 맥락의존적 시각정보 특성들에는 각기 무엇이 있고 이들이 어떻게 상호작용(보완, 촉진 또는 간섭)하며 결과적으로 의미 있고 정합성 있는(coherent) 지각 표상을 도출해내는지, 그리고 인간과 동물의 시각 연구를 통하여 밝혀진 원리를 적용하여 인공지능(로봇) 시스템이 얼마나 인간같은 시각적 과업을 수행할 수 있도록 프로그램이 구현될지, 어떤 종류의 지식이 언제 어떻게 관여하여 시지각 내용을 구성하는 것으로 실험적으로 밝혀질지, 또 그러한 연구들이 철학에서는 현상학적 입장에서 논

---

79 "When the mind solves a seemingly impossible task, it must have a secret weapon, ⋯⋯ that secret weapon is knowledge."(Johnson-Laird, 1988; p. 125)

의되는 감각질, 의식의 문제와 어떻게 연결되어 세련화되고 또 이러한 철학의 물음에 대한 답을 줄지가 상당히 궁금해진다. 시지각에 대한 인지과학적 연구에 앞으로 던져지는 물음과 실험적 성과의 계속된 흐름을 계속 지켜보아야 할 이유가 여기에 있는 것이다.

제10장

학습과 기억[80]
Learning and Memory

심리학에서의 학습에 대한 연구는 행동주의 전통에서 출발하였고 기억에 대한 연구
는 인지주의의 새로운 관점을 반영하는 전통에서 출발하였다. 인지과학의 학습과 기억
의 연구는 이들을 통합하여 탐구하며 한 걸음 더 나아가서 인간이나 동물의 학습과 기
억을 넘어서, 인공지능시스템으로 대표되는 인공물이 인간처럼 학습하고 기억하는 현
상에도 인지과학의 원리를 적용하고자 하고 있다. 인지과학의 최근의 입장에서는 학습
과 기억은 더 이상 괴리된, 이분된 영역이 아니다. 인지라는 상위의 큰 개념에서 볼 때
두 영역은 상호 역동적인 관계 속에서 심적 활동을 구성하고 있다. 이 장에서는 인지과
학 틀에서 학습과 기억 두 영역의 각각의 특성과 상호관계성을 살펴보고자 한다.

1. 학습의 기본 물음

인지과학에서 다루는 학습(learning)의 문제는 학교 장면에서의 교과목의 학습과 같

---

80 이 장의 내용은 관련 주제에 대한 세부 실험 결과의 열거보다는 주제에 대한 전체적인 개념적 틀을 제시하는 데 초점
을 두어 내용을 기술하였다

은 제한적이고 언어화되고 형식화된 지식 학습의 문제가 아니라, 인간 및 동물과 인공지능 시스템이 경험을 통하여 각종의 새로운 지식과 기술을 배우거나, 기존의 행동 양식이나 지식이 변화하는 것, 그리고 이 변화가 비교적 오래 지속하는 현상이다. 걷지 못하던 아이가 걷는 것을 학습하고, 대상을 범주화하는 것, 대상의 이름을 학습하고, 말하는 것, 글 읽는 것을 학습하고, 자전거타기를 학습하고, 다른 사람들의 표정을 읽고, 사회적으로 적절한 관계를 형성하는 것을 학습하고, 각종 환경의 문제를 해결하는 것을 학습하는 등의 여러 행동, 기술, 지식들의 학습이, 그리고 이에 준하는 인공지능에서의 학습이 모두 인지과학의 탐구의 주제이다.

인간에게 특히 학습이 중요한 이유는 인류가 현재 생존하고 있는 것은 과거의 오랜 진화 역사동안 환경에 적응하며 그 환경에 맞는 적응 행동과 지식을 습득하였기 때문이라고 할 수 있다. 동물과 인간 생존의 기본 과정을 생각해보면 학습은 적응과 진화의 핵심 과정이라고 볼 수 있다. 적응과 진화의 기본 과정은 다양한 학습 메커니즘을 통해서 이루어져 왔다고 볼 수 있다. 개체적으로, 종 집단적으로.

인지과학이 물음을 던지는 것은 주로 학습의 과정의 문제이다. 어떻게 학습되는가? 학습이 일어나는 메커니즘은 무엇인가? 하나의 원리로 설명할 수 있는가 하는 물음들이다. 생득적으로 지니고 태어나는 그러한 지식과 적응행동기술 등이 있을 수 있는데, 그렇지 않고 단순히 새로운 경험을 통하여 무엇을 습득해서 그것이 쌓여서 지식이 되는가 하는 그런 물음을 생각해볼 수 있다. 이러한 물음은 자연히 마음의, 지능의 본질의 문제와 연관된다. 인간의 마음은 어디에서 오는 것인가? 마음이 작동하는 과정적 원리는 무엇인가? 우리는 모든 것을 선천적으로 갖고 태어나는가? 아니면 백지장과 같은 상태로 태어나서 경험의 결과가 뇌에 쓰여지고 그래서 여러 가지가 새로 습득되는가? 서로 다른 종류의 학습들이 지니는 공통점은 무엇인가 하는 물음들을 던져볼 수 있다.

이러한 물음을 중심으로 생각하면 학습의 문제가 인지과학적 연구의 중요 주제가 된다고 생각할 수 있지만, 역사적으로 보아 인지과학은 학습의 문제를 탐구하기를 소홀히 하거나 무시하였다. 그 한 이유는 인지주의가 출발하던 단계에서 강력히 반발하였던 대상의 이론적 틀이 행동주의 심리학이었고 행동주의 심리학은 학습을 중심으로 하여 동물과 인간의 행동을 연구하며 '마음'이라는 개념을 심리학에서 축출하려 하였었기 때문이었다. 자연히 인지주의는 행동주의의 핵심 연구 주제인 학습의 탐구를 기피하였다.

　다른 한 이유는 인간과 동물에게서 '학습' 과정이란 '기억' 과정과 밀접히 연결되어 있어서 이 둘의 경계선을 긋기가 어렵고 이 둘이 공유하고 있는 특성들이 많다는 것이다. 마음의 내용의 표상과 이의 변화를 탐색하는 인지주의자들에게는 별도로 학습이라는 과정을 설정하지 않고서 바로 지식이 표상으로 저장되고 활용되는 기억의 구조, 과정, 지속적인 변화 등의 문제를 다루면 이것이 행동주의자들이 탐구하여 오던 학습 과정을 대신하여 설명할 수 있다고 본 것이다. 따라서 행동주의심리학자들이 동물을 주로 연구하며 행동을 중심으로 연구한데 반하여 인지주의자들은 인간을 주로 연구하며 학습 대신에 기억을 주로 연구하여 온 것이다.

　인지과학 내에서의 심리학을 중심으로 한 이런 경향은 아직도 어느 정도 계속되고 있으나 지난 20여 년간 점차 '학습' 주제도 인지과학의 중심 연구 주제로 자리잡게 되는 변화가 일어났다. 이러한 변화가 가능하였던 것은 그동안의 인공지능 연구에서 학습이 중요한 주제로 떠오르게 된 것과, 신경과학적 연구가 진행되면서 학습과 기억이 공통의 신경적 메커니즘의 기초를 지니고 있음이 드러나면서부터 라고 할 수 있다. 또 인지공학 등의 인지과학의 응용 장면에서 인간 학습의 중요성이 부각된 것도 한 몫을 하였다고 할 수 있다.

　이 장의 앞부분에서는 학습에 대하여, 후반에서는 기억에 대하여 설명하기로 한다. 학습에 대해서는 심리학의 학습 연구에서 어떠한 인지적 측면이 고려되게 되었는가를 먼저 기술한 후, 인공지능에서의 학습에 대한 연구를 개괄하고, 다음에 인지신경과학적 연구에서 학습의 신경적 기초를 탐색한 연구결과를 약술하겠다. 기억에 대해서는 먼저 기억의 일반적 구조 및 과정 특성을 기술한 후에 기억의 신경과학적 기초를 설명한 후에 종합을 하겠다.

2. 심리학의 학습 연구

1) 행동주의 심리학의 학습 이론

2장에서 언급한 바와 같이 1910년대부터 1950년대까지의 행동주의 학습심리학자들은 복잡한 인간 행동 과정을 원자적 기초 요소 과정들로 환원해서 동물과 인간의 행동 모두를 이해하고 설명할 수 있다고 보았다. 행동의 단순 규칙들을 파악하면 그것으로 단순행동을 설명하고 그것을 다시 조합하여 다른 복잡한 행동도 분해해서 설명할 수 있다는 입장이었다. 화학에서 물질을 분자, 원자 이런 식으로 내려가며 설명하듯이 복잡한 행동을 조직적으로 분석해 내려가는 것이다 .

이와 관련하여 동물과 인간이 무엇을 학습하느냐, 그 기초요소가 무엇인가 하는 물음이 제기된다. 행동주의 이론가들은 2장 1절에서 설명된 바처럼 동물과 인간이 외부의 자극(S)과 반응(R)의 연결고리를 학습한다고 생각했다. 빨간 불이 켜지면(자극) 서고(반응), 녹색 불이 켜지면(자극) 간다(반응)라고 하는 'S-R' 관계나, 빨간 불(자극) 후에 파란불(자극)이 켜진다는 'S-S' 관계를 동물과 인간이 학습한다는 것이다(파블로프의 고전적 조건형성 현상들). 한 가지 다른 학습유형으로, 자극 자체가 먼저 촉발되어 행동을 일으킨다기보다는 그 반대로 우리 자신의 행동에(반응) 따른 사건에(자극) 대한 학습이 있을 수 있다. 스키너(B. F. Skinner)가 제안한 조작적 학습이라는 것이다. 문을 밀면 열린다든지, 불에 손을 데인 후에 불을 피한다든지 하는 현상이다. 학습을 이와 같이 크게 두 가지 나눠 볼 수 있는데, 자극과 자극 사이의 연결을 학습한다든지, 또는 반응과 그것에 따른 환경 자극의 변화를 학습한다든지 하는 것을 모두 연합적(associative) 조건형성 학습이라고 볼 수 있다. 이 두 학습 모두에서 이러한 조건형성적 학습이 일어나게 하는 원인 메커니즘으로는 동물이나 인간이 특정 반응을 한 후에 음식 등의 보상 또는 강화(reinforcement)가 주어지는 가, 언제, 어떻게 주어지는가에 달려 있다는 '강화의 원리' 가 행동주의자들이 강조한 학습 원리였다.

2) 행동주의 심리학의 무너짐과 새로운 학습 이론 틀

행동주의 심리학이 학습 현상을 설명하는 이론으로 20세기 전반의 심리학을 40여 년간 지배하였다. 그러나 행동주의자들의 조건형성이론으로는 설명할 수 없는 예외적 현상들이 점차 나타나게 되었다. 이러한 예외적 현상을 실험을 통하여 드러냈거나, 학습 이론도 인지적 측면을 고려하여 설명해야 한다는 연구들을 다음과 같이 세 가지 부류로 묶어볼 수 있을 것이다.

하나는 실제의 반응 연습이나 강화 없이도 학습이 일어나는 현상의 발견이었다. 첫째는 실제 행동으로 반응하는 연습이나 행동에 대한 강화 없이도 학습이 가능하다는 발견이었다. 행동주의의 고전적인 조건형성적 학습 패러다임에서 인지적 측면을 보여준 연구로 유명한 것이 톨먼(E. Tolman)의 잠재학습, 인지지도 연구이다. 톨먼은 미로에서 길을 학습하는 쥐가 실제로 움직여서 반응을 하여 본 경험이 없이도 단지 그 장면에 노출되었다는 것만으로도 학습이 일어난다는 것, 즉 잠재적 학습(latent learning)이 일어남을 보여주었다. 또한 쥐들이 그러한 상황에서 학습한 것은 자극-반응의 연결이 아니라 전체적인 지도, 즉 '인지 지도(cognitive map)'라는 입장을 제기했다. 톨먼의 미로 실험을 보면 행동주의적 설명이 부적절하다. 전통적인 행동주의 심리학자들은 미로에 있는 쥐가 출발점에서 음식 상자에 까지 찾아갈 때까지 음식을 찾아가는 행동 학습이 출발상자에서부터 제일 가까운 쪽에 있는 벽(s1)과 움직임 반응(r1)이 연결되고 (s1-r1), 이 반응이 그다음 벽의 위치(s2)와 연결되고(r1-s2), 이에 그다음 움직임 반응 (r2)이 연결되고(s2-r2)…… 이렇게 계속 연결되어 음식 찾는 데까지 간다고 생각하였고, 이런 행동 사슬 연결은 강화에 의해서 가능하다고 보았다. 그러나 톨먼은 학습할 때에 쥐가 전체적인 미로의 방향과 모양에 대한 인지적 지도를 갖고 접근해간다는 이론을 제시했다. 전통적 행동주의 이론에서 최초로 '인지'의 개념을 도입한 시도이다.

다음은 행동주의 심리학자들이 아닌 형태주의 심리학자들이 제시한 통찰학습 (insight learning)의 문제인데, 유명한 쾰러(W. Köhler)의 1930년대 침팬지의 사고 과정 실험에 의하면 침팬지들이 전혀 사전 반응 경험이 없이 가만히 있다가 갑자기 문제해결을 하는 경우를 보인다. 단순한 반복을 통한 자극-반응의 연결에 의한 학습이 아니라 상황에 대한 통찰, 즉 상황에 대한 인지적 재구성이 일어나서 학습하는 것이다. 통찰학습은 인간이나 유인원이 아닌 하등동물에서도 가능하였는데 이러한 하등 동물에서의 통찰적 학습은 '자극-반응-강화'라는 전통적 행동주의 심리학 이론에 어긋나는 것이며 학습현상에 '인지적' 측면이 개입되어 있음을 강하게 시사하는 것이었다.

이와 같은 시사는 유명한 사회심리학자인 반두라(A. Bandura)의 사회적 학습 실험에서도 드러났다. 1960년대에 인간을 대상으로 한 사회적 학습 실험에서, 인간이 실제로 행동을 직접 하지 않고서도 단지 다른 사람이 행동하는 것을 간접적으로 관찰만 하여도 공격행동 할 수 있다는 '관찰학습(observational learning)' 현상이 뚜렷하게 드러났다. 실제 자기가 행동해보고 그에 대해 강화받고 학습하는 것이 아니라 대리학습이다. 직접 행동을 하고 보상을 받지 않더라도 다른 동물이나 다른 사람이 학습하는 것을 관찰만 하여도 학습이 발생한다는 이러한 현상의 입증과 그에 대한 인지적 이론의 제시는 행동주의심리학적 학습 이론의 한계를 보여주었다.

둘째는 전통적인 파블로프(I. Pavlov)의 고전적 조건형성 패러다임에서 조차도 인지적 요소가 강하게 개입됨을 보인 레스콜라와 와그너(R. Rescorla & A. Wagner, 1972)의 1960년대 및 1970년대의 미각혐오학습 연구의 영향이다. 전통적 행동주의 심리학자들이 자극-반응의 기계적이고 수동적인 연결 학습을 강조한 데 반하여, 레스콜라 등은 동물의 조건형성 학습에서도 다음에 무엇이 일어날지를 예측하는 것이(따라서 인지적 요인이) 중요함을 보였다. 제시되는 무조건자극과 조건자극에 동물들이 반응을 기계적으로 연결하는 것이 아니라, 무조건 자극(US, 예: 음식)이 얼마나 예측 가능한가 아닌가에 따라 조건반응이 달리 촉발되는 것임을 레스콜라 등은 실험을 통하여 입증하였다. 레스콜라-와그너 모델이라고 불리는 이 이론 연구에 의하면 미각조건형성 실험에서 무조건자극과 조건자극의 조건형성 연결은 무조건자극의 예측 가능성의 함수로서, 예상에 어긋날수록 그 예상이 어긋남에 적응하기 위하여 학습이, 조건형성이 더 일어남이 드러났다. 고전적 조건형성에도 예측, 예상이라는 인지적 요인이 크게 작용함을 보인 것이다(Rescorla, 1988).

셋째는 주로 동물행동학 연구결과의 의의이다. 고전적인 행동주의 심리학 이론에 의하면 자극의 종류에 관계없이 모든 자극에 대하여 모든 반응들이 동등하게 쉽게 연결되어야 한다. 그러나 동물행동학 연구에 의하면 어떤 자극-반응 연결이 조건형성 가능하다는 것이 종마다 다르고 인간마다 다르다는 것이 드러나게 되었다. 예를 들어서 오소리에게 동전을 집어 떨어뜨리게 학습시키기가 어렵다. 오소리가 동전을 물어서 집는 것은 쉽게 학습하는데, 그것을 일정한 위치에 갖다가 떨어뜨리는 것은 학습시키기가 어렵다. 즉 동물에 따라서 잘 학습할 수 있는 반응이 있다. 특정한 동물 종에 따라서 환경에 맞는 조건이 조건 형성되어 학습되고 진화된다. 그렇다면 단순한 '반응-자극' 연결이 아닌 종 특수적 방어반응 등의 현상이 있는데 그런 것을 무시한 채 행동주의심리학처럼 설명하면 현상을 제대로 설명하는 데에 문제가 있다는 것이다.

관련된 현상으로 각인(imprinting) 현상이 있다. 노벨상을 받은 로렌츠(K. Lorenz)라는 유명한 동물행동학자가 오리를 연구한 것은 널리 알려져 있다. 오리 새끼는 부화한 후 일정한 기간에 본 움직이는 물체를 그것이 어미이건 사람이건 장난감이건 계속 따라다닌다. 태어나서 일정한 시기에 본 대상이 마치 어미처럼 되는 것이다. 이것은 조건형성이 아니다. 각인이라는 현상이다. 생득적으로 그렇게 정보처리하도록 미리 내장되어 있기에 일어나는 현상이다. 그리고 이런 생득적 성향이 가시화될 수 있는 결정적 시기(critical period)가 있다. 행동주의 이론이 들어맞지 않는 예이다.

새의 지저귐 예를 보면 어떤 참새 집단은 지방에 따라서 서로 다른 사투리를 학습한다. 특정 환경에 노출되면 그 환경에 있는 모든 소리를 학습하는 것이 아니라 생후 10일 내지 50일에 자기 종의 지저귐에 노출되면 참새 노래를 학습하는데, 50일 이후에서야 그런 환경에 노출되어 새의 노래를 듣거나, 전혀 못 들으면 제대로 우는 것이 아니라 조잡한 지저귐을 한다. 10일과 50일 사이에 자기 친척, 자기 종의 노래가 아니라 다른 종의 지저귐에 노출되면 다른 종의 지저귐을 학습한다. 즉, 결정적 시기가 있다는 것이다. 인간의 경우에도 언어의 말소리 학습이 일어나는 결정적인 시기가 있다고 알려졌다. 유아가 그 시기에 모국어의 말소리를 학습하지 못하면 특정 말소리의 변별이 어려워진다.

이러한 예들에 의해 행동주의의 자극-반응 조건형성 학습이론이 반박되게 되면서 인지적 요인을 고려한 이론이 대두되기 시작한다. 학습현상을 제대로 설명하려면 조건형성 중심의 행동주의 이론과는 다른 틀에서 학습을 연구하고 설명해야 된다고 볼 수 있다. 바로 이런 배경에서 행동주의 심리학이 무너지면서 학습과 밀접한 관계가 있는 현상인 기억에 대한 인지과학적 연구가 지식의 습득, 지식의 전이(transfer) 및 활용과 연결하여 진행되게 되는 데, 이러한 배경에는 그동안 학습의 문제를 다루어온 인공지능 연구의 역할이 있다.

3. 인공지능의 학습 연구

인지과학 내에서의 인공지능(AI)을 중심으로 한 학습에 대한 탐구는 행동주의 심리학의 접근과는 차이가 있었다. 행동주의 심리학에서는 행동의 변화에 초점이 있었는데 초기 인지과학(주로 인공지능 연구)에서는 지식 습득이나 인간 행동의 외적인 수행(performance)을 증진시키는 변화에 초점이 있다. 행동주의 심리학에서는 연속적으로 자극-반응들의 연결이 강조되고 잠재적 가능성이나 경험에서 습득된다는 것, 강화(reinforcement)가 필요하다는 것이 강조되었는데, 인지과학에서는 명시적 지식(즉, 언어화하고 상징, 기호화할 수 있는 지식)을 획득하고, 단순한 자극-반응의 연결이 아니라 각종 기술을 습득하는 것이 강조되고, 이와 관련하여 이론, 가설의 가능성, 귀납적 추론 등의 주제가 강조되었다.

학습의 유형과 관련해서는 행동주의 학습 이론에서는 조건형성적 설명이 강조되었다. 반면 인지과학에서는 학습의 개념이 지식의 축적, 활용, 변형 등에 초점이 맞추어지고 기계적 학습, 암기에 의한 학습, 가르침에 의한 학습(인공지능 시스템 내에 교사(teacher) 프로그램이 별도로 있어서 인공지능에 무언가를 잘못하면 그것을 교사 프

옛 심리학의 관점	인지과학(AI)의 관점
1. 무엇 • 행동의 변화 • 연속적 • 잠재적 가능성 • 경험에서 생김 • 강화 필요 2. 유형 • 조건 형성 • 인지, 동찰 학습	1. 무엇 • 강화를 증가시키는 변화 • 명시적 지식 습득 • 기술 습득 • 이론, 가설 형성, 귀납적 추론 2. 유형 • 역할 학습 • 가르침에 의한 학습 • 예를 통한 학습 • 유추에 의한 학습 등

그림 10-1 학습에 대한 행동주의의 접근과 인지과학(인공지능)의 접근

로그램의 도움을 받아 수정하는 학습), 예를 통한 학습, 유추에 의한 학습 등으로 학습을 나누어 행동주의와는 다른 접근을 전개한다.

인지과학 일반에서 1970년대까지 심리학자들이 학습의 연구를 소홀히 하고 기억 연구만 하고 있는 한편에, 인공지능 연구자들은 인공지능 시스템의 학습의 문제에 대한 연구를 진행해왔다. 인공지능시스템에 모든 알고리즘적, 휴리스틱스적 그리고 일반 데이터베이스 지식을 일일이 시스템의 기억저장고에 미리 내장시킬 수 없음이 인식되고, 계속하여 새로운 상황을 마주하여 새로이 기술과 지식을 학습하는 시스템을 구성하는 것이 인공지능 연구자들의 주요 과제로 떠올랐다.

인공지능에서는 같은 일을 반복하거나 같은 설명에서 추출된 다른 설명을 두 번째 다시 시도할 때 시스템이 보다 잘하는, 개선된 성능을 보여주면 그것은 학습되었다고 본다든지, 어떤 환경에서의 경험으로부터 지식습득을 통해서 성능이 향상되는 것을 학습이라고 정의할 수 있다.

왜 인공지능 시스템에서 학습을 하는 부분이 있어야 하는가? 1980년대까지의 기존의 인공지능 시스템에는 문제점이 있었다. 과거 인공지능 시스템은 모든 규칙이 미리 내장되어 있고 문제를 해결할 때에도 이미 내장된 지식에서 연역적 추론을 통해 문제를 해결하였으며, 예들을 겪어보고 예들에서 보편적인 결론이나 예측에 도달하는 귀납적 추론을 할 수 없었다. 그런데 인공지능이 모방하려는 인간의 지능은 새로운 지식을 습득하고 학습하는 것인데, 초기의 인공지능 시스템은 새로운 지식 습득이 아니라 기존에 있는 지식을 적용하는 데에 초점이 있었던 것이다.

현실적으로 여러 상황에서 인공지능 시스템을 구현하려 하는 노력이 전개되면서, 각종 상황을 다루는 인공지능 시스템에 학습 엔진이 들어가지 않으면 안 된다는 인식이 생겨났다. 현실의 복잡한 상황에서는 미리 내장된 기존의 지식을 넘어서는 학습이 일어나는 것이 보통이다. 따라서 미리 내장된 지식의 한계를 넘어서서 학습하는 새로운 인공지능 학습시스템이 인공지능 연구에서는 필요하게 되었다.

인공지능에서 다루는 기계학습에는 기본적인 두 가지 형태가 있다. 하나는 지식의 습득이고 다른 하나는 기술 숙련이다. 지식의 습득은 새로운 기호(상징) 정보 습득과 이를 효과적으로 적용할 수 있는 능력의 습득의 문제이다. 기술숙련은 반복된 연습에 의하여 운동 및 인지 기술의 습득과 점진적 향상의 과제를 다루는 학습이다. 기술도 절차적 지식이라고 볼 수 있기에 두 경우 모두 지식(습득, 표상, 평가, 형식 등)이 중요한 요인이 된다.

인지과학 발전사에서의 학습에 관한 연구의 역사를 인공지능 중심으로 본다면, 인공지능의 학습 연구는 처음 1950년대에는 체스나 체커와 같은 서양장기를 두는 사람들이 어떻게 장기 두는 것을 배우느냐 하는 것을 내장된 지식을 기계적으로 암기하여 활용하는 측면의 학습으로 다루었다. 1970년대 후반에는 기계학습(machine learning) 중심으로 해서 명백한 알고리즘을 강조한다든지 수리적 문제해결을 강조한다든지 지식을 습득해서 사용하는 것을 강조하는 연구들이 있었다. 1980년대 이전의 인공지능의 학습 연구는 주로 분석적 학습의 분야가 연구되었다고 할 수 있다. 외적인 경험이나 입력 없이 주어진 문제 상황에서 작동하는 논리적 규칙들을 분석하여 효율적인 문제해결을 학습하는 것이 중심이었다고 할 수 있다.

1980년대 중반 이후에 기계학습에 대한 관심이 증가되면서 여러 가지 알고리즘과 휴리스틱스에 관한 연구가 진행되는 한편, 경험적 학습(empirical learning) 연구가 부각되었다. 모든 규칙이 지식으로 미리 내장되는 것이 아니라 시스템이 경험을 통하여 입력을 받아 알고리즘과 휴리스틱스를 도출하여 나가는 경험적 학습의 중요성이 인정된 것이다. 인공지능 시스템 내에 'teacher'라는 상위의 지도, 감독 프로그램이 따로 있어서 학습이 진행되는 지도학습(supervised learning) 연구도 진행되었다. 경험적 사례에서 예 중심으로 학습한다든지, 또는 지도없는 학습(unsupervised learning)을 한다든지 등의 연구들이 이루어졌다. 또한 낱개 예라든지 그런 것을 학습하는 것이 아니라, 사람이 빨리 달리려면 어떻게 하면 빨리 갈 수 있다는 식으로 '설명'에 관한 학습의 연구가 시작되었다(explanation based learning). 그런 연구에서 1970년대에서 1990년대에 옮겨오며 과거 경험지식들을 덩이짓기(chunking)를 해서 새 지식을 산출하는 연구가 이루어졌고, 1990년대 이후로 암묵적 학습(implicit learning)이라는 개념과 상황적 학습, 유전자 알고리즘 등 여러 가지 학습 유형이 연구되었다.

1980년대 말까지 인공지능 연구에서 기계 학습에 대하여 해온 주요 접근을 다음의 네 가지로 나누어볼 수 있을 것이다.

귀납적 학습: 사례를 중심으로 해서 그 사례들이 공통적으로 가지고 있는 특성을 학습하는 그런 학습이다. 사례들에서 보편적인 특성을 어떻게 뽑아내느냐에 따라서 이런 저런 다른 방식이 있을 수 있다. 잡음과 사례의 분류, 차별적 개념, 사례들의 원천, 점

진적 대 일회적 귀납 등이 주요 주제가 된다.

연역적 학습: 초기에 인공지능이 계속 해온 연구틀로서 이미 알고 있는 지식으로부터 추출해서 파생시켜 문제를 해결하게 하는 그런 학습시스템이다. 여러 가지 중심주제들이 있다. 연역적 추론 규칙, 탐색제어 규칙, 매크로 연산자, 설명기반 학습, 다단계 덩이짓기, 파생적 유추, 일반화의 정도 등이 주요 주제가 된다.

신경망 학습: 전통적인 지능 시스템의 학습과는 달리 정보들이 여러 곳에 분산, 중복해서 배치되고 그것이 이러저러한 하나의 정보와 다른 정보 사이의 연결 특성에 의해서 새로운 학습이 이루어진다고 볼 수 있다. 연결강도 재조정, 오류 역전파, 완만한 퇴행, 비선형적 함수 계산 등이 주요 주제가 된다. 신경망에 대한 설명은 이미 이 책의 9장에서 주어져 있다.

진화적 학습: 경험을 통해서 새로운 것들을 학습하는 것인데 돌연변이라든지, 변종, 변화 이런 것들이 형성될 수 있게끔 하는 인공지능 시스템의 진화적 특성을 다룬다고 볼 수 있다. 보상, 벌점 등 강화 방식이 도입되고, 자연선택의 목적함수 중심 판단, 재조합의 잔존 가능성 판단 등의 계산이 개입된다.

다른 측면에서 인공지능 분야의 학습 연구 영역을 분류하여 본다면, 지도감독학습(supervised learning), 지도없는학습(unsupervised learning), 준지도학습(semi-supervised learning), 강화학습(reinforcement learning: 시스템의 출력에 대하여 환경이 강화 반응을 함), 변환학습(transduction), 배우기 학습(learning to learn; 이전의 경험에 기초하여 새로운 귀납적 편향을 학습) 등이 있다. 인공신경망, 결정나무, 유전자 프로그램밍, 유전자 알고리즘, 동역학 프로그래밍, 메타학습 등의 분야도 다루어진다. 인공지능 연구에서의 학습의 연구는 신경망 접근(연결주의)의 대두로 인하여 폭발적인 발전을 보게 되었다.

4. 인지신경과학과 학습 연구

학습을 가능하게 하는 것은 (뇌 이외의 신체 부분의 작용도 있지만) 주로 뇌이다. 인간이나 동물의 학습은 몸을 지닌 유기체가 뇌를 사용하여 학습하는 것이다. 그러면 뇌는 어떠한 원리에 의하여 학습을 가능하게 하는가? 하등동물에서부터 고등동물에 이르기까지 동물의 단순 조건형성 학습에서부터 복잡한 결정을 요하는 학습을 포함하는 동물학습의 여러 현상이 뇌의 어떠한 신경생물적 메커니즘에 의하여 가능하게 되는가 하는 주제에 대해서는 신경생물학에서 상당히 많이 연구되고 소개되어 왔다. 그러나 그러한 학습의 신경생물 메커니즘의 연구결과의 대부분은 학습이라기보다는 기억에 대한 연구결과라고 볼 수 있다. 따라서 여기에서는 그러한 신경생물학적 학습 메커니즘 연구를 개관하는 것은 생략하고 후에 기억 주제의 논의에서 일부분 언급하겠다.

5. 응용인지과학일반의 학습 연구

인공지능 분야를 포함하여 인지과학 일반에서 다루고 있고, 앞으로 다뤄질 학습 분야 중 인지과학의 응용과 관련하여 미래에 발전가능한 분야는 인지학습스타일의 전략, 뇌기반학습[81], 정상인 및 노년의 인지학습 연구, 노년학습 지원도구 시스템 연구, 각종 시설에서 학습을 지원하는 시스템이나 도구연구, 인간의 학습, 로봇의 학습에서 역동적 학습 등의 분야라고 볼 수 있다. 이러한 응용인지과학 측면에 대해서는 14장에서 다시 설명하겠지만, 최근의 응용인지과학의 발전 추세는 인간의 인지기능 향상과 관련하여 학습, 기억 능력의 향상에 강조를 두고 있어서 앞으로 인지과학에서의 학습(특히 인간의 인지학습 및 인공지능시스템이나 로봇의 학습) 메커니즘의 탐구와 응용이 더욱 발전하리라 본다.

6. 학습과 기억의 연결

인지과학에서의 학습 연구는 인공지능 연구 중심으로 수리적, 통계적, 형식적 모델 구성과 구체적 공학적 모형이 두드러진 분야라고 할 수 있다. 학습은 인지과학 내에서 학제적 연구의 필요성이 절실히 드러나는 분야이다. 앞서 언급한 바와 같이 인공지능 연구에서는 초기에는 학습에 대한 수리적, 통계적, 형식적 모형이 부분적으로 탐구되었었다. 그러다가 신경과학 등의 뇌의 연구가 부각되면서 뇌의 어떠한 메커니즘에 의해서 학습이 가능하게 되는가하는 연구가 일어나고 학습과 관련된 뇌의 원리를 적용해서 학습을 연구하려는 입장이 제기가 되면서 인공지능뿐 아니라 인지과학 일반과 교육

---

81 인간 학습 상황에서 인지학습의 효율화를 도모하는 패러다임으로 등장한 뇌기반학습 패러다임에서 보는 뇌의 학습 메커니즘 특성을 정리한 내용을 〈표 10-1〉에 제시한다(이정모, 김성일, 이건효, 2003). 학습을 가능하게 하는 뇌의 작동 원리에 기초하여 인간의 학습 과정을 이해하고 효율적인 학습 원리를 도출하려는 연구 분야가 뇌기반 학습과학 (BBL Brain-Based Learning) 분야이다

표 10-1 학습과 관련된 뇌의 정보처리 특성

뇌의 학습 메커니즘	설명 및 1차 관련 개념들
1. 학습은 뇌를 포함한 신체 전체가 개입됨	– 모든 학습이 마음–신체의 작용임 – 움직임, 주의 관련 신경화학물질 중요
2. 학습이란 초점적 주의와 지엽적 지각 (peripheral perception)이 개입됨	초점적(focussed) 주의–의식 수준 주변적 지각– 암묵적 기억
3. 학습은 항상 의식적, 무의식적 과정이 관여됨	자동화, 습관, 신념, 태도 등
4. 뇌에는 최소한의 두 유형의 기억이 있음 1) 일반기억학습체계 2) 시공간기억체계	1) 서술적 사실 등의 기억, 의미지식 기억, 절차적, 정서적 기억 2) 시공간 관련 사건 기억
5. 뇌는 자연적 공간기억체계 하에서 사실과 기술을 가장 잘 습득, 이해, 기억	정서적 기억이 '경험'과 결합되면 더 잘 기억됨
6. 복잡한 학습이란 도전에 의하여 향상되고 위협, 스트레스에 의하여 억제됨	편도체가 정서반응에 관여; 위협적인 상황이라는 느낌이 들면 외부로부터의 입력 정보들은 감각 피질 부위를 거치지 않고 곧장 편도체로 전달되며, 편도체는 전투와 경계 반응을 촉발시키고 결과적으로 학습 관련된 반응을 억제한다.
7. 학습은 발달적–단계적이며 또한 유연성, 가변성 있음	뇌의 발달은 계통발생을 따른다./ 정서적 뇌가 먼저 발생하고 인지적 뇌가 그 이후에 발생한다./ 개인차: 성장에 따른 뇌의 발달 특성도 다르다. /새로운 자극에 의해 끊임없이 새로운 뇌신경통로가 만들어진다.

심리 등에서 학습이 하나의 중요한 주제로 드러나기 시작하였다.

우리가 삶에서 경험을 통하여 학습을 제대로 하려면 지식표상, 행동방식, 알고리즘 등이 고려되어야 되고 우리가 배운 기억체계, 기억상징조작체계뿐 아니라 신경망체계를 결합한 혼합 시스템이 적용되어서 학습이 어떻게 이루어지는가를 밝혀야 된다고 볼 수 있다. 학습은 기억 속에 무엇이 들어가 있는가, 그 지식이 어떻게 들어가 있는가에 크게 의존한다고 볼 수 있다. 따라서 학습을 설명할 때는 기억을 빼놓고 설명할 수 없다. 다음 절에서 기억과 관련하여 기억이란 무엇이고 기억이 어떻게 저장되어 있는지를 살펴보겠다. 학습은 새로운 지식과 행동을 습득하는 과정이고, 기억은 습득된 지식이 저장되고 인출되는 과정이다. 이 두 과정은 서로 다른 심리학적 관점에서 출발하였지만 학습 없는 기억과 기억 없는 학습은 상상하기 어렵다. 두 과정의 역동적인 관계를 통하여 인지가 작동되는 것이다.

7. 기억의 일반적 특성

인간의 기억은 마음의 바탕이다. 기억이 없다면 마음이 존재하기 힘들다. 인지의 핵심은 기억이다. 컴퓨터의 프로그램들이 컴퓨터 메모리에 들어가 있는데 인간에게는 바로 기억에 그런 것들이, 즉 마음의 운영체계, 일반 작동 프로그램, 각종 지식이 들어가 있다. 따라서 기억이 없으면 인간의 마음이, 인지가 제대로 작동할 수 없다.

컴퓨터에서 하드디스크, RAM 메모리, CPU 메모리를 제거하면 컴퓨터가 제대로 작업을 할 수 있을까? 메모리를 다 제거하면 컴퓨터가 빈껍데기가 된다. 마찬가지로 우리에게 기억이 없다면 과거도 현재도 없게 되며, 경험을 통해 새로운 각종의 기술이나 능력을 새로 습득할 수도 없으며, 습득하였다 하더라도 이를 사용할 수도 없을 것이다. 우리에게 기억이 없다면 매일 보는 사람의 얼굴도 알아볼 수 없게 될 것이고 우리 자신이 누구라는 사실도 모른 채 살아가게 될 것이며 가장 초보적인 일상생활도 할 수 없을 것이다. 인간은 기억이 있기에 다른 사람들과 구별되는 자아를 형성하여 유지할 수 있고, 각종의 환경적 상황에 적응할 줄 알며, 기억이 있기에 그 기억된 내용에 근거하여 여러 가지 심리적 이상의 문제가 형성되기도 하고, 또 기억 내용이 재구성되고 기억에서 인출되는 정보의 중요성 비중과 우선순위가 변화함에 따라서 심리치료의 효과가 가능해지기도 한다.

1) 기억의 기본 물음

기억에 관한 주요 인지과학적 물음들이 있다. 기억은 과연 어떻게 이루어지는가? 인간의 온갖 마음상태와 내용의 자리인 기억은 과연 어떻게 작용하는가? 기억한다는 것은 무엇을 어떻게 하는 것인가? 망각은 왜, 어떻게 일어나는가? 기억의 인지적 구조와 과정들은 어떻게 나누어 질 수 있는가? 기억 체계란 무엇이며 어떠한 유형의 기억체계들이 있는가? 기억의 체계들과 과정들의 구분과 각각의 특성들은 어떠한 신경적 근거에 기초하고 있는가? 기억에서의 인출은 어떻게 일어나는가?

기억의 기본적인 정보처리적 구조와 과정들은 무엇인가? 컴퓨터에 정보처리적 구조와 과정들이 있듯이 기억에도 정보처리적인 구조와 과정이 있다. 기억의 데이터베이스인 지식표상은 어떤 형태와 유형이 있고 어떤 형태로 저장되어 있는가? 서술적 지식과 절차적 지식, 즉 무엇에 대한 지식(what)과 무엇을 어떻게 하는가(how)에 대한 지식이 있는데 그런 지식은 같은 방식으로 저장되는가 아니면 달리 저장되는가? 컴퓨터에 계산 과정이 있듯이 기억에 과정이 있는데, 정보를 받아들여서 저장하면 받아들이는 부호화 과정, 인출 과정이 있다. 이러한 과정들이 어떻게 작동하는가?

2) 기억에 대한 관점, 은유의 변화

기억에 대한 위와 같은 물음과 관련하여 인지과학의 분야들은 여러 연구를 진행해왔다. 그러한 연구에서(특히 인지심리학에서) 인간 기억에 대해서 생각하는 관점이나 은

유가 계속 변화해왔다(이정모, 이재호, 1996ㄱ; 이정모, 박희경, 2001).

플라톤 이래 고대부터 20세기 초까지는 밀랍의 은유가 주류를 이루었다. 기억은 밀랍같은 것으로서 자극의 인상 강도가 강하면 강한 흔적을 남기고 약하면 약한 흔적을 남긴다고 했다. 밀랍처럼 굳어져서 기억이 된다는 그런 식의 물질적인 은유이었다.

1960년대로 넘어오면서 인간의 기억을 창고나 물건에 비유했다. 마치 사물을 그대로 복사해서 기억저장고의 일정한 위치에 넣었다가 그대로 되꺼내는 우편함에서 편지를 꺼내듯이 꺼내는 것이라고 보았다. 넣을 때의 처리 정도가 기억할 때의 강도를 결정한다든지 망각을 쇠퇴와 간섭의 함수로 간주하는 입장이 나왔다.

그 후 이러한 입장이 조금 수정되었다. 기억은 사진찍는 듯 주어진 그대로 복사하여 기억 저장고에 집어넣었다가 후에 저장장소에서 기계적으로 꺼내는 것처럼 그대로 꺼내는 것이 아니라, 기억에 넣고 꺼내는 것은 구성하여 넣고 또 새롭게 구성하여 꺼내는 것이라는 이론이 제기되었다. 원래 자극대상과 다르게 구성(construction)하여 넣고 또 재구성(reconstruction)하는 것이 기억 역동의 핵심이라는 관점이 제기되었다. 이러한 이유로 남대문 화재 사건과 같이 충격적인 사건이라도 몇년 후에 같은 현상에 대해 질문한다면 사람들이 기억하는 내용이 달라질 수 있다는 것이다.

기억의 구성성과 재구성성을 단적으로 보여주는 고전적 기억실험 예가 방법론 5장 2절에서 설명되었었다. 그 실험에서 피험자들에게 그림을 기억해서 그리게 하면, 주어졌던 언어적 명칭이 무엇이었는가에 따라서 원래 그림과 다른 그림을 그려내는(기억해내는) 결과가 나왔다.

유사한 맥락의 실험 예는 로프터스(E. Loftus) 등(Loftus & Zanni, 1975)의 기억실험이다. 로프터스의 실험은 목격자의 기억이 후에 경험하는 것에 의해서 체계적으로 왜곡되는 현상을 보여주었다. 기억이 순수하게 있는 그대로 저장되는 것이 아니라 이후에 무슨 일이 있었느냐에 따라서 다른 기억이 구성된다. 그들의 실험에서 피험자들에게 자동차 사고가 발생하는 필름을 보여주고 질문을 하였는데, 질문을 하는 문장에 사고 내용을 기술하는 단어가 집단마다 달랐다. 집단 1에서는 'smashed', 집단 2에서는 'hit'가 들어갔다. 다시 1주일 후에 기억을 검사한 결과, 집단 1 참여자의 32%가 유리창이 깨졌었다고 필름에서는 없던 내용을 보고한 반면, 집단 2에서는 14%만 유리가 깨졌었다고 답하였다. 이런 현상은 기억의 내용이 기억 저장 이후에 경험한 단서 중심으로 변화, 재구성되는 것을 보여주는 예이다.[82]

다시 언급하지만 인간 기억의 특성은 구성이다. 어떤 사람의 얼굴을 기억한다고 할 때는 그 얼굴을 사진 찍듯이 기억하는 것이 아니라 자기가 가진 지식에 근거하여 나름 대로 스케치 1을 구성해서 기억한다. 꺼낼 때는 집어넣었던 스케치 1을 꺼내는 것이 아니라 주어진 단서들을 근거로 스케치 2를 재구성하는 것과 같다. 기억 인출이 단순 한 탐색을 통해 주소를 찾아 꺼내는 기계적인 과정이 아니라 인출 시에 주어진 단서와 자신이 알고 있는 지식을 토대로 목표 항목 내용을 재구성해서 그 결과가 목표자극인 가 아닌가를 결정하는 과정이라는 것이다. 우리가 일상적으로 어떤 대상을 기억해 낸 다는 것은 이러한 재구성 과정에서 그 자극이 이전에 봤던 것인가 아닌가를 통계적으 로 판단하고 결정하는 과정이 개입된다는 것은 주목할 만하다.

연결주의 이론이 대두되면서 1980년대 중반부터 기억 표상과 인출에 대한 분산표 상, 병렬 처리 등의 새로운 입장이 전개되었다. 이 관점은 주로 신경망 이론 틀에 의해 서 제기되었는데, 기억저장고의 특정 위치에 특정 기억 내용이 저장되는 것이 아니라 기억담당 두뇌의 전체에 중복되어서 분산 표상되어 있다는 것이다. 신경망에 대한 자 세한 내용은 8장 7절을 참고하기 바란다.

기억 정보 인출 과정 비유

기억정보의 인출 과정을 생각해보면, 이것을 공명(resonance)에 비유해볼 수도 있 다. 유사한 정보들이 주파수가 유사한 소리굽쇠들처럼 기억에 분산 저장되어 있고, 목 표 자극이 제시되면 이 자극이 기억 내의 소리굽쇠들의 공명반향을 일으켜서 가장 잘 일치하는 소리굽쇠를 판단하고 결정하여 공명하고 반향하게 하는 그런 식으로 생각해 볼 수 있다.

예를 들어 기억 속에 사과, 배, 감 등의 과일 이름이 들어가 있고 기억들이 들어가 있 는데, 사과라는 자극이 글자나 실물로 제시되면 그 자극이 무엇인지를 판단하려면, 비 유하여 표현하여 머릿속에 사과라는 붉은 사과는 100Mhz, 파란 사과는 101Mhz, 배 는 110Mhz 감은 130Mhz 이런 식으로 다른 소리굽쇠가 들어있다고 생각해보자. 그런

---

82 인지심리학자인 샥터(D. Schacter, 2006)는 『기억의 일곱 가지 죄악』이라는 책에서 기억의 내용이 변화되고 구성된 다는 것을 설명하며 기억의 다음 특성을 문제점으로 들고 있다: ① 기억이 시간이 경과됨에 따라 약해지는 transience의 문제, ② 주의를 안 하여 기억을 못하는 absent-mindedness의 문제, ③ 인출 실패의 blocking 문제, ④ 잘못 귀인하여 기억하는 misattribution 문제, ⑤ 발생하지도 않은 일을 발생하였다고 믿는 suggestibility의 문제, ⑥ 편향에 의하여 왜곡하는 기억의 bias 문제, ⑦ 잊어야 할 것이 계속 생각나는 persistence 문제.

데 자극인 사과가 고유의 소리굽쇠 울림과 같은 것을 울려 보내면 뇌 속에 있는 사과, 배, 파란사과, 빨간 사과를 표상하는 여러 소리굽쇠들(신경생물학적 기억흔적 단위들)이 같이 공명해서 울려 나오는데 그 공명 중에서 가장 잘 일치하는 파랗고 빨간 사과 100Mhz 소리굽쇠(기억 흔적)를 목표자극이라고 통계적으로 계산하여 판단해서 결정하고 그것을 끄집어내는 것이다. 우리가 의식은 못하지만 뇌 속에서 하나의 기억을 대상을 인식하거나 기억에서 무엇을 끄집어낼 때에 공명에 비유될 수 있을 만큼 굉장히 빠른 통계적 판단과 결정이 일어난다고 볼 수 있다. 맥락의존적 판단과 결정을 할 때 저장된 단서를 끄집어낼 때의 현재 주어진 맥락단서들과 일치하는 정도에 의해서 통계적 판단을 하여 그 대상을 기억하는 어떤 것이라고 결정한다고 볼 수 있다.

분산표상과 호수의 물결파장 비유를 보자. 우리의 뇌 속에 들어가 있는 어떤 특정한 기억은 우편함의 여러 함들에 들어 있는 그런 정보와는 다르다는 것이다. 즉 우리의 뇌 속에는 어떤 특정 주소에 딱 한 번 '사과'라는 정보가 들어 있는 것이 아니라 사과라는 정보가(신경생물학적 기억흔적 단위) 분산, 중복해서 들어가 있다는 것이다. 그러면 거기서부터 어떻게 나중에 정보를 찾아낼 수 있는가? 호수에 비유할 수 있다. 호수 위에 물건을 떨어뜨렸을 때 일어난 파장은 점점 번져나간다. 호수의 어느 지점에서 점검하건 파장은 같은 모양으로 나올 수 있다. 가상적으로 물건이 호수에 떨어져서 파장이 번져나갈 때 그것을 급격하게 냉각시켜서 파이 한 조각을 자르는 것처럼 잘라내서 호수의 파이 한 조각을 수리적으로 계산해보면 그것을 근거로 하여 역으로 계산해서 떨어진 물건이 어떤 특성의 물건인지 계산해낼 수 있다. 그것과 마찬가지로 우리의 뇌 속에는 어느 한 곳에 한 정보가 한 번만 들어가는 것이 아니고, 그 정보가 뇌의 여러 곳에 분산되어서 중복해 호수의 파장처럼 들어가 있는 것이다. 이것이 홀로그래픽 은유 이론이다.

이러한 가상적인 은유를 열거한 이유는 우리의 기억이 우편함처럼 한 곳에 딱 한번 한 정보가 사진처럼 복사되어서 들어가 있는 것이 아니라 뇌의 여러 곳에 정보가 분산되어서 중복되어서 들어가 있고 인출 시에 이를 연결하여 재구성된다는 관점을 제시하고자 하는 것이다. 그래야 뇌의 어느 한 부분이 손상되어도 손상되지 않은 다른 곳에서 그 정보를 구성해낼 수 있다.

과연 기억은 무엇일까? 많은 이론가들이 기억을 설명하는 이론들을 제시하였고, 위와 같이 밀랍은유 혹은 복사기은유, 저장고은유, 공명은유, 홀로그래픽은유 등을 제시하였다. 그런데 각 은유는 기억을 이해하는데 많은 기여를 하였지만 기억 그 자체에 대한 본질적인 설명이기 보다는 기능적인 설명이라는 한계를 지니고 있다. 인지과학에서 보는 기억은 하나의 체계이며 다양한 기억 요소들로 구성되어 있다. 기억을 정보처리 체계로서 기술하려면 그 체계의 기능적 구조, 과정, 그리고 표상구조의 요소들을 설명하여야 한다.

8. 기억의 요소

기억의 기능적 구조는 다음과 같이 나누어볼 수 있다. 순간적으로 대상을 감각적으로 기억하는 감각기억, 주어진 자극에 대해서 짧은 기간 동안 주의를 기울여 부호화며 유지하는 단기기억 또는 그러한 작업을 수행하는 작업기억, 그리고 오랫동안 저장하고 있는 장기기억 등으로 나누어 볼 수 있다. 이러한 기억체계들은 창고같은 실체가 아니라 일종의 기능적 단위이다. 또한 저장된 내용으로 분류한다면 정보 유형에 따라 일화기억, 의미기억, 절차기억 등으로 나누어질 수 있다. 기억의 이러한 기능적 구조들을 각각 기억체계라고 부른다(이정모, 이재호, 1996ㄴ).

기억 과정은 부호화 과정, 저장 과정, 인출 과정으로 나뉜다. 부호화는 외부에서 들어오는 자극의 내용을 정보화해서 기억에 넣는 과정이고, 저장 과정은 정보를 계속 보류해서 유지하는 것이고 인출과정은 정보를 꺼내는 것이다.

기억의 표상구조의 문제는 컴퓨터로 비유하여 이야기하자면 데이터베이스의 구조와 형식의 문제이다. 기억에 들어 있는 각종 경험의 내용이 어떠한 지식구조 형태로 저장되는가의 문제이다

다음 절들에서 기억의 구조(9절)와 과정(10절), 그리고 표상구조 특성(11절)을 각각 살펴보겠다.[83]

9. 기억 구조 특성

기억은 하나의 단일한 체계가 아니라 여러 가지 체계로 이루어진다. 기억에 관한 중다체계를 주장한 애트킨슨과 쉬프린(Atkinson & Shiffrin, 1968)은 기억은 크게 감각기억, 단기저장고, 장기저장고로 나누어진다고 하였다. 이 세 기억의 특징을 요약하면 〈표10-2〉와 같고, 각각에 대하여 보충 설명하면 다음과 같다.

표 10-2 감각기억, 단기(작업)기억, 장기기억의 특성 비교

특징	감각기억	단기(작업)기억	장기기억
정보의 유입	주의를 요하지 않음	주의를 요함	시연(되뇌임)
정보의 지속	불가능	주의지속	반복
정보의 유형	유입 정보	음운적, 시각적, 의미적	의미적(주로) 시각적, 청각적(일부)
수용 능력	작다	작다(7+−2 단위)	무제한
기억의 상실	쇠퇴	대치, 쇠퇴	간섭, 인출 실패
흔적 지속시간	0.5~2초	3~15(20)초	수분, 수년
인출	읽어냄	자동적 처리 의식된 것 시청각적 단서	검색과 재구성

① 감각기억(sensory register, sensory memory)

감각기억은 번개치는 순간처럼 극히 짧은 시간에 기억되다가 순간적으로 사라지는 기억이다. 감각기억에서는 그 내용을 기억 속에 두고 유지시키려면 주의를 기울여서 정보가 몇 초 동안 더 지속되게 해야 한다. 시각, 청각 등의 자극은 굉장히 짧은 시간

---

[83] 기억의 구조와 과정의 일반적 특성에 대해서는 '이정모, 이재호 (1996). 기억의 본질: 구조와 과정적 특성. 이정모 (편). 인지심리학의 제 문제(I): 인지과학적 연관. 서울: 성원사. (133~157쪽)'을, 기억체계에 관해서는 '이정모, 이재호(1996). 기억 체계 이론. 이정모 (편). 인지심리학의 제 문제(I): 인지과학적 연관. 서울: 성원사. (159~197 쪽)'을, 기억의 표상에 대하여는 '이정모, 방희정 (1996). 기억 표상의 이론적 모형. 이정모 (편). 인지심리학의 제 문제(I): 인지과학적 연관. 서울: 성원사. (199~221 쪽)'을 참고하기 바란다. 이 자료들은 웹의 다음에서 다운 받아볼 수 있다: http://cogpsy.skku.ac.kr/data/data.html→저서/역서→인지심리학의 제문제(I): 인지과학적 연관, 이정모(편). 서울: 성원사, 1996에 링크된 hwp, pdf 파일들.

내에 사라진다. 감각기억의 지속기간은 시각적 자극은 0.5초 정도, 청각적 기억은 2초 정도이다.

② 작업기억 (working memory)

단기기억(STM: short term memory)과 작업기억(WM: working memory)이라는 용어를 흔히 혼용한다. 단기기억은 인지과학 초기에 사용한 용어이다. 장기기억에 대비해서 시간과 저장고 개념을 강조한 용어이다. 반면 작업기억은 1970년대 이후에 인지심리학자 배들리(A. Baddeley)에 의해 제기되어(Baddley & Hitch, 1974) 새로 사용하게 된 용어이다(이정모, 박희경, 2001). 단기기억 개념을 대체하는 개념이다. 작업기억은 기억이 어떤 수동적 저장고 같은 것이 아니라 기억의 역동적 과정적 측면을 강조한 것이다. 요즘은 단기기억이라는 용어는 잘 안 쓰고 작업기억이라는 용어를 주로 사용한다. 단기기억과 작업기억은 어떤 자극에 대해 주의를 기울여서 기억이 잠시 머물게 되는 것으로 용량이 7±2로 5개 내지 9개이다.

작업기억은 새로운 경험을 장기기억으로 보내기 위해서 거쳐가야 할 1차적 작업대이다. 작업대에 머무는 시간은 평균 3초 내지 5초, 길어야 30초이다. 자극 정보는 시각적, 청각적(언어적) 형태로 변환된다. 다음 〈그림 10-2〉는 작업기억의 특성을 나타낸 그림이다. 작업기억은 작업 용량의 제한이 있고, 자극에 대하여 주의를 주어 처리를 하

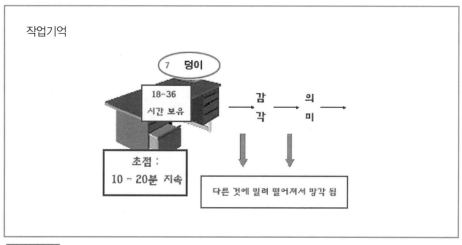

그림 10-2 작업기억의 작업대

고 있지 않으면 새로운 자극에 의하여 대치되어 망각된다. 새 일감이 들어와서 옛 일감을 작업대에서 밀어내는 것에 비유하여 생각할 수 있다. 작업대는 용량의 제한이 있다. 특정 일감 또는 입력자극을 무한정 갖고 있을 수 없다. 계속 새로운 일감이 들어오니까. 이전에 있었던 것은 밀려서 대치된다고 본다.

작업기억의 용량 제한은 정보처리 자원(resources)의 문제로 개념화할 수 있다. 그림에서 책상의 크기가, 작업대가 제한되어 있다. 그래서 한꺼번에 많은 일을 할 수 없다. 그렇긴 하지만 책상에서 일하는 사람이 네 사람이 있다면 같은 용량의 작업대에서라도 한꺼번에 네 가지 일을 처리할 수 있다. 기억 처리자(agent) 자원이 많아서 멀티태스킹이 가능해지는 것이다. 대체적으로 기억력이 좋은 사람들은 처리자원이 크거나 처리자원을 효율적으로 사용한다. 비유하자면 기억작업대 책상이 크거나, 아니면 크기는 같은데 작업하는 일꾼이 많은 경우와 같다. 처리자원 용량의 한계를 극복하는 것은 되뇌임(rehersal)을 하거나 반복연습을 통해 기억을 자동화시키는 것이다.

작업기억은 컴퓨터의 RAM 같은 역할을 한다. 여기에서 각종 정보처리가 일어난다. 감각-운동정보 일반, 시각, 청각, 언어, 의미, 정서 등의 각종 정보가 여기에서 연결, 통합된다. 작업기억은 우리의 의식과 무의식이 작용하여 인지적 처리를 전개하는 작업마당이라고 생각할 수도 있다.[84]

작업기억의 하위구조를 보면(Baddeley & Hitsch, 1974, Baddeley, 2000), 먼저 중앙집행기(central executive: 컴퓨터의 CPU와 같은 것)가 있고, 이의 제어를 받는 시공간 잡기장(visuo-spatial sketchpad: 컴퓨터의 모니터와 같이 시공간적 정보의 부호화 담당 기구), 음운되돌이고리(phonological loop: 정보를 청각적, 말[speech] 기반 부호로 유지하는 기구), 일화적 완충기억(episodic buffer: 시공간 잡기장과 음운되돌이고리, 그리고 장기기억으로부터 오는 각종의 정보를 유지하고 통합하는 기구)이 있다. 중앙집행기는 작업기억 과정을 통제하고 처리자원을 배분하는 집행기이고, 시공간 잡기장과 음운고리는 중앙집행기의 하위 종속 시스템으로, 각각 시공간적 부호와 음운 부호로서 정보를 받아들이고 일시적으로 보유하며, 일화적 완충기억은 각 시스템에서 오는 정보를 통합하여 하나의 통일적 일화경험 기억을 구성한다. 일화적 완충기

---

[84] 작업기억에 대하여는 장기기억과의 관계를 강조하거나 (Kintsch, 1988), 별도의 기억체계가 아니라 장기기억의 일부라고 보는 관점(Cowan, 2005)도 있기는 하지만 여기서는 배들리의 모델을 중심으로 설명한다.

그림 10-3 작업기억의 하위 시스템 구조

억 시스템은 배들리가 '작업기억' 개념을 심리학이나 인지과학에서 최초로 제시한 1974년도 모델이나 그 후의 모델에서도 작업기억의 하위 시스템으로 존재하지 않았으나, '작업기억' 개념을 인지과학계에서 주요 개념으로 제시한 지 25년이 지난 시점에서 작업기억의 과정에서 각종 정보를 통합하고 일반적 저장 시스템으로 작용하는 시스템의 필요성이 인식되어 배들리에 의하여 추가되었다(Baddeley, 2000).

③ 장기기억

보통 일상생활에서 '기억이 어떠하다' 라고 설명할 때의 기억이 바로 장기기억이다. 네온사인에서처럼 전류가 흐르게 하여, 즉 의식 또는 주의가 주어져서 불이 들어온 경우를 작업기억, 전류가 흐르지 않아서 불은 꺼져 있지만 밤이 되면 번쩍번쩍할 잠재적 가능성을 지니고 있는 상태를 비유해서 장기기억이라고 볼 수 있다. 장기기억의 용량은 거의 무제한이고, 한번 기억되면 영구적으로 지속된다. 단지 찾지 못해서 끄집어내지 못하는 것이다.

연구들에 의하면 장기기억은 하나의 체계가 아니라 몇 가지의 하위체계로 나뉠 수 있다는 것이 밝혀졌다. 장기기억의 분류는 학자마다 다르다. 그러나 대체로 가장 많이 받아들여지는 스콰이어(Squire, 1987)의 분류법에 의하면, 장기기억은 서술기억

(declarative memory), 비서술기억(nondeclarative memory)으로 크게 나누어진다. 서술기억은 세상에 관한 지식으로 의식적으로 접근하여 보고가 가능한 기억이고, 비서술기억은 절차기억, 기술 학습, 지각적 점화, 조건형성, 습관화나 민감화 같은 단순 학습행동들을 포함하는 기억으로 의식적 접근이 되지 않는 기억을 말한다.

또 다른 분류로서 샥터와 툴빙(Schacter & Tulving, 1994)은 기억을 일차기억(primary memory), 일화기억(episodic memory), 의미기억(semantic memory), 절차기억(procedural memory), 지각표상체계(perceptual representation system; 지각적 점화 perceptual priming)의 다섯 가지체계로 나누었다. 일차기억은 장기기억이 아니고 단기기억에 해당한다고 볼 수 있다. 일화기억과 의미기억은 서술기억에 포함될 수 있고, 절차기억과 지각표상체계는 비서술기억에 포함될 수 있다. 세상에 관한 일반지식 및 사실에 대한 지식을 의미기억이라고 한다면, 일화기억은 개인이 직접 경험한 사건에 대한 기억이다. 절차기억은 무엇을 어떻게 하는가(how, skill)의 절차에 대한 기억이다. 이런 기억은 거의 망각되지 않지만 의식이 잘 안된다고 볼 수 있다.

장기기억 내에서 이들 기억체계가 독립적인 체계들로 구분될 수 있다는 것은 일반적으로 뇌 손상으로 인한 기억장애 환자들을 관찰한 결과에서 어떤 기억은 손상이 있는

그림 10-4 샥터의 기억체계 분류

반면, 다른 기억은 손상되지 않았다는 증거들에 의해서 지지되어왔다. 기억의 세 가지 구조별 특성을 요약하면 〈표 10-3〉과 같고, 위에서 언급한 기억에 관한 두 가지 분류 체계를 종합하면 〈그림 10-4〉와 같다.

일화기억(episodic memory)과 의미기억(semantic memory) 위에서 이야기한 바와 같이 샥터와 툴빙(1994)은 기억 내용 중심으로 장기기억을 일화기억과 의미기억으로 나누었다. 일화기억이란 개인이 경험하는 각종 사건들, 일화들에 대한 (그리고 그들 사이의 관계에 대한) 기억이다. 일화기억은 계속하여 새로운 일화 경험이 쌓이기 때문에 이전의 일화들은 비교적 쉽게 변화되고 망각된다. 그러나 전에 일어난 사건들을 자주 생각하거나 하는 경우가 흔하기 때문에 일화기억은 다른 기억에 비해 자주 인출 연습이 이루어져 기억이 잘된다.

한편 의미기억이란 일화적 경험이 쌓이고 이것이 추상화되어 이루어진 일반지식의 기억이다. 이 지식은 각종 어휘, 언어적 개념들, 일반 세상사들 등에 대한 지식이다. 이는 우리가 대상의 의미를 인식하고 사고를 하기 위해 필수적인 지식이다. 이러한 의미기억은 일화기억처럼 쉽게 변하거나 망각되지 않으며 비교적 영구적으로 남아 있다고 본다.

이러한 두 유형의 기억이 있다는 것은 우리의 직관으로도 생각이 가능하지만, 경험

표 10-3 샥터와 툴빙의 기억체계 분류

체계	다른 용어	하위 체계	인출 특성	기본보유기간
절차적 기억	비서술적	운동기술, 인지기술 단순 조건형성, 단순 연합학습	암묵적	장기
지각적 표상(PRS)	점화(priming)	시각단어형태, 청각단어형태, 구조적 기술	암묵적	장기
의미적 기억	일반적, 사실적 지식기억	공간적, 관계적	암묵적	장기
일차적 기억	작업기억	시각, 청각	명시적	단기
일화적 기억	개인적,自傳적 사건기억		명시적	장기

* 기본 보유기간의 항목은 샥터와 툴빙의 논지에 근거하여 필자가 첨가한 것임.

적 증거들이 있다. 오토바이 사고를 당한 어떤 환자는 읽고, 쓰고, 대상을 지각하며 자기 가족 별장이 있음을 기억하며 그것이 어디에 있음도 기억하였다. 그러나 그곳에 간 경험은 하나도 기억하지 못하며 자기가 승용차가 있고, 차종, 제조년도 알지만 차를 타고 간 일화들은 전혀 기억해내지 못하였다.

절차기억(procedural memory) 스콰이어(1987)의 비서술기억 체계는 절차기억에서 발전된 개념이다. 절차기억(how에 대한 기억)은 의미기억이나 일화기억 같은 서술기억(what에 대한 기억)과는 다른 형태로 저장되며, 꺼낼 때에도 흔히 의식되지 않으며 자동적으로 인출된다. 글을 읽는 기술의 기억, 핸드폰 문자메시지 보내기 기술 기억 등이 그 예이다. 이러한 절차기억이 서술기억과 독립적으로 존재한다는 것은 일부의 기억상실증 환자에게서 뚜렷이 나타난다. 두뇌에 손상을 입어 기억상실증이 된 환자에서 일반 의미지식과 일화기억은 손상되었지만 기술 학습과 절차 학습 능력은 손상이 되지 않은 예가 있다. 이것은 'how'에 대한 지식과 'what'에 대한 지식이 두뇌의 서로 다른 부분에서 처리되고 기억된다는 증거라 할 수 있다. 절차기억과 관련되는 뇌 부위도 서술기억과는 달라서, 이 기억은 주로 기저핵 기능이 저하된 환자에서 손상되는 것으로 알려져 있다.

외현기억(explicit memory)과 암묵기억(implicit memory) 장기기억이 서술기억과 비서술기억으로 나누어진 것처럼 기억은 의식적 활동을 수반할 수도 있고 의식적 활동 없이 일어나기도 한다. 이러한 의식의 개입문제를 강조하여 두 가지 형태로 기억을 나눈 개념이 외현기억과 암묵기억의 구분이다(박희경, 1999; 박태진, 2002).

외현기억은 학습한 경험 일화를 의식적으로 자각할 수 있고 기억하고 있는 내용을 서술할 수 있는 기억이다. 반면 암묵기억은 의도적이거나 의식적인 기억 회상 없이 이전 경험이 이후의 인지적 과정이나 행동 수행에 영향을 미치고, 기억내용을 직접 말로서 서술하기 어려운 기억이다. 외현기억과 암묵기억은 기억과정 중의 처리 특성을 강조하여 다른 기억형태로 구분하기도 하지만 학자에 따라서는 외현기억은 말로서 서술될 수 있다는 핵심 특성에 비추어 서술기억으로, 암묵기억은 비서술기억으로 분류하여 사용하기도 한다. 외현기억은 주로 학습한 것에 대한 의식적인 인출과 언어적 보고를 필요로 하는 자유회상, 단서회상, 재인 등의 직접적인 기억검사에 의해서 측정된다. 반면 암묵기억은 지각적 점화과제들인 단어조각완성과제, 단어어근완성과제, 지각파악과제 등 언어적으로 보고하지 않는 간접적인 기억검사에 의해서 주로 측정된다. 외현

기억과 암묵기억과 관련되는 뇌 부위도 다른 것으로 나타난다. PET 연구는 지각적(시각) 점화 과제에서 지각적 점화가 일어나는 경우에 해마의 활성화와는 관련이 없고, 양쪽 후두엽의 활성화가 감소된다는 것을 보였다(샥터 외, 1996).

외현기억과 암묵기억을 서술기억과 비서술기억의 구조적 특성으로 구분하는 것에 반대하는 학자들은 처리특성을 강조하여 외현기억은 개념주도적 처리를, 암묵기억은 지각주도적 처리를 그 특징으로 하는 기억의 형태라고 달리 구분하기도 한다.

10. 기억 과정 특성

기억이란 용어는 기능적 구조 체계를 의미하기도 하지만 입력된 자극에 대한 정보처리의 의미로 '과정'을 의미하기도 한다. 기억은 기억해야 할 정보가 들어오면 부호화(encoding)하여 저장(storage)하고, 후에 다시 인출(retrieval)하는 여러 정보처리 과정을 거친다(이정모, 박희경, 2001).

① 부호화

자극이 들어오면 자극을 뇌에서 정보처리 할 수 있는 기호(상징)형태로 바꿔주는 것이 부호화이다. 정보는 부호화 단계에서 되뇌임(반복해서 리허설)을 하면 더 오래 기억할 수 있다. 그것보다 기억을 잘 하는 데 있어서 더 중요한 것은 정교화와 처리깊이이다. 정교화(elaboration)는 주어진 내용에 가외적 지식을 적용하여 살붙이기 하는 과정이며, 처리깊이(depth of processing)는 얼마나 많은, 깊은 정보처리를 하였는가의 문제이다. 기억의 잘잘못은 들어오는 자극을 정보처리를 깊이 했느냐에 달려있다. 흔히 사람들은 자기와 관련된 것은 잘 안 잊어버리는데, 이는 자기와는 관련이 없는 정보와는 달리, 그냥 흘려듣지 않고 깊이 정보처리를 했기 때문이라고 할 수 있다.

② 저장

저장은 입력자극에 대하여 부호화처리된 정보를 표상으로 기억에 담아두는 것을 지칭한다. 어떤 기억 저장고에 사진 저장하듯 저장한다기보다는 기억관련 여러 신경단위들 사이의 연결강도 등의 전체적 패턴의 변화 형태로 저장된다고 볼 수 있다. 인지심리학에서는 기억의 저장은 부호화처리의 함수라고 보아서 저장 과정의 경과 과정을 별도로 다루어 논하지 않고 부호화 과정, 인출 과정 중심으로 논한다.

③ 인출

인출은 저장했던 것을 기계적으로 되꺼내는 것이 아니라 주어진 단서를 근거로 해서 그에 대한 정보를 재구성하여 꺼내는 과정이다. 앞서 7-2절에서 언급한 바처럼 통계적 (의사)결정이 일어난다고 볼 수 있다. 성공적으로 인출하기 위한 조건이 몇 가지 있다. 기억인출이 성공하기 위해서는 충분한 인출단서가 있어야 되는데, 집어넣을 때와 꺼낼 때의 단서가 합치될수록 인출이 잘 된다. 기억내용과 단서가 간섭이 적을수록 인출이 잘된다.

④ 메타기억 과정

메타기억 과정이란 기억 과정의 흐름 전체를 점검, 제어, 모니터링하는(self-monitoring) 기억 과정이다. 이는 작업기억의 중앙집행기가 주로 개입된다고 볼 수 있다. 메타기억 과정이 잘 진행되는 사람일수록 인지적 관리, 전략 기능이 좋다고 할 수 있다.

⑤ 망각[85]

기억에서 왜 망각이 일어나는가에 대한 여러 이론이 제기되어왔다. 이 이론들 중에서 가장 두드러진 이론을 중심으로 장기기억에서의 망각의 원인을 살펴보자.

〈쇠잔 이론〉 쇠잔 또는 부식(decay) 이론이라 하는 이 이론에 의하면 기억흔적이 일단 형성된 후에 기억흔적을 담당하는 신경체계의 변화에 의해 망각이 이루어진다고 본

---

[85] 기억의 망각 과정은 부호화나 인출 과정과는 별개의 수준에서 다루어 기술할 수도 있지만, 여기에서는 망각이 주로 재구성 또는 인출 과정의 실패라는 입장에서 부호화, 인출 과정과 같은 수준에서 기술한다.

다. 쇠잔 이론은 기억흔적의 신경세포들은 활용이 안 되면 화학적 변화에 따라 점진적으로 쇠퇴해간다고 본다. 그러나 이러한 주장은 심리학 실험에 의해 반박되었다. 만약 이 이론이 맞는다면, 활용되지 않은 정보에 대한 기억은 단순히 학습 후 경과된 시간의 함수로 망각되어야지, 학습 후 일정한 기간이 낮이었느냐 아니면 밤이었느냐에 따라 달라지지 않아야 한다. 그런데 심리학 실험 결과, 일정한 자료를 학습하고 경과한 일정한 기억 보유기간이 낮이었을 경우가 밤이었을 경우보다 회상하는 정도가 떨어졌다. 이는 망각이 단순히 시간경과에 따른 신경계의 자연쇠퇴현상이 아니라 다른 자극에 의한 간섭때문이었을 가능성을 시사해준다.

〈간섭(interference) 이론〉 로프터스와 잔니(Loftus & Zanni, 1977)는 심리학 실험을 통하여, 재판을 위해 원고나 피고나 증인을 재판 이전에 예비 심문하는 과정에서 변호사나 검사가 질문에 도입했던 내용이 이들의 기억을 변화시킨다는 것을 경험적으로 밝혔다. 후속 질문이 원래의 기억 내용의 기억을 떨어뜨린 것이다. 그렇다면 새 정보가 옛 정보를 완전히 대치한 것일까? 그런 것은 아닌 것 같다. 새 추가 정보가 이전(옳은) 정보를 대치하거나 변화시킨다기보다는, 옛 정보의 인출을 더 어렵게 해서 기억이 잘 안 된다는 것이 간섭 이론이다. 즉 유사한 자극정보를 새로 학습하면 이것과 옛것과 간섭이 일어나 망각을 일으킨다는 것이다. 일반적으로 일화기억은 쉽게 간섭의 영향을 받아 망각되나, 의미기억 즉 일반 지식에 대한 기억은 간섭의 영향을 덜 받는 것으로 밝혀졌다.

〈단서 의존적 기억(망각) 이론〉 위의 두 기억 이론은 앞서 진술한 기억의 관점 중에서 밀랍 비유 중심의 행동주의적 입장에서 제기된 이론이었다. 이 이론들은 망각을 기억 손실로 생각한 것이다. 그러나 정보처리 이론에서는 망각을 '사라짐' 또는 '부식'으로 간주하지 않는다. 망각이란 단지 그 정보의 인출 실패에 지나지 않는다고 본다. 장기 기억에 한번 저장한 정보는 영구적으로 저장되며, 기억이란 본질적으로 구성해 넣고 또 재구성해내는 역동적인 구성 과정이라 한다면, 장기기억에서의 망각이란 인출, 즉 기억해내려 할 때 주어진, 또는 스스로 생성해내는 인출 단서들이 이전에 목표자극을 부호화(학습)했을(encoding) 때의 단서들과 일치하지 않기 때문에 일어나는 현상이라 할 수 있다. 이러한 이론을 '단서 의존적 기억 이론' 또는 '단서 의존적 망각(cue dependent forgetting) 이론'이라 한다.

단서 의존적 기억 이론은 툴빙과 톰프슨(Tulving & Thompson, 1973)에 의해서

'부호화 특수성 이론(encoding specificity principle)'으로 처음 등장하였고, 후에 이 이론은 '부호화 합치성 원리'라는 이론으로 발전하였다. 부호화 합치성 이론은 인출단서와 학습(부호화)단서가 같아야 기억이 잘된다고 본다. 부호화할 때에 활용되었던 단서들이 인출할 때에 다시 제시되어야 회상이나 재인이 가능하다는 것이다. 즉 '단서-기억할 내용'의 관계가 학습(부호화)할 때 기억에 저장되어 있어야 하고, 인출할 때 이 단서들이 다시 제시되거나 생성되어야 한다는 것이다. 이때 단서란 목표자극이 제시되었던 당시의 피험자 내의 그리고 밖의 환경의 모든 맥락적 정보들을 다 포함한다. 툴빙과 그의 동료들은 이 이론을 지지하는 여러 실험 결과를 제시하였다

〈응고(consolidation) 이론〉 다른 경험 자극에 의하여 간섭을 받거나 단서나 맥락의존적 망각이 아니어도 망각이 일어날 수 있다. 시간이 경과함에 따라 망각이 진행되는 현상은 간섭이론이나 맥락의존적 망각 이론으로 충분히 설명하기 힘들다. 이 두 이론보다는 쇠잔이론을 보완하는 이론으로 제시되어 시간경과에 따른 망각 현상을 설명하는 이론으로 제시된 것이 응고 이론이다(Wixted, 2004). 기억에서의 응고란, 경험의 결과로 뇌의 해마에서 후시냅스 뉴런들의 신경적 발화 가능성이 급격히 변화하고 이 변화가 오랫동안 지속되어 장기기억을 가능하게 하는 것이다. 새로 형성된 기억 정보는 응고가 덜 되어서 쉽게 망각되는 한편, 오래된 정보는 희미하기는 하지만 쉽게 잊혀지지 않는다는 것이다. 이 이론은 망각 곡선의 초기에 급격히 기억율이 떨어지는 현상이나 후행성 기억상실증을 쉽게 설명해준다. 그러나 이 이론은 응고가 일어나는 세부 과정을 제시하지 못하며, 다른 요인의 개입 가능성을 배제할 수 없기에 망각을 설명하기에 충분한 이론은 못 된다.

11. 기억과 지식 표상 구조

표상은 마음의 내용이다. 정보, 지식, 지식의 단위, 쉽게 설명해서 마음의 내용, 전체 또는 그 단위를 지칭하는 것이다. 1장에서 설명한 바와 같이 표상이란 대상 자체를 머

릿속에 집어넣는 것이 아니라 기호(상징)화해서 재표현하는 것이라고 할 수 있다.

인지과학의 핵심 주제 중 하나는 기억표상의 구조이다. 기억표상과 관련하여 우리는 다음과 같은 물음을 던질 수 있다. 마음의 내용인 지식은 어떤 표상구조를 지니고 있는가? 인간의 기억 속에, 컴퓨터의 기억 속에 각종 지식이, 정보가 어떠한 형태로 들어가 있는가? 지식의 종류에 따라서 다른 형태로 들어가 있는가? 하나의 개념은 기억에 어떤 형식으로 저장되어 있을까(백과사전처럼 위계적으로 되어 있을까, 또는 사전처럼, 아니면 가장 대표적인 예 중심으로 되어 있을까) 등의 물음을 던져볼 수 있다.

인지과학의 출발 이래 인공지능 연구와 인지심리학에서는 인공지능시스템과 인간의 지식 표상 구조에 대한 여러 모델들을 제시하였다. 인지과학 초기의 모델들은 대부분 개념들 사이의 논리적 관계에 기초한 지식구조 모델들이다. 최근에는 이러한 논리적 구조가 없이 확률적으로 연결되는 지식표상 구조 모델들이 더 많이 활용된다고 하겠다. 그렇기는 하지만 논리적 관계에 바탕한 기억 지식 표상 구조 모델 도출의 이론적 작업들은 인지과학에서 마음의 구조에 대한 이론적 접근의 계속된 가다듬음의 흐름을 보여 주는 것이라 생각되어 여기에 인지과학 발전 초기 및 중기의 지식표상구조 모델들의 일부를 개관한다.

인간의 지식표상의 문제를 다루는데 있어서 고려해야할 현저한 특징들이 몇 가지 있다. 첫째로 인간의 기억의 지식표상은 두드러진 연상적, 연결적 특징이 있다는 것이다. 둘째로 특정 개념이나 사건들에 대한 지식이 조직화되어 하나의 기능적 단위로 작용한다는 점이다. 셋째로, 특정 개념이나 사건에 대한 지식의 상세한 구조가 논의되어야 한다. 넷째로 지식은 여러 수준이 서로 다른 역할을 하고 있다. 다섯째로 명료히 제시되지 않은 정보의 처리에 있어서 디폴트(궐석, default) 처리를 비롯한 여러 추론 기제가 작용한다는 점 등이다.

인지과학의 핵심 주제의 하나인 지식표상의 문제는 인지심리학자들과 인공지능학자들에 의하여 주로 연구되어 왔다. 인지심리학자들이 자신들이 제기하는 지식표상구조 모형이 실제의 지식 탐색 및 인출 반응시간에 의하여 검증되고 타당화 될 수 있는가에 초점을 두고 주로 서술적 지식의 표상에 초점을 맞추어 왔다면, 인공지능학자들은 인공지능시스템에서 탐색 및 추론의 효율성 중심으로 지식모형을 제안하였고 서술적 지식의 표상을 다루었기는 하지만 절차적 지식 표상에 더 중점을 두었다고 할 수 있다.

1960년대 말에서부터 1980년대 초까지 제시된 초기 기억 지식 표상모델은 주로 서술적(선언적, declarative) 지식 표상에 초점을 두었고, 명제적 표상체계에 속한 모형들을 제시하였다. 지식의 표상은 인지적 마음의 표상 내용에 따라 개념 수준, 도식 수준, 행위 수준, 그리고 절차 수준에서 논의되었고 여러 모형들이 제안되었다. 대표적인 지식표상의 모형으로는 특질비교 모형, 술어논리적 모형, 의미망 모형 등이 있었다. 이들 모형은 표상 단위를 개념이나 명제를 중심으로 하였다. 그런데 일상의 우리의 지식의 복잡성은 이들 모형의 수준을 넘어선다. 이러한 문제점을 다루기 위하여 frames, schema, scripts 등의 지식표상 모형이 제안되었다(Rumelhart & Norman, 1988). 8장 8-5절에서 다루어진 바 있는 지식표상의 문제를 표상구조의 측면에서 다음과 같이 모형별로 그 특성을 좀 더 자세하게 살펴보겠다(이정모, 방희정, 1996).

1) 의미특질(semantic features)과 의미속성(semantic attributes) 모형

이 모형은 가장 단순한 명제적 체계에 의해 개념들이 의미적 특질 또는 속성들의 집합으로 적절히 표상될 수 있다는 체계이다. 개념들은 비중이 주어진 특질들의 집합으로 표상되며 이 비중이란 그 개념에서의 특질별로 중요성, 현저성을 나타낸다. 이러한 표상체계 이론에서는 개념들 사이의 유사성, 동일성 등이 중요한 문제로 제기된다. 이 모형의 대표적인 것으로는 쇼벤과 립스(Shoben & Rips, 1974)의 특질비교 모형을 들 수 있다. 이 모형은 범주 개념들이 의미특질(semantic features) 집합으로 이루어져 있으며 이 특질들은 그 범주와의 관계가 다양하다고 본다. 의미특질에는 정의적 특질(defining features)과 특징적 특질(characteristic features)로 나누어질 수 있다고 본다. 이 모델에서는 범주 관계란 미리 내장되어 있는 특성이 아니라 특질들의 집합의 비교에서 계산되는 것이라고 보았다.

2) 술어논리형 모형

 의미특질 표상모형은 단어 의미 표상 중심이었다. 그러나 지식을 표상한다는 것은 단순한 단어 이상의 어떤 진술의 의미를 표상하는 것을 내포해야 한다. 이러한 문제에 직면한 인지과학자들은 논리학에서 발전시킨 기호논리학과 술어계산법(predicate calculus)에 의지하여 보편 의미의 표상체계를 발전시키려 하였다. 그러나 술어계산법의 형태를 그대로 도입하지는 않았다. 그들은 술어논리학의 정밀한 형식에서, 덜 강력하고, 덜 엄밀한 특성들을 중심으로 하여 일차(low-order) 형태의 명제 계산법을 도입하여 표상이론을 발전시켰다. 이의 대표적 모형이 킨치(Kintsch, 1974)와 그의 동료들의 모형이었다.

 이러한 특징들을 고려하여 다른 표상모형들이 제시되었다. 그것이 의미망, 도식(schemata), 틀(frames), 각본(scripts) 등의 구조화된 표상 모형들이었다. 이 모형들은 상술한 술어계산법 형식에 상당히 가까운 면이 있기는 하나 그 강조점 면에서 차이가 있다. 고정된 형태의 표상구조를 기술하는 것보다는 표상의 기능적 측면, 즉 표상된 지식이 어떻게 활용되는가 하는 측면을 강조한다.

그림 10-5 개념의 위계적 망 모형

3) 의미망 모형: 초기 개념 위계망 모형

의미망 모형의 기본 입장은 지식이 의미망으로 표상되며, 이 망이란 개념마디들과 이 마디들을 연결하는 명칭이 부여되고 방향이 지워진 관계들로 이루어지는 질서 있는 망이다. 이 의미망에서 어떤 개념의 의미란 그것과 연결된 마디와 관계들의 전체 형태에 의해 주어진다. 각 개념마디는 대체로 자연언어의 단어에 해당하는 마디인데, 어떤 마디는 그에 해당하는 단어가 없는 마디도 있다. 이러한 망의 특징을 몇 가지 들자면 다음과 같다.

단순한 의미망에서는 낱개 개념들의 지식들을 차별화 하지 않고 여러 개념들이 같은 수준에서 연결되고 연결강도가 표시되는 모형을 제시하였는데, 의미망의 초기 모델의 하나인 콜린스와 퀼리언(Collins & Quillian, 1969)의 위계적 의미망에서는 의미망적 구조에 의미속성 모형과 술어논리 모형의 특성을 살려서 범주와 그 범주 예의 관계를 위계적으로 표시하려 하였다.

그러나 이러한 의미망 모형은 여러 가지 문제점을 지닌다. 가장 큰 문제는 실제의 지식 사용자인 인간의 융통성과 개방성의 특징 그리고 맥락 민감성의 특징을 제대로 반영하지 못한다는 데에 문제점이 있었다.

4) 지식덩이 표상의 다른 모형들

이상의 여러 초기 의미망 모형들의 한 특징은 하위 수준의 지식단위를 중심으로 표상체계를 형성했다는 점이다. 따라서 어느 정보가 더 일차적인지 부차적인지를 구별하기 어렵다는 점이다(콜린스와 퀼리언의 위계적 의미망 모형에는 범주와 범주 예의 차이는 구별 가능하다). 지식이 어떤 중요한 의미 관계 중심으로 조직화되어 있고, 그 조직화된 의미들이 한 덩어리로 효율적으로 작동함을 나타내지 못한다는 단점이 있었다.

이러한 단점을 극복하고자 제시된 모형들이 틀(frames), 도식(schemata), 각본(scripts) 등의 '지식덩이 구조 중심의 표상' 모델들이다. 이 모형들은 하위 수준의 지식단위 사이의 복잡한 관계성을 보다 상위 수준 단위로 처리할 수 있는 지식구조를 표상하려 하였다. 민스키(Minsky, 1975)의 '프레임', 러멜하트와 오토니(Rumelhart & Ortony, 1977)의 '도식', 샹크와 에이벌슨(Schank & Abelson, 1977)의 '스크립트' 등이 그 대표적 예이다.

(1) 도식의 표상 특성

도식(schema)이란 기억에 저장되어 있는 보편적 개념들을 덩이로 묶어 표상하는 자료구조이다. 하나의 주제로 조직화된 지식을 도식이라고 설명할 수 있다. 인공지능, 인지심리학, 언어학 등에서 공통으로 사용하는 개념이다. 도식에는 대상, 상황, 사건, 행위 등에 대한 도식이 있게 되는데 이러한 동원된 도식의 총체가 말하자면 입력자극에 대한 해석이 되는 것이다. 이러한 도식의 구조적, 처리적 특성들은 다음과 같다.

첫째는 홈(slot 또는 variable)이라는 변수들이 있다는 것이다. 이 변수항에는 그 변수항의 이름과 이 변수항에 들어올 수 있는 정보에 대한 명세적 기술이 있게 된다. 둘째는 도식은 다른 도식에 내포될 수 있다는 것이다. 한 도식은 다른 도식의 하위 도식으로 내포될 수 있다. 셋째는 모든 추상 수준에서 지식을 표상한다는 것이다. 시각적 자극도 하나의 도식으로 표상될 수 있으며, 단일 단어수준의 개념도 하나의 도식으로 표상될 수 있고, 복잡한 사건계열도 상위추상수준의 도식으로 표상될 수 있다. 넷째는 사전적 지식보다는 백과사전적 지식을 표상한다는 점이다. 다섯째는 도식은 정적인 구조가 아니라 동적인 재인(인식)기구로서 입력자극과 도식이 얼마나 잘 부합되는가를 처리하는 절차들이 내장되어 있다는 점이다.

(2) 프레임 모형

심리학에서 도식(스키마)이라는 개념을 사용하여 지식 표상 모델을 제시하려 한 반면, 인공지능학에서는 같은 지식구조 덩이의 문제를 프레임(frame)이라는 개념을 사용하여 모형화하였다. 민스키(1975) 등에 의하여 인공지능에서 제시된 프레임 지식표상 모형은 기본 개념은 심리학의 스키마(도식)와 같은 개념이었으나 보다 형식화 가능한 측면과 절차적 측면에 더 중요성을 두었다고 할 수 있다. 심리학의 도식 모형과 인공지능의 프레임 모형은 다소 차이가 있기는 하였지만, 지식표상에서 다른 수준의 개념들 간의 구별이 효율적이며, 맥락에 융통적이고, 또 추론도 가능하게 하기 위한 지식덩이 표상이 도식에 기초한다는 점에서는 생각을 같이 하였다고 볼 수 있다.

(3) 스크립트 모형

도식의 한 단순한 형태가 스크립트이다. 섕크와 에이벌슨(Schank & Abelson, 1977)에 의해 제기된 지식표상 모형인 스크립트란 빈번히 일어나는 일련의 사건들에 대한 도식이라 할 수 있다. 정형화된, 고정화된 상황에서 통상적으로 일어난 사건에 대한 지식이다. 그런 것들도 구조화가 되었다고 생각해볼 수 있다. 스크립트는 장면과 행동들로 생각해볼 수 있다. 예로 식당 스크립트를 든다면, 즉 식당에 가서 식사를 한다고 했을 때 장면이 몇 개 있고, 행위 스크립트가 있다. 스크립트는 도식의 일반 구조적 특징을 대체로 지니고 있으며 특히 변수항들의 디폴트(default) 처리값에 의해 사건을 예상하고 추론할 수 있게 하는 기능을 지닌다. 스크립트는 사건들이 시간적 순서로 일어나는 것을 이해하는데 필요한 표상구조라고 하겠다.

(4) 도식적 표상구조 모형의 문제점

도식, 스크립트 등은 지식을 활용한 추론, 이해 등의 과정을 설명하는 데 도움을 준다. 그러나 이러한 지식덩이구조 모형은 지식표상 이론의 최종 대안이 되기 힘들다. 그 까닭은 이러한 고정된 구조란 너무 융통성이 없기 때문이다. 특정 상황에 맞는 도식, 스크립트를 기억에 구조화시켜 표상한다면 표상해야 할 도식이 무한히 많아진다. 모든 가능한 상황이나 경우를 미리 다 고려해서 그에 해당하는 도식을 만들 수는 없다. 고로 필요한 것은 지식이 사용될 맥락에 맞게끔 융통성이 있는 표상구조이다.

5) 절차적 표상: 생성체계 모형

지금까지는 서술적 지식('what'에 대한 지식)의 표상을 중심으로 제안된 표상 모형들을 기술했다. 그런데 인간의 지식에는 서술적 지식 이외에 절차적 지식('how'에 대한 지식)이 있다. 이러한 절차적 지식은 어떻게 표상되는가? 또 서술적 지식을 절차적 지식과 마찬가지로 절차적으로 표상할 수는 없을까 하는 물음이 제기된다.

절차란 어떤 경우에 무엇을 행하는 것을 지칭한다. 이는 8장(340쪽)에서 설명한 바와 같이 'IF 어떤 조건이 충족되면, THEN 특정행위 X를 수행하라'의 형태로 표현할 수 있을 것이다. 그런데 이러한 표현 양식은 서술적 명제 형태라고 할 수 있다. 절차를 서술적 형태로 표상한 것이 된다. 그렇다면 서술적 지식(data)과 그에 작용하는 절차(program)가 동일한 형태를 지니게 된다. 따라서 동일한 정보구조가 자료(data)(서술적)일 수도, 또는 프로그램(program)(절차적)일 수 있다.

이러한 서술표상체계에서는 어디에 어떠한 정보가 연결되어 있는지 확인할 수 있다. 그러나 절차적 표상체계에서는 정보가 어떻게 저장되어 있는지는 드러나지 않는다. 단지 적절한 반응을 내어놓는 절차가 있을 뿐이다. 예를 들어 개념 마디인 '새'가 하나의 절차(program)가 되어 그 자신의 절차를 수행하며 물음에 '예'라는 대답을 내놓는다고 할 수 있다. 이러한 절차적 표상체계는 생성체계의 경우처럼 효율성을 비롯한 여러 가지 이점이 있다.

'if → then' 또는 '조건 i → 행위 j' 형태를 지니고 있는 생성체계(산출체계; production system)의 기본 개념은 8장에서 이미 설명하였다. 생성체계는 다른 서술적 지식표상체계 모형들과는 달리 상당한 융통성이 있는 체계이다. 이러한 표상체계에서는 망체계등과 같은 위계적 또는 의미망적 구조화가 이루어져 있지는 않다. 이러한 생성체계적 절차적 표상 모형은 나름대로 이점이 있다. 하나는 심리적 현실성의 문제를 별로 논란하지 않아도 된다는 점이다. 다음으로 산출체계는 단일 표상체계인 이점이 있다. 서술적 지식과 절차적 지식을 별도체계로 표상할 필요가 없어진다. 동시에 각 생성(if, then)들은 구조화되어 있지 않은 모듈과 같기에 전체 체계에 별 영향을 주지 않고도 생성들을 별개로 쉽게 추가, 삭제, 수정이 가능하다.

지금까지 기술한 지식표상이론은 기억의 과정보다는 구조(기능적 구조 및 표상구조)

를 강조한 모형 이론들이다. 앞서 논의하였듯이 기억의 요소는 구조도 중요하지만 그 구조에서 일어나는 과정도 중요하다. 기억의 구조와 과정을 통합적으로 모형화한 이론들이 제안되었다. 대표적인 이론으로는 ACT 이론, SOAR 이론, 병렬분산 이론 등을 들 수 있다.

6) 기억의 구조와 과정의 통합 모형: ACT-R

4절의 처음에서 언급한 바와 같이, 초기의 지식표상 모형 형성 이론적 작업은 서술적 지식표상 모형 중심으로 전개되었고 인지심리학자들이 주로 이러한 모형들을 제시하였다. 인공지능학자들도 서술적 지식표상 모형을 제시하였고 인지심리학자들의 생각의 발전에 도움을 주었으나, 점차 절차적 지식표상 모형을 제안하려는 여러 시도를 진행하였다. 인지과학자들은 이 두 방식의 지식표상이 통합되어야 할 필요성을 점차 느끼게 되었다. 미국 카네기멜론 대학의 심리학과 교수인 동시에 컴퓨터과학과 교수인 앤더슨(J. Anderson)은 이 통합의 과제를 시작한 대표적 인물의 하나이며, 이러한 통합을 보다 거시적인 수준에서 시도하여 통합적인 인지 얼개(architecture)를 제시한 것이 뉴웰(A. Newell, 1990)이다. 앤더슨은 ACT-R 모형을, 뉴웰은 SOAR 모형을 제시하였다. 여기에서는 앤더슨의 ACT-R 지식표상 연구를 간략히 소개하기로 한다.

ACT-R 모형: 앤더슨(1976, 1993)은 이러한 문제를 해결하기 위한 시도의 하나로 ACT(adaptive control of thought) 모형을 제시하였다. ACT 모형은 서술적 지식표상 구조로서 퀼리언 등의 의미망 모형의 기본 개념인 망구조, 활성화, 확산적 활성화(spreading activation), 연결마디의 강도들의 개념들을 보다 더 세련화하여 제시하였다. 기존의 의미망 모형과 다른 점은 표상의 기본 단위마디가 명제라는 점, 언어지식 이외의 심상 등의 표상도 다룬다는 점, 그리고 서술적 지식 표상 이외에 절차적 지식 표상도 다루며 후자를 생성(production)체계로 표상했다는 점들이다. 〈그림 10-6〉은 '세종대왕이 집현전에 있는 학자인 성삼문한테 음식을 보냈다'라는 글의 내용이 이 ACT-R 체계에서 어떻게 표상되는지를 보여준다.

앤더슨은 생성체계를 사용하면서, 절차적 지식의 표상 단계를 명세화하였는데, 절차

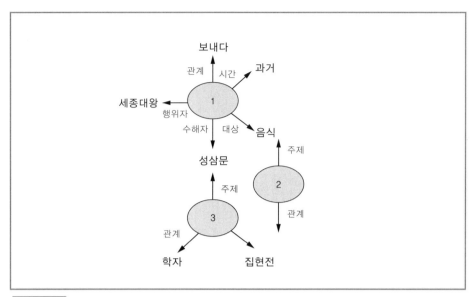

그림 10-6 명제적 지식 표상 – ACT 모형(이정모의 (2008)[그림 8-6] 변형)

적 지식 표상은 3단계를 거친다고 보았다. 특정 절차적 지식이 없는 단계에서 그 절차를 실행하는 규칙을 생각하고 의식하는 인지단계(cognitive stage), 그리고 이 절차규칙들을 실제 여러 상황과 연결하는 경험 축적의 단계(associative stage), 끝으로 이 절차규칙을 일일이 의식하지 않고 자동적으로 적용하게 되는 단계(autonomous stage)의 3단계를 거쳐 절차적 지식이 명시적(explicit) 지식에서 의식이 필요하지 않은 암묵적(implicit) 지식이 된다고 보았다.

이러한 앤더슨의 ACT-R 지식표상체계는 서술적 지식과 절차적 지식을 공통적인 생성체계에 기반한 하나의 시스템에서 다룬다는 점에서 상당히 좋은 지식표상 모형으로 인정되고 있고 활용되고 있다.

7) 분산 표상적 연결주의망 모형

지금까지 제시한 지식표상 모형들은 논리학이나 인공지능 연구와 같은 형식적(formal) 측면을 강조한 모형들이었고, 고전적 인지과학의 기본 틀인 컴퓨터은유

(compute metaphor)에 기반한 기호(상징)주의적 모형들이었다. 이 모형들은 인지 과정이 실제로 일어나는 뇌의 신경적 특성을 충분히 고려하지 않은 모형들이었다. 이 모형들의 기본 입장은 서로 다른 정보에 대한 기억은 두뇌의 다른 장소에 저장되며, 특정 내용을 인출하는 특정한 인출 통로 또는 주소가 있어서 이에 의해 표상내용이 인출된다고 보았고, 표상된 내용들의 구조는 다른 내용들에 의해 물리적으로 영향받지 않는다고 보았다.

이에 반하여 신경망적 모형에 근거하여 새로 대두된 분산 표상적 신연결주의(8장 7절의 내용 참조)의 지식표상 모형은 기억에서의 표상의 저장을 다른 관점에서 보았다. 즉 서로 다른 기억내용들은 서로 다른 주소에 별도로 독립적으로 저장되어 있는 것이 아니라 기억을 담당하는 두뇌의 단위 요소들의 많은 부분에 분산, 중복되어 표상된다고 본다. 이러한 모형에서는 자극 자체의 의미 패턴 자체가 저장되는 것이 아니라 표상 체계의 단위들 사이의 연결강도가 저장되는 것이다. 특정 자극에 대한 지식이 특정 단위의 연결에 저장되는 것이 아니라 수많은 처리 단위들 사이의 연결 패턴으로서 분산되어 저장되는 것이다(Rumelhart & McClelland, 1986)

연결주의 표상모형은 정통적인 기호(상징)주의적 모형이 지니는 한계를 넓혔다는 측면에서는 상당한 관심을 모았다. 도식적 표상구조 모형의 문제점을 해결할 수 있는 한 방도를 제시한 것이다. 분산적 연결주의 모형은, 지식이 기억 표상에서 낱개의 지식단위(atoms)로 저장되어 있다가 주어지는 맥락에 맞는 도식을 역동적으로 조합해 형성하는 것으로 모형을 제시하고 있다. 물론 아직까지는 이러한 접근이 상위 추상 수준의 지식이나 고도로 조직화된 거시적 수준의 의미 정보의 처리를 충분히 설명하고 있지는 못하지만, 인지과학자들의 가장 큰 난제였던 표상의 구조화와 맥락 민감적 정보처리의 융통성의 갈등을 해결할 수 있는 하나의 잠정적 대안을 제시했다고 할 수 있다.

이러한 인간 및 컴퓨터 내에 지식의 표상구조에 대한 물음은 인지과학의 한 핵심주제였고, 예전 연구에서는 상당히 조직적이고, 체계적이고, 논리적인 데이터베이스, 표상구조를 강조했지만, 지금은 그러한 미리 입력된 의미지식에 의한 위계적 연결 구조보다는 주어진 개념들에 대하여 함께 경험한 빈도에 의하여 연결강도가 결정되는 신경망적 구조를 강조하는 입장이 도입되어 상징모형과 연결주의모형을 위계적으로 결합하는 혼합(hybrid) 모형이 제안되기 시작하였다. 이러한 측면은 8장에서 언급한 바 있다.

12. 학습과 기억의 신경적 기초

지금까지 기억의 은유, 기억의 요소, 기억의 모형 등의 특성을 비교하여봄으로써 기억의 본질이 무엇인지에 대한 인지과학 일반의 접근을 살펴보았다. 그런데 앞서 설명한 기억의 구조와 과정들의 특성이 과연 어떠한 신경적 기초에 기반하고 있을까? 그리고 학습의 신경적 기초는?

이 절에서는 학습과 기억의 신경적 기초(neural correlates)와 관련하여 주요 연구결과들을 개관하겠다. 먼저 학습과 기억의 생물적 기반에 대하여 LPT(long term potentiation)와 관련하여 개관한 후, 기억 기능의 이상을 보이는 사람들에 대한 연구를 살펴보고, 다음에 이러한 연구들이 기억의 과정과 구조체계의 신경적 기초, 특히 기억의 여러 구조체계 담당 뇌 부위에 대하여 밝혀진 내용들에 대하여 기술하겠다.

1) 학습과 기억의 생물적 기반

학습과 기억은 어떤 세포 수준의 변화에 기반하여 일어날까? 학습과 기억의 생물학적 기반은 시냅스 연결강도의 변화이다. 즉 세포 수준에서 시냅스 연결강도의 변화가 행동적으로는 학습과 기억으로 나타난다. 기억과 학습을 가능하게 하는 시냅스 연결강도의 변화는 LTP라는 현상을 통해서 설명될 수 있다. 블리스 등은(Bliss & Lømo, 1973)는 토끼의 해마와 연결된 신경경로의 축삭을 자극하는 것이 흥분성 시냅스후 전위의 장기적 증가를 가져온다는 것을 발견하였다. 이것이 바로 LTP 현상이라고 명명되었는데, 이 변화는 동시에 자극된 두 뉴런 간의 연결의 강도가 지속적으로 증진되어 남는다는 현상으로 몇 시간에서 몇 주까지 지속될 수 있다. LTP가 생기고 나면 시냅스후 전위의 흥분강도가 증가한다. 따라서 반대로 화학적으로 해마의 LTP를 막는 것이 특정한 기억 및 학습능력의 손상을 유발한다는 것도 보고되었다. 그러나 아직 LTP와 그 반대과정인 LTD(long term depression)가 학습과 기억에서 지니는 역할에 대해서는 논쟁이 있어 계속 세부적으로 연구되어야 할 분야 중 하나이다.

최근에 기억과 학습의 기제를 밝히는 LTP 현상은 새로운 국면을 맞이하였다. 네이더(Nader, 2003)는 공포 조건화 실험을 통하여 기억과 학습이 결코 영속적이지 않다는 사실을 보여 주었다. 그는 반복되는 학습과 기억이 발생하는 과정에서 재활성화된 기억은 처음 기억이 형성되는 과정과 유사하게 와해되기 쉬운 상태로 변한다는 증거를 제시하였다. 즉 기억이 재활성화되면 기억은 반드시 재응고화(reconsolidation)된다는 것이다. 이 과정은 초기 학습의 응고화보다는 속도는 빠르지만 유사한 과정으로 일어나며, 기억은 인출되는 동안에 변화하고 손상될 가능성이 높다는 것이다.

일반적으로 새로운 기억과 학습이 일어나는 동안에는 신경세포 수준에서 혹은 시스템 수준(예: 해마)에서 단백질 합성이 일어나며, 반복되는 학습과 기억 역시 단백질 합성을 요구한다고 알려졌다. 네이더는 단백질 합성을 억제하는 물질인 애니소마이신(anisomysin)을 소리(CS)−충격(US) 전후에 제시하면 공포반응을 보이지 않았지만 두 자극이 제시되는 동안에 제시하면 공포반응이 사라지는 현상을 발견하였다. 이 결과는 소리-충격이 주어지는 동안에 소리에 의한 충격을 예견하는 기억을 재활성화하는 과정이 일어나며 이 과정에 애니소마이신이 단백질 합성을 억제시키면 재응고화 과정이 억제되는 것이다.

이 연구의 결과는 우리가 학습하고 기억하는 모든 과정이 단기기억에서 장기기억으로 장기적이고 영속적인 표상의 변화를 야기한다는 전통적인 주장에 상반되는 것이며 두 과정은 재활성화되는 동안에 계속 갱신되고 변화되는 과정임이 밝혀진 것이다. 이 장의 처음부터 강조된 '기억은 재구성'이다 라는 명제를 지지하는 증거이다. 재응고화 과정은 기억을 강화하고 갱신하는 기회를 제공하여 주었다. 그러나 이들 연구는 동물의 연구이고 정서의 영역에 관한 연구이다. 이들 연구결과가 인간에서 유기체 전체가 가동되어 이루어지는 그러한 인간의 보편적인 학습과 기억에 적용될 수 있을 지는 앞으로의 연구결과에 기대를 해야 하겠다.

하여간 이러한 증거를 확장하면 학습과 기억을 이분화하고 그 영역의 전통을 따지는 것은 구시대적 사고일 것이다. 학습과 기억의 연속적인 과정이 인지의 과정이며 마음의 과정인 것이다.

2) 기억의 손상: 기억상실증

기억구조에 여러 체계가 존재한다는 사실은 기억상실증(amnesia) 환자에게서 그 경험적 증거가 많이 획득되어왔다. 기억상실증은 다양한 뇌 손상에 의해서 발생할 수 있는데, 그 결함의 내용이 어느 부위에 손상을 입었느냐에 따라 다르다. 따라서 특정 부위의 손상으로 인해 특정한 기억장애가 나타난 것을 미루어 그 부위와 특정 기억이 관련이 되어 있다고 추정할 수 있다.

(1) 기억상실증 환자 H.M.

기억상실증에 대한 통찰을 제공한 대표적 사례인 H.M.의 경우는 간질을 치료하기 위해서 시행된 측두엽 절제술을 받은 후에 심각한 기억장애를 보인 환자였다. 이 환자 이후로 기억상실에 관한 방대한 양의 연구들이 수행되었다.

해마와 주변 부위를 포함하는 내측 측두엽 수술 후 H.M.은 장기기억의 심각한 손상을 보였다. 새로운 것을 학습하는 것을 매우 어려워하였으며 거의 모든 재료와 내용에 대한 장기기억에 결함이 있어 일상생활을 의미있게 유지하지 못하였다. 생활에서 일어나는 사건들을 전혀 기억하지 못하여 일상을 쫓아가지 못하였고 사람들의 이름을 새로 배우지도 못하였으며, 시간이 지나면서 자신의 나이와 날짜도 알지 못하였다. H.M.의 기억상실의 특징은 새로운 것에 대한 학습에 심각한 손상이 있다는 것, 즉 수술 후에 일어난 사건에 대해서 기억하지 못하는 순행성 기억상실(anterograde amnesia) 현상이 뚜렷할 뿐 아니라, 수술 직전 몇 년간의 사건도 잘 기억하지 못하는 역행성 기억상실(retrograde amnesia) 증상도 보인다는 것이었다. 그러나 H.M.은 단기기억은 잘 할 수 있었고, 지각 능력이나 운동 능력, 사회 예절 관계된 기억을 이용하는 수행에는 문제가 없었다. H.M.은 여러 가지 실험들에서 기억 결함은 선별적이라는 것을 보여주었는데, 새로 학습해야 하는 거의 모든 재료의 명시기억에서는 문제를 보였으나 절차기억이나 지각적 점화, 기술 학습에서는 상대적으로 손상되지 않은 수행을 보였다.

H.M.의 사례와 이후 다른 많은 기억상실증 환자들을 통하여 인지신경과학자들은 기

억구조에 여러 체계가 존재함의 증거를 확보하였다. 즉, 기억상실증 환자들이 장기기억은 손상된 반면 단기기억은 유지하고 있었다는 사례에서 단기기억체계와 장기기억체계 구분의 타당성이 지지되었고, 서술기억은 손상된 반면 비서술기억은 유지하였다는 사례에서 장기기억을 서술적 기억과 비서술기억으로 구분하는 것에 대한 타당성이 입증되었다. 또한 H.M.에서 손상된 뇌 부위는 해마를 포함하는 내측 측두엽이었는데, 이 부위가 서술적 기억에 결정적인 역할을 하는 부위라는 관점이 대두되었다. 새로운 것을 학습하는 것과 기억을 굳히는 응고화(consolidation) 과정에 해마가 결정적으로 관여한다는 것이 보고되고, 한 때는 해마가 장기기억의 영구 저장고라고 여겨지기도 하였다. 그러나 H.M.과 다른 기억상실증 환자들에서 해마가 모든 장기기억을 손상시키는 것도 아니고, 모든 시점에 대한 역행성 기억상실이 초래되는 것이 아니라 뇌 손상 이전의 몇 년간에 대해서만 기억상실이 있고 아주 오래된 과거 기억은 유지된다는 것에서 해마는 장기기억의 영구 저장고라기보다는 응고화 과정에 일시적으로 관여하는 것이라는 관점이 더 우세해졌다.

(2) 기억장애의 다양성

기억상실은 해마를 포함한 내측 측두엽 환자에게서만 나타나는 것은 아니다. 기억상실을 포함하는 기억 장애는 다양한 환자군에서 나타날 수 있으며, 그 양상 또한 다양하다.

해마에 손상을 입은 기억상실증 환자는 단기기억은 손상되지 않고 장기기억이 손상되는 것에 반해, 전두엽에 손상을 입은 환자는 장기기억은 보존되는 반면, 단기기억에 어려움을 보인다. 또한 기억장애를 주요 증상으로 하는 알츠하이머병(Alzheimer's disease)의 경우, 기억상실증 환자와 같이 내측측두엽의 손상이 있고, 기억장애 양상이 기억상실증과 비슷하여 서술기억의 손상이 뚜렷하다. 그리고 간뇌-시상에 손상이 있을 경우에도 심한 기억상실이 나타난다. 알콜중독에서 동반될 수 있는 코르사코프 증후군(Korsakoff's syndrome) 환자는 내측 시상에 손상이 생기는데, 이 경우 심한 서술적 기억에 장애가 나타난다. 그러나 파킨슨병(Parkinson's disease) 환자에서는 인출실패와 같은 가벼운 자유회상 장애는 있지만 비교적 서술적 기억에 대한 학습 자체에는 문제가 없는 반면 절차적 기억과 같은 비서술기억의 손상이 있다. 장기기억 안에서도 일화기억과 의미기억은 특정 환자에서 해리(dissociation)를 보일 수 있는데, 의미치매(semantic dementia)라고 불리는 치매환자는 발병 초기에는 일화기억은 유지하고 있는 반면 의미기억에만 손상을 보여 물건의 이름을 말하지 못하고 단어의 의미를 파악하지도 못한다.

기억의 구조에서 손상이 다양하기도 하지만 기억장애의 문제가 부호화과정의 문제이냐 인출과정의 문제이냐의 문제도 있는데, 뇌의 손상된 부위에 따라서 손상 과정도 달라진다. 해마 및 내측측두엽이 손상되는 경우 부호화단계에서 문제가 있어서 자유회상뿐 아니라 단서를 주어도 기억을 하지 못하지만, 인출 단계에서만 문제가 있는 환자의 경우도 있어 이런 경우 자유회상은 잘하지 못하지만 재인검사를 시키거나 단서를 주면 기억을 잘해낼 수 있다.

(3) 부호화와 인출 과정의 신경적 기초

기억 구조가 여러 체계로 이루어져 있듯이 기억과정도 여러 부분으로 쪼개진다. 그렇다면 기억 과정마다 관여하는 뇌 부위도 다를 것인가? 기억 과정에 관한 연구에서 부호화와 인출에 개입하는 뇌 부위가 다른지에 대한 연구들이 있었다. 기억의 과정 중에 뇌의 개입을 알아볼 수 있는 양전자방출단층촬영(PET)과 기능성자기공명영상(fMRI)을 통하여 부호화와 인출 시에 어떤 뇌 부위가 활성화되는지를 살펴본 연구들은 두 가지 과정에서 서로 다른 뇌 부위가 작용한다는 증거를 얻었다. 특히 일화기억에서 부호화와 인출이 좌우뇌에서 관여하는 정도가 달랐는데, 일화기억을 부호화할 때는 좌측 전전두엽과 해마가, 일화기억을 인출할 때는 우측 전전두엽이 활성화되었다. 이를 근거로, 부호화와 인출에서 좌반구와 우반구의 관여 정도가 다르다는 HERA(hemispheric encoding-retrieval asymmetry) 모델이 제시되었다(Nysberg 외, 1996). 이 모델에 대한 비판이 있기는 하였지만, 이상의 연구결과들은 모두 기억이 몇 가지 과정 중에서 다른 처리 기제가 작용하는 역동적인 과정이라는 것을 보여준다.

(4) 기억구조와 뇌 부위

기억이 구조로서도 중다 구조를 가지고 처리과정에서도 몇 가지 과정으로 나누어진다는 것을 앞에서 언급하였다. 따라서 기억과 관련된 뇌 부위도 어떤 구조의 기억이냐와 어떤 과정 중이냐에 따라서 여러 가지 구조물이 관여한다. 기억의 문제를 보였던 환자들과 정상인들의 연구결과에서 나타난 기억(특히 구조로서의 기억)과 관련되는 부위들은 다음과 같이 짤막히 정리할 수 있다(추후 연구결과에 의하여 기억별 주 담당 부위가 달라질 수 있다).

① 작업기억(단기기억)

단기기억 및 작업기억과 관련되는 뇌구조물은 전두엽, 특히 전전두엽이라고 많이 알려져 있고, 여러 가지 환자와 동물 실험 및 정상인에서의 뇌영상 증거들이 있다.

② 서술기억(외현기억)

장기기억에서 서술적 기억과 비서술적 기억은 각각 독립적인 기억구조로서 뇌의 서로 다른 부위와 관련이 있다.

내측 측두엽(medial temporal lobe): 환자 H.M.은 해마뿐 아니라 주변 내측 측두엽에 광범위한 손상이 있었고 이것이 심각한 기억상실을 초래하였다. 내측 측두엽은 서술기억, 특히 일화기억과 관련이 된다고 가장 많이 언급되는 부위이다. 또한 내측 측두엽은 기억장애가 두드러진 증상인 알츠하이머병 환자에서도 가장 많이 손상되는 부위이다. 정상인의 뇌영상 연구에서도 내측 측두엽은 의도적인 기억 인출을 할 때 활성화되고, 기억을 잘했을 경우에 활성화되는 부위로 나타났다.

간뇌(diencephalon): 간뇌는 특히 내측 시상(medial thalamus)에 손상이 있는 코르사코프 증후군 환자에서 심한 서술기억장애에 관련되는 부위이다. 또 다른 간뇌의 일부인 유두체(mammillary body)의 손상이 기억장애와 관련이 되기도 한다. 코르사코프 증후군 환자의 기억장애는 내측 측두엽 환자와 비슷한 면도 있지만, 간뇌는 전두엽과 신경연결을 많이 이루고 있기 때문에 전두엽손상 환자의 기억장애 양상과도 비슷한 면이 있다.

편도체: 편도체는 정서적 기억 측면에 중요한 역할을 하는 부위로 알려져 있다. 편도체가 해마와 아주 가까이에 있기 때문에 해마가 손상되는 환자에서 이 부위가 함께 손상되기도 해서 편도체의 역할을 분리해내기는 어렵다. 그러나 편도체는 서술기억 자체에는 제한적인 역할만을 하고, 특히 부정적인 감정이 연합된 경험에 대한 기억과 관련

된다는 증거들이 있다.

신피질: 내측 측두엽 환자에서 오래된 과거 기억은 손상되지 않는다는 관찰에 근거하여 서술기억은 신피질에 최종적으로 분산저장되어 있다는 관점이 받아들여지고 있다. 뇌 손상 환자들과 정상인의 뇌영상연구에 근거하면 의미지식들은 좌측 외측 측두엽의 각기 다른 장소에 범주별로 저장되어 있고, 일화기억의 부호화는 좌측 전두엽과, 인출은 우측 전두엽과 관련된다. 기억의 내용이 아닌 기억의 상황이나 전략 등은 전두엽에서 담당하는 것으로 알려져 있다. 구체적으로는 자유회상이나 사건의 시간적 순서를 기억하는 것, 기억의 출처를 기억하는 것 등은 전두엽에서 담당한다. 신피질은 다양한 방식으로 기억의 구조와 과정에 관련되어 있다.

③ 비서술기억(암묵기억)

절차적 기억: 절차적 기억은 기저핵 기능에 손상이 있는 파킨슨병이나 헌팅턴병(Huntington's disease) 환자에게서 저하될 수 있다. 또한 소뇌의 손상도 절차적 기억을 저하시킬 수 있다. 정상인의 뇌영상 연구에서도 새로운 감각운동 기술 수행과 관련하여 기저핵과 소뇌의 활성화를 관찰하였고, 뿐만 아니라 운동 피질(motor cortex)의 활성화도 관찰하였다.

지각적 점화: 단어조각완성과제나 단어어근완성과제, 지각파악과제와 같은 지각적 점화 과제 처리 능력은 기억상실환자에서 손상되지 않는 것으로 알려져 있다. 따라서 일반적인 기억상실 환자들의 손상 부위와는 다른 부위가 지각적 점화의 손상과 관련될 것이다. 지각적 점화가 감각양태 특수적인(modality specific) 피질과 관련된다는 증거들이 있다. 예를 들면 우측 후두엽 환자에게는 시각적 단어파악 과제에서 점화 효과가 나타나지 않았다. 즉 감각양태에 특수적인 부위가 지각적 점화를 매개한다.

조건형성: 고전적 조건형성은 토끼에서 눈깜빡임 조건화(eyeblink conditioning)로 측정할 수 있다. 토끼에서 소뇌가 손상되면 눈깜빡임 조건화가 안 되는데, 인간에서도 소뇌의 병변이 이 조건형성을 손상시킨다. 공포 조건형성의 경우는 편도체와 관련된다.

13. 기억 종합

인간의 기억이 감각기억, 작업기억, 단기기억 등의 체계로 나뉘어 있으며, 또 기억의 내용에 의식적으로 접근할 수 있는가 여부에 의해서 의식적 기억, 암묵적 기억 체계 등으로 나눈다는 이론을 인지심리학에서 정상인을 대상으로 한 실험 연구에서 밝혀내었다. 이후의 인지신경과학적 연구들은 뇌의 기능 구조 및 과정 측면에서 연구한 결과, 이러한 기억체계 각각을 담당하는 뇌 부위들과 신경기작(메커니즘)이 있음을 입증하여 이러한 체계의 구분이 타당함을 보여주었다. 일반적으로 묶어서 이야기하자면 뇌에는 특정 종류의 정보처리 담당 체계가 있는가 하면, 이 체계들의 연결 및 통합과 관련된 뇌 체계도 있다. 이러한 2개의 다른 유형의 신경체계가 존재하고 이들이 구체적인 인지 기능의 차이를 담당하고 있는 것 같다. 인류가 진화하면서 이러한 두 개의 시스템을 발달시킨 것 같다.

인간의 기억은 인류 진화역사 초기에 환경자극을 처리하기 위해서 발달된 것이다. 과다한 정보량을 선택적으로 처리하기 위해서 발달한 것이고, 표상구조가 중요한 것이고, 인간의 기억이 가능한 것은 신경생물적인 뇌 메커니즘에 기초해서 가능하다. 상당 부분의 지식을 하의식, 즉 내현적 기억으로 밀어놓고 이들이 필요할 때마다 순간적으로 활성화해서 꺼낸다. 그러면서 계획 실행하고 모니터링 할 수 있는 절차관련 지식을 공유하면서 잘 연결시킨다.

일반적으로 인간의 기억은 굉장한 능력을 해내는 것이다. 현대의 인간 사회는 거의 무한할 정도의 각종 자극이 부딪혀 오며 정보처리될 것을 강요한다. 이러한 상황에 처하여 기억은 그 과다한 정보 양을 가능한 한 많이 처리해야 한다. 그러나 그것들을 모두 적시에 제대로 다 처리할 수는 없는 것이다. 그래서 선별적으로 받아들일 수밖에 없다. 최우선을 요하는 정보부터 처리하고 중요하지 않거나 부적절한 정보는 배제할 수밖에 없다. 그러나 바로 이 선별적 처리 때문에 여러 가지 문제점들이 야기되는 것이다.

인간 기억의 힘겨움은 이에서 끝나는 것이 아니다. 끊임없이 정보를 갱신, 최신화해야 한다. 역동적이어야 하는 것이다. 같은 정보라도 오늘 처리한 것, 어제 처리한 것, 그전에 처리한 것을 별도로 구별하여기억해야 하고 그 처리 시점도 기억해야한다. 그러면서도 그것들을 연결하여 통합되고 일관된 개인사를 기억해야하고 또 융통성 있는 통일성 있는 자아를 유지시키며 환경에 적응 가능하게 해야 한다. 더구나 경험을 통해 처리된 사실만 기억할 수도 없다. 생존을 위해서는 온갖 가능한 가상적 상태, 미래 상태들에 대한 지식을 형성해서 이를 기억에 유지해야 한다. 무엇에 대한 지식을 갖고 있다고 해서 하나만 기억하고 있어서는 안 된다. 개개의 사례들의 세부(예: '어제 먹은 파란 사과')들을 기억해야 할 뿐만 아니라 그 사례들이 일반화된 보편(예: '보편적 사과'의 개념)에 대해서도 융통성 있는 지식을 지녀야 하고 이 둘의 구분과 관계도 기억해야 한다.

이 모든 것을 다 의식화하여 기억할 수 없기에 상당한 부분의 지식을 무의식, 하의식 또는 암묵적 기억으로 밀어 넣고 또 이들을 필요할 때마다 순간적으로 활성화하여 활용해야 한다. 그러면서 이 모두에 대한 처리를 계획, 실행 모니터링 할 수 있는 절차 관리지식을 보유하며 잘 연결 지워 정보처리를 수행해야 한다. 이 모든 것들을 생각해 본다면, 일반적으로 지적되는 '기억은 여러 가지 오류와 결함이 많다'는 측면과는 달리, 실상은 우리 인간의 기억은 우리가 상상하기 힘든 굉장한 일을 수행해내는 뛰어난 체계인 것이다. 인간의 기억은 말없는, 그러나 효율적인 시스템인 것이다.

14. 학습과 기억: 종합

인지과학이 형성되기 이전에는 행동주의 심리학이 학습만 강조하였고, 기억이나 지식표상의 문제는 무시되었다. 행동주의심리학에 반발하여 출발한 인지주의에서는 초기에는 학습 과정에 대한 탐색을 무시하고 기억의 과정과 기억지식표상을 중심으로 연구하여 왔다. 인지과학은 초기에는 인간의 기억이건 인공지능시스템의 기억이건 간에 정보의 저장, 논리적 관계에 크게 의존하는 저장표상 형식, 인출과정 등에 대한 심리학적 실험적 검증 또는 인공지능학적 형식적 시뮬레이션 모형 형성에 초점을 두어왔다.

그러나 신경망적 접근인 연결주의가 대두되고 인지신경과학이 발전하면서, 그리고 인공지능 연구가 보다 적응적으로 스스로 학습하며 융통적인 지식표상 모형을 지닌 인공지능 시스템을 추구하면서 학습에 대한 인지과학적 탐구는 부활되기 시작하였다. 신경과학적 연구는 학습과 기억이 하나의 공통적인 신경적기반 위에 서 있음을 드러내었고, 심리학에서의 기억 체계모형들은 조건형성학습 등의 과정을 암묵적 기억에서의 정보처리의 개념으로 도입하여 기억-학습의 통합적 틀을 제시하였다. 또한 인지과학의 응용적 연구 분야에서는 뇌기반 학습, 인지기능 향상 등의 영역에서 학습과 기억이 별개의 영역으로 취급되어서는 안 되며 통합적인 접근이 이루어져야 함을 보이고 있다.

앞으로의 인지과학의 발전은 학습과 기억의 신경적 기반을 밝히는 인지신경과학적 연구가 인간과 동물의 학습과 기억 현상을 인지심리학적 실험을 통해 탐구하는 연구, 그리고 인공지능이나 로보틱스 연구 등에서의 학습 과정과 지식표상 모형을 세련화하는 연구들과 수렴되면서, 그리고 이의 수렴과 연결 결과가 구체적 응용적 학습기술 개발에 적용되면서 학습과 기억에 대한 보다 설득력 있고, 포괄적인 이론을 제시할 수 있으리라 생각된다.

인지과학적 틀에서의 학습과 기억의 연구는 인지 현상의 본질의 탐구에 필수 불가결하다. 학습은 환경과 인지의 관계를 구성해주며 기억은 지식과 행동의 관계를 연계시켜 준다. 학습과 기억에 기초하여 인간은 새로운 대상을 경험하여 지각하고 말과 글의 언어를 사용하며 추리, 판단, 결정, 문제해결 등의 사고를 할 수 있게 된다. 학습과 기억을 기반으로 하여 가능해지는 고차 인지 과정들인 언어와 사고의 주제는 다음 장들에서 논하기로 한다.

제11장

언어와 인지
Language and Cognition

'여름이었다. 과일이 많았다. 사과, 복숭아, 토마토, 철 이른 포도도 있었다. 아이는 한마디씩 새롭게 말을 배우고 그것을 어렵게 활용하였다. 그 조그맣던 입술이 지금도 눈에 선하다. 고것이 동그래지기도 하고 길쭉해지기도 하면서 한마디씩 발음을 할 때마다 그 단어는 이 세상에 새로 태어나는 그 무엇이 되었다. 어느 날 그 입술 사이로 포도-라는 말이 새어 나왔다. 나는 이 세상에서 그렇게 아름답고 영롱한 포도가 있다는 것을 그때 처음 알았다. 나는 학교에 오는 만원버스에서도 포-도- 하면서 낮은 소리로 하고 숨을 죽이고 작게 발음해보곤 하였다. 그러던 어느 날 아이는 "고-모-" 하였다. 햐아-. 뽀얀 젖안개 속에서 고모-라는 단어가 피어오르는 것을 나는 눈부시게 보았다 (서숙, 「아, 순간들」, 다섯수레, 1993)'.

1. 서론: 언어의 중요성 사례

위의 글은 말을 못하던 아이가 입술이 동그래지기도 하고 길쭉해지기도 하면서 새로운 단어를 배우는 것이 얼마나 신비스런 일인가를 설명하고 있다. 아무것도 말 못하던 상태로부터 아이가 말을 배우게 되는 것이다. 언어란 "자연세계에서 일어나는 가장 경이로운 일 가운데 하나이다……. 이 능력은 너무도 자연스럽게 주어지기 때문에 그것이 얼마나 놀라운 기적인지를 쉽게 잊어버리는 경향이 있다(Pinker, 1994)." 이러한 신비한 현상이자 인간 사회와 동물 사회를 구별짓는 첫 번째 특징인 언어 현상에는 다양한 측면들이 있다. 아무 말도 못하던 아이가 언어를 습득한다는 것, 언어의 의미를 이해한다는 것, 언어를 사용하여 다양한 의미를 전달하고 의사소통을 한다는 것, 그리고 인간의 마음의 핵심이 언어적 표상에 의한다는 것, 언어가 사고를 결정할 수 있다는 것 등이 언어와 관련하여 생각해볼 수 있는 중요한 주제들이다.

인지과학은 언어와 관련하여 다음과 같은 물음을 던진다. 언어는 왜 생겨났는가? 언어는 어떻게 변화되었는가? 인간은 언어를 어떻게 습득하는가? 언어에는 보편적인 규칙이 있는가? 인지과학은 이 규칙을 찾아내고 형식화할 수 있는가? 인간은 어떻게 언어를 이해/산출하는가? 언어와 마음은 어떤 관계가 있는가? 마음에 담겨진 언어의 의미는 무엇인가? 뇌는 언어를 어떻게 만들고 사용하는가? 우리가 언어를 습득하고, 구사한다는 것은 과연 무엇이 어떻게 일어나는 것일까? 언어와 사고는 어떠한 관계에 있는가? 인간의 언어는 어떻게 진화하였을까? 언어의 이해와 처리의 모든 과정을 컴퓨터에 구현할 수 있을까?

이러한 물음을 배경으로 하여 인지과학이 탐구하는 언어 관련 주제에는 다음과 같은 것들이 있다. 뇌와 언어를 연결하여 언어의 신경생물적 기초를 밝히며 실어증, 난독증과 같은 뇌 손상이 언어 행동에 어떠한 이상을 가져오는가를 밝히는 언어의 인지신경적 주제; 말을 못하고 이해를 못하던 아이가 언어를 습득해가는 과정이 어떠한 과정에 의해 일어나며 이때 아이는 문법의 원리 등에 대한 언어 지식을 생득적으로 원래 갖고 있는가 아닌가, 있다면 그것은 경험과 어떻게 상호작용하며 펼쳐지는가, 이중언어의 습득은 어떻게 이루어지는가 하는 언어습득 관련 주제; 이외에도 다음과 같은 주제들을 열거할 수 있을 것이다. 언어의 요소들을 연결하는 규칙인 통사적 규칙의 본질은 무엇인가, 이러한 규칙은 소리나 철자 수준, 어휘 수준, 문장 수준, 텍스트 수준에서 어떻게 적용되는가, 언어의 이해란 어떠한 인지 과정에 의하여 일어나는가, 언어 이해를 위해 통사적 지식의 적용과 의미적, 화용적 지식은 어떻게 가동되는가, 언어 이해에 개입되는 추론 과정은 어떠한 과정을 통하여 일어나는가, 말의 이해 과정과 글의 이해 과정은 어떻게 다른가, 말과 글의 산출 과정은 어떠한 과정에 의하여 진행되는가, 말의 산출, 글의 산출, 수화의 산출 과정은 어떠한 차이를 갖고 있는가, 외국어(이중언어)의 이해와 산출 과정은 어떻게 다른가, 언어는 사고의 인지 과정에서 어떠한 역할을 하며 사고는 언어 습득과 활용에 어떠한 역할을 하는가, 인간의 언어는 어떻게 진화되어 오늘날의 언어로 자리 잡았으며 인간의 언어와 동물의 의사소통 체계는 무엇이 어떻게 다른가, 동물에게 언어를 가르치려 하였을 때 성공할 수 있는가 아니면 어떠한 한계가 왜 있는가, 언어는 문화에 의하여 어떠한 영향을 받으며 언어가 문화에 주는 영향은 무엇인가, 언어의 계산적 모델링은 가능한가, 언어를 생성 및 이해하는 인공지능 시스템을 만든다고 하였을 때 여기에 어떠한 원리가 구현될 수 있으며 기계가 인간의 언어 이해와 같은 정도의 이해를 구현해낼 수 있는가, 그것이 가능하지 않다면 인간 언어의 어떠한 특성 때문에 그러한 것인가 등의 주제들이 인지과학에서 언어와 관련되어 탐구되는 주제들이다. 언어와 관련된 일반적 물음들을 다음에서 살펴보기로 하자.

2. 언어 관련 물음들

1) 언어의 본질에 관한 물음들

언어는 정보, 사고, 감정 등을 표현하고 전달하는 데 사용되는 규칙적인 기호체계로 볼 수 있다. 언어란 기본적으로 그 기능이 의사소통하는 것이라고 할 수 있다. 혼잣말을 할 때도, 일기를 쓸 때도 언어를 쓸 수 있지만, 언어의 기본적인 기능은 의사소통 기능이다. 동물에게도 의사소통의 수단이 있고 꿀벌들이 춤을 추는 춤의 각도는 자기가 발견한 꿀의 위치와 관련된 정보를 다른 벌들에게 알려준다. 꿀벌이 춤을 추는 모양은 규칙성이 있으며 무엇인가 정보를 전달하기 위한 것이다. 그러나 인간 언어는 이를 넘어서는 특징이 있다. 인간도 동물이니까 인간으로서 표현할 수 있는 데에는 한계가 있지만, 인간 언어는 동물의 소리나 동물의 몸짓과는 다른 특성이 있다.

첫째, 인간의 언어는 창조성이 있다(creative, generative). 언어를 어떻게 생성하느냐 하는 규칙에 대한 지식이 있어 이를 토대로 새로운 표현을 계속해서 생성해 낸다는 것이다. 둘째, 인간의 언어는 구조적이다(structural). 인간의 언어가 창조적일 수 있는 것은 인간의 언어가 구조를 지니고 있기에 가능하다. 언어에는 언어의 요소들을 연결하는 규칙인 문법이라는 추상적 구조 원리가 있어서 여러 표현 형태로 언어를 생성하고 또 이해할 수 있게 한다. 셋째, 인간의 언어는 의미적이다(meaningful). 단어 같은 언어의 단위 하나하나가 어떤 대상이나 개념을 지칭하고 이 단위들이 규칙에 의해 연결되어 보다 더 큰 덩이의 의미를 나타낸다. 그러나 한 단위(단어)가 어떠한 대상이나 개념을 지칭하는가는 임의적이다. 즉 언어 표현과 그것이 지칭하는 의미의 대상과의 관계는 어떤 필연적 관계가 아니라 임의적이라는 것이다. 사과를 '사과'라고 할 수도 있고, '능금'이라고도 할 수 있고, 'apple'이라고 할 수도 있고, 다른 신호로 표현할 수도 있다. 이러한 특징은 언어의 다른 특징과 자연히 연결된다. 넷째, 언어는 참조적이다(referential). 언어적 표현은 대상을 지칭한다. 특정 언어 표현은 특정 사물이나 사건, 개념 등을 지칭, 참조하는 것이다. 다섯째, 언어의 특징은 대인적이다(interpersonal). 즉 사람 간에 이루어지는 것이며, 사람 간의 의사소통의 기능을 가진다. 〈그림 11-1〉에서 보이듯이 언어의 소통을 위해서는 언어 표현을 발생시키고 전달하는 사람과 그것을 수용하는 사람 사이에 언어 표현이라는 기호를 통하여 여러 인지 과정이 개입된다.

언어를 표현하는 사람은 자기 주변의 상황을 지각하여 그 지각된 내용과 관련된 어떤 세상을 마음속으로 표상하게 되며, 그러한 표상과 관련하여 무언가를 언어 행동적으로 하려는 바가 생겨나고 그것이 언어 표현이라는 상징(기호)으로 표현된다. 표현하는 일정한 기호로 그의 생각을 표현하면 지각하는 사람(수신자)이 입력된 언어 기호를 수용하여 이것이 어떠한 의미, 행동을 나타내는 것인가에 대한 표상을 형성하고, 그에 따라서 언어를 표현한 사람이 어떤 의미를 전달하려고 하는가를 이해하고 추론하고 해석한다. 이런 것들은 인간의 마음속에 세상에 대한 표상이 언어적 기호로 존재한다는 것을 전제한다. 이러한 상호작용을 통하여 언어는 우리가 살아가는 상황을 해석하고 문제를 해결하는 방식에 있어서 중심적 도구가 된다.

그림 11-1 언어의 의사소통적 단계

언어의 본질적 구성 요소를 보면 언어 능력과 규칙, 그리고 세상사 지식 요소가 있다. 언어 능력에는 상징(기호) 산출 능력, 통사적 규칙에 따라 상징을 조합하여 문장을 산출하는 능력, 대상을 상징으로 지칭하는 능력 등이 있는데, 이러한 능력들은 일정한 규칙 지식을 기반으로 하고 있다. 규칙 지식에는 말소리 수준의 규칙, 단어 수준의 규칙, 문장 수준의 규칙 등이 있다. 이러한 규칙에 대한 지식에 기반하여 언어 표현을 하는 것이다. 물론 규칙 지식만 있다고 되는 것이 아니라 세상사에 대한 제반 지식이 있어야 한다.

언어라고 하는 것은 상징체계이다. 그러면 아무 기호나 상징체계가 될 수 있는가? 그렇지 않고 일정한 기준이 있다. 상징체계는 상징들과 상징들이 가리키는 영역이 있어야 한다. 그리고 상징들의 배열과 그 의미 영역을 관련시키는 방법 및 상징화해서 나타내려는 목적이 있어야 한다. 그러한 몇 가지 기준이 충족되면 그것은 상징체계라고 할 수 있다. 인간의 언어는 이러한 기준을 충족한다.

2) 언어와 인지

인지과학에는 언어와 관련된 학문들이 있다. 언어학, 심리학, 신경과학, 컴퓨터과학, 인류학 등 여러 학문들이 언어와 관련되어 있다.

언어 이해는 기본적으로 말이나 글을 전달하는 전달자가 있고 전달받는 받는 이가 있다. 전달자가 전달하려는 말을 머릿속에 구상해야 될 터인데, 그것을 표상 1이라고 하자. 말하는 사람, 즉 전달자가 그것을 언어로 표현한다. 그 언어 표현을 이해하려면 듣는 사람과 말하는 사람 사이에 공통 지식이 필요하다. 단어, 문법, 일반 세상사 지식 등이 공유된 바탕 위에서 전달자가 전달한 내용을 이해자는 표현된 언어 기호를 해독해서 이해된 표상 2를 형상한다. 받는 이의 표상 2는 보내는 이, 즉 전달자의 표상 1과 꼭 일치하는 것은 아니다.

보내는 자의 의미구조가 형성이 되어서 표현되면 이를 말소리, 글자, 또는 표면구조라고 할 수 있다. 이해자는 일단 그것을 받아들이고 역방향으로 정보처리를 해서 보내진 의미구조가 무엇인지를 처리한다. 이해자가 형성한 의미구조가 보내는 사람의 의미구조와 상당히 비슷하다면 언어 이해가 성공적으로 이루어졌다고 볼 수 있다.

그런데 문제점이 있다. 뜻을 전달하기 위해서는 정보전달매체인 기호, 상징이 필요한데, 한 상징이 여러 개의 의미를 가질 수 있다는 점이다. 예를 들면 다음 문장은 각각 두 가지 의미로 해석할 수 있다.

1. Visiting professors can be boring.
2. They are kissing fish.

문장 1의 첫 의미는 '방문 교수는 재미없는 사람일 수 있다'이고, 두 번째 의미는 동명사로 해석해서 '교수를 방문하는 것은 재미없는 일이다'라고 해석할 수 있다. 두번째 문장 예도 마찬가지로 두 가지 의미로 해석될 수 있다. 이처럼 하나의 상징, 기호의 표현이 여러 의미로 해석될 수 있기에 문제가 생길 수 있다. 이러한 의사소통의 문제가 발생한 경우를 보면, 먼저 언어 표현을 내보낸 자의 사고, 지식의 결함이 있을 수 있다. 또는 그 사람의 사고, 지식은 적절한데 선택한 언어 사용에 문제가 있을 수 있다. 다른 한편으로는 언어 표현을 이해하는 이해자의 사고나 지식 또는 언어 사용에 결함이 있으면 문제가 생길 수 있다. 이해자가 언어 이해를 위해서 사용하는 지식이 언어 표현을 한 사람과 다를 수 있기 때문이다.

일반적으로 언어에는 추론이 개입되게 마련이다. 언어 표현을 할 때 모든 내용을 세세히 그 표현에서 다 제시하지는 않는다. 아이가 엄마에게 "나 배고파."라고 하는 것은 '나 배고프니까 먹을 것을 달라'는 뜻인데, 표현된 문장의 글자적 의미에는 '밥을 달라'는 의미는 없다. 즉 언어 표현을 그대로 받아들이는 것이 아니라 '배고프면 먹는다. 엄마는 아이에게 음식을 주는 것이 일상적 사건이다.' 등의 일반 상식에 근거한 추론을 통해 의미를 구성해가는 것이 일상적인 언어 이해 방식이다.

언어 이해에서 중요한 것은 지식과 추론이다. 지식은 언어 지식, 말소리 지식, 음운 형태의 지식, 통사규칙 지식이 있다. 말소리를 어떻게 조합하고, 단어를 어떻게 조합해서 문장을 만드는가에 대한 규칙이 문법적 지식, 통사적 지식이다. 그런 지식뿐만 아니라 개념, 의미에 대한 이해 지식도 있어야 하고, 언어에 관련된 것만이 아니라 세상사에 관한 지식도 있어야 한다. 언어를 주고받는 사람들 간의 화용적(pragmatic) 암묵적 규칙 같은 것이 있으니 이것도 알고 있어야 한다. 추론은 주어진 지식을 넘어서서 언어를 이해하는 아주 중요한 인지 과정이라고 볼 수 있다.

언어 연구에서 몇 가지 고전적인 문제를 다시 한 번 보자. 내가 우리말과 글을 사용할 줄 안다는 것은 과연 무엇을 안다는 것일까? 문법을 안다는 것일까? 나는 그 지식을 어떻게 습득하였을까? 나는 그 지식을 어떻게(과정 측면) 활용하는 것일까? 인류 전체로 봐서 언어 능력이 어떻게 인간에게 형성되었는가? 이러한 언어 능력은 뇌의 어떤 부위와 관련해 기능하는가?

언어에 대한 인지과학적 물음의 기본은 이러한 언어적 지식, 그리고 관련된 세상 지식들이 어떻게 우리에게 습득되어 있는가? 어떤 종류의 지식이 작용하는가? 이것이 어떻게 활용되는가? 사고와는 어떤 관계를 지니는가? 뇌의 어떤 부분이 언어를 담당하는가? 진화는 어떤 역할을 하는가 등의 물음들이다.

3. 언어학과 인지과학의 문제

언어와 관련해서 인지과학에서 언어학을 중심으로 논의되는 주제를 살펴보자.

1) 인지과학과 언어학

인지과학이 마음의 구조를 밝히는 학문이라면, 그중에서 언어학은 인간 언어의 형태와 구조를 발견하고 형태와 의미를 연구하는 학문이다. 또한 심리학, 컴퓨터과학, 신경과학, 인류학 등의 인접 학문과 더불어 언어적 지식이 마음속에 어떻게 표상, 저장되고 습득, 지각, 사용되며 인지의 다른 부분들과 관계되는지를 이해하고자 하는 분야이다.

기본적으로 언어학은 언어의 일반적 형태뿐만 아니라 인간이 언어를 사용하는 데 있어서 어떤 지식들이 필요하고 그것들이 어떤 규칙을 지니고 있는가 하는 측면에 초점을 둔다. 언어학에서 하위 영역으로 가면 언어를 분석해서 연구하는 수준을 중심으로 크게 다음의 다섯 가지 영역으로 나눌 수 있다.

음운론 : 언어에서 기본 단위가 되는 소리 단위를 음소라고 하는데, 음운론의 영역에서는 주로 음소의 특성 및 결합 규칙을 연구한다.

형태론 : 하나의 독립적인 의미를 지닐 수 있는 단위를 형태소라고 하는데, 형태론에서는 형태소의 특성 및 결합 규칙을 연구한다.

통사론 : 소리 단위들을 조합해서 단어를 구성하고 단어를 조합해서 문장을 구성하는데, 문장의 특성 및 문장의 요소들 간의 결합 문법규칙을 다루는 분야가 통사론 영역이다.

의미론 : 단어, 문장, 글 의미의 본질을 연구하는 분야이다.

화용론 : 문장과 글이 사용되는 상황적 맥락에 따라서 의미가 어떻게 달라지는가를 연구한다.

언어학의 과제는 언어 지식의 특성을 밝히는 데 있다. 촘스키(N. Chomsky, 1965, 1977)는 심리학에서 언어 산출과 이해와 같은 실제적 언어행위인 언어 수행(performance)이 연구된다면, 언어학은 언어 능력(competence, language faculty)을 다룬다고 하였다. 언어 능력이란 언어의 문법성과 의미 판단의 토대가 되는 규칙에 대한 모국어 화자의 무의식적이고 암묵적인 언어 지식이다. 이러한 지식은 생득적으로 주어지며 단원적으로 작용한다고 보는데, 이러한 지식이 무엇인지, 그리고 그러한 지식이 언어, 특히 말의 산출과 이해에서 어떻게 전개되는지가 언어학에서 탐구되는 중심 주제이다.

2) 언어의 구조

언어의 구조를 살펴보면 우리가 생각할 수 있는 것처럼 낱개 소리 형성, 의미단위인 형태소, 단어, 구와 절, 문장, 텍스트 이런 식으로 위계적 언어 구조를 생각할 수 있다.

'음소(phoneme)'는 소리가 갈라짐으로 해서 의미가 바꾸어질 수 있는 최소 단위이다. 알파벳, 한글 철자와 같은 것이다. 물리적 특성은 달라도 인식되는 소리를 반영하고 있다. 예를 들면 영어에서는 같은 /s/ 소리도 'spin'에서의 /s/와 복수로 사용할 때의 /s/가 완전히 같지 않다. 물리적 소리 특성이 다를 수 있는데 같은 /s/로 인식한다는 것은 독립적인 음소가 하나이기 때문이다. 음소는 언어 간 차이가 있어서 한국인, 일본인은 영어의 /r/과 /l/자 구분이 어렵다고 할 수 있다. 음소도 제멋대로 연결되는 것이 아니라 조합규칙이 있다. 음운규칙이 음소의 결합을 제약하는 조건을 제공한다. 아이마스와 코비트(Eimas & Corbit, 1973)는 영아들의 말소리에 대한 지각 능력을 조사하였다. 영아들에게 젖꼭지를 물려주고 젖꼭지를 빨 때마다 /ba/ 소리를 들려주면, 영아들은 젖꼭지를 빨면 /ba/ 소리를 듣게 된다는 사실을 학습하게 되고 이 소리자극에 흥미를 느껴 젖꼭지를 더 빨리 빨게 된다. 그러나 계속해서 같은 소리를 들려주면 습관화가 되어 더 이상 /ba/ 소리에 흥미를 느끼지 않게 되고 점차 젖꼭지를 빠는 속도도 느려지게 된다. 이때 /ba /소리를 /pa/ 소리로 바꾸어주면 영아들의 젖을 빠는 속도가 다시 빨라지게 되는데, 이는 영아들도 음소를 구별할 수 있으며 말소리를 범주적으로 지각함을 시사해준다.

'형태소(morpheme)'는 의미를 갖는 최소 언어 단위라고 할 수 있는데, 우리말에서 흔히 쓰는 접두어, 접미어 등이 형태소가 될 수 있고, 낱개 단어도 형태소가 될 수 있다. 형태소들도 일정한 조합 규칙에 따라 조합되는데, 실험 연구에 의하면 형태소 경계가 있어서 형태소 경계를 우리 뇌가 지각할뿐더러 형태소나 음소 규칙에 맞는 것과 맞지 않는 것, 단어인 음소와 단어가 아닌 음소에 대한 형태소 처리가 달라진다고 볼 수 있다. 독자적으로 하나의 단어를 이루지 못하는 형태소들은 다른 형태소와 결합하여 복합단어를 이룬다. 모든 언어에는 형태소 패턴에 관한 특정한 방식의 제약이 있어 각 형태소는 개별의 단위로 취급되며 고정된 위치를 갖게 된다. 형태소인 단어들의 가장 중요한 특징은 의미이다.

'단어(words)'는 개념의 의미를 나타내는 언어 처리의 기본 단위이다. 다음의 언어적 큰 단위로는 구, 절, 문장을 들 수 있는데 이들은 통사적 규칙에 의하여 구성되고 연결된다. 문장과 명제의 구분의 문제가 제기되는데, 명제는 문장이 아니라 문장에 담겨 있는 의미이다. '까만 새가 빨리 지나가다'와 같은 문장은 '지나가다', '빨리 지나가다', '새 지나가다', '새', '까만 새'의 명제의 조합으로 이루어져 있다.

'통사(syntax)'는 구, 절, 문장을 구성하기 위해서 단어들의 결합을 결정하는 규칙을 말한다. 형태소들의 결합으로 이루어진 단어는 통사규칙에 의하여 상위 수준의 의미 관계를 표상하는 구, 절, 문장 등으로 조직화된다. 언어의 구성은 상위로 올라갈수록 각 수준에 보다 많은 단위들이 포함된다. 실제로 소수의 음성 단위(음소)는 고정된 순서를 가지고 형태소와 단어들로 조직화되며, 단어는 다시 무한수의 문장으로 조직화된다. 사람들은 어떤 문장이 잘 구조화된 단어 순서인지, 다시 말해 문법적인 문장인지의 여부를 힘들이지 않고도 판단할 수 있다.

언어처리를 할 때 구(phrase)를 단위로 처리한다는 경험적 증거가 있는가? 하나의 구와 다른 구가 시작되는 사이에 더 오래 숨을 쉰다든지, 다른 단어를 새로 삽입하기가 수월하다든지, 문장을 학습시킨 후에 문장 중의 한 단어를 제시하고 다음 단어를 말하게 하면 같은 구에 속하는 단어에 대한 반응이 빠르다든지 하는 실험적 증거들은 구가 언어처리에 중요한 단위임을 보여주는 증거이다. 또한 구에 대한 구문 분석이 쉽지 않은 경우 이해에 문제가 생긴다. 따라서 구, 절 등은 인지적인 언어처리 단위라고 볼 수 있다.

언어학에서는 언어의 외적 특성 및 언어의 이해와 산출 특성을 결정하는 것은 사람들이 지니고 있는 문법 지식, 통사 지식이라고 본다. 따라서 언어학에서는 문법과 통사론이 강조된다.

3) 문법 이론

언어를 이해하기 위해서는 문법규칙을 알아야 된다. 우리말의 문법을 우리가 전혀 모르는데도 우리가 우리말을 이해하고 말하는 것은 의식하든 안 하든 간에 문법규칙을 이해하기 때문이라고 볼 수 있다. 언어학의 통사적 이론의 기본적인 목표는 어떤 발화 (말글 표현)가 그 언어의 적법한 표현인지를 결정하는 규칙적 지식의 체계를 모형화하고, 그 지식이 어떻게 습득되고 사용되는지를 설명하는 데 있다. 즉 어떤 말이나 글의 표현이 그 언어에서 통용되는 적법한 표현인지를 찾아낼 수 있어야 한다. 예를 들면 언어학자 촘스키가 부각시킨 예문인

① Colorless green ideas sleep furiously.
색 없는 녹색 개념이 격렬히 자고 있다.

라는 문장은 통사적으로는 하나도 문제가 없으나 의미적으로 봐서는 통할 수 없는 (예: 색이 없는 녹색 개념) 문장이다. 이것은 또한 의미론적으로는 의미가 제대로 형성될 수 없지만 통사론적으로는 합법적인 문장이 있을 수 있다는 것을 증명한다. 따라서 어떤 문장구조는 합법적이지만 의미가 통하는지를 찾아내는 모델을 형성하는 것이 언어학의 한 중심 과제라고 볼 수 있다.

인지과학에서 언어학이 언어를 기술하기 위해서 통사 이론을 제시하는데, 언어를 산출하고 이해하는 행위의 규칙성 언어 관련 지식의 규칙성을 설명하면서 통사 이론이 제시된다. 통사 이론의 중요한 특성은 통사적 구성 요소의 개념을 포착하며, 단위들 사이와 단위 안에서 요소들의 선형적인 순서 특성을 고려해서 언어들 사이의 연결 규칙을 제시한다. 문장은 단어의 무선적인 연결 사슬이 아니라 단어들이 위계적인 관계에

의해 연결된 규칙적인 구조를 지니고 있다고 보는 것이 통사 이론의 입장이다.

4) 촘스키의 문법 이론

언어학 이론 하면 촘스키의 문법 이론을 생각하게 된다. 그만큼 촘스키가 언어학과 인지과학에 끼친 영향력은 매우 크다. 촘스키가 나오기 이전의 문법이론에 대한 촘스키의 생각과 촘스키 이론의 내용, 그리고 촘스키 이론에 대한 언어학자들이나 심리학자들의 반응을 살펴보기로 하자.

촘스키는 언어학이 무엇을 해야 하느냐를 설명했고, 통사론을 강조해서 설명하였다. 앞서 언급한 바처럼 언어학은 언어 수행이 아닌 언어 능력에 대해서 기술하고(기술적 타당성; descriptive adequacy) 설명해야(설명적 타당성; explanatory adequacy) 한다고 주장한다. 그는 모든 언어에 내재하는 암묵적 지식을 기술하는 것이 언어학의 책무라고 보았다. 언어의 수행(performance)을 가능하게 하는 언어 능력(competence) 지식이 어떠한지를 기술하는 것이 언어학의 할 일이라는 것이다. 촘스키는 인간 언어에서의 보편문법과 선천적 지식을 강조한다. 보편문법은 모든 언어에 공통적인 특성을 의미하는데, 이런 특징이 유전적으로, 생득적 지식으로 이미 내장되어 있다는 것이다. 촘스키가 생각하는 언어학은 그런 보편문법의 연구이다. 올바른 문법 이론의 요건은 기술적 타당성이 있어서 수용 가능한 문장과 불가능한 문장을 구별하게 할 수 있어야 하며, 문장의 요소 간의 관계성을 명시할 수 있어야 한다. 또 아이들의 언어 학습도 설명할 수 있는 설명적 타당성이 있어야 한다.

촘스키 이론의 주요 개념들 중의 하나인 생득적 언어 능력은, 인간은 선천적으로 언어와 관련된 지식을 갖고 태어난다는 것이다. 언어 보편성은 민족과 문화와 말이 다르더라도 공통되는 어떤 특성이 있다고 보는 입장이다. 촘스키가 제안한 생득적으로 주어지는 언어획득기제(LAD: language acquisition device)에 의하면, 인간이 언어를 획득하는 것은 그냥 하는 것이 아니라 생득적으로 주어진 일정한 규칙, 메커니즘의 작동에 의한 것이다.

예를 들면 영어에서 단수와 복수에 관한 문법적 규칙을 서구 사람들은 선천적으로 알고 태어났을까, 태어난 이후에 배운 것은 아닐까 하는 물음이 제시될 수 있다. 촘스키는 선천적 가설을 제시했는데, 그에 의하면 언어는 한 묶음의 선천적인 언어 지식(보편문법, universal grammar) 위에 기초하고 있다. 즉 우리는 태어날 때부터 어떤 문법적인 지식을 적용해서 언어를 판단하게 되는 선천적, 생득적 지식을 갖고 태어난다는 것이다. 물론 우리말처럼 동사가 맨 뒤로 오고 영어처럼 동사가 주어 바로 뒤에 뒤따라오는 그런 차이는 경험을 통해서 배울 수 있지만, 대부분의 언어는 보편적으로 주어, 동사, 목적어 등으로 구성되어 있다는 언어 지식은 선천적, 생득적으로 갖고 태어난다는 주장이다.

촘스키 이전에 있던 언어학적 이론의 하나는 유한상태 문법이다. 한 문장은 단어의 연계이며, 어떤 문장에서 어떤 단어가 나올까 하는 것은 어떤 다른 앞선 단어에 의해서 확률적으로 결정된다는 것이 유한상태 문법의 기본적인 생각이다. '나는 집에……' 다음에 어떤 단어가 나올까? '간다'라는 단어가 나올 수 있는데, 과거에 '집에' 다음에 '간다'라는 단어가 나오는 확률이 높았기 때문이라는 설명이 유한상태 문법이다. 그러나 한 단어가 나타나는 것이 이전 단어와의 확률적 발생빈도 연결에 의존한다는 유한상태 문법은 언어 현상을 설명하는 데 문제점이 있다. 바로 이어서 나타나는 것이 아니라 떨어져 있는 단어 간의 통사적 의존성의 설명을 할 수 없으며, 재귀(recursion)와 같이 문장 내에 문장을 포함시키는 현상이라든가 언어를 처리하는 사람들의 언어처리의 실제가 구 중심으로 되어 있음을 설명하지 못하며, 형식규칙에 의하여 문장이 산출될 가능성을 인정하지 못하는 것이다. 그러나 실제 사람들이 표현하는 대부분의 문장 구성을 보면, 단어 중심의 연결 구조보다는 상위 추상 수준에서 단어들의 연결을 지배하는 다른 규칙 모델이 필요함을 인정하지 않을 수 없다.

하나의 문장을 적절히 만들기 위해서는 구절구조 문법이나 유한상태 문법과는 다른 종류의 문법이 필요하다고 촘스키는 생각하였다. 그가 초기에 내놓은 이론은 변형생성 문법 이론인데, 이 문법 이론에는 다음과 같은 문법규칙이 있다.

'변형규칙'은 구절구조 내에서 요소들을 이동시키고 삭제하거나 첨가하는 통사규칙이다. 예를 들어 생각해보자. 다음 ②, ③의 문장과 같은 2개의 생각이 떠올랐다고 하자. 이 2개의 생각을 조합하여 하나의 문장으로 표현하자면 어떻게 해야 할까?

② The rat ate the cheese.

③ The cat killed the rat.

유한상태 문법으로는 이 조합 과정을 기술하기 곤란하다. 구절구조 문법으로도 문제가 있다. 다음과 같은 문장이 가능해지기 때문이다.

④ The rat the cat killed the rat ate the cheese.(×)

문장 ④가 아닌 ⑤로 적절히 만들기 위해서는 무언가 상위 수준의 규칙이 필요하다.

⑤ The rat that the cat killed ate the cheese.

이러한 상황을 다룰 수 있는 규칙으로 촘스키가 제시한 것이 변형규칙이다. 즉 두 번째 나온 'the rat'은 삭제되고, 'that'이라는 단어가 내포문의 앞에 삽입되어야 한다는 현상을 보면, 구절구조 내에서 요소들이 어떤 규칙에 따라 움직이고 삭제되거나 첨가되어야 하는데, 이러한 과정을 촘스키는 변형규칙으로 설명하였다.

변형규칙에는 심층구조(deep structure)와 표면구조(surface structure)의 관계가 중요하다. 심층구조는 문장 요소들 간의 관계성을 나타내는 구절 구조로, 문장이 실제로 서술되는 방식과는 독립적이다. 표면구조는 문장의 음소 구조에 연결된 문장 통사 구조로, 문장 요소들의 조직을 실제 발화되는 바와 가장 가깝게 명세화하는 구조이다. 문장 예를 보자.

⑥ Jack put the car in the garage.
⑦ The car was put in the garage by Jack.

"잭이 차고에 차를 넣었다."라는 문장 ⑥과 "차는 잭에 의해서 차고에 넣어졌다."라는 문장 ⑦은 표면구조는 다르지만 의미적 심층구조는 같다고 볼 수 있다. 심층구조가 같은데 표면구조가 다른 것은 같은 심층구조에서 단지 다른 변형규칙을 적용한것뿐이다.

촘스키가 제시한 변형문법 이론은 문장의 표현이 달라도 뜻이 같은 것을 설명할 수

있는 문법 이론이다. 그가 강조한 것은 표면구조의 생성은 심층구조를 기반으로 하는데, 표면구조가 생성되는 과정에서 변형규칙이 적용된다. 이 문법체계 전체에는 구절구조 규칙, 어휘집, 어휘삽입 규칙, 심층구조, 변형부, 표면구조 등의 부분이 있다. 촘스키는 통사부와는 별도로 의미부를 상정하였고, 심층구조에서는 대명사(그, 그녀, 자기 등)나 양화사(모든, 각각, 몇몇 등)의 의미가 해석되지만 본질적으로 변형생성 문법은 통사적 체계이다.

촘스키는 그 후 언어의 통사적 측면을 보다 잘 설명하기 위하여 계속해서 새로운 문법 이론을 내놓았다. 그의 문법 이론은 다분히 형식적, 계산적인데, 과연 그러한 문법 이론이 심리적으로 실재성(psychological reality)이 있는가, 아니면 촘스키 등이 직관적으로 만들어낸 추상적인 것으로 실제 현상과는 거리가 있을 수 있지 않을까 하는 것이 언어 현상에 관심을 가진 초기 인지심리학자들의 관심이었다.

5) 촘스키 통사론의 심리적 실재성 검증

촘스키 통사론의 심리적 실재성을 살펴보자. 촘스키가 주장한 통사적 처리가 심리적으로 실재하여 언어처리 과정에서 실제로 일어나는가? 초기 연구에서는 지지 결과가 나왔다. 촘스키가 설명한 문법적 구성요소에 따라서 언어를 이해하는 참가자들이 다른 반응시간을 나타내는 실험 결과가 있었다. 예를 들면 다음과 같은 문장 ⑧을 제시하면서 *의 위치에 말소리 대신 '찰칵' 하는 소리를 들려주었다(@는 들려준 문장에 없었다).

⑧ That he * was * happy @ was evident from the way he smiled.

그런 후에 참가자들에게 찰칵 소리 위치를 보고하게 하였더니, 피험자들은 '*'의 위치가 아니라 '@'의 위치에서 찰칵 소리가 들렸다고 보고하였다. 이 문장의 주절과 종속절 사이에서 찰칵 소리가 들렸다고 보고하는 이 실험 결과는 음소복원 현상이라고 알려졌는데, 사람들이 문장을 처리할 때 문장의 구성성분 중심으로 처리한다는 것을 지지하는 결과이다. 다음의 문장 예들을 보자. 다음의 두 문장을 제시하고

⑨ Now that artists are working in oil prints are rare.
⑩ Now that artists are working fewer hours oil prints are rare.

참가자들에게 'oil' 이라는 단어가 문장에 있었는가라고 질문을 하면, ⑩의 문장에서 더 빠른 반응이 나왔다. 문장 ⑨에서는 그 단어가 앞 절에 속하고 촘스키의 문법구조에서 통사적으로 상위 수준의 구조에서 중심 역할을 하는 것이 아닌 반면, 문장 ⑩에서는 'oil' 이라는 단어가 뒤 구절에 주어로 통사적으로 포함되어 있어 촘스키의 문법구조에서 더 상위 수준의 역할을 하는 것이기 때문이라고 해석할 수 있다.

그러나 이후의 다른 심리학의 실험 연구에서는 촘스키의 문법 이론에 대한 반증 결과들이 나왔다. 촘스키의 심층구조나 변형규칙의 타당성, 심리적 실재성을 찾기는 어려웠고, 촘스키의 문법 이론에 제시된 변형규칙 없이도 통사적 규칙 설명이 가능하다

는 결과들이 나오기 시작하였다. 그 결과로 촘스키 자신의 이론도 변화하였다. 촘스키는 계속해서 언어처리에 있어서의 문법성, 통사적 특성을 강조했지만, 언어학자들 중에는 촘스키의 제자인데도 통사론이 아닌 의미구조를 강조한 사람들이 등장하였다.

이후 촘스키 이론은 또 수정되어 원리변수 이론이 제시되었다. 이전 이론보다는 상당히 단순화되었는데, 문장에는 어떤 구절의 구성요소로서 그 구절의 종류를 결정하는 핵 부분이 있고(예를 들면 명사구의 핵은 명사), 그 핵을 도와서 구절이 나타내려고 하는 바를 사물이나 행위로 명세화하여 정의하는 데 도움이 되는 참여자, 역할 수행자가 있다.

이 문법 이론에서는 핵의 모수치(변수값)가 중요한 개념의 하나인데, 이는 언어가 가능한 값 중의 어느 한 값을 갖게 하는 문법원리이다. 한 구절의 핵은 그 구절의 시작이나 끝이라는 두 값 중의 하나를 택한다는 원리를 생각해보자. 예를 들면 전치사구(국어의 경우에는 후치사구, 즉 prepositional, postpositional phrase)에서 영어에는 핵(pp의 p[preposition 또는 postposition])이 앞에 나오는데(예: 'on the table'에서 'on'이 나오는 경우), 한국어에서는 핵이 뒤에(예: 책상에) 놓여 있다. 모든 구(phrase)에는 핵(머리어, head)이 있고 그 위치가 있다는 것을 선천적으로 알고 태어

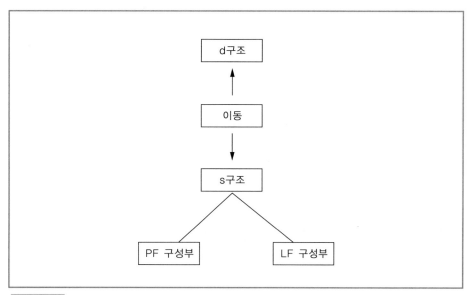

그림 11-3 촘스키의 원리변수 이론의 윤곽

난 다음에, 환경과의 상호작용 경험을 통하여 자신의 언어가 선핵 언어인지 후핵 언어인지 하는 변수값을 결정한다는 것이다. 가령 동사구(VP)의 경우, 영어에서는 생후에 경험을 통해 자신의 언어가 선핵 언어라는 것을 학습하여 핵의 하나인 동사(V)가 앞에 오는 형태로 변수값을 결정해 'V + 목적어'의 언어 표현을 하는 것이고, 우리나라에서는 아이가 태어난 후에 동사 전에 목적어(목적어 + V)를 놓아야 된다는 것을 학습하여 위치 변수를 설정한다. 기본적인 문법은 알고 태어나되, 환경에 따라 변수를 조절한다는 것이다.

이후에도 촘스키의 이론은 계속 수정, 보완되는데, 촘스키 이론에 대하여 잠정적으로 종합하면 다음과 같다. 그의 이론은 기호논리적 구조 중심으로 전개되었다. 그리고 통사 중심이어서 통사와 의미가 독립적이라고 보았다. 의미론은 거의 다루어지지 않았으며, 생득적 지식(언어규칙)을 강조하였다. 보편적 문법 지식이 있다고 설명하고, 변형규칙을 강조하여 그 요소가 이후의 문법 이론에도 계속 잔존하였으며, 문법의 요소들 사이에 이동하는 규칙이 강조되었다.

촘스키 이론은 계속 변화하였기 때문에 심리학자들이 그의 이론을 검증할 만하면 그는 새로운 이론을 내놓았다. 따라서 심리학자들은 극소수의 촘스키 학파 심리학자들을 제외하고는 촘스키 이론에서 점차 멀어져갔다. 심리학자들은 촘스키 이론이 타당한가, 그가 주장한 문법적 요소들과 지식이 과연 실재하며 언어 수행에서 그가 이야기한 대로의 통사적 역할을 하는가를 검증하기 위한 여러 경험적 실험을 했지만 실패하였다. 결론적으로 설명하면 촘스키 이론은 인지과학이라는 상위 패러다임 틀 수준에서 볼 때, 4장에서 설명한 것처럼 심리학을 행동주의 심리학에서 벗어나게 해준 공헌은 크지만, 그의 문법 이론 자체는 인지심리학에서는 크게 지지되지도 반영되지도 못하는 것이 현재의 상황이다.

그러면 언어학자들은 촘스키 이론에 어떻게 반응을 하였는가? 통사적 측면을 강조하는 촘스키의 전통의 범위를 벗어나지 않으면서 제시된 것의 하나가 어휘문법 이론이다. 필모어(C. J. Fillmore, 1968), 브레스넌(J. Bresnan, 1978) 등에 의하여 제시된 이 이론에 의하면, 어휘 항목 자체에 문장에서 그 어휘가 지니는 역할(예: 동사의 경우 행위자, 행위가 이루어지는 대상 등) 또는 기능에 대한 정보가 이미 들어가 있다. 예를 들면 '사다'라는 동사의 어휘 지식에는 누군가(행위자)가 무엇을 산다 하는 물건(행위의 대상)과 수단 등의 정보가 들어 있고, 시간과 장소에 의해 그 일이 일어나야 한다는 것까지 생각하게 되며, 따라서 어휘만을 보고도 문법을 알 수 있다는 점이다. 즉 한 문장의 단어들 사이에 있을 수 있는 관계성은 변형규칙에 의해서가 아니라 어휘집(lexicon) 정보로 명세화될 수 있다고 하는 문법 이론이다.

6) 언어 의미론

언어와 관련하여 기존의 언어학은 언어의 의미적 측면보다는 통사적 측면을 주로 다루어왔다. 이러한 경향에는 촘스키의 문법 이론의 영향이 상당히 있었다. 그러나 언어에서 통사론에 못지않게 중요한 측면이 의미적 측면이다. 언어의 동의성(synonymy)과 맥락의 문제를 한번 생각해보자. 예를 들면 "당신은 해고되었소."라는 언어 표현은 아무리 촘스키적 통사적 규칙을 적용하여 분석해도, 이 문장이 "당신은 책상을 이제 정리해야겠소." "당신은 이제 이 회사를 안 나와도 되겠소."와 동의적인 문장이라는 표상을 추출하기 힘들다. 세 문장들은 의미적, 화용론적으로 동일한 의미이다. 그러나 동일한 '심층구조'에 '상이한 변형규칙'을 적용하여 문장을 도출한다는 촘스키 식 통사론으로는 이 관계를 설명할 수 없는 의미적 속성을 위의 세 문장은 지닌다. 고로 의미이해를 통사론으로 모두 축소, 환원, 설명할 수는 없다. 언어를 이해하기 위해서는 통사적 지식을 넘어선 의미 지식이 필요해진다.

촘스키 이론의 전통에서 소홀히 대해왔지만 마음과 인지, 언어를 연결하려면 중요한 측면으로 고려해야 하는 언어의 의미에 대해서 언어학은 어떠한 입장들을 제시하였을까?

의미를 바라보는 몇 가지 견해들을 생각할 수 있다. 첫째는 의미는 무엇으로 이루어져 있는가 하는 문제로, 이는 어휘의미론(lexical semantics)의 문제이다. 다음은 단어의 의미들은 어떻게 조합되는가 하는 문제로, 이는 합성의미론(compositional semantics)의 문제이다. 세 번째는 의미에 대한 지식은 어느 정도까지 선천적인 생각에 의존하는가 하는 문제로, 이는 의미생득론의 문제(nativist question)이다. 네 번째는 의미와 통사구조에 대한 우리의 지식은 서로 어떤 관계인가 하는 문제이다.

의미의 문제를 다룬 과거의 언어학적 접근의 대표적인 예를 크게 셋으로 나누어볼 수 있다. 하나는 진리조건적 의미론 접근이고(Montague, 1974), 다른 하나는 개념 의미론적 접근이며(Jackendoff, 1992), 또 다른 하나는 언어학자 포코니에(G. Fauconnier), 레이코프(G. Lakoff), 랭가커(R. W. Langacker) 등의 인지문법적 접근이다(Whitney, 1999). 이 셋을 각기 살펴보자

① 진리-조건적 의미론(truth-conditional semantics): 이 접근은 순수 형식논리적 접근으로서 의미란 상징과 가능 세상(possible worlds)에 있는 대상 모형 사이의 관계라고 설명하는 입장이다. 개개 단어의 의미보다 표현의 의미에 관심이 있고, 지시(reference)와 의의(sense)를 구별한다. 지시란 언어적 단위인 단어가 나타내는 사물의 문제이며, 의의란 단어 의미 조합의 문제이다. 즉 Bedeutung(지시)과 Sinn(의의)의 차이이다. 낱말의 의미는 명제 속에서 그 낱말이 어떤 역할을 하고 있는가, 그 문장이 참임을 결정하는 데 어떤 기여를 하고 있는가에 따라 결정된다. 낱말만으로는 언어 사용의 기본적인 목적을 이룰 수 없다. 따라서 낱말의 의미는 언어 사용의 기본적인 단위인 문장의 맥락 속에서만 물어야 한다.

② 개념 의미론(conceptual semantics): 이 접근에 의하면 의미는 언어 상징과 심적 개념 사이의 관계이다. 의미는 상징과 세계 사이의 형식적이고 논리적인 관계가 아니라 언어 사용자의 마음속에 들어 있는 것이다. 개념에는 구조가 있는데 개념을 나타내는 어휘를 분해하면 한 개념이 의미자질(semantic features)의 합성된 집합임이 드러난다(예: 울새는 새 & 물체 & 알 낳고 & 가슴 털이 붉은색). 의미의 합성은 개념형성규칙에 의한다. 이 개념형성규칙과 추론규칙, 그리고 통사구조를 개념구조와 연결시키는 대응규칙에 의하여 개념의 의미가 종합된다고 본다. 이 접근은 의미를 논하고 있지만 촘스키의 통사 이론의 영향이 남아 있는 접근이다.

③ 인지문법(cognitive grammar): 언어의 규칙이 별도의 통사적 수준의 지식 없이 의미론적이거나 음운론적인 정보로 축소될 수 있다는 생각에 근거한 문법 이론이다(Langacker, 1987, 1991). 인지문법에서는 언어를 이해하는 사람이 그 언어 표현과 관련해 세상 상황에 대하여 형성한 표상인 심적 모형(mental model)의 중요성을 강조한다. 예를 들면 '책이 책상 위에 있다' 라는 문장을 이해하기 위해서 우리는 '위에' 라는 것이 상하의 관계에서 위라는 의미, 책과 책상이 접촉하고 있다는 의미, 책상이 책을 버티고 있다는 의미, 책이 책상보다 작다는 의미 등에 대하여 우리 마음속으로 상황, 세상 표상을 형성하여 이 문장을 이해한다는 것이다. 즉 '위에' 라는 개념에 대하여

우리 나름대로 이러한 이상화한 인지 모형(ICMs: idealized cognitive models; Lakoff, 1987b)을 형성하고 이를 적용하여 언어를 이해한다는 것이다. 여기에는 사물과의 상호작용에 대한 심상 도식(예: '위에'에 대한 심상 도식)이 관여된다.

7) 화용론과 언어 이해

언어 이해에는 통사적 규칙이나 일반 개념 의미 이외에도 명료한 의사소통을 가능하게 하는 다른 지식을 적용하여 이해 처리를 해야 한다. 언어 표현 그 자체 및 그 안에 내재된 생각 이외에도 말을 한 발화자나 글을 쓴 작가가 누구인가(who), 어디에서 말 표현이 이루어졌는가(where), 그리고 발화자의 목적과 의도(goals) 및 그 언어 표현을 수용하는 청자/독자의 특성(지식, 사회적 지위, 연령, 배경) 등에 대한 고려가 함께 이루어져 언어를 사용해야 언어 이해가 가능하다는 측면을 다루는 것이 화용론(pragmatics: 다른 사람과의 의사[의도] 소통을 초점으로 한 말의 사용)의 문제이다. 즉 사회적 상황이 어떻게 언어처리에 영향을 주는가에 초점을 맞춘 언어학 분야이다. 통사론이나 의미론이 낱개 단어나 문장에 초점을 맞추었다면, 화용론은 여러 문장들로 구성된 담화(덩이글말, discourse)를 그 분석 단위로 사용하는 것이 보통이다. 이러한 담화 수준에서 상대방의 의도 등을 이해하고 추론하기 위해서는 언어가 사용되는 많은 사회적 상황에 대한 지식들이 잘 조직화되어 있어야 한다. 지식이 잘 조직화된 도식, 즉 스키마로 저장되어 있고 이것이 언어 표현 이해 시에 가동되어야 한다. 일상의 대화나 전화 대화 시에 상대방의 말이 끝났는가를 알아채고 적절한 시점에서 말을 하는 것 등이 화용적 지식이 적용된 예이다.

지금까지 언어와 관련하여 주요 언어학적 접근의 내용들을 살펴보았다. 다음은 언어학과 인지심리학의 관계, 언어에 대한 인공지능 연구 및 신경과학적 연구를 다루어보겠다.

4. 언어심리학과 언어학

언어학과 언어심리학을 대비해서 봤을 때, 앞서 언급한 것처럼 언어학은 문법적 구조에 바탕을 두고 있는 규칙적 지식 능력을 강조한다. 촘스키는 언어 능력(competency)을 강조하였다. 우리가 언어를 사용할 수 있는 것은 우리 머릿속에 어떤 문법적 구조에 대한 지식, 문법적 구조가 규칙적으로 이루어진다는 지식이 있어 지식을 활용해서 언어를 이해하고 사용한다고 볼 수 있다. 그러한 능력을 촘스키는 언어 능력이라고 설명했고, 이것이 언어학의 중심 주제라고 설명하였다. 반면에 언어심리학은 언어의 실제 외현적 표출 행동이 수행 과정이라고 보고, 언어 수행(performance)이라고 이름 붙인 외현적 표출 행동, 수행을 강조하여 이를 탐구한다.

언어심리학과 언어학의 상호작용은 어떻게 이루어졌나? 초기 언어심리학은 심리학자 분트(W. Wundt)가 시작했다고 볼 수 있다. 분트는 1800년대 말에 심리학을 자연과학의 하나인 실험심리학으로 출발시킨 심리학자이다. 분트는 심적 사건을 자연과학적 방법과 절차를 사용해서 설명할 수 있다는 점을 보여주었는데, 그 당시에는 언어학이 심리학에 상당히 의존하였다고 볼 수 있다.

그 후 1920년대에 행동주의 심리학은 객관적인 행동을 연구하면서 언어 행동이라는 용어를 사용하였고, 언어 행동은 강화에 의해 일어난다고 보았다. 그리고 언어 행동도 자극과 반응으로 설명하였다. 행동주의의 영향을 받아서 언어학에서도 행동적 측면을 강조하였지만, 두 분야가 제대로 연결되지는 않았다.

1950년대 이후 촘스키의 영향으로 언어심리학이라는 분야가 생겨나기 시작하였다. 촘스키가 변형생성 문법이라는 새로운 언어학 이론을 제시하고 그의 영향이 심리학 내에서 퍼지자, 심리학자 밀러(G. A. Miller) 등에 의해 촘스키의 문법 이론이 심리적으로 실재하는가를 검증하는 연구가 진행되었다. 1960년대와 1970년대에 심리학에서는 촘스키의 언어학 이론과 언어 습득, 언어 획득에서 선천적 능력을 강조하였다. 그러나 1970년대 이후에는 촘스키의 언어학 이론을 검증하는 데 실패하고 언어학 이론에 대한 심리학적 흥미가 줄어들면서 심리학자들이 독자적으로 언어 이해 및 산출에 대한 이론을 세우고 실험적, 경험적 증거를 제시하는 경향이 생겼다. 그 이후에는 언어심리학이 여러 가지 실험 연구를 해서 언어 지각, 이해, 산출 등을 설명하는가 하면 이론과 경험적 증거를 내놓기도 하였다(이정모, 1998 ㄴ).

5. 인공지능과 언어학

1970년대에는 언어에 대한 다학문적 접근 경향이 강해져서 언어가 어떻게 습득되는 가 하는 발달생리학의 문제, 언어의 본질에 대한 철학의 문제, 언어 문법에 대한 언어 학의 문제, 언어가 인류 종에서 어떻게 형성·발달되는가 하는 인류학의 문제, 신경과 학의 문제, 인공지능의 문제 등이 언어와 관련해 연구되었다.

인공지능 분야에서는 언어를 인공지능의 기본 요소로 보았고, 형식화하는 전통이 강 해 언어 능력도 형식화하려는 경향이 강하였다. 처음에는 촘스키의 문법을 인공지능 시스템에 그대로 구현하려는 경향이 상당히 있었으나, 그 이후에는 언어를 어떻게 처 리하는가 하는 지식 활용에 관한 연구가 늘어났다. 인공지능 초기에 가장 성공적인 언 어 시뮬레이션 모형은 바이첸바움이라는 학자가 만든 ELIZA라는 언어 이해 프로그램 이다.[86] 이 프로그램은 내담자를 대상으로 상담하는 인간 상담자를 컴퓨터 시뮬레이션 하여 프로그램화한 것으로, 사람과 상당히 비슷하게 이야기를 전개하는 것을 볼 수 있 다. 이 프로그램이 과연 언어를 이해하느냐, 언어를 제대로 활용하느냐 등에 대해서 문 제점이 제기되자, 이후에 변형판 프로그램 PARRT, SHRDLU 등이 제시되었다. 초기 인공지능 프로그램들은 언어를 단순하고 상당히 제한적인 통사적 부분 중심으로 다루 었고 실제 인간의 언어처리, 이해처리와는 거리가 있었다.

그 이후 여러 인공지능 연구에서 언어 연구가 많이 진행되었는데, 인공지능 연구에 서 언어 연구는 가장 어려운 분야로 꼽히고 있다. 최근 인공지능의 언어 연구 중 유명 한 연구들을 살펴보면, 신경망 접근에 의해서 언어처리가 어떻게 되는가를 모델링하는 영역이 있다. 또한 자연어 처리에 관한 여러 가지 인공지능 시스템과 컴퓨터 모델링 연

---

[86] 이 연구 관련 내용은 http://www.chessbase.com/newsdetail.asp?newsid=3290 참조.

구들이 이루어졌다. 계산언어학이 생겨났고, 말뭉치의 연구와 사전 연구가 상당히 발전되어 컴퓨터의 여러 단어들의 의미와 단어들 사이의 관계가 일상생활에서 나타내는 사용빈도로 저장되는 컴퓨터 데이터베이스 연구도 이루어졌다. 번역기계 연구, 음성인식 시스템, 자문 시스템들도 많이 있다. 언어에 대한 인공지능 연구에서 중요한 것은 어휘 지식, 즉 낱개 단어를 어떻게 표상하는가, 문법 부분은 어떻게 생각하는가, 세상 지식은 어떻게 연결되고 언어 의미의 이해 추론은 어떻게 가능하게 하는가 하는 부분이다.

6. 말소리 지각

언어의 인공지능 시스템 구축 연구를 하면서 가장 흥미 있는 주제로 떠오른 것이 말소리 지각 현상의 문제이다. 실제로 우리가 말소리를 어떻게 이해하는가? 우리가 말소리를 지각한다는 것의 기본은 말소리를 음소로 분석하여 지각한다는 것인데, 이는 연속하여 들리는 말소리 자극에서 일정한 단위들을 소리 범주로 지각한다는 것이다. 그러한 과정이 과연 어떻게 일어나는 것일까?

소리는 공기압력의 진동인데, 공기압력의 변화가 인간의 고막을 기계적으로 진동시키고, 이러한 고막의 움직임이 몇 개의 작은 뼈를 움직여서 뼈에 연결된 내이의 기저막(basal membrane)을 움직인다. 기저막이 움직이면 이에 접촉되어 있는 작은 섬모가 달린 세포들이 자극되어 신경충격을 일으킨다. 그에 따라 신경신호가 발생하고 기저막의 어떤 부분이 움직이느냐에 따라서 다른 소리로 지각된다. 인간의 귀 내이의 기저막 끝 부분은 고빈도, 고주파(high frequency) 소리를 담당하고, 기저막의 시작 부분은 저빈도(low frequency) 소리를 담당한다. 어느 부분이 움직이는가에 의해(또는 신경 흥분 발생의 시간차에 의해) 서로 다른 높낮이의 소리 신경신호를 발생시킨다고 할 수 있다. 귀에서 일어나는 소리 정보처리는 소리의 시간적인 변화 특성, 소리의 주파수(빈도)를 분석하는 것이 중심이 된다. 소리의 본질은 기계적 에너지, 즉 공기 매질의 압력 변화에 지나지 않는데, 이러한 기계적 에너지가 몇 단계를 거쳐서 신경신호를 일으키게 된다.

bag의 'b', 'a', 'g' 소리를 따로 제시함. 이 3소리들 (발음, phones)을 합하면 'bag'로 들릴까? (b+a+g=bag?)

'b' 소리를 알아듣기 위해 다음 소리가 무엇인지 알아야 하고, 'a' 소리를 이해하기 위해서는 b, g 소리를 파악해야 하며, g는 b, a를 파악해야 함

bag의 'b' 소리를 알아듣기 위해서는 가, 나 범위의 소리를 파악해야 하고, 'a' 소리를 알아듣기 위해서는 가, 다 범위의 소리를 파악해야 한다.

그림 11-4 말소리의 범주 지각을 위한 처리 특성

실제로 말소리 정보를 시각적으로 변환하여 시간적, 공간적으로 말소리 신호의 형상을 보여주는 기계가 스펙트로그램이다. 이 기계는 음성을 마이크로 입력하여 전기적 신호로 전환하며 필터를 사용하여 말소리 파장의 주파수의 가시적 형상을 보여준다. 스펙트로그램으로 보여진 말소리는 몇 개의 밀집된 주파수 영역으로 이루어져 있다. 말소리의 형상에 따라 밀집된 주파수의 파장은 다르지만, 3 내지 4개의 밀집된 주파수 형상을 지닌다. 말소리의 주파수가 밀집된 형상으로 보여지는 파장의 영역을 포만트 (formant)라 한다. 스펙트로그램으로 들어온 말소리는 시간상으로 쪼개서 나눠 볼 수 있다. 즉 변화하는 부분과 변화하지 않는 부분을 나눠서 조작하여 소리를 제시할 수 있다.

말소리에서 아주 특이한 현상 중의 하나는 우리가 말소리 중 어떤 소리에 대하여 알아듣는 소리는 그 소리의 부분 소리 이상의 것이라는 점이다. 예를 들면 영어 단어 'bag'의 'b'의 발음부호가 [b]인데, b 소리를 알아듣기 위해서는 b 소리만 알아들으면 되는 것이 아니라 그전 및 다음 소리가 무엇인지도 알아들어야 한다. 낱개 발음만 파악해서는 단어를 지각할 수 없는 것이다. 인간은 말소리를 쉽게 인식하는데, 컴퓨터

에서 말소리 인식 프로그램을 만들기 어려운 이유가 바로 여기에 있다.

만약 들리는 소리와 입 모양이 맞지 않다면 어떻게 될까? 말하는 사람의 입 모양은 '가(ga)'인데 들리는 소리는 '바(ba)'라면 어떻게 지각할까? 이것을 심리학자들이 실험하였는데, 이 경우 피험자들은 '다(da)'라고 듣는다. 이 현상은 말 지각에서 청각정보와 시각정보를 통합하는 과정에서 일어나는 맥거크 효과(McGurk effect)라는 현상으로[87], 우리가 말소리를 지각할 때 그냥 소리만 듣지는 않으며 시각정보 등의 다른 정보처리를 하여 종합한다는 것을 보여준다.

그런데 이 통합이 어떻게 일어나는 것일까? 말소리 지각과 관련된 이론 중 운동 이론에 따르면, 맥거크 효과는 운동 형태가 말소리 지각과 관련이 있음을 보여준다. 반면 다른 이론에 의하면 말소리 지각에서 우선 시각정보와 청각정보가 따로 분석되고, 그 다음에 이들이 통합되어 말소리 지각이 이루어진다고 본다. 또한 말소리 지각은 특수한 것이며 단원적인가 하는 물음에 대하여 운동 이론은 그렇다고 보며 지각 자료 중심의 상향적인 설명을 지지하는 반면에, 다른 이론은 맥락이 단어 재인에 영향을 미친다는 비단원적, 하향적 설명을 지지한다. 그러면 말소리 지각은 그렇다고 하고, 언어 표

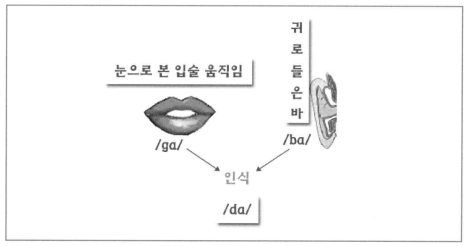

그림 11-5 맥거크 효과

---

87 이 현상에 대해서는 다음 사이트의 자료를 참고하기 바란다. http://mambo.ucsc.edu/index.html
http://mambo.ucsc.edu/demos.html; http://mambo.ucsc.edu/psl/lipr.html
http://www.media.uio.no/personer/arntm/McGurk_medium.mov

현의 다른 한 양식인 문자는 우리가 어떻게 지각하는가?

7. 시각적 단어(글자)의 인식

시각 자극 인식 일반은 시각을 다룬 9장에서 설명하였다. 여기에서는 시각 인식에 대한 일반적인 설명을 하려는 것이 아니라, 시각적 문자 자극에서 어떻게 우리가 단어 및 문장의 의미를 파악하는가를 다룰 것이다.

먼저 말소리 지각과 시각 글자 지각 사이의 차이를 보면, 인간은 말소리 지각이 매우 쉬운데 컴퓨터는 어렵다. 반면 필기체가 아닌 키보드 입력에 의한 글자 지각은 컴퓨터에게는 쉬운데, 인간에게는 쉽지 않은 경우(난독증 같은 것)가 있을 수 있다. 그런데 눈앞에 제시된 문자로 된 단어를 인식할 때, 인간은 그 단어의 시각적 정보처리를 하면 바로 그 자극의 의미정보를 기억에서 접근할 수 있는가, 아니면 그 자극의 소리 정보를 먼저 파악한 다음에 단어의 의미가 저장되어 있는 정보를 인출할 수 있는가? 예를 들면 '사과'라는 단어를 눈으로 읽었을 때 머릿속에서 사과의 의미가 바로 떠오르는가, 아니면 사과라는 단어를 눈으로 보고 '사과'라는 기억 속에 있는 '사과'의 발음을 확인한 후에 발음을 통해서 기억 속의 의미 저장고로 갈 것인가?

문자 자극 '사과'의 의미를 파악하려 할 때 두 가지 경로가 있다. 한 경로는 사과라는 단어를 보고 시각적으로 부호화한 후, 그것이 '사과'라는 단어라는 점을 파악하면 바로 머릿속에 있는 어휘사전으로 가서 의미를 파악한다. 다른 경로는 시각적으로 부호화하고 말소리 부호를 확인하는 절차가 있은 후에, 즉 사과의 발음을 파악한 뒤에야 머릿속 어휘사전으로 가서 단어의 의미를 파악한다.

첫 번째 경로는 직접 경로(direct route, 경로 1)이다. 눈에 보이는 문자 철자를 병렬적으로 처리하고 철자에서 바로 기억의 어휘집(어휘 사전) 표상으로 가서 단어의 의미를 인식하는 것이다. 두 번째 경로는 조립 경로(assembled route, 경로 2)라고 해서 그 글자가 소리를 어떻게 내는가를 파악하고 그 소리 정보에 기초하여 단어 의미를 파악하는 것이다. 철자나 철자 묶음(음절)을 병행적으로 처리하고 이 단위에 상응하는 말소리를 기억 저장고에서 찾아 이와 연합한 뒤, 이 소리들을 한데 묶어 (조립하여) 그 단어를 확인하여 그 단어의 정체, 의미를 파악하는 경로이다. 시각적 단어 인식에서 이두 경로 이론 중 어떤 것이 더 타당한가에 대하여 여러 입장의 이론들이 제기되었고 실험적 증거가 탐색되었는데, 실험 결과에 의하면 한국어, 중국어, 일본어는 경로 1의 비중이 높을 가능성이 크고, 영어와 같이 불규칙적 발음 단어가 많은 언어는 경로 2의 비중이 높을 가능성이 크다고 하겠다.

8. 언어 이해의 전체적 틀

말소리건 글자이건 언어 자극에 대한 지각적 수준의 처리가 끝나서 낱개 단위(주로 단어)의 정체 파악이 끝났다면, 다음에 제기되는 문제는 도대체 우리는 단어들이 조합되어 이루어내는 문장이나, 문장들이 조합되어 이루어내는 텍스트의 의미를 어떻게 이해할 수 있게 되는가 하는 문제이다.

말소리건 문자로 된 글이건 주어진 언어 자극을 이해하는 과정을 단계적으로 생각해보자. 단순한 과정이 아니라 복잡한 여러 인지 과정이 개입됨이 드러난다.

언어 자극이 주어지기 전에 우리는 어떤 상황에서 언어 자극이 주어지는가에 대한 상황 모델을 미리 형성하고 있는 것이 대부분이다. 강의 상황, TV시청 상황, 데이트 상황 등 그러한 상황 모델을 우리의 마음속에 형성하고 있는 상태에서 자극이 입력되면, 거기에서 말소리건 글자건 지각적 처리를 하여 주어진 자극 단어들이 무엇인지 형태소를 분석하고 단위별 정체를 파악한다. 그러한 분석을 통해 우리의 기억 속에 저장되어 있는 어휘사전에 접근하고 구문 분석하고 명제 분석을 하는 것이다. 단어들이 무엇을 지칭하는지 참조적인 문제를 해결하고, 일반 지식을 동원해 추론하고, 이것이 전체적으로 무엇을 의미하는가를 다시 추론하고, 기타 언어의 쓰임과 맥락을 추론하고, 어떤 상황에서 주어진 말인가의 모델을 추정하고, 전체적으로 통합된 표상을 형성하는 것이다. 이상의 과정들은 병렬적으로 여러 과정들이 한꺼번에 일어난다.

이러한 언어 이해와 산출 처리 과정에서 맥락이 중요하다. "중앙청이 어디에 있는가?"라고 뉴욕에서 물으면 "한국"이라고 답한다. 부산에서 물으면 "서울", 강남에서 물으면 "종로구"라고 답하고, 광화문에서 물으면 "저어기"라고 답할 것이다. 즉 맥락에 따라서 언어표현이 달라진다. 맥락의 개입이란 주어진 상황과 관련된 지식을 동원하여 추론한다는 것인데, 추론하려면 여러 상식적인 지식이 많이 필요하다. 언어를 이해하는 것은 여러 지식을 동원해서 추론하는 것이다.

예를 들어서 다음은 무엇에 대한 이야기일까?

"그는 수많은 좌절 끝에, 하사 받은 보석들을 전당포에 잡히고 자기 자신이 제기한 원의 이론의 타당성을 입증하기 위해 실제로 각종 기구를 동원하여 앞으로 나아가 폭동과 죽음의 위험을 무릅쓰고 물과 하늘만 대하면서 추진하여 원과 사각의 대립에서 원의 타당함과 재래식 신념의 부정확성을 증명하려고 결심하였으며, 대중의 조롱과 비판은 무식의 소치로 보고 간과하려고 하였다."

이것은 무슨 글인지, 무엇을 설명하는지 너무 추상적이고 이해할 수 없다. 그런데 이 글의 제목이 '콜럼버스의 탐험'이라고 하면 이해하기 쉽다. 바로 이것이 관련 지식을 동원해 맥락에 관한 추론이 일어남으로써 언어의 이해가 쉬워지는 현상인 것이다.

일반적으로 이해를 잘하는 사람은 언어 자극과 관련된 내용에 대한 지식을 많이 가지고 추론을 잘하며, 언어 자극 내용을 보다 더 잘 조직화할 수 있다. 주어진 조건에 따라서 바른 처리를 하고 자신의 이해 정도를 모니터링 한다. 반면 이해를 잘 못하는 사람은 글과 관련된 지식, 언어 관련 지식이 부족하고, 관련 지식을 어떻게 탐색하고 인출해야 할지 모른다. 그래서 지식이 더욱 적어진다. 즉 자신이 무엇을 모르는지도 모르는 사람이라고 볼 수 있다. 언어 이해에서 말이나 글을 표현하는 사람과 그것을 듣거나 읽어서 이해하는 사람 사이에 있을 수 있는 여러 과정 요소들, 지식 요소들을 〈그림 11-6〉에 제시하였다(이정모, 1989). 이 그림은 언어를 이해한다는 것에 얼마나 많은 지식이 동원되는가를 보여준다.

다음에는 글이나 말의 이해 원리를 요약해보겠다.

현실의 사회 - 문화적 맥락 내에서

그림 11-6 언어 이해를 위하여 동원되는 지식과 이해 과정 모형

   말이나 글을 이해한다는 것은 말, 글 자체에 의미가 있는 것이 아니라 말, 글에 대한 이해자의 해석이고 구성이다. 이해자의 지식 없이는 불가능하고 이해자의 추론이 꼭 필요하다. 언어 자극은 그 자체가 의미를 가지는 것이 아니라 이해자가 어떤 지식을 인출할 것인가 하는 단서나 프로그램에 지나지 않는다. 말, 글을 이해한다는 것은 촘스키 등의 언어 단원론에서 주장하는 것처럼 언어 이해 능력이 별도로 있다기보다는, 일반 인지 능력의 특수한 능력 중 하나라고 볼 수 있다. 그리고 말, 글을 이해한다는 것은 처음 완전한 이해를 한다고 하기보다는 처음 이해한 내용에서 계속 수정해가며 이해하는 것이라고 말할 수 있다. 따라서 어떤 상황에서 그러한 언어 표현이 이루어졌는지를 파악하는 것이 중요하다. 저자의 심적인 모델과 이해자가 이해한 심적 모델을 대응시켜서 접근해가는 과정이다. 항상 정확한 이해는 어렵고 대체적인 이해에 가까운 이해를 한다고 볼 수 있다. 언어 이해는 복잡한 정보처리와 관련되어 있다. 지식과 이해도 빈익빈 부익부 원리를 따른다.

9. 언어의 습득 과정

어린아이의 언어 발달 단계를 단순화하여 보면 옹알이 시기, 한 단어 시기, 두 단어 시기, 문장 시기의 네 단계가 있다. 나이가 들어가면서 점차 복잡한 형태로 언어를 습득하며, 언어의 구조와 규칙을 습득해서 그것을 사용하는 것이라고 볼 수 있다.

언어 습득에 관한 이론들을 보면, 행동주의 심리학에서는 언어는 어떻게 습득되는지를 조건형성으로 설명한다. 엄마, 아빠의 언어 표현을 모방과 강화에 의하여 습득한다고 설명하는 것이다. 그러나 언어 습득 과정을 조건형성으로 설명하기는 곤란하다는 증거들이 있다. 언어에는 창조성이 있다. 엄마, 아빠가 설명한 것 이상의 말 표현, 들었거나 경험을 통하여 학습한 적이 없는 말을 어린아이가 한다. 엄마, 아빠가 가르쳐주지 않은, 틀리다고 고쳐주지 않은 표현을 하기도 한다. 모방과 반응 강화의 행동주의 이론으로 설명하기 곤란한 현상들이다.

행동주의 이론과는 반대로 촘스키 등이 주장한, 언어 습득 능력을 생득적으로 갖고 태어난다는 입장이 있다. 우리는 태어날 때부터 백지장으로 태어나는 것이 아니라 언어를 어떻게 조합할 것인가 하는 언어습득장치(LAD: language acquisition device)를 갖고 태어나며, 이러한 장치의 작동이 환경과의 경험을 통하여 전개된다고 볼 수 있다. 이러한 장치에 의하여 인간 언어의 창조성, 생산성과 신속한 언어 획득이 설명 가능하다는 것이 촘스키 등의 주장이다. 실제로 아이마스(1971) 등은 영아에서 음소범주 지각이 일어남을 보고하였는데, 이는 언어습득장치가 생득적으로 존재함을 지지하는 증거로 해석된다. 영어를 사용하는 문화권에서 나타나는 과잉규칙화 현상도 언어습득장치 이론을 지지하는 증거이다. 영어권에서 아이들이 동사의 과거 형태에는 '-ed'를 첨가한다는 규칙을 과잉 적용하여 'goed' 같은 틀린 표현을 쓰는 것이 그 예이다. 핑커(S. Pinker, 1994)는 이러한 언어 능력을 언어 본능이라고까지 표현하였다.

그러나 언어를 습득한다는 것은 환경에 의해서 완전히 결정되는 것도, 선천적으로 결정되는 것도 아니라고 결론 내릴 수 있는데, 그런 것을 살펴볼 수 있는 것이 야생 아이의 예이다. 『정글북』에 나오는 모글리처럼 야생 상황에서 자란 아이가 5세까지 언어를 배우지 못하였다. 그러나 6세 이후에 인간 세계로 들어와서는 어느 정도 배우게 되었다. 그런데 제니라는 다른 아이는 14세까지 언어를 제대로 듣지 못해서 배우지 못했는데, 언어를 가르치자 어휘는 배울 수 있었지만 문법은 습득하지 못하였다.

실어증의 연구를 보면 11세 이전에 뇌 손상이 생기면 100% 언어 기능이 회복되지만, 11세 이후에 뇌 손상이 생기면 60%만 회복된다. 언어를 습득하는 민감한 결정적 시기가 있다. 적절한 시기에 언어 환경이 제공될 때, 선천적으로 갖고 태어난 언어습득 장치가 환경과 상호작용하여 언어 습득 능력이 생긴다.

언어 습득 과정에서 언어와 인지의 독립성: 언어 능력은 제대로 되는데 인지 능력이 없는가 하면, 언어 능력은 없는데 인지 능력은 있는 경우가 있다. 인지 능력은 있고 언어 능력이 없는 경우는 특수언어장애(SLI)라고 하며, 유전적으로 이런 특성을 가지고 태어나는 경우가 있다. 반대로 인지 능력(논리적 추론 등)은 문제가 있고, 언어 능력은 괜찮은 경우인 윌리엄스 증후군이 있다. 이러한 사례는 언어 능력과 인지 능력은 중복되는 것이 아니라 독립적(해리)이라는 점을 나타낸다. 언어 기능과 인지 기능이 서로 독립적으로 작용하는 증상들, 즉 해리 현상의 예를 표로 나타내면 〈표 11-1〉과 같다.

표 11-1 인지 능력과 언어 능력의 해리 증후군

• 정신지체가 있는 사람들의 언어 기능의 예

예	IQ		
다운증후군 레베카 6세	57	정상적이나 지체된 언어 발달 (3세 수준), 혼합적인 증거	정신지체가 다운증후군에서 문법 습득에 중요한 장애가 되는 것은 아님
수다쟁이 증후군 D. H. 청년	44	말하기 능력은 정상 다른 인지 능력은 5세 수준	인지 능력과 언어 능력의 해리를 보임
윌리엄스 증후군 벤 16세	54	언어 능력은 정상 논리적 추론, 시공간적 능력에 특히 문제	인지 능력과 언어 능력의 해리를 보임

언어 습득과 관련하여 언어 유전자 논쟁이 전개되었다. 바르가-카데메(Vargha-Khademet 외, 1995)는 3대에 걸친 한 가계에서 말하기와 언어 이해에 이상이 있는 가족이 FOXP2 유전자에 이상이 있음을 발견하였다.[88] FOXP2 유전자는 뇌, 폐, 내장 섬유의 발달에 관여하는 유전자이지만 신경가소성, 운동 등의 기능 발달에도 관여하는

것으로 보고되고 있다. 코발리스(Corbalis, 2004)는 FOXP2는 아마 돌연변이를 일으키면서 말의 발성 담당 부위인 브로카 영역의 이용과 관련이 있을지 모른다는 추측을 제시하였다. 이러한 논의로 인하여 '언어 유전자'라는 것이 있다는 논의가 많이 전개되었다.

그렇기는 하지만 이 유전자는 언어와 관련된 많은 유전자 중의 하나이며, 언어 능력이란 상당히 여러 기능이 관련된 복잡한 능력이기에 단 하나의 유전자에 의하여 언어 능력이 결정될 것이라는 단순화된 관점에 대하여 학자들은 비판적이다. 핑커는 인간의 진화 단계에서 FOXP2 유전자가 입-얼굴(oro-facial) 운동과 관련된 기능을 담당하는 것으로, 따라서 언어의 발달에 결정적인 역할을 하였을 수도 있다는 가능성을 제기하였다. 그러나 다른 학자들의 입장은 이 유전자가 언어 관련 다른 운동 능력이나 이차적 능력 발달에 관여되어 있을 수도 있다는 입장을 전개하고 있다. 언어가 어느 한 인지적, 심적 기능에 의하여 발휘되는 것이 아니라 여러 인지 기능을 가동시켜서 환경과 상호작용하며 또 정서 과정도 개입되는 등의 복잡한 현상이라면, FOX2 유전자를 언어 능력을 결정하는 언어 유전자로 단정하려는 성급한 결론은 과학적 지지가 없는 과도한 일반화일 수 있다.

10. 언어와 뇌

언어와 뇌의 관계에 대해서는 이전에 7장에서도 일부분 다루어졌지만, 이전과는 조금 다른 측면에서 언어 기능의 신경적 기초, 즉 뇌의 역할에 대하여 약술하겠다.

7장에서 이미 언급된 것처럼 언어 기능 담당 뇌 부위의 대표적인 영역으로는 브로카

---

88 "Abnormalities of FOXP2, a gene which ⋯⋯ have been associated with speech and language impairment in three families; in one patient with a chromosomal translocation involving the 7q31.2 region, and in two multiplex families with FOXP2 point mutations which segregate with a severe speech and language disorder⋯⋯."

영역과 베르니케 영역 등이 있다. 이 영역들의 기능은 주로 뇌 손상 환자들에서 나타나는 뇌 손상에 의한 언어 기능 이상을 살펴본 실어증(aphasia) 사례에서 탐구되었다. 실어증에는 여러 유형이 있다. 대표적으로는 언어 산출 장애가 있는 브로카 실어증(Broca's aphasia), 언어 이해 장애가 있는 베르니케 실어증(Wernicke's aphasia), 말을 듣고 따라 말하는 데 장애가 있는 전도 실어증(conduction aphasia), 물건의 명칭을 말하는 데 장애가 있는 명칭 실어증(anomic aphasia)이 있다. 브로카 실어증을 일으키는 뇌의 영역은 브로카 영역으로 불리는 곳으로, 좌반구 하부 전두회(inferior frontal gyrus)에 있고 언어 산출을 담당한다. 베르니케 실어증을 일으키는 영역은 좌반구 상부 측두회(superior temporal gyrus)에 있고 언어 이해를 담당한다. 이 두 영역을 흔히 언어중추라고 부른다. 브로카 영역과 베르니케 영역 자체에는 손상이 없지만, 이 두 영역이 연결되는 부위에 손상이 있으면 전도 실어증이 발생한다. 명칭 실어증은 특정한 영역이 관련되기보다는 좌반구의 어떤 영역의 손상으로도 발생할 수 있다.

그림 11-7 언어처리 유형별 담당 뇌 부위

언어의 신경적 기초를 논함에 있어서 뇌의 좌반구는 언어 담당인 데 반하여 우반구는 언어 기능이 없고 공간 담당 기능만을 담당한다는 식으로 이분법적으로 단순화하여 생각하는 것은 실제의 연구결과와 부합되지 않는다. 언어처리에서 브로카 영역과 베르니케 영역이라는 언어중추 부위만 작동하는 것이라고 생각하기 쉽지만 그렇지 않다. 말 지각, 이해 및 산출, 그리고 글 이해 및 산출, 수화의 이해 및 산출의 신경적 기초를 살펴보면, 전통적으로 언어중추라고 간주되어온 브로카 영역 및 베르니케 영역 이외의 다른 좌반구, 우반구 영역들도 언어 정보처리에 관여한다. 따라서 뇌의 여러 부분들이 언어 이해와 산출에 협동적으로 관여한다고 할 수 있다.

언어 관련 실험에서 얻어진 125개의 뇌영상을 종합하여 메타분석한 연구결과에 의하면(Vigneau 외, 2006), 뇌에서 700여 개 이상의 부위가 서로 연결되어 수렴적으로 언어 관련 정보처리를 한다. 9장에서 기술한 시각 정보처리의 경우에는 뇌 부위별로 담당 시각 정보처리 기능이 비교적 달리 특화되어 있다고 할 수 있다. 그러나 언어 관련 뇌는 마치 인터넷처럼 그 기능이 분산적으로 연결망을 형성하여 많은 부위들이 관여되어 있는 것 같다. 또한 좀 더 감각 관련 부위인 피질의 뒤쪽 부분과 좀 더 운동 관련 부위인 피질의 앞쪽 부위가 항상 상호 연결되어 작동하는 것 같다.

뇌의 좌반구와 우반구의 차이에 초점을 두어 이야기한다고 해도 언어 자극 입력 처리와 관련하여 뇌의 좌우 반구가 모두 작용하는 것 같다. 좌반구는 그냥 보통 언어의 일상적 의미 처리를 주로 하고, 우반구는 다소 복잡한 맥락적 의미를 지닌 언어 표현인 농담, 유머, 반어법 등을 처리하는 데 관여한다. 언어 산출 처리에서는, 아직은 그 원인이 잘 이해되고 있지는 않지만, 말을 계획하고 통제하여 산출하는 것은 90% 이상 좌측 뇌가 관여하는 것 같다. 좌반구의 하전전두엽(L-IFG) 영역이 말의 계획과 산출에 관여하는 주 부위라고 할 수 있다. 이 부위에서 말과 관련된 여러 특성들이 수렴, 통합되어 운동 담당 영역으로 전해진다고 할 수 있다(Hagoort, 2005).

좌반구 내에서도 브로카 영역 등 앞쪽의 영역들은 뒤쪽 영역들보다 통사 처리에 더 관여하고, 단어의 음운과 의미의 인출에도 관여한다. 이에 반하여 베로니케 영역 등의 뒤쪽 영역들은 음운 처리에도 관여하지만 의미 처리에 더 관여하는 것 같다(Banich, 2006). 생소한 언어 자극이 제시되면 베르니케 영역이 주로 가동되고, 친숙한 언어 자극이 제시되면 좌반구의 앞쪽 부위가 활성화되기도 한다. 좌반구의 하전전두엽 영역은 무엇을 언어적으로 묘사하는 데 적합한 단어를 기억에서 찾아 접근하는 기능과 관여된다고 볼 수 있다. 언어 자극이 청각적으로 제시되건 시각적으로 제시되건, 음운 분석과 관여된 처리에는 좌반구의 중후측(middle posterior) 측두엽이 활성화된다.

언어에 대한 인지과학적 중심 물음의 하나는 통사적 정보처리와 의미적 정보처리가 촘스키가 주장한 것처럼 서로 독립적인 단원으로 작용하는가 하는 문제였는데, 통사적 구조를 파괴한 문장을 제시하며 ERP 등을 사용한 연구결과에 의하면 통사와 의미 정보의 뇌의 전기적 파장이 다른 형태를 나타낸다는 것이 발견되었다. 이는 통사 정보와 의미 정보가 뇌에서 독립적으로 처리될 가능성을 시사하는 것이다. 기타 언어의 통사적 처리, 의미적 처리, 화용적 처리 등의 신경적 기초에 관한 자세한 논의는 브라운과 하구르트(Brown & Hagoort, 1999)의 책 등에 기술되어 있다.

뇌 손상으로 인한 언어 기능의 대표적 증후를 보이는 실어증 환자들의 언어 기능 이상의 원인이 언어 정보처리 과정의 이상일 수도 있고, 아니면 언어 정보 표상 자체의 이상이 원인일 수도 있다. 실어증의 원인이 표상의 이상인가, 아니면 언어 정보(특히 어휘)의 통합적 정보처리 과정에서의 이상인가를 알기 위한 연구가 ERP(사건관련전위 기법)을 사용하여 진행되었다(Swaab, Brown, Hagoort, 1998). 문장을 제시하면서 마지막 단어가 앞의 내용과 상응하거나 맞지 않는 문장 자극을 제시한 이 연구결과에 의하면, 언어 이해에 문제가 있는 실어증 환자들은 ERP 반응에서 N400의 반응이 정상인보다 지연되어 나타났고 반응의 크기도 적었다. 이러한 결과는 언어 이해의 실어증의 원인이 단어 표상 자체의 이상이라기보다는 이 어휘들의 정보를 통합하는 정보처리 과정상의 문제임을 시사한다.

실어증 이외의 언어 이상 증후로는 쓰기를 하지 못하는 실서증(agraphia)과 글자를 읽지 못하는 실독증(alexia)이 있다. 또한 후천적으로 발생한 실독증이 아니라 발달상 글자 읽기에 어려움이 있는 경우를 특히 난독증(dyslexia)이라 한다(실독증과 난독증의 구분은 관행상 주로 후천적인 장애는 실독증으로, 발달상 글자를 잘 못 읽는 경우는 난독증으로 부르기도 하지만 실독증은 완전한 장애를, 난독증은 어려움을 나타낸다).

7절에서 언급된 단어의 의미 접근의 두 경로와 관련하여 뇌 손상 연구가 중요한 시사를 제시한다. 뇌가 손상되어 실독증이 생긴 환자들 중 글자에서 바로 의미를 접근하는 직접경로는 손상이 되었으나 음운 조합을 통하여 의미를 접근하는 조합(음운)경로는 정상적인 표층성 실독증(surface alexia)의 경우가 있는가 하면, 그 반대로 조합경로는 손상되었지만 직접경로는 정상인 음운 실독증(phonological alexia)의 사례도 있어,

언어 자극의 의미 정보처리에서 2개의 경로가 가동될 수 있음을 지지하고 있다.

뇌와 관련하여 다음으로 제기할 수 있는 다른 물음은 언어 진화의 물음이다. 동물은 인간과 같은 언어가 없는데 인간의 언어와 비슷한 기능을 가지는가? 자연적으로 진화되었는가? 인간의 뇌의 크기가 갑자기 변화하자마자 언어가 생겨났는가? 도구를 사용하느라고 손을 사용하여 좌우반구 기능 차이가 나타나게 되어 언어들이 생겨났는가? 언어는 원래 손동작과 제스처였는가, 아니면 그냥 진화했는가? 이러한 진화적 물음은 다음의 11절의 〈심층분석 11-1〉과 13장 17절에서 설명하겠다.

11. 동물 언어

동물도 언어가 가능한가? 언어 습득에 관심 있는 학자들이 침팬지, 고릴라, 원숭이에게 언어를 가르쳐서 동물도 언어가 가능한지 연구한 사례들이 있다. 주로 침팬지를 중심으로 연구되었는데, 연구결과에 의하면 침팬지 비키(Vicki)는 세 단어 생성이 가능하였고(Hayes, 1962), 워슈(Washoe)는 미국 수화 700단위 정도를 학습하여 이의 조합이 가능하였으며(Gardner 외, 1962), 새라(Sarah)는 플라스틱 칩으로 의사소통이 가능하였다(Premack, 1972). 그러나 침팬지들의 표현에는 인간 언어의 생산성, 반복성, 순환성 등이 잘 나타나지 않고 단순 모방의 경향만 있었다. 새라는 언어 정보의 표상은 가능하였으나 통사를 습득하지는 못하였다. 이후에 연구대상이 된 칸지(Kanzi)는 어휘가 많고 능동성, 어순, 자의적 상징 등을 보였다(Savage-Rumbaugh, 1986). 워슈는 다른 침팬지와 서로 신호하고 고양이, 장난감, 나무에게도 신호를 보냈는데, 신호하는 기술이 마치 인간의 말의 발달 단계처럼 단계적 발달을 거쳤고, 사람이 없어도 자기들끼리 신호를 보내며 의사소통하였다. 또 입양한 새끼인 루이스(Loulis)는 따로 사람이 가르쳐주지 않았는데도 한 살 즈음에 50개의 신호를 학습하였다.

유명한 언어학자 촘스키에게서 따온 이름을 지닌 침팬지 님(NIM[NIMSKY])은 컬럼비아 대학에서 테러스(H. S. Terrace) 교수를 중심으로 연구되었는데, 이들은 침팬지 언어 연구에 더 엄밀한 방법을 사용하고, 동물행동심리학 연구의 주요 방법이었던 '행동실험분석' 방법을 사용하였다. 연구의 초점은 언어 신호들을 달리 배열한 것에 대하여 침팬지가 다른 반응을 보이는가를 연구하는 것이었다. 그 결과 4년 후에 님이 125개의 신호를 학습하였지만, 그리고 훈련자의 수화 신호를 모사하여 반복하는 것은 가능하였지만, 연구자들이 언어라고 생각할 만한 것을 보여주지는 못하였다. 님의 가장 긴 수화 표현은 "Give orange me give eat orange me eat orange give me eat orange give me you."라는 의미의 신호였을 뿐이다. 이러한 결과를 바탕으로 하여 테러스 교수와 그의 동료들은 침팬지가 인간 문법과 같은 수준의 의미 있는 연속적(sequence) 언어 행동은 보이지 못한다고 결론지었다.

동물 언어 학습에 대한 다른 연구들이 계속되었고, 이러한 연구의 결과로 결론지을 수 있는 것은 동물들이 의사소통의 상징을 사용하고 조합한다고 해도 인간 언어의 주 특징은 보이지 못한다는 것이다. 인간 언어는 타 동물과는 다른 특성을 지니고 있으며, 진화적 연속선의 특징이 나타나지만 동물에게는 없는 특징이 나타나는 불연속성의 측면도 있음을 인정해야 한다.[89]

심층분석 11-1 | 언어의 진화적 뿌리

아기는 점차 커가면서 복잡한 언어를 이해하고 말하고 쓰기까지 한다. 심지어는 몇 개 국어를 유창하게 하는 사람도 있다. 그렇지만 동물의 경우, 사람처럼 다양한 표현의 말을 하거나 복잡한 문법을 사용하여 말을 하지 못한다. 동물 중에서 영리하다고 하는 침팬지에게 인간과 같은 문화 환경을 계속 제공한다고 하더라도, 동물이 인간과 같은 언어를 사용하는 것을 기대하기는 불가능할 것 같다.

---

89 동물들이 학습한 언어 신호 총 개수: (3세의 농아가 학습한 언어 표현 개수 132개에 비교하여) ⇒ 님 = 125/ 워쇼 =133/ 루이스 = 707/ 새라 = 130/ 코코(Koko) = 224
앵무새 알렉스(Alex)의 말 학습 : 비디오: http://www.pbs.org/saf/1201/video/watchonline.htm
내용: http://www.pbs.org/saf/1201/segments/1201-3.htm 연구자 페퍼버그(I. Pepperberg) 박사와의 대담: http://www.edge.org/3rd_culture/pepperberg03/pepperberg_index.html
알렉스의 언어 반응 프로토콜 목록: http://ifmud.port4000.com/alex/logs/memory.html

도대체 왜 이러한 차이가 있을까? 인간의 언어 능력은 어떻게 생겨났을까? 언어는 인간의 일상적 삶의 기본 수단이며, 형식이요, 바탕이다. 이러한 언어가 인간에게 어떻게 생겨났는가를 이해한다는 것은 인간의 본성, 인지적 능력을 이해하기 위한 가장 중요한 일이다. 언어가 인간에게서 어떻게 생겨났는가 하는 물음에 대한 과학적 연구는 인간의 인지적 능력의 진화에 대한 연구를 중심으로 이루어졌고, 여러 가지 경험적 연구결과와 이론들이 있다.

발성기관에 대한 연구에 의하면, 인간의 발성기관인 후두는 아이가 태어날 때에는 다른 동물과 같이 상당히 위쪽에 있다가 18개월 이후 커가면서 14세까지 아래쪽으로 내려간다. 후두가 목구멍보다 아래쪽에 있기 때문에 인간은 다른 동물과는 달리 광범위한 소리를 발성할 수 있게 된다. 인간의 귀도 인간이 말소리를 해독하기에 가장 이상적인 형태로 설계되어 있다. 어린아이들은 언어를 아주 빠르게 습득하는데, 부모나 주변에서는 규칙을 가르쳐주거나 모든 형태의 문장을 들려주지 않고 보통의 일반 문장 중심으로 들려준다. 그럼에도 불구하고 아동들은 문법규칙을 습득하고 추론하며 이를 자동적으로 적용하여 다양한 표현의 언어를 구사한다. 그러니까 언어 능력은 후천적으로 습득한다기보다 생득적으로 주어진 것이라고 할 수 있다는 주장이다.

언어는 어떠한 진화적 뿌리에서 생겨났는가에 대하여, 언어 능력의 생득설을 주장하는 사람들이 지지하는 이론이 있다. 바로 뇌 크기 이론이다. 인간이 진화하면서 환경에 적응하다가 어느 시점에서 뇌가 점차 커지게 되고 그에 따라 지능도 크게 발달하여 그로 인한 우연적 부산물로 언어가 생겨났을 것이라는 입장으로, 촘스키를 비롯한 일부 학자들이 주장하고 있다. 이러한 입장에서는 진화론의 기본 메커니즘인 자연선택 과정은 언어 출현에 개입되지 않았다고 본다.

그러나 이러한 입장을 전개하기에는 생각해봐야 할 여러 가지 문제점들이 있다. 7장 13절에서 언급한 바와 같이 뇌의 크기로만 따진다면 인간의 뇌는 동물 중 가장 큰 뇌가 아니다. 신체 대 뇌의 비율로 따져도 인간의 뇌가 가장 높은 것은 아니다. 따라서 뇌의 크기나 신체-뇌의 비율에 의해 진화 과정에서 자연적 부산물로 언어가 나타난 것은 아니라고 추론할 수 있다.

또 인간의 언어가 뇌와 지능의 발달에 따라 얻어진 부산물이라면, 언어 능력과 뇌의 상태 그리고 지능의 상태는 상관관계가 높아야 한다. 그런데 뇌 손상이 없고 다른 지능도 정상인데 유독 언어 기능만 유전적 이유로 이상이 있어서 언어 이해나 표현을 제대로 못하는 경우가 있다.

한편 진화론을 지지하는 입장도 있다. 언어가 진화 과정에서 뇌의 크기의 증가에 의해 우연적으로 발생했다는 입장을 취하기보다는 자연선택의 과정에 의하여 생겨났다고 보는 입장이다. 이 입장을 가장 강력히 제기한 사람이 하버드대 심리학자 핑커 등(Pinker, 1994; Pinker & Bloom, 1990)이라고 할 수 있다. 자연선택이라는 진화 기작에 의하여 인간이나 동물이 지니고 있는 특징을 보면 동물의 눈이나 새의 날개 모두 특정한 기능을 담당하도록 설계되어 있는데, 인간의 언어도 그러한 진화적 설계의 특징을 지니고 있다고 볼 수 있다는 것이다.

다른 진화론적 이론으로는 언어가 손동작에서 기원하였다는 운동 이론이 있다. 언어기능이란 본래부터 언어 고유의 능력을 지니게 된 것이 아니라, 영장류의 뇌에서 운동통제를 담당하던 체계가 여러 단계의 진화적 수정을 통하여 언어로 발전하게 되었다는 것이다. 영장류의 손잡이 관련 연구들에 의하면, 동물들은 손을 뻗칠 때는 왼손을 선호하고, 사물을 조작할 때는 오른손을 선호하는 경향이 나타난다. 따라서 동물들은 왼손의 기능이 먼저 발달하고 오른손 기능이 뒤이어 발달하였을것이라고 본다. 왼손이 음식에 닿을 수 있으므로 오른손은 몸의 안정을 유지시키는 데 사용되었을 것이라는 해석으로, 오른손의 기능을 담당하는 좌측 뇌의 발달이 결국은 언어 능력의 발달로 이어졌다는 이론이다.

이 이론의 연장선상에 있는 것이 제스처 이론이다. 손동작에서 제스처로 이어지고, 제스처에서 언어가 발달하였다는 이론이다. 200만 년 전에 직립 인간이 출현하면서 몸의 지탱 등의 기능을 하던 손이 그러한 기능에서 해방되었고, 이를 통하여 손이 의사소통적 제스처와 도구 조작을 담당하는 기능을 갖게 되었으며, 다시 이것이 진화하면서 말이 출현함에 따라 손동작은 제스처의 기능에서 해방되었다고 보는 것이다. 이에 따라 인간은 진화 과정에서 이러한 손 운동을 지배하는 단일 중추가 필요하였고, 이 중추가 좌반구에 자리잡게 되었으며, 좌반구는 오른손과 오른쪽 몸을 지배하면서 계열적인 몸동작을 제어하는 기능을 발달시켰을 것이라는 입장이다. 이러한 계열적 몸동작 제어가 입과 발성기관에까지 확산되었고, 그에 따라 좌반구의 언어 담당 기능이 특수화되었을 것이라는 견해이다.

좌측 뇌의 문법생성조합 기능의 특성화가 왼손보다 오른손을 사용하는 것을 더 용이하게 하였을 것이며, 도구를 사용하고 조합하여 만들고 하는 과정에서 손 기술이 발달하고 그 과정에서 왼손과 오른손 사이의 기능의 비대칭성이 심화되었을 것이다. 오른손으로 도구를 사용하는 행위는 그 행위를 타인에게 전달할 의사소통 요구를 발생시켰을 것이고, 그에 따라 좌뇌의 언어 기능이 발달하였을 것이다. 어린아이의 초창기 말이 바로 이러한 행위 중심의 짤막한 표현임은, 이러한 손동작 관련 행위의 의사소통 필요성에 의해 좌뇌에서 언어 기능이 발달되었을 가능성을 지지해준다.

언어가 어떻게 진화하게 되었는가에 대한 또 다른 한 입장은 문화적 관점이다. 이 입장에서는 현대 인간의 인지를 사회적, 문화적 전달의 산물이라고 본다. 즉 인간의 언어란 인류가 사회적 기술을 발달시킨 이후에 진화되었다고 보는 것이다. 이 인지 기술이란 일차적으로 다른 사람의 의도적 마음에 대한 이해에서 출발하는 것이며, 이는 서로 상대방과 공동으로 주의하는 것에 바탕하고, 서로의 의사소통적 의도를 이해하고, 상대방이 자기에게 한 것(말 포함)을 역할을 바꾸어서 다시 상대방에게 모방하여 행하는 과정에서 간주관적 의사소통적 언어 기호가 출현하였다고 본다.

이러한 관점에서는 언어의 출현이 손동작이라는 '운동'에 바탕하였다기보다는 상대방의 마음, 생각이 어떨 것이라는 추측이 그 사람의 마음에 대한 나의 생각, 하나의 추측적 모형(이것은 그 사람의 마음 특성에 대한 일종의 나의 이론이다. 그렇기에 이러한 방식으로 생각하는 것을 심리학과 인지과학에서는 '마음 이론[TOM: Theory of Mind]'이라고 부른다)을 형성하게 하고, 이것이 '개념적' 능력으로 확장되어 언어 기능이 이루어졌다고 본다. 손 운동의 역할을 인정한다고 하더라도 손운동, 제스처가 직접적으로 언어를 발생시켰다기보다는 더 일차적인 개념적, 인지적 적응을 통하여 언어가 발생하였다고 보는 것이다. 개념화가 먼저 이루어져야 사회적 모방이 이루어질 수 있으며, 그래야 동물에서와 같은 단순한 모방에 지나지 않는 언어의 수준을 넘어선 언어 기능이 나타날 수 있을 것이다.

그런데 만일 언어가 문화의 산물이라면 현재 세계의 여러 언어권 중에서 그 문화의 수준과 그 언어의 복잡성 사이에 어떤 상관이 있어야 하지만, 그런 상관은 발견하기 힘들다. 그리고 현재 우리가 지니고 있는 언어 형태는 생존과 적응에 뚜렷한 이점이 있다고 할 수 있겠지만, 진화 초기 원시 시대의 초보적 언어 형태는 어떤 이점이 있어서 자연선택되었을까 하는 물음을 던질 수 있다.

이에 대하여 피진(pigin) 언어(하와이 초기 이주민 사회에서처럼 여러 민족들이 모여 사는 곳에서 자연적으로 만들어져 사용되는 공통 언어)의 문법적 특징에 대한 분석은 초기 원시 시대의 원형 언어인 프로토 언어가 나름대로 적응적 이점을 지녔으리라는 생각을 하게 한다. 수백 만 년 동안 인류의 원조는 이러한 원형 언어를 사용하였고, 약 5만 년 전에 호모 사피엔스가 출현하면서 현대 언어를 지니게 되었으리라 본다. 인간의 언어는 처리해야 할 정보가 많아짐에 따라서 이러한 원형 언어에 기반하여 이들을 더 효율적으로 처리하는 방식으로 문법이 자연선택적 기작에 의하여 선택되고 정교화되었으며, 갑자기 단계를 뛰어넘었다기보다는 점진적으로 현재 형태의 인간 언어로 진화하였을 것이라는 해석이 제시되고 있다.

언어가 어떤 진화적 뿌리에서 발생되고 발전해왔는가에 대하여 위와 같은 여러 이론들이 고고학 연구, 동물생태 및 해부학 연구, 인류학적 연구, 발달심리 연구, 인지심리 연구, 진화심리 연구, 비교언어학 연구, 언어 습득 연구, 인지신경 연구 등과 연결되어 전개되고 있다.

그러나 아직도 해결되지 않은 여러 문제들이 있다. 즉 언어 능력을 구성하는 하위 인지 또는 신체적 능력들이 각기 따로 작동하는 것인가, 언어 능력이 운동 기능, 지각 기능, 사고 기능, 그리고 기타 인지 기능의 영향을 받지 않고 언어 전문 기능으로 선택적 집중의 전문화가 과연 되어 있는가 하는 문제들이 남아 있다. 또 언어 능력을 구성하는 이러한 각 부분의 진화 과정에서 특히 어떻게 문법성이 도출되었는가, 즉 운동 기능의 생성과 제어에서 언어적 문법성이 도출되었는가, 제스처 기능에서 도출되었는가, 아니면 사회적 의사소통의 맥락에서 타인의, 그리고 공통의 개념적 표상 형성 기능에서 도출되었는가, 또는 순수 언어문법성으로의 진화 통로가 별도로 존재하였는가, 그리고 이 이론들 중의 어떤 이론을 어떤 근거에 의하여 선택하고 기대야 할 것인가 등의 문제이다.

이러한 문제는 앞으로 상당히 오랜 기간 동안 다양한 논의가 전개되어야 하리라고 보며, 쉽사리 해결되지 않을 것 같다. 인류 및 동물 선조의 언어(언어 기관)에 대하여 직접적 증거를 얻기 힘들 뿐만 아니라, 진화 단계의 언어 기능의 하위 요소들에는 뇌에 그 원인을 돌릴 수 있는 요인 및 반대로 문화적, 사회적 영향에 돌릴 수 있는 요인들이 혼재하기 때문이다. 그 두 요인들을 몇만 년, 몇십 만 년이 지난 지금에 와서 갈라낸다는 것은 어려운 작업이다. 그러한 면에서 현재 우리가 사용하고 있는 언어의 어떤 특성들은 옛 화석과 같은 자료적 의의, 가치를 지닐 수도 있다는 측면 및 뇌 손상 환자와 어린 아동들이 보이는 언어 습득 특성에 대한 여러 가지 자료는 이 논의를 당분간 추진해나감에 있어서 계속 의지해야 하는 자료로 활용되어야 할 것이다. 언어학적 분석 연구, 인지 신경심리 연구, 언어 습득 연구가 진화생물학, 진화심리학의 연구와 밀접히 연결되어 진행되어야 할 이유가 여기에 있는 것이다.

12. 언어와 사고의 관계

언어와 사고는 어떤 관계인가? 언어결정론은 언어가 사고를 결정한다는 입장이다. 인간 마음의 핵심 기능인 언어와 사고가 과연 하나의 다른 면들인가, 아니면 별개의 체계이고 하나가 다른 것을 결정하는가 하는 물음이 제기될 수 있다. 이러한 물음에 대하여 한 극단에서는 언어와 사고가 동일한 것이라고 보는 입장이 있고, 다른 한 극단에서는 별개의 체계이며 독립적으로 작동한다는 입장이 있을 수 있다.

언어와 사고의 문제, 크게 보아 언어와 인지의 관계에 대해서 전개할 수 있는 입장들을 논리적으로 다음과 같이 나누어볼 수 있을 것이다. 하나는 언어와 사고를 동일시하려는 입장이며, 두 번째는 인지 발달이 언어 발달을 결정한다는 입장이다. 그리고 세 번째는 언어와 인지가 독립적인 능력이며 언어 능력은 생득적으로 주어진 인간 특유의 단원적 기능이라는 입장으로, 촘스키의 기본 이론이 이에 해당된다고 할 수 있다. 이 입장은 다시 둘로 나누어지는데, 하나는 언어 기능 또는 기관의 생득설과 단원론을 인정하기는 하지만 동물과 인간의 연속성을 인정하고 언어가 자연적 선택이라는 다윈의 진화적 기제에 의하여 출현하였다는 입장이고, 다른 하나는 언어의 진화는 다윈의 자연선택 기제가 아니라 뇌의 진화 단계의 어떤 시점에서 갑자기 출현한 기능이라는 입장이다. 후자는 주로 촘스키 자신의 입장이며, 전자는 지난 10여 년 사이에 강력하게 전개된 핑커 등(Pinker, 1994, 1997; Pinker & Bloom, 1990; Bickerton, 1990)의 주장이다. 네 번째는 언어와 사고는 발생학적 측면에서 독립적이지만 개인의 발달 과정에서 상호의존적이게 된다는 입장으로, 비고츠키(L. S. Vygotsky)가 주장하였다. 마지막으로 다섯 번째는 언어가 인지와 사고를 결정한다는 입장으로, 이것이 사피어-워프(Sapir-Whorf) 가설의 언어결정론이다.

1) 언어와 사고는 독립적이다: 언어의 단원성

언어 현상에 대하여 촘스키 진영에서는 계속 언어의 심적 과정, 특히 통사적 과정이 하나의 단원체계(모듈들)로서 사고체계와는 독립적으로 작용한다고 주장해왔다.

언어의 단원성 가설을 주장하는 사람들이 초기 언어처리를 비롯하여 언어의 여러 처리 과정이 단원적임을 보이려 하였으나, 상위 인지 수준의 지식의 영향과 인지 전략의 개입 증거가 곳곳에서 드러난다. 언어를 사고와 독립적으로 작용하는 단원으로 보려고 한 촘스키 등의 입장에 문제가 있음이 제기된 것이다. 언어의 단원성 논의가 경험적으로 문제가 있는 한, 그리고 언어와 사고를 동일시하였던 입장의 편협성을 인식하고 있는 한, 우리는 언어와 사고의 관계를 직접 다루려 하였던 언어상대성 가설을 다시 한 번 재고하지 않을 수 없다. 언어가 사고에 영향을 주되 모든 경우에 영향을 주는 것은 아니고 사고의 특정 수준에서 영향을 주며, 또한 사고가 언어를 결정하는 것이 아니라 언어의 특정 수준에서 사고가 영향을 줄 가능성을 생각하지 않을 수 없다.

심층분석 11-2 **마음과 모듈: 언어는 단원인가의 문제**

인간의 마음이 모듈(단원) 체계들의 집합인가, 아니면 모듈을 넘어서는 체계인가 하는 문제는 인지과학에서 많은 논의를 불러일으켰다. 특히 지각의 문제, 언어의 문제, 발달의 문제에서 이러한 논의가 집중적으로 전개되었다고 할 수 있다. 합리주의의 생득론 전통에서 전개된 이러한 입장이 인지과학에서 역사적으로 계속 조금씩 다른 형태로 제기되어왔지만, 현재 논의의 초점은 기본적으로 촘스키의 언어능력 이론을 배경에 두고 계산주의의 논의와 함께 제시한 포더(J. Fodor, 1983)의 입장에 바탕을 두고 있다고 할 수 있다.

포더는 입력 시스템으로서의 모듈과 상위 중추체계의 구별을 전제하였고, 하위 입력 시스템으로서의 모듈이 지녀야 하는 특성들을 열거하였다. 마음이 여러 기능적 모듈의 집합으로 이루어져 있다는 마음의 단원 이론에서는 모듈은 이전 모듈에서 입력된 정보와 자신에게 특수하게 입력되는 정보만 처리 가능하며, 따라서 복잡한 상위 구조에 접근하거나 상황마다 모든 지식 단위를 업데이트할 필요가 없다. 즉 모듈에서의 정보처리는 상당히 빠른 속도로 자동적으로 처리되며, 모듈에서는 추론이 필요 없다. 모듈은 정보적으로 캡슐화되어 있고, 발달적으로 독특한 계열과 단계별 속도에 의하여 전개되며, 그것을 가능하게 하는 특정 신경적 기반구조의 존재가 전제된다. 즉 뇌의 특정 신경구조에 특정 연결 형태로 들어가 구현되어 있는 것이다. 바로 그렇기 때문에 특정 신경구조에 이상이 있을 경우에 독특한 특성을 보이게 된다. 특정 신경구조의 이상과 심적 기능 이상의 상관관계의 증거가 모듈의 존재와 그 특성을 지지하는 주요 증거로 논의된다.

심적 과정들에서 단원성을 지지하는 증거를 보이는 과정으로 흔히 거론되는 것이 시지각과 언어 과정이다. 포더, 핑커 등은 마(D. Marr)의 계산시각 이론을 마음의 단원성을 보여주는 대표적 이론으로 언급하였다. 시각의 단원성에 관한 논의 여부는 여기서 생략하지만, 시각체계의 하위 입력체계들이 모듈적 특성을 많이 지니고 있음을 보여줌에도 불구하고 가장 기초적인 시지각 과정에서도 모듈론의 입장과는 달리 초기 단계에서도 맥락적 지식이 개입된다는 증거가 계속 제시되고 있다.

언어 현상에 대하여 촘스키 진영에서는 계속 언어의 심적 과정, 특히 통사적 과정이 모듈들의 독립적 작용에 의하여 진행된다고 논의하여 왔다.

모듈 이론의 기본적 입장은 모듈이 입력체계의 특성이라는 점이다. 모듈 이론이 옳다면, 언어 과정과 관련하여 의미 처리, 글 이해 등의 후기 과정은 고사하고라도 적어도 초기의 지각적 입력 처리 과정에서는 모듈적 특성이 유지되어야 하리라고 본다. 말 지각의 모듈 입장은 말소리의 지각은 다른 소리의 지각과는 독립적인 입력체계와 처리체계를 지니고 있을 것이다라는 것이 기본 전제이다. 이 입장에서는 말 지각이 다른 맥락적 요인, 청자의 지식, 신념 등에 의하여 영향을 받지 않아야 한다고 본다.

말소리 지각에서 모듈성을 지지하는 증거와 지지하지 않는 결과들이 혼재해 있는 현재 상황에서 단순히 특정 증거 하나로 어떤 입장이 입증되었는가의 여부를 결정짓기는 어렵다. 모듈 입장은 반모듈적 증거들에 대한 설득력 있는 대안적 설명을 제시하지 못하고 있으며, 반모듈적 입장은 반모듈적 증거들이 말소리 지각에 다른 요인들이 영향을 주는 것을 보여주기는 하나 과연 그 영향이 말소리 입력 초기부터 개입된 것인지, 후기의 반응선택 등의 다른 처리에 영향을 주는 것인지, 즉 어떠한 과정에 영향을 주는지에 대한 결정적 결과는 없는 편이다.

일반적으로 시각적 처리 신경기작의 연구들은 단원성을 더 지지하는 경험적 결과 사례에 더 비중을 두어 전개되어왔다고 할 수 있다. 그러나 연결주의 모델에서 제시된 상호작용 효과 모델이나 그들이 기본 증거로 제시한 단어 우월 효과 등, 그리고 여러 연구에서 제시된 빈도 효과, 이웃(neighborhood) 효과, 기타 다른 맥락 효과에 대한 증거는 말소리 지각에서와 마찬가지로 시각재인의 초기 처리가 모듈적 특성이 강하지만 상위체계의 개입 가능성을 완전히 배제하기 어렵고, 후기 처리에서는 맥락 효과가 강하게 작용함을 보인다. 말소리 지각에서와 마찬가지로 순수 모듈적 처리를 넘어서서 언제 어떻게 상위 처리체계 요인의 개입이 가능해지는가 하는 문제가 해결해야 할 중심 과제라고 볼 수 있다.

문장의 통사적 처리에 대한 논의에서도 타넨하우스(M. Tannenhaus) 등이 발견한 것, 즉 문장의 통사적 구문 분석 초기에 시각적 정보, 청각적 신호, 통사적 정보, 의미적 정보가 통합되어 분석된다는 연구결과와 다른 연구결과들은 모듈적 입력체계 이론의 문제점을 제기하고 있다. 초기의 어휘적, 통사적 처리 과정이 후기의 의미적, 맥락적 처리 과정에 의해 방향 지어질 수 있다는 결과들은 순수한 모듈을 강조한 강한 단원성 이론이 설자리가 약함을 보여준다.

문장과 글의 의미 이해 처리 과정에 대한 경험적 연구결과는 더 강한 반모듈적 증거를 제시한다. 문장 이해, 담화 이해라는 것이 본질적으로 의미에 대한 추론에 의해 이루어지며, 이 추론이라는 것이 작업기억의 특성과 맥락적 지식 특성에 크게 의존하고 있음을 보이는 연구결과들은 언어 이해에서 모듈적 처리를 넘어서는 처리의 중요성을 제시하고 있다. 그렇다고 하여 언어 특수적인 처리가 완전 배제된다는 것은 아니다. 언어 특수적 지식과 일반 세상의 맥락적 지식이 통합되어 언어 이해가 이루어지는 것을 보여준다.

언어의 산출에서 말소리 산출, 말실수, 글쓰기 등에 관한 연구도, 비록 다른 부분에서보다는 모듈적 측면이 강한 증거들을 제시하지만, 그렇다고 하여 단순한 모듈 입장을 지지하지는 않는다. 상당히 많은 말실수 예들이 음운 수준, 형태소 수준, 통사적 수준에서 단원적으로 유사한 후보 사이의 경쟁이나 규칙 적용의 오류 특성을 보여주어 모듈적 처리 특성을 지지하지만, 음운적 요인과 의미적 요인이 혼합되어 나오는 말실수 등의 증거 및 말 산출이 본질적으로 여러 수준의 계획 과정을 통하여 이루어지며 이 계획 과정들은 자동적 처리라기보다는 작업기억의 제한된 용량과 처리 전략 특성에 의하여 제약을 받는다는 결과들은, 말 산출이 언어 특수적 모듈적 메카니즘이라든가 하위 수준에서 특정 하위음운적, 하위통사적 모듈에 의해서만 처리된다고 보기는 힘든 결과들을 제시하고 있다.

종합 많은 논의들과 경험적 증거들은 마음의 작동 초기와 후기로 나누어 초기에는 모듈적 처리가 강하고 후기에는 비모듈적 처리가 강하다는 논지를 전개하였다. 물론 이를 넘어서는 증거나 논지도 제기되었다. 문제는 시지각이건, 언어 이해이건, 언어 산출이건 간에 각 현상의 초기 단계에서부터 후기 단계까지 어떠한 과정이 어떻게 전개되는가에 대한 세부 내용이 계속 더 밝혀지기까지는 모듈에 대한 단정적 주장을 전개한다는 것은 위험하다는 것이다. 정보처리 시간 10msec상에서 단원(모듈)이라고 간주되었던 것도

50 내지 100msec상에서는 단원이 아닐 수 있다. 따라서 어떤 시점, 시간 경과에서 보느냐의 문제가 중요하다.

모듈 이론의 주장은 한 인지 과정의 전개에 있어서 음운이면 음운, 통사면 통사 등으로 하나의 특정 수준을 중심으로 강조되어 전개되고 있는데, 이러한 전개는 현상에 대한 포괄적 설명을 제시하기 어렵다. 심적 현상은 여러 수준에서 병렬적 메커니즘이 가동되고, 그것들의 종합된 결과가 심적 과정과 내용이 된다고 본다. 현상 자체가 다수준적인데, 그 현상을 하나의 특정 수준 중심으로, 또는 별개 수준의 별개 모듈의 전개 이후의 사후 통합을 논하는 것은 설명적 불충분성의 문제를 지닐 수 있다. 단순히 한 모듈 내(예: 시각모듈 내의 하위 시각모듈)의 상호작용 문제가 아니라 감각양태 간, 시스템 간(예: 시각과 언어체계 사이의 통합)의 상호작용 및 통합이 초기 단계부터 이루어지고 있음에 대한 고려가 이루어져야 할 것이다. 또한 여러 하위 모듈이 동시에 작용한다면 이 모듈들이 어떻게 통합적으로 조정되어 출력을 내놓는가에 대한 적절한 이론이 부족하다. 이러한 측면에서 하위 수준 모듈들의 연결에서 출현하여 그 이상의 융통성과 유연성을 지니는 상위 수준의 메타표상모듈(MRM: meta representational module) 개념을 제시한 스퍼버(D. Sperber, 1994, 1996)의 이론이나, 진화론과 발생학을 연결한 이보디보의 모듈 개념을 제시한 장대익(2005)의 이론이 언어 모듈 및 마음 모듈에 주는 시사를 음미해 볼 필요가 있다.

2) 언어와 사고는 발생적 근원이 다르다

비고츠키(1934)는 말과 사고는 그 개체 발생적 발달에서 발생적 근원이 다르다고 주장하였다. 말은 그 기원에 있어서 사회적인 것이지, 자아 중심적인 것이 아니다. 어느 시기 이전까지는 인지와 언어의 발달이 상호 독립적인 상이한 계열을 따르다가 어느 시기가 되면 만나게 되며, 이때부터 사고는 언어적으로 되고 언어는 사고적 특성을 띠게 된다. 3~4세가 지나면 말이 사고에 연결되면서 사고는 언어화(적이)되고, 말은 개념적 표상이 되는 것이다. 이러한 단계가 일어나면 아동의 생각이 내재화되어 속말이 되며, 이 단계부터는 사고가 언어에 의하여 부분적으로 결정된다.

3) 언어는 사고를 결정한다: 사피어-워프의 언어상대성 가설

　종족과 문화가 다름에 따라 서로 다른 언어를 사용하는 것이 일반적인 현상이다. 이러한 언어적 차이란 흔히 그 언어가 발생하여 발달된 물리적 환경과 문화의 차이를 반영하게 된다. 문화권 간의 언어적 차이 중에서 사고에 차별적으로 영향을 줄 수 있는 부분이란 어떤 것일까?

　언어학자이자 인류학자였던 워프(B. L. Whorf, 1956)는 스승인 사피어(E. Sapir)의 관점을 이어받아 다음과 같이 주장하였다. 문화가 다르고 언어가 달라서 다른 문법을 사용하는 사람들은 그 문법에 의하여 상이한 유형의 관찰로 이끌어지고, 외적으로 유사한 관찰도 상이한 평가를 하게 된다. 따라서 그들은 서로 다른 세계관을 갖게 되며, 개념은 언어와는 독립적으로 존재하지 않는다. 이러한 논지에서 그는 2개의 가설을 제시하였는데, 언어결정론(linguistic determinism) 가설과 언어상대성(linguistic relativity) 가설이 그것이다. 전자는 언어가 비언어적 과정인 사고를 결정한다는 가설이며, 후자는 언어가 다르면 사고 양식도 다르리라는 가설이다. 즉 전자는 언어가 사고, 인지를 결정한다는 일방향적 인과적 관계를 제시한 것이며, 후자는 인과적 방향에는 관계없이 언어의 구조적 차이가 인지적 차이와 상호작용한다는 가설로서 워프는 언어결정론보다는 언어상대성 가설에 더 중점을 두었다고 할 수 있다.[90]

　그는 자신의 가설을 지지하는 예들을 몇몇 종족의 언어에서 찾았다. 그에 의하면, 어휘 측면에서 본다면, 예를 들어 동남아의 미얀마에서는 쌀을 경작하고 주식으로 삼는 문화이기에 여러 종류의 쌀을 구별하고 있고 그에 따라 쌀에 대한 어휘가 다양하다. 아랍 국가에서는 낙타가 주 운송 수단이기에 낙타 관련 단어가 20개 이상이나 있으며, 에스키모인들은 눈이 많이 내리는 곳에서 살기에 눈이 많이 내리지 않는 영어권의 지역에서보다 눈과 관련된 언어적 표현이 많을 수 있다. 이들은 그들과는 다른 환경, 문화에서 사는 사람들과는 달리 쌀, 낙타, 눈 등에 대하여 보다 더 구체적이고 세밀하게 생각하고 그런 언어를 사용한다. 문화 간, 언어 간에 이러한 통사적 구조(예: 어순)의 차

90　여기에서 언어와 사고의 관계성 및 언어상대성 문제에 대한 논의는 이정모(2003ㄱ)의 내용을 크게 참조하였다. 언어와 사고에 관한 자세한 논의는 이 글을 참조하기 바란다.

이가 있는데, 이러한 차이가 사고 양식을 다르게 하지 않았을까? 북미 인디언 호피족 (Hopi)의 언어에는 공중을 나는 날것들에 대한 어휘가 '새' 이외에 하나밖에 없다. 하늘을 나는 곤충, 비행기, 조종사 등의 모든 날것들(새를 제외하고)에 대하여 한 단어로 지칭한다. 그렇다면 이 호피족들은 날것에 대한 단어를 많이 갖고 있는 영국(혹은 미국)인들과는 생각이 다르지 않을까? 또한 호피족 언어에서 '번개'는 명사가 아니라 동사이며, 누투카족 언어에서는 거의 모든 단어들이 동사처럼 다루어진다. 언어별로 문법 특성이 다른 것이다. 이렇게 언어의 통사적 특성이 서로 다른 문화권의 사람들은 사고 양식도 다르지 않을까?

이와 같이 언어문화권 간의 어휘 차이로 인하여 문화권마다 생각하는 것이 다르다는 것이 워프의 언어상대성 가설의 주장으로, 이 가설에는 강, 약의 두 가지 판이 있다. '강한 워프 가설 입장'이란 언어가 사고를 결정한다는, 즉 언어 범주가 사고 범주를 생성한다는 입장이고, '약한 워프 가설 입장'이란 언어가 사고를 결정한다기보다는 특정 언어적 범주의 존재가 여러 인지적 과정의 용이성에 영향을 준다는 것이며, 한 언어권의 사람이 다른 언어권의 사람보다 특정 언어적 범주 또는 명칭의 존재로 인하여 어떤 인지적 과정, 즉 어떤 유형의 사고를 더 쉽게 또는 달리 처리한다는 것이다.

4) 과연 언어가 사고를 결정하는가? 워프 가설의 타당성 문제

워프 등은 '언어가 사고에 필수적이다'라고 주장하였다. 그러나 이러한 주장이 문제 있음을 보여주는 사례들이 여러 가지 있는데, 먼저 농인의 경우를 들 수 있다. 소리를 전혀 듣지 못하는 많은 농인들이 어릴 때부터 환경에 적응하며 여러 가지 행동을 하는 데 문제가 없음을 보여준다. 그들의 많은 행동이 환경의 지각, 판단, 결정이 개입되는 행동임을 볼 때, 그들이 언어를 습득하지 못하였기에 사고를 못하는 사람들이라고 생각할 수는 없음을 알 수 있다.

마틴(Martin, 1986) 등의 연구에 의하면, 이누이트(Inuit) 에스키모족이 눈의 종류에 대한 여러 어휘를 갖고 있지만 영어 사용자들과는 다른 방식으로 눈을 지각한다는 증거는 발견되지 못하였다. 하이더(F. Heider, 1972)는 뉴기니의 대니족은 색깔 이름이

2개만 있지만 흑백 이외의 다른 색깔 구별도 할 줄 안다는 것을 발견하였다. 케이와 맥대니얼(Kay & McDaniel, 1978)은 언어가 달라도 색깔 지각에 차이가 없음을 재확인하였다.

물론 이러한 증거들에 의하여 워프의 언어결정론이나 언어상대성 가설이 완전히 부정되지는 않는다. 단지 언어가 지각과 사고를 결정한다는 강한 입장을 지지하지 못하는 것이지, 언어가 지각과 사고에 영향을 준다는 것과 언어문화권에 따라 사고가 상대적으로 다를 수 있다는 약한 입장은 남는다.

통사적으로 호피족이 과거, 현재, 미래 등의 시제 개념이 없다는 워프의 주장도 반박되었다. 호피족 언어는 명료한 시제 형식은 사용하지 않더라도 부사나 전치사 등을 통하여 시제를 나타내며, 주요 사건이나 해와 달 중심으로 시간 조망을 한다는 점에서 영어 사용자와 공통적이라는 점도 발견되었다.

또한 수에 대한 어휘가 문화마다 다를 수 있는데, 단지 '하나', '둘', '많이'의 세 어휘만 있는 언어권이 있는가 하면, 열을 넘어서 세는 이름이 불규칙적인 영어권과 10 이하와 10 이상이 다 같은 규칙에 의하여 이루어지는 동양 문화권이 있다. 이러한 수를 세는 어휘의 차이에 의하여 상이한 문화권의 아이들이 수를 생각하는 방식이 문화 간에 달라지는가를 알기 위해 실험한 결과, 미국 아이와 아시아계 아이들이 다른 방식으로 수리적 문제를 해결함이 관찰되었다. 이는 언어상대성을 지지하는 결과이다.

호프먼(E. Hoffman) 등은 영어-중국어 이중언어자에게 여러 사람들을 기술하는 내용을 중국어 또는 영어로 주면서 이러한 범주 명칭 어휘를 삽입하여 제시한 뒤, 5일 후에 그 사람들에 대한 인상을 보고하게 하였다. 그 결과, 피험자들이 보고한 내용은 어떤 언어로 자극이 기술되었느냐에 따라 달랐다. 그 언어적 명칭에 부합하는 인상 내용이 보고된 것이다. 이는 언어의 차이가 사고에 차별적으로 영향을 주는 한 예이다. 또한 다른 사람의 행동의 원인을 판단하는 귀인(attribution) 과정에 있어서 서구 문화에서는 상황적 귀인보다는 내적 귀인을 하는 경향이 크다. 반면 인도인은 내적 귀인은 잘 안 하고 상황적 귀인을 더 한다. 이러한 차이의 원인이 서구 언어에서는 내적 특성을 기술하는 어휘가 많은 반면 인도에서는 그렇지 않기 때문일 수 있지만, 그렇다고 해서 언어가 다른 문화권마다 대인 지각이 항상 다르다는 것은 아니다.

이상에서 언급한 여러 연구결과들은 언어결정론이나 언어상대성 가설을 일관성 있게 지지해주는 것이 아니라 지지와 반증의 갈등적 증거들이 복합되어 있다. 연구들이 다루는 세부 영역이나 자료 단위의 특성의 차이로 인하여 연구결과를 직접 비교하기 곤란한 경우가 많다. 워프의 언어상대성 가설은 언어와 사고의 관계에 대하여 경험적인 인지과학적 심층 연구를 출발시켰지만, 언어가 사고를 결정한다는 강한 가설의 입장은 지지하기 어렵다. 사고가 있기 전에 언어가 있고, 언어에 의하여 사고가 전적으로 결정된다는 것은 인지과학적으로 수용하기 어려운 이론이다. 반면 언어가 사고를 결정한다기보다는 영향을 준다는 약한 입장은 대체로 수용될 수 있다고 본다. 언어와 사고, 그리고 인간의 마음은 단일한 체계가 아니라 진화적으로나, 발달적으로나, 복잡성 면에서 여러 수준들로 이루어진 체계일 수 있다. 사고가 단일 수준 체계가 아니라 여러 수준의 복합성을 지닌 체계라면, 기초적 수준의 사고는 언어의 영향을 받지 않는 보편적, 언어문화 공통적 특성을 지닐 수 있다. 이러한 기초적 수준 이외의 다른 수준, 특히 언어가 작동하는 바탕인 사회인지 수준에서는 언어가 사고에 영향을 줄 수 있다고 가정할 수 있다. 남는 과제는 편협하게 제시되었던 워프의 언어결정설과 언어상대성 가설을 넘어서 또 다른 관점인 사회적 행위로서의 사고와 언어의 다양한 관계를 밝히는 일이라 하겠다.

13. 언어와 인지: 종합

언어에 대하여 종합적으로 요약하면 다음과 같다. 우리의 언어 구사 능력은 자동적이고 당연한 것 같지만 그렇지 않다. 언어를 이해하고 말하고 쓸 수 있다는 것이 자연스러운 것 같지만, 언어 발달이 늦어지는 아이들, 뇌 손상에 의해서 언어 기능을 못하는 아이들, 유전적으로 언어 능력이 손상된 아이들을 보면 언어 능력은 자동적이 아닌 것 같다. 어른도 뇌 손상으로 인해 언어 능력이 사라지는 경우를 보면 언어 능력은 자연적이지 않은 것 같다. 언어 인지 과정에는 언어 산출과 이해가 있는데, 대체로 둘은 역방향이기는 하지만 꼭 언어 이해의 반대 과정이 그대로 언어 산출 과정은 아니다. 언어 이해의 완전한 반대 단계가 언어 산출이라고 보는 것은 무리이다.

다시 강조하자면 인간의 언어 능력은 자동적인 것이 아니다. 뇌 손상으로 인한 실어증의 여러 유형을 보면 언어 산출, 이해 등의 장애 현상을 보이는데, 이를 통해 인간의 언어가 자동적이지 않음을 알 수 있다. 말을 배울 때 민감한 시기를 놓치면 배우기 어렵다. 언어는 청각, 시각, 기억, 주의, 사고 등의 여러 수준이 관련된 능력이다.

인지과학에서 언어의 문제는 인지과학 패러다임을 출발시키는 데 결정적인 역할을 한 촘스키의 접근에 크게 영향을 받았다. 초기에는 그의 이론적 접근 틀이 언어 현상에 대한 언어학자, 철학자, 인공지능학자, 심리학자들의 연구에 상당히 영향을 주었다. 그러나 점차 의미를 제외한 통사론 강조적인 그의 접근과 그의 문법이론의 계속된 수정 및 언어 단원론적 입장은 언어를 경험적으로 연구하는 사람들의 폭넓은 지지를 얻는 데 실패하였다. 그에 따라 언어학자들 중에서도 의미론을 강조한 이론이나 화용론적 심적 모델을 강조한 이론들을 제기하기도 하며, 심리학자들은 점차 언어학 문법 이론과는 독립적으로 경험적 연구를 진행하였다. 언어의 의미론, 화용론적 접근은 언어심리학자들이 더 선호하는 경향이 있다.

최근에 이루어지고 있는 사회인지에서의 언어의 역할을 분석 탐구하는 연구 시도는 언어의 인지과학적 연구의 조망을 넓히는 바람직한 방향의 시도라고 볼 수 있다. 언어란 본질적으로 사회적 맥락에서 형성되고 사용되는 것이다. 따라서 사회적 인지 상황에서의 언어의 통사적, 의미적, 화용적 특성 형성과 활용을 탐색하는 이러한 시도는 문화와 언어의 관계를 탐색하는 연구 및 진화와 언어의 관계를 탐구하는 연구와 연결되어 언어에 대한 인지과학적 연구를 한 걸음 더 진전시킬 수 있으리라 본다.

앞으로 언어의 연구는 인지신경적 접근과 사회문화적 접근(Tomasello, 1999, 2003) 및 진화생물학, 인지심리학, 인류학적 접근들이 언어학적 접근을 보완하며 새로운 발전을 맞을 가능성이 있다. 언어의 여러 측면 처리를 담당하는 뇌 부위 및 신경적 메커니즘의 계속된 발견과 이론의 정교화가 인지심리학적 접근과 연결되어 발전되며, 또한 언어학, 인공지능학, 인지심리학, 특히 언어심리학이 연결된 자연언어처리 인공인지 시스템이 더 발전되리라고 본다. 앞으로 21세기에 빠르게 전개될 언어에 대한 언어학적, 신경과학적, 언어심리적, 컴퓨터과학적, 진화이론적 연구는 이들의 학제적·수렴적 연구 노력의 성과에 달려 있다.

제12장

사고
Thinking and Cognition

1. 서론

우리 자신을 돌아보면 늘 어떤 생각을 하고 있는 자신을 발견한다. '내가 늘 생각한다?' 생각이란 무엇일까, 어떻게 일어날까 하는 의문을 던질 수 있다. 사고에 대한 인지과학적 물음은 '생각은 어떤 과정에 의하여 이루어져 진행되는 것일까?' 라는 물음에 대하여 답을 찾아가는 것이다. 그냥 직관적으로 막연히 추측하여 답을 하는 것이 아니라 경험적으로 실험을 통하여, 또는 사고 과정을 인공지능 시스템에 구현하는 방법의 모색 과정을 통하여 그 답을 찾아가려는 것이다.

사고(thinking) 과정은 인지적 정보처리 과정의 후기 단계로 지각, 주의 등과 같은 초기 단계보다 상위 수준의 인지 과정에 속한다. 전체 인지 과정들의 요소들이 서로 고립되어 있지 않은 것처럼 사고 과정 또한 이전 단계의 인지 과정들과 단절된 것이 아니다. 사고는 추상화, 추리, 판단, 심상, 문제해결 등의 심적 속성들이 기억에 표상된 지식을 활용하며 복잡하게 상호작용함으로써 정보의 변형을 통해 새로운 심적 표상이 형성되는 보다 포괄적인 과정이다.

인간의 사고 과정을 연구하는 인지과학자들은 상식적 개념으로서의 사고라는 개념을 더욱 세분하여 개념적 사고, 추리, 판단, 결정, 문제해결적 사고, 창의적 사고 등으로 나누어 연구해왔다. 초기에는 개념적 사고 중심으로 연구가 진행되었고, 다음에는 문제해결적 사고의 연구가 각광을 받았으며, 요즈음에는 추리와 판단, 결정 과정들의 연구, 그리고 사고 과정의 신경적 기초를 밝히는 연구가 각광을 받고 있다. 이 중에서도 추리와 판단에 대한 인지과학적 연구들은 상당히 중요한 연구결과들을 내놓았고, 이에 따라서 앎, 인지, 사고, 합리성 등의 개념에 대한 관점의 변화가 초래되었다.

그런데 생각하기, 사고하기에 대하여 논하기에 앞서 우리는 먼저 상식적 의미의 사고와 인지과학에서 다루는 사고의 개념을 차별화시켜서 설명을 해야 될 것 같다. 인지과학은 상식적 의미의 '생각', '사고'라는 용어를 가능한 한 사용하지 않으려 한다. 상식적 의미의 사고 개념은 중의적, 즉 여러 가지 다양한 의미를 갖고 있고, 사고는 하나의 유형이 아니라 여러 가지의 유형이 있으며 여러 하위 과정들로 나누어질 수 있기 때문에 인지과학에서는 애매한 상식적 '사고'라는 용어를 피하는 것이다.

상식적 의미의 '사고', '생각'이라는 것이 무엇인지를 살펴보면 여러 가지 의미로 사용되고 있음이 드러난다. 예를 들어 집중해서 생각한다고 하면 생각은 주의의 의미가 되고, 말과 글의 뜻을 이해하려고 이런저런 생각을 한다고 하면 생각은 언어 이해를 지칭하며, 할 말을 생각한다고 하면 언어 산출이 된다. 과거의 이런저런 일이 생각난다고 하면 '기억난다'의 의미로 사용되는 것이며, 대상을 알아보고 저게 호랑이라고 생각했다는 것은 대상 지각, 대상 인식의 의미이고, '나는 슬픈 생각이 들었다'라고 하는 것은 느낌, 감정을 지칭하며, '생각하는 힘이 있다'라는 표현은 흔히 '지능'의 의미로 통한다. 이런 식으로 보면 상식적으로 일반 사람들이 쓰는 '생각하다'라는 용어의 의미가 상당히 여러 가지로 많다고 볼 수 있겠다. 그래서 인지과학에서는 상식적 의미의 용법으로 '사고'라는 용어를 잘 사용하지 않으려 한다. 생각과 앎의 과정 전체를 알기 쉽게 지목하여 '사고'라는 용어를 아직 (의사소통의 목적으로) 계속 사용하지만, 학문적으로는 생각한다, 사고한다라는 뭉뚱그려진 용어를 피하고 보다 세분화된 용어인 '범주적 사고', '문제해결적 사고', '추리', '판단', '의사결정', '창의적 사고' 등의 용어를 사용한다.

그냥 뭉뚱그려 이야기하여 '사고'라는 인지 과정이 어떤 특성을 지니고 있고, 인지과학에서는 이에 어떤 식으로 접근하며, 그러한 접근 결과로 어떠한 연구결과들이 나왔고, 이러한 연구결과는 인류 사회에 대하여 어떤 시사를 주는가 하는 것이 이 장에서 다루어질 주요 내용이다.

2. 사고의 특성과 인지과학적 접근

사고에 대한 비교적 엄밀한 정의는 문제해결과 같이 목표를 위한 일련의 행위로서의 사고라고 정의될 수 있다. 물론 백일몽처럼 목적 없이 이런저런 생각을 하는 것도 사고라고 할 수 있겠지만, 인지과학에서 다루어지는 사고의 기본적인 특성은 어떤 목표나 방향을 갖고 이루어지는 생각들을 지칭하며, 사고의 특징으로는 사고가 지식의 기초 위에서 진행된다는 것을 들 수 있다. 사고의 하위 과정, 또는 사고의 유형이라고도 볼 수 있는 사고의 종류에는 개념적 사고, 연역 추리, 귀납적 추리와 같은 논리적 사고도 있고, 판단과 의사결정의 사고 유형도 있고, 문제해결적 사고, 창의적 사고도 있으며, 이에 추가하여 보편적으로 설명하는 '지능' 이라는 개념도 있다.

사고의 유형을 분류해보면 일반적으로 개념적 사고를 범주적 사고라고 한다. 그 다음에 의사결정과 선택, 판단, 문제해결적 사고, 추리에서 연역 · 귀납, 둘의 종합인 귀

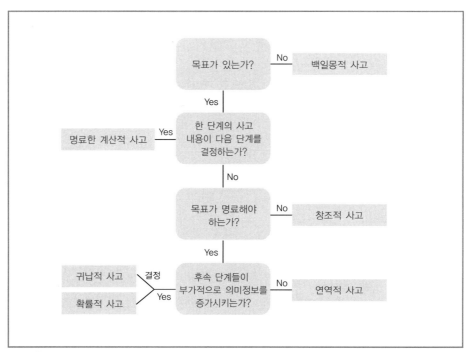

그림 12-1 방향성 및 정보성을 중심으로 한 사고 유형의 분류

추적 사고, 그 다음에 창의성, 지능 일반, 그 다음에 갖다 붙인다면 기억, 언어와 형태 재인 이런 것도 사고에 관련된 것이라고 볼 수 있겠다. 이러한 모든 것이 마음에서 일어난다는 것은 우리가 잘 아는 사실이다.

사고의 유형을 위와 같이 분류해보았는데 이것이 유일한 분류 방식은 아니다. 〈그림 12-1〉처럼 다른 분류 방식이 있다(Johnson-Laird, 1991). 그림에서 보이는 바와 같이 예를 들어 '사고에 목표가 있는가?' 라는 물음을 던져서 목표가 없이 왔다갔다 흐르는 사고라면 백일몽(daydreaming)적 사고라고 볼 수 있다. '목표가 있는가?'에 'yes' 라는 답이 나오면, 다시 '한 단계의 사고 내용이 다음 단계를 결정하는가?' 라는 질문을 던져 이에 'yes' 하게 되면 명료한 계산적 사고라고 볼 수 있다. 반면 'no' 라고 한다면, '목표가 명료해야 하는가?' 하고 다시 물어 목표가 명료하지 않다면 창조적 사고라고 볼 수 있겠다. 'yes' 라고 대답한다면, 그 다음에 '사고의 후속 단계들이 부가적으로 의미정보를 증가시키는가?' 라는 질문을 다시 던져서 'no' 라고 답한다면 연역적 사고라고 할 수 있겠다. 앞에 나온 대전제에서 도출되어 새로운 정보가 추가되는 것은 아니기 때문이다. 귀납적 사고라든지 확률적 사고는 후속단계들이 부가적으로 의미정보를 증가시키는 사고라고 볼 수 있겠다.

사고와 다른 심적 과정과의 관계를 보면 〈그림 12-2〉에서 보이는 바와 같이 여러 심리적 과정들이 관련되어 있다. 이 중에서 특히 언어와 사고의 관계는 밀접하다. 사고

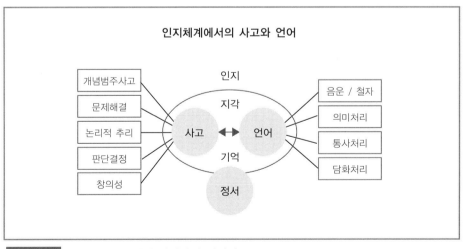

그림 12-2 사고와 다른 인지 과정과의 연계성

에서 언어를 사용해 사고를 하니까 사고와 언어가 긴밀히 연결이 되고, 그 배경에 지각과 기억, 기본 인지 과정이 있으며, 여기에 정서, 감정이 추가될 수 있겠다.

사고의 기본 특성: 이런 여러 가지 사고의 유형을 통틀어 사고의 일반적 특성을 살펴보면 다음의 몇 가지 특성을 생각할 수 있다. 첫째는 인지적 특성이다. 사고는 밖으로 드러나는 행동으로서 일어나는 것이 아니라 내적으로, 인지적으로 일어나는 것이다. 사고가 일어나는지를 제 3자가 알 수 있으려면 그 생각하는 사람의 바깥으로 드러난 행동을 통해서 추리를 할 수 있다. 둘째 특성은 지식의 조작을 포함한다는 것이다. 사고 진행 과정에서 현재 정보가 과거의 기억정보, 기억지식과 결합되면서 사고자의 지식을 변화시켜 진행되는 것이 사고의 기본 특성이다. 그 다음 특성으로는 방향성이 있다. 모든 사고가 뚜렷한 목표를 지니고 있거나 사고에 연결된 행동이 성공 방향으로 이끌어지는 것은 아니지만, 사고 과정에서 사고자의 마음속에 문제해결의 목표지향적인 방향성이 있다는 것이다.

사고에 대한 접근별 특성: 인지과학에서 사고를 탐구하는 접근들을 살펴보면, 인지과학과 관련된 여러 학문별로 다른 학문에 비하여 사고 과정 중에서 더 강조되거나 중점시되는 사고 하위 영역이 있다. 인지심리학에서는 사고의 모든 측면을 연구한다고 볼 수 있겠고, 인공지능학에서는 주로 문제해결적 사고라든가 연역적 추리, 판단 등의 사고에 초점을 두며, 철학에서는 논리적 사고 형식, 유추나 의미의 본질 등의 측면을 강조해서 연구를 하고, 언어학에서는 의미의 특성이라든가 언어가 사고에 미치는 영향과 의의 등을 다룬다고 볼 수 있다. 신경과학은 뇌의 어떠한 신경적 구조와 과정이 사고를 가능하게 하느냐 하는 사고의 신경적 기반을 밝히는 문제와 뇌 손상에 따른 하위 사고 유형의 이상 중심으로 연구하고, 인류학과 진화심리학에서는 문화 간의 사고의 차이와 사고의 진화 측면을 탐구하며, 동물생태학에서는 동물의 사고와 특성을 연구하면서 인간의 사고와 비교한다.

다음에서는 사고의 하위 유형별로 자세히 살펴보겠다.

3. 개념적 사고와 범주화

사고하기의 기본 단위요소는 개념이라고 할 수 있다. 개념은 대상과 행위에 지각적, 지능적, 공간적 속성을 표상하는 표상체계라고도 볼 수 있다. 개념은 지식표상의 기본 단위이다. 수많은 자극에 직면하고 있는 복잡한 상황에서 한 개인의 일차적 과제는 경험들을 의미 있고 심리적으로 대처할 수 있는 단위로 분할하는 것이라고 볼 수 있다. 이것을 가능하게 하는 과정이 바로 범주화의 과정이다. 개념적 사고는 범주적 사고에 기초해 있다고 할 수 있다.

범주라고 하는 것은 대상과 행위의 개념들의 집합을 분류하는 분류체계라고 볼 수 있겠다. 범주라는 것은 동일 유목에 함께 속한다고 사람들이 생각하는 사물의 유목이라고 할 수 있고, 범주화는 관련이 있는 사물이나 사건들을 하나의 범주로 할당하는 과정이라고 볼 수 있겠다. 그래서 범주화는 개념이 갖고 있는 1차 기능이며, 개념은 범주화에 의하여 구체적으로 구현된다고 볼 수 있다. 따라서 개념적 사고 과정의 탐구는 범주적 사고 과정의 탐구에 의하여 주로 연구된다. 다시 이야기하여 개념과 범주는 서로 상호 보완적으로 작용하면서 인지가 효율적, 경제적으로 작동하게끔 한다. 범주화는 가장 기본적인 인지 과정의 하나로서 실제로 인간의 의사소통은 범주정보의 교환으로 이루어진다고 해도 과언이 아니다.

만약 인간에게 범주적 개념이 없다면 우리 일상의 심리적 생활은 혼돈의 세계가 될 것이다. 또한 만일 모든 사물을 각각 다른 독특한 것으로 인식해서 지각한다면 우리는 엄청나게 다양한 경험에 압도당할 것이다. 어제 만난 친구가 오늘 다른 옷을 입고 왔다고 해서 그 사람을 다른 사람으로 지각한다든지 하면 굉장히 복잡해질 것이다. 그렇게 한다면 우리가 일상적으로 접하는 것들의 극히 일부분도 기억할 수 없을 것이다.

또한 만약 각 개체가 독자적인 이름을 갖는다면 우리가 사용하는 언어는 굉장히 복잡해지고 의사소통은 거의 불가능해질 것이다. 예를 들면 이 나무는 '나마'고, 저 나무는 '나머'고, 그 다음에 다른 나무는 '나모'고…… 이런 식으로 대상이 조금씩 달라져도 그에 따라 이름이 다 달라진다면 삶은 굉장히 복잡해지고 정보처리하기가 힘들며 의사소통이 불가능해질 것이다. 그런데 다행히도 우리는 개개의 사물과 사건을 독특한 것으로 지각하고 기억하거나 언급하지는 않는다. 오히려 우리가 이미 알고 있는 유목이나 범주와 개념의 한 사례로 묶어서 처리하는 것이 우리의 일상적인 사고 방식이다.

서로 조금씩 다른 대상들을 같은 이름으로 부르는 일이 많은데 그것들이 무엇인가 공통점이 있다는 것을 알기 때문에 우리는 그것을 같은 이름으로, 같은 범주로 부르는 것이다. 옆집에서 밤마다 시끄럽게 짖어대는 동물도 '개'이고, 아기가 갖고 있는 동물의 이름도 '개'이다. 그렇다면 '개'의 개념이 포함하고 있는 속성들을 옆집의 개와 아기가 갖고 있는 개가 얼마나 비슷한지 판단하고 같은 개념으로, 범주로 묶는 것이다. 같은 이름으로 묶는다는 것은 범주화 행동을 한다는 것이고, 그것은 인지적 정보처리의 경제성을 가져다주기에 한다고 볼 수 있겠다.

바로 이러한 맥락에서 브루너(Bruner, Goodnow, Austin, 1956) 등은 인지과학 형성 초기에 이미 범주적 사고의 주요 이점을 다음과 같이 기술한 바 있다. 사물의 범주화는 환경의 복잡성을 줄여주고, 사물을 분류하고 관계성을 설정할 수 있게 해준다. 특정 대상이나 사건에 대하여 일단 개념적 범주화가 형성되면 매번 계속적인 학습을 하지 않아도 되어 정보처리의 경제성을 가져다준다. 개념적 범주화가 행동과 연결되면 생존의 문제와 직결되기에(예: 육식동물, 독초), 범주화는 동물과 인류의 진화 과정에서 일차적으로 형성된 적응 메커니즘이라 할 수 있다. 범주적 개념화의 인지적 작업은 정보처리의 효율성, 경제성 원리에 따른다고 볼 수 있지만, 그렇다고 해서 모든 것을 다른 범주로 나눈다는 것은 별로 정보처리적 경제성을 지니고 있지 않다고 볼 수 있다. 가능한 적은 수의 범주로 최대한의 정보를 반영하게 하는 것이 범주의 적절한 용도라고 볼 수 있겠다.

범주적 사고와 관련하여 제기되는 2개의 물음들을 생각해볼 수 있다. 우리는 각종 대상에 대하여 그 범주 경계선이 명확한 그러한 범주 개념을 지니고 있는가 하는 물음과 과연 범주화는 어떤 인지 과정에 의해 진행되는가 하는 물음이다. 첫 번째 물음에 대하여 그동안의 인류학의 연구와 인지심리학의 연구결과에 의하면, 인간은 각종 개념 범주에 대하여 명확한 경계선이 없는 그러한 지식표상을 지니고 있다고 할 수 있다.

예를 들어 라보프(W. Labov) 등의 범주 연구결과를 보자. 〈그림 12-3〉을 보면 맨 첫 번째 자극인 컵을 조금씩 조금씩 가로세로로 크기나 모양을 변형시켜 찻잔에서 대접으로, 또는 술잔이나 화병으로 만든 것인데, 과연 '어디까지는 찻잔이고 어디까지는 술잔이며 어디서부터 어디까지는 화병이다라고 할 수 있겠는가?'라는 물음을 던질 때, 즉 범주 사이의 경계가 명확한가 하는 물음을 던질 때 그렇지 않다라고 하는 실험 결과

찻잔, 대접, 술잔, 화병

라보프(1973)의 문제: 컵의 경계가 명확한가?

그림 12-3 라보프의 범주 경계 예

가 제시되었다. 여러 경우에 범주 경계가 모호한 현상은 서로 다른 개인 간에도 일어나지만, 한 개인 내에서도 상황이나 시점에 따라 범주 경계 판단이 달라진다.

1) 범주화 이론

범주에 대해서 몇 가지 인지과학적 이론이 나와 있는데 주로 범주를 어떻게 구분하느냐, 범주라고 하는 것이 우리 사고 내에서 어떤 표상구조를 갖는가 하는 데 초점을 둔 이론들이다.

범주에 대한 첫 번째 이론은 특질적 접근(feature approach)이다. 범주의 의미 특질의 정보를 이용해서 범주를 표상한다는 이론으로, 예를 들어 '총각' 개념 범주의 경우 총각이 지닌 특질로 보아 남자냐 여자냐, 결혼을 했느냐 안 했느냐 등등으로 의미 차원(속성)들이 있으면 이 의미 차원(특질)들이 각기 어떤 값을 지니는가를 규정하여 이를 종합하면 개념 범주가 된다는 입장이다. 즉 범주는 필요충분조건에 의해서 정의된다고 보고 논리적으로 설명하는 입장이다.

다음 이론은 사례 중심의 접근(examplar approach)으로, 우리가 범주화를 하는 것은 여러 사례 경험을 통해서 범주화가 가능하게 된다는 것이다. 하나의 개념은 추상화된 요약 정보가 아니라 예들로 표상되는 것이며, 주어진 자극의 범주화는 그것과 기억속에 이미 표상으로 저장된 개별 사례들과의 유사성에 달려 있다. 예를 들어 '사자는 빨리 달리는 동물이다' 라는 식으로 정의한다기보다는, 사자의 가장 대표적인 예를 중심으로 해서 사례 중심으로 개념 표상이 이루어지고 그 표상된 사례와 유사한 정도에 따라서 자극대상의 범주 판단이 일어난다고 보는 것이다. 그래서 '민주주의는…… 어떻다' 이렇게 사전적 원리로 정의하는 것이 아니라 사례를 중심으로 구성하는 것이라고 볼 수 있다. 즉 사례와 비슷한, 유사한 정도에 따라서 같은 범주에 묶이느냐가 결정된다.

세 번째는 원형적 접근(prototype approach)으로, 하나의 개념 범주는 가장 전형적인 사례의 특성을 중심으로 구성되어 있다는 입장이다. 우리가 일상에서 접하는 대상들은 대부분 범주 경계가 명확하지 않다. 그래서 원형적 접근은 그 범주에 속한 사례들이 평균적으로 가지고 있는 속성들의 집합으로 범주화를 하는데, 예를 들어 '새' 라는 개념의 범주 속성을 새의 대표적인 예인 '참새'가 지닌 평균적 특성을 중심으로 나타내는 것이다. 즉 새의 예들이 지니는 집중경향성을 참새가 잘 나타낸다고 보는 것이다.

2) 범주 간의 관계 구조

다음은 범주 간의 관계 구조의 문제인데 우리 마음속의 범주 구조는 위계구조를 갖고 있다고 볼 수 있다. 이 구조는 '상위 수준 범주에서 → 기본 사물수준 범주 → 하위예 또는 하위 수준 범주'의 구조로 위계적으로 조직화되어 있다고 생각할 수 있는데, 여기서 중간인 기본 사물수준은 상위 수준의 정보와 하위 수준의 정보가 절충되는 수준이며 범주 구조의 핵심이다(Rosch, 1973). 기본 수준의 범주가 우리가 제일 먼저 학습하는 범주이며, 또 언어 사용에서도 중요한 위치를 차지한다.

범주적 사고와 신경 과정: 범주적 사고와 관련해서 모든 사람들이 다 범주적 사고를 할 수 있는 것은 아니다. 뇌의 어떤 부분들이 손상되면 특정 범주를 지각하지 못하는 경우들이 나타난다. 이것은 7장에서 언급한 바가 있는데, 뇌가 손상되어 범주를 지각하지 못하는 사람들은 사람 얼굴을 사람 얼굴로 인식하지 못하고, 사물 1을 보고도 다른 사물 2라고 말하거나 생각하며, 모양이 같은 대상을 동일한 것으로 알아차리지 못한다.

4. 문제해결적 사고

범주적 사고에서 한 단계 진전한 유형의 사고가 문제해결적 사고이다. 특정 문제 상황에서 그 문제를 해결하기 위한 반응을 형성하거나 선택하는 방향 지어진 사고이다. 선택하는 목표 대상이 존재하고 몇 가지 제약하에서 그 목표를 달성하기 위해 문제를 해결해야 하는 사고이며, 목표를 성취하기 위한 전략을 구성하고 다양한 전략 중에서 목표 달성에 적절한 전략을 선택하는 인지적 과정인 것이다.

그렇다면 문제해결적 사고는 귀납적, 연역적 추리와 같은 다른 사고 유형들과 무엇이 다른가? 문제해결은 사람들이 목표를 성취하기 위해서 물리적인 세계를 변형시키거나 배치시키기 위한 사고라고 볼 수 있겠다. 문제해결에는 다른 유형의 사고들도 포함된다. 문제해결의 각 시점에서 가능한 행동들 중 가장 바람직한 것을 선택하는 의사결정적 사고, 후에 일어나는 문제를 해결하기 위해서 필요한 행동들을 예언하는 데 필요한 일반화와 관련된 귀납적 사고, 문제를 해결할 수 있는 행위에 관한 추론에서 특정 상태나 행위에 대한 함의를 결정하기 위해 조건적 상황을 처리하는 연역적 사고 모두 문제해결적 사고에 포함된다.

문제해결적 사고에 대한 연구의 흐름: 문제해결적 사고에 대한 연구의 흐름을 보면 초기 심리학적 연구가 있고, 형태주의 심리학적 연구가 있으며, 인지주의 대두 이후의 연구가 있다.

초기의 심리학적 연구들은 문제해결을 시행착오적으로 해결하는 측면으로 강조를 했고, 문제를 푸는 사람들이 가설을 어떻게 도출하는가에 대해서뿐만 아니라 지식이라는 것에 대해서 설명하거나 이론을 제시하지 못하였다. 실험심리학의 발전 역사 초기에 사고에 대한 연구를 잘 하지 않았던 이유는, 사고 실험 과제가 상당히 애매하고 실험 통제가 아주 곤란하기 때문에 문제를 정확하게 잘 조절해서 보는 분류체계가 없고, 검증하는 가설이나 이론들도 부족했기 때문이다.

그러다가 1920년대에 형태주의(게슈탈트, Gestalt) 심리학 연구가 시작되면서 사고의 연구가 촉진되었다고 볼 수 있다. 2장에서 논한 바와 같이, 형태주의 심리학의 기본 개념인 게슈탈트(Gestalt)라는 것은 조직화된 전체라는 개념이다. 형태주의 심리학자들에 의하면, 문제는 현상 지각과 기억 사이의 긴장 및 스트레스 등이 있어서 생기는 것이고, 문제해결은 새로운 각도에서 생각하여 이루어지는 것이다. 따라서 전체 문제 상황에 대한 상황 재구성이 이루어져서 문제가 해결된다고 본다. 문제 상황의 장(field)이 재구성된다는 상당히 역동주의적인 입장인 것이다. 쾰러(W. Köhler)라는 형태주의 심리학자가 침팬지들이 문제해결을 어떻게 하는가를 연구했는데, 점진적으로 그리고 서서히 시행착오적으로 문제가 해결되는 것이 아니라 문제해결이 안 되다가 갑자기 통찰이 일어나면서 문제해결이 일어난다는 것을 발견하였다.

이후 1950년대부터 시작된 문제해결적 사고에 대한 인지주의의 연구는 이 책의 앞부분(2, 3, 8장)에서 설명한 것처럼 뉴웰(A. Newell)과 사이먼(H. Simon)의 일반 문제 해결자(GPS: General Problem Solver)라는 이론 틀과 컴퓨터 프로그램 내용이 제시되면서 발전되었다고 볼 수 있다. 이 입장의 특성은 문제해결적 사고에서 문제 공간에 대한 표상을 연구하고, 문제 공간을 머릿속에서 표상하고 이를 탐색하는 것을 강조했으며, 탐색(검색)의 방식으로 알고리즘, 휴리스틱스를 만들었다는 것이다.

문제 공간: 이 접근에 의하면 문제 상황이라고 하는 것은 주어진 현재 상태가 있고 원하는 목표 상태가 있는데 그 두 사이에 간격이 있는 것이다. 문제해결 과정은 문제에 적응될 수 있는 가능한 지식과 주장으로 구성되는 문제 공간을 통과하는 경로를 찾아내는 과정이다. 문제 상황에 대한 표상을 한다고 했을 때 모든 것을 다 표상하는 것이 아니라 직접적으로 관련이 있는 중요한 것을 표상하는 것이다. 문제 공간이라고 하는 것은 저 밖에 있는 공간이 아니라 문제 상황에 부딪혀 문제를 해결하려고 하는 사람의 내적, 심리적으로 마음속에서 그려진 표상이라고 볼 수 있겠다.

문제 공간에 어떤 정보가 들어가느냐 하면 문제해결자가 현재 지니고 있는 목표, 그리고 과제 환경 상태, 그 상태를 변화시킬 수 있는 여러 가지 연산자(조작자, operators)가 있을 수 있겠는데, 그런 것을 선택하기 위한 알고리즘이나 휴리스틱스 같은 것들이 정보로서 포함이 되어 있어야 한다고 볼 수 있겠다.

문제해결을 할 때 각 시점에서 문제해결을 하는 사람은 지금 주어진 바, 쓸 수 있는 조작자(연산자)를 선택하고, 이 연산자를 현재의 과제 환경 상태에 적용하여 한 상태에서 다른 상태로 이동한다. 환경의 변화는 연산자나 연산자 선택 과정을 변화시킬 수 있다.

문제해결에서 지식의 중요성이 강조되는데, 해당 문제와 관련된 지식이 있을 경우에 해결 방법들을 머리에 떠올리기 쉽고, 그런 여러 가지 방법을 사용할 수 있느냐 없느냐에 따라서 문제해결이 달라진다. 일반적으로 지식이 많거나 적절한 지식이 있을수록 문제해결에 도움이 되는데, 지식이 도움이 되지 않고 오히려 방해가 되는 경우가 있다. 그것이 기능적 고착(functional fixedness)이라는 현상인데, 유사한 문제를 해결하던 방법을 기억하고 있으면 새 문제가 제시되어 새 문제를 해결할 때 그와 유사한 문제를 해결하던 이전의 방식을 그대로 적용하려 해서 다른 해결책을 창조적으로 생각해내지 못하는 상황이다. 여기에서 마음 갖춤새라는 개념이 나온다. 사건이나 사물의 지각에 있어 이런 과거 경험들이 마음 갖춤새(mental set)로 되어 있어서 문제해결에 영향을 주는 것을 말한다. 마음 갖춤새가 적합하면 문제해결이 되지만, 그렇지 않으면 기능적 고착이 일어날 수 있는 것이다.

심층분석 12-1 문제해결 연구 예

인지심리학의 문제해결 연구들의 상당수는 문제 공간에서의 탐색 연구이었다. 사이먼과 뉴웰의 입장에 이어지는 전통이라고 할 수 있다. 문제해결에 대한 연구 예를 들어 설명하면 다음의 사이먼 등이 제시한 예를 생각해볼 수 있다.

문제: 다음에서 영문 알파벳은 각각 무슨 숫자를 가리키나?
암호 해독의 문제: 각 글자는 숫자를 표시함(D=5).

```
    DONALD
  +  GERALD
  ─────────
    ROBERT
```

　알파벳 각각이 무슨 숫자를 가리키는지 물음이 던져지면, 사람들은 'DONALD +
GERALD = ROBERT'라고 했을 때 여기 나와 있는 영문 철자 각각이 숫자 무엇을 나
타내는지 찾아내야 한다. 이 문제를 해결하기 위해서 피험자는 문제 상황을 머릿속에 자
기 나름대로 표상을 한다. 표상을 해서 문제를 해결해 나가는데, 사이먼 등의 연구방법
은 이 문제를 풀어가면서 자기 자신 안에서 일어나는 생각을 그대로 말을 해서(말을 하
면서 생각하게끔 해서) 녹음을 하고 이를 분석하며, 분석된 내용의 장면 장면들을 부호
화하고 처리해서 분석하는 것이다.

　문제해결이라는 것은 문제 공간에서의 탐색이라고 하는 입장에서의 뉴웰과 사이먼의
추가 설명은 첫째로는 인간을 정보처리체계라고 보는 것이며, 둘째는 외부적 과제 환경
에 대한 모델이 중요하다고 보는 것이다. 문제를 해결하려면 그 문제 및 그 문제와 관련
이 있는 현실적인 실제 상황에 대해서 머릿속으로 어떻게 표상을 해야 한다. 거기에는
문제해결을 해야 되는 목표까지 포함이 된다.

　문제 공간은 문제를 해결하는 동안 문제해결자가 처해질 수 있는 가능한 모든 상태의
집합을 일컫는 것이다. 문제 공간은 저 밖에 있다기보다는 문제해결자의 마음속에, 머릿
속에 인지적 상태를 나타내는 이론적 도구라고 할 수 있겠다. 그러면 문제 공간에 대해
서 탐색을 해야 하는데 어떻게 탐색해야 할까? 사이먼 등의 『Human Problem
Solving』이라는 책은 문제 공간을 사람들이 어떻게 머릿속에 생각했는가를 일일이 보
여주고 있다. 문제해결을 할 때 각 시점에서 문제해결을 하는 사람은 지금 주어진 바, 쓸
수 있는 조작자(연산자)를 선택하고, 이 연산자를 현재의 과제 환경 상태에 적용하여 한
상태에서 다른 상태로 이동한다. 환경의 변화는 연산자나 연산자 선택 과정을 변화시킬
수 있다.

　예를 들자면 널리 알려진 선교사와 식인종의 문제는, 선교사 3명과 식인종 3명이 있
는데 선교사는 식인종에게 잡아먹히지 않게 강을 건너야 하고, 선교사가 식인종과 숫자
가 같으면 잡아먹히지 않는다는 문제이다. 이런 문제를 해결하기 위해 문제를 머릿속에
문제 공간으로 표상하고 문제 공간에서 해결해야 될 길들을 찾는 것이 문제해결 과정인
데, 선교사와 야만인이 배에 타는 숫자를 같게 하면서 선교사가 사고를 당하지 않는 방
식을 문제 공간 속에서 탐색하며 연산자를 적용하여 문제를 해결하는 것이다.

문제해결자의 효율성을 결정짓는 것은 문제 공간의 질, 좋은 탐색을 위한 간편법이 있느냐 여부이다.

뉴웰과 사이먼이 문제 공간에서 문제해결을 탐색하는 방식을 수단-목표 분석 방식이라고 한다(8장에서 설명하였다). 목표를 달성하는 데 사용할 수단이 사용 가능한지 판단해보고, 수단을 사용할 수 없으면 수단을 사용할 수 있게 만드는 하위 목표를 해결한 다음에 그 최종적 목표를 해결할 때까지 위계적으로 접근해가는 것이다.

예를 들어 내가 집에 가야 되는데 지금 돈이 없다면, 돈이라는 수단을 먼저 구해야 집에 갈 수 있다. 즉 수단을 구하는 방법을 강구해야 하고, 친구에게 돈을 빌린다는 목표가 생긴다. 그러면 친구에게 연락해서 불러내야겠다는 하위 목표가 끌어내진다. 이런 식으로 최종 목표가 있고, 수단과 하위 목표를 찾아서 그런 것이 연결되어 문제를 해결하는 것이다.

차이 감소법은 현재 상태와 목표 상태와의 차이를 가장 크게 줄이는 방법이다. 목표와의 차이를 조금 줄일 수도 있는데 그것보다는 가장 크게 차이를 줄이는 방법을 선택하는 것이다. 그리고 역행법은 목표에서 거꾸로 올라가는 것이다.

바둑이나 체스같이 복잡한 것은 굉장히 여러 가지 문제해결적인 알고리즘이 들어가지만, 기본적인 문제들은 몇 가지 기본적으로 간편한 방법(휴리스틱스)을 사용한다고 볼 수 있겠다.

하노이의 탑이라는 문제는 왼쪽 기둥에 쌓여 있는 원반들을 맨 오른쪽 기둥에 쌓아놓는 것인데, 작은 원일수록 위에 올라와 있게 해야 한다. 이 문제를 풀 때 어떻게 하는가? 머릿속에 문제 공간을 표상하고 그 공간에서 찾아가는 탐색을 한다고 볼 수 있다. 문제가 해결될 듯 보이는데도 해결이 안 되는 경우가 있는데, 표상이 잘못된 경우 또는 조작자가 없거나 잘못 선택된 경우 그런 문제가 생길 수 있겠다.

문제해결에서는 지식이 중요하다. 지식이 많거나 적절할수록 문제해결에 도움이 되는데, 방해가 되는 경우도 있다. 그것이 앞에서 언급한 기능적 고착이다. 예를 들어 둥커(K. Duncker)의 초 문제를 생각해보자.

당신 앞에 탁자가 있고 그 위에는 하나의 초, 몇 개의 성냥, 압정 상자, 망치, 약간의 끈, 약간의 집기와 기타 물건들이 있다. 당신의 과제는 초가 안전하고 적절하게 탈 수 있도록 벽에 안정되게 거는 것이다. 초를 벽에 걸어 안정적으로 타게 하려면 어떻게 하느냐?

라고 했을 때 사람들은 압정이 담긴 상자를 압정용으로만 생각했지, 그것을 하나의 다른 것을 담아둘 지지할 수 있는 상자로는 생각하지 못하는 경우가 많다. 정답은 압정 상자를 비우고 망치와 압정을 이용해서 상자를 벽에 박은 후 초를 벽에 박힌 상자 위에 올려놓는 것이다. 즉 압정이 들어 있던 상자를 다른 용도의 도구 수단으로 사용해야 한다. 사람들이 문제해결을 못하는 이유는 상자에 대한 현재 개념, 습관적으로 알던 지식 때문이다. 즉 압정 상자는 압정만 담는다고 생각했기 때문에 그런 것이다. 문제와 관계 있는 부분을 고려하지 못하면 문제해결은 이루어질 수 없다. 압정 상자를 초를 받쳐주는 상자 받침대로 생각해야 되는 것이다.

여기에서 '마음 갖춤새(mental set)'라는 개념이 나온다. 사건이나 사물의 지각에 있어서 이런 과거의 경험들은 마음 갖춤새로 되어 있어 문제해결에 영향을 준다.

다음 그림의 예가 '마이어(Maier)의 두 끈 문제' 예이다. 이 상황에서 천장에 달려 있는 두 끈을 연결하는 것이 과제인데, 왼쪽 줄이 짧기 때문에 손을 뻗어도 오른쪽 줄에 연결이 안 되어 둘을 연결할 수 없다. 그럼 이 둘을 어떻게 연결하느냐 하는 문제가 제기된다. 해결방법은 밑바닥에 놓여 있는 것 중에서 펜치(가위) 비슷하게 생긴 것을 사용하여 가위나 펜치가 지니는 일상적인 용도와 기능에 대한 지식에서 벗어나, 이것을 일종의 쇠로 된 추로 사용해서 한 줄에 매달아놓고 흔들리게 한 뒤 흔들거리는 것을 잡아서 연결하는 것이다. 이는 펜치나 쇠로 만든 가위는 무언가를 자르는 데에만 사용한다는 기

그림 12-4 마이어의 두 끈 문제

존 지식이 문제해결을 잘 못하게 하는 기능적 고착을 넘어서는 예이다.

비슷한 예로, 다음과 같은 둥커의 방사선 문제를 생각해볼 수 있다.

악성세포를 제거하지 않으면 위암으로 죽게 된다고 하여 병원에 갔다. 유일한 치료방법은 방사선 치료인데, 너무 높은 강도를 사용하면 악성세포는 줄일 수 있지만 건강한 세포 또한 죽이게 된다. 반면에 낮은 강도를 사용하면 건강한 세포에 해를 끼치지 않지만 암세포도 죽일 수 없게 된다. 그러면 건강한 세포는 죽이지 않고 암세포만 제거시킬 수 있는 방사선 치료법을 강구하라.

사람들은 이 문제를 해결하기 힘들어한다. 정답은 낮은 강도의 방사선들을 여러 방향에서 암세포를 향해 쏴서 한 지점에서 여러 방사선들을 모아 강한 방사선을 쬐어서 암세포를 죽이는 방식이다. 그러나 사람들은 여러 방향에서 방사선을 쏘는 것을 생각하지 못한다. 왜 사람들은 문제해결에 실패했는가? 해결점을 찾을 수 있게 해주는 관련 내용에 주의를 기울이지 못했기 때문에 그렇다고 볼 수 있겠고, 오직 하나의 방사선만을 사용한다든지 오직 그 한 단계 방사선만을 사용한다는 습관적인 기존의 고정관념을 벗어나지 못했기 때문이다. 기존에 다른 문제에서 해결을 가져왔던 지식을 버리고 방사선이란 것이 여러 방면에서 쏘일 수 있다는 것을 생각한다면 문제가 해결된다고 볼 수 있겠다.

다음의 긱과 홀리오크(Gick & Holyoak)의 문제도 역시 유사한 문제이다.

한 군대가 바퀴살 같은 도로를 가진 도시를 공격하려고 한다. 이 길은 특수한 방법으로 건설되어 있어서 만약 소규모의 사람들이 이 길을 가면 부서지지 않지만, 군대와 같이 대규모의 사람들이 지나간다면 파괴될 것이다. 그러면 길이 무너지지 않도록 하면서 이 도시를 공격하여 성공할 수 있는 방법은 무엇일까?

이 문제만을 봤으면 문제를 잘 해결하지 못할 텐데, 예전에 '암과 방사선' 문제를 해결한 사람들은 이 문제를 쉽게 해결한다. 인원을 나눠서 여러 길로 진입한다는 것을 알아차리게 된 것이다.

현재의 군대 문제가 예전의 암과 방사선 문제와 유사하다는 것을 알려주면 사람들은 쉽게 문제를 해결한다. 공통 해결을 위한 도식이 기억에 만들어져 그러한 도식에 의해서 문제를 해결하는 것이다. 즉 어떤 도식에 대한 가용성이 늘어날수록 문제해결을 하는 방식, 지식이 머릿속에서 잘 활용되고, 그럴수록 문제해결이 잘된다는 것이다. 새로운 문제에 부딪혔을 때 그런 도식들이 있으면 문제해결을 잘할 수 있다.

모든 경우마다 지식을 동원해서 일일이 생각하고 문제를 해결한다면 상당히 어려울 것이다. 문제해결이 어느 정도 자동화된다면 생각하기 쉽다고 볼 수 있겠다. 연습을 하면 문제해결과 관련된 지식, 전략, 도식 등의 적용이 쉬워져 그 다음부터는 문제해결이 쉽게 되는 것이다. 문제해결이 상당히 자동적으로 처리되고 기계적으로 관련된 지식이 적용되어 쉽게 문제를 해결하는 것이 전문가의 특성이다.

문제해결에 대해서 문제 공간을 탐색하는 것과 지식이 적용되어 해를 가져오는 경우 및 그렇지 않은 경우를 설명했는데, 문제해결적 사고를 잘하는 사람도 있고 못하는 사람도 있으며, 문제해결을 잘하는 전문가도 있다. 사람들이 왜 문제해결에 실패하는가 하면, 주로 해결점을 찾을 수 있도록 해주는 변형되거나 배치시킬 수 있는 관련된 측면에 주의를 기울이지 못하기 때문이라고 말할 수 있다. 기능적 고착과 같은 마음 갖춤새가 바로 이러한 상황에서 작용한다고 하겠다. 그렇다면 문제해결을 잘하는 전문가의 사고는 어떠한 특성을 지니고 있을까?

5. 전문가적 사고

전문가라는 것은 무엇인가? 한 영역에 대해서 완결적, 조직적인 깊은 지식을 지닌 사람이다. 그 영역에 대한 많은 경험을 쌓은 결과로 그 영역의 문제의 해결책을 알거나 해결을 도출해내는 사람이라고 할 수 있으며 초심자, 초보자, 일반인과 대립되는 개념이다.

여러 가지 전문가 즉 바둑 고수, 와인 감식가, 유전탐사 전문가, 컴퓨터 프로그램 전문가, 미술 감식 전문가 등이 있다. 전문가적 사고는 문제해결적 사고가 핵심이다. 어떤 특수 영역에 문제가 주어져서 그 문제를 효율적으로 해결하는 사고를 하는 것이 전문가들의 사고이다. 아무나 할 수 있는 것이 아니라 전문가적 지식 및 기술이 필요한데, 그것을 영어로 'expertise'라고 한다. 많은 지식, 경험이 쌓이고 거기에 창의성이 연결되면 이러한 전문성이 형성될 수 있다. 그런데 전문가와 초심자의 차이는 무엇이며, 전문가들은 초심자가 하지 못하는 어떤 생각을 할 수 있는 것일까?

네덜란드의 드 그루트(A. de Groot, 1965, 1966)라는 인지과학자가 이에 대해 실험을 하였다. 체스에서 고수와 초보의 차이는 무엇인가, 고수가 기억력이 더 좋은가, 논리적 사고를 더 잘하는가, 전략 즉 수를 더 많이 알고 있는가, 더 집요한가 등등의 물음을 지니고 실험을 실시한 드 그루트[91]는 체스의 전문가이자 심리학자, 인지과학자이기도 하였다. 그는 예를 들어 대국이 어느 정도 진행된 체스판을 놓고 신호가 울리면 약 5초 동안 이 판을 보고 나서(말 수가 많으면 10초에서 20초 동안 본다), 그 뒤 체스판을 종이로 가리고 실제 다른 체스판에 조금 전에 본 체스판 모양대로 돌을 놓는 실험을 하였다. 이 연구결과에 의하면 고수가 더 기억을 잘하는데, 게임을 하면서 자신의 생각을 소리내어 말하게 하는 프로토콜 분석으로 연구한 결과, 고수는 체스판에 대한 해석과 구성이 거의 정확했기 때문에 초심자보다 좋은 움직임 수를 알 수 있다고 설명하고 있다.

후에 체이스와 사이먼(Chase & Simon, 1973)은 초보자와 체스의 대가(master)를 대상으로 실험을 하였다. 실험에 사용된 자극은 실제 대국에서 중간쯤 진행된 상태로, 24~26개 말을 사용한 체스판 또는 말이 2~5개 정도 남은 끝 상태의 체스판을 보고 기억을 하게 하였다. 다른 실험 조건에서는 실제 게임이 아니라 무작위로 말들을 배열시켜놓고 그것을 기억하게 하였다. 실험 절차는 피험자가 누구이건 판 위의 말들을 약 5초 동안 보는 것이다. 그리고 보았던 것을 새 체스판에 다시 기억해내어 재구성하는 것이다. 실험 결과, 무선적으로 말을 배치한 실험 상황 조건에서는 전문가와 초보자 사이에 기억의 정확성에서 별 차이가 없었는데, 체스 말들이 실제 대국의 배열대로 된, 즉 의미가 있는 말 배치를 본 상황에서는 전문가가 말의 위치를 대부분(16~24개 말 정도) 기억하는 데 비해 초보자는 잘 기억하지 못하였다.

---

91 이 연구 관련 내용은 http://www.chessbase.com/newsdetail.asp?newsid=3290 참조.

이 연구결과를 종합하여 다음과 같이 요약할 수 있다. 체스 전문가는 기억력에 있어서는 초보자와 마찬가지이고, 일반적 인지적 기술이나 일반적 지식이 초보자보다 많은 것도 아니다. 그러나 체스 관련 구체적인 지식은 더 많다. 즉 장기들에 대한 지식, 의미 있게 놓인 말들의 연결 모양에 대한 지식이 많다. 덩이 짓기(chunking)에서 고수들은 초보자들보다 잘한다는 것이다. 24개의 말이 놓여 있는 장기판을 보는데 24개 낱개로 기억하는 것이 아니라 3~4개의 덩어리로 묶어서 기억하므로 실제로는 덩어리 몇 개만 기억하면 되는 것이다. 체스 고수들은 약 5만여 개의 지식의 덩어리를 갖고 있다고 볼 수 있다. 우리나라 바둑 고수들은 이보다 더 많은 지식을 갖고 있으리라 생각된다. 따라서 고수는 많은 지식을 갖고 있어야 하지만, 기억력이나 일반적 인지적 능력이 초보자보다 더 좋은 것은 아니다.

어떤 분야에서건 고수가 되려면 수많은 경험이 축적되어야 한다. 수백 번의 게임을 하고 체스에 관한 기억과 생각만을 하면서 수년 동안 연습을 거친 후에야 전문가의 단계에 오를 수 있다. 한 영역에서 5만 개 이상의 지식 덩어리를 얻는 것은 10년 내에는 이루기 힘들다는 것이다. 전문가 특성에 대한 인지과학적 연구결과에 따르면, 전문가는 '10년 규칙을 따른다'는 원리가 적용된다고 볼 수 있다. 예를 들어 어떤 사람이라도 10년 정도의 강도 높은 음악적 훈련 없이는 훌륭한 곡을 작곡할 수 없다. 베토벤의 경우도 나이가 들어 갑자기 음악 작곡을 한 것이 아니라 어릴 때부터 수많은 경험을 쌓아서 음악에 관한 지식과 훈련을 했기 때문에 걸작을 만드는 것이 가능하였던 것이다.

심층분석 12-2 전문가 연구의 사례

드 그루트의 연구결과에 의하면 체스에서 다음에 어떤 수(手, move)를 둘지 알고 있는 수(단계)에서 몇 개의 수를 알고 있느냐 하는 개수보다는 수의 질에서 전문가가 더 낫다고 하였다. 사이먼 등의 연구결과에서도 예측 가능한 형태에 대해서는 전문가가 더 잘 기억하였지만, 예측 가능하지 않은 형태에 대해서는 차이가 없거나 오히려 초심자보다 더 못하였다. 따라서 지식의 정도나 정보들의 연관 정도, 문제 이해, 문제해결 방법, 자기의 수행을 모니터링하는 것 등에서 전문가가 초보자보다 더 낫고 잘한다고 볼 수 있다. 컴퓨터 프로그래머의 전문성 연구(Mckerithen, Reitman, Rueter & Hirtle, 1981)

도 비슷한 결과를 제시했다. 모니터에 잠깐 보이는 프로그램을 후에 기억하게 한 결과, 의미 없는 프로그램 기억에서는 전문가와 초심자의 차이가 없는 반면, 의미 있는 프로그램은 전문가가 더 잘 회상하였다.

라이프(Reif, 1979) 등의 연구에 의하면 전문가와 초보자의 지식구조가 다르게 조직되어 있음을 알 수 있는데, 전문가는 문제 상황을 위계적, 계층적으로 조직해서 분석한다. 전문가가 빠르고 효과적으로 문제를 해결하는 것은 전문가가 휴리스틱스를 잘 사용해서만은 아니고, 오히려 지식이 잘 조직되어 있어 그렇다고 볼 수 있다.

아일런(Eylon, 1979)은 물리학과 관련해 전문가와 초심자를 구분해서 연구하였다. 물이나 공기에서 무엇이 뜨는 부력에 관한 두 종류의 교재를 만들어서 학생들에게 학습하게 하였다. 한 집단에는 보통의 물리학 교재를 사용해서 학습하도록 했고, 다른 집단에는 전문가의 부력에 관한 지식을 분석해서 위계적, 계층적인 지식구조를 가진 정보로 제공했더니 계층적인 구조를 가진 교재로 공부한 집단의 학생들이 내용에서 40%를 더 잘 알게 되고 문제해결도 25% 더 우세했다는 실험 결과가 있다. 지식이 위계적으로 잘 조직화되어 있어야 한다는 것을 말해주는 결과이다.

다른 연구(Chi, Glaser & Rees, 1982)에서 물리학의 박사과정 학생과 학부생에게 유사한 과제를 제시한 실험 결과에 의하면, 초심자들은 문제에 주어진 도표, 즉 시각적인 모양이라든지 표면적인 요소에 주의가 끌려서 그것을 중심으로 처리를 하는 반면, 전문가들은 문제를 푸는 데 물리학의 원리가 적용되는가, 물리학의 추상적 지식을 적용할 수 있는가도 고려할 수 있음을 보였다. 이들은 물리학과 관련해서 다른 연구도 했는데, 그 결과 초심자는 원래의 범주보다 더 많은 범주를 사용하는 데 반해 전문가는 적은 범주로 나눠서 문제를 파악하여 풀고, 초심자는 더 적은 범주로 아예 나누지 못하거나 너무 세분화하는 특성이 있지만 전문가는 그렇지 않다는 것을 알 수 있었다.

전문가와 초보자의 지식의 차이를 정리해보면, 의미적 지식에서 초보자는 표면적 특징 정보를 중심으로 초보적인 표상을 하는 데 반해 전문가는 분야의 기본 원리, 기본 개념과 관련된 지식 틀 중심의 조직화를 한다. 도식적 지식에서도 초보자는 표면적 특성, 전문가는 구조적, 원리적 특성 중심으로 조직화를 한다. 전략적 지식에서도 초보자는 문제가 해결되는 데에서부터 해결을 찾아가는 것이 아니라 알려지지 않은(unknown) 상황에서 해결을 찾아가려 하는데, 해결점에서부터 역으로 추적해가는 방식이 더 효율적으로 전문가는 이 방식을 취한다.

컴퓨터 프로그래밍에서 전문가와 초보자들의 특성 차이를 보면, 전문가들은 빠르고 적은 노력을 들이며 프로그래밍 규칙을 발견하여 사용하는 데 반해, 초보자는 틀린 용법을 발견하는 데 굉장히 많은 시간을 들인다. 의미적 지식에서 보면 초보자는 컴퓨터 체계에 대한 자기 나름의 심적 모형, 짜여진 지식, 틀이 없는 상태로 문제해결을 시작하지만, 전문가는 그런 것들이 있다. 도식적 지식에서 보면 초보자는 표면적 특징에 의해서 프로그램을 기억하고 회상하지만, 전문가는 원리나 중요한 지식 또는 서브루틴 유형에 기초해서 프로그램을 기억하고 범주화한다. 전략적 지식에서 봐도 초보자는 낮은 수준의 계획을 사용하는 데 반해, 전문가는 높은 수준의 계획을 사용하고 대안을 항상 생각한다. 따라서 하위 수준의 프로그래밍 기술은 자동화되어 있다는 특성을 가지고 있다.

다른 연구결과에 의하면, 의료 상황에서 의사들이 환자를 보고 병을 진단할 때 의학을 갓 배우기 시작한 의대 1년차인 초보자와 전문의와의 차이를 보면, 초보자는 환자의 신체 이상을 알아채는 것이 느리고 노력을 기울여야 하며, 환자에게서 관찰된 이상 상태를 자신이 알고 있는 의학 조건들과 연결을 잘 못하고, 의학적 진단을 못하며, 소수의 대안만을 고려하고, 대안을 고려해도 그것을 검증할 때 가설을 몇 개밖에 사용하지 않는다. 반면 전문가는 초보자의 특성과 반대되는 특성을 보인다.

이상으로 물리 문제, 체스 문제, 컴퓨터 프로그래머, 의료 상황의 문제해결에서 전문가가 보이는 특성을 초심자와 비교해 기술하여 살펴보았는데, 과연 전문가가 된다는 것은 무엇일까?

전문가의 특성: 전문성 전문가는 경험이 축적되면서 처음에는 관련 지식의 양이 적고 그 지식이 영역 독립적인 상태이지만, 점차 영역 특수적 지식이 많아진다. 초심자들은 상식적이고 일반적인 지식을 지니고 있는 반면, 전문가들은 문제 상황 영역 특수적인 지식이 많고 그것들이 잘 조직화되어 있는 것이다. 단지 무엇이 어떠하다는 식의 서술적(what) 지식이 절차적(how) 지식으로 변환되고, 그뿐만 아니라 절차적 지식을 적용하고 그에 의해서 수정된 새로운 절차적 지식을 잘 만들어내는 특성을 지닌다. 그 절차적 지식은 어떤 조건에서 무엇을 어떻게 할 것인가가 자동화되어 있다. 예를 들어 테니스 선수는 어떤 상황에서 어떻게 공을 받아칠까 생각도 않고 무의식적으로 자동적으로 실행하는 데 비해, 초심자는 각 상황마다 어떻게 받아칠까를 생각한다. 전문가는 자연히 관련 지식을 기억에서 찾아내고 인출하는 것이 빠르며, 단번에 꺼내고 쓰는 정보의 크기를 더 큰 덩이로 인출하고 처리한다고 볼 수 있다.

8장에서도 언급하였지만, 전문가가 되는 인지 과정의 단계를 다음과 같이 나누어볼 수 있을 것이다(Anderson, 1990). 첫 번째 단계인 서술적 단계는 보통 사람과 마찬가지로 그 영역과는 독립적인 일반적, 서술적(what) 지식에 의존하는 단계이다. 즉 문제 영역에 특수한 방식으로 상황 정보를 처리하고 해결하려 하지 않고 다른 영역에서 적용되던 일반적 해결 방안을 그대로 옮겨서 적용하려고 하는 단계이다. 경험이 쌓이면서 이 단계에서 다음의 절차적 단계로 옮겨간다. 둘째 단계인 절차 단계는 영역 특수적 지식이 어떠어떠한 조건이 맞으면 이렇게 행동하라는(If A ⇒ Then act B) 형태(production)의 절차적 지식으로 바뀌는데, 이러한 절차화가 연습되고 실행되어 절차들이 조합되고 불필요한 절차는 제거된다. 세 번째 단계는 절차적 조정 단계로, 기존의 절차들을 실행하여 성공할 때에는 그 절차가 강화되거나 일반화되고, 실패를 가져오는 절차는 약화되는 차별화 과정이 이루어진다. 마지막 네 번째는 자동화 단계로, 계속 성공한 절차들의 처리가 자동화되는 단계이다. 이런 과정들을 거쳐 전문가가 된다.

6. 창의적 사고

다음으로는 창의적 사고를 살펴보자. 창의적 사고란 어떤 특성을 지닌 사고인가? 창의적 수행(창의적으로 무엇인가를 해내는 것)은 어떤 문제 상황에 신기하고 적절한 작품을 산출하는 능력이라고 할 수 있고, 그런 것들을 만들어내는 사람을 창의적인 사람이라고 할 수 있다.

창의성의 정의로 흔히 다음의 세 가지를 생각할 수 있다. 좁은 의미의 창의성은 아이디어가 많이 나온다든지 비상한 아이디어가 나왔다는 것이다. 넓은 의미의 창의성은 행동이라든지 과정을 강조하는데, 만들어놓은 것이 새롭다든지, 비상하긴 하지만 유용하거나 적절하다든지, 가치가 있다든지, 높은 질적 가치를 갖고 있다든지, 아주 중요하다든지 하는 특성이 들어가게 된다. 많은 아이디어를 만들어내는 것보다 문제 상황에 적절하고 유용하고 가치가 있고 중요한 아이디어를 내놓아야 한다는 것이다. 과정으로서의 창의성은 주로 인지적인 과정의 문제인데, 아이디어를 어떻게 조합하고 연합하느냐 하는 것이다.

창의성의 구성 요인으로는 민감성(주변 환경에 대해 민감한 관심을 보이고 체험 영역을 넓히는가), 유창성(주어진 자극에 대해서 가능한 많은 아이디어를 생각해내는 능력), 융통성(한 가지 방법에 집착하지 않고 다양한 접근방법을 취할 수 있느냐), 독특성(자신만의 독특하고 참신하고 새로운 아이디어를 산출해내는가), 정교성(다듬어지지 않은 기존의 아이디어를 보다 치밀한 것으로 발전시키는 능력), 자발성(문제 상황에서 아이디어를 스스로, 자발적으로 산출하려는 태도), 독자성(자신의 아이디어에 대한 가치를 인정하고 다른 사람의 평가에 구애받지 않으려는 성향이나 태도), 호기심, 집착성(문제해결을 위해서 다양한 정보를 수집하고 문제가 해결될 때까지 끈질기게 물고 늘어지는 성향), 정직성(자신이 관찰한 것과 생각한 것을 꾸밈없이 받아들이려는 태도), 그리고 변화에 대한 개방성 등을 열거할 수 있다.

창의성 이론: 창의성에 대한 이론적 접근으로는 창의성은 독특한 사람들만 지닐 수 있다는 신비적 접근, 프로이트 식으로 의식적 현실과 무의식적 욕구 간의 긴장에서 나온다는 심리역동적 접근, 창의적 작업의 기초로서의 인지적 과정과 지식 표상에 초점을 두는 인지적 접근, 성격이나 동기, 사회문화적 환경 변인을 창의성의 원천으로 보는 사회심리적 접근이 있으며, 이러한 접근들이 수렴되어 제시되는 종합적 접근이 있다.

종합적 접근 틀에서 이론을 제시한 학자들은 서로 조금 다른 관점을 제시하였다. 아마빌(Amabile, 1983)은 창의성을 내적 동기에 적절한 지식과 능력 그리고 창의성에 적절한 기술의 결과로 보았고, 이 적절한 기술에는 ① 문제해결 동안 복잡성에 대처하고 자신의 마음 갖춤새(mental set)를 깨뜨리는 것이 포함되는 인지 양식, ② 신기한 아이디어를 생성하기 위한 반직관적(counterintuitive) 접근하기와 같은 간편법(heuristics)의 지식, ③ 집중적인 노력, ④ 문제를 제쳐두는 능력, 고도의 에너지로 특징지워지는 작업 스타일 등이 있다고 보았다.

한편 그루버(H. Gruber)는 뛰어난 창의적인 사람들의 사례 연구에 근거하여 발달적 진화체계 접근을 제안하였고, 칙센미하일(M. Csikszentmihalyi, 1988, 1996)은 체계 접근(system approach)을 제안하였다. 칙센미하일은 창의적인 개인, 장(場), 그리고 영역의 역할에 초점을 두었다. 그에 의하면 개인은 한 영역에서 정보를 끌어내어 인지 과정, 성격 특성, 동기를 통해 그것을 변환시키거나 확장시킨다. 창의성은 개인 특성도, 어떤 영역 특성도 아닌 개인의 경험과 개인의 유전적 특성, 사회 일반 특성, 문화 영역 특성 등이 종합되어 이루어진다.

스턴버그와 루버트(Sternberg & Lubart, 1991b, 1992)가 제시한 투자접근에서는 사람들이 창의적 기획에 투자하는 인지적 요인, 의욕적 요인, 그리고 환경적 자원으로 '지능', '지식', '사고 양식', '성격', '동기', '환경' 등 여섯 가지 자원을 제안하였다. 창의성을 투자의 개념으로 생각하는데, 가능한 한 적게 투자하고 많은 결과가 나와야 창의성이라고 하지, 많이 투자하고 좋은 결과를 내는 것은 창의성이라고 부르지 않는 다는 입장이다.

창의성의 근원에 대한 종합적 접근은 여러 요인들을 고려해서 설명하려고 하여 설명력이 높을 수도 있지만, 너무 많은 요인을 고려하다 보니 그것이 어떻게 작용하는지에 대해서 명료하게 규정하는 일이 힘들다는 약점이 있다.

창의성에 대한 인지적 접근에 초점을 두어 설명하자면, 인지과학적으로 보면 창의성은 따로 떨어져 있는 능력이 아니라 인간의 일상적 사고, 일상적 생활에서 적용되는 인지적 과정의 하나이다. 수렴적 통찰, 발산적(divergent) 통찰, 또는 기억상에 있는 하나의 정보가 가동이 되면 그것이 확산적으로 다른 것들을 활성화시켜 확산되는 과정적 사건으로 볼 수 있다. 인지과학에서는 창의성을 문제해결 과정으로 본다. 독창적으로 문제해결을 해나가는 과정이라고 볼 수 있다. 창의성의 문제는 인지심리실험의 접근, 신경과학적 접근, 컴퓨터 시뮬레이션으로도 연구한다.

인지과학적 연구결과를 종합하여 다시 종합 정리하면, 창의성이란 특별한 사람만이 갖고 있는 특성이거나 의식 속에서 무의식이 작용해 처리되어 이루어지는 작용이 아니라, 일반 사람 모두가 갖고 있는 인지적 심적 작용의 하나이다. 창의성이 일상적인 인지와 근본적으로 다른 것으로 작동하는 신비한 과정이라는 생각에 반대하는 것이 인지적 접근이다. 즉 창의성은 신비한 것이 아니고 그냥 일상적 사고가 조금 다른 상황에서 발현되는 것이라고 본다. 경험적 과학으로서의 인지과학의 입장은 창의성을 일반적 인지의 하위 분야로 연구해야 된다고 보는 것이다. 즉 창의성은 과학적으로 관찰 가능하며 실험도 가능하다고 본다. 과거의 생각을 살펴보면, 흔히 창의성은 몇몇 특별한 재능을 가진 사람들만의 것으로 한정 지워놓고 창의성을 가진 사람들은 따로 있다고 생각하였다. 이런 관점에 따르면 창의적 천재가 순수한 창의적 생각을 할 수 있다는 것이다. 만약 그렇다면 인지과학적으로 실험적으로 연구할 수는 없다. 독특한, 특별한 사람만이 할 수 있는 것이므로 사례 연구만 할 수 있는 것인데, 그런 과거의 관점에서 벗어나서 인지적 관점에서 보면 창의성은 극히 표준적인 인간의 인지 과정의 필수 요소이고 경험적으로 연구 가능한 것이다.

심층분석 13-3 | 창의적인 사람의 특성

자신이 잘 깨닫지는 못하지만 보통 사람들도 창의성을 발휘하는 경우가 상당히 많다. 예술, 과학, 기술적 진보와 같은 명백한 창의성 사례를 별도로 생각했지만 일반 사람들에게도 창의성이 있다. 대부분의 사람들은 누구나 자신을 돌아보면 무언가에 창의성이 있다는 것을 알 수 있다. 그렇다 해도 창의성 발휘가 가능하려면 해당 분야에 대한 경험과 지식이 중요하다고 볼 수 있다. 지식 없이는 무엇이 나올 수 없다.

창의성과 개인차의 관계 문제에 관해서는, 창의적 아이디어 산출이 일반인의 일반적 표준적 인지 기능의 뛰어난 부분이라는 것에 유의한다면 창의성에 개인차가 존재한다는 것을 별로 부각시킬 필요가 없다. 어떤 사람은 다른 사람보다 창의적 생각을 더 만들어 낸다는 것은 의심의 여지가 없지만, 인지주의 입장은 개인차가 있다는 것은 창의적 개인차라기보다 개인의 일반적 인지적 과정에서 작업기억의 용량, 저장된 인지 구조의 유연성, 또는 인지 구조의 많고 적음, 이러한 과정의 강도 또는 과정의 조합, 특별한 과정들이 있는지 없는지 이런 것들로 개인 차이가 나타나는 것이다. 즉 창의성의 개인차는 신비한 측면에서 개인차라고 하기보다는 일반적인 인지 과정의 세부 하위 과정에서의 개인차라는 것이다.

창의성과 지능의 문제에 관해 보면, 창의성이 높은 사람이 지능도 높은가, 지능이 높으면 창의성도 높은가 하는 문제가 제기될 수 있는데, 둘이 상관관계가 높은 경향은 있지만 반드시 창의성이 높은 사람이 지능이 높거나 지능이 높은 사람이 창의성이 높다고 설명할 수 있는 것은 아니다.

창의적 과정은 창의적 사고로 이끄는 일련의 사고와 행위 계열을 지칭하는데, 일상적인 문제해결 과정과 어떻게 다른지 생각해볼 수 있다. 창의성과 인지 과정을 연결한 초기 인지 이론들은 창의성 과정을 생성 탐색(generation + explore), 즉 여러 창의적

아이디어 후보들을 산출해내고 거기서 적절한 것을 선택하는 단계를 거치는 것으로 본다. 그런 관점의 하나가 월레스의 단계 이론이다. 월레스의 모델은 첫째가 준비 단계이고, 둘째가 부화 단계로 무의식적으로 생각을 하면서 문제해결이 일어나는 것이며, 셋째 해득 단계는 반짝하고 문제해결이 떠오르는 것이고, 네 번째는 검증 단계이다. 이러한 단계를 거쳐서 창의성이 이루어진다고 보는데, 월레스는 이러한 사고 과정을 단계로 생각하였다.

반면 사이먼턴(Simonton, 1988) 등은 단계라기보다 절차로 설명하였다. 그에 의하면 창의적 문제해결은 변이(variation) 과정이 들어가는 일종의 아이디어들의 순열조합이라고 볼 수 있는데, 무엇을 선택하고 보존하고 판단하는 과정으로 보았을 때 월레스가 설명하는 그런 명료하게 구분할 수 있는 네 단계로 창의적 사고가 이루어진다고 보기는 어려울 것이라는 설명이다.

가보라(L. Gabora) 같은 학자는 생각의 옮겨감(thought shift)을 강조하였다. 그에 의하면 1단계에서는 관계가 없는 것들 사이에 상관성, 연관성을 생각하는 연합적, 연상적인 사고가 핵심을 이루고, 2단계에서는 그런 사고가 원인과 결과, 원인과 효과의 관계로 재구성되면서 해결책이 떠오르는 해득 반응(illumination)과 검증 과정을 거친다고 볼 수 있겠다. 창의성 과정이라는 것은 무의식에서 갑자기 떠오르거나 월레스가 설명하는 것처럼 네 단계를 차곡차곡 밟아나간다고 하기보다는, 예전에 지니고 있던 아이디어의 집합을 새로운 것으로 변형시키는 데 있어 단순 연합적인 사고가 아니라 구조적인 인과적, 원인 결과를 강조하는 그런 구조 중심의 생각으로 바뀌면서 일어난다고 볼 수 있겠다. 유명한 예술인 케스틀러(A. Koestler)는 창의성은 아무것도 없는 데서 나오는 것이 아니라 기존에 있던 것을 이렇게 저렇게 조합하는 것이라고 설명하고 있다.

창의성을 문제해결과 관련해서 살펴보면, 창의성은 일종의 문제해결 과정에서 일어나는 현상이라고 볼 수 있다. 창의성의 신경적 기초를 보면, 뇌의 어느 부분의 어떤 기능이 창의성과 관련이 있는가에 대한 의문이 많이 있었다. 좌반구보다 우반구가 창의성과 연관이 많다는 등의 설명이 있었는데, 그러한 막연한 설명보다는 최근의 연구에서 발자크(Balzac, 2006)에 의하면, 창의성이라는 것은 본래 강하게 연결이 안 된 뇌 부위 간의 연결이 이루어지는 것에 의해서 작동될 수 있다. 특히 전두엽을 통해서 확산적 사고를 하고, 전두엽의 노르에피네프린이라는 화학물질 조절을 통해서 창의성이 발현된다고 할 수 있다.

　다른 창의성 관련 연구에 의하면 창의성은 전두엽, 측두엽, 편도핵 시스템의 도파민 수준의 3개 요인의 상호작용을 통해서 일어난다. 전두엽은 아이디어를 생성하는데 그것은 창의성 입자라고 볼 수 있다. 따라서 전두엽이 손상되면 창의성이 저하될 수 있다. 측두엽은 그 아이디어를 편집하고 평가하는데, 측두엽이 손상되면 역시 창의성이 손상된다. 측두엽이 활발히 작용하면 전두엽 작용을 억제하고 그 반대도 가능하다. 신경물질을 가지고 보면, 도파민이라는 신경전달물질의 수준이 높으면 전반적으로 흥분성이 상승되고, 목표 지향적 행동이 증가하며, 억제하는 것이 감소되어 창조적인 사고가 일어난다는 것이다. 그러나 이러한 신경생물적 기초는 결과적인 설명이지, 실제로 뇌에서 어떤 정보를 연결하여 어떤 인지적 과정에 의해서 일어나는 것인지는 설명하지 못한다고 볼 수 있다.

7. 지능

　지능(intelligence)이라는 개념은 우리가 상식적으로 많이 사용하고 있으며 그것이 무엇을 의미하는지 아는 듯하지만, 정작 인지과학에서 지능은 정의하기 힘든 개념으로 간주되며, 학자에 따라 그 개념 정의가 다르고, 인지과학자 중 일부만이 지능에 대한 연구를 하고 있다고 할 수 있다. 후자의 이유는 다음의 내용에서도 뚜렷해지겠지만, 지능이란 여러 인지적 능력으로 구성된다고 볼 수 있기에 인지과학자들은 그런 기초적이고 단원적인 인지 과정 또는 인지 능력 자체를 연구하려고 하지, 개념 정의가 제대로 안 된 통합적 인지 능력 개념인 지능 연구는 기피하는 경향이 있기 때문이다.

　하여간 지능에 대하여 연구하는 학자들도 그 접근하는 입장은 서로 다르다. 지능의 적응적 특성을 강조하는 입장이 있고, 그와는 달리 지능을 학습 능력(무엇을 새로 배우고 활용하는 능력)으로 보는 입장이 있으며, 세 번째로는 추상적인 능력과 실제 현실에서의 능력이 연결되는 측면을 강조하는 입장이 있고, 이외에도 종합적이고 포괄적인 접근이 있다.

지능의 본질에 대한 문제는 지능에 대해 접근해온 여러 이론들의 역사를 통해 살펴볼 수 있다. 지능에 대한 초기 접근으로 제시된 것은 심리측정적 모델이다. 가장 유명한 것이 20세기 초 스피어먼(C. Spearman)의 2요인 이론으로, 그는 지능을 일반 요인과 특수 요인으로 나누어 설명하였다. 그에 반하여 1930년대에 서스턴(L. Thurstone)은 하나의 일반 요인과 별개의 독립된 7개의 요인으로 설명했다. 한편 길포드(J. Guilford)는 1960년대에 굉장히 많은 지능 요인들을 찾아내어 3차원 행렬로 교차시켜서 구성했는데, 약 120개의 요소가 들어가 있다. 그리고 케텔(R. Cattell)은 1970년대에 지능의 위계적 모형을 내놓아 유동성 지능과 결정성 지능으로 나누었는데, 유동성 지능은 귀납적 추리, 유추, 기획 연산 등에서 나타나는 추상적 모형이고, 결정성 지능은 환경적 경험에 관계된 지능으로 보았다. 1990년대에 캐럴(J. B. Carroll)은 약 13만 명의 자료에 근거하여 지능을 3개 층, 즉 특수 전문영역 관련 지능, 광역 지능, 일반 지능 등으로 분류하였다.

지능에 대한 이런 분류적 개념들을 넘어 지능의 인지적 이론 중심으로 생각해볼 수 있다. 인지과학의 계산적 모델에서는 지능을 정보처리 과정의 유형과 복잡성을 중심으로 설명한다. 지능을 인지 과정 중심으로 보고 정보처리 속도나 반응시간 등으로 접근해가는 입장들이다. 계산적이라는 것은 정보처리라는 의미니까 지능을 정보처리 개념과 연결시켜서 보는 것이다. 입력된 대상을 훑어보거나(inspection time) 부호화하는 시간(encoding time), 대안의 선택 반응시간(choice reaction time), 개념의 어의적 정보 접근 속도(lexical access time), 멀티태스킹 시간, 작업기억의 용량과 처리 속도 등을 지능의 지표로 보고 이를 탐구하는 연구들이 있다.

이외에 생물학적 모델이 있는데, 이는 지능을 생리적 현상으로 보고 두뇌를 직접 연구함으로써 지능을 이해하는 접근으로, 신경 호르몬이 전달되는 속도나 두뇌에서 뇌파가 어떤 식으로 전개되는가 하는 것을 연구한다. 한편 인류학적 모델에서는 인종이나 문화의 차이에 따라서 지능에 어떤 차이가 나타나는가 하는 문화적 차이, 종교적 차이를 보는 그런 접근을 한다.

그러나 그런 접근들보다 최근에 가장 많이 설명되고 있는 것은 체계(systems) 모델이다. 체계 모델이라는 것은 한 요인만 가지고 설명하는 것이 아니라 여러 종합적 요인을 모두 고려하는 것이다. 지능에 관한 체계 모델의 대표적 이론은 가드너(H.

Gardner)의 다중지능 이론으로, 국내에 많이 소개된 바와 같이 그는 지능을 처음에 7개 지능 요소로 설명했다가 8개, 9개로 설명하고 있다. 즉 ① 시각적 지능, ② 언어적 지능, ③ 논리적 수학적 지능, ④ 음악적 지능, ⑤ 신체적 지능, ⑥ 자연적 지능, ⑦ 대인관계적 지능, ⑧ 자기 내적 지능으로 나누어볼 수 있다. 가드너는 그 이후에 2개의 지능을 추가하였다. 영적 지능 또는 존재적 지능을 추가할 수도 있고 안 할 수도 있는데, 이런 식으로 여러 종류의 지능이 우리가 생각하는 지능에 포함되어 있다는 설명이다. 이런 식의 이론은 지능 현상을 그럴싸하게 설명해주는 것 같지만, 실제 경험적으로 확인할 수 있느냐는 인지과학적 실험 연구 등에 의하여 더 검증받아야 할 또 다른 문제이다.

지능의 체계 이론의 또 다른 대표적인 학자는 스턴버그(R. J. Sternberg)이다. 그의 주요 지능 이론은 삼상 또는 삼원지능 이론(triarchic theory)으로, 지능을 3차원의 측면, 즉 지능과 내적 상황과의 관계, 지능과 경험과의 관계, 지능과 외적 세계와의 관계에서 설명한다. 즉 지능의 구성요소들인 요소적 지능(구성 성분적 지능), 체험 경험적 지능, 맥락적 지능에 초점을 맞춘 이론이다. 스턴버그는 '지능과 내적 상황과의 관계'의 구성 성분요소로 지식 습득적 성분, 상위 인지 성분, 수행 성분을 들고 있다. 지식 습득 성분은 선택과 관련된 요소들이고, 상위 인지 요소들은 책략과 관련된 여러 가지 과정들이며, 수행 성분은 추론 등 인지적 과정의 측면이라고 볼 수 있다. '지능과 경험과의 관계'는 과거의 경험이 삶의 여러 상황과 과제에 어떻게 관련되는가를 다루며, '지능과 외적 세계와의 관계'는 외적 환경에 적응하고 환경을 선택하거나 조성하는 능력과 관련되어 있다. 스턴버그의 지능 이론은 일부 인지과학자들에 의하여 경험적 타당성과 관련해 비판을 받고 있지만, 세상과의 상호작용의 응용적 측면을 중심으로 개념화한 이론이라는 장점도 있다.

지능 개념의 확장: 정서적 지능 지능 개념은 최근에 확장되어 정서적 지능, 실제적 지능, 사회적 지능 등의 개념이 언급되고 있다. 지능에 대한 전통적 입장은 인지적 지능을 강조하였는데, 점차적으로 지능이 정서적일 수 있다는 가능성 및 정서가 지적일 수 있다는 생각이 확대되었다.

정서적 지능(EQ)에 대한 역사를 보면 손다이크(E. Thorndike), 가드너, 페인(Payne) 등의 정서지능 시도가 있었지만, 널리 부각된 것은 샐로비와 메이어(Salovey & Mayer, 1990), 골먼(D. Goleman, 1995) 등의 연구에 의해서였다고 볼 수 있다.

샐로비 등은 정서적 특성이라는 것은 사람들이 갖고 있는 원지능을 포함해서 그들이 갖고 있는 것을 얼마나 잘 설명할 수 있는지를 결정해줄 수 있는 상위 능력이라고 보았다. 이런 정서적 지능의 개념은 가드너의 인간적 지능 개념을 5개의 영역으로 확대시킨 것이라고 볼 수 있는데, 정서적 지능은 ① 개인 자신의 정서를 아는 것, ② 정서를 적절하게 감정을 다루는 것을 자기 인식을 기초로 해서 하는 것, 즉 자기 조절 능력, ③ 자신을 동기화하는 능력, ④ 타인의 정서를 인식하는 능력, ⑤ 타인과의 관계를 잘 다루어나가는 능력 등이 핵심적인 요소라고 설명하고 있다.

이후에 골먼이 정서적 지능의 다섯 가지 요소를 제시하였다. ① 자기 자각적 능력, ② 자기 조절적 능력, ③ 자기 동기화 능력, ④ 다른 사람과 공감할 수 있는 능력, ⑤ 사회적 기술. 그는 이런 것들을 정서적 지능의 5개 요소로 들고 있는데, 위의 샐로비나 가드너의 설명과 큰 차이가 없다. 이런 정서적 지능 개념이 과연 타당성이 있는 것인가에 대해서는 비판적 논란이 상당히 많이 전개되고 있다.[92]

지능의 변화: 지능은 상승 가능한가? 지능을 높이는 일은 가능한가? 지능의 개념 자체가 명료하게, 안정적으로 규정되고 있지는 않지만, 지능의 상승이 환경이나 훈련에 의해 가능하다는 입장이 전개되고 있다. 지능은 변화 가능하지만 질적 변화보다는 주로 양적 변화가 약간 있을 수 있으며, 크게 변하지 않는다는 것이 일반적인 연구결과이다.

지능 종합 지능에 대해서 종합을 하면, 전통적인 지능 연구는 논리적, 이성적, 학술적(academic) 지능을 주로 다루었는데, 최근에 인지심리학적, 인지과학적 연구는 옛날 식의 연구보다 인지적으로 접근하려 하며 지능을 하위 인지적 과정 요소들로 분석하려는 경향이 많아졌고, 정서적(감성) 지능이나 사회적 지능이 거기에 첨가되는 경향이 강하여졌다고 볼 수 있다. 인지심리학은 지능의 본질이나 지능의 기본 요소인 인지과정을 연구하고 있으며, 진화심리학은 지능이 인간에게서 어떻게 진화되었고 동물과의 차이는 무엇인가에 대해서, 신경과학은 지능이 뇌의 어떤 부위과 연결되어 가능해지는가에 대해서, 인류학은 지능이 문화와 어떻게 차이가 있는가에 대해서, 그리고 인공지능과 로보틱스는 인공지능의 구현에 대해서 다루고 있다고 볼 수 있다. 지능에 정서 요소를 도입한다면 정서가 개입됨으로써 사고가 어떻게 달라질 수 있는가 하는 물

---

92 정서 지능에 대한 비판은 http://eqi.org/gole.htm#How%20Goleman%20misled%20the%20public 참조.

음을 던질 수 있는데, 이는 다음 장에서 다루어진다.

8. 인간 정보처리 능력의 한계와 이성의 합리성

인간 이성에 대해 본다면, 그동안 일반인의 상식과 사회과학에서 전제된 이성의 합리성에 대하여 어떠한 입장을 전개할 수 있을까? 그리고 어떠한 경험적 증거의 바탕에서? 이러한 물음과 관련하여 인지과학적 연구는 많은 것을 이루었고, 그 영향으로 사회과학이 크게 변화하는 원동력이 되었다.

인간 이성에 대한 관점으로 흔히 두 가지 관점을 제시하는데, 하나는 이성은 합리적이고 감성은 비합리적이라는 것이다. 사고에 대한 일반인의 상식적 생각을 살펴보면, 인간의 사고와 이성은 합리적이라 생각하고 감정과 의식은 비합리적이라고 생각한다. 즉 인간의 사고와 이성은 알고리즘적으로 논리적 규칙을 따른다고 생각하고, 사고 오류가 생기는 이유는 감정이나 동기가 개입되거나 피로하기 때문이라고 생각한다.

반면 인지과학의 관점은 이성은 탈합리적일 수 있다는 입장을 전개한다. 즉 이성은 합리적이지 않을 수 있어서 감정은 물론 이성에서도 논리적 합리성이 꼭 지켜지지 않는다는 특성을 갖고 있다는 점을 입증하고 설명하려 한다. 인지과학의 연구결과에서 드러나는 바에 의하면 인간은 이성적 존재라고 말하기 힘든 면이 있다. 인간 이성은 꼭 합리적이지만은 않다. 비록 합리적인 측면이 있기는 하지만, 인간 이성은 논리적 합리성을 지키기보다는 실용적, 간편법적 합리성을 지키는 특성을 보인다고 할 수 있다. 즉 인간 이성은 비합리적인 감정에 기반해서 작동하거나 컴퓨터처럼 알고리즘적 사고를 하기보다는 간편법적 (휴리스틱적) 사고를 한다고 볼 수 있다.

그러면 왜 인간의 사고가 컴퓨터처럼 완벽한 논리적 사고를 못하느냐고 물음을 던질 수 있다. 그 원인으로는 인간 정보처리 능력의 한계를 생각해볼 수 있다. 인간 인지 시스템의 내적 한계로 기억, 주의, 지식, 이해력의 한계, 태도 동기라는 측면의 한계 등이 있어서 이것이 사고, 이성에 제약을 주어 인간의 사고와 이성이 엄밀한 논리적 합리성을 지키지 못하는 결과를 가져온다고 볼 수 있다.

이와 관련하여 먼저 기억의 한계를 보자. 10장에서 언급한 바처럼 인간의 기억 정보처리 능력에는 한계가 있어 기억표상으로 저장된 지식을 필요로 할 때마다 모두 접근해서 꺼낼 수 있는 것은 아니다. 한번 시점 1에서 가동되고 활동시키는 지식과 시점 2에서 가동시키는 지식은 동일하지 않다는 것이다. 시점 1과 시점 2에서 가동시키는 지식이 동일하지 않으므로 서로 다른 지식을 활용하여 시점 1과 시점 2에서 각각 추리, 판단, 의사결정하는 경우 그 사고과정은 오류를 가져올 수 있다.

다음은 주의의 한계인데, 인간은 일시에 주의해서 처리할 수 있는 정보처리 용량 또는 자원에 한계가 있다. 많은 것을 기억할 수 있더라도 이들을 동시에 모두 고려해서 처리할 수는 없다. 일부만 낱개로 생각하고, 계열적으로 차례로 다른 것을 생각할 수 있는 것이다.

다음으로 지식의 한계를 보자. 첫째로 어떤 사건이나 문제가 되는 것에 대해 사실지식, 서술지식, 영역 특수적인 지식 등을 잘 모르기 때문에 문제가 생길 수 있겠고, 둘째로 보유하고 있는 절차지식이 한계가 있을 수 있다. 주제지식이 있어도 그 지식을 어떻게 활용할까 하는 절차에 대한 지식 없이는 효율적인 추리를 할 수 없다. 다음에 개인이 자기 자신의 인지적 능력, 인지 양식 및 전략 등에 대해 알고 있는 지식이 제한적일 수 있다. 추리, 판단, 결정자로서의 자기 자신의 정보처리 특성의 장단점을 알고 있어야 문제가 적어진다고 하는데, 자기 자신의 정보처리 특성을 모를 수 있는 것이다.

또한 태도적 문제도 있을 수 있다. 복잡한 문제나 현상에 대해서는 상당한 노력을 들여 추리해야 하는데, 그것을 하지 않거나 충분한 정보 수집을 안 하거나 결정력이나 단일성을 강조하는 사회(특히 한국 같은 사회)에서 조급히 한쪽 편을 들게 되는 그러한 경향성이 있고, 별로 노력을 안 하고 기존의 주어진 설명에 그대로 적용한다거나, 특정 이익에 관여되어 편향, 편견이 있으면서 자신은 편견이 없다고 믿는다거나, 객관적이고 합리적이라고 하면서도 상대방의 새로운 다른 관점에 무관심하고 무감각하다거나 하는 태도적 문제들이 있다.

이외에도 외적 한계가 있다. 자료 탐색 및 결정 시간이 제약되거나 공간이 제약될 수 있고, 민족성이나 사회 풍조, 회사의 분위기 같은 사회적 영향을 받을 수 있겠다.

사고하는 인간의 실제 사고 특성은 그 인지체계가 이러한 많은 한계성을 내포하고 있기 때문에 완벽한 정보처리를 하기보다는 경제적인 정보처리를 하고 마는 것이다.

따라서 완벽한 알고리즘적 사고를 하기보다는 간편법적(heuristics) 사고를 하는 경우가 많다. 그 결과로 인간의 사고는 비논리적, 비합리적 편향성을 지니게 되며, 부정적 정보를 사용하기 곤란해 하고 확인, 긍정 또는 확증편향(confirmation bias)이 있다. 이분법적 사고 경향성이 강하고, 지나친 일반화 경향성과 논리법칙을 잘 지키지 않는 경향성이 있고, 내용에 좌우되는 경향이 크며, 알고 있는 지식을 과다하게 적용한다거나 특정 자료를 부적절하게 선호하는 등의 확증편향을 갖고 있다는 것이다. 이러한 사고 특성들이 현실적으로 어떻게 나타나는지를 먼저 추리라는 사고 과정의 특성을 살펴보면서 논하기로 하겠다.

9. 추리

추리의 유형에는 연역적 추리, 귀납적 추리가 있다. 여기에서는 연역적 추리를 중심으로 논하겠다.

흔히 상식적으로 연역적 추리는 보편적 명제에서 특수 사례로 추리하는 것, 귀납적 추리는 특수 사례에서 보편적 명제를 추리하는 것으로 생각하기 쉬운데, 엄밀하게 설명하자면 연역적 추리는 확실한 결론이 나오는 추리이고, 귀납적 추리는 불확실한 상황하에서의 추리, 확실한 답이 안 나오는, 틀릴 수 있는 확률적인 상황의 추리이다. 추리에서 일반적으로 나타나는 오류들은 사람들이 논리 법칙을 잘 지키지 않는다는 것이다. 논리규칙보다는 내용에 좌우되는 경향이 크고, 부정적 정보처리의 어려움이 있으며, 가설을 지지하는 증거에 대한 편향성이 있다(확증편향). 논리적 타당성 그 자체에 의해서 판단하기보다는 자기가 관련된 경험적 사실을 얼마나 알고 있느냐 하는 자기가 알고 있는 내용에 의해서 판단한다든지, 전제와 결론이 일관성이 있는가에 따라서 일방적으로 결정한다든지, 귀납적 논지와 연역적 논지를 혼동한다든지, 전제들에서 주어진 정보와 장기기억에서 인출된 정보를 구별하지 못해서 자기 머릿속의 내용과 전제로 주어진 문제를 구별하지 못해서 오류를 범할 수가 있겠다. 전제들의 잘못된 전환에서 오는 오류도 있는데, 'A이면 B이다'를 'B이면 A이다'로 잘못 생각하는 경우이다. 또한 전제를 망각하는 데서 오는 오류도 있다.

그러면 이러한 오류 특성을 지니고 있지만 우리의 일상생활에서 여러 가지로 적용되어 상황을 이해하고 문제를 해결하게 하는 추리는 어떠한 과정에 의하여 일어나는 것일까? 몇 가지 이론적 접근을 중심으로 살펴보기로 한다.

1) 심리논리 이론 입장

추리에 대하여 심리학을 중심으로 초기에 전개된 이론적 입장은 인간의 연역적 사고도 논리학의 형식적 논리 규칙을 그대로 적용하는 사고일 것이라는 입장이다. 그 이후에 제기된 이론은 그렇지 않다고 하는 이론으로서 심성모델 이론, 그리고 확률적 이론 등의 관점이다.

심리논리(mental logic) 또는 추상적 규칙 이론(abstract rule theory) 접근에서는 (Braine, 1994) 연역논리라는 것이 논리적, 형식적 추론 규칙을 사용해서 기계적으로 논리 연산을 계산하는 것이라고 본다. 인간의 연역적 사고나 논리학에서의 연역적 규칙이 같은 범주의 것이라고 생각하는 것이다. 인간의 연역적 사고가 논리학의 형식 규칙을 그대로 사용하는 것이라는 이 이론은 장점도 있고 문제점도 있다. 장점은 이 이론이 맞는 경우도 있고 설명이 꽤 그럴싸한 점이지만, 문제점은 인간의 연역적 사고가 한두 개의 기계적 규칙만을 적용한 그러한 추론일까 하는 반론에 대한 적절한 답을 제시하기 힘들다는 것이다. 실제 인간의 추리 양상이 그렇지 않을 가능성이 높다. 똑같은 한 덩이의 전제에서 사람들이 각각 타당한 결론을 하나가 아니라 여럿을 도출할 가능성이 있고, 결론을 내리지 않을 수도 있다. 전제와 연역논리 규칙만 가지고 되는 것이 아니라 다른 종류의 것, 즉 가외적 지식이나 의미 원리 등이 도움이 되어 연역적 추리가 일어나는 것이라고 비판할 수 있다. 다음 예를 보자. 첫 명제가 참이라 하면 결론이 참인가를 묻는 추리 문제이다.

모든 사람은 도덕적이다.

연산군은 사람이다.

고로 연산군은 도덕적이다.

이것은 순수하게 연역적으로는 맞는 추리이다. 첫 명제가 참이라는 전제를 하면 셋째 명제도 참이어야 한다. 그런데 자기가 배워서 알고 있는 연산군에 대한 지식 때문에 사람들은 이 추리 결론이 틀렸다고 평가하는 오류가 생길 수 있다. 하지만 같은 논리 형식으로 다음의 추리 문제를 제시하면 사람들은 금방 맞다고 대답한다.

모든 사람은 죽는다.

나는 사람이다.

고로 나는 죽는다.

같은 양식의 삼단논법 결론을 연산군의 예에서는 틀리다고 하고 죽는다 예에서는 맞다고 한다. 왜 이런 현상이 나오는가? '어떤 때는 논리 형식 분위기에 따라서 추리를 하다가 틀리고, 어떤 때는 같은 논리 형식이라도 정확하게 추리를 하는 것인가' 하는 질문을 던지면, '인간의 연역적 추리는 논리적 형식 규칙을 엄격하게 따르기보다는 주어진 문제의 내용과 지식에 따라서 달라진다' 라는 다음의 이론이 나온 배경을 이해할 수 있게 된다.

2) 추리의 심성 모형(mental model) 이론

논리 형식을 강조한 위의 추상적 규칙 이론은 인간이 순전히 통사적 형식적 규칙에 따라서 연역적 추론을 한다는 것인데 인간의 추론에 대한 적절한 설명은 해주지 못한다. 이러한 문제점을 보완한 이론적 모델로 제시된 것이 존슨레어드(P. Johnson-Laird, 1983)의 심성 모형 또는 심적 모델(mental model) 이론이다. 이 입장에서는 인간의 연역적 사고가 논리 형식적 규칙에 따르는 것이 아니라, 제시된 추리 명제에 대해서 그 의미적 내용에 기초해 심적 모델을 형성하고 거기서 결론을 도출하여 그 결론

에 의해서 추론한다는 것이다. 예를 들면

사과는 필통 오른쪽에 있다.
책은 필통 왼쪽에 있다.
시계는 책 앞에 있다.
찻잔은 사과 앞에 있다.

라는 글을 읽거나 말을 들으면, 사람들은 이들의 위치에 대해서

과 같은 이해 중심의 심적인 모형을 형성하여 작업기억의 부담을 줄여 문제를 이해하고 이에 바탕하여 추리를 한다는 것이다. 따라서 이런 모델에서 쉽게 생각할 수 있는 내용에 대해서는 추리를 쉽게 한다는 것이다.

3) 확률적 추리 이론

사람들이 논리학에서의 형식적 규칙을 적용하듯 추리를 하지 않고 다른 식에 의하여 추리를 한다는 또 다른 이론이 확률적 추리 이론이다. 채터와 옥스퍼드(Chater & Oaksford, 2001)에 의하면 우리는 일상생활에서 심리논리 이론이 주장하듯이 논리학의 형식적 규칙을 적용하여 추리한다기보다는 확률적으로 추리한다. 세상은 불확실한 면이 많고 인간의 인지능력은 정보처리 용량에 한계가 있기 때문에, 모든 가능성을 다 고려하여 엄밀한 형식적 논리 규칙을 적용해 추리한다기보다는 확률적 간편법들을 사용하여 추리한다는 것이다.

즉 '모든 백조는 하얀가?' 라는 질문에 대답하기 위하여 모든 새, 모든 백조, 모든 가능한 조합을 논리 규칙적으로 생각하기보다는 세상사에 대한 확률적 지식에 바탕하여

간편법적 추리를 한다는 것이다. 채터 등은 이러한 추리의 구체적 간편법(heuristics)을 제시하였다.

그러면 형식적 논리 규칙을 엄밀히 그대로 적용해서 사고를 하지 않고, 틀리거나 내용에 따라 다른 방식의 연역적 추론을 한다는 이러한 이론 이외에 구체적으로 인간의 연역적 사고의 특징적 경향성을 보여주는 다른 현상은 없는가? 웨이슨(P. Wason, 1983)의 카드 실험이 그 대표적 예를 보여준다.

4) 웨이슨의 카드 문제 연구

웨이슨의 카드 문제 실험은 추리에 관한 이론들에 대하여 설명해야 하는 중요한 현상을 제시하였다. 그의 대표적 실험에서 피험자들에게 부여된 추리 과제는 다음과 같다.

다음의 카드에서 카드 한 면에 모음이 있다면 다른 면에 짝수가 있다는 명제를 증명하기 위해서 4개의 카드 중에 2개를 뒤집어볼 수 있는데 어떤 카드를 뒤집어보아야 할까?

| E | K | 4 | 7 |

정답은 E와 7이다. 그런데 158명의 피험자를 사용해서 실험한 결과 5명(4%)만이 정답을 말하고 나머지는 틀린 답을 했다. 이것은 인간이 부정적 정보를 잘 사용하지 못한다는 것을 보여주는 실험 예이다. 자기가 가지고 있는 가설을 지지하는 긍정적 사례만 편향해서 확인하는 결과로, 확인편향 또는 확증편향(confirmation bias)을 보여주는 것이다.

이 실험의 결론을 다시 한 번 설명한다면, 확인 또는 확증편향이라고 하는 이 현상은 사람은 긍정적 정보는 잘 활용하지만 부정적 정보는 잘 활용하지 못한다는 것이다. 자신의 명제, 가설, 이론, 주장이나 입장들을 지지, 긍정하는 증거만 살펴보고, 반증이나 부정하는 정보는 무시하는 경향이 모든 인간의 사고 패턴이라고 할 수 있다. 대표적인 예가 사랑에 빠진 남녀인데, 상대의 긍정적인 면만 보는 것이다. 또한 부모는 자기 자식들의 긍정적인 면만 보고 부정적인 면은 보지 않으며, 시어머니와 며느리 갈등의 경우는 서로 나쁜 면만 보고 긍정적인 면은 안 보는 때문이다.

그러면 인간은 항상 부정적인 정보를 사용하지 못하는가? 특정 내용과 관련된 추리에 관한 예를 보면 그렇지 않다고 볼 수 있겠다. 웨이슨의 실험을 카드가 아닌 덜 추상적인 것으로 바꿔놓으면 어떻게 될까? 다음 그림 경우와 같이 보다 구체적인 예인 우편봉투 봉함 확인 실험을 보자.

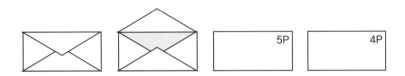

만약 봉투가 봉함된 것이면 5실링짜리 우표가 붙어 있어야 한다는 규칙이 타당한지 아닌지 알기 위해서는 어느 봉투를 뒤집어봐야 하는가(Johnson-Laird, Legrenzi, 1972)?

이런 문제에서는 피험자들의 대부분이 정답을 고른다. 같은 종류의 문제인데도 구체적인 상황의 문제를 주면 웨이슨의 짝수 카드 실험과 같은 추상적 과제에서와는 다른 결과를 보이는 것이다. 다음 실험 예인 맥주 마시기 허용 연령에 관한 실험도 마찬가지 결과를 보여준다(Griggs & Cox, 1982).

어떤 사람이 맥주를 마시고 있다면 그 사람 나이는 반드시 19세 이상이어야 한다라는 규칙이 맞는지 확인하려면 다음의 어느 카드를 뒤집어보아야 하는가?

| 맥주 마시기 | 콜라 마시기 | 25세 | 16세 |

여기에 대해서도 70% 이상이 정답을 말했다. 웨이슨의 추상적인 카드문제에서 정답을 하지 말못한 피험자들이 맥주 마시기 문제에서는 정답을 맞추었다. 왜 웨이슨의 문제에서 틀린 사람들이 맥주 문제나 우표 문제는 잘 맞추는가? 웨이슨의 과제는 추상적 과제인 데 반해 맥주 마시기 문제는 일상에서 종종 경험하는 친숙한 상황이라고 볼 수 있다. 그러나 단순히 그런 구체적인 친숙성이 작용한 것이라기보다는 그런 상황에서

작용하는 실용적 추리 도식(pragmatic reasoning schema)을 피험자들이 지니고 있었기 때문이라고 할 수 있다. 이러한 실용적 추리 도식에는 허용 도식 또는 의무 도식(Cheng, Holyoak, Nisbett, Oliver, 1986) 등이 있고, 이러한 허용 도식, 의무 도식 등의 실용적 도식에 의하여 설명하는 것이 더 적절하다는 이론이 제기되었다. 사람들은 친숙한 상황에서는 형식적 규칙은 아니지만 실용적 추리 규칙을 사용해서 추리한다. 맥주를 마셔도 좋다(허용), 몇 실링짜리 우표를 붙여야 한다(의무) 등을 나타내는 실용적 추리 도식에서는 형식적 규칙을 사용하지 않고 자기가 알고 있는 실용적 지식을 바탕으로 해서 조직적으로 사고한다는 것이다.

진화 이론적 설명도 있다. 우표의 예나 맥주의 예들은 일종의 사회적 규칙 적용과 위반의 문제 상황인데, 인간은 진화 과정에서 사회계약의 위반 여부를 탐지하는 도식을 발전시켰기 때문에 그에 부합되는 방향으로 사고하면 사고의 오류가 적다는 해석이다(Cosmides & Tooby, 1988). 이와 관련해서는 13장에서 진화의 문제와 관련하여 다시 언급할 것이다.

연역적 추리 실험에 의하면, 명제의 참 여부보다는 자신의 지식 신념이나 바라는 바에 맞는가를 우선 생각한다는 결과가 나온다. 믿음직함과 합리성 어느 것이 일차적인가 하는 신념편향(belief bias)의 문제인데, 사람들은 흔히 삼단논법 추리에서 자신의 신념, 지식체계에 의해서 추론한다는 것이다.

5) 두 체계 이론

다음의 실험은 에번스 등(Evans, Barson & Pollard, 1983)의 실험 예로서, 실험에서 추리 문제를 제시하는데 문제가 '논리 규칙상 타당한 결론이 나오게 하는 경우'와

에번스의 실험 결과	Believability	
	높음	낮음
논리 규칙 타당함	89%	56%
타당하지 않음	71%	10%

'타당하지 않은 결론을 내게 하는 경우'이다. 그런데 그 '결론 내용이 그럴싸한 (believable) 경우]와 ' 그렇지 않은 것]의 '2×2' 네 가지 조건으로 실험을 했을 경우, 실제 피험자들이 맞다고 반응한 퍼센트가 상식적 예측과는 달리 나왔다. '타당하지 않은데도' × '그럴싸하다고 생각하는 것'은 그 결론이 타당하지 않은데도 불구하고 71% 나 맞다고 대답하는 결과가 나왔다. 즉 논리적으로 타당하냐보다도 자기가 알고 있는 사실에 비추어봐서 믿음직하느냐(그럴싸하냐)가 더 중요하다는 실험 결과이다.

그러면 사람들은 과연 어떻게 연역적 추리, 삼단논법적 추리를 하는가? 주어진 내용 의 믿음직함, 그럴싸함을 1차 단계에서 평가한 후, 그 평가에서 믿음직하면 삼단 논리 형식 규칙을 적용하지 않고 그대로 인정해버리고, 믿음직하지 않으면 삼단 논리 규칙 을 적용하는 2차 단계 추리를 한다고 에번스 등은 설명하였다.

이러한 연구에 바탕하여 에번스 등(2003)은 추리의 두 체계(dual system) 이론을 제시하였다. 추리를 할 때 모든 사람들이 똑같은 하나의 원리에 의하여 추리하는 것이 아니라, 인간에게는 2개의 사고체계가 있어서 체계 1은 빠르고 자동적이고 병렬적인 처리를 담당하고, 체계 2는 느리고 다분히 의식적이고 계열적인 처리를 담당한다는 것 이다. 추리의 문제에 따라, 그리고 상황에 따라 이 두 체계가 각각 작동할 수 있다는 것 이다. 에번스 등은 이 두 체계 이론을 일반 인지, 일반 지능에 관한 이론으로도 확장하 였다. 이 두 체계와 관련된 설명은 13절에서 더 다루기로 한다.

6) 추리 오류 특성 종합

사람들이 추리 상황에서 범하는 오류를 요약하면 다음과 같다. 연역적 추리에서 사 람들은 항상 논리 형식을 그대로 따르는 것이 아니라 내용(지식)에 좌우되는 경향이 커 서 맥락이나 분위기 효과의 영향을 받으며, 부정적 정보처리를 잘 못하고, 가설 지지 증거에 대한 편향, 즉 확인편향(confirmation bias)이 있어서 자신의 믿는 바, 바라는 바에 대한 편향이 있고, 상황에 대한 친숙성이나 사회적 상황의 특성에 좌우되어 엄격 한 논리적 추리 규칙을 잘 지키지 못하는 경향이 있다.

10. 판단과 휴리스틱스(간편법)

　인간의 판단과 의사결정 과정을 보면 간편법(heuristics: 추단법, 주먹구구식 방법, 어림법, 발전적 발견법 등으로 번역되기도 함)의 문제가 중심 문제로 다시 대두된다. 추리와는 달리 인간의 판단 및 의사결정은 정해진 법칙이 없고 결정들의 결과도 예상하지 못하는 경우가 많다. 많은 연구들이 판단과 의사결정에서 인간이 범하는 오류들에 관심을 갖고 있는데, 판단과 의사결정 및 추리에서의 인간 인지의 오류를 인지적 착시(cognitive illusion)라고 할 수 있다.

　판단과 결정(의사결정)[93] 과정이 마(D. Marr)의 계산시각 이론에서와 같이 계산이 개입될 수 있다라고 본다면, 결정의 인지 과정이 계산 과정에 의해서 일어난다고 생각할 수 있다. 즉 대안들의 장단점 속성을 비교, 계산하여 최선의 대안을 합리적으로 선택하는 것이라고 가정할 수 있다. 이러한 계산적 입장의 이론이 맞는가를 살펴보면 일상생활, 특히 불확실한 상황에서의 사람들의 판단과 결정은 알고리즘적인 완벽한 계산이 아니라, 간편법적 방법에 의하여 일어난다는 것이 더 가능성 있다. 인간의 판단과 결정은 엄밀한 논리적 규칙에 따른 차갑고 정확한, 이성적이고 합리적인 사고가 아니라 상황이나 내용 맥락에 좌우되어 간편법적으로 하는 실용적 사고일 가능성이 있다.

　그러나 이런 식의 직관적인 주장은 누구나 할 수 있는데, 근거가 있느냐고 했을 때, 실험의 결과를 가지고 인간의 판단과 결정 사고가 간편법적 사고임을 단적으로 드러내 보인 것이 카네먼(D. Kahneman)과 동료들의 연구이다(Kahneman, Slovic & Tversky, 1982). 1978년 노벨경제학상 수상자인 사이먼(1945)은 일찍이 인간의 합리성은 완벽한 논리적 합리성이 아니라 제한된 합리성(bounded rationality)이라는 생각을 제시하였는데, 트버스키(A. Tversky), 카네먼 등은 간편법적인 사고에 대한 실험 결과를 가지고 인간 사고가 이러한 제한적 합리성의 사고임을 입증하였다. 이 연구 업적으로 카네먼은 2002년 노벨경제학상을 수상하였다.

---

93 'decision making'을 우리말로 '의사결정'이라고 번역되어 통용되는데, 이는 흔히 사용하는 일본식 용어로 인지과학적으로는 문제가 있다. 왜냐하면 'decision making'은 불확실하고 애매한 상황에서 자신의 생각도 모른 채 무의식적으로 어떤 것을 불확실한 근거에서 선택하는 경우가 많고, '의사' 또는 '의견'이라고 이름 붙일 수 없는 경우가 많으며 의도적, 작위적 색채가 강한 용어이기 때문이다. 따라서 이 책에서는 '의사결정' 대신 '결정'이라는 용어를 사용하기로 한다.

카네먼 등의 이론과 증거를 설명하기 전에 그들의 연구 이전에 있던 판단과 결정에 대한 사회과학 일반, 특히 경제학을 지배하던 관점을 설명하자면, 이는 주류 경제학에서 전통적으로 지녀온 신고전 경제학의 규준이론의 입장이라고 볼 수 있다. 후에 다시 설명하겠지만, 이 입장은 인간의 이성은 합리적이라는, 인간은 선택해야 할 모든 대안의 가능한 결과들을 다 고려하여 자신에게 돌아올 이익 또는 효용성을 극대화하는 방향으로 합리적으로 계산하여 선택하는 존재라는 입장이다.

이에 반하여 카네먼 등의 연구가 밝혀낸 것은, 인간의 판단과 결정이 전통적인 규준이론이나 계산적 효용성 이론과는 맞지 않는 방식으로 이루어진다는 것이다. 그들은 이것을 여러 실험적 증거를 통해 보여주었다. 그들은 인간의 사고가 기존 지식을 과다하게 적용하며 특정 자료에 대한 부적절한 선호를 보이는 것임을 여러 휴리스틱스(간편법) 유형의 경험적 사례들을 제시하며 보여주었고, 계산적 접근에 대한 대안적 이론틀을 제안하였다. 그러면 카네먼 등은 어떠한 간편법을 제시하며 설명을 하였는가? 그들이 제시한 휴리스틱스의 유형과 특성을 개괄해보기로 하자(Kahneman, Slovic, & Tversky 1982).

대표성 휴리스틱스(representativeness heuristics): 무엇을 판단해서 결정할 때 표집된 사례가 모집단을 얼마나 잘 대표하는가, 모집단의 특성과 얼마나 유사하느냐에 의해서 판단하는 어림법을 일컫는다. 표본이 모집단, 즉 원형을 닮으면 대표적인 것 같이 보이고 대표성 자체가 매우 강력한 의사결정 간편법이 되어서 다른 중요한 특성들을 무시하는 경향이 흔히 생기는데, 그러한 대표성 어림법에는 기회에 대한 그릇된 관념, 작은 표본 수에 대한 과대평가, 타당성에 대한 착각, 회귀에 대한 오해 같은 것들이 있다.

심층분석 12-4 **대표성 휴리스틱스의 예**

대표성 휴리스틱스의 한 예는 결과의 사전확률 또는 기저확률(base rate)에 둔감한 것이다. 다음의 예를 보자.

겸손하고 수줍어하고 정리하기 좋아하는 사람이 사서일 확률과 농부일 가능성 어느 것이 더 큰가?

정답은 농부인데, 일반 사람들은 사서라고 대답하는 확률이 더 높다. 전국에서 농부는 몇 백만이 된다. 반면 전국의 사서 직원은 다 합해봐야 천 명이 될까 말까 하다. 확률론적으로 봐서, 위에 제시한 성격 특성을 가진 사람이 농부일 가능성이 더 크지, 사서 직원일 가능성이 더 크지는 않은데도 불구하고, 사람들은 전체 집합을 고려하지 않고 제시된 내용과 자기가 알고 있는 사서 직원과의 유사성에 의해서 판단을 하는 것이다.

다음 예는 심리학자들이 30명의 공장 기술자와 70명의 변호사들에게 성격 검사를 실시한 후 이들에 대한 간단한 평을 적었는데, 다음 평을 읽어보고 이 사람이 기술자일지 변호사일지 판단해보라는 실험 과제였다.

현철 씨는 45세의 남자이며, 기혼에 자녀를 두고, 대체로 보수적이고 조심스럽고 포부가 있고, 정치 사회적 이슈에는 관심이 없으며, 대부분의 여가 시간은 집수리나 퍼즐 등 취미생활에 쓴다. 이러한 사람에 대한 기술문을 읽어보고 현철 씨가 변호사일지, 기술자일지를 판단하라.

한 피험자 조건에서는 모집단을 30명의 공장 기술자와 70명의 변호사로, 다른 피험자 조건에서는 70명의 공장 기술자와 30명의 변호사로 제시하였다. 두 경우 모두 사람들은 공장기술자일 경우가 더 높다고 판단했는데, 변호인 모집단이 30명이건, 70명이건 상관없이 답을 한 것이다. 따라서 사람들이 보여준 반응 확률은 30명과 70명이라는 사전 확률(base rate)을 무시하고 판단했다고 볼 수 있다.

다음의 예는 표집 크기에 대한 둔감에 관한 것인데,

큰 병원에서 일일 출산아가 45명이고 작은 병원에서 일일 출산아가 15명인데, 1년 중 남자아이가 여자아이보다 더 많이 65% 정도로 태어난 날이 큰 병원에서 많을까, 작은 병원에서 많을까?

라는 물음에 대해서 사람들은 '큰 병원'이라고 답한다. 그러나 사실은 작은 병원이 더 많다. 사례수가 적을수록 정상분포에서 이탈할 가능성이 많기 때문에 작은 병원일수록 50%가 아니라 65%로 이탈할 가능성이 높다고 볼 수 있다. 또한 사람들은 딸 셋 출산 뒤에 아들을 출산할 확률이 더 높다고 믿는데, 이전에 딸을 낳았건 아들을 낳았건 둘은 서로 독립적인 확률이므로 50 : 50이다. 비슷한 다음의 경우를 보자.

동전을 여섯 번 던졌을 때 다음 중 어느 것이 나올 확률이 더 많은가?
  1. 앞뒤뒤앞뒤앞
  2. 앞앞앞앞앞앞

사람들은 1번 '앞뒤뒤앞뒤앞'이 많다고 한다. 그러나 정답은 둘이 같다는 것이다. 동전을 던질 때 앞에 무엇이 나왔느냐가 다음에 무엇이 나올지에 영향을 주지 않기 때문이다. 그럼에도 불구하고 사람들은 딸을 계속 낳는다든지 동전에서 한 번 뒤가 나오면, 다음에는 그와는 다른 사건이 발생할 것이라고 믿는다. 이것은 '도박사의 오류'라는 것으로, 한참 잃고 난 뒤에 딴다고 믿는 것을 말한다. 그러나 자연의 법칙은 우연(chance)을 스스로 교정하지 않는다. 다음은 또 다른 현상인 '적은 수의 일화' 사례에 대한 과다 신뢰의 예이다.

자동차를 새로 구입할 때 석 달 동안 자료를 모아 조사해서 차종 A를 구입하기로 결정했는데, 차종 A가 문제가 있다는 한 친구의 말, 즉 단 한 사례의 설명을 듣고는 차종 B를 구입하기로 한다.

이는 한두 개의 사례가 모집단을 대표하지 않음에도 불구하고 한두 사례에 과대 비중을 두는 것이다.

그 외에도 판단과 결정에서 나타나는 현상의 하나는 예언 가능성의 무시인데, 어떤 상황에 대해서 자세한 설명이 주어질 때 예언의 정확성 증거의 신빙성보다는 호의적으로 기술된 데 치중하여 판단한다는 것이다. 즉 무슨 주장이 맞느냐 틀리느냐를 객관적 참보다는 그 내용이 자신의 생각에 호의적으로 설명을 했느냐에 치중해서 판단을 하는 것이다. 따라서 아첨꾼은 역사적으로 계속 존재할 수밖에 없다.

다음은 타당성의 착각이다. 주어진 정보의 신뢰성, 내적 일관성, 충분성에 상관없이 그 정보와 자기가 기대한 결과의 부합성에 의해서 판단하는 것이다. 얼굴이 잘생긴 것 자체가 몇십 년의 행복한 결혼생활을 보장해주지도 않는데, 결혼할 때 얼굴 잘생긴 것으로 사람을 선택하는 경향성이 있다. 또 신입사원 채용 때 면접 결과에 의존하는데, 면접이 경험적으로 타당하냐 하는 것은 연구결과로 부정되었다. 그럼에도 면접관들은 면접이 타당하며, 자기가 유능한 면접관이라고 생각한다.

1학년 때 성적이 모두 B인 학생과 평점 A나 C가 들쑥날쑥하게 섞인 학생의 졸업 때의 성적 예측이 어느 것이 더 쉬울지 물으면, 일반인들은 모든 성적이 B일 경우라고 하지만 후자가 더 정확한 판단이 가능하다. A와 C처럼 정보가 중복되지 않고 다양하니까 정보가 더 많고 더 정확하게 예측할 수 있는 것이다.

다음은 회귀에 대한 오해 현상이다. 자연법칙은 모든 사건이 반복되면 평균으로 회귀한다고 하는데, 천재 집안에서 세대를 거치면 바보가 나타나고, 바보 집안에서도 세대를 거치면 천재가 나타나는 것도 자연법칙의 예이다.

다른 예로 조종사를 훈련하는 교관이 착륙을 잘한 생도를 칭찬했는데 다음날 형편없는 착륙을 했다, 반대로 착륙을 잘 못한 학생을 꾸중했더니 그 학생은 다음날 착륙을 잘했다면, 이 경우 교육할 때 칭찬보다 꾸중이 더 효과적이라고 교관이 결론을 내릴 수 있는데 이것은 잘못된 결론일 수 있는 것이다. 진짜로 칭찬이나 꾸중이 효과가 있던 것이 아니라, 시간이 흐르거나 반복적으로 관찰하면 잘못한 것은 잘한 것으로, 잘한 것은 잘못한 것으로 평균값으로 되돌아가는 자연 현상이기 때문이다. 그런 가능성을 고려하지 않고 판단한 것이다.

미신적 믿음에 대한 일반인의 생각도 문제가 있는 현상이다. '아침에 수퍼마켓에서 장을 보고 계산했는데 총액이 정확하게 3만 원으로 딱 떨어지니 나는 상당히 유능한 사람이다', '오늘 교통카드 사용금액 표시 숫자 중에 7자가 들어가 있어서 오늘은 행운의 날이다' 이런 식으로 생각하는 것은 우연의 일치를 잘못 해석하는 것이다.

가용성 휴리스틱스(availability heuristics): 가용성 휴리스틱스는 빈도가 높은 범주에 대해서 편향을 갖는 경향으로, 사건을 쉽게 떠올릴 수 있는 정도에 따라서 그 대상의 발생 가능성을 판단하는 것이다. 주변에 사업 실패 사례가 있으면 실제로 유망한 사업인데도 시도를 안 하는 것, 서울 사람은 다 어느 도 사람이야 하고 자기 주변 사례를 토대로 판단을 하는 것 등이 이에 속한다. 상상 용이성에 의한 편향은 예들을 쉽게 상상 가능한 경우에 빈도를 높게 평가한다.

가용성 휴리스틱스의 예

가용성 휴리스틱스는 발생 빈도가 높은 대상이나 사건 범주에 대한 편향을 갖게 되고, 사건을 쉽게 기억하거나 떠올릴 수 있는 정도에 따라서 대상의 발생 가능성을 판단한다는 것이다.

사례 범례의 인출 가능성에 의한 편향이 있는데, 남녀 반반씩 있는 목록을 읽게 한 후에 '남자와 여자 중 어느 성별이 더 많은지' 물으면 유명한 사람이 더 많은 쪽 성별이 더 많다고 대답한다. 이것은 친숙성이나 현저성 효과라고 할 수 있다. 다음 예를 보자.

10명으로 위원회를 구성한다. 그런데 2명으로 구성할 수 있는 위원회 수는 얼마이고, 8명으로 구성할 수 있는 위원회 수는 얼마인가?

이에 대하여 응답자들은 10명 중, 2명은 70개, 8명은 20개라고 답한다. 그러나 정답은 45로 똑같다. 이는 확률 조합 법칙에 의한 것이다.

새 프로젝트에 대한 결정을 할 때 쉽게 상상할 수 있는 어려움이 있으면 위험하다고 판단해서 안 하고, 쉽게 상상할 수 있는 어려움이 없으면 한번 해보자라고 하는데 이것이 다 가용성 휴리스틱스에 의한 편향이다.

다음의 현상은 착각적 상관인데, 한 사건이 의미적으로 다른 하나와 강하게 연결되어 있으면 함께 발생할 가능성이 높다고 보는 것이다. 사람들은 동성애자가 이성애자에 비해서 심리적인 문제를 더 많이 갖고 있다고 잘못 연관지어서 생각한다든지, 꿈꾼 사건이 실제로 일어난다고 생각하는데, 실은 꿈꾼 사건이 안 일어나는 경우도 많고, 꿈을 꾸지 않았지만 실제로 일어난 경우도 많으며, 꿈을 안 꾸고 실제로도 안 일어난 사건도 많기 때문에 이것은 잘못된 생각이다.

집합의 탐색 효율성에 기인한 편향은 다음과 같다.

예를 들어 r자로 시작하는 영어 단어수와 r자가 세 번째에 위치하는 영어 단어수 중 어느 것이 더 많은가 라고 물으면 일반적으로 r자로 시작하는 영어 단어수가 더 많다고 답하는데, 실제로는 r자가 세 번째에 위치하는 영어 단어수가 더 많다. 이는 r자로 시작하는 영어 단어는 기억에서 생각해내기 쉽지만, r자가 세 번째에 위치하는 영어 단어는 기억에서 생각해내기 어렵기 때문이다. 즉 기억에서 가용한가(available), 쓸 수 있는가 없는가가 현상을 판단하는 데 영향을 주는 것이다.

우리가 흔히 하는, 혈액형으로 사람의 성격을 판단하고 단정하는 어리석음도 이러한 판단 오류의 예이다. 혈액형이 4개가 있다고 하면 한 혈액형에 세계 몇십억 인구가 속하는데, 몇십억 명이 같은 성격을 갖고 있다는 것은 터무니없는 생각이다. 이것은 인간 사고의 어리석음을 반영한 대표적 예인데, 혈액형을 따지는 행동은 이런 집합의 탐색 효율성 편향과 확증편향(즉 자기가 가지고 있는 생각이 맞다고 생각하려는 경향)의 한 예라고 할 수 있겠다.

가용성 휴리스틱스의 경향을 설명한다면, 기억에서 쉽게 인출할 수 있는 일들이나 쉽게 생각할 수 있는 사건 개념 대상들은 실제보다 사건 발생 빈도나 대상의 출현 빈도가 더 높다고 믿으며, 지금 현재 생각이 잘 안 나는 것이나 보이지 않는 것(out of sight, out of mind), 기억이 안 되는 것(out of memory)은 실제로 발생 가능성이 적다고 잘못 판단하는 것이 바로 가용성 휴리스틱스의 예이다.

기준점과 조정 휴리스틱스(anchoring and adjustment heuristics): 기준점(정박, 닻 내림)의 문제는 초기 출발값 설정과 조정의 문제인데, 사람들은 시초값이 다름에 따라서 다르게 추정한다는 것이다.

심층분석 12-6 기준점과 조정 휴리스틱스의 예

예를 들어 다음의 과제를 보자.

UN에 있는 아프리카의 국가 수가 몇 개인가를 묻는데, 그냥 묻는 것이 아니라 숫자를 하나 주면서 다음 수보다 큰가, 그렇지 않은가? 크다면 크다, 적다면 적다고 답하고, 정확한 UN의 아프리카 국가 수를 몇 개라고 답을 하여라.

이는 과제에서 초기 기준 출발값 숫자를 줄 때 시초 출발값으로 20을 주면 사람들은 답하기를 크다, 25개 국가라고 반응을 하고, 시초 출발값으로 60을 주면 적다, 45개 국가라고 답을 한다. 정확하게 답을 하는 것이 아니라 출발값, 기준값을 무엇으로 주었느냐에 따라서 판단이 달라지는 것이다. 다음의 예를 보자.

다음 숫자의 계산의 답을 5초 이내에 빨리 말하라(대상: 고교생).

A: 8×7×6×5×4×3×2×1 = ?

B: 1×2×3×4×5×6×7×8 = ?

이 경우에 A, B는 시초값만 달랐지 답은 동일하게 나와야 한다. 그런데 사람들의 답은, 시초값을 8로 주었을 때는 2,250, 1로 주었을 때는 512로 나왔다. 정답은 40,320이다. 이 현상은 시초값을 무엇으로 주었느냐에 따라서 같은 것에 대해 전혀 다른 판단을 하는 인간의 판단 특성을 설명하는 것이다. 이러한 현상은 기준점과 조정의 휴리스틱스의 예이다.

다음은 연접, 이접 사건들에 대한 편향이다. 연접, 즉 'and'로 이어지는 사건은 과대평가하고, 이접 즉 'or'로 이어지는 사건은 과소평가하는 것이 우리들의 경향이다. 프로젝트 등의 성공과 같은 긍정적 사건의 경우는 그 요소 사건들이 모두 결합되어야(and) 성공 가능한데, 성공 가능성을 과대평가해서 사실은 어려운 프로젝트인데 그냥 시작하는 것이다. 반면 재해라든지, 핵발전 사고 등의 부정적 사건은 요소 조건 중 어느 하나라도 발생하면(or) 문제가 발생하는 것인데, 이 위험을 과소평가하고 무사안일주의로 지나는 것이다. 공무원이나 일반인들이 재해나 사고에 대해서 생각을 잘 안 하는 것이 이런 특성이라고 볼 수 있겠다.

다음은 인지과학에서 아주 많이 인용되는 예이다.

린다는 31세로 미혼이며 말을 잘하고 똑똑하다. 그녀는 철학을 전공하였으며, 학생으로서는 사회적 정의에 관심이 많았고 반핵 운동에도 가담하였다. 린다에 대한 다음 기술 중에서 가장 그럴듯한 기술을 1부터 10까지 순위를 매겨보아라.

① 린다는 초등학교 선생이다.

② 린다는 여성 운동에 적극적이다

③ 린다는 서점에서 일하며 요가를 배운다

......

⑧ 린다는 은행원이다.

⑨ 린다는 보험 설계사이다.

⑩ 린다는 은행원이면서 여성 운동가이다.

이 실험 예에서, 사람들은 린다가 은행원일 가능성보다 은행원이면서 여성 운동가일 가능성이 더 크다고 판단한다. 이 실험은 대학생이나 대학원생들을 대상으로 실시했는데, 발생 가능성을 평점하게 한 결과 피험자들은 대부분 ⑧의 가능성이 ⑩의 가능성보다 낮다고 판단하였다. 그러나 ⑩은 ②와 ⑧이 조합된 것이며, 확률 조합 법칙에 의하면 그 확률이 더 낮아야 한다. 그런데도 사람들은 ⑩의 가능성을 더 높게 평가하는 것이다. 확률의 결합 오류, 조합 오류, 확률 법칙에 위배되는 그런 사고인데, 사람들이 사건의 가능성 판단에 오류를 범하는 대표적 예 중의 하나이다.

이상으로 3개의 간편법(휴리스틱스)의 예를 들었는데, 일상생활에서 간편법적 오류를 자주 범하는 것을 줄이려면 어떤 사고 전략을 쓰면 될까? 대표성 간편법 오류를 범하지 않으려면 어떤 것에 대해 기술한 상세한 내용 시나리오에 현혹되지 말아야 한다. 또 대상이 발생할 통계적 확률을 기저 확률이라고 하는데 거기에 주의해야 되고, 자연은 발생 확률을 스스로 교정하지 않음을 기억해야 한다. 즉 도박사의 오류나, 딸-딸-딸-아들 예 등에서 설명했던 것인데, 자연은 스스로 사람의 기대에 맞게 교정하지 않는다는 것을 기억해야 한다. 또한 항공기 조종사 훈련 예에서 설명했던 것인데, 자연은 반복해서 해보면 평균으로 회귀한다는 것을 기억해야 한다. 잘했던 사람도 못하고 못했던 사람도 잘하는 것이다. 가용성 간편법과 관련된 사고 오류를 막으려면, 어떤 판단과 결정 상황에서 먼저 떠오르는 생각 중심으로 판단하지 말고 실제 발생 비율을 객관적으로 분석하여 판단해야 한다. 그리고 기준점과 조정 간편법 관련 오류를 범하지 않으려면, 초기값에 매이지 말고 여러 기준값을 적용하여 비교 판단해야 한다.

11. 판단과 결정의 기타 현상들

지금까지 판단에서 적용되는 주요 간편법의 특성과 예를 설명하였다. 다음은 판단의 기타 인지적 경향들에 대하여, 제시 방식의 틀 효과, 매몰비용 오류 효과, 과신, 사후판단편향, 정서 효과 등의 문제를 중심으로 설명하겠다.

틀(프레임) 효과(frame effect)[94]: 이것은 우리가 각종 사건이나 대상을 인식하고 그에 대해 생각할 때 자기 자신 또는 여러 맥락 단서 틀에 의하여 자신의 이해, 판단, 결정이 크게 좌우됨을 보여주는 현상이다. 먼저 대표적인 실험 예의 판단과 결정의 문제를 들어보겠다.

아시아 전염병에 대비해 2개 방안이 제시되었는데, 이 전염병은 600명을 죽게 할 것으로 예측된다. 이 사건을 판단하는 사람들에게 2개의 다른 양식을 제시하는데, 조건 1 집단에는 방안 A를 택하면 200명을 구할 수 있고, 방안 B를 택하면 3분의 1의 확률로 600명을 구할 수 있다는 틀로 제시한다. 그리고 조건 2 집단의 피험자들에게는 방안 A를 택하면 400명이 죽게 되고, 방안 B를 택하면 3분의 2의 확률로 600명이 죽을 수 있다고 죽는다는 틀로 제시한다.

제시조건 1과 2는 똑같은 내용으로, 다만 제시조건 1에서는 구한다는 데 초점을 두어 구할 때의 숫자를 설명한 것이고, 제시조건 2는 죽는다는 데 점을 맞춰서 죽을 때의 숫자를 설명한 것이다. 제시조건 1은 이득(gain)일 때의 상황이고, 제시조건 2는 손실

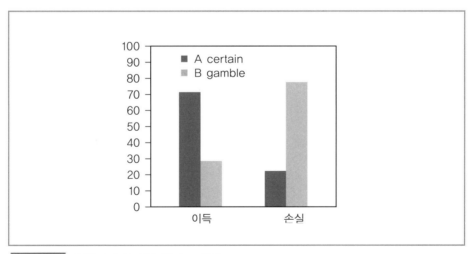

그림 12-5 이득과 손실 실험 결과 그래프

---

94 이 현상에 대해서는 서울대 심리학과 최인철 교수의 책, 『프레임: 나를 바꾸는 심리학의 지혜』(21세기북스, 2007)에서 우리의 일상생활이 얼마나 마음의 틀에 의해 좌우되는지가 아주 극명하게 설명되어 있다.

(loss)일 때의 상황이다. 이러한 문제 상황에서 조건 1에서는 A안을 택한 사람들이 B항을 택한 사람보다 배 이상 많았는데, 조건 2에서는 B항을 택한 사람들이 A항보다 3배 가깝게 더 많았다.

똑같은 문제를 한 상황에서는 '구한다'에 초점을 맞추고 다른 상황에서는 '죽는다'에 초점을 맞춰서 제시했더니 전혀 다른 판단이 나온 것이다. 같은 문제도 제시하는 틀, 의미 프레임에 따라서 다른 결과가 나오는데, 이는 인간의 판단과 결정이라는 것이 논리적이고 합리적이라고 말하기 힘든 증거이다.

선택의 결과가 이득이냐, 아니면 손실이냐에 따라서 사람들은 전혀 다른 선택을 하는데, 이 현상은 인간이 상식과는 다른 식으로 판단한다는 것을 보여준다. 상식적으로 생각한다면, 이득이 나오면 사람들은 모험을 해서라도 이득을 얻으려 하고 손실이 있을 때는 피해야 하는데, 실험 결과에 의하면 이득인 상황에서 오히려 모험의 가능성을 회피하고 손실의 상황에서는 오히려 모험을 추구하는 경향이 나타난 것이다.

다른 틀 효과를 보면, 자동차 광고에서 본체 얼마, 에어컨 따로 얼마, 이렇게 광고하면 비싸게 여겨지지만, 큰 차 값에 포함시켜 설명하면 부속 옵션이 전체 차 값에 비해 얼마 안 되게 느껴지기 때문에 손해가 아닌 듯이 보이는 경우가 있다. 광고나 세일즈에서 소비자에게 돌아가는 이득을 따로 분리시켜서 제시하여 이득은 과대 지각하게 하고, 손실은 전체와 통합시켜서 소비자가 그 손실을 잘 지각하지 못하게 하거나, 손실 자체를 지각하지 못하게끔 하는 것이다. 이것은 인지과학의 연구결과가 광고, 세일즈에서 사용되는 예이다.

다른 현상을 보면, 경영학이나 경제학에서 많이 설명되고 있는 매몰비용 효과(sunk cost effects)가 있다. 이미 투여한 것이 너무 많기에 목표를 변화하는 것을 주저한다는, 즉 결정이 가져올 결과에 의해서 결정하는 것이 아니라 과거에 투입된 노력, 비용에 의해서 결정한다는 것이다. 이미 투자한 양 자체가 추가 투자를 정당화한다고 생각해서 바꾸지 않는 것으로, 베트남 전쟁에서 미국이 계속 손해를 보면서도 투자를 한 것이나, 이라크 전쟁에서 사상자 수와 비용이 증가해도 계속 전쟁을 하는 것이 바로 이런 현상이다.

매몰비용과 관련해서 심리학자들이 실험을 했는데,

"당신이 자동차 제조회사의 회장이고 무공해 자동차 개발 프로젝트에 109억 원을 투자한다고 하자. 프로젝트가 90% 정도 진척되었을 때 다른 경쟁사가 더 빠르고 값싼 무공해 자동차의 시판을 시작하였다. 당신이라면 나머지 10% 연구비를 더 투자하겠는가, 거기서 멈추겠는가?"

라는 질문에 대하여, 답변은 90% 투자를 누가 했느냐에 따라서 달라진다. 자기가 결정한 일인데 투자해서 90% 진행되었다면 10%를 더 투자한다. 피험자 48명 중 41명이 더 투자하겠다고 대답하였다. 반면에 남이 결정한 일이라면 10% 추가 투자를 안 한다고 결정하였다. 48명 중 10명만 투자하겠다고 한 것이다. 즉 자기가 한 일에 대해서는 기존 손실에 통합되어서 추가 손실이 평가절하되는데 남이 한 일에 대해서는 10% 추가 투자가 따로 계산되어서 손실로 평가가 되어 안 하겠다고 판단한다.

다른 예를 보자. "극장에 가기로 하고 표를 5천 원에 샀다. 친구가 가겠다고 해서 다시 암표를 1만 원에 샀는데, 친구가 못 온다고 다시 연락이 오면 극장에 들어갈 때 어떤 표를 내고 갈 것인가?"

이에 대해 사람들은 거의 모두 만 원짜리 표를 내고 들어간다고 설명한다. 이미 15,000원이 자기 주머니에서 지출되어 어떤 표를 내도 상관이 없는데도 불구하고, 만 원짜리 표를 내고 들어가면 덜 손해 본다고 잘못 생각하는 것이다.

또 다른 예를 보자. "골동품 5달러짜리 우표를 가지고 있는데 누군가가 100달러에 사겠다고 한다. 팔 것인가?" 보통 때는 자기가 다시 사려면 35달러도 안 낼 사람이 100달러에도 안 판다고 한다. 포기하면 아깝다는 생각이 드는 것이다. 다른 예로, 신통치 않다고 생각해서 헤어지려고 했던 애인이 다른 남자 혹은 다른 여자와 결혼할 가능성이 생기면 다시 접근해서 사귀려는 예도 이에 해당한다.

손실에 대한 주관적 가치가 이득에 대한 주관적 가치보다 크기 때문에, 즉 실제로 35달러와 100달러 차이로 보면 이득이 상당히 큰 것이지만 이득을 생각하기보다는 주어버리거나 포기하는 것의 가치가 실제보다 커 보이기 때문에 5달러짜리 우표를 100달러를 준다고 해도 안 팔고, 헤어졌던 연인과 다시 사귀려고 접근하는 등의 판단과 결정을 하는 것이다.

판단과 결정 현상의 다른 경우들도 있다. 과신의 예를 보면, 많은 사람들이 자신의 판단이 실제로는 적절치 않은데도, 즉 별로 성공적이거나 이득을 가져다주는 판단이 아닌데도 불구하고 더 옳은 판단이었다고 여기는 것이다. 선거 결과와 관련해서도 그렇게 생각할 수 있다.

다음에 흔히 범하는 사고 판단 오류는 사후편향(hindsight biases)이다. 사람들은 흔히 "그렇게 될 줄 난 처음부터 알았어."라고 말하곤 하는데, 인지심리학에서 실험한 결과에 의하면, 사건이 일어나기 전에 사전 확률 판단에서는 가능성을 낮게 보았던 것도, 사후에 결과를 알려준 다음 자기가 사전에 어떻게 예측했을지 물어보면 아주 높게 예측한 것처럼 답한다는 것이다. 즉 특정인이 대통령으로 당선될 가능성을 낮게 봤지만, 사후에 판단을 시키면 마치 자기는 그렇게 될 줄 처음부터 알았다고, 과거에 이미 가능성을 높게 평가했다고 사람들이 판단하는 현상이다.

사고 판단 오류 중의 하나로 선호의 역전(preference reversal)이라는 것도 있다. "A에다 베팅하면 A는 36분의 29의 확률로 2달러를 얻을 수 있고, B에다 베팅하면 36분의 7의 확률로 조금 더 많은 액수인 9달러를 얻을 수 있는데, 이 둘 중에 어떤 것을 선택하겠는가?" 하고 물으면 사람들은 A를 선택한다. 가능성이 높은 것을 선택하는 것이다. 그러나 타인에게 얼마를 주고 팔 수 있을까 물으면, 사람들의 반응은 A는 1달러 25센트, B가 2달러 10센트로 하여 오히려 B가 더 우세하다. 자기가 선택할 때는 A, 다른 사람에게 돈 받고 팔 때는 B로 선호(preference)가 역전이 되는 것이다. 즉 후자의 가격 조건에서는 딸 수 있는 액수가 더 중요하기 때문에 어느 것을 선호하는가가 달라지는 것이다.

확률의 과소, 과다 기준 부여 예가 있다. 의사들이 폐경기 여성에게 에스트로겐 호르몬 치료를 하면 골소연화증을 20% 정도 막을 수 있지만 암 확률이 1%이다. 이 치료를 쓸 것인가 말 것인가 할 때, 의사들은 에스트로겐 호르몬 치료를 기피한다. 물론 환자들이 의료 사고가 났을 때 소송할 것을 예상하기도 했을 터이지만, 그것보다는 다른 이유로 기피한다. 암이 발생할 확률 1%는 과대평가하면서, 에스트로겐 치료를 안 해서 그 사람에게 골소연화증이 발병되어 충계에서 넘어져 사망할 가능성이 1%보다 큰데도 그 가능성을 과소평가하는 것이다. 즉 작은 확률에 대해서 비중을 과다하게 주고, 다른 가능성은 비중을 과소평가하는 경향이 있다. 또는 예상되는 후회 때문에 치료하지 않을 수도 있다. 암에 걸려 죽는 것은 확률은 낮아도 치명적인데, 내가 약을 투여해서 그런 일이 생긴다면 투여하지 않아서 덜 치명적인 일이 생겼을 때보다 더 후회가 클 수 있기 때문에 기피하는 것이다.

지금까지는 주로 일반적, 인지적, 이성적인 판단 중심으로 설명하였다. 그런데 정서적, 감정적 요소도 중요하다. 정서적 효용 판단에서는 사람들이 어떻게 판단할까? 정서적 정보 판단에서도 사람들은 합리적으로 판단하지 않는다. 카네먼 연구 그룹이 인지적 판단 연구 이외에 정서적 판단에도 관심을 가져서 최근에는 그들의 연구가 행복에 관한 연구에 상당히 좋은 시사를 주는 것으로 평가되고 있다. 카네먼 등은 이와 관련하여 경험 효용과 예측 효용이라는 2개의 효용성 개념을 제안하였는데, 이 두 개념은 경제학에서 설명하는 결정 효용과는 대비되는 것이다.

경험 효용은 실제 어떤 대상을 지금 소비하거나 경험하면서 가지는 주관적 효용성이며(지금 먹는 아이스크림의 효용), 예측 효용은 사건이나 대상을 미래에 경험할 경우에 대한 미래 경험 효용성이다(두었다가 내일 먹을 아이스크림의 효용). 연구결과에 의하면, 사람들은 어떤 대상에 대한 미래 효용에 관해서 정확하게 예측하지 못한다. 현재 사귀는 사람과 결혼했을 때의 예측 효용 판단이나, 내가 선택해서 전문인이 되려는 이 직종을 내가 미래에 어떻게 느낄까 하는 예측 효용 판단을 잘하지 못한다는 것이다.

정서와 관련해서 과거 경험에 대한 기억과 판단 현상이 있는데, 예를 들어 '절정종결 법칙(peak-end rule)'이라는 휴리스틱스를 사용한다는 것이 발견되었다. 흔히 '고생 끝에 낙이 온다'는 식으로 기억하거나 생각하는 것인데, 과거 경험을 기억하는 휴리스틱스라고 할 수 있다. 특정한 과거 경험과 관련된 긍정적 정서와 부정적 정서를 모두 합해서 기억하고 판단하여 그 경험을 다시 하거나, 그 경험이 다시 일어날 수 있는 상황을 마주치거나 회피해야 되는데, 우리는 긍정적 정서와 부정적 정서를 모두 합산해서 계산하여 정확하게 판단한다고 하기보다는 절정기의 효용과 종결 시점의 효용을 주로 고려해서 판단한다. 남녀가 사귄다고 했을 때, 굉장히 어려운 고비를 넘겼더라도 서로 헤어지고 나면 마지막 좋았던 상황이라든가 아주 좋았던 상황만 기억하고, 나머지 부정적인 상황 같은 그 전까지의 기억은 잊어버린다는 것이다.

비슷한 예로 찬물에 손 담그기 실험이 있다. 조건 1에서는 피험자들이 체온보다 훨씬 낮아 차갑게 느껴지는 섭씨 14도의 물에 60초 동안 손을 담그게 하고, 조건 2에서는 섭씨 14도의 찬물에 60초 손을 담근 이후에 섭씨 15도 물에 30초 동안 손을 담그게 하는데, 물의 온도가 변했다는 사실은 가르쳐주지 않았다. 그 후 어느 것이 더 불편했는가를 물으면, 객관적으로 보면 조건 1보다 조건 2가 더 불편해야 된다고 생각되지만, 실제로 답한 내용을 보면 14도에서 60초 손을 담구었던 것보다 14도에서 60초 담갔다가 15도에서 30초 담구었던 것이 덜 불편했다고 기억하고 판단한다.

앞서 설명했던 것처럼 사람들은 과거 경험의 긍정적인 측면과 부정적인 측면을 더하고 빼서 객관적, 합리적으로 조합해 계산하기보다는, 더 좋은 측면이나 마지막 상황 등을 중심으로 해서 그 경험이 감정적, 정서적으로 어떠했다고 판단하고 기억하는 것이 일반적이다. 그렇기 때문에 요즘에 많이 설명되는 행복이라는 개념과 연결하여 생각하자면, 계속된 물질적 행복이라든지 계속해서 행복한것 보다 이런 변화가 있고 끝에 무엇이 경험되느냐(peak experience, end experience) 하는 것이 중요하다는 것이 언급되고, 이러한 맥락에서 판단과 결정에 대한 인지과학적 연구는 행복 이론 연구와 연결되는 것이다(길버트, 2007).

12. 인지과학과 경제학

다음으로 이러한 인지과학적 연구가 경제학에 주는 시사에 대하여 언급하겠다. 이것을 설명하려면 먼저 고전적 경제학의 입장을 설명해야 된다. 고전적 경제학의 기본적인 전제가 앞서 언급한 효용 이론이다. 인간의 경제적 행위는 자신의 효용성을 극대화하는 것이고, 개인은 모든 하나하나의 선택에 의해 개인의 효용성을 극대화하는 것이다. 인간이 무엇을 좋아하고 싫어하는 것은 효용성에 의해서 합리적, 객관적, 논리적으로 판단, 계산할 수 있다. 개인 나름대로 독립적으로 행동할지라도 그런 각 개인의 행동이 모여 누적되어서 사회 경제 상태 특성을 결정하는데, 한 사람 한 사람이 합리적으로 효용성을 극대화해서 결정하면 전체가 합리적인 결정할 수 있다는 식의 생각이라고 볼 수 있다. 이와 연결되어 제시되는 개념이 규준이론인데, 대상에 대해서 기대하는 효율성을 최대화하는 방향으로 경제적 결정이 이루어져야 한다는 일종의 처방, 규준, 기준이다. 아울러 그런 방식으로 사람들이 판단과 결정을 하고, 실제 경제 현상에서도 이런 것이 적용된다고 가정한다.

카네먼 등의 인지과학자들의 연구결과, 이와는 다른 새로운 이론들이 제시되었는데, 인지과학자들이 제시한 이론은 일종의 기술 이론(descriptive theory)이다. 어떻게 판단과 결정이 이루어져야 한다는 경제학의 처방적, 표준적인, 그에 따라야만 하는 규준적 이론이 아니라, 실제로 현장에서 어떻게 사람들이 판단과 결정을 하는지를 기술하는 이론을 제시한 것이다. 그중의 한 이론이 조망 이론(perspective theory)인데, 객관적 효용성 그 자체의 객관적인 덧셈 뺄셈에 의해서 선택이 이루어진다는 경제학 이론과는 달리, 인간은 자기 나름대로 주관적인 준거점을 가지고 있고 그것을 근거로 효용성을 판단해서 결정한다는 이론이다. 사람들은 객관적 가치를 덧셈 뺄셈으로 계산해서 하는 것이 아니라 자신이 가지고 있는 주관적 준거점을 기준으로 해서 이득과 손실에 대한 주관적 평가를 통해 결정하는데, 그 평가 곡선에서 이득에 대한 평가의 가치 곡선의 기울기와 손실되는 평가의 가치 곡선의 기울기는 〈그림 12-6〉에서처럼 서로 다르다.

이득은 완만한 상승이고 손실은 급격한 하강이다. 그림표를 보면, 가로세로 축이 만

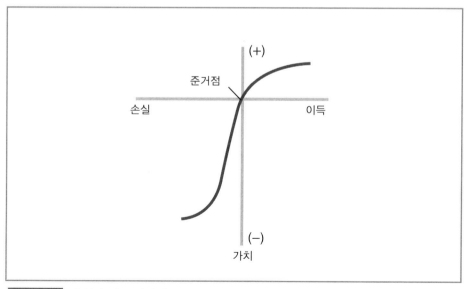

그림 12-6 손실과 이득 판단의 주관적 준거점

나는 정점에 준거점(reference point)이 있다. 준거점에서 오른쪽으로 이득이 있고 왼쪽으로 손실이 있으며, 세로축은 주관적인 가치를 나타낸다. 이 그림표를 보면 이득 쪽에는 곡선의 기울기가 완만하게 올라가다가 거의 평행선 쪽으로 다가가는 데 비해, 손실에 대해서는 그 기울기가 굉장히 가파르고 급격히 떨어진다. 예를 들어 같은 만 원이라도 만 원을 이득 보면 조금 이득을 봤다고 생각하지만, 만 원을 손해 보면 큰 손해를 본다고 생각하는 것이 이 준거점 그림이 시사하는 바이다.

심층분석 12-8 준거점에 의한 판단과 결정 예

이 준거점과 관련된 실험 예를 살펴보자.

125달러의 외투와 15달러의 계산기를 사려고 하는데, 점원이 말하기를 20분 더 차를 타고 가면 계산기를 10달러로 5달러 싸게, 외투를 120달러로 5달러 싸게 살 수 있다고 한다. 그러면 차를 타고 사러 가겠는가?

이 경우에 사람들은 5달러 싸게 계산기를 사려고 차를 타고 가는데, 5달러 싸게 외투를 사려고 가지는 않는다. 객관적 효용성으로는 둘 다 5달러의 이득을 보는 것이지만, 주관적 가치로는 125달러에 비해서 5달러를 이익 보는 것보다 15달러에 비해서 5달러의 이익을 보는 것을 큰 이득이라 생각해서 차를 타고 가는 것이다.

가치 함수에 따르면, 동일한 정도의 이득보다는 동일한 정도의 손실에 더 큰 비중을 둔다. 같은 5달러이지만 5달러의 이득보다 5달러의 손실의 가치가 더 커 보인다는 것이다. 이 함수 곡선에 따르면 이득에 대한 가치는 급격한 감소 함수이고, 손실에 대한 가치는 증가 함수이다. 이득의 영역에서는 보수적으로 몸을 사리고, 손실의 영역에서는 오히려 급진적인 경향을 띠는 것이다. 상식적으로는 이득에서 모험하고 손실에서 모험을 회피하는 경향이 있다고 생각하지만, 실제로 사람들은 이득에서는 보수적으로 몸을 사리는 반면 손실의 경우서는 급진적이며 모험을 선호한다. 다음 예를 살펴보자.

일반적으로 돈을 지불하고 무엇을 산다고 할 때 손실(돈)과 이득(상품)을 혼합하는데, 만일 이득과 손실을 분리시키면 손실이 크게 느껴지고, 통합시키면 작게 여겨지게 된다. 금전적 손실은 이득과 통합시키면 보다 용납 가능한 것으로 느껴지는데, 손실 곡선의 기울기는 가파르기 때문이다. 그래서 전체 월급의 액수는 많은데 세금이 조금 공제되면 괜찮아 하지만, 이 세금을 별도로 청구하면 손해를 크게 느낀다.

다음 예를 보자.

휴양지에서 음료가 없어 한 친구가 시원한 맥주를 조금 떨어진 곳에 있는 구멍가게 아니면 호텔에서 주문하려 하는데, 얼마를 달라면 그것까지 인정하고 사올 것인가?

사람들의 답은 구멍가게의 경우 1,500원, 호텔은 3,000원이라도 사오라는 것이었다. 객관적인 값, 즉 돈의 손실 측면보다는 맥주의 이득의 가치를 판단함에 있어서 이런 준거점—구멍가게냐, 호텔이냐—을 참고해서 얼마나 비싸고 싸냐를 판단하는 것이다. 이것을 이용해서 백화점에서 할인 행사를 할 때 권장소비자 가격을 실제보다 두 배로 제시하는 경우가 있다. 이렇게 하여 소비자들이 준거점을 잘 모르게 하고 30% 할인, 70% 할인하여 판매하는데, 이런 상술도 사람들의 인지적 판단을 혼란시키는 것이라 볼 수 있겠다. 새 제품들이 나오는데 모양이나 기능을 조금 달리하고 값을 높여서 판매하는 경우는, 소비자들로 하여금 준거점을 잘 모르게 하기 위해서 과거 제품과 모양이나 색깔 또는 기능을 조금 달리하여 비싼 값을 매겨 판매하는 것이다.

판단과 관련해서 후회 이론(regret theory)이 제시되었는데, 조망 이론이 설명하지 못하는 것을 보완하고자 제시된 이론이다. 미래에 일어날 결과 사건이 발생하였을 경우에 우리의 감정이 어떨까, 후회할까 안 할까, 좋아할까 안 할까를 생각하고 현재의 상황에서 판단하고 결정한다는 것이다. 즉 이후의 결과에서 우리가 선택한 결정보다 다른 대안이 더 좋은 결과를 가져오면 자신의 결정을 후회하게 되고, 우리가 선택한 결정이 좋은 결과를 가져오면 더 기뻐하며 자신의 결정을 과신하게 된다.

우산을 갖고 나가는 것을 예로 들어보자. 아침에 날씨가 흐린데 일기예보를 못 들었다면 우산을 가지고 나갈까 말까 망설이게 된다. 그때 우산을 안 가지고 나갔는데 비가올 때의 후회를 크게 예상하고 비가 안 올 때의 후회를 적게 예상하고, 우산 가지고 갔는데 비가 왔을 때의 기쁨을 크게 예상하고 우산을 안 가지고 갔는데 비가 안 왔을 때의 기쁨을 적게 예상하기 때문에 미래에 대한 후회, 기쁨을 생각해서 아침에 비가 안올 수도 있지만 우산을 갖고 나가는 것이다. 즉 우산을 갖고 나가거나 안 갖고 나가거나, 비를 맞거나 안 맞거나 각 상황의 그 객관적 효용성보다는 후회할까, 기뻐할까 를 고려해서 우리가 선택하고 결정한다는 것이다. 예상대로 비가 오면 '나는 머리가 좋아' 하며 결정 능력에 대해 자만할 수 있다.

판단과 결정에 대한 인지과학자들의 연구결과를 종합해보면, 이 연구들은 경제학의 효용성 이론에 위배되는 현상들을 실험적으로 보여주었고, 사람들이 어떻게 간편법, 즉 휴리스틱스적으로 판단 결정하는가를 보여주었다. 따라서 우리가 선택하는 것은 장기적으로 보았을 때 우리의 목표를 최적으로 달성시키는 선택이 아니며, 기대 효용성이라는 경제학의 효용성 극대화의 합리적 결정 원리를 위배하는 경우가 많다는 것이다.

이러한 인지과학의 연구결과에 영향을 받아 경제학에서는 행동경제학(behavioral economics)과 인지경제학(cognitive economics)이 탄생하였다. 인간이 합리적으로 판단 결정해서 자신의 이익과 효율성을 최대화하는 이성적 존재가 아니라는 것을 인지과학이 보여주었기 때문에, 경제학이 그동안 주장해온 합리적 인간, 효용성을 최대화하는 인간이라는 고전적 경제학의 전제가 봉착한 문제점을 인식하고 경제학이 변화하기 시작하여 행동경제학, 인지경제학이 나타나게 된 것이다.

13. 종합: 이성의 합리성 문제의 재구성

그러면 과연 인간은 이성적인가, 이성은 과연 합리적인가, 인간은 과연 이성적인 존재인가? 하는 질문이 나올 수 있는데, 전통적인 사회과학의 입장은 인간은 이성적이며 논리적 합리성을 통해 판단 결정한다는 것이다. 하지만 카네먼 등의 연구를 통해 인간 이성이 논리적 합리성을 지키지 않는 경우가 많다는 것이 밝혀졌다. 여러 연역 추리 연구결과를 보면, 연역적 추리를 하는데 논리 형식에 따라서 엄밀하게 객관적으로 추리하기보다는 자기가 알고 있는 지식, 믿고 있는 것, 갖고 있는 편향에 좌우되는 사고를 하고 있다.

인간의 인지체계는 기억, 주의 등에서 정보처리적 한계성이 있기 때문에, 컴퓨터처럼 완벽하게 정보처리를 하는 것이 아니라 적당하게 실수도 하지만 적응도 잘할 수 있는 정보처리적 경제성을 띤 사고 특성을 가지고 있는 것이다. 알고리즘적인 완벽한 사고가 아니라 휴리스틱스적, 간편법적인 사고를 하고, 비논리적, 비합리적인 편향을 가지며, 부정적 정보를 잘 사용하지 못하고, 긍정적 정보로 자기가 가지고 있는 생각 가설과 주장을 확인하려는 확인편향, 확증편향이 있으며, 객관적 사고를 못하고 지식에 따라서 다른 판단 결정을 하기도 하고, 상황 맥락에 따라서 같은 내용을 틀에 따라 다르게 판단하는 현상들이 있다.

합리론자들, 신고전주의 경제학 이론이 전제하는 인간 이성의 합리성이라는 것은 일종의 이상적 합리성이고, 실제 인간이 가지고 있는 이성, 사고 특성을 나타내는 이론이 아니라 비현실적인 맞지 않는 이론이다. 인간의 이성은 제한된 합리성을 가지고 최소한의 합리성을 지키는 특성을 가지고 있다고 볼 수 있겠다.

사고의 편향성, 휴리스틱스적 오류 현상에 대한 인지과학적 연구는 인간 이성의 비합리성을 입증하는 것이다. '왜 인간 이성은 비합리적인가', '왜 인간 사고는 오류가 많은가' 하는 물음을 던져볼 수 있는데, 다음 장에서 진화심리학과 관련해 좀 더 설명하겠지만, 합리성의 이중 가설(dual process)로 설명할 수 있다. 이 이중 가설은 8.5절의 추리 이론으로 제시한 두 체계이론과 같은 맥락에서 제시된 것이다.

합리성의 이중 가설에 의하면 과거에 철학, 물리학, 경제학, 사회과학 등에서 거론한 합리성은 논리적 합리성 중심인데, 인지과학에서 제시한 합리성은 생존과 효율적 적응을 중심으로 한 실용적 합리성이라고 할 수 있다. 이와 관련하여 에번스 등 (Evans, Over & Manktelow, 1993)의 심리학자들이 두 종류의 합리성을 제안하였는데, 그중 합리성 1은 개인적, 실용적 합리성이다. 즉 의식화하거나 말로 할 수 없는 그런 사고체계, 인지체계를 나타내고, 여러 정보처리 과정이 동시에 진행되는 병렬처리적인 것이며, 자동적이고 빠르고 목적 중심적이고, 휴리스틱스적이고 상징이 동원되어야 되는 합리성이다. 반면 합리성 2는 비개인적, 논리적 합리성, 명시적 인지체계 합리성, 계열적 처리의 합리성, 의식적이고 느린 합리성, 알고리즘적, 상징적 합리성이다. 그동안 철학, 경제학이 강조해온 합리성은 합리성 2이고, 인지과학에서 부각시킨 합리성은 합리성 1이다. 이 두 합리성을 대비하여 표로 만들면 다음과 같다.

즉 인간 이성은 환경에 적응하기 위한 실용적 목적에서 발전되고 진화된 특성을 지

■ 두 종류의 합리성

합리성 1	합리성 2
개인적 합리성	비개인적 합리성
실용적 합리성	논리적 합리성
인류 진화 초기 단계에 형성	인류 진화 후기 단계에 형성
자동적	의도적, 통제적
일반적인 일상 삶의 장면에 적용	특수 제한된 상황에 적용
연합적 사고 기반	규칙기반 사고 기반
암묵적 인지 시스템 작동	명시적, 의식적 인지 시스템 작용
휴리스틱스적(편법적)	분석적 과정
빠름	느림

* 신고전 경제학의 인간: 합리성 2
* 인지과학에서 보여준 실제의 인간: 합리성 1 + 합리성 2

넜기 때문에, 완벽한 계산보다는 빠른 효율적 적응을 하는 실용적 합리성이 이성의 일차적 원인이라는 것이다. 밤에 길을 가는데 이상한 그림자가 다가올 때 이것이 호랑이인가 아닌가를 컴퓨터처럼 완벽하게 한참 시간을 들여서 계산을 다하다 보면 호랑이에게 잡아먹히게 된다. 호랑이가 아니라 나무 그림자일 수도 있다. 즉 실제 틀릴 수도 있지만 살아남기 위해서 빠르게 실용적으로 적응하고, 빨리 판단해서 대충 처리하는 일차적 합리성이 적용되어야 한다는 것이다. 이러한 실용적 이유에서 진화된 실용적 합리성이 인간의 기본적인 합리성이라고 볼 수 있다.

인지과학의 실험 연구결과에 의하면, 인간의 인지체계는 논리학자나 철학자들이 과거에 논의해온 논리적 사고 중심의 인지체계가 아니다. 인지과학은 인간의 감정은 비합리적이지만 이성은 합리적이라는 사회과학적 통념을 무너뜨리고, 인간 이성도 논리적 합리성 원리를 따른다기보다는 휴리스틱스적 실용적 합리성을 추구하는 시스템임을 보여주었다.

종합해보면, 인간은 이성적 동물이고 이성은 합리적이라는 전통적, 사회과학적, 인문과학적, 상식적 생각이 인지과학의 실험적 연구결과에 의해서 뿌리부터 흔들리게 되고 인간의 합리성에 대한 관점을 재구성하게 되는 커다란 패러다임의 변화를 가져왔다. 인지과학에서의 판단과 결정 연구의 인문학적, 사회과학적 의의가 바로 여기에 있는 것이다. 이러한 의의에 대해서는 15장에서 다시 언급하겠다.

제13장

정서와 인지, 마음의 진화
Emotion and Cognition

이 장은 두 부분으로 나누어져 있다. 전반부에서는 정서와 인지의 관계를 다루고 후반부에서는 마음의 진화 측면을 다룬다. 정서에 대해서는 정서의 본질, 특성과 차원에 대한 개관, 정서 이론, 정서와 인지 중 어느 것이 먼저 일어나는가 하는 논쟁, 정서가 뇌의 어떠한 신경적 메커니즘에 의해서 가능한가, 정서 표현, 정서 발달, 정서의 사회적 체험 등을 다루겠다. 그리고 마음의 진화에 대해서는 먼저 진화의 일반 개념을 설명하고 진화심리학 이론, 사회심리적 진화, 정서의 진화, 언어의 진화, 사고의 진화 문제를 논한 후에 종합을 하도록 하겠다.

1. 인지과학의 주요 주제로서의 정서

인지과학에서 정서를 언급한다고 하면 "인지과학에서 인지만 다루는 줄 알았는데 정서라니?" 하고 반문할 수 있다. 일단 인지과학에서 정서를 다루는 것을 인정하는 사람도 "왜 감정이나 감성이라고 그러지 않고 '정서' 라고 하느냐?" 하고 반문할 수 있다. 전자의 물음은 이 장의 전반에서 계속 다룰 주제이고, 후자의 물음은 용어의 문제이기에 먼저 이야기하겠다.

학술적 용어로는 '감정'이나 '감성'이란 용어를 심리학이나 인지과학에서는 잘 사용하지 않는다. 우리말에서는 감정이나 감성 또는 느낌이라는 말을 많이 쓰는데, 영어에서는 흔히 'emotion', 'feeling', 'affect'의 세 가지 용어가 쓰인다. 이 용어들의 용법을 정리하자면, 'affect'는 의식될 수도 있고 안 될 수도 있는 비인지적인 평가적 측면에 초점을 두어 감정을 다루는 용어이고, 'feeling'은 의식화된 감정의 측면을 지칭하는 용어로서 생리적, 심리적인 면을 모두 포함하며, 'emotion'은 심리적으로 이루어진 강한 feeling을 지칭하는 것으로 사용되지만, 학자들에 따라서는 이 세 용어의 정의나 경계가 불분명하다.

상식적으로 우리말에서 흔히 쓰는 '감정'에 상응하는 영어 단어는 'emotion'이라고 할 수 있고, 이에 대한 학술적 번역어가 '정서'이다. '정동(情動)'이라는 용어를 사용하는 학자도 있는데, 마음이 정(情)적으로 움직이는 것이라는 의미이다. 정서라는 용어의 넓은 의미의 정의를 보면, 정서라는 것이 신체와 신경계의 자율적인 과정에 의해서 일어나는 강한 심적 상태(긍정적, 부정적 심리 반응을 일으키는 그런 상태)를 지칭하는 것이고, 좁은 의미로는 주관적 느낌 같은 것을 제외한 감정 관련 신체적, 생리적 반응을 지칭하는데, 인지과학에서 '정서'의 의미는 일반인들이 쓰는 '감정', '느낌' 등을 모두 포함한 넓은 의미의 용어로 사용되고 있다. 감정이란 용어는 학술적으로 기피된다.

다른 용어상의 문제로, 정서의 논의에서 자주 언급되는 '각성'이라는 용어가 있다. 각성이라는 단어는 영어 단어 'arousal'의 일본식 번역어로, 신체적으로 뭔가 현재 진행된다는 의미이다. 'arousal'이라는 단어를 일본어로(한자로) '각성'이라고 번역한 것을 일제시대 때부터 수입해서 사용하다 보니까 그냥 학술용어로 자리잡게 되었는데, 일상생활에서는 잘 사용하지 않는 용어이다. 각성이라는 용어의 의미는 신체적으로 평온한 정상적 상태가 아니라 심장이 뛴다든지 동공이 확장된다든지, 신경화학물질이 분비된다든지 하는 몸의 상태나, 비록 의식화되지는 않지만, 또 흥분됐다라고 표현하기는 미진하지만 몸이 가동되어 깨어 있는 상태를 말한다. 대체로 정서가 일어나기 전에 신체적으로 가동된 상태가 각성 상태이다. 국내의 학술적 관행에 따라 이 책에서도 정서와 각성이라는 용어를 사용하여 인간의 감정, 감성의 측면을 기술하겠다.

다음에 인지과학에서 왜 정서를 취급하느냐 하는 물음에 대한 설명을 하겠다. "인지과학에서 인지만 다루지 왜 정서를 다루느냐, 과거에는 인지과학에서 정서를 안 다루었었는데?"라고 반문한다면, 후자를 긍정하며 답을 전개할 수 있다.

1980년대 이전의 인지과학은 철학적 형식주의(formalism)와 계산주의를 강조하고 모든 심적 상태를 컴퓨터 유추를 통해서 나타낼 수 있다고 생각한 나머지 지각, 기억, 언어, 사고 등의 좁은 의미의 인지는 강조했지만 정서는 다루지 않고 무시하였다. 인지과학은 컴퓨터 유추 중심의 정형적, 형식적 접근을 특성으로 출발했는데, 감정 즉 정서라는 것은 컴퓨터 시뮬레이션과 같은 형식을 통해서 접근하기 어렵거나 불가능하다고 생각하였고, 정서의 개념 자체가 이전에 잘 정의되어 있지 않았으며, 학자마다 정서에 대한 정의 자체가 달랐기 때문에 인지과학에서는 정서를 주요 주제로 다루지 않았다. 즉 초기 인지과학은 심리 현상을 정보와 정보처리 개념 중심으로 다루어야 했는데 정서는 쉽게 엄밀하게 규정할 수 없는 애매한 측면이 있고, 정보나 정보처리 과정에서 형식화하거나 다루기 힘들다고 생각하여 정서에 관한 연구를 인지과학에서 다루지 않았던 것이다.

그 이후에 이런 관점이 서서히 변화하기 시작하였다. 정서가 작동하자면 인지적 평가(cognitive appraisal)가 중요하다는 것이 정서를 다루는 학자들 사이에서 인식되기 시작하였고, 다음에 정서가 먼저 일어나느냐, 인지가 먼저 일어나느냐 하는 인지-정서 선행성 논쟁이 학자들의 관심을 끌었으며, 정서의 신경적 기반에 관심이 부각되고 이를 연구하는 사람들이 신경 정보처리를 언급하면서 자연히 정보적 측면과 인지적 측면을 언급하게 되었고, 정서의 발달적 측면과 사회심리적 측면 그리고 진화적 측면이 논의되면서 인지와 정서를 연결하여 탐구하는 경향이 생긴 것이다. 또한 인지라는 개념이 좁은 의미의 인지라는 개념을 넘어서서 마음 전체를 포괄하는 의미로 사용되면서 정서에 대한 인지과학적 탐구는 자연스레 발전되었다. 1990년대와 2000년대 사이에 정서 관련 인지과학적 논의에서 주요 주제로 떠오른 것이, 정서에 어떤 인지적 요소가 개입되어있는가 하는 문제 및 정서는 뇌의 어떤 신경 과정에 의해서 이루어지는가, 그리고 인지의 정서적 기반, 특히 판단과 결정에 정서적 요소가 어떻게 개입되었는가 하는 것들이었다.

2. 정서의 기본 특성, 정의[95]

1) 정서와 관련한 인지과학적 물음

정서 관련 주요 인지과학적 물음을 생각해보면 다음과 같다. 정서는 어떻게 정의할 수 있는가? 정서를 어떻게 분류할까? 정서를 어떻게 연구할까? 정서의 이론에는 어떤 것들이 있는가? 정서와 인지의 관계는 무엇일까? 정서는 어떤 신경 과정에 의해서 가능한가? 정서는 계산적으로 접근 가능한가? 정서를 인공지능에서 구현한다면 어떻게 할까? 정서가 동물과 인간에게서 공통적으로 나타난다면, 동물로부터 어떻게 인간의 정서가 진화했을까? 정서를 결정하는 사회적 요인은 무엇인가? 등이다.

2) 정서의 정의

정서는 우리가 주의를 기울여야 할 것이 무엇인지를 선택해줌으로써 우리의 주의를 이끌고 채색한다. 정서는 우리의 행위의 우선순위를 조정하고 의도를 전달하며, 생존 및 사회적 지위와 관련된 문제에 관여한다. 정서는 주관적 느낌, 행동적 표현, 생리적 각성(흥분)의 세 요소를 지닌 심적 과정이다. 래저러스(R. S. Lazarus, 1991)에 의하면, 정서는 주관적 감동, 적응 행동을 위한 종 특유의 생리적 변화, 그리고 수단적인 동시에 표현적인 특성을 갖는 행위 충동이라는 3개의 구성요소를 포함하는 복합적인 동요이다. 또한 프리자(N. Frijda, 1986)에 의하면, 정서는 환경과의 관계를 수립하거나 유지하거나 붕괴시키는 경향성이며, 위기나 훼방에 대한 반응으로 나타나는 대처적 행위 준비성이다.

---

95 정서와 관련된 이하의 내용은 Plutschik(2004)을 많이 참조하여 정리하였다.

3) 정서의 분류

정서의 분류를 보면, 모든 인류에게는 분노, 혐오, 공포, 행복, 슬픔, 놀라움 등의 정서가 공통적으로 있다고 볼 수 있다. 지구상에는 적어도 여섯 가지의 정서가 존재한다(Ekman, 1992). 동양에서도 『중용(中庸)』이나 『예기(禮記)』에서 정서를 분류하고 있다. 『중용』에서는 희(喜), 노(怒), 애(愛), 락(樂)으로, 『예기』에서는 희(喜), 노(怒), 애(愛), 구(懼), 애(哀), 락(樂), 오(惡), 욕(慾)으로 분류하고 있다.

기본적 정서 상태가 몇 개인가에 대해서는 학자마다 조금씩 다른데, 기본적으로 문화나 종족이 달라도 노여움, 공포, 행복, 슬픔, 혐오 등은 공통적이므로 이러한 것을 기본적인 정서라고 볼 수 있다. 더 추가한다면 놀라움이라든지 경멸, 수치, 죄의식, 기쁨, 신뢰 등이 있을 수 있겠고, 아니면 긍정적 정서, 부정적 정서로 나누어볼 수도 있다.

4) 정서의 기본 특성

정서의 보편적 특성을 살펴보면, 정서 표현은 동물이나 인간이 마찬가지로 보이는, 즉 동물-인간 사이에 연속성이 있는 특성이며(다윈, 1872), 민족이 다르고 문화가 달라도 정서적인 감정의 표현이나 표현방식 등이 상당히(80%) 유사하다는 연구가(Ekman & Friesen, 1971) 제기되었다.

정서는 주관적 요인과 객관적 요인 간의 복잡한 상호작용으로 신경계, 호르몬계의 개입을 통해 전개되며, 각성이나 쾌/불쾌의 느낌 같은 정의적(affective) 경험을 일으킬 수도 있고, 정서와 관련된 지각, 평정, 분류와 같은 인지 과정을 유발할 수도 있고, 자극적인 조건에 대해 광범위한 생리적 조절을 가동시킬 수도 있으며, 표현적이고 목표지향적이고 적응적인 행동을 유발할 수도 있다. 정서란 정서적인 사건에 대한 해석이 들어가는 것이고, 여러 신체적 기관의 반응이 연결되고 유전적 특성을 지니고 있으며, 정서 표현을 하는 것은 정보전달을 하는 것이고, 정서는 변화하는 환경에 대한 적응을 도와주는 심리적 메커니즘이라고 볼 수 있다.

그러면 정서는 무엇에 의해 촉발되는가, 어디에서 오는가 하는 물음이 제기된다. 정서는 생물적, 생리적, 심리적, 행동적, 사회문화적 과정에서 비롯된다고 볼 수 있다. 심리적, 행동적이라는 것은 하나로 묶어서 본다면 신체-생물-생리적 측면, 심리적 측면, 사회문화적 측면의 세 측면을 생각할 수 있다. 또 다른 측면에서 정서에 접근한다면 주관적인 느낌 측면, 밖으로 표현하는 행동적인 표현의 측면, 신체적인 생리적 각성의 신경생리적, 생물적인 변화의 측면을 지닌다고 볼 수 있다.

정서는 우리의 인간 삶에서 어떤 기능과 역할을 하기에 진화되었을까 하는 물음을 던져본다면, 정서는 인간으로 하여금 중요한 상황에 대해서 반응하고 우리 자신의 의도를 다른 사람들에게 전달하려는 적응적 목적에서 진화되었다고 볼 수 있다. 상황이 갑자기 달라지는 데 적응하기 위해서 정서라는 과정이 생기게 되었다라고 볼 수 있는 것이다. 즉 정서를 통한 적응을 통해서 우리는 생존확률을 높인다고 볼 수 있다. 또한 정서는 지금 무엇을 해야 될 것인지 우선순위를 조정하고 사람들 간의 상호작용을 조절하는 기능도 한다고 볼 수 있다.

5) 정서를 연구하기 어려운 이유

정서를 연구하기는 어렵다. 동일한 정서가 사람에 따라서 달리 표현될 수 있기 때문이다. 같은 기쁨도 달리 표현할 수 있고, 하등동물에게도 정서가 있기 때문에 다양한 증거를 토대로 추론해야 한다는 문제가 있다. 정서를 보고하는 자기 보고법 타당성 문제도 있다. 자기 안에 무슨 정서, 감정이 일어났다는 것을 자기 말로 보고한다고 해서 그 말을 그대로 믿을 수 있는가 하는 문제이다. 또 실험적으로 정서를 유발시키는 것이 윤리적으로 적절한가 등의 문제가 있기 때문에, 실험실에서 정서를 유발시켜 연구한다는 것은 상당히 힘든 문제이다.

또 정서의 개념은 역사적으로 다양하게 사용되어왔기에 개념상 혼동의 문제가 있다. 정서 상태의 예를 들면, "허전하고 무언가 빠져나가고 공허하고 자각이 너무 없고, 활력이 없고 무겁고 축 쳐지고 끌려가는 기분이 든다. 아무것도 할 수 없고, 피곤하고 졸리는 느낌이다. 무엇인가를 하고 싶은 생각이 전혀 없고, 아무런 욕망도 동기도 흥미도 없다. 내 자신이 불쌍하다는 느낌이 든다." 우리는 이런 표현을 그대로 이해할 수 있지만, 이 표현 내용 중에는 상당히 애매한 것들이 많이 있다. 따라서 명세화하여 경험과 학적으로 접근하기 어려운 측면들이 있다.

6) 정서의 연구 접근 유형

정서 현상에 대해서 어떤 전통에서 어떤 접근을 가지고 접근하느냐에 따라서 정서 현상에 대한 개념화와 이론이 크게 달라질 수 있겠다. 예를 들어 다윈(C. Darwin)과 같은 진화론적 접근, 윌리엄 제임스(William James) 같은 심리 · 생리학적 접근, 캐넌 (W. B. Cannon)의 신경학적 접근, 프로이트(S. Freud) 등의 정신역동적 접근, 샥터 (D. Schacter) 등의 사회인지적 접근, 그리고 여러 접근을 엮어서 설명하고자 하는 통합적 접근 등이 있다. 정서와 인지와의 관계에 신경생물학적인 입장에서 접근할 수도 있고, 인지주의적 입장, 계산주의적 입장, 철학적 입장, 사회심리적 입장에서 접근할 수도 있으며 인공물에 강조를 두어 접근할 수도 있다. 이러한 다양한 접근에서 제기된 이론 중에서 주요 정서 이론을 살펴보자.

3. 정서 이론

1) 고전적 정서 이론

다윈(1872)의 정서 이론은 정서의 진화적 기능적 가치를 강조한다. 신경계의 흥분은 여러 신체기관에 영향을 미치고, 상반된 정서는 상반된 동작, 표현으로 나타나게 된다고 본다. 다윈은 다양한 정서들이 있고 각 정서마다 진화적 역사의 고유성이 있음을 전제하며, 적절한 근육의 활동이 정서를 흥분, 억제시킨다고 하였다. 동물의 정서 표현에 대한 다윈의 연구에 의하면, 인간과 동물의 정서 표현에는 공통성, 연속성이 있다.

19세기 말에 심리학을 경험과학적 학문으로 출발시킨 분트(W. Wundt)는 그의 정서 이론에서 정서에는 어떤 차원이 있는가에 대해 3차원 이론(three-dimensional theory)을 제시하였다. '쾌(pleasure)−불쾌(displeasure)', '긴장(tension)−이완(relaxation)', '흥분(excitement)−침잠(depression)'의 3차원이 있다는 것이며, 단순 정서의 조합이 복합 정서라고 보았다.

이후 20세기 초의 행동주의 심리학 이론에 의하면, 왓슨(J. B. Watson)은 정서도 조건형성에 의하여 이루어진다고 보고, 정서 유발 자극과 그에 대한 행동적 반응이 정서 행동이라고 설명하고 있다. 즉 자극상황이 있고, 이에 대해서 반응을 하게 되고, 그것이 연결이 되어 조건형성이 되어서 정서 반응을 한다고 보고 있다.

20세기 초의 심리학자 윌리엄 제임스의 정서 이론에서 정서는 특징적인 신체적 표현이다. 그는 신체적 표현을 강조했는데, 확실한 생리적 부산물을 수반하지 않는 심리적 과정으로서의 정서와 직접적으로 쉽게 관찰 가능하고 변화가 발생하는 심리적 과정을 구분하였다. 의식적 자각이 정서 그 자체라는 것과 수의적인(voluntary) 근육 활동의 역할을 강조하였고, 정서에서의 신체적 움직임 형태와 안면 표정 등의 중요성을 언급하였다. 즉 심장 박동률과 같은 자동적인 피드백의 느낌과 자세나 안면 표정 같은 근육의 피드백 자체가 정서를 구성한다는 것이다. 따라서 각 정서마다 독특한 생리적 패턴이 있고, 이것이 무엇을 느끼는가에 대해 설명해준다고 본다.

비슷한 시기에 유사한 이론으로 제기되어(James, 1884; Lange, 1885) '제임스−랑게(James-Lange) 이론'으로 불리는 이론에 따르면, 정서 경험은 정서 유발 자극에 대한 생리적 반응의 자각이다. 우리의 정서 체험은 신체적 변화가 먼저 오며, 뇌는 이러한 신체적 변화를 지각해서 우리의 신체적 변화가 어떤 것이 왔는가를 보고 나서, 즉 깨닫고 나서 특정한 정서를 느낀다는 것이다. 그래서 "무서워서 도망하는 것이 아니라, 도망가기 때문에 무섭다"라는 극단적 표현이 이 이론에 적용될 수도 있다. 뱀과 같은 정서 유발 자극이 제시되면 먼저 신체, 생리적 반응, 즉 가슴이 두근거린다든지 도망간다든지 하는 반응이 오고 그 다음에 정서가 이루어진다는 것이다.

이러한 제임스-랑게 이론에 대해서 비판이 많은데, 캐넌은 '내장반응은 정서보다 느리고 같은 내장반응이 여러 가지 다른 정서와 연관되어 있는 경우도 있기에(심장 뜀: 분노, 기쁨)' 제임스-랑게 이론이 맞지 않을 수도 있다는 비판을 제기하였다. 캐넌이 주도하여 제시한 '캐넌-바드(Cannon-Bard) 이론'에서는 신체 내부기관들에는 신경이 잘 퍼져 있지 않고 정서 체험의 원천으로 불리는 자율신경계의 반응이 너무 느리기 때문에 뇌에 있는 시상(thalamus)의 흥분이 정서 체험과 신체 변화를 동시에 유발한다고 볼 수 있고, 따라서 제임스-랑게 이론은 틀린 것이라고 주장하였다.

제임스-랑게 이론은 호랑이와 같은 정서 유발 자극이 나오면 심장이 뛴다든지 하는 신체적 변화가 나오고 그것을 해석하다 보니 정서라는 경험이 나온다는 것이며, '캐넌-바드 이론'은 호랑이 같은 정서 유발 자극이 제시되면 신체적인 변화와 체험적인 정서가 같이 발생될 수 있다는 입장이다. 상식적으로 우리는 상황이 제시되고 정서적 느낌을 가지며 신체적 변화가 온다고 생각하는데, 제임스-랑게 이론은 신체적 변화를 먼저 강조를 하였고, 캐넌-바드 이론은 정서적 자극이 제시되면 뇌를 통해서 신체적 변화와 정서적 느낌이 같이 발생한다고 보았다.

2) 인지적 정서 이론: 초기 이론

정서에서 인지적 평가가 중요함을 주장한 이론들이 이에 속한다. 심리학 초기의 이론인 제임스-랑게의 정서 이론도 인지적 이론의 하나로 볼 수 있다. 1950년대에 하이더(F. Heider)는 인지 과정은 모두 정서에 영향을 주며, 정서가 인지를 변화시키기도 하고, 정서와 인지는 순환적 피드백 관계에 있다고 보았다. 이후 아널드(M. B. Arnold)는 모든 정서는 자극 상황에 대한 좋음-나쁨 평가를 기초로 일어나며, 인지가 정서에 선행되고 '접근-회피' 반응을 유발한다는 것을 강조하였다.

한편 플루칙(R. Plutchik, 1962)은 정서는 인지적 평가(cognitive appraisal)에 기초하며 이는 접근-회피 반응을 일으킴을 강조하고, 정서의 유형을 분류한 '정서 수레바퀴(emotion wheel) 모델을 제시하였다.

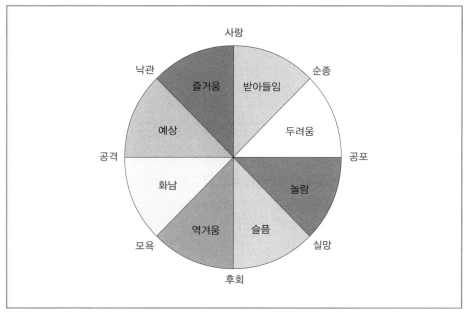

사랑

낙관 · 순종

즐거움 · 받아들임

예상 · 두려움

공격 · 공포

화남 · 놀람

역겨움 · 슬픔

모욕 · 실망

후회

그림 13-1 플루칙의 정서 수레바퀴 모형

3) 인지적 정서 이론: 인지평가 이론

샥터와 싱어(D. Schacter & J. E. Singer, 1962)의 인지평가 이론에 의하면, 생리적 각성이 일어나고 이를 인지적으로 평가하는 순서로 정서가 일어나며, 어떤 정서가 경험되는가는 개인이 처해 있는 상황에 대한 인지적 평가에 따라서 결정된다고 본다. 즉 정서는 인지적 판단, 평가가 결정을 한다는 것이다. 예를 들어 실험을 통해서 아드레날린을 주사한 후에 신체적으로 흥분, 각성이 되었다. 그런 피험자에게 왜 그런 흥분이 일어났는가에 대한 단서를 주면, 단서에 따라 피험자들이 체험하는 정서 내용 자체가 달라진다는 사실이 보고되었다. 신체적 흥분 상태는 같은데도 평가단서 정보가 달라짐에 따라서 정서 경험이 달라지는 것이다. 즉 신체적 흥분이 일어나도록 아드레날린을 주사한 후에 어떤 정보를 주었느냐에 따라 피험자들의 정서적 반응이 달라졌다. '이 주사는 너를 즐겁게 하는 주사다'라는 단서를 제시받은 집단은 그러한 긍정적 정서에 맞는 긍정적 정서 반응을 보였고, '너의 몸이 떨리게 하고 침울하게 하는 주사를 주었다'는 단서를 받은 다른 집단은 그런 정보에 맞게 부정적인 정서적 체험을 한다는 것이다. 즉 신체적 흥분도 중요하지만 그것에 대한 인지적 평가가 중요하다는 결과이다.

같은 맥락에서 아널드와 래저러스의 이론에 의하면, 정서 자극 사건 이후 인지적 평가가 있고, 이 평가 결과의 종류에 따라 다른 정서적 반응이 나온다고 한다. 평가 결과가 긍정적이면 접근 반응이, 평가 결과가 부정적이면 회피 반응이 나온다는 것이다.

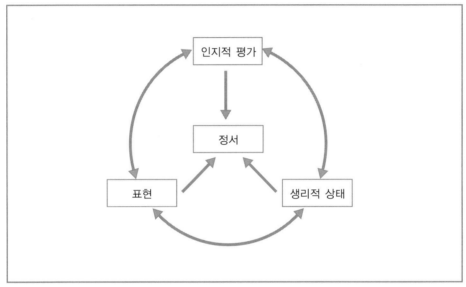

그림 13-2 인지적 평가와 정서

4) 인지적 정서 이론의 응용

엘리스(A. Ellis)는 일상적 사건에 대한 해석이 정서를 창출하며 자극에 대한 인지적 평가가 정서를 결정한다고 보고, 상담심리나 임상심리 심리치료의 기본 과제는 내담자, 환자의 비합리적 인지를 재구성하는 일이라는 '이성적 심리치료법(rational therapy)'을 1950년대에 제안하였다. 기본적으로 정서의 인지적 평가 이론을 임상, 상담 장면에 적용한 이론이다. 이러한 정서-인지평가 관점의 이론은 그 이후 베크(A.

Beck)와 마호니(M. J. Mahoney) 등에게 영향을 주어 오늘날의 '인지행동 요법(Cognitive Behavioral Therapy)'이 출발할 수 있는 바탕을 제공하였다.[96]

5) 정서의 정보처리 모형

레벤탈(H. Leventhal, 1984)은 정서에서 인지적 평가뿐만 아니라 인지적 예상, 예측이 중요한 요인이라고 보았다. 정서에는 해석체계, 표현체계, 행동체계, 생리적 반응체계가 관여되고, 정서적 경험과 관련된 지각적 기억의 가동이 중요하며, 정서에서 개념적, 의미적, 추상적 기억체계 가동의 측면이 다루어져야 한다는 것이다. 이러한 연관에서 사회심리학자 피스크(Fiske)는 정서에서 인지 도식(schema)의 역할을 언급하였고, 카네먼(D. Kanheman)과 트버스키(A. Tversky)는 시나리오 또는 휴리스틱스와 정서와의 관계성을 언급하였으며, 오틀리(K. Oatley) 등은 정서의 목표지향적 측면의 중요성을 언급하였다.

정서와 인지적 정보처리와의 관계에서 한 가지 언급하고 넘어갈 것은 다음 〈그림 13-3〉에서와 같이 신체적 각성 수준과 과제를 수행하는 효율성 사이에는 거꾸로 된 U자 관계가 있다는 것이다. 곡선 그림표를 살펴보면 무슨 일을 할 때 각성되어 있는 것, 그러니까 신체적으로 깨어 있고 흥분되어 있다는 것이 꼭 도움이 되지는 않을 수도 있다는 것을 알 수 있다. 각성 수준이 중간 정도일 때 가장 수행이 좋고, 각성 수준이 낮거나 높으면 오히려 수행이 별로 좋지 않다는 것이 실험 결과에서 나타났다. 물론 과제가 어려우냐, 쉬우냐에 따라서 최상의 수행을 가져오는 각성 수준이 달랐다. 다른 말로

---

96 오늘날의 임상심리학이나 정신의학에서 많이 사용하는 인지행동치료(CBT: Cognitive Behavioral Therapy)는 정서적 문제를 지닌 환자들로 하여금 정서적 사건과 관련된 비합리적인 생각, 믿음, 행동을 수정하게 하여 치료하는 방법이다. 이 방법은 1950년대에 앨버트 엘리스에 의하여 시작되었고, 그는 자신의 치료법을 그 당시 무의식 중심의 정신분석 치료법에 대비하여 이성적 정서행동치료(REBT: Rational Emotive Behavioral Therapy)라고 불렀다. 이 치료법은 이후 베크가 별도로 개발한 인지치료법과 연결된다. 베크는 자신의 치료법을 인지치료(CT: Cognitive Therapy)라고 불렀고, 행동수정을 주 치료법으로 삼는 행동치료 접근과 차별화하려 하였다. 이후에 이 인지치료는 행동치료와 결합되어 인지행동치료(CBT: Cognitive Behavioral Therapy)로 재구성됨으로써 심리학이나 의학계의 정신분석적 치료법을 대치하는 주치료법으로서의 중심 위치를 차지하게 되었다. 이 인지행동 치료방법은 환자나 문제 특성에 따라 다소 달라질 수도 있으나, 기본은 환자들의 비현실적이고 비합리적인 생각, 신념 등에 대한 분석을 통해 이를 현실적이고 긍정적인 것으로 재구성하도록 돕는다는 것이다.

표현하면, 정서 수행에서 각성 수준이 높은 경우는 쉬운 과제는 잘하는데, 어려운 과제는 각성 수준이 높은 것보다 각성 수준이 낮거나 중간 정도 이하여야 잘할 수 있다는 것을 보여주고 있다.

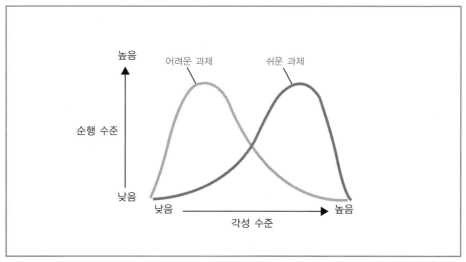

그림 13-3 정서가 수행에 미치는 효과 U곡선

6) 정서/인지 선행론 논쟁

그러면 정서와 인지는 서로 어떤 관계에 있는가? 정서가 일어나고 인지가 뒤따르는가, 아니면 인지가 일어나고 정서가 뒤따르는가? 이것은 정서의 탐구에서 계속 제기되어온 핵심적 물음의 하나이다.

앞에서 언급했던 래저러스(1970, 1981, 1982)는 모든 정서는 인지평가에 의해 달라지며, 따라서 인지가 정서에 선행한다는 설명을 하였다. 인지 선행성을 강조하는 입장은 인지과학적 배경에서 전개된 것이다. 그에 반발해서 자이언스(R. B. Zajonc, 1980)는 정서 선행설을 주장하였다. 즉 인지가 먼저 일어나고 정서가 뒤따르는 것이 아니라, 정서가 먼저 일어나고 인지가 뒤따른다는 것이다. 선호는 인지적 추론이 불필요하여 의식 없이도 일어나기에, 자극 상황에 대하여 알기도 전에 정서 반응이 일어날 수 있다. 실험 결과, 단순히 사람들의 얼굴 사진을 반복적으로 보여주는 것만으로도 특정 사람들에 대한 선호도를 높였고, 자각을 할 수 없이 빠른 수준(0.004초)의 정서 자극 노출이 이후 판단에도 영향을 미치며, 비의식적 정서 자극은 마치 '액체'와 같아서 관련되지 않은 자극에까지 스며들고 퍼져 그 자극에 대한 판단에 영향을 준다는 정서 우선성 가설을 전개하였다.

이에 대하여 래저러스는 인지 과정은 의식이 되지 않고도 일어날 수 있으므로 '정서적 자극을 의식 못하기 때문에 인지가 일어나지 않았다'고 주장하는 것은 틀렸다고 비판한다. 인지적 평가가 일어나는 것 같지 않은 것은 실상은 무의식적 수준에서 인지적 평가가 일어난 것이다. 인지는 환경에 대한 적응 과정의 일부이며, 인지구조는 진화에 바탕을 두고 있고, 인지가 정서에 선행하기에 의식하지 못하는 인지가 많을지라도 인지가 정서를 결정한다는 것이다.

그런데 우리의 일상적 경험에 의하면 정서가 인지에 영향을 주는 경우가 많다. 불안 때문에 주의가 분산되고 자극 기억처리가 제대로 안 되어 인지적 처리능력이 감소된다든지, 기분 때문에 우리의 판단, 추론, 예측 등이 영향을 받거나 기억 인출이 잘 안 된다든지, 극단의 정서적 경험은 뇌의 구조를 변화시킨다든지 하는 사례들이 있다. 정서의 선행 가능성을 지지하는 사례들이다. 그런데 20세기 말의 인지신경과학적 연구에서 정서 상태가 인지능력 변화를 가져올 수 있으며 인지적 판단과 결정의 바탕에 놓여 있다는 것을 보여주는 연구결과가 도출되었다. 다음 절에서 설명할 다마지오(A. Damasio), 르두(J. LeDoux) 등의 인지신경과학적 연구결과에 의하면 중요한 인지적 결정의 밑바탕에는 뇌의 정서 담당 부위가 먼저 가동되는데, 이는 정서가 인지에 영향을 준다는 것을 보여주는 예이다.

종합한다면, 학자들마다 다르기는 하지만 대체로 정서가 인지에 영향을 주고, 인지가 정서에 영향을 준다는 양방향적인 입장을 수용할 수 있겠다. 정서적 정보의 처리는 두 경로가 가능하다. 〈그림 13-4〉에서와 같이 두 경로가 있을 수 있는데, 래저러스와 샥터는 인지적 평가가 먼저 일어나고 정서적 반응이 나온다고 보고, 자이언스와 르두는 정서적 사건 자극이 주어지면 정서적 반응부터 일어나고 인지적 평가는 일어나거나 일어나지 않는다는 입장이다.

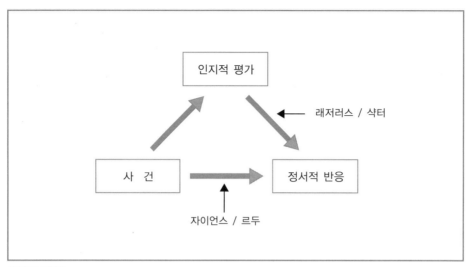

인지적 평가

래저러스 / 샥터

사 건

정서적 반응

자이언스 / 르두

그림 13-4 정서의 두 경로

7) 최근 정서 이론: 심리생물적 이론

최근에 전개된 정서 이론들을 나열식으로 개괄하겠다. 톰킨스(S. Tomkins)는 동기에 영향을 미치는 8개의 기본 정서를 분류하고, 정서는 행동을 증폭시키며 신경생리 프로그램에 기초한 특징적 표현 양식이 있음을 지적하였다. 이자드(C. Izard)는 정서의 기반은 유전과 진화이고, 정서란 주로 얼굴 반응이며, 정서에는 10개의 기본 정서가 있고 다른 정서는 이의 조합 결과임을 주장하였고, 정서는 성격의 일부이며 인지가 없는 정서가 가능함을 주장하였다.

인지 선행성 논쟁을 주도하였던 래저러스는 초기의 인지 선행성 입장을 견지하여 인지적 평가는 정서의 필요충분조건이라는 것과 정서에는 각기 독특한 각본(스크립트)과 핵심 요지(주제)가 있다는 주장을 전개하였다. 그는 인지-동기-관계성 설명 이론을 제시하였고, 하려고 하는 반응의 득실 평가에 따라 정서적 반응이 결정되는데, 일차적 평가는 목표와의 일치성을 평가하고, 이차적 평가는 상황에 대한 대처, 극복 양식을 결정하는 평가를 하게 되며, 대처 양식이 정서를 관리하는 수단이라고 하였다.

한편 벅(R. Buck)은 정서는 신체 생리적 반응으로부터의 해석이며, 적응과 신체적,

심리적 평형 상태(homeostasis) 유지 목적으로 진행되는 과정임을 강조하였고, 프리야(N. Frijda, 1986)는 정서는 긴급 상황 등에 따른 행위 준비성(readiness to act)의 변화이자 삶의 만족과 관련된 긴급한 문제를 다루는 심적 과정이고, 생물적 기반 또는 진화적 기반을 지니고 인지적 요인의 영향을 받으며, 상이한 정서는 상이한 자극 구조에 대한 상이한 해석이고, 정서는 적절한 행위를 조직하는 기능을 하며, 인간은 자신의 정서를 통제하려는 욕구가 있음을 강조하였다.

이러한 이론들 대부분이 정서의 논의에서 신체적, 생물적 측면을 연결하여 이해하려는 시도들이며, 자연히 다음의 신경과학적 정서 연구와 연결된다.

4. 정서의 신경과학적 기초

정서의 발생 연원에 대한 문제와 관련하여 정서의 뇌 신경생리적 근원을 탐색한 연구들의 흐름을 살펴보면, 뇌의 해마가 정서에 중요한 역할을 한다고 보았던 1930년대의 파페츠(J. W. Papez), 지금의 변연계를 내장뇌라고 지칭하며 이 부분이 후각과 연관하여 정서에 관여한다고 보았던 매클린(P. MacLean), 1940년대와 1950년대에 뇌의 쾌락체계, 혐오체계를 탐색하였던 히스(R. Heath), 정서 담당 뇌의 영역들이 실상은 정서 행동뿐만 아니라 다른 활동에도 관여한다는 이론을 1960년대에 전개한 델가도(J. Delgado), 1990년대에 뇌에서 7개의 정서회로를 제안한 팬크세프(J. Panksepp), 1980년대 이후 동물의 울음소리와 정서를 연결하려 하였던 플루그(D. Ploog) 등의 연구들이 있었지만, 20세기 말의 정서와 인지 그리고 뇌를 연결하는 주제를 탐색한 연구들 중에서 중요한 시사를 지닌 대표적인 두 연구는, 인지가 정서에 의존함을 보인 다마지오의 연구 및 인지의 개입 없이도 공포정서 처리가 이루어짐을 보인 르두의 연구라고 할 수 있다.

다마지오(1994) 등의 연구에 의하면 정서를 담당하는 부분은 안와전두엽 피질인데,

그의 연구결과는 인지적 판단 바탕에 정서가 놓여 있는 것을 보여주었다. 정서와 인지는 독립적인 것이 아니라 서로 밀접히 연결되어 있고, 이성적인 판단과 사고는 정서적 기반 위에 서 있다. 그러니까 인지적 판단 밑에는 정서적인 심적 작용이 깔려 있다는 것이다. 즉 정서적인 특성이 먼저 개입되어 판단을 내린다는 것인데, 이것은 인간의 사고가 정서에 기초해 있다는 것을 보여준 중요한 인지과학적 연구이다.

정서 담당 뇌기능의 국재화(localization)의 신경과학적 연구결과에 의하면 정서 담당 뇌 부위가 따로 있다고 할 수 있다. 주로 변연계와 자율신경계 그리고 호르몬 시스템이 관련된다고 볼 수 있다. 〈그림 13-5〉는 정서 관련 뇌에 편도체(amygdala)가 있는 위치를 보여주고 있다. 르두의 연구에 의하면[97] 이것이 정서, 특히 공포를 학습하는 열쇠가 되는 뇌의 부분이라고 볼 수 있다. 뇌의 안와전두엽은 세로로 봤을 때 코 쪽, 눈 쪽 부분과 관련된 뇌 부위인데 거기서 정서를 담당한다고 볼 수 있는 것이다.

그림 13-5 공포정서의 신경 경로

그림은 우리가 공포를 어떻게 느끼는가를 보여주는데, 예를 들어 산책을 하다 뱀을

---

97 드루 교수의 '정서와 기억' 자료는 http://www.scholarpedia.org/article/Emotional_memory 참조.

보면 눈에서 온 정보가 큰 화살표를 따라서 가다가 시상(thalamus)에서 시각피질 (visual cortex)로 가고 다시 편도체(amygdala)로 가는 경로가 있으며, 다른 한편 망막 시각자극 정보처리 후에 시각중추로 가지 않고 시상에서 바로 편도체로 간 후 거기서 바로 행동을 하게 하는 경로도 있다. 그래서 공포정서가 작동하여 인지되는 경로는 다음의 2개로 생각할 수 있다.

① 정서 반응 지름길, 경로 1: 이 경로는 인지적 평가가 꼭 필요한 것은 아니라고 보는데, 뱀을 보자마자 신경정보가 시상으로 가고, 시상에서 편도체로 가서 바로 반응으로 나가는 것이다.

② 경로 2: '시각자극 → 시상 → 대뇌피질 → 편도체 → 뇌 활성화 → 그 다음 정서 자극을 이해하기 위한 여러 가지 의미 기억 가동'의 정서의 신경정보처리 경로이다.

뇌의 편도체라는 부위는 정서의 핵심적인 담당 부위 중의 하나인데, 이 편도체가 손상된 환자의 경우는 얼굴 표현이 나타내는 정서를 지각하지 못한다. 예를 들어 편도체가 손상된 환자와 정상인을 대상으로 한 정서 실험에서 보통 사람의 얼굴의 그림을 보여주며 그 사람이 얼마나 행복한가를 평가하라 하면 손상 환자나 정상인 모두 평가를 제대로 하는데, 그 다음에 험악한 얼굴의 그림을 보여주며 이 사람이 얼마나 무서운지를 평가하라고 하면 환자 피험자는 그림의 얼굴 표정에서 나타난 화난 정서를 제대로 파악하지 못하였다. 이는 편도체가 손상되면 정서 지각을 제대로 못한다는 것을 지지하는 증거이다.

5. 정서의 계산적 접근

정서에 대해 계산적으로 접근할 수 있느냐 하는 물음을 던지면 크게 두 가지로 생각해볼 수 있다. 하나는 인공지능 장에서 언급한 '강한 인공지능'의 입장이고, 다른 하나는 '약한 인공지능'의 입장이다.

'강한 인공지능' 입장에서는 인간의 정서 경험을 정보처리 과정으로 개념화하여 인간정서를 인공지능을 통해서 모델링하려는 것이다. 정서적 체험이란 돌발 상황 등의 자극을 받아서 이전에 진행되고 있던 상태를 중단(STOP, interrupt)시키고, 그에 대응하는 신체적, 인지적 반응을 보이는 것으로 간주하고 정보처리 시스템의 재편성 과정으로 모델링하려는 것이다. 이에는 시스템의 얼개(architecture) 수준 모델, 과제 수준 모델, 메커니즘 수준 모델 등이 있을 수 있다.[98]

정서 과정에 계산적 관점을 도입하여 개념화하려 한 국내의 이론적 연구 시도에 이홍철(1999)의 연구가 있는데, 이 입장에 의하면 정서를 다음과 같은 계산적 입장에서 개념화할 수 있다.

① 인지 과정과 정서 과정은 상호 독립적이기보다는 통합적으로 연결되어 일어난다.

② 통합적인 연결은 특정한 시간에 일어난다.

③ 초기 정보처리 과정은 주로 자동적인 전(pre)주의적 처리 메커니즘에 의하고, 시간의 경과에 따라서 의미 분석의 비중이 강화된다. 초기에는 자동적으로 주의를 주기 이전, 의식되기 이전에 정보처리가 일어나지만, 점차 시간이 경과됨에 따라서 주의가 들어가고 의식이 되며 의미 중심, 의미 분석 중심으로 진행된다.

④ 정서적 처리 과정을 중심으로 볼 때, 정보처리 개시에서 완결까지 중간의 특정 시점에서는 어디에서나 행동 표출/의사결정을 위한 출력(반응)이 존재한다.

⑤ 초기의 자동적 처리 과정에서는 다양한 입력 패턴에 대한 광범위한 병렬분산처리가 일어나며, 각각의 독립적인 처리 단원에 대한 주의의 전환이나 선택적 주의는 자기조정적(self regulatory)인 방식으로 조절된다.

⑥ 초기의 자동적 처리 과정에서 개개의 처리 단원을 이루는 내포적 의미 분석(정서적 평가) 네트워크의 활성화 패턴 각각이 안정화(stabilizing)되면, 보다 상위층의 지시적 의미 분석(인지적 처리 과정)을 위한 통합적 네트워크 구조가 위계적으로 구성된다.

⑦ 이러한 정보처리 과정은 기억의 의미지식 망을 활용하여 이루어진다. 정서 정보처리의 결과도 기억에 저장된다.

정서를 계산적으로 개념화하려는 접근의 다른 시도는 정서적 컴퓨팅(affective computing)이란 것인데, 약한 인공지능 입장의 접근이다. 인공지능이 꼭 인간의 인지

---

98 http://emotion.nsma.arizona.edu/Emotion/EmoRes/CompAI/comp-refs.html 참조.

현상, 마음 현상을 다 모델링해서 나타낼 수 있다고 강하게 생각하는 것이 아니라 그냥 인공지능 나름대로 인공지능 기구나 도구에 정서적인 요소를 집어넣으려는 것이다. 이것을 정서적 컴퓨팅이라고 하는데, 정서를 다룰 수 있는 로봇 등의 인공물을 디자인 하는 작업이다. 컴퓨터과학이나 심리학, 인지과학이 연결되어 정서적 정보의 탐지 및 인식, 기계에서의 정서, 정서의 이해와 같은 영역과 주제를 연구하고 정서적인 말을 표현한다든지 이해한다든지, 정서적인 몸짓을 표현한다든지 이해한다든지 하는 것을 디지털 인공물에 부여하려고 하는 노력들이 있다. 핸드폰이나 여러 가지 디지털 기계 또는 일반인들이 사용하는 도구에 정서를 다루는 속성을 넣는 연구가 이에 속한다고 하겠다.

6. 정서 발달

태어날 때부터 우리는 다른 사람의 표정을 읽어낼 수 있는가 하는 문제나, 어린아이 들이 태어나 발달하면서 어떤 식으로 정서를 표현하는가 하는 문제를 생각해볼 수 있다. 지면 관계상 자세한 내용은 생략하겠다. 정서 발달에 사회문화적 요인의 영향이 크다고 할 수 있다. 아이들은 커가면서 애매한 상황에서 어떻게 반응할까에 대한 단서 를 어른들에게서 사회문화적 요인에 의해 찾아 어떤 식으로 정서 표현을 할지를 학습 하게 된다(야마구치, 2004). 아주 어린 나이의 아동은 행복, 슬픔, 무서움 등과 같은 기본 정서 단어만 사용하다가 정서 어휘가 발달하고, 정서 유발 상황을 더 잘 이해하게 되며, 복합적 정서를 이해하게 된다.

7. 실제 체험된 정서

체험된 정서를 보면 우리의 정서는 항상 일정한 것이 아니다. 하루에 우리의 정서가 어떻게 변화하는가에 대해 여러 사람들을 대상으로 연구한 결과를 보면, 아침에 일어난 직후에 약간 부정적인, 기분이 안 좋은 상태이지만 점차 기분이 좋아지다가 일어난 지 12시간 정도 되면서부터는 부정적인 정서가 더 강해진다는 실험 결과가 있다. 돈만 있으면 행복해지고 즐거운 정서를 갖게 되느냐에 대해서는, 연구결과에 의하면 1930~2000년 사이에 미국 피험자들의 수입은 이전보다 계속 증가했는데도 불구하고 행복하다고 느끼는 정도는 거의 변하지 않았다. 이는 우리가 느끼는 정서라는 것은 자극 상황에 대한 객관적, 절대적 값이 아니라 상대적 값이라는 것을 시사해준다. 다른 사람과 비교해보고 또 자기의 이전 상태, 최근의 상태와 비교해봐서 즐겁다, 기쁘다, 슬프다 등의 정서를 느낀다는 것이다(길버트, 2007).

8. 정서와 얼굴 표정

정서와 관련하여 다윈 이래 가장 많이 연구된 주제 중 하나는 정서와 얼굴 표정의 관계이다. 다윈의 연구에서 제시된 것과 같이 얼굴 표정과 정서는 진화적으로 연관이 있다고 볼 수 있는데 정서적 반응은 다른 동물에게 자신의 심리 상태에 대한 정보를 전달하기 때문이다. 그것이 정서의 중요한 기능 중 하나이다. 에크만(Ekman, 1993) 등의 연구에 의하면, 서로 다른 얼굴 표정은 다른 종류의 정서와 연관되어 있다는 것이 인류의 공통적인 특성이고, 또 정서 관련 얼굴 표정을 짓는 것은 정서 경험 자체를 변형시킬 수 있다. 즉 웃는 얼굴을 하다 보면 웃는 정서(mood)가 생길 수 있고, 우는 얼굴을 하다 보면 우는 정서가 생길 수 있으며, 얼굴 표정에 따라서 신체의 맥박 등이 달라져 정서가 달라질 수 있다는 것이다.

동물도 슬퍼하는 표정이 있고, 눈물을 흘리는 동물도, 웃는 동물도 있다. 이처럼 동물도 정서 표현을 하고 있는데, 그럼 동물은 과연 정서를 지니고 있는가? 그렇다면 어떤 종류의 정서를 지니고 있는가? 동물 정서는 어떤 의사소통(communication) 기능을 지니고 있는가? 동물은 정서 표현을 하는 데 있어서 뇌의 어떤 부분들이 작동하는가? 등의 물음을 던져볼 수 있다.

찰스 다윈이 쓴 인간과 동물의 감정 표현에 대한 책(1998)을 보면 상당히 많은 인간과 동물의 감정 표현 그림들을 볼 수 있고, 인간과 동물의 표현을 비교해볼 수도 있다. 최근 실시된 인간의 정서 표현 실험 예(Fox, Lester, Russo, Bowles, Pichler & Dutton, 2000)를 보면, 우리가 다른 사람의 얼굴에서 나타나는 정서의 표현에서 화난 얼굴 탐지를 더 잘하느냐, 아니면 행복한 얼굴을 더 잘 탐지하느냐 하는 실험을 해본 결과, 행복하거나 보통의 얼굴보다 화난 얼굴을 더 잘 탐지한다는 결과를 보였다.

표정 인식에 관한 국내 연구결과가 있는데, 연대 심리학과의 정찬섭(1998) 교수 등은 한국인의 표정 인식과 관련한 연구를 한 끝에 사람의 얼굴 표정을 자동적으로 측정하는 컴퓨터 시뮬레이션 모델을 개발하였다. 정서 표현 관련 연구를 종합해보면, 정서 표현에는 여성과 남성의 차이가 있다. 여성은 남성보다 더 심한 정서적 상태를 경험하고, 타인의 정서적 단서를 남성보다 더 잘 읽으며, 남성들보다 정서를 더 강하게 공개적으로 표현한다고 볼 수 있겠다. 물론 사회적, 문화적 영향에 따라 차이가 있을 수 있겠지만 슬플 때는 남성들과 여성들이 큰 차이가 없는 데 비해 기쁠 때나 놀라울 때는 남성들보다 여성들이 정서적 반응이나 표현을 더 잘한다는 연구결과가 있다.

9. 정서의 인지과학적 연구의 추세

끝으로 정서와 관련하여 정서의 인지과학적 연구 흐름을 되살펴보면, 과거에는 정서를 다루지 않았던 인지과학에서 정서를 중요하게 다루게 되었을 뿐 아니라, 인지가 먼저냐 정서가 먼저냐 하는 논의를 전개하였고, 가장 크게 부각된 것이 정서 관련 신경인지과학적 연구였다. 신경과학적 연구는 정서의 세부 신경적 기제와 사고를 비롯한 인지 과정의 밑바탕에 정서적 과정이 깔려 있다는 것을 밝히고, 정서가 진화심리학적으로 인간의 적응 필요성에 의해서 급변하는 상황을 알려주고 상황을 재구성하는 기능, 즉 정보처리 시스템인 마음을 재편성하는 기능을 가지고 있다는 것을 보여주었다.

인지과학에서 정서에 관한 탐구의 전망을 생각해보면, 앞으로 인지과학에서 정서의 연구 비중이 점차 증가하리라고 본다. 특히 앞서 언급한 정서적 컴퓨팅의 연구에서 각종 인공물이 정서적 기능을 하는 것을 연구하면서 정서의 응용적 연구가 촉진되리라고 본다. 또한 인지 과정의 여러 하위 과정들과 정서와의 연계성의 파악이 증가될 것이며, 기억이나 주의 등의 과정들과 정서의 연관성이 더 세부적으로 연구될 것이라 본다. 무엇보다도 정서에 대한 인지신경과학적 연구와 인식의 확대 추세가 증가할 것이며, 정서의 사회문화적 결정 과정과 신경과학적 연구를 연결하려는 추세가 확대되리라 본다. 최근에는 신경과학, 인지과학, 사회과학과 연결된 정서의 연구가 새로운 학제적 분야로 떠오르고 있다(Lieberman, 2006).

신경과학적 연구의 발전과 의식, 정서, 인지, 뇌, 사회, 진화를 연결하는 논의가 증가되면서, 다시 한 번 과연 정서란 것이 무엇을 하며 어떤 기능을 하는가, 정서란 것이 인간에게 왜 있는가 하는 것이 존재론적 관점에서 재구성이 필요하게 되고, 그래서 인간의 마음 전체에 대한 관점을 수정할 수 있게 되리라 본다. 이러한 측면에서 다마지오 등(2007)의 연구는 중요한 시사를 제공한다. 6장에서 현재 진행되고 있는 마음 개념의 재구성 연구와 관련하여 '체화(육화)된 인지(embodied cognition)', '확장(연장)된 마음(extended mind)'의 개념을 논하였는데, 다마지오는 넓게는 마음의 형성, 좁게는 정서의 형성과 발달에서 몸이 차지하는 중요성을 강조하였다. 그는 인간의 마음이나 정서의 뿌리가 진화론적으로 동물의 신체적 반응에 있으며, 몸을 기반으로 하여 이루어진 마음의 본질을 이해함에 있어서 정서의 중요성을 논하였다.

이상으로 정서의 기본 특성이라든지 인지적 평가에 의한 정서 반응 특성, 정서의 이론들, 인지가 먼저냐 정서가 먼저냐의 문제, 그리고 편도체를 중심으로 한 뇌의 정서 담당 부위가 있어서 정서를 담당하고, 중요한 판단이나 결정을 하는 데에는 정서가 밑바탕에 깔려 있다는 설명을 다루었다. 다음에는 이런 정서를 포괄하는 인간의 마음이 어떻게 진화되었는가를 살펴보기로 하겠다.

10. 마음 진화의 일반 개념

인지과학에서는 마음이라는 것을 아메바의 마음에서부터 인간의 마음, 그 다음 미래에 생길 슈퍼컴퓨터의 마음까지 연구한다. 가장 단순한 아메바의 어떤 것을 마음이라고 이름을 붙인다면, 거기서부터 침팬지의 마음, 원시인의 마음, 스핑크스를 만든 고대 이집트인들의 마음, 현대 아인슈타인의 마음, 나의 마음, 내 여자친구나 남자친구의 마음, 그리고 미래에 있을 ET의 마음, 이런 것들이 연결되는 측면을 생각해보면 자연히 마음의 진화 문제가 중심 문제로 떠오르게 된다.

마음의 진화와 관련하여 신체의 진화, 뇌의 진화, 인간 마음의 진화, 인공물의 진화, 사회의 진화 등의 여러 측면에서 생각을 해볼 수 있겠는데, 여기에서는 마음의 진화 문제를 주로 뇌의 진화와 연결해서 이야기하도록 하겠다. 현재 있는 인간의 마음을 생각해볼 때, 동물과 그 다음의 원시 시대 인간들과는 무엇이, 어떻게, 왜 달라진 것인가 하는 문제를 생각해볼 수 있겠다. 동물에게는 없는 인간의 마음이라는 것은 왜, 무슨 기능을 하기 위해서 생겨났을까? 어떤 과정에 의해서 현재 인간의 마음, 인지 같은 것이 형성되었을까 생각해볼 수 있다.

인간 마음의 여러 작동 원리 메커니즘, 그리고 행동 특성들이 어떠한 진화적 배경에서 발달하여 우리에게 있는 것일까, 인간의 마음은 어떠한 목적, 어떠한 기능을 하기 위해서 생겨났는가를 되묻게 된다. 진화적 원리는 인간의 심리 현상과 행동 모두를 설명할 수 있을까, 아니면 다른 설명이 있어야 하는가 하는 물음을 던질 수도 있다. 그런 물음과 관련하여 미슨(S. Mithen, 2001)은 과거의 원시 동물에서부터 현대 인류가 생겨날 때까지 어떤 과정을 통해서 마음이 생겨났는가를 설명하고 있다.

11. 진화심리학: 진화 이론의 역사

진화 이론의 역사를 살펴보면 먼저 다윈의 이론을 생각해볼 수 있다. 다윈의 진화론에 의하면 생물의 진화는 두 가지 기본 메커니즘에 의한다. 첫째는 자연선택이고, 두 번째는 성선택이다. 자연선택은 "만약에 어떤 변이가 일어난다면 다른 개체에 비해서 생존과 번식에서 매우 불리한 변이체는 엄격히 소멸될 것이라고 확신할 수 있다. 유리한(적합한) 변이체는 보존, 생존되고 불리한 변이체는 도태되는 것을 자연선택이라고 한다"(Darwin, 1859; 1996). 이 자연선택은 다음의 네 가지 조건이 충족될 때 자동적으로 작용한다.

① 모든 생명체는 실제로 살아남을 수 있는 것보다 더 많은 수의 자손을 낳는다(번식 과잉 조건).
② 같은 종에 속하는 개체들이라도 저마다 다른 형질을 가진다(변이 조건).
③ 특정 형질을 가진 개체가 다른 개체들에 비해 환경에 더 적합하다(적응도 조건).
④ 그 형질 중 적어도 일부는 자손에게 전달된다(유전성 조건).

이 조건이 만족되면 어떤 개체군(population) 내의 형질들의 빈도는 시간이 지나면서 변하게 될 것이고, 상당한 시간이 지나면 새로운 종도 생겨나게 된다. 이것이 바로 다윈이 제시했던 자연선택에 의한 진화의 핵심이다.

그 다음에 성선택은 동성 내의 경쟁과 이성 내의 경쟁(동성 간 경쟁과 이성 간 선택)으로 나누어볼 수 있는데, 다윈은 번식의 결정권이 암컷에게 있다는 암컷 선택(female choice) 이론과 암컷의 선택을 받기 위해서 수컷들이 경쟁할 수밖에 없다는 수컷 경쟁(male-male competition) 이론을 제시하였다. 동성 내에서는 더 강하고 우월한 생명이 계속 승리하고 생존하여 후손을 남긴다는 것이고, 이성 내의 선택은 우월한 동물이 이성에 의해서 선택되고 생존하여 후손을 남긴다는 것이다.

다시 이야기하면 다윈 진화론의 핵심 개념은 자연선택과 적응인데, 자연선택은 변화하는 것은 개체가 아니라 개체군이고, 자연선택되는 것은 개체 자체가 아니라 유전자라는 것에 초점을 맞춘 것이다. 적응 개념은 환경의 적합성의 증가 및 적합한 개체군의 자연선택, 그러니까 환경에 잘 적응하는 그런 능력이 생기도록 진화가 되고 그러한 개체군이 선택돼서 후손을 남긴다는 것이다.

다원 이론 이후에 계속해서 진화론과 연관된 이런저런 이론들이 제시되었는데, 진화론의 현대적 통합 관점에서 보면 다원의 진화론과 현대 유전학이 결합되어 있다고 볼 수 있다. 다음에 동물행태학이 진화론의 발전에 영향을 주었는데, 다원의 진화론은 동물 행동보다는 동물의 신체적 구조에 더 강조점이 있었고, 동물과 인간의 신체적인 구조를 비교해서 유사점을 가지고 진화를 설명했었다. 그런데 동물행태학(동물행동학) 연구가 이런 측면을 보완해서 동물과 인간 행동에서 생물적 요인의 중요성을 강조하며 동물의 행동, 특히 사회적 행동 등을 부가시켰다. 신체뿐만 아니라 동물과 인간 행동 간의 유사성, 진화적 특성을 설명한 것이다.

다원 이후에 가장 큰 영향을 준 진화 이론은 해밀턴(W. Hamilton)이 제시한 포괄적 응도 이론(inclusive fitness theory)이다. 자연선택은 개체 자신의 유전자를 후손에게 전달시켜야만 하는 것이 아니라 친족에게 전달시켜 자신의 유전자가 생존하게 한다. 적응적으로 이로운 행동은 서로의 유전자를 일정 정도 공유하고 있는 혈연관계에서 (비혈연관계에 비해) 더 빈번히 일어나며, 그런 행위는 혈연관계 중 자신의 생존이나 번식의 성공도를 더 높일 수 있는 개체를 위해 더 빈번히 일어나야 한다는 것이다. 내가 환경에서 적응적으로 특정 행동을 하는 것은 내 후손이 계속 생존하지 못하더라도 내 유전자와 같은 유전자를 갖고 있는 내 친척의 후손이 살아남는 것이 중요하기 때문이다. 자기가 생존하고 자기 자식, 후손이 생존해야 하는 것이 아니라 자신의 친척들이 생존한다면 자신이 죽거나 후손이 단절되어도, 자신 유전자와 같거나 가까운 유전자가 생존하는 측면으로 진화가 이루어졌다는 것이다.

포괄적응도 이론 이외에도 다른 진화 이론들이 있었는데, 윌리엄스(G. C. Williams)는 집단선택이라는 그릇된 개념을 무너뜨린 뒤 포괄적응도 이론을 가다듬고 무엇을 '적응'이라고 할 수 있는가의 엄밀한 기준을 제시하였으며, 트리버스(R. Trivers)는 호혜성(reciprocity), 양육투자 이론(parental investment theory), 부모 자식 간 갈등(parent-offspring conflict)에 대한 이론을 정리하였고, 윌슨(E. O. Wilson)은 사회생물학을 열어서 동물과 인간의 행동까지 모두 포괄하는 종합적 틀을 제시하였다.

진화 개념에 대해 일반인이 흔히 오해하는 측면이 있다. 첫째로 인간의 행동은 전적으로 유전적으로 결정되어 있다는 유전자 결정론을 생각하는데, 진화 이론이 곧 유전자 결정론을 주장하는 것은 아니다. 인간의 행동은 유전적인 적응 성향과 이러한 적응 성향이 발달하고 활성화되게 하는 환경으로부터의 입력, 그러니까 유전적 영향과 환경 입력의 상호작용의 결과라고 이야기할 수 있다.

두 번째는 흔히 '인간 행동이 진화에 의한 것이라면 우리는 그것을 변화시킬 수 없다. 즉 진화, 유전자에 의해서 이미 결정된 것이니 변화시킬 수 없다'고 생각하는데, 진화론에 의하면 진화—적응 메커니즘에 대한 지식과 환경적 입력이 복합되어 인간의 행동을 변화시킬 수 있다. 즉 환경에 대해서 무언가 변화시킬 수 있다는 설명이다.

세 번째 오해는 현재 인간의 마음이나 행동체계는 오랜 진화 역사, 진화 과정에 의한 가장 최적의(optimal) 형태의 적응 방식이라는 생각이다. 진화는 물론 그런 측면도 있지만 그것이 항상 맞는 것은 아니다. 구석기 시대의 적응 방식을 현재 인간이 지니고 있어 생기는 문제점들도 있다. 원시 시대에 사용하던 인지적 전략 등이 현재 그대로 남아 있기 때문에 문제가 생길 수 있는 것이다. 우리가 복잡한 상황에 적응하는 데는 원시 시대의 적응방식이 부적절한 경우가 있을 수 있다. 따라서 진화에 대하여 사람들이 지니고 있는 세 가지 오해는 버려야 된다고 보겠다.

12. 뇌와 인지의 진화

앞서 언급한 미슨의 '마음의 진화'에 의하면, 첫 번째 현생 인류 진화의 일차적 단계는 그 전에는 따로따로 작용하던 사회적 지능과 자연적 사건에 대한 지능이 통합되는 단계였고, 이차적 단계에는 언어와 사회적 지능, 자연사 지능이 통합되는 단계였다. 그리고 세 번째 단계는 기술지식이 추가되어 기술지식, 사회적 지능, 자연사 지능, 언어, 일반적 지능 등이 다 통합되는 것이라고 볼 수 있다. 이러한 관점이 시사하는 바는 언어를 비롯한 인공물을 다루는 지적 능력의 진화에서 현생 인류가 동물과 차별화되는 특성을 지니고 있다는 것, 그러니까 언어나 도구를 사용하는 능력에서도 인간이 동물과 차별화되는 과정을 거쳤다는 것이다.

심리학자 핑커(S. Pinker, 1997, 2002)는 마음은 우리 조상들이 직면했던 적응적 문제들을 해결하기 위해 자연선택 메커니즘에 의해서 발달시킨 계산 기관들의 체계라고 설명하는데, 이것이 진화심리학(Evolutionary Psychology)의 기본적인 입장이다. 마음의 발달을 가능하게 한 일반 요인을 보면, 빙하 시대와 같은 갑작스런 가혹한 자연 환경에 적응해야 할 필요성이라든지 도구를 사용하게 된 과정이라든지 집단사회의 구성에 의해서 커뮤니케이션의 필요성이 생겨나 언어를 사용하고 언어가 발달하게 된 것이라든지, 이러한 필요성에서 마음이 진화하게 되었다고 볼 수 있다.

인지기능에 대한 진화적 관점을 다시 설명하면, 이 관점은 각종 인지 활동 및 그 생물적 바탕인 뇌의 신경적 구조와 과정은 오랜 진화 역사를 통해서 형성되었다는 것과 인지기능은 뇌와 함께 진화되었다는 것을 강조한다. 또한 인지기능은 문화 사회적 환경의 영향을 받아서 진화되었다는 것도 강조하며, 기본적으로 생존과 번식 능력을 발전시키는 과정에서 각종 위협자극과 이득자극을 파악하고 학습하고 기억하고 정보처리하기 위해서 인지기능이 진화되었다고 본다. 그러한 목적에서 인지기능이 진화되고, 마음이 현재 인간의 마음과 같은 특성을 지니게 되었다는 것이다.

진화와 뇌 크기 변화의 관계에 대해서는 다음과 같이 진술할 수 있다. 강한 육식동물에게 대항하기 위해 영장류에게서 협력, 방어의 수단으로 사회적 집단화가 진화되었다는 설명이 나왔는데, 인류의 진화사를 보면 더 크고 강한 다른 맹수들에 대응하기 위해서는 인간들이 서로 집단(group)을 이루어 거기에 대항하지 않으면 안 되게 되고, 집단화가 인류와 동물이 구별되는 동기가 되었다고 할 수 있겠다. 집단화가 되면서 지배위계라든지 사회구조라든지 사회적 관계의 안정화가 필요하게 되었고, 그런 것을 이루어내려니 언어가 발달하고, 복잡한 기억이나 더 복잡한 정보처리가 필요해지며, 그래서 뇌의 크기가 커진 것이라고 생각할 수 있다.

인간의 뇌가 원시 시대 400cc에서부터 그 다음 1,200cc, 그리고 현대 인간은 1,400cc의 부피를 지니게 되고, 현대 인간의 특징은 이전 인류의 선조들보다 머리의 앞쪽인 전두엽의 크기가 급증했다는 것을 기본적인 특성으로 볼 수 있겠다.

인류가 진화하고 뇌 크기가 증가한 다른 이유를 생각해보면, 평지에 먹을 것이 상대적으로 부족해서 인류는 육식동물이 되고, 그러다 보니 사냥터가 넓어지게 되고, 날카로운 이빨이나 거대한 체구가 없기 때문에 도구가 발전되고, 혼자서는 사냥을 할 수 없으니 다른 사람들과 협력해서 사냥하기 위한 전략이 생기고, 이를 위하여 우수한 공간력, 지각능력이 필요하게 되고, 사냥 수단이나 방어 수단, 또 사회적으로 의사소통하고 서로 통제하는 수단으로 언어가 발달하고, 그러다 보니 뇌 크기가 증가했다는 입장이 진화 이론의 한 관점이다.

요약한다면 인간의 인지기능이 진화한 이유는 생존을 확보하고 의사소통을 하며, 환경의 정확한 예측 필요성이 증가하여 미래를 예측하기 위해서, 그리고 넓은 사냥터에서 이런저런 정보처리를 하여 환경에 대한 시공간적 인과적 머릿속 지도가 필요해서 인지체계가 발달하고 마음이 발달하게 되었다는 것이다.

따라서 현재 우리가 지니고 있는 마음의 궁극적 기능은 그 마음이 진화한 환경, 곧 근대 농경과 문명이 발달하기 전인 1만 년 이전까지 전개된 원시 시대 환경, 즉 진화 역사의 99% 이상을 보낸 수렵 채취 시대의 환경에서 생존하고 번식하는 일이었다 (Pinker, 1999). 이것은 12장에서 합리성을 논의할 때도 잠깐 언급한 것인데, 인류가 진화한 역사를 보면 99%의 오랜 시간을 동물에서 진화하여 원시 시대에서 보낸 것이고 현대 인류는 마지막 1%의 시간에서 진화되었다고 볼 수 있기 때문에, 우리가 현재 가지고 있는 인지기능이나 인지능력 등 여러 능력의 대부분은 현대 사회에 적응하기 위해서 생긴 것이 아니라 99% 이상의 시간을 보낸 그 오래된 진화 역사상의 수렵, 채집 당시의 인지기능, 또는 마음의 기능들이 남아 있는 것이라는 설명을 할 수 있다. 이러한 설명이 12장에서 언급한 웨이슨(P. Wason)의 카드 실험 현상이나 휴리스틱스적 사고 오류 현상을 설명하는 바탕을 제공할 수도 있다.

이러한 논지를 배경에 두고 인지과학과 진화론의 관계를 다시 한 번 정리해보면, 인류라는 종의 특징적 행동과 마음의 작용 메커니즘을 진화 이론적으로 설명할 수 있다. 동물과 인간의 개체적 행동과 유전자적 특징, 사회문화적 특징 등을 분석하며, 정보처리 패러다임적 설명을 적용하고, 뇌의 중요성과 사회적 환경의 중요성을 강조하여 설명하려는 것이다. 언젠가 미래에는 인간 마음의 진화와 인공물의 진화를 연결하는 틀의 접근도 부각될 수 있다고 본다.

지금까지 진화의 기본 개념, 이론들, 인지과학과의 관계를 간단히 살펴보았다. 다음에는 진화심리학에 대한 조금 자세한 설명을 하고, 정서의 진화, 언어의 진화, 사회적 진화, 사고의 진화를 간단히 언급하겠다.

13. 진화심리학

진화심리학의 내용을 살펴보면, 진화심리학은 인간 마음의 메커니즘의 본질을 동물과 인간의 진화 과정에서 이루어진 적응 기제 중심으로 이해하려는 시도이다. 즉 진화심리학은 '심리학' 이라는 단어를 넘어서 생물학, 신경과학, 인류학, 동물학, 심리학 등의 인지과학 전반을 포용하는 접근이라고 볼 수 있다.

진화심리학이 심리학이나 인지과학에 처음부터 현재와 같은 틀로 있었던 것은 아니고 1980년대 중반에 새로운 틀로 갖추어져 출발하였는데, 그것을 출발시킨 인지과학자들은 코스마이즈(Leda Cosmides)와 투비(John Tooby, 1992)였다.[99] 이들이 진화심리학 연구센터를 캘리포니아 대학에 설치하고 진화 이론을 설명하였다. 1980년대에 형성된 진화심리학의 배경은 다윈의 진화 이론의 기본 출발점이 되었고, 거기에 인지과학의 계산주의 이론이 들어가고, 기능주의 철학과 촘스키의 단원론 개념이 연결되며, 유전자 선택론 등의 자연선택 개념 이론이 들어가고, 사회생물학도 연결되었다.[100]

진화심리학의 핵심 주장은 인간의 마음은 오랜 수렵과 채집 시기 동안 우리 조상들에 의해 환경에서 끊임없이 부과되었던 적응 문제에 대한 해결책으로서 발전된 것이 마음인데, 어떻게 발전되었냐 하면 자연선택에 의해서 발전되었고 발전된 마음의 특성은 계산체계라는 것이다. 진화심리학이 인지과학과 연결되어 있다는 것은 계산과 정보처리를 강조하는 입장에서 드러난다.

부연하자면 인류는 오랜 진화 역사를 거치면서 여러 유형의 적응 문제들에 직면했는

---

99 진화심리학 소개 영문 글은 Evolutionary Psychology: A Primer, http://www.psych.ucsb.edu/research/cep/primer.html 참조.

100 사회생물학(sociobiology)은 생물 결정주의로서 사회제도들을 설명하고자 하는 생물학의 한 분야이다. 사회생물학은 인간의 사회 행위의 생물학적 기반을 연구하면서 진화생물학의 이론 원리에 따라서 인간의 사회생활을 설명하고자 한다. 사회 생물학의 목적은 사회문화 현상을 생물학적 차원으로 환원하는 것이다. 고전적 진화 이론에 따르면, 모든 생명체는 개체 간의 번식 경쟁의 결과이다. 사회생물학의 주요 관심사는 개체들이 그 행위에 참여하는 것이 개체 자체에는 불리함에도 불구하고 그 행위가 유전적으로 진화하는 메커니즘을 밝히는 데 있다. 예를 들면 이타적 행위의 진화(evolution of altruistic behaviour) 등과 같은 것이다. 사회생물학의 가장 큰 문제점은 사회생물적 모델을 생물적이 아닌 진화, 즉 문화적 진화를 설명하는 데 사용한다는 점이다. 또한 사회생물학은 사회와 문화에 대해 지나치게 단순한 견해를 가지고 인류학적 자료들을 분석하기 때문에 성급한 일반화를 하는 경향이 있고, 인간과 동물의 학습 행위와 문화의 전승을 고려하지 않으며, 인간 행위가 동기화되는 복잡성도 고려하지 않는 면이 있다고 비판 받는다. 인간 개체는 적응이나 생식의 극대화를 위해 투쟁하는 것이 아니라, 문화적으로 규정된 목표와 가치에 의해 인간 행위가 동기화되는 것이라고 비판될 수 있다.

데, 그런 문제들을 해결하도록 설계된 망을 가진 개체만이 진화적으로 살아남고 성공하였을 것이다. 우리 마음은 모든 문제들을 해결하도록 설계되지는 않았고(not designed to be a general problem solver), 그보다는 오히려 특정한 몇 가지 적응 문제들, 예를 들면 적절한 음식 관리, 좋은 짝 고르기, 상대방의 마음 읽기, 다른 사람과 동맹 맺기 등의 특정 문제를 해결하기 위해(designed, evolved to solve some specific problems) 자연선택에 의해서 설계된 정보처리적 체계가 인간의 마음이라는 입장이다. 신체의 각 부분이 특정한 문제를 해결하기 위해서 진화되어 발달한 것과 마찬가지로, 인간의 마음도 특정한 문제를 해결하기 위해서 이러저러한 마음의 하위기관들, 하위 시스템들을 발달시켰으며, 그러한 마음의 하위 시스템은 모듈, 단원이라고 설명할 수 있다.

마음이라는 체계 전체가 만약 더 분화되지 않고 뭉뚱그려진 전체로서 각종 문제를 해결하도록 단일적인 통일체로 설계되었다면 그것은 상당히 비효율적일 것이다. 그것은 마치 눈이 보는 행동 이외에 먹는 행동이나 물건을 잡는 행동 등의 모든 신체기능을 다 하도록 디자인되는 것처럼 상당히 비효율적인 신체기관이 되는 것과 같다. 마찬가지로 마음이 하위기관 없이 분화되지 않고 뭉뚱그려서 반응하게 된다면, 정보처리적 부담 때문에 계산적 폭발이 일어나고 적응력도 없으며, 인간은 살아남지 못했을 것이다. 그런 문제를 해결하기 위해 인간은 마음을 진화시키면서 마음의 여러 기능(주의, 기억, 언어, 사고, 정서, 동기 등)을 모듈적, 단원적, 별개 체계로 진화시켰을 것이다.

이러한 입장은 인간의 마음을 스위스 등산용 칼과 같다고 보는 관점이다. 스위스 등산용 칼을 보면 그 안에 서로 독립적으로 각각 다른 기능을 하는 작은 칼이나 가위 등이 들어가 있다. 그와 마찬가지로 마음의 하위체계들이 서로 다른 기능을 하는 그런 모듈로 집합되어 있는 것이라는 관점이 진화심리학 이론에서 강조되는 입장 중의 하나이다.[101] 코스마이즈와 투비의 진화심리학 이론처럼 마음이 진화 과정에서 여러 스위스 등산용 칼의 모듈 같은 하위 모듈들의 집합 구조로 진화하였다면, 그 낱개의 모듈들의 나열에서 어떻게 그 모듈들이 종합되어 인간 마음에서 보여지는 유연한 행동이 창출될 수 있을까 하는 문제가 제기될 수 있다. 11장에서도 언급하였지만, 이에 대해 스퍼버 (D. Sperber, 1994)는 그 모듈들이 복잡한 네트워크를 형성하여 상위 수준에서 유연성

---

[101] 마음의 진화와 관련하여 모듈적 접근 이론 틀에 대한 상세한 논의는 장대익의 논문(2005)에 제시되어 있다.

이 나타날 수 있다고 보았고, 장대익(2005)은 이 문제를 진화발생학 수준에서 접근하여 하위 수준의 모듈들의 상호작용에 의하여 가능할 수 있다는 입장을 제시하고 있다.

앞으로 진화심리학이 해결해야 할 이론적 문제점들이 많지만, 진화심리학은 인지과학 또는 사회과학 전반에서 점차 중요해지는 위치를 차지하리라고 본다. 진화심리학적 접근이 진화발생생물학과 연결되어 점차 인간의 많은 심리적 메커니즘과 사회적 행동을 설명하고, 진화적 관점이 인지과학의 한 핵심 분야, 주요 설명 패러다임으로 자리잡을 것이며, 생물학, 발생학, 인류학, 신경과학, 심리학, 사회과학 등을 연결하는 다학문적 연결 영역으로 부상할 것이라고 보는 것이다.

14. 인간 본성: 진화심리학적 입장

그러면 진화심리학적 입장에서 인간의 본성을 어떻다고 보느냐 하는 것은 빈 서판의 문제를 들어 다시금 설명할 수 있다. 인간의 마음이 선천적으로 아무것도 없는 텅 빈 서판(blank slate)이냐 아니냐라는 문제를 생각해볼 수 있는데, 경험주의자들은 인간은 빈 서판과 같은 백지장 상태의 마음으로 태어나고, 경험을 통해서 마음에 모든 것이 쓰여지며 마음이 형성된다고 본다.

그러나 진화심리학적 입장에서는 그런 것이 아니라 생득적, 선천적으로 타고나는 생득적인 본질적 요소가 마음에 있고 그것이 중요하며, 그런 선천적으로 갖고 태어난 마음의 특성은 오랜 진화 역사를 통해 자연선택 과정에 의해서 이루어졌다고 본다. 그래서 자연선택 과정이 인간 본성의 근본 요소를 형성하는 유일한 인과적 과정이었다고 보는 것이다.

진화심리학적 입장을 대변하는 인지과학자인 핑커(2002)는 인간 마음의 결정요인이 본성(nature)이냐 양육(nurture)이냐 하는 문제는 아직도 타협이 요원한 논란 중의 논란이라고 본다. 그러나 그는 본성 쪽에 힘을 실어주는 논지를 전개한다. 그에 의하면 마음에 대해 옛날부터 내려온 주요 관점이 3개 있다: ①인간의 마음은 백지와 같은 상태이며 태어난 이후 무엇을 보고 듣느냐에 따라 그 위에 심적 내용의 그림이 그려진다는 것이 '빈 서판' 주장이고, ②인간 최초의 본성은 선한 것이라는 낭만적 믿음이 '고상한 야만인' 론이며, ③인간의 몸은 물질이되 정신은 무언가 다른 것이라는 이원론이 '기계 속의 유령' 론이다. 핑커는 이러한 관점들을 넘어서야 한다고 주장한다.

진화심리학이 주장하는 인간의 심리 메커니즘(기작)의 본질을 살펴보면, 진화의 오랜 역사를 통해 인간을 계속 괴롭혀온 생존과 번식의 특정 문제들에 대한 해결책으로서 인간의 마음과 인지적 기능들이 진화해왔고, 심리적 기작은 아주 좁은 영역의 정보에서만 작동하도록 설계되어왔고 모듈적으로 작동하며, 심리적 기작의 입력은 어떤 개체가 직면하고 있는 특정한 적응 문제가 무엇인지를 그 개체에게 알려준다. 심리 기작의 입력은 결정 규칙(decision rules)들을 통해 출력으로 전환된다. 그래서 심리적 메커니즘의 출력, 즉 행동 반응은 특수한 적응 문제에 대한 해결책으로 의도된 것이다. 예를 들어 질투나 박애는 진화 과정에서 상황에 적응하기 위해 이루어진 것이라는 주장이다. 이러한 진화된 심리적 메커니즘(기작, 기전)들의 수는 한두 개가 아니고 마음의 하위체계들이 여러 개 모여 있다. 그리고 이러한 여러 개의 모듈의 특수성, 복잡성, 다수성이 인간에게 행동적 유연성을 제공하게 된다는 것이다.

15. 사회심리적 진화

여러 진화심리학적 이론들이 인간의 사회심리적 행동의 설명을 제시하고 있다.

포괄적응도 이론에서는 사회심리적으로 박애 행동이 인간의 특성이라고 보는데, 앞서 포괄적응도 이론에서 설명한 것처럼 자신의 직계 후손이 아니라 자신과 친족관계인, 유전자를 어느 정도 공유하고 있는 친족들의 후손이 살아남을 수 있고, 그럴 가능성을 높이도록 우리가 적응해야 하는 목적에서 사회적 박애 행동, 이타적 행동이 진화되었다고 하는 것이 포괄적응도 진화 이론의 핵심이다.

성선택 이론과 관련해서 보면, 앞에서 설명한 것처럼 동성 경쟁자와의 경쟁을 통해서 얻는 짝짓기 이득, 그러니까 동성 경쟁자와 경쟁해서 자기 자신보다 더 생존능력과 후손 생산능력이 높은 이성을 선택하고 그 이성에 의해서 짝으로 선택되어 생긴 짝짓기 이득을 통해서 진화가 일어날 수 있다. 즉 내가 강하거나 어떤 능력을 가지고 있으면 이성의 사람이 나를 선택해서 더 우수한 짝짓기가 일어나므로 그것을 통해서 진화가 일어날 수 있다는 것이다.

양육 투자 이론은 자손에게 더 많이 투자한 성(여성)은 짝 선택에 있어서 반대 성보다 더 까다롭다고 본다. 자손을 키우기 위해서 더 노력하는 여성은 노력을 덜하는 남성보다 짝을 선택하는 데 있어서 굉장히 까다롭다는 것이다. 그러므로 짝짓기를 하기 위해서 다른 성보다 동성과의 경쟁을 더 치열하게 한다는 것이다.

인간에게서 나타나는 이타적 행동이 동물에게는 없는데 인간에게는 왜 있느냐고 반문하면, 호혜적 이타성 이론은 이타적 행동에 의해 상호 호혜적 이득이 주어지기 때문에 진화적으로 발달한 것이라고 설명한다. 또한 부모-자식 갈등에 대해서도 진화심리학적 설명이 연결된다.

사회적 행동에 대한 이러한 진화심리적 이론을 보충 설명하면 다음과 같다. 상호 호혜적인 동맹을 결성하는 우정 현상의 이유는 그 결과가 두 사람에게 서로 더 큰 이득이 되기 때문에 그런 관계를 형성하는 것이 심리적 능력, 기능으로 진화되었다는 것이다. 그런데 문제는 배신당하지 않아야 된다는 것으로, 서로 도와주고 보살펴줬는데 배신당하지 않아야 하므로 이를 위해서 인간은 '사기꾼 탐지 휴리스틱스'를 발전시켰다는 것이다. 그래서 거짓말하는, 사기 치는 사람을 탐지하는 휴리스틱스(cheater detecting heuristics)가 원시 시대부터 발달되었다. 즉 수렵이나 채집을 나가서 아무것도 안 하고 놀다 들어와서는 다른 사람들이 동물을 잡아오거나 채집해오면 자기도 일을 한 것처럼 끼어들어서 먹으려는 사기꾼이라든지, 짝을 지어서 배우자 짝을 이루고 있는데 몰래 다른 짝과 관계를 맺는다든지 하는 사람을 탐지하는 인지적 전략이 진화 과정에서 발달되었다는 것이다. 그러한 목적에서 사람을 인식하는 능력, 기억 능력, 비교 판단 능력이 진화되었으며, 상위 수준의 인지기능이 발달되었다는 것이다.

부모 자식 관계를 보면, 부모와 자식이 꼭 사랑으로 연결되는 것만이 아니라 사랑이 감소하는 휴리스틱스도 있는데 아이가 친자식이 아닐 때, 아빠가 누구인지 불분명할 때, 자식이 신체적으로 문제가 있거나 열등할 때, 너무 가난하거나 배고프거나 너무 많은 수의 자식이 있거나 환경이 아주 열악할 때는 자식을 해치는 측면도 있다. 여기에도 진화심리적 설명이 적용된다.

　짝짓기를 보면 협동적이고 신뢰할 만하고 수완이 좋고 공신력 높은 적당한 짝을 고르는 것이 우리가 이성을 선택하는 심리적 메커니즘이다. 이성 선택의 가장 중요한 요인은, 남성은 여성의 젊음과 외모(8등신-S라인)에 초점을 맞춰서 택하고, 여성은 남성의 자원, 돈, 능력, 야망, 헌신 등을 가지고 선택을 하는 것이다. 왜 그렇게 되었느냐 하면 이것은 진화적 적응 메커니즘을 반응한 것이라고 볼 수 있다(Miller, 2004).

　여성은 초기 및 이후의 양육 투자 비중이 크기 때문에 짝 선택에서 신중하고 까다롭다. 번식에 성공적이면 자신의 유전자가 계속 살아남기 때문이다. 남성은 초기 이후 양육 투자가 적기 때문에 남성 간에 더 경쟁적이라고 볼 수 있겠다. 일반적으로 남자는 단기적 짝짓기 전략을 선택하고, 여성은 장기적 짝짓기 전략을 선호한다고 볼 수 있다. 인류가 짝짓기와 관련해서 불확실성과 위험성에 대비하여 발전시킨 적응적 메커니즘이 성적 질투인데, 질투라는 것은 진화 과정에서 대비, 방어적 메커니즘이 발달된 것이라고 볼 수 있다. 남성은 자기 짝인 여성이 부정을 저지르는 것에 더 크게 분노하고, 여성은 자기 짝인 남성이 다른 여성에게 친밀하게 접근하는 것에 더 크게 분노하며, 남녀의 바람피우기에 대한 진화심리학적 설명은 남자는 들통이 안 나면서 가능한 한 자손을 널리 퍼트리는 것이 목적이고, 여자는 들통이 안 나면서 가능하면 번식력 좋은 남자의 아이를 갖는 진화적 원리를 갖고 있다고 볼 수 있다.

　이러한 식의 진화심리학적 해석은 강력한 비판을 받기도 한다.

16. 정서의 진화 이론

　정서의 진화적 측면을 보면 정서는 적자생존에 도움이 되는 긍정적 기능을 하기 위해 진화되었다고 볼 수 있다. 플루칙(1980, 1987)의 정서 진화 이론에 의하면, 정서는 어떤 중요한 사건으로 인하여 평형 상태가 파괴될 때 그것을 회복하려는 복잡한 피드백 과정이라고 볼 수 있다.

네스(R. M. Nesse)의 정서 진화 이론에 의하면 자연선택이 정서를 조형, 조성하였고, 정서는 계통 발생적 변화 특성을 갖고 있다. 켄트리지(R. W. Kentridge) 등에 의하면 정서는 중요한 환경에 대한 반응으로서 진화되었고, 발생 가능성이 높은 사건에 대한 준비 태세라고도 볼 수 있다. 즉 바람직하지 않은 사건의 발생 가능성을 감소시키고, 바람직한 사건의 발생 가능성을 증가시키는 메커니즘으로 정서가 진화되었다고 할 수 있다. 롤스(E. T. Rolls) 등에 의하면 정서는 위기에 대비한 준비 태세로서 자율신경계의 반응을 유발하며, 구체적인 국지적 상황에 반응을 적응시킨다. 또한 목표를 성취하기 위한 행위를 동기화시키며, 다른 사람에게 의도를 전달하고 사회적 유대를 강화시킨다. 또한 사건에 대한 기억과 평가에 영향을 미쳐서 특정 기억의 저장을 향상시킨다. 코스마이즈와 투비(1992)가 제시한 진화심리학적 입장에 따르면 정서는 생존과 관련된 문제를 해결할 목적으로 진화된 뇌 속의 하위 프로그램들로서, 문제상황 해결을 위해서 주의, 기억, 각성, 행위 등 다양한 신체 체계를 조직한다. 이 체계의 어느 하나만으로는 정서를 기술하기 부족하다. 정서는 개별 유전자가 아니라 일단의 유전자의 포괄적 적합성 메커니즘에 의해 진화되었고, 처한 상황을 탐지하여 우선순위를 매기는 등의 하위 프로그램으로 발달하였다고 볼 수 있다. 또한 정서는 본인의 의식 여부, 관련 언어 존재 여부와 무관하게 진행 가능하다. 종합한다면, 정서는 적자생존에 도움이 되는 긍정적 기능을 하기 때문에 적응적 메커니즘의 하나로 진화되었다고 볼 수 있다.

17. 언어의 진화

동물과는 달리 인간 특유의 인지 특성이 어떻게 진화되었을까? 언어 진화에 대한 여러 가지 이론이 있는데, 11장의 〈심층분석 11-1〉에서 언급된 바 있기 때문에 간단히 설명하겠다.

앞에서 인간이 급변하는 상황에 적응하기 위해서 뇌가 발달했다고 언급했는데, 뇌 크기가 증가해서 언어가 진화했다는 입장이 있지만 그렇지 않을 가능성도 크다. 〈심층분석 11-1〉에서 언급한 바와 같이 인간의 뇌가 동물 중에서 가장 큰 것도 아니고, 뇌와 신체의 비율을 따져보아도 인간보다 이 비율이 더 높은 다른 동물도 있으므로 이러한 특성만 보면 꼭 뇌 크기의 급격한 증가만이 언어 출현의 원인은 아니라고 볼 수 있겠다.

손동작의 발전에서 언어가 진화되었다는 입장도 있으나, 그보다는 사회문화적 원인에 의한 진화 이론이 더 적절할 것 같다. 언어가 왜 생겨났느냐 했을 때, 진화 과정에서 서로 상대방과 공동 주의해서 서로의 의사소통적 의견을 이해하고 상대방과의 역할을 바꿔서 모방하는 그러한 목적에서 언어가 진화했다는 것이 사회인지심리학자 토마셀로(Tomasello, 1999)의 입장이다. 사회적 대인관계에서 상대방에 대한 마음 이론을 형성해서 개념을 표상하고, 상대방의 생각, 느낌, 바람 등을 생각하다 보니 언어가 이루어졌다는 설명이다.

요약하자면 언어의 진화는 뇌의 크기가 갑자기 증가함에 따라서 갑자기 발생한 것이 아니라, 자연선택이라는 진화 과정을 통해서 의사표현 소통 등의 기능을 수행하기 위한 사회적 수단으로서 점진적으로 진화되었다고 볼 수 있다.

18. 사고의 진화

행동주의 심리학에서는 사고를 무시하고 동물의 습관적 자극 반응을 조건형성으로만 보았는데, 심리학자 쾰러(W. Köhler)는 침팬지의 통찰력을 통해서 동물의 사고와 인간의 사고가 연결 될 수 있다는 이론적 시도를 하였고, 그 이후에 인지과학, 동물생태학, 신경과학, 진화심리학 등에 연결되어 사고의 진화가 연구되었지만, 사고는 뇌처럼 화석을 얻을 수 있는 것이 아니기 때문에 진화적 접근이 사실 어렵다.

그렇기는 하지만 동물의 문제해결이나 추리 등의 연구결과가 다소 도움이 된다. 동물도 'if, then' 식의 사고와 'A and B'의 사고를 하고 도구를 사용하는, 즉 어느 정도의 사고를 한다는 것을 보여주는 연구결과들이 있다. 그러면 동물과는 다른 수준의 사고 기능이 어떻게 해서 인간에게 발달할 수 있었을까 하는 물음을 던질 수 있겠는데, 앞에서 진화와 인지를 다루면서 설명한 것처럼 뇌 크기의 변화라든지 빙하기의 환경 조건, 도구 사용 등을 이유로 들 수 있지만, 하나의 가설로 머물고 있는 실정이다.

12장에서 설명한 것처럼 인간의 추리, 판단, 결정은 논리적, 이성적 합리성을 추구하기보다는 실용적 합리성을 추구한다. 컴퓨터와 같은 완벽한 계산보다는 빠르고, 틀리더라도 쉽게 적용할 수 있는 효율적인 사고를 한다는 것이다. 인간 사고의 일차적 심리 메커니즘은 실용적, 합리적 사고 원리(휴리스틱스적 사고)이고, 이것은 원시 수렵채집 시대에 사용한 사고 방식이 진화한 것이며, 완벽한 계산보다는 때로는 틀리더라도 빠르고 검약한, 효율적 적응을 가져오는 더 원초적인 사고 유형이다. 반면 논리적, 이성적 사고는 그 이후에 훨씬 늦게 이차적으로 진화되었을 가능성이 제기되었다.

19. 종합

마음을 진화론적인 관점에서 이해하고 설명하려는 여러 학문이 수렴, 통합된 진화심리학의 관점에서 본다면, 앞으로 마음의 본질, 특성, 적용의 상황과 관련하여 다음과 같은 연구 분야와 주제의 발전이 가능하리라 본다.

진화인지심리학: 사고 합리성, 언어

진화사회심리학: 이타성, 도덕성

진화발달심리학: 마음 이론(theory of mind), 인지 발달, 애착

진화성격심리학: 개인차 본질

진화임상심리학: 적응과 이상의 본질, 메커니즘

진화문화심리학: 문화의 특성, 공유, 전파, 예술

통합된 진화인지과학: 심리학, 신경과학, 생물학, 동물행동학, 인류학, 로보틱스, 트랜스휴머니즘의 수렴

    마음과 진화, 인지 그리고 정서에 대하여 종합하면, 인지는 생존 가능성을 증가시키고 미래를 예측하기 위해서, 유기체의 신체적인 평형 상태와 정서적 필요성에 도움이 되기 위해서, 환경에 대한 시간적, 공간적인 지도를 만들기 위해서 진화된 것이고, 뇌와 함께 진화된 것이며, 정서와 밀접한 관계를 가지고 진화되었다고 볼 수 있겠다. 즉 진화 역사상에서 주의, 지각, 기억, 언어 등의 복잡한 인지기능이 발달되고 가다듬어졌다라고 볼 수 있겠다. 의식되지 않는 마음의 측면 같은 것은 진화 단계에서 오래전에 인간이 발달시킨 내용이기 때문에 자동화되어서 의식화되지 않으며, 이러한 측면이 지배하는 상황에서는 13장에서 설명한 바와 같이 논리적 합리성보다는 실용성, 그러니까 휴리스틱적인 특성이 있는 인지가 진화하였고, 정서적 반응들이 이러한 측면이 강하다고 할 수 있다. 또한 인간 신체의 진화와 함께 공진화해온 인지는 그 발생적 배경상 정서와 독립적으로 작용하기 어렵다. 따라서 인지의 배경에는 항상 정서적 요소가 개입되어 있다고 볼 수 있다.

    인지 진화의 또 다른 측면을 생각한다면, 언어와 같은 비물질적 인공물이나 도구와 같은 다른 물질적 인공물의 진화와 공진화해왔다고 볼 수 있다. 인간의 동물적 신체의 진화가 거의 멈춰 선 이 시점에서, 미래 인간 마음의 계속된 진화의 배경이 되며 더 나아가서는 마음의 일부가 될 수 있는 것은 아마도 인공물이라고 할 수 있다. 마음은 인간이 만들어낸 인공물과 함께 공진화해왔고, 앞으로도 인공물의 진화와 인간 마음의 진화가 공진화할 수 있다는 가능성이 있다. 언어와 같은 소프트 인공물과 컴퓨터와 같은 하드 인공물 그리고 마음이 공진화하는 것이다. 이런 식으로 생각하면 미래에는 인공물의 정수인 컴퓨터와 이것이 가능하게 할 인공지능, 그리고 발달된 인공지능이 내장된 하드웨어 인공물인 로봇, 그리고 로봇이건 인간이건 의사소통의 수단이며 인지의 형식적 도구가 되는 언어(자연언어이건 가상세계에서 만들어진 언어이건) 등의 요소들이 연결되어 또 다른 형태의 진화가 전개될 수도 있다. 미래에는 인간의 마음이 인지 특성을 각종 인공물에 소프트웨어적, 하드웨어적으로 어떻게 구현하는가 하는 것이 큰 과제가 되겠다. 인공물이 인지과학에서 지니는 의의는 다음 14장의 인지과학의 응용 및 마지막 장인 15장에서 논의하겠다.

제 Ⅲ 부 | 인지과학의 응용과 조망

Applications and Prospects

제14장

인지과학의 응용
Applications in Cognitive Science

지금까지 인지과학의 형성 배경, 개념적 기초, 인지과학과 관련된 주요 학문과 영역들을 다루었다. 인지과학은 인간과 동물의 마음의 본질 및 계산과 표상의 개념을 발전시켜왔고, 기계지능의 본질을 탐구하였을 뿐만 아니라, 인공지능을 비롯한 많은 영역에서 구체적으로 구현되고 응용되어 인간 사회를 변화시킨 중요한 역할을 해내고 있다. 이 장에서는 인지과학의 응용과 관련하여 인지과학의 응용이 왜 중요하며 어떤 분야에서 응용되고 있는가를 인지과학의 응용 영역 주제별로 개괄적으로 설명하고, 미래에 강조될 응용인지과학 분야를 대체적으로 예측한 후, 특히 융합과학기술의 4대 핵심축으로서의 응용 인지과학과 다른 분야의 수렴을 개괄하고 종합하겠다.

1. 인지과학의 응용이 왜 중요한가?

먼저 인지과학의 응용이 왜 중요한가를 생각해보자. 1장 서론의 '인지과학의 정의'에서 제시하였던 〈그림 1-3〉과 〈그림 1-4〉에서 나타나 있는 바와 같이, 사람이 사는 세상을 인간 중심으로 봤을 때 신체가 있고, 뇌가 있고, 마음이 있고, 다음으로 환경이 있다. 환경에는 자연환경과 인공환경이 있으며, 환경과 인간을 연결해주는 인공물에는 하드웨어 인공물(예: 컴퓨터, 핸드폰 등)과 소프트웨어 인공물(예: 언어, 경제제도, 교육제도, 법 등)이 있다. 이러한 환경에서 사는 인간 마음의 작용 본질을 다루는 인지과학은 마음과 몸, 두뇌, 환경의 인공물 모두를 연결한다.

1950년대의 인지과학의 출현은 이전에는 산술적 계산기에 지나지 않던 컴퓨터를 지능적 인공물로 변환시켰고, 인터넷 정보와 디지털 사회의 개념적 기초를 제공하였다. 그 결과로 인터넷, 사이버게임, 워드프로세서와 각종 새로운 도구의 고안이 가능해졌고, 뇌영상기법을 통한 인간 뇌 기능의 이해를 가속화하여 과학계와 일반인들 삶의 큰 변화를 가져왔다. 이러한 인지과학의 기초 학문적 의의와 응용적 의의에 대한 인식이 점차 증가되어 인지과학 내에서뿐만 아니라 주변에서도 인지과학의 중요성에 대한 인식이 확산되었다. 그 결과로 대두된 것이 바로 미래 융합과학 기술의 한 핵심 축이 인지과학이라는 관점이다.

이 책의 처음에 설명한 것처럼 미국과학재단이 도출한 미래 과학기술의 방향은 'NBIC 융합과학기술의 틀'이며(NBIC converging technologies), 이 틀의 핵심 네 축은 Nano, Bio, Info, Cogno(인지과학)의 4개 영역이다. 그리고 이 틀에 의하면, 미래 융합과학기술의 궁극적 목표는 하드웨어적 발전보다는 각종 상황에서 인간 수행을 증진시키는 데 있다. 인지과학이 이러한 응용적 역할을 하기 위해서는 순수 인지 과정에 대한 이해는 물론, 인간과 인공물의 상호작용에 대한 올바른 이해와 그러한 지식의 활용이 필요하다. 이러한 측면에서 인지과학의 응용에서 인공물의 중요성이 부각된다.

현재로 인간의 생물적 지능의 발전 가능성은 제한되어 있는데, 컴퓨터의 파워와 디지털 계산력은 계속 증가되고, 둘 사이의 간격은 계속 벌어지고 있다. 이 간격을 메워 주는 것이 바로 인간의 인지적 특성을 고려한 지능적 인공물의 역할이고, 이러한 인공물들이 인지과학의 응용을 통해 보다 효율적으로 고안된다고 볼 수 있다.

인류 역사에서 인공물의 발전 과정을 보면, '마음-인공물의 상호작용의 인지적 되돌이 고리가 계속 반복된다'고 볼 수 있다(〈그림 14-1〉). 인간 마음에 의해 인공물이 고안되어 만들어지고, 인공물과 인간의 인지적, 행위적 상호작용을 통해서 새로운 인공물 또는 인공물의 보완이 이루어지며, 그것을 통해서 인간이 다시 영향을 받는다. '내 마음에서 생각한 어떤 것을 외향화, 외재화해서 인공물을 만들고, 인공물에 나타난 특성을 받아들이거나 거기에 적응해서 마음이 변화되며, 이러한 것이 계속적 되돌이 고리 형태로 반복된다'는 것인데, 이것이 미래에도 끊임없이 반복되며 인간 삶을 변화시키는 인지적 되돌이 고리라고 할 수 있겠다(이정모, 이재호, 이건효, 2004).

그림 14-1 인지적 되돌이 고리

　마음과 인공물을 오가는 끊임없는 되돌이 고리에 의해서 인지과학의 응용, 산물들이 생겨나는 것이고, 21세기 지금 이 순간에도 이 되돌이 고리는 돌고 있다. 그 연결고리의 중심이 컴퓨터이며, 최근에 고전적 인공지능에 뇌와 몸의 측면을 도입한 새로운 개념의 인공지능 시스템인 인지컴퓨팅 시스템과 인지로봇 시스템, 인터넷, 이 모두가 연결된 사이버물리 시스템(CPS: Cyber Physical Systems)에서, 그리고 기타 인지공학 영역 등에서 이 연결고리가 계속 작동하며 우리의 삶을 바꾸어놓을 것이라고 볼수 있다.

　이러한 측면에서 응용 인지과학기술의 내역을 살펴보면 인지기술(cognitive technologies)이라는 것이 있다. 이것은 인간의 마음을 외현화해서 인간 마음의 특성, 생각의 양식이라든지 감각, 지각, 정서 같은 양식을 도구, 인공물에 부여하는 것이다. 그 다음에 기술인지(technological cognition) 영역이 있는데, 이는 외현화된 심적 구성인 각종 도구, 인공물에 인간의 마음이 인지적으로 적응하는 과정의 문제이다. 우리가 늘 사용하는 프로그램인 파워포인트의 특성, 모니터의 특성, 핸드폰의 특성 등에 인간이 적응해가는 과정의 문제인 것이다. 그 다음 앎 기술(epistemic technology)의 영역이 있을 수 있는데, 이것은 인간과 도구의 처리능력을 증대시키는 도구를 개발하는 것이라고 볼 수 있겠다. 이제 앞으로 더 발전될 영역은 이 세 영역을 통합적으로 연결하여 인간의 인지능력을 향상시키는 인지기능 향상(CE: cognitive enhancing) 영역 기술의 발전이라고 할 수 있다(Sandberg & Bostrom, 2006).

2. 인지공학의 등장과 인지적 인공물: 생각 있는 디자인

1950년대에서 1970년대의 인지과학 응용과 1980년대 이후의 인지과학 응용의 두드러진 차이를 조금 단순화시켜서 묶어 기술한다면, 인지과학의 형성 초기에는 인간의 사고, 시각, 언어 등의 인지적 능력을 인공지능 시스템에 구현하여 기계시각, 기계적 언어처리, 기계추리 등의 응용 시스템을 발전시키는 데 중점을 두었다고 할 수 있다. 그리고 1980년대 이후에는 이러한 시도들에 더하여 각종 인공물(일상생활 도구이건, 디지털 하드웨어이건, 소프트웨어이건)을 보다 인간에게 친화적으로 만드는 것에 강조를 두었다고 할 수 있다.

인지과학 응용에서 가장 강조되는 영역은 인간과 환경의 상호작용 측면이라고 볼 수 있겠다. 인간과 환경의 상호작용에서 인간의 마음이 적응하기 쉬운 적절한 환경, 특히 인공물을 조성하려는 것이 인지과학의 응용에서 강조되는 영역이라고 볼 수 있겠다. 1980년대 이후 이러한 시도의 대표적인 인물은 노먼(D. Norman)이라는 인지심리학자이다.[102] 노먼 교수는 인간(사용자) 중심의 디자인 개념과 실제 적용으로 인지공학(cognitive engineering)의 분야를 창출하였다. 이전의 인공물이 공학자들의 직관에 의하여 다분히 인간의 인지적 특성을 무시한 채 만들어진 것이라면, 인지공학에서는 인간의 인지적 특성에 적합하게, 인간의 인지적 정보처리와 적응을 돕는 방향으로 인공물을 디자인하는 것을 강조하였다.

이러한 인지공학적 접근이 대두된 배경을 살펴본다면, 인간의 삶이나 지적 수행의

---

[102] http://en.wikipedia.org/wiki/Donald_Norman

향상이라든지 인지과학의 발전, 인지과학과 정보과학의 연결 및 디지털 산업의 연결 등의 목표를 위해서 이러한 접근이 일어났다고 볼 수 있겠다. 즉 인지과학의 학문적 발전에 따른 자연적 현상이고, 인지과학을 통해서 인류에 공헌하려는 노력들이 있었기 때문이며, 인지과학의 응용과 관련해서 지적 호기심의 추구가 있었기 때문에 이루어졌다고 볼 수 있겠다. 인지과학이 응용된 환경을 보면, 현재 인간이 환경에서 살아가는 데 특히 디지털 기기와 소프트웨어와 관련하여 효율적인 '인간과 환경의 상호작용'은 인지과학의 이해나 인지과학을 응용한 기술 없이는 불가능하다고 볼 수 있겠다.

3. 주요 응용인지과학 주제

인지과학의 응용 사례들을 범주별, 분야별로 분류하지 않고 열거해볼 수 있는데, 이는 이 책 4장에서 이미 언급하였다. 여기에서는 인지과학의 응용 분야를 전통적 인공지능 분야와 인지공학 분야를 모두 아울러 몇 개의 범주로 묶어서 기술하겠다.[103]

1) 인공지능 분야

이것은 이미 8장에서 다룬 것인데, 인공지능 연구에서 자연언어처리 시스템, 기계번역 시스템, 추론 엔진, 문자인식 시스템, 음성인식 시스템 연구 분야들은 인지과학의 원리를 적용하여 응용인공지능 시스템을 만드는 분야라고 할 수 있다. 또한 인간의 시각 연구에 기초한 기계시각의 연구, 인간의 감각과 운동이 어떻게 협응하느냐를 연구

---

[103] 여기에서 제시되는 인지과학 응용 분야의 범주화는 저자의 임의적 분류이고, 실제로는 범주 간 경계가 확실하지 않으며, 하나 이상의 범주에 중복되는 영역들도 있다.

해서 기계에 적용한 로보틱스, 말 인식 인공지능, 인간의 의사결정 이론에 기초한 각종 의사결정 예측 시스템, 경영 의사결정, 행정 의사결정, 유전탐사 의사결정, 의사의 병 진단이나 복잡한 수리문제 및 물리문제 해결을 대행하는 등의 전문가 시스템, 인터넷 검색 엔진 등의 영역이 인지과학과 인공지능이 연결된 응용 분야라고 할 수 있다. 자세한 것은 이 책의 8장 내용을 참고하기 바란다.

2) 일상생활 환경 일반

문화 사회적으로 날로 복잡해져가는 현대 생활 환경에서 사람들이 어떻게 환경에 대처해 나아가야 하는가의 문제에 대하여 인지과학만큼 실용적 지침을 제공해주는 학문도 보기 드물다. 인지의 기초 분야에 대한 연구를 바탕으로 인지과학은 사람들로 하여금 환경에 효율적으로 대처하는 내적, 외적 방법을 제공해준다. 내적으로는 사람들로 하여금 환경에 잘 적응할 수 있는 인지적 전략을 학습하게 하며, 외적으로는 환경 자체의 효율적 디자인을 통해 사람들로 하여금 환경에 쉽게 또 효율적으로 적응하게 해주는 것이다. 또한 사람들이 환경과 상호작용하는 특성의 응용적 구현 작업을 통해 인간의 심적 특성 본질에 대한 통찰을 얻기도 한다.

과거에 우리가 일상생활에서 마주쳤던 대부분의 환경 대상물들, 인공물들은 대부분이 어떤 확실한 인지적 원리에 의하여 디자인된 것이 아니라 직관에 의하여, 만들기 쉬움을 기준으로, 또는 시행착오에 의하여 역사적으로 조금씩 달라져오고 발전되어온 것이다. 그러나 이러한 인공물들이 인간의 심적, 인지적, 행동적 특성과는 어긋나기 때문에 사람들로 하여금 불편을 겪게 하는 경우가 많다. 이러한 상황을 파악하고, 인간의 심적 특성 및 인지의 원리가 적용된 형태의 환경물, 인공물을 디자인하는 데 응용인지과학의 기본 역할이 있다.

인간의 특성을 고려한 인공물 디자인의 노력은 제2차 세계대전 때부터 강조되어왔고, 각종 전쟁 도구나 일상생활 도구가 인간의 특성이 고려된 방향으로 재디자인되어왔다. 인간공학(Human Engineering)이 적용된 것이다. 이러한 노력은 지금도 계속 시도되고 있고, 어느 정도 효과를 보고 있다. 그러나 지난 20여 년 동안 이러한 노력은 그 초점이 변화되었다. 이전의 인간공학적 노력은 주로 인간의 신체적, 특히 감각-운동적 특성과 관련하여 인공물, 환경을 재디자인하는 노력이었다. 그러나 지난 20여 년의 움직임은 이러한 신체적 특성 고려의 측면으로부터 인간의 인지적, 정보처리적 측면 고려로 방향을 선회하였다. 기술 발달에 따라 각종 기계, 시스템 등 인공물이 복잡화됨에 따라서 인간이 특정 인공물, 환경을 효율적으로 판단, 조작, 적응하기 위해서는 인간이 어떤 유형의 지식을 사용하는가, 어떤 전문적 지식이 어떻게 습득되는가, 판단과 결정 및 문제해결은 어떻게 이루어지는가, 주의와 판단 및 수행의 오류는 어떻게 발생하는가 하는 인지적 정보처리 특성의 파악과 이러한 이론적 원리를 각종 인공물에 적용하는 것이 중요함을 깨닫게 된 것이다. 즉 인간공학이 아닌 인지공학기술의 중요성이 부각되고, 인지과학과 각종 인공물 디자인 기술이 결합되는 사건이 일어난 것이다.

이러한 변화에 의하여 대두된 주요 두 영역이 있다. 하나는 인지공학이고, 다른 하나는 인지공학의 하위 영역으로도 볼 수 있는 인간-컴퓨터 상호작용 연구(HCI: Human-Computer Interaction)이다.

3) 인지공학

인지공학은 응용인지과학의 핵심 분야라고 할 수 있다. 현재 인간은 고도의 지능적 시스템, 즉 고도로 정보화된 삶, 가상환경 중심의 삶을 살고 있고, 따라서 인간과 환경 간의 상호작용의 지능화를 실현할 대안이 계속 필요하다. 이를 위하여 인간의 감각, 지각, 주의, 기억, 사고, 정서 등 상위 인지 과정에 대한 연구에 기초한 응용학문이 연결되어야 하는데, 바로 이런 응용인지과학 분야가 인지공학이다. 인지과학의 원리를 여러 인공물에 적용해서 사용하기 편리하게, 효율적이게 하는 공학 분야가 바로 인지공학 분야인 것이다.

이러한 인지공학의 떠오름은 1980년대 초에 미국의 UCSD 인지과학과에 있었던 노먼(D. Norman, 1988, 1993, 1998) 교수가 주도하여 시작했다고 볼 수 있겠다. 인간이 마주치는 삶의 공간은 흔히 각종 인공물과의 마주침의 연속이다. 그 삶의 공간에서 인공물과 상호작용하는 사람은 그 인공물, 특히 기계에 대한 자기 나름대로의 생각, 관점, 심리적 모형이 있게 된다. 하드웨어적인 도구, 기계나 문서작성 프로그램 같은 소프트웨어를 상대할 때 사람은 그 대상이나 상황에 대한 자기 나름대로의 심리적 모형을 형성하여 적용한다. 그리고 그 인공물의 제작자는 흔히 공학적 원리를 중심으로 인공물을 만든다. 그런데 그런 인공물을 사람이 사용하면서 불편해지는 가장 큰 이유는 사용자의 심리적인 인지적 모델과 그 기계를 만들어서 내놓는 제작자, 공학자의 개념 모델이 맞지 않기 때문이다. 이 둘을 맞게 하면 편리하고 효율적인 인공물이 될 수 있다는 것이 노먼의 기본 주장이다(도날드 노먼, 1998).

이러한 맥락에서 노먼은 사용자 중심의 디자인(user-centered design), 사용자의 필요성이나 욕구에 기초한 디자인을 강조하였다. 심미성은 두 번째 문제이고 사용하기 편해야 한다는 것이다. 과제 구조를 단순화하고, 특성 요소들을 보다 잘 보이게 하며, 대상의 디자인 특성과 기능상의 대응을 올바르게 하고, 그래서 오류가 일어나지 않도록 디자인했을 때 사용자 중심의 디자인이 이루어질 수 있다. 인지공학이란 인간의 인지적 능력에 대한 모듈을 세워서 공학적으로 응용하는 것으로, 인간 정보처리의 특성을 반영한 사용자 중심의 시스템 디자인이 강조되는 분야이다. 인간의 다중감각 정보 처리에 대한 예를 바탕으로 효과적인 정보 디스플레이를 모색하고, 인간에게 감정적으로 매력적인 요소들의 수행과 만족의 효과적인 측면을 고려해서 디자인하며, 사용자 수행 및 감성적 만족도를 증진하는 연구가 인지공학 연구의 예이다.

노먼이 제시한 인지공학의 과제는 사용자의 인지적 모델에 관한 과학적 분석을 하고, 그 다음에 새로운 개념 모델을 발견하고 그것에 맞게 제품 및 환경을 설계하는 것이다. 인지공학과 관련하여 감각운동 영역, 추리·판단·문제해결 및 의사결정 등 고급 인지 과정의 정보처리적 특성을 공학적으로 연구하는 것이 연구 주제로 포함되고 있다. 따라서 점차 고급화된 지능적 시스템을 구현하고, 고급화된 지능적 인공물을 더 효율적으로 편안하게 적응할 수 있는 연구를 만드는 것이 인지공학의 과제라고 볼 수 있다(도날드 노먼, 1998).

또한 가상현실에서의 인지공학적 연구가 증대되면서 각종 가상현실이나 유비쿼터스(ubiquitous) 시스템 등의 설계에 인지과학적 원리가 필수적으로 들어가게 되는데, 그러한 가상현실이나 유비쿼터스 시스템 환경 등에서 기계, 도구를 잘 만드는 것도 중요하지만, 그러한 상황에서 인간이 효율적으로, 인지적으로 적응할 수 있도록 도구를 만드는 것이 중요하기 때문이다.

인지공학은 심리학, 인간요인(Human factors) 공학, 시스템 공학, 인간–컴퓨터 상호작용 분야의 교차점에 위치한 학제적 분야라고 생각해볼 수 있겠다. HCI와는 달리 인지공학 연구의 초점은 단순한 컴퓨터–인간 상호작용을 넘어서 보다 복잡한 상황, 예를 들어 핵발전기 시스템과 조작자의 상호작용 상황, 항공기 조종 시스템 상황 등에 있다. 물론 VCR 등 각종 멀티미디어 기기나 리모컨, 일상적 생활도구 등을 디자인하는 것도 보다 넓은 의미의 인지공학 연구에 포함된다. 따라서 인지공학이 대상으로 삼는 것은 인간이 사용하는 광범위한 인공물이고, 주요 연구개발 초점 영역은 인간–컴퓨터 상호작용과 사용성 공학이라고 얘기할 수 있다.[104]

4) 인간–컴퓨터 상호작용(HCI)

컴퓨터 시스템을 사용해서 작업하는 사람들의 작업을 효율화시켜주는 형태로 정보환경과 정보기술을 디자인하는 문제를 연구하고 적용하는 분야이다. 컴퓨터과학(특히 인공지능학)과 인지심리학이 주로 연결되어 인간과 컴퓨터의 상호작용 특성을 탐구하고, 이 상호작용을 효율화시키는 방안들을 모색하는 응용인지과학 분야이다. 이 분야는 인지과학을 출발시킨 뉴웰(A. Newell)과 사이먼(H. Simon)이 제시한 인간 정보처리 모델이나 다른 인지과학자들이 제시한 인지 모델에 기초하여 정보기술 디자인을 발전시켰다. 워드 프로세서, 웹 엔진 등의 디자인이 이 예에 속한다. 최근에는 HCI의 연구에서 출발하여 인간과 로봇의 상호작용을 다루는 여러 분야들이 독립적인 분야로 형성되어왔다. 이와 관련하여 HRI(Human Robot Interaction), 신경과학과 인공지능학 및 컴퓨터공학 등이 연결되어 뇌와 컴퓨터를 연결하는 BCI(Brain Computer Interface), 뇌와 로봇을 연결하는 BR(Brain Robot), 인지와 로봇을 연결하는 인지로보틱스(Cognitive Robotics) 등이 주요 응용인지과학 영역으로 각광받고 있다.

MS의 윈도우 시스템은 애플사에서 만든 매킨토시의 GUI(Graphic User Interface)

---

104 인지공학 분야에 대한 소개 글이 다음 사이트에 있다.
http://cogpsy.skku.ac.kr/cwb-bin/CrazyWWWBoard.exe?mode=read&num=2725&db=newarticle&fval=인지공학&backdepth=1

시스템 휴먼 인터페이스 가이드라인에 기초한 것이라고 볼 수 있다. 애플사에서 처음 GUI를 만들 때 인지심리학자와 언어학자, 인류학자들이 공동 참여해서 인지과학적 연구결과를 적용하였다. 즉 GUI 등의 시스템이 효율적으로 적용되려면 인지과학적 기초 연구가 전제되고 있어야 한다는 것이다. IT로 유명한 해외 회사들의 기술 보고서라든지 새로운 디자인, 새로운 기구가 만들어질 때는 그 바탕에는 인지과학적 기초 연구가 들어간다. IBM이나 MS의 기술 보고서들을 살펴보면 이 연구들이 모두 순전히 공학적인 연구는 아니며 인지과학, 인지공학 연구 보고서가 다량 포함되어 있다.

5) 인간공학, 감성공학

인간공학은 제2차 세계대전을 전후로 해서 실험심리학의 한 분야로 출발되었는데, 주로 인간의 신체 생리적인 특성의 측정 및 정신물리학적 측정을 활용해서 적용하는 분야이다. 감성공학은 일본을 중심으로 하여 생겨난 그리 역사가 오래되지 않은 분야로서 인간의 정서, 감성을 정량화한다든지 정성적·질적으로 측정하고 분석해서 제품이나 환경 설계에 응용하여 보다 편리하고 안락하고 안전하고 인간 삶을 쾌적화하는 소프트웨어, 하드웨어 인공물을 만드는 영역이라고 할 수 있겠다.

인간공학은 사용자의 사용 편리성과 조작 행동상의 실수를 최소화하여 인간과 기계 연결 시스템 효율성의 최적화를 목표로 한다. 그리고 감성공학은 앞에서 얘기한 대로 인간의 정서 특성에 맞게끔 제품을 과학적으로 디자인하여 실현하는 분야라고 볼 수 있겠다. 인체공학이라든지 감성공학이 적용되어 타자기, 컴퓨터 키보드, 마우스, 모니터, 핸드폰 등이 인간공학적으로 디자인되고, 신체적 피로도 등을 줄이는 방면으로 연구되고 있다. 가전제품과 리모컨에 대해서도 인간공학적, 감성공학적인 측면이 적용된다는 점을 보여주고 있다. 사용자 편리성 중심으로.

그런데 과거의 인간공학이나 감성공학에는 한계가 있다. 과거의 인간공학은 감각과 운동의 정확성 그리고 이에 근거한 사용성과 편리성에 초점을 두었고, 감성공학은 쾌적함, 불쾌함 등의 표면적 특성 중심, 단순 심리요소 중심으로 추진이 되었다고 볼 수 있겠다. 그러나 이런 표면적, 신체적인 특성보다도 좀 더 상위 수준의 지능 관련 환경,

말하자면 상위 수준의 인지적 처리나 그것과 관련한 인공물 시스템과 관련하여 기존의 인간공학은 적절히 대치하거나 대처할 수 없다고 볼 수 있다. 그래서 다른 측면이 생겨나는데, 그것이 앞서 설명한 인지공학과 인간-컴퓨터 상호작용 영역이다.

6) 로보틱스

인지과학과는 탐구 주제가 중복됨에도 불구하고 기존의 인지과학 연구와는 상당히 독립적으로 진행되어오던 로보틱스 연구가 1990년대 말부터 인지과학과 밀접하게 연결되기 시작하였다. 로봇의 몸통 움직임 제어 중심으로 연구되어오던 과거의 로보틱스가 감각, 지각, 학습, 발달, 언어, 추론, 사회적 인지 및 학습, 정서 등의 고차 기계적 인지기능에 관심을 갖게 되면서 인지과학과의 연결은 필연적이 되었다. 그에 따라 인지로보틱스, 발달로보틱스 등의 분야가 생겨나고 인지로봇(cogbot), 사회로봇, 정서로봇 등의 개념이 생겨났다. 인지과학에서 연구된 원리를 응용하여 보다 지능적인 로봇을 제작하는 과제가 로보틱스와 인지과학의 응용적 연결고리로 떠오른 것이다(물론 과거의 로봇 연구 주제였던 몸통 움직임의 제어는 그 상당 부분이 감각-운동 협응 이라는 지각심리의 하위 영역 주제였던 것이고, 이 주제는 로봇 연구와는 별도로 지각심리학자나 신경생물 심리학자들에 의하여 순수 이론적 탐구 측면에서 연구되어왔었다).

로보틱스 연구에 인지과학이 중요할 뿐만 아니라 그 반대로 인지과학에 로보틱스 연구가 중요하기도 하다. 후자의 이유는 앞으로 로보틱스 연구가 인지과학 이론의 검증 마당을 제공한다는 측면이라고 할 수 있다. 과거 인지과학 형성 초기에는 인공지능학이 마음의 정보처리적 과정에 대한 인지심리학적 모델과 이론이 과연 타당한가를 검증하는 마당(test-bed)으로서의 기능을 담당해왔다. 그러나 1980년대 후반 이후에는 이 검증 마당 역할의 상당 부분을 인지신경과학(뇌과학)에 내주게 되었다. 그런데 21세기에 들어서면서 상황이 조금씩 변화하는 것 같다. 그동안 인공지능, 인지신경과학이 차지하던 마음의 인지적, 신경적 과정의 검증 마당의 위치를 로보틱스가 조금씩 차지하기 시작하고 있다. 앞으로 인지심리학 이론, 더 나아가서는 인지과학적 이론의 타당성을 검증하고 새로운 모델과 이론을 도출하는 검증 마당으로서의 역할을 인공지능이 점차 로보틱스 연구에 상당히 내어줄 것으로 생각된다(물론 둘을 구분하여 경계 짓기가 상당히 어렵지만). 로보틱스가 단순히 인지과학 이론의 응용에 국한되지 않고 역으로 인지과학 이론을 도출하고 검증하는 마당으로서의 역할이 증대함에 따라, 또한 인간과 로봇의 인터페이스의 가능성이 높아짐에 따라, 인지과학에서 로보틱스가 차지하는 위치가 점차 증대되리라고 본다.

7) 학습과 교육

교실 장면에서의 학생이나 일상생활의 일반인 및 특정 업종 종사자가 어떻게 하면 효율적으로 지식과 기술을 학습하고, 또한 다른 상황에서 일반화하여 적용하는가(인지학습, cognitive learning), 또 이렇게 되기 위하여 어떻게 가르쳐야 하는가(인지교수법, cognitive instruction) 하는 문제들이 인지과학의 응용적 연구대상이 된다. 주로 다음 네 가지 측면이 강조되어 연구가 이루어진다. 능동적이고 전략적인 인지 과정으로서의 학습(정보처리 전략 습득 중심의 학습)의 중요성, 영역 특수적인 문제해결 기술 및 전문지식 습득의 중요성, 자신의 학습 과정 및 인지 과정을 모니터링하고 통제 및 조절하는 상위인지(초인지, metacognitive) 과정의 중요성, 학습이란 개인 내부에서 일어나는 현상이라기보다는 환경 및 사회–문화와의 상호작용에 의해 이루어지며 언어와 협동이 중요한 사회문화적 과정이라는 측면의 중요성. 이러한 측면들을 고려하여 효율적 인지학습 전략, 교수 전략, 역동적 학습 환경 디자인의 문제들이 연구되고 실용적 응용이 이루어지고 있으며, 그 일환으로 'Auto Tutor systems'[105]와 같은 지능적 인지학습 시스템 개발 등이 이루어지고 있다.

뇌 기반 학습과학 최근에는 '학습과학(learning science)'이라 명명된 분야의 성과가 기대되고 있다(10장 참조). 이는 기존의 학습에 대한 접근을 근본적인 수준에서 재정립하여 단순한 지식에 대한 학습 수준이 아니라 고차 수준 학습에 대한 인지과학적 접근을 통해서 궁극적인 효율적 학습의 효과를 창출하고자 하는 데 목적이 있다. 실제

---

105 http://www.autotutor.org/; Graesser, Chipman, Haynes & Olney(2005).

로 인간의 학습 과정은 단순히 외현적인 수준에 그치는 것이 아니라, 뇌 수준에서의 메커니즘과 학습 상황에 관련된 다양한 요소들이 서로 상호작용하고 있으며, 긍정적인 학습 효과에 결정적인 영향을 준다는 연구결과들이 나오고 있다. 교육과 학습의 실제를 뇌의 작동 원리에 기초하여 디자인하려는 이러한 시도는 '뇌 기반 학습(brain-based learning)'이라는 명칭하에 인지과학과 신경과학 그리고 교육학 등을 연결하는 활발한 응용 분야로 떠오르고 있다.[106]

8) 도덕과 윤리

도덕/윤리와 관련하여 예를 들면 정의, 선악 등의 도덕적 개념과 규칙이 인간 마음속에서 어떻게 형성되고, 진화적으로 어떻게 발달하였는가? 그리고 도덕적 상황에 대하여 사람들이 어떻게 사고하고, 정서가 도덕적 사고에 어떤 영향을 주는가, 또한 공감, 이타심, 자아 형성의 문제, 도덕적 발달의 문제, 성차별 등 성별과 관련된 윤리/도덕적 개념의 문제 등이 모두 인지의 문제이기에 인지과학은 이러한 현실적 인지의 문제를 다룬다. 인지발달심리학, 인지사회학, 진화심리학, 인지인류학, 인지사회학, 인지종교학, 사회인지신경학, 신경신학, 철학, 윤리학 등이 이와 관련된 학문 분야이다. 인지과학과 관련된 여러 학문들이 연결되어 도덕 윤리에 대해 전통적인 윤리학이나 철학과는 다른 측면에서 새로운 관점과 이해 및 사회적 정책 등을 제시할 수 있다고 볼 수 있겠다.

---

106 이러한 추세의 일환으로 하버드대학에는 마음-뇌-교육(MBE: Mind, Brain & Education)이라는 대학원 과정이 생겼으며, 같은 이름의 국제적 학회도 가동되고 있다. 국내에서도 2005년에 한국마음두뇌교육협회(KSMBE)가 출범하였다.

9) 제도와 경제

　인간의 사회적, 경제적, 정치적 행위는 이러한 상황과 관련되어 인간이 형성한 개념, 범주, 신념, 모델, 제도 등에 의해 좌우된다. 사회적, 정치적, 경제적 상황에서의 인간의 행동을 이해하고 예측하고 적절한 정책을 세우기 위해서는 인간이 이러한 사회적 상황에서 상황 이해, 해석, 의사결정, 문제해결, 협동, 질서 유지 등을 수행함에 있어서 어떠한 인지적 특성을 도입하며, 제도 등의 환경 변인들과 이러한 특성들이 어떻게 상호작용하여 이루어지는가가 이해되어야 한다. 따라서 인지과학과 경제학 및 다른 사회과학의 연결에 의해 이러한 현실적, 실제적 문제에 대한 올바른 이론적 설명 틀과 실용적 지침이 가능해진다. 인간이 불확실한 상황에서 추리하고 사고하는 특성을 주변 학문에 적용하는 이론 틀을 제시하여 2002년에 노벨경제학상을 수상한 인지심리학자 카네먼(D. Kanheman) 교수의 이론은 경제학에 상당한 영향을 주어 행동경제학 또는 행동재무학을 탄생시켰고, 인지신경과학의 연구결과는 신경경제학이라는 분야를 탄생시켰다. 행동경제학은 유럽에서는 인지경제학이라는 분야로 발전되고 있다.

심층분석 14-1　인지경제학

　인지경제학이 무엇인가는 전통적인 주류 경제학과 대비하여 이해할 수 있다. 신고전 경제학(neoclassical economics)을 중심으로 한 전통적 경제학은 경제 현상을 설명함에 있어 인간 이성의 합리성이라는 대전제를 기초로 하였다. 인간은 자신에게 돌아오는 이익, 효용성을 극대화하는 것이 무엇인지 합리적으로 계산할 수 있으며, 이 최적화 원리에 따라 합리적 선택을 하고, 그러한 개개인의 행위가 집적되어 균형을 이룬 사회적 경제 현상이 이루어진다는 것이다. 합리성, 균형(balance)이 이 접근의 주요 개념들이다.
　그런데 인지과학자들은 경제학의 이러한 대전제에 대하여 의문을 던지기 시작하였다. 1976년에 노벨경제학상을 받은 인지과학자 사이먼은 제한적 합리성(bounded rationality)이라는 개념을 사용하여 인간은 인지적 정보처리 능력의 한계성을 갖고 있어 경제적 상황에서 효용성을 극대화하는 결정을 하는 것이 아니라, 적당히 만족할 만한

(satisficing) 수준의 결과를 내는 인지적 절차를 사용하는 절차적 합리성(procedural rationality)의 존재임을 지적하였다(이정모, 2008ㄱ). 또한 2002년에 노벨경제학상을 받은 인지심리학자 카네먼은 이미 12장, 13장에서 밝힌 바와 같이 인간의 경제적 선택과 의사결정이 자신에게 돌아올 효용성을 극대화, 최적화하는 합리적인 것이라기보다는 이 원리를 위배하더라도 실용적인 여러 간편법을 써서 추리, 판단, 결정하는 인지적 효율성(인지적 경제성, cognitive economy) 원리 추구의 존재임을 보여주었다.

이러한 인지과학 영향의 결과로 지난 세기 말에 경제학 내에서 심리학과 인지과학을 연결한 새로운 접근이 행동경제학(behavioural economics)이라는 이름으로 탄생하였으며, 행동경제학이 좀 더 인지과학적 틀에 근접한 형태가 인지경제학이라고 할 수 있다.

인지경제학의 기본 주장의 상당 부분은 이미 오래전에 경제학자인 마셜(A. Marshall), 하이에크(F. A. von Hayek) 등이 전개한 바 있는데, 최근에 그러한 논의가 부활되고 인지과학의 개념, 이론, 연구방법과 연계되어 새로운 이론 틀로서 경제학에 자리잡기 시작한 것이다. 유럽 국가, 특히 프랑스, 이탈리아, 독일, 영국, 네덜란드 등의 국가에서 인지경제학 접근이 활발히 논의되고 검증되고 있다.

인지경제학은 아직도 발전 중이어서 분야 영역의 규정이나 중심 주제, 전형적 이론 틀 등을 명확히 규정하기가 쉽지는 않지만, 간단히 말하자면 경제 행위자가(개인이건 조직이건) 다른 경제 행위의 주체와 상호작용함에 있어서 가동시키고 적용하는 인지적 과정과 적응 과정을 주로 탐구하는 경제학 분야라고 할 수 있다.

지난 20여 년 동안에 경제학은 경제 행위를 하는 주체인 인간의 행동 및 상호작용에서 인지적인 측면의 중요성을 점차 인정하기 시작하였다. 주식시장에서의 경제적 행위는 다른 사람이 어떻게 생각하고 행동을 취할 것인가에 대한 인지적 판단(마음 이론, Theory of Mind)에 크게 의존한다. 노동시장에서 일어나는 일, 또는 하나의 기업이 어떤 테크놀로지나 정보를 습득 및 활용, 분배하는 것을 보면, 자기 조직이 경제적 환경에서 어떻게 활동하고 있으며 상대방인 조직들은 어떻게 하는가를 학습하여 판단, 결정한다고 볼 수 있다.

보다 확실하고 안정된 세상에서의 경제 행위 설명에 초점을 두었던 전통적 경제학 이론의 두 기본 가정인 전통적 합리성 개념과 균형의 개념은 위와 같은 실제의 경제 행위를 설명하는 데에는 한계가 있다.

복잡한 실제 상황에서는 개인의 경제 행위가 효용성을 최적화하는 행동에 이르지 못하며, 항상 타인의 행위나 생각과 연계되어 조정되든가, 즉각적인 최적 균형에 이르지 못하고 많은 반복된 경험을 통하여 경제 상황과 타인의 생각에 대한 정보가 습득, 학습되며 변화되는 현상을 전통적 경제학의 틀로 예측하기는 어렵다.

경제 행위자는 전통적 경제학이 예측하는 것처럼 효용성을 극대화하는 알고리즘을 적용하여 상황이 주어지자마자 알아서 합리적으로 바로 최적의 선택과 결정을 한다기보다는 여러 번의 반복된 경험을 통하여 무엇이 좋은가를 배워가며 사회적으로 적절해 보이는 결정을 하는 것이다. 개인적 효용성 극대화라는 최종의 목표를 설정하고 목표 달성을 위한 합리적 수단으로서 개인적 경제 행위가 계산되어 이루어지고 학습된다고 하기보다는 상황, 상황에서 다른 사람들과 연계되어 정보사회적 상호작용 망을 이루어 적응하고, 그것이 집적이 되어 집단적 적절 수준에 달한다는 것이다.

따라서 인지경제학에서는 개인의 합리적 선택과 결정뿐만 아니라 다른 개인들과 함께 정보를 주고받으며 사회적 상호작용을 통하여 집단의 경제적 목표를 이루어내는 과정의 분석과 이해도 중요하게 된다. 개인보다는 여러 경제 행위자들이 서로 연계되어서 경제 행위에 영향을 주는 정보를 공유하고 이를 지식으로 만들어가고 활용하는 역동적 변화, 학습 과정이 분석의 초점이 된다. 또한 인지경제학은 사람들 사이의 사회적 망, 지식의 공유, 전체적 균형으로 가는 길, 적응 역동, 안정성 조건들도 연구하게 된다.

이러한 인식에서 출발한 인지경제학에서는 크게 2개의 접근으로 경제 현상을 이해하려 한다. 하나는 인지적, 지식적 접근이며, 다른 하나는 진화적 접근이다. 인지적 접근에서는 개인의 신념(지식)과 추리의 특성에 초점을 맞추고 인간의 인지적, 정보처리적 한계성으로 인한 인간 사고의 제한적, 절차적 합리성이 경제 행위에서 어떻게 작용하는가를 탐구한다. 진화적 접근에서는 개인이건 조직이건 경제 행위 주체 간의 연결망과 적응 과정에 초점을 두고 이와 관련하여 자가 생산적(autopoiesis)인 시스템으로 볼 수 있는 개인이나 조직에서 나타나는 여러 경제 행위 관련 구조를 탐색한다.

제한적이거나 복잡한 상황에서는 개인은 알고리즘적 규준적 규칙을 적용하여 경제적 문제를 해결한다기보다는 시간을 들여서 당면한 경제 상황에 대한 적응적 규칙이나 휴리스틱스를 학습하게 된다. 그 경제적 상황이 확률적이며 역동적이고 또한 계속 변화하는 진화적 특성을 지니고 있기에 경제 행위자는 인지적, 행위적 전략을 학습하고, 정보나 상품을 교환하고, 자신의 기대가 무엇인지를 발견하기도 하고 변화시키기도 하며, 다른 사람의 생각을 추론하기도 하고, 그들의 행위를 모방하기도 하고, 결정한다. 바로 이러한 이유로 경제적 행위의 상당 부분이 역동적 적응의 진화적 과정에 의하게 된다. 인지경제학의 주요 접근이 진화적 접근이 되는 이유가 여기에 있다.

인지경제학에서는 이 두 접근이 수렴되어 경제 현상을 탐구하게 된다. 이러한 탐구에서는 자연히 그러한 경제 행위의 맥락환경이 되는 제도의 역할과 기능의 문제가 부각되어 인지경제학은 제도경제학과 연결된다. 따라서 제도가 개인과 집단의 인지적 과정을 통하여 출현하게 되는 본질과 경제 상황에서의 기능을 탐색하는 인지경제학의 제3의 접근을 낳게 된다.

인지경제학이 다루는 영역을 보면 경제학의 이론적 기초인 개인적 합리성, 일반 균형 이론, 게임 이론, 경제적 학습 등의 영역을 다루며, 주제 영역으로는 주요 4개 영역인, 신념(지식), 진화와 역동, 시장, 사회 네트워크 등을 다룬다.

전자의 영역으로는 불확실성하에서의 합리적 선택의 문제, 균형의 문제, 게임 이론 원리, 합리성과 경제적 추리, 확률 및 비확률적 추론, 통계역학, 경제 행위의 신경망적 인공지능 모델링, 통계역학, 실험심리학, 비단조논리적 접근, 물리학 동역학체계 모델링 등이 있으며, 후자의 주제 영역으로는 집합적 신념(지식), 정보가치와 선택, 게임 이론의 확률 모델, 게임 이론의 진화적 분석, 개인과 집단 합리성의 상호작용, 실험적 시장, 사회적 상호작용과 시장, 적응과 사회적 선택, 사회적 네트워크와 경제적 역동, 경제에서의 사회적 협동과 네트워크, 소비에서의 사회적 네트워크의 효율성 등을 들 수 있다.

인지경제학의 발달 초기에 인지경제학은 인지과학자 사이먼의 '제한적(절차적) 합리성' 개념과 오스트리아의 경제학자 하이에크의 '제도 진화' 개념에 크게 의존해왔다. 하이에크의 개념적 틀에서 여러 인지경제학 이론과 분석이 제시되었다.

이러한 초기 단계를 지나서 최근 인지경제학은 인지과학, 물리학 등의 다른 학문에서 이론적, 개념적, 방법론적 틀을 도입하고 있다. 철학에서의 인식 논리 틀에서부터 인지과학의 신경망-연결주의의 시뮬레이션 틀, 그리고 물리학의 비선형동역학체계 틀에 이르기까지 다양한 개념적, 방법론적 도구가 도입되어 복잡한 경제 환경에서의 경제 행위자들인 개인 및 조직 집단의 추리, 의사결정, 학습 등이 분석, 설명되고 있다.

경제 행위를 모델링하고 기술하는 방법론적 측면에서도 인지경제학은 전통적인 경제학과는 다른 특색을 지니고 있다. 전통적 경제학이 이론물리학을 닮아서 수리적 기술과 모델링을 강조한 반면에, 인지경제학은 수리적 모델링보다는 심리학과 인지과학처럼 보다 경험적, 실험적 접근을 더 강조하고 있다. 따라서 인지경제학은 실험경제학, 실험진화경제학, 실험게임 이론 등에 더 의존하고 있다.

전통적 주류 경제학의 문제점을 보완하는 인지경제학이 추구하는 이러한 대안적 관점의 틀을 수용한다면, 그동안 전통적 입장 중심으로 자폐적(autistic) 학문이었다고 볼 수 있는 경제학과는 관련이 없는 것으로, 즉 경제학의 변경지대 학문으로 간주되었던 주변 학문들이 경제학에 도입되어야 한다.

"전통적 경제학이 잘 설명해주지 못하거나 그릇되게 설명해주는 현상을 보다 더 잘 설명할 수 있는 주변 학문들의 역할이 긍정적으로 평가되어야 한다는 것이다. 심리학, 인지과학, 정치학, 사회학, 인공지능학, 물리학, 통계학, 그리고 생물학(신경과학), 역사학,

문화과학, 생태학 등이 경제학에 연결되어서 경제학은 다시 태어나야 한다고 본다. 경제학은 보다 성숙되고 폭이 넓고 통이 큰 학문으로, 경제 현상의 설명과 예측에 있어서 실제성이나 과학철학적으로 취약점이 없는 학문으로 다시 태어나야 한다. 그것이 미래의 경제학 발전을 위하여 가야 할 길이며, 그렇게 함으로써 경제 현상을 보다 더 잘 예측, 기술, 설명할 수 있을 것이다. 그러한 과정을 겪기 위하여 경제학이 취해야 할 입장은 경제학은 더 이상 단일 혈통의 학문일 수 없다는 현실을 직시, 수용하고 다설명수준의 틀을 수용하는 것이다. 경제 현상은 다원적 설명 수준에서 접근되어야 한다. 경제학은 학제적 학문이어야 한다. 경제학이 설명하고자 하는 현상 자체가 그러한 복잡계적 현상이기 때문이다. 경제학과 심리학, 경제학과 인지과학. 21세기의 현시점에서 경제학과 인지과학은 이제 별거를 끝내고 수렴되고 합류해야 한다"(이정모, 2008ㄱ; 인지경제학 자료: http://blog.naver.com/metapsy/40040153686).

10) 법적 추리(법인지과학)

법적 행위와 관련하여 기소, 증언, 변호, 재판, 배심 등의 과정에서의 법률가들 및 당사자들의 사고나 일반인의 법과 관련된 사고라는 것은 상당히 복잡한 인간의 기억, 이해, 추리, 문제해결, 사회적 인지 등과 관련된 인지 과정이다. 이러한 법 관련 인지 현상들이 법인지과학 영역에서 연구되고 응용되고 있다.

일반적으로 법적 추리에는 사례에 바탕을 둔 추리, 규칙에 기반을 둔 추리, 개념 정의에 기반한 추리, 정책과 관련된 추리, 유추적 추리 등이 있으며, 또한 선행 사례에 대해 커다란 비중을 둔 것이 법적 추리이기도 하다. 사례에도 실제 사례, 가상적 사례, 부정적 사례, 긍정적 사례, 전형적 사례, 극단적 사례, 예외적 사례, 해석하기 쉬운 사례, 해석하기 어려운 사례 등이 있다. 규칙에도 여러 유형의 규칙이 있다. 관습 규칙, 조례적 규칙, 교조적 규칙, 간편법적(heuristic) 규칙 등이 있고, 법적 개념에는 논리적으로 적절히 정의할 수 없는 개념도 있다. 개념, 규칙, 교조 등은 계속 변화, 진화한다. 법적 문제에 단 하나의 정확한 답이 있는 경우란 드물다. 법적 추리의 요점은 진리 증명이 아니라 논쟁이다.

과연 이렇게 복잡한 인지적, 심리적 특성을 지닌 법적 추리와 법 관련 실제 행동은 어떻게 이루어지는가? 모든 법 관련 인지적 내용과 과정들이 어떠한 심적, 인지적 바탕에서 이루어졌으며, 실제 어떻게 적용되어 작동하고 있는가? 가장 효율적이고 오류가 적은 법적 추리란 어떠한 인지적 과정에 의해 이루어질 수 있는가? 검사, 변호인, 판사, 피의자, 증인, 고소인, 제3자 일반인 등은 각기 어떠한 인지적 처리를 통하여 법적 개념, 규칙, 주의를 이해하며 추리하고, 그에 따른 행동을 하는가? 법적 결정이 증거에 의존하는데, 증거에 대한 사람들의 기억은 과연 참을 반영하는가, 아니면 실제와는 달리 구성된 것이며 이 구성 사실 자체도 증인은 의식하지 못하는 것인가? 법 적용에 관여되는 사람들의 인지적 과정의 이해 없이는, 사람들의 행동을 옳은 방향으로 제약하며 공정성, 정확성이 지켜져야 하는 법의 본래의 목적을 달성하기 힘들다고 하겠다.

이러한 많은 문제들이 인지과학과 법의 접점에서 연구하는 학자들에 의해 연구된다 (예: 인지심리학/인공지능 연구의 사례 기반 추리[case-based reasoning] 연구결과의 적용; 증인 기억의 진실성에 대한 인지심리학 연구의 적용).

그런데 과거에는, 특히 한국에서는 인간의 인지와는 괴리된 채 법학이 연구되어왔고, 법이 적용되어왔다. 그동안의 법/법학과 인간 인지 사이의 괴리 상황은 마치 경제학에서 인간의 실제 인지적 측면을 무시한 채 비현실적이고 이상적인 경제 주체로서의 인간을 상정하고 경제학 이론을 전개한 신고전 경제학 전통과 유사한 점들이 있다. 그런데 위에서 설명한 바와 같이 20세기 후반에 이르러 신고전주의 경제학이 무너지기 시작하였고, 인지과학적 접근이 도입되어 행동경제학, 신경경제학, 인지경제학, 진화경제학, 사회경제학 등의 분야가 일어서게 되었다. 마찬가지로 전통적인 법학이나 법의 적용 실제와 관련하여 인간 인지의 중요성, 인지과학과 법학의 연결이 이제는 중요한 고려의 중심으로 떠오르고 있다. 최근에는 법학도 행동경제학을 도입하여 인지과학과 간접적으로 연결되고 있다. 21세기에 들어서서 '법의 인지과학(Cognitive Science of Law)', 즉 법인지과학 분야가 열렸다. 법과 가장 관련이 깊으면서도 최근에야 뒤늦게 법-인지과학의 관심 영역이 된 부분의 하나는 인지언어학적 틀에서의 법 및 법 관련 행동의 이해의 시작이다. 국내에도 그러한 시도가 최근에 시작되었다(예: 이재호 [2002]). 법이란 본질적으로 인간의 사고를 언어의 틀에 맞추어 넣은 것이라고 볼 수 있으며, 언어적 개념의 의미에 법의 존립의 기초가 주어져 있는 것이다. 인지언어학자들에 의하면 법의 용어, 구절이란 객관적 의미가 있을 수 없고, 메타포적 의미를 지닐 수밖에 없다. 법 인지과학이 인지과학의 주요 응용 분야로 발전하게 되는 이유가 여기에 있다(법인지과학 자료: http://cogpsy.skku.ac.kr/cwb-data/data/newarticle/1coglaw-m2.htm).

11) 뇌 손상자, 정신박약자와 노년의 인지적 관리

이 분야에서는 정신박약자, 인지적 결함자들의 학습, 주의, 기억, 이해, 사고, 기타 인지적 전략 사용 등에서의 정보처리 특성 문제점 파악 및 이의 개선 방안 도출 등을 연구한다. 또한 나이가 들어감에 따른 인지적(지각, 주의, 기억, 언어 이해, 사고) 기능 쇠퇴의 본질의 과학적 이해와 이에 대처하는 인지적 전략 발견 및 훈련에 대한 연구를 진행한다. 뇌 인지기능과 관련된 연구들은 뇌 이상 혹은 손상으로 인한 각종 질환 및 치매 노인에 대한 진단과 치료에 있어서 중요한 기반이 되고 있다. 이러한 연구 역시 이전의 연구 접근과는 달리 뇌와 인지를 연결지어 함께 연구한 긍정적인 효과라고 할 수 있다.

12) 과학학(Science of Sciences)

과학의 인지과학(Cognitive Science of Science)은 실제로 과학자들이 어떻게 과학적 연구를 수행하는가에 대해 경험적 방법 등을 동원하여 연구한다. 과학적 추리를 어떻게 하는가, 새로운 이론은 어떻게 발견하는가, 이론과 맞지 않는 데이터는 어떻게 다루는가, 경쟁적 이론 사이에서의 선별은 어떻게 하는가, 경험적 자료와 과학적 지식은 어떻게 전파하는가, 타인이 제공한 자료 지식은 어떻게 수용하는가, 과학 공동체는 어떻게 사회 인지적 정보처리를 하는가 등의 문제가 인지과학, 특히 인지심리학에서 체계적으로 연구될 것이다(이정모, 2001: 13장, 인지심리학과 과학이론, 인식론).

13) 인지문학: 문학의 인지과학

문학이란 본질적으로 인간의 마음에 대한 것이다. 즉 마음의 본질을 분석하고 기술한다는 것이다. 문학하는 사람들의 문학 활동이 본질적으로 인지과학에서 이야기하는 마음 이론(TOM: Theory of Mind) 활동이라고 볼 수 있다. 작가는 문학작품을 통하여 독자들이 어떻게 생각할 것인가, 자신의 글을 어떻게 받아들일 것인가에 대한 자기 나름대로의 생각 모형(심적 모형: Theory of Mind)에 바탕을 두고 자신의 생각을 상징, 표상으로 표현하는 것이다. 한편 독자는 자신의 기억에서 '이야기(narrative)원리' 지식과 각종 세상사 관련 지식을 동원하여 그 상징 표상을 정보처리하고 해석함으로써 작가가 무슨 생각을 하며 그 글을 썼는가, 무엇을 전달하려고 하였는가 하는 작가의 마음에 대한 독자 나름대로의 모형을 형성하여 그 작가가 의도한 내용을 이해하고, 그것이 정서적 메커니즘과 연결되어 감흥을 갖게 된다. 이 두 과정은 본질적으로 인지-정서적 과정이며 인지과학의 영역이다.

과거의 문학비평 이론들로서 세를 얻었던 정신분석학, 마르크시즘, 포스트모더니즘, 사회구성주의, 페미니즘 등의 관점에서 문학 이론을 전개하던 입장들이 20세기 말에 무너져가고, 이제는 문학 내용의 전개나 예술을 자연주의, 진화 이론에 바탕을 두어 이해하거나 인지 이론에 의거하여 이해, 분석하고 비평하고 기술하려는 입장이 세를 얻고 있다. 문학이란 무엇이며, 무엇을 위하여 생겨났는가, 문학 활동을 어떻게 이해할 것인가, 개개의 문학작품의 내용을 어떻게 이해해야 하는가 등의 물음들이 진화 이론적 관점, 인지과학적 관점에서 접근되고 있다. 앞으로 이 분야가 인지과학의 응용 분야로서 발전될 뿐 아니라, 이 분야가 발전되면 인간의 마음을 이해하는 또 다른 인지과학의 상위 수준이 형성될 수도 있을 것이다.[107] 인지과학적 연구가 이야기/문학 연구에 새로운 전환점을 제시할 뿐만 아니라, 인지과학 자체도 새로운 방향으로 전개될 수 있음을 시사하고 있다.[108] 또 이러한 방향으로 인지과학이 확장되기 위해서는 인지과학의 초기부터 인지과학을 지배해온 형식적(formal) 이론화와 계산적(정보처리) 접근 중

---

[107] 관련 참고 자료: http://www2.bc.edu/~richarad/lcb/

[108] Narrative Theory and the Cognitive Sciences; Edited by David Herman, 2003. (http://www2.bc.edu/~richarad/lcb/fc/ntcs.html).

심을 넘어서서 해석학적 접근 등 다른 접근의 시도를 긍정적으로 수용해야 한다는 과제가 남아 있다.

14) 인지미학, 인지예술학

유사한 논리를 미술, 음악, 건축 등 예술의 창작과 이해에 대한 인지과학적 접근으로서 제시할 수도 있을 것이다. 최근에 제시된 하버드 대학 인문학센터의 '인지 이론과 예술' 강좌[109]는 예술, 신경과학, 인지 이론이 서로를 설명해주는 측면에 초점을 두고 있다. 즉 문학과 예술에 대한 논의에서 문학 이론, 예술 이론을 전개하기 위해 인지과학 개념과 경험적 결과, 이론 등을 도입해야 함을 보이고 있는 것이다. 관련 웹 자료를 인용하여 다음과 같이 말할 수 있다.

"많은 미학자들이 인지과학의 등장에 의한 '인지혁명'이 미술이건 문학이건 음악이건 모든 매체 영역에서 창작, 작품의 해석과 감상을 이해하는 데 상당한 의의를 지니고 있음에 동의한다. 마음, 지각, 정서, 상상에 대한 새로운 인지과학 연구가 예술과 미학을 탐구하는 데에서의 여러 측면에 상당한 영향을 줄 것으로 생각한다. 역으로 인지과학자, 심리학자들도 예술적 창작과 경험에 대하여 진지한 학문적 관심을 기울여야 한다."[1010]

포스트모던적 허무주의와 예술에 대하여 쉽게 직관적으로 이런저런 이론을 전개하던 이전의 방식에 대한 대안으로 문학에 대한 인지과학적 접근이 상당한 환영을 받고 있다. 이보다는 수동적 자세로 인지과학의 의의를 인정하는 다른 사람들도 인지과학의 과학적, 경험적 개념과 이론이 예술의 이해에 중요한 역할을 해야 함을 인정하고 있다. 또한 이러한 관점들은 그 역으로 예술을 인간의 마음을 이해하는 중요한 접근, 탐구방식의 하나로 인정하는 것이다. 인지과학자들이 예술가들과 함께 문학, 미술, 음악 등의 예술이 인간 마음의 이해 탐구에 주는 의의를 공감하고 인정하여 이 방향으로 노력해

---

[109] http://www2.bc.edu/~richarad/lcb/fea/cta.html

[110] http://www.hfac.uh.edu/cogsci/keytopics.html

야 하는 과제가 주어지는 것이다.

15) 종교인지과학, 인지신학

인지과학의 발전은 종교학과 신학에도 근본적인 변화를 가져왔다(국내 전통적 기독교의 상황이 아니라 해외 상황임). 종교 현상에 대한 자연과학적 연구와 경험적, 실험적 접근을 기본으로 하는 이러한 인지적 접근은 앞으로 인지과학의 분야로서 각광을 받게 되리라고 본다.

신에 대하여 인과적 원인 행위자(agent)로서 생각하는 심적 표상의 문제, 그러한 신의 의도, 행위, 바람 등에 대하여 어린아이가 타인의 생각을 자기 마음속에서 표상하는 것과 같은 문제인 마음이론 문제, 타인을 사랑하는 박애의 문제, 종교라는 제도의 문제 등에 대해 인지과학적 설명과 진화심리학적 설명으로 접근할 수 있다는 것이다. 뇌와 종교 관계를 다루는 신경신학, 종교 및 정서와 뇌의 관계를 다루는 인지사회신경과학, 종교적 신념을 다루는 인지심리학 및 인지사회심리학, 종교 개념의 진화적 근원을 다루는 진화심리학, 종교의 사회적 바탕을 다루는 사회심리학, 인지사회학, 인지인류학, 그리고 종교와 정서의 관계를 다루는 정서심리학, 종교적 인지 체험을 다루는 인지심리학(의식) 등이 종교인지과학에 관여된다(인지종교학 참고자료: http://korcogsci.blogspot.com/2008/06/blog-post_21.html).

이상의 15개 분류 이외에 응용인지과학의 주제를 복합적으로 나열하면 〈심층분석 14-2〉와 같이 열거할 수도 있을 것이다. 이는 인지과학의 응용 주제 분야들을 모두 포괄한 것도 아니고, 또 그 분류도 체계적인 것이 아니지만, 응용인지과학에 대한 이해를 갖도록 하기 위해서 임시로 쉽게 분류하여 응용 주제를 열거한 것이다.

[인지공학]

– 각종 일상생활, 교육, 산업 장면에서의 문자, 도형, 장면들의 지각 과정의 이해와 정확한 지각의 촉진 문제.

– 그러한 상황에서의 착시의 문제.

– 작문 과정의 분석과 작문 능력의 향상을 위한 훈련 문제.

– 이해가 잘되며 흥미를 끄는 글(광고문, 기구 사용 지시문, 교과서)의 작성 문제.

– 컴퓨터 소프트웨어 고안에 있어서 효율적인 시각적 제시의 문제.

– 컴퓨터 프로그램들(예: 워드 프로세서 편집 프로그램) 또는 컴퓨터 언어 습득이나 활용과 기억의 효율화를 위해서 명령어들과 전체적인 프로그램을 어떠한 인지구조체제로 작성하고, 지침서를 어떠한 구조로 작성하며, 학습해야 할 부분들은 어떠한 표상구조체계와 관련 지어 어떠한 순서, 어떠한 양식으로 제시해야 하는가 등의 문제.

– 각종 하이퍼텍스트의 효율적 고안과 인터넷상의 커뮤니케이션의 인지적 특성 이해 및 이를 고려한 효율적 인터넷 시스템 고안 문제.

– 가상현실에서의 인간의 정보처리 특성의 이해 및 활용, 그리고 가상현실에서의 정보처리적 상황 특성이 개인적, 사회적 인지와 정서에 초래하는 부작용의 이해 및 이에 대한 대처 방안 연구 문제.

– 게임 등 각종 에듀테인먼트(edutainment) 프로그램, 도구들과의 상호작용에서의 인간 흥미의 본질 규명과 이에서 얻어진 인지과학적 원리에 의거하여 흥미와 교육을 겸비한 효율적 도구를 고안하는 문제.

– 인간의 인지와 기술 및 지각-운동적 수행(performance)의 제반 특성들을 고려하여 각종 기계, 기구, 건물, 환경을 고안-설계하는 인간공학의 문제.

– 이를 확장하여 각종 환경 특성이 인간의 인지 양식에 어떠한 영향을 미치는가, 그리고 환경은 인간의 인지 특성에 맞게 어떻게 재고안되어야 하는가 등을 다루는 인지생태학(cognitive ecology)의 문제.

[인지학습, 인지교수법, 뇌기반학습, 법인지과학]

– 교육 장면, 산업 장면, 법정 증언 장면 등에서의 기억 및 사고의 정확성과 이의 증진 문제.

– 아동의 지각, 기억, 주의, 언어, 사고의 발달 특성 이해와 장애 개선 문제.

- 학교 장면과 산업 장면, 일상생활 장면에서의 학습, 문제해결적 사고, 추리, 결정 능력의 효율화 문제.
- 개인에게서의 이러한 인지능력들의 이상 현상 이해 및 교정 문제.
- 창의력과 과학적 사고 능력의 증진 문제
- 효율적 인지교수법(cognitive instruction)의 문제. 수학 개념, 물리적 현상을 비롯한 일반 자연과학적 개념의 이해와 문제해결 능력 및 논리적 추론 능력의 증진, 전술한 컴퓨터언어의 이해와 사용 기술의 증진, 글 이해 및 작문 표현 능력의 증진, 각종 새로운 지식, 기술의 습득과 활용 등의 문제와 관련하여 컴퓨터를 주 수단으로 하는 효율적 인지교수법을 개발하는 문제 등.

[기계적 인지]
- 인공지능 시스템/ 로봇에서의 형태의(실물 대상 및 시각, 청각, 촉각 자극에 대한) 기계적 지각(machine pattern recognition) 개선 문제. 움직임 제어 및 감각-운동 연결 문제.
- 기계적 글(자연언어) 처리의 개선 문제, 각종 문제해결 상황에서의 효율적 추론 및 문제 해결 문제 등.

[전문기술 인지과학, 전문가 시스템, 인공지능]
- 바둑, 예술, 전문기술, 사무 등 각종 문제 장면에서 전문가와 초보자의 지식구조와 지각 양식, 사고 양식, 절차지식과의 연결 양식의 차이에 대한 이해와 이를 감소시키는 문제.
- 각종 기술(타이핑, 악기 연주, 운동 기술, 기구 사용, 컴퓨터 프로그래밍 등) 습득의 인지 과정에 대한 이해와 이들 기술의 증진 문제.
- 의사와 같이 어떤 분야의 전문가로서 각종 지식을 활용하여 다각적인 추론을 하고 해석, 예언, 진단, 계획, 지시, 통제 등 고급 수준의 지적 능력을 갖춘 지식 주도(knowledge-based)의 전문가 체계 개발을 위한 전문가 특성(전문가의 인지구조와 정보처리 과정) 연구 문제.

[응용인지신경심리, 인지학습]
- 천재 아동이나 심리장애자에 대한 이해와 교육의 문제.
- 정서적 이상자, 뇌 손상자의 인지 과정(주의 등) 이상에 대한 이해, 재활, 개선의 문제.

– 맹인, 농인 등 신체장애자의 언어 사용(수화, 점자 등 포함)의 본질 이해와 이들의 환경적 적응 능력의 증진 문제.

[예술인지과학]
– 미술, 음악, 문학, 건축 등의 이해, 표현 과정의 분석과 표현 기술의 증진 문제.

[응용인지사회심리, 행동경제학, 인지경제학, 신경경제학, 인지행정학, 정치인지과학 등]
– 경제적, 정치적, 행정적, 기타 일반 집단적, 사회적인 상황의 인지의 본질 이해와 효율화 문제, 그리고 일반적 대인지각의 이해 개선 문제.
– 인터넷 여론 형성, 사회적 태도, 고정관념, 신념 형성의 과정적 특성 탐구와 이의 조정 및 변화 과정에 대한 문제.

4. 미래에 강조될 응용인지과학 분야

위의 3절에서 열거한 수많은 인지과학의 응용 분야 중에서 현재 어느 정도 부각되어 중요성을 인정받고 있으며 미래에 중요성이 더 커지리라고 예상되는 분야 몇 개를 중심으로 예상되는 미래 경향을 열거하겠다. 이러한 예측과 열거는 저자의 직관적 분류이다.

첫째 인지공학, 두 번째 인공지능과 인지로보틱스가 연결되는 것, 세 번째 응용인지신경과학, 네 번째 학습과학, 다섯 번째 인지기능 향상 분야, 여섯 번째 인지생태공학, 일곱 번째 인지과학의 사회과학적 응용 분야라고 볼 수 있겠다.

1) 인지공학

인간공학, 정보공학 등을 연결하고 스마트(smart) 환경, 생명정보공학 등을 연결하며 각종 사이버 공간 차원과 관련해서 적응적이고 효율적인 소프트웨어를 만들어내는 인지공학의 작업들이 더욱 발전하리라 본다. 인공물 디자인 관련 인지 디자인이라는 분야가 떠오를 것이라고 예상할 수 있다. 인지 특성이나 정서, 동기 특성을 통합하여 그것을 소프트웨어, 하드웨어에 반영해서 구현하는 것이다. 각종 문화생활, 작업, 학습 시스템 등의 소프트웨어 디자인이나 생활환경, 작업환경에서 사람들이 상호작용하게 되는 하드웨어에 인간의 인지 특성이 반영되게끔 디자인하는 분야가 부각되리라 본다.

2) 인지컴퓨팅, 인지 시스템, 인지로보틱스, 사이버물리적 시스템

이미 8장 8절과 9절에서 언급한 것처럼 인공지능의 연구에서 요즘은 인지컴퓨팅(cognitive computing)이나 인공인지 시스템이라는 개념이 널리 사용되고 있다. 전통적 인공지능 시스템의 개념을 넘어서 인지과학, 신경과학 등을 연결하여 구체적인 생물적 몸과 뇌를 지닌 지능 시스템의 특성을 규명하고 구현하려는 노력들의 대두라고 볼 수 있다.

이에 더하여 인공지능, 인지과학, 컴퓨터과학, 로보틱스, 신경과학이 연결되어 로봇에 인간의 인지 발달, 정서 발달 특성이 도입된 발달로봇의 개념이 들어간 로봇 시스템을 구현하는 연구들도 이루어지고 있다. 스스로 학습해서 발달하며 상위 인지적 능력을 가진 로봇을 만드는 작업을 추구하는 것이다. 그뿐만 아니라 사회적 집단(로봇–사람, 로봇–로봇)의 일원으로서 팀으로 작업하는 로봇을 만드는 것도 이 분야에 속한다고 볼 수 있다. 여기에서는 앞서 설명한 것처럼 마음 이론이 중요해지리라 본다. 다른 사람(로봇)이 환경을 어떻게 지각하고 느끼고 생각하며 어떤 행동을 할 것인가를 내가 어떻게 생각하고 예측하는가가 마음 이론의 주제인데, 그러한 사회적 인지능력이 반영된 로봇을 만드는 분야가 부각되리라 볼 수 있다.

이러한 맥락에서 유럽공동체 등에서 추구하고 있는 '인지 시스템(CogSys)' 연구 및 개발에 주목할 수 있다. 유럽공동체에서는 인지과학, 컴퓨터과학, 심리학, 로보틱스 등의 분야들이 수렴, 연결되어 '인지 시스템' 이론 연구 및 구현 연구가 학제적으로 진행되고 있다. 인간처럼 환경에서 지각하고 이해하고 사고하고 움직일 수 있으며, 맥락–상황 특수적인 지식을 가동시켜 인간과 같이 수행할 수 있는 물리적 시스템을 구현하는 것이다. 현재 과학기술로는 도달하지 못한 상태이고 앞으로 수년간 그 목표에 도달하기 어렵지만, 이 인지 시스템의 목표 달성은 인류의 과학기술이 이루어내야 할 목표라고 본다. 이 목표를 달성하기 위한 연구가 여러 가지 인지과학적, 인지공학적, 신경과학적, 인공지능적 주제에 대한 다학문적, 학제적 접근을 통해서 이루어지고 있다. 이러한 연구의 결과는 인공지능, 인지과학, 심리학의 여러 하위 분야에서 연구되던 영역들을 수렴하고 통합하여 그러한 연구 개발 시나리오의 아이디어를 테스트하고 실증해 보이는 로봇 시스템의 계속된 연구의 기초를 이루어내는 것이라 할 수 있다.

인공지능, 인지과학, 로보틱스의 활발한 연구에도 불구하고 기존의 인공지능 연구는 통합적 인공지능을 보였다고 하기보다는 서로 연결이 안 된 낮은 수준의 능력, 벌레 수준의 지능과 능력을 보인 것에 불과하다. 로봇이 스스로 자신을 이해하지 못하고 기타 인지적 능력에서 융통성이 없는 낮은 수준의 지능과 수행을 보여주었을 뿐이다.

인공지능/로봇 시스템이 이러한 수준에 머물렀던 주 이유는 관련 분야의 연구들이 연결이 안 되어 있었고, 연구 팀들이 아주 작은, 그리고 협소하게 정의된 문제에만— 예를 들어 좁은 의미의 시각, 언어, 학습, 문제해결, 모바일로봇 등—성과를 내는 연구에 집중하고 있었기 때문이다. 특히 한국에서는 관련된 다른 학문의 개념, 이론, 경험적 결과들을 이해하려 하거나 연계하지 않고, 공학 자체의 개념과 틀 중심으로만 접근하려고 하였기 때문이라고 볼 수 있다.

이러한 한계점은 극복되어야 한다. 관련 학문 분야들에서 제공되는 학제적 아이디어를 사용하여 여러 다양한 능력들을 통합적으로 조합함으로써 최소한 몇 살 되지 않은 인간 아이의 능력과 같은 중요한(사소하지 않은) 능력들을 지닌 아주 유능한 로봇의 틀을 탐구해야 할 것이다. 이는 이론적으로 다음과 같은 목표를 추구하여 이루어진다고 볼 수 있다.

추상적 인공지능 시스템이 아니라 구체적 몸을 지닌(embodied: 체화된, 육화된),

통합된, 다양한 기능을 수행하는 그러한 지능 시스템을 구성하기 위하여 관련 필요조건들, 아키텍처(architecture), 표상(표현) 양식, 온톨로지(ontology) 유형, 추리 유형, 지식 유형, 기타 여러 메커니즘들에 관하여 여러 다른 추상 수준(물리적 수준, 계산 수준, 인지 수준, 언어 수준 등)의 이론들을 도출해야 한다. 이러한 이론은 스스로 자가수정하는 아키텍처의 동역학체계의 여러 특징들과 관련된 핵심 아이디어를 중심으로, 심리학과 언어학 등의 유관 학문에서 제공되는 경험적 결과들과 컴퓨터과학, 소프트웨어공학, 인공지능(로보틱스 포함) 분야에서 달성한 연구결과들 위에서 구성되어야 한다.

3) 응용인지신경과학

응용인지신경과학에서는 인지신경과학의 응용, 인지신경약물학 측면의 응용, 신경공학 측면의 응용을 생각해볼 수 있을 것이다. 인지신경과학의 응용에는 인지적 측면의 응용 문제를 먼저 생각해볼 수 있는데, 뇌 손상을 통해 감각, 지각, 운동 제어, 주의, 학습, 기억, 언어, 사고, 정서 등의 인지적 측면에서 기능이 떨어진 사람들을 대상으로 그들의 인지기능 장애를 진단하기 위한 검사를 개발하여 실시하고, 또 진단된 내용에 따라서 적절한 인지적 기능의 재활과 개선을 도출할 수 있는 인지 프로그램을 개발하여 적용하는 영역이라 할 수 있다. 이 분야는 뇌 손상 없이 자연스런 노화로 인하여 인지기능이 쇠퇴한 노년층의 인지기능 진단 및 개선 프로그램 개발과 적용 분야와도 연결된다.

인지신경약학(cognitive neuropharmacology)의 영역에서는 위와 같은 뇌 손상 환자, 노년, 그리고 정상인들의 인지기능과 정서적, 동기적 기능을 보강 또는 개선할 수 있는 약물의 개발과 적용의 영역이 될 수 있다. 이 분야는 신경생물학, 약물학 등이 인지과학과 연결되어 이루어내는 분야로, 앞으로 촉망받는 분야의 하나가 되리라 본다.

다음 응용인지신경공학적 측면에는 인지신경보철(cognitive neural prosthetics) 영역과 같이 감각 지각 운동 능력을 높여주는 하드웨어적—생체 칩이라든지, 생체근육이라든지, 인공근육이라든지—대체 및 보정 수단을 개발하고 활용하거나 인터페이스

시키는 영역이 해당된다고 볼 수 있다.

이외에도 뇌와 컴퓨터를 연결하는 BCI 분야, 뇌와 로봇을 연결하는 BRI 분야들이 빠르게 발전하고 그 분야가 차지하는 역할도 증대되리라 본다.

4) 학습과학

이는 각종 학습 상황, 교육 상황에서 효율적인 인지기술을 증진하는 기법을 개발하고 응용하는 분야이다. 학교나 산업 군사 상황, 일반 회사 및 행정기관 등에서 인지적 적응학습기술 프로그램을 개발하여 응용하는 것이다. 각종 가르치는 방법, 멘토링 (mentoring) 하는 방법, 인간이나 지능적 로봇 시스템이 효율적으로 학습하는 방법 등의 기술 개발과 그것을 소프트웨어로 구현하는 것들이 이에 속할 수 있겠고, 판단과 의사결정의 오류 대처 인지적 기술 및 수학적, 과학적 사고 학습기술의 개발과 적용도 여기에 해당한다고 볼 수 있다. 이와 관련하여 뇌기반학습과학 분야의 중요성과 역할에 대해서는 7장과 10장에서 언급한 바 있다.

5) 인지기능 향상 분야

4장 3절, 4장 4절과 연관되어 인지기능 향상(cognitive enhancing) 또는 인지기능 증강(cognitive augmentation) 분야가 앞으로 발전 가능한 분야라고 볼 수 있다. 왜냐하면 NBIC 융합과학기술의 응용적 미래 목표를 생각해보면, 인간의 일상적인 삶의 각종 편리를 가져다주는 도구의 연구 개발과 인간의 신체적 건강, 장수, 수명, 기능 증강과 관련해서 생명공학적 연구가 이루어져야 되겠지만, 그것에 못지않게 인간의 인지적, 지능적, 심적 기능을 향상시키고 증진시키는 응용인지과학적 연구가 이루어져야 하기 때문이다.

현재 진행되고 있는 여러 가지 연구 상황에 근거하여 예측한다면, 각종 일상의 장면에서 소프트웨어적 인공물이 개개인의 인지적 능력을 증진시키기 위하여 적극 개발될 수도 있고, 앞으로 신경생물과학에서 인지적 기능을 높이는 생화학물질(약물)이 발견될 수도 있으며, 미래 컴퓨터 기술에서 컴퓨터와 인터넷, 로봇, 인간이 연결되어 인간이 인공물과 통합적, 효율적으로 인지기능을 발휘하는 체계가 개발될 수도 있다. 미래에 각종 인지적 기술을 증진시키는 분야가 인지적, 심리적 기능을 향상시키는 기술의 개발이 중요하게 되고 그것이 인지과학 응용의 핵심 분야가 될 수 있을 것이다.

예를 들면 인지기능 향상 주제 영역 중에서 일상생활에서의 여러 가지 인지적 능력 기능의 향상, 교육 장면(학교나 산업)에서의 인지적 기능의 향상, 노년기의 인지적 기능의 향상, 유전적 원인이나 뇌 손상 재난 등의 원인으로 인해서 일반적인 인지기능이나 사회적 인지기능이 저하된 사람들의 인지기능을 향상시켜주는 분야들이 앞으로 각광을 받을 것이라고 볼 수 있겠다.

과거에는 인류의 물질적 삶의 질을 향상시키는 측면과 신체적 삶의 질을 향상시키는 측면, 이 둘이 강조되어 과학기술이 발전하였는데, 앞으로 미래 응용과학기술은 그런 생명적, 물질적 측면이 계속 발전되면서 동시에 인간의 인지적 기능의 극대화와 심리적 삶의 질을 최적화하고 향상하는 데 강조가 주어질 것이라고 할 수 있겠다. 커즈와일 (R. Kurzweil)이 예측하는 '특이점'의 시대가 도달할 미래, 즉 인간의 마음과 기계의 지능이 차별되지 않고 연결될 미래를 생각해보면, '인지능력 향상'은 인지과학의 중요한 응용분야가 될 것이다.

6) 인지생태공학

컴퓨터의 발달로 인해서 급격한 정보통신 혁명으로 미래 사회가 복잡하게 되고 디지털 정보 환경이 복잡화되면서 개개인의 인지적 적응이 어려워졌고 디지털 기술이 부족한 사람은 인지적 공황이 생길 수 있어 이에 대처할 새로운 응용학문이 필요해졌다. 인지과학 원리에 기초해서 이런 기술을 개발하는 인지생태공학이 미래 인류 사회의 대안적 분야로서, 인지과학의 응용 분야로 출현하게 될 것이라 보는데, 물론 이는 앞에 열거한 다른 분야와 밀접히 연계되는 분야이다.

미래에 복잡한 디지털 환경에서 상황이 다양하게, 그리고 빠르게 변화될 것인데, 그렇게 변화되는 것에 따라서 시간 개념, 거리 개념, 자아 개념, 인간관계 개념 등이 계속 변화하고, 그런 상황에서 효율적으로 적절하게 적응하는 데 필수적인 인지기술이 변화될 것이다. 따라서 시민 개개인이 이런 기술을 습득할 수 있도록 도와주지 않으면 안된다. 아니면 이런 불편함이 생기지 않도록 환경의 인공물들을 효율적이고 사용하기 쉬우며 아주 편안하게 만들어줘야 하는데, 그러한 것이 인지생태공학의 문제라 볼 수 있겠다.

다시 한 번 강조하지만 미래 사회에서 개개인이 당면할 가장 절실한 과제는, 먹고 사는 문제나 건강 유지 문제가 어느 정도 충족된다면, 인지생태학적 적응 문제일 것이다. 복잡한 디지털 가상 환경, 정보적 환경에서 개개인이 효율적으로 적응하지 못하고 적합한 인지기술을 각자가 사용하지 못하는 문제가 생겨서 이것이 개인적 일상의 그리고 사회적 문제로 대두될 수 있는데, 그런 문제를 해결해주도록 인간과 환경 간에 조화롭고 지능적이고 효율적인 상호작용이 실현될 수 있도록 해주는 테크놀로지의 발전이 중요하게 부각되고, 그런 역할을 인지생태공학이 해줘야 한다. 이러한 인지생태공학의 분야가 출발하고 계속 발전하는 데 인지과학이 큰 역할을 하리라 본다.

7) 인지과학의 사회과학적 응용

다음으로는 인지과학의 사회과학적 응용이다. 지금까지는 IT와 관련된 공학적 측면, BT 즉 생명과학과 관련된 공학적 측면을 얘기했는데, 인지과학의 사회과학적 응용 측면도 있다. 사회 제반 현상을 이해하고 문제를 해결하는 데 앞에서 설명한 공학적 인공물만으로는 안 되는 것이다. 그러면 무엇이 더 필요한가? 인지과학과 관련하여 진화심리학에서 밝혀낸 이론들과 사회과학 이론을 적용해 사회문제의 여러 측면, 특히 집단적 인지 왜곡(제2차 세계대전 전 독일의 반유대인 여론 형성 상황 등)이나 인지적 갈등 등의 문제를 해결하고 축소시키는 것이 인지과학 응용의 사회과학적 측면이라고 볼 수 있다. 인지과학적 이해를 통해서 종교적 갈등을 줄인다든지, 도덕·윤리의 인지과학적 이해를 통해서 관련 사회체제를 재구조화하는 시도를 한다든지, 경제나 법, 정치, 교육

제도 및 재난안전체제에서 사람들의 적응 특성 등을 이해하고 효율적으로 문제가 생기지 않게끔 사회 환경을 재구조화하는 등이 인지과학의 사회과학적 응용 측면이다.

5. 융합과학기술의 4대 핵심 축으로서의 역할

인지과학은 학문의 본래적 특성상 인지과학의 구성 학문인 심리학, 신경과학, 인공지능, 로보틱스, 언어학 등의 계속된 발전을 가능하게 하고 있다. 심리학이건, 신경과학이건, 인공지능이건, 로보틱스건 간에 인지과학과 연계되지 않은 미래 발전을 생각하기는 힘들다.

여기에서는 이러한 순수 과학 분야에서의 인지과학에 의한 학문적(심리학, 인지신경과학, 철학, 인류학, 언어학 등) 발전의 미래를 논하는 것은 생략하기로 하고, 인지과학이 미래 테크놀로지와 관련되어 어떠한 발전을 가능하게 할 것인가를 1장에서 설명한 융합과학기술(Converging Technologies)의 4대 핵심 축을 중심으로 IT(정보과학기술), BT(생명과학기술), NT(나노과학기술)별로 CogT(인지과학기술)와의 연결을 간략하게 기술하기로 한다. 일부 내용은 4절의 내용과 중복될 수 있다.

1) IT-CogT의 연결

IT-CogT의 연결은 현재 상당히 발전된 상태에 이른 것으로 평가할 수 있다. 현재 과학기술의 추세가 좀 더 높은 수준의 지능화 시스템 탐구와 상위 수준의 인지기능을 구현하는 것에 집중되고 있기 때문이다. 이런 변화의 핵심 주제인 자연지능 및 인공지능 모두 인지과학과 아주 밀접한 것이기 때문에, 지식 사회의 전개가 고도화되면서 IT가 발전할수록 인지과학과의 연결도 그만큼 강해지고 넓어져왔으며, 또 미래에도 그러한 추세가 지속되리라 본다.

　미래에는 컴퓨터 계산력의 증가에 비례하는 인공지능 개발 가속화를 통해서 언제 어디서나 하는 컴퓨팅(ubiquitous computing) 환경에서의 인지 특성 활용이 확산될 것이다. 또한 그저 주어진 기술적 기능을 쓰고 마는 것이 아니라 좀 더 인간화된 형태의 서비스 사용 및 구현에 초점을 맞추며, 이에 따라 각종 디지털 도구의 사용성(usability)이 향상, 발전하게 되고, 감성공학 기술과의 연결도 발전할 것이다. 이외에도 학교–산업의 교육/학습 장면에의 IT-CogT 연결 시스템, 도구 개발 및 적용이 확산되어 인지교수법(Cognitive Instruction), 멀티미디어 학습, e-learning 등이 발전할 것이다. 그리고 컴퓨터 망 보조(computer-net-aided)의 형태로 일상생활 장면에서의 개인의 인지적, 정서적 적응 인지기술의 향상과 인지기능 향상(CET: Cognitive Enhancing Technologies)의 발전이 이루어질 것이다.

　과학기술에 대한 시대적 요구가 변화하면서 인간–인공지능(AI)–로봇의 연결에 초점이 맞춰지고, 그에 따라 로보틱스 연구 개발에서의 인지과학의 영향이 점증하며, 인간 감각–지각–운동 기술의 로봇에 대한 의존도 증가하고 있는 실정이다. 그리고 이런 추세는 앞으로도 계속 이어져 점진적으로 IT–CogT–BT의 연결 정도가 강화되고 확장되어 더욱 가속화될 전망이다.

2) BT–CogT의 연결

　생명과학기술과 인지과학기술의 연결은 각종 인지기능 향상과 관련된 신경약물학의 발전이 중심이 되리라 본다. 구체적으로는 기억 약(memory drug)과 같은 사회적, 문화적 인지기능 향상 약물 개발이 빠르게 발전될 전망이다. 융합과학기술에서 사회적, 문화적 비중을 따지자면 이 분야가 바로 인지기능 향상(CE)의 미래 연구영역 분야에서 파급 효과가 크고 윤리적 문제가 심각하게 제기될 중요한 영역으로 평가될 수 있다. 또한 동기, 정서 연구 활용이 두드러질 것이며, 보다 간편하게 측정되는 신경생리적 지표(뇌파[EEG], 피부전기반응[GSR], 근전도[EMG])와 fMRI, fNIR(근적외선영상) 등의 인지신경영상 연구결과가 활발하게 응용될 전망이다. 또한 신경회로망 연구의 활용으로 각종 감성 제품, 인공지능 제품의 개발이 이루어질 것이다.

3) NT-CogT의 연결

직접적인 연결보다는 BT, IT를 통한 연결 기술 발전으로서의 의의를 찾을 수 있는 분야이다. 가장 영향력을 주게 될 것은 BT와의 연결을 통한 뇌기능 진단 및 활용화 기법의 발전이다. 예를 들면 적외선을 사용한 인지영상기법, Cogno-scope(청진기가 아닌 인지진단기) 등의 발전이 가능하다. 또한 신경보철 인공물 기능의 고수준화에 이 NT-CogT 연결이 중요한 역할을 할 것이며, 이 연결은 'BT-NT-IT-CogT'의 연결로 이어져 나노바이오지능컴퓨터와 같은 혁신적인 성과물을 내놓게 될 것이다.

4) IT-BT-CogT의 연결

현재까지의 신경과학, 인지신경과학의 발달을 바탕으로 가장 빠르고 획기적인 발달이 이루어지고 있으며, 미래에도 빠르게 발전할 분야이다. 신경과학-심리학-컴퓨터과학(공학)의 연결이 확장되어 BT-IT-CogT 3자 연결에 의한 발전이 가속화되고, 뇌영상기법과 컴퓨터 모델링 기법이 빠르게 획기적으로 발전할 것이다. 세부적으로는 BCI(Brain-Computer Interface) 기술과 BRI(Brain-Robot Interface) 기술, 그리고 신경보철-컴퓨터 연결 기술 개발이 발전할 것이며, 이런 발전은 로보틱스에도 큰 영향을 주게 될 것이다.

이는 NBIC 융합과학기술의 목표와도 직결되는 인지기능 향상 기술과 깊은 관련을 맺고 있는 영역이다. 앞서 언급한 바처럼 인간의 인지기능 향상 주제 영역으로는 다음과 같은 측면이 있다. 일상생활에서 일반인들의 여러 인지적 적응 향상 및 일 장면에서 노동자, 기술자, 직원의 일반적인 인지적 적응 기능 향상 및 증강 측면, 학교나 산업 장면에서의 교육받는 여러 연령대 사람들의 인지적 기능의 향상 및 증강 측면, 유전적 원인, 뇌 손상, 재난 등의 각종 원인으로 인하여 일반 인지기능이나 사회 인지기능 등의 심적 기능이 정상적이지 못한 사람들의 인지적, 사회적 기능을 증강, 개선, 향상시키는 측면 등이 있다.

이외에도 IT-BT-CogT의 연결로 뇌 손상자, 신체심리기능 이상자의 인지신경적 적응 기법 연구가 발전할 것이다. 구체적으로는 다음과 같은 기술들의 발전이 기대된다.

① 시청각, 촉각, 운동감각 등의 이상에 대한 신경보철 기술 발전

② 뇌 손상에 의한 주의, 기억, 언어, 사고 등의 인지기능 이상자에 대한 (소프트)인지 적응(재활) 기술 발전

이외에도 인지컴퓨팅(cognitive computing)이나 인지 시스템 연구, 인지로보틱스 등의 발전을 기대할 수 있다. AI 틀을 대체하는 인지컴퓨팅의 개념하에서는 로보틱스가 IT-BT-CogT의 연결 연구가 된다. 따라서 다음과 같은 로보틱스 관련 연구와 개발도 더불어 발전하게 될 것이다: 인지로보틱스, 발달로보틱스, 인간-로봇 상호작용, 사회적 로보틱스, 정서적 로보틱스, 자아의식적 로보틱스 등.

5) NT-IT-CogT의 연결

최근에 사이버물리 시스템(CPS: Cyber Physical System)에 대한 연구 관심이 상당히 급증하는 것 같다. 컴퓨터 또는 로봇들이 각기 독립된 개체로 있는 것이 아니라, 사이버 시스템과 물리적 시스템이 결합하여 정보처리(계산)하는 통합적 시스템, 언제 어디서나(ubiquitous) 각개의 물리적 시스템이 모든 정보를 독자적으로 내장하지 않고 웹상에 분산 저장하며, 웹을 통하여 연결된 다른 물리적 시스템들과 함께 작용하는 미래 지향적 시스템인 것이다. 이러한 시스템의 물리적 구축은 전통적인 하드웨어적 IT, NT 등의 연구를 통하여 이루어지겠지만, 결국은 소프트웨어적인 효율적 연결이 필요하게 될 것이며, 또한 인간이 이러한 복잡한 시스템에 효율적으로 적응하는 문제가 발생하리라 본다. 그러한 것과 연관하여 복잡한 것을 이해하고 다룰 수 있는 인지적 능력과 기술의 탐구 및 이에 부합된 방향으로의 사이버물리 시스템의 디자인이 중요한 주제로 부각되리라 본다. 사이버물리 시스템과 인간의 상호작용(Human-CPS

Interaction)의 최적화 문제가 HCI 연구 주제의 확장의 한 분야로 부각될 수 있다.

6) NT-BT-IT-CogT의 연결

이 네 영역의 연결은 이론적 발전 측면에서 생각해볼 수도 있고, 기술적 측면에서 생각해볼 수도 있다.

이론적으로 이 네 영역을 연결하여 기존의 인간의 인지기능이나 지능 시스템 등에 대하여 새로운 접근 관점을 제시할 수 있다. 그 한 예로 서울대 컴퓨터과학과의 장병탁 교수가 시도하는 인간 및 기계의 인지학습 및 기억을 다루는 '분자적 진화구조로서의 하이퍼네트워크 시스템'(Zhang, 2008)을 들 수 있다. 이 이론 틀에서는 인간의 융통적인 학습, 기억, 지능 과정의 특징이 과거와 현재의 경험적 일관성-연결성을 지니고, 지엽적(local) 정보 표상과 일반적-전역적(global) 정보 표상이 하나의 시스템에 의하여 효율적으로 이루어지며, 낱개 개념들의 단위 요소들이 조합되어 다양하고 융통적인 복합구조를 창출해낸다는 점을 포착하고 이러한 학습, 기억의 역동적 창출을 화학분자 수준의 진화적 학습 메커니즘에 의하여 나타낼 수 있다는 데 착안하였다. 이러한 이론 틀은 기억, 학습 메커니즘에 대한 기존의 이론적 틀이 지닌 한계점을 극복할 수 있는 가능성을 시사하고 있다.

NT-BT-IT-CogT의 기술적 연결의 대표적 사례는 기능-근적외선(fNIR) 기법을 통한 뇌의 인지기능 연구방법의 활용이다. 5장에서 언급한 바와 같이, 나노기술을 활용한 fNIR(functional Near-Infra Red) Spectroscopy는 머리띠처럼 생긴 NIR 기구를 사용하여 비침습적(non-invasive)으로 뇌의 신진대사와 혈류를 측정하여 주어진 자극에 대한 피험자의 인지적, 정서적 정보처리 특성을 추론하는 방법으로, 미래 인지신경과학의 주 연구/응용 기법이 될 것으로 예측된다. 이외에도 나노공학기술을 뇌기능 탐색의 인지신경적 방법에 도입함으로써 보다 상세한 해상도의 뇌기능 영상을 얻을 수 있음도 5장에서 언급한 바 있다.

두 접근의 차이점을 이야기하자면, 기능-근적외선(fNIR) 기법은 NT 기술을 BT에 적용하여 IT로 분석함으로써 인지 현상을 규명하는 데 활용되는 기술의 성격이 크다.

한편 앞서 제시한 하이퍼네트워크의 이론적 틀은 인지기억학습에 관한 새로운 지능정보처리 (IT) 모델로서, 바이오분자들의 나노 수준에서의 화학적 자기조립 현상을 모사하였다는 점에서 NT 및 BT와 관련되며, 또한 기술적으로 이 모델이 다시 NBT(NT+BT)로(예를 들면 분자컴퓨팅), 또는 새로운 반도체 기반의 IT 기술을 써서 자연스럽게 구현될 가능성이 있다고 볼 수 있다.

7) CogT-IT-BT-사회기술(Socio-Tech)의 연결

인지기술에 기반한 제도 등의 시스템, 정책 등의 환경 디자인과 문제의 사회인지과학적 이해와 대안이 도출될 것이다. 이것에 의해 크게 변화될 분야는 교육, 경제, 경영, 광고, 커뮤니케이션, 행정, 법, 정치, 교통, 문화관광 등으로 다양하다.

인지과학은 인간 마음의 본질, 마음의 여러 양상 및 작동방식, 잘못 작동되는 특성, 제어할 수 있는 목표들을 사회과학에 제시할 수 있다. 이런 면에서 'CogT-IT-BT-사회기술' 의 연결은 학문적으로나 실용적으로 큰 가치를 가진다고 할 수 있다.

CogT-IT-BT-사회기술의 연결이 추상적이어서 별 실효가 없을 것이라는 비판을 제기할 수도 있다. 하지만 사회(과학)기술-사회과학-인지과학이 연결되지 않은 채 미래 과학기술의 기획, 논의를 하는 것은 미래 사회에 대한, 그리고 점차 사회과학기술과의 연결 비중이 증가되어가는 미래 과학기술의 특성에 대한 이해 부족 내지는 무지에서 오는 것이다. 지금까지 살펴보았듯이 선진국은 이런 연결 단계를 넘어섰다. 특히 유럽공동체의 경우 융합과학기술의 기본 틀에 이런 요소를 충분히 넣어놓은 상태이다.

사회기술을 연결함으로써 개인과 사회가 미래 세상에 보다 잘 적응하고, 보다 창의적이고, 보다 의사결정을 잘하며, 보다 협동적인(collaborative) 존재로서의 삶과 그를 받쳐주는 테크놀로지 개발의 추구가 가능하게 될 것이다. 인지과학이 융합과학의 핵심에 서는 이유도 바로 이런 접점, 연결에 핵심적인 역할을 하기 때문이다.

6. 종합

인지과학 응용의 핵심은 말하자면 인간과 환경 상호작용의 지능화라고 얘기할 수 있다. 인지과학에서 지능적 체계를 연구하여 이런 것을 이루어낸다. 지능이라는 것은 환경에 대한 효율적 적응 능력이라고 볼 수 있는데, 환경은 하드웨어적 환경과 소프트웨어적 환경으로 나누어 볼 수 있다. 미래 과학기술로서의 인지과학은 지능적 주체인 인간의 적응기술과 인공물을 중심으로 한 환경과의 지능적 상호작용 과정에 대한 과학적 이해와 대처 기술들을 제공한다. 현재 인류 사회를 평가해본다면, 동물에서 진화해온 인간의 생물학적, 신체적 진화는 거의 정체되었고, 이제는 인간의 인지적, 지적, 심리적 진화가 이루어져야 하는데, 이것은 인간과 인공물(인간이 만들어낸 사회체제 포함)의 공진화를 통해서 이루어진다고 할 수 있겠다.

21세기에 인간의 마음은 다음 유형들의 세계에 존재한다.

① 인간과 인간의 상호작용의 자연적 현실공간: 이것은 예로부터 있어왔던 것이다.

② 하드웨어 인공물의 정수인 컴퓨터와 지능적 로봇 시스템과의 자연적이 아닌 인공적 현실공간.

③ 기타 소프트웨어 인공물(경제, 정치, 교육, 기술, 문화체계 등과 같은)과 하드웨어 인공물 간의 인공적 현실공간.

④ 컴퓨터, 인터넷 등과 인간의 상호작용이 만들어내는 사이버 가상공간.

①, ②, ③은 모두 현실공간이고 ④는 사이버 가상공간인데, 미래에는 이러한 자연적 현실공간, 인공적 현실공간, 가상공간 등이 다 포함된 혼합 공간 속에서 인간의 마음(지능)은 인공물과 함께 빠르게 공진화할 것이다. 그리고 인간 마음은 사회문화와 함께 공진화하며, 이러한 공진화에는 인간 삶의 공간의 도처에 있는 인공물이 핵심적 역할을 할 것이다.

컴퓨터가 발전됨에 따라서 우리의 적응 양식과 인지적인 양식도 달라지는 것처럼, 인공물과 공진화할 때 언어와 공진화하는 측면, 컴퓨터와 사이버 세계와 공진화하는 측면, 인공지능 시스템·로봇과 공진화하는 측면, 사회문화적 소프트웨어적 소프트 인공물과 공진화하는 측면 등을 생각할 수 있다. 인간이 신체적으로는 별로 달라지지 않지만, 인지적으로 이런 인공물과 함께 계속적으로 변화하며 진화하고 있다고 볼 수 있다.

인간 진화의 일차적 핵심은 뇌·인지기능 활용의 진화라고 볼 수 있겠다. 물론 환경과의 상호작용에 의한 진화이다. 현대에 이르러서, 그리고 미래에서 과학기술에 의하여 계속해서 새로운 인공물이 만들어지기에 인간과 인공물의 공진화가 현재 사회, 그리고 미래 사회의 특징이라고 볼 수 있다. 이러한 인공물과의 공진화를 통해서 인간 종 자체의 새로운 차원의 진화, 즉 신체적 진화가 아닌 심리적이고 인지적인 진화가 가능해진다는 것이다.

인지과학이 지향하는 미래 세계는 개개인이 행위적, 심리적, 인지적으로 끊임없이 최상의 퍼포먼스를 내게 하고 계속 학습하고 진화하게 하는 사회로, 혼자 하는 것이 아니라 협동해서 학습하는 공동체로, 최적으로 디자인된 사회로 인간이 진화하는 것이다. 그것은 그냥 되는 것이 아니라, 인공물(artifacts)을 지능적으로 디자인함으로써 즉 소프트 인공물, 하드 인공물을 잘 디자인함으로써 이루어진다고 볼 수 있다. 그리고 여기에서의 핵심이 인지공학이라 할 수 있다.

인지과학의 응용과 관련된 이 장 내용에 대한 요약이 다음 제목의 글로 아래 블로그 사이트에 있다. 〈인문-사회-자연과학 융합의 현장인 인지과학은 어떠한 미래를 여는가?〉 http://blog.naver.com/metapsy/40047881318 (2008/02/18).

제15장

인지과학의 조망

Perspectives and Prospect of Cognitive Science

이 장에서는 1장에서 14장까지 계속 논해온 인지과학의 특성을 간단히 재정리하고 인지과학이 어떻게 발전해왔는가를 단계적으로 기술한 뒤에, 인지과학의 응용적 확장이 공학적 측면에서, 그리고 사회과학, 인문학 영역에서 어떻게 이루어지고 있는가를 간략히 기술한 후, 인지과학이 앞으로 다루어야 할 과제를 논하고 결론을 맺겠다.[111]

1. 인지과학의 특성 재요약

인지과학은 뇌와 마음과 컴퓨터가 본질적으로 동일한 추상적 원리를 구현하는 정보처리체계들이라는 생각에서 출발하였다. 인지과학은 인간의 마음과 뇌와 인공물인 컴퓨터, 그리고 동물에게서 각종 정보처리가 어떻게 일어나며, 그러한 정보처리를 통해서 지능(인간의 자연지능이건, 컴퓨터의 인공지능이건, 동물의 지능이건)이 어떻게 가능하게 되고 구현되며 응용될 수 있는가를 탐구하려는 종합과학이다.

---

111 이 책의 앞 장들의 내용을 충분히 읽지 못한 독자들을 위하여 이 15장의 내용 중에는 앞 장들의 내용을 중복하여 재진술 또는 요약하는 부분들이 있음을 참작하기 바란다.

인지과학은 ①두뇌, ②마음, ③인공물의 정수인 컴퓨터, 그리고 ④기타 인공물(언어, 경제, 행정체제 등의 소프트 인공물과 로봇, 핸드폰 등 각종 하드 인공물 포함) 사이의 정보적, 인지적(지식 형성 및 사용적) 관계를 다루는 다학문적, 학제적 과학이라고 정의할 수 있다.

인지과학에는 여러 학문들이 관련된다. 먼저 인지 과정, 지적 과정이 심리적 과정이기에 심리학이 핵심 학문이 되고, 마음을 정보처리적 관점에서 컴퓨터에 유추하며 인지의 과정과 내용을 형식화하려고 시도하기에 컴퓨터과학(인공지능학)의 중추적 역할이 요구되며, 심리 현상이 두뇌 및 기타 신경계의 생물적, 생리적 구조와 기능에 기초하고 있기에 신경과학이 필수적이다. 이외에도 언어학, 철학, 인류학, 수학, 물리학, 로보틱스, 커뮤니케이션학, 사회학, 교육학, 경제학, 행정학, 미학, 디자인학 등이 인지과학의 기초 주제, 방법, 응용을 다루는 학문으로서 직간접적으로 인지과학에 관련되어 있음은 1장과 4장에서 기술하였다. 이러한 분야들을 통하여 인지과학은 전통적 실험실 실험법, 인지신경영상기법(fMRI, PET, ERP, 근적외선기법 등), 컴퓨터 시뮬레이션, 현장 관찰법 등의 여러 방법을 사용하여 연구한다. 인지과학 실험(예: 분할뇌 실험, 대상인식 실험)에서 흔히 사용되는 독립변수에는 물리적 자극(예: 감각자극, 언어자극 등)의 특성과 같은 자극변수 및 개인의 정보처리 양식, 지식 특성, 뇌 손상 부위 등과 같은 유기체 변수가 사용된다. 이러한 독립변수를 조작하여 그에 따른 정보처리 반응의 질적, 양적 특성이 측정되고 수리적 모델들이 제시된다.

인지과학의 영역은 4장과 14장에서 언급하였듯이 광범위하다. 4장에서 설명한 것처럼 기초 영역에서는 인간과 동물의 지각, 주의, 기억 구조와 과정, 지식 표상 구조, 언어 이해와 산출, 문제해결적 사고, 추리, 판단 및 결정, 인간 전문가, 사회적 인지, 인지발달(예: 노년의 인지기능 변화의 정보처리적 특성), 인지와 감정과의 관계, 인지와 문화, 인지의 각종 신경생물적 기초, 신경망 모형, 언어 의미론, 심리철학적 문제, 컴퓨터 시각, 컴퓨터 언어 정보처리, 기계적 학습, 기계적 문제해결, 추론 기계, 전문가 체계 등의 주제가 탐구된다.

인지과학 응용 분야의 연구 주제들 중에서 14장에서 언급한 바와 같이 최근에 부각되는 주제 영역 일부를 열거하면 다음과 같다. 로보틱스와 인지과학이 연결된 분야에서 동물처럼 몸을 유연하게 움직이는 로봇 구현 수준을 넘어서 인간의 아기처럼 환경과 상호작용하며 새 지식과 적응 기술을 스스로 습득하고 인간 및 다른 로봇과 의사소통하며 팀으로 일하는 자율적 인지로봇 또는 발달로봇의 영역; 한 시대 뒤진 개념인 '인공지능'을 넘어선 인지컴퓨팅 및 인지 시스템 영역(인지심리원리를 활용한 기계적 대상인식 시각 시스템, 말소리와 글자 인식 시스템, 의료 진단 등 각종 전문가 시스템, 워드 프로세서 프로그램, 기타 각종 생활 장면 및 교육 장면에서의 지능 프로그램 개발 영역); 시맨틱웹(D/B)의 효율적 구조 형성 및 검색의 인지 원리 규명 및 활용 영역; 컴퓨터(로봇)-뇌-인지 인터페이스 영역; 뇌 인지기능 원리를 활용한 정상인의 각종 인간 정보처리 능력 증진 영역; 뇌 손상 환자의 인지신경적 진단과 인지적 재활훈련 영역 등이 부각되고 있다.

2. 인지과학의 발전 역사

인지과학은 1950년대에 형성된 이래 50여 년간 계속 변화해왔다(Boden, 2006). 인지과학은 처음에 튜링기계를 중심으로 한 계산주의가 제기되어 정보처리 패러다임을 제시하였다. 이 패러다임에서는 계산과 표상 및 컴퓨터 은유를 강조하였다. 다음에 1980년대로 들어가 컴퓨터 은유에서 뇌 은유로 접근이 수정되면서 연결주의가 제시되었고, 신경망 모델이 나왔다. 그리고 1980년대 후반에서 1990년대로 넘어가면서 인지과학이 뇌 연구를 중심으로 신경과학에 의존하는 경향이 점점 커져가고, 인지신경과학이 형성되어 발전하였다. 1990년대를 넘어서 21세기로 들어오면서 인지과학의 응용이 여러 인접 분야로 확산되었고, 인간의 인지가 생물학적, 사회문화적으로 결정되는 측면이 고려되고 인정되면서 마음, 인지 개념의 본질적 재구성이 논의되고 있다.

인지과학의 발전 역사를 인간의 발달 단계에 비유하여 생각한다면, 1950년대에 인지과학이 출발한 이래 인지과학의 변화 역사를 다음과 같이 단계별로 묶어볼 수도 있을 것이다.

인지과학의 초년기 1: 컴퓨터 유추와 인지과학의 급성장

인지과학의 초년기 2: 인지과학의 제도화

인지과학의 청년기 1: 연결주의의 출현과 확산

: 추상화된 이론적 뇌 작동 특성에 유추한 마음 모형제시

인지과학의 청년기 2: 신경과학의 떠오름, 인지신경과학의 형성

인지과학의 청년기 3: 마음 형성과 변화에서의 문화사회적 요인의 중요성 인정

: 동역학체계적 접근, 인지과학의 응용 확장

: 진화적 접근 및 주제의 확장 시도

: 의식, 정서, 환경 속의 마음 주제 탐구

인지과학의 성년기 1: 21세기 초엽 현재

: 인지신경과학적 기초 핵심의 확립 및 주제의 확장

: 응용인지과학 영역의 확장 및 다변화

: 인지과학과 로보틱스 연구의 접근

: '마음' 개념의 재개념화('체화적 인지' 접근) 시도

이러한 단계별 구분을 다시 다음과 같이 개략적으로 설명할 수 있을 것이다.

인지과학의 탄생 인지과학의 근세사적 연원을 마음과 기계의 개념을 중심으로 생각하여 파스칼, 라이프니츠, 배비지에까지 거슬러 올라갈 수도 있지만, 일반적으로 인지과학의 배경으로 인정하고 있는 것은 20세기 전반의 1930년대에서 1950년대 사이에 일어났던 여러 학문적 움직임들의 소용돌이라고 할 수 있다. 이 당시에 제기되었던 개념적, 이론적 틀과 경험적 연구들에는 튜링의 '튜링 자동기계' 이론, 노이만의 컴퓨터 얼개 이론, 섀넌의 정보 이론, 매컬러크와 피츠의 신경망 계산 모델, 비이너 등의 사이버네틱스 이론, 사이먼 등의 범용목적 기호(상징) 조작체계 이론, 촘스키의 변형문법 언어 이론, 인지심리학적 연구의 실험 결과들의 집적, 두뇌 손상자들에 대한 신경학적 연구결과와 단일세포 활동 기록 연구의 집적, 새로운 과학철학과 심리철학의 떠오름 등이 있었다(Lachman, Lachman & Butterfield, 1979). 이러한 개념적 틀과 연구결과들이 하나의 통일적 틀을 형성하지 못한 채 산발적 움직임으로 있다가 1956년 MIT에서 개최된 정보 이론 심포지엄을 기폭제로 하여 하나의 새로운 과학적 패러다임으로 형성되었다(Gardner, 1985; McCorduck, 1979; Bechtel, Abrahamsen, & Graham, 1998; Boden, 2006).

이 모임은 단순히 여러 학문적 개념, 이론들의 수합 마당 이상이었다고 한다. 이 모임을 통해, 인간의 마음과 관련된 여러 학문들의 기본 주제가 '정보처리체로서의 마음 (mind as an information processing system)'이라는 공통적 생각이 모아졌던 것이다. 또한 양적 개념으로서의 정보, 정보의 표상, 정보처리체의 기억구조와 처리 용량, 처리 규칙, 컴퓨터와 뇌세포에서의 정보처리 특성 등의 개념들이 이러한 접근 틀에서 주개념이며, 각 학문들이 상호 보완적으로 이러한 개념들의 이해 및 정보처리 과정들의 이해와 설명에 공헌할 수 있음이 인식되었다(Bechtel 외, 1998).

인지과학의 초년기 1: 컴퓨터 유추와 인지과학의 급성장 이러한 개념적 접근 변화가 필요함을 절감한 데서 출발한 인지과학은 기존의 물리학이나 화학의 형성 초기와 같이 개별 학문 내의 개인적 연구에 주로 의존하는 전철을 밟지는 않았다. 매코덕(P. McCorduck, 1979)이 표현했듯이, 기존의 대학체제를 넘어서는 '보이지 않는 대학'이라 할 수 있는 과학자들 공동사회의 수많은 학술적, 비공식적, 때로는 공식적 모임들과 개인적 상호작용이 전통적 대학이나 학과라는 울타리를 넘어서 서로 다른 분야의 사람들, 그룹들과 이론적 생각들을 교환하고 자극 받고 다시 정립하는 과정에서 이루어졌다. 인지과학이란 이러한 학제적 아이디어의 교환 없이는 탄생하지 못했을 것이다.

1956년 이후 1980년대 중반까지는 이러한 학제적 상호작용이 컴퓨터 은유를 중심으로 전개된 시기였다. 심리학, 인공지능 연구, 언어학, 철학, 그리고 부분적으로 신경과학에서, 인간의 마음을 컴퓨터에 유추한 정보처리체계로 개념화하여 각종 모델들이 제기되었고 검증, 정립되었다. 1967년 나이서에 의해 정식 명칭을 얻어 탄생한 '인지심리학'은 기억, 주의, 지각 중심으로 컴퓨터 모델을 도입하여 인지 과정과 표상구조를 발전시켰고, 언어학은 촘스키를 축으로 하여 통사론에 기초한 형식 모델 중심의 이론을 아주 빠른 속도로 계속 수정하며 발전시켰고, 1970년대 이후 통사론 중심이 아닌 의미론, 화용론을 중심으로 한 대안적 이론들이 발전되었다.

인공지능 연구는 초기의 뉴웰과 사이먼 전통에서는 범용적 알고리즘이나 휴리스틱스로서 모든 문제를 해결하는 접근을 시도하였으나, 점차 영역 특수적 지식이 도입된 접근, 하위 프로그램(subprogram)이 강조된 접근들이 시도되고 지식표상, 의미, 맥락, 프레임(frame) 등의 문제가 제기되면서 상위 수준 지식표상구조, 대단위 지식표상구조가 강조된 연구들이 진행되었다.

철학에서는 퍼트넘의 기능주의가 인지과학의 개념적 틀을 제공하였고, 이를 바탕으로 하여 포더가 제시한 계산주의, 표상주의 이론의 통사적 '사고언어' 이론 틀이 타 인지과학 분야의 기본 틀이 되었다. 이러한 이론 틀은 철학자가 아닌 뉴웰과 사이먼의 물리적 기호(상징)체계(Physical Symbol System) 이론이나, 마의 계산 이론적 설명 이론 등에 의해 보강되었다. 1970년대 후반에서 1980년대에 들어가면서 이러한 계산주의가 드레퓌스, 썰 등에 의해 비판되었고 비상징적, 비통사적, 맥락 의미적 측면의 중요성을 강조한 철학적 입장이 대두되었다. 이 시기의 신경과학은 뇌의 미세한(예: 분자 생물적) 과정 중심 연구 강조의 전통으로 인하여 새로 떠오르기 시작한 인지과학의 주류와는 다소 거리가 있는 상태에서 진행되었다고 할 수 있다.

인지과학의 초년기 2: 인지과학의 제도화 이러한 각 분야에서의 발전상은 이 글에서 위와 같이 학문적 경계를 두어 분류하여 기술하였기에 독립적인 활동으로 간주되기 쉬우나, 실상은 학문 간 경계 없이 활발한 학제적 상호작용의 결과에 의해 상승적으로 발전된 경우가 대부분이라 할 수 있다. 이러한 상호작용은 자연히 구체적 상호작용의 마당의 필요성을 부각시켰다. 그러나 전통적인 다른 개별 학문처럼 새로운 학과를 만든다는 것은 제도적으로나, 학문 발전 가능성으로나 현실성이 크지 않았다. 따라서 두세 개의 대학을 제외하고는 독립적인 인지과학 학과를 창설하는 대신, 자연적으로(의도적이라기보다는) 인지과학 연구센터를 중심으로 인지과학의 연구와 교육 그리고 학술적 모임의 마당이 이루어지기 시작하였다. 이러한 태동이 인지과학과 관련된 학문체계와 대학 연구 및 교육 제도상의 커다란 변화로 이어질 수 있었던 것은 미국의 경우 슬로언 (Sloan) 재단 등의 선견지명이 있는 지원 덕분이었다. 일찍이 1950년대의 정보 이론 및 인지과학 관련 심포지엄들을 지원했던 슬로언 재단은 1979년만 해도 MIT 등 6개 대학에 인지과학 연구센터를 설립하는 데 40억 원 정도를 지원하였으며, 1981년에는 다시 인지과학 관련 연구센터, 학과, 프로그램을 설치하는 데에만 150억 원을 지원하였다. 미래의 정보화 사회, 지식 사회, 인간 중심 사회의 기반 학문은 다름 아닌 인지과학과 그 응용적 적용임을 슬로언 재단이 일찍감치 예견한 덕분이었다. 이후의 미국에서의 인지과학 지원은 주로 미 국립과학재단(NSF)이 맡게 되었다.

이러한 배경에서 미국의 상위권 대학에는 거의 모두 인지과학 연구센터, 인지과학 대학원 또는 학부 과정, 학과가 설치되었고, 많은 우수한 학생들과 연구자들이 몰려들었다. 학교 장면에서의 인지과학의 제도화와는 별도로, 학회 측면에서의 제도화 시도도 이루어졌다. 학문 분야 간의 의사소통 및 인용의 기회를 넓히기 위해 미국에서는

1977년에 『Cognitive Science』 잡지가 개간되었고, 이어서 다른 관련 잡지들이 출간되었으며, 1979년의 인지과학학술대회를 기점으로 미국 '인지과학회(The Cognitive Science Society)'가 설립되었다. 유럽에서도 이러한 미국의 활발한 인지과학적 움직임의 영향을 받아 1980년대 전반에 많은 대학과 연구소들에서 인지과학 관련 연구들이 이루어졌다. 전 유럽적 인지과학 프로그램이었던 FAST 프로젝트가 이를 잘 반영한다(Imbert, Bertelson, Kempson, Osherson, Schelle, Streitz, Thomassen & Viviani, 1987).

인지과학의 청년기 1: 뇌 속의 마음 이러한 인지과학의 학문적, 제도적 발전에도 불구하고 인지과학의 전통적(컴퓨터 은유) 접근의 기본 틀에 대한 회의가 점차 증가하기 시작하였다. 통사적 계산 중심의 컴퓨터 은유가 지니는 한계성으로 인하여 인지 현상의 개념화와 연구 주제의 선택 등이 너무 편협하게 되었다는 인식, 즉 기존 접근의 한계성에 대한 인식이 인공지능, 심리학, 철학 등을 중심으로 번지기 시작하였다. 이러한 '불만의 시기'는 곧 돌파구를 찾는 시도들로 이어졌다. 지난 20여 년을 이끌어 온 인지과학의 전통적 관점이 지니는 문제점을 제기하고 이를 극복하려는 수정적 움직임 또는 새로운 대안적 접근들이 1980년대 중반부터 대두하여 인지과학을 그 기초부터 재구성하며 변모시키기 시작하였다. 이들 새로운 움직임들을 몇 개의 범주로 묶어 제시하자면 다음과 같다.

①**연결주의**: 연결주의 또는 신경망적 접근으로 불리는 이 접근은 전통적 컴퓨터 은유적(Computer Metaphor) 인지과학의 입장에 대립되는 뇌 은유적(Brain Metaphor) 입장을 제시하였다. 마음이라는 정보처리적 시스템은 표상과 처리구조가 구분되지 않으며, 상징(기호)체계라고 하기보다는 상징 이하의(subsymbolic) 체계이고, 정보의 병렬적 처리와 분산적 중복 저장이 그 특성이며, 튜링 식의 처리규칙이 별도로 내장되어 있지 않는 시스템이라고 보았다. 마음에서의 정보처리의 본질이 신경 단위들의 망(network) 형태의 연결 속에서의 상호 연결 강도의 조정이라는 입장이다. 이러한 연결주의는 전통적 '상징조작체계로서의 마음' 관점을 대치할 수 있는 접근으로 간주되기도 하였고, 전통적 상징체계 입장이 설명하거나 기술하지 못하는 현상에 대한 보다 경제적인 설명을 제시할 수 있는 여러 가지 가능성을 제시하였다. 연결주의는 한동안 인공지능, 인지심리학, 신경과학 등에서 활발한 이론적 모델 형성 작업을 촉발시켰다. 또한 이러한 연결주의 자체가 지니는 제한성, 즉 기술과 설명 범위의 제한성도 드러났

다(이정모, 2001, 9장).

②신경과학의 떠오름과 인지신경과학의 형성: 컴퓨터 유추의 전통적 인지과학은 그 기반 철학이었던 기능주의의 입장에 따라(자세한 내용은 6장 3절 참조), 인지의 신경 생물적 기반인 뇌의 중요성을 무시하였는데, 이러한 경향이 1980년대에 이르러 변화하기 시작하였다. 철학의 기능주의에 대한 반론과 도전이 시작되고, 인지 현상을 설명함에 있어서 뇌 연구의 중요성과 두 분야의 생산적 연결 가능성이 드러나기 시작하였다. 이러한 자각과 구체적 연구의 결과로, 인지과학과 신경과학이 연결된 '인지신경과학(Cognitive Neuroscience)'이 1980년대 초반에 형성되었다(Posner & DiGirolamo, 2000). 상위 추상 수준의 마음만을 컴퓨터 유추를 통하여 탐구하던 전통적 인지과학 접근을 뇌라는 생물적 구조 중심의 환원적 접근에 의해, '아래로 끌어내림(downward-pull)' (Bechtel 외, 1998; 이정모, 2001, 14장)을 통해 보다 좋은 설명을 탐색하려는 시도였다.

이러한 변화의 배경으로는, 신경과학이 전통적인 분자 수준적 미시적 접근에서 탈피하여 뇌의 시스템 수준적 접근의 시도를 성공시켰다는 것과 심리학으로부터의 행동관찰 기법의 도입, 인지심리학의 이론적 개념과 모델의 신경과학에의 도입 성공, 그리고 무엇보다도 뇌영상화 기법의 급격한 발전 및 이와 인지과학적 이론의 연결 시도의 성공 등이 있을 수 있다. 사상관련전위(ERP) 기법, PET, fMRI 등 최근의 인지신경감지 방법의 발전은 신경과학이 단순히 뇌의 해부학적, 생물적 구조의 탐색이 아니라 뇌의 기능적 구조를 탐색하게 하였고, 뇌의 상이한 영역이 인지기능 수행에 어떤 다른 정보를 제공하고 어떤 다른 정보처리를 하는가를 드러내게 하였다(이정모, 1999).

③진화적 접근의 시도: 인지과학에서 신경과학적 접근의 재활성화와 연관되어 인지과학의 변화를 인도하고 있는 다른 한 접근은 진화적 접근이다(Calvin, 1990; Dennett, 1996). 진화인지적 접근은 현존하는 인간 마음 과정 자체의 이해를 직접적으로 시도한다고 하기보다는, 동물 종들의 인지 과정들이 진화 역사에서 어떻게 발달하였는가를 이해함으로써 인간의 인지에 대한 이해를 간접적으로 얻고자 하는 하나의 설명적 시도라고 할 수 있다. 마치 이론 물리학에서 우주의 탄생과 발전의 역사를 탐구하여 물리적 세계의 본질을 이해하려 하듯이, 마음의 진화 과정을 탐구하여 인간 마음의 본질을 이해하려는 시도이다. 이는 다윈의 자연선택 이론에 근거하며, 행동생물학 종간 비교 연구(비교인지 연구) 및 뇌 모델링과 진화 연구, 유전자 알고리즘의 창안, 진

화 과정의 컴퓨터 시뮬레이션 연구 등이 종합된 접근이다.

신경과학적 접근과 진화적 접근의 부각은 인지과학에 새로운 변화를 일으키고 있다. 그것은 인지과학의 유, 초년기에 연구 주제에서 배제해왔던 '의식' 및 '정서' 개념의 부활이다. 드레퓌스, 썰 등의 철학자에 의하여 인지과학이 마음을 충분히 설명하기 위해서는 컴퓨터 은유적 접근을 넘어서 다루어야 하는 주제로 지적되어왔지만, 유·초년기의 인지과학이 무시하였던 주제인 '의식(consciousness)'이 주의 과정 등의 인지과정에 대한 신경과학적 연구의 진전과 연결되어 마음, 의식에 대한 진화적 설명 시도의 제기와 더불어 이제 청년기 후반의 인지과학에서 활발히 연구, 논의되고 있다. 인지과학의 설명의 지평이 넓어진 것이다. 물론 의식에 대해 현재 진행되고 있는 이러한 재접근에서 모든 학자들의 입장이 같은 것은 아니다.

정서의 문제도 마찬가지이다. 기능주의 철학에 바탕을 둔 컴퓨터 은유 패러다임의 인지과학에서는 정서의 문제를 거의 다루지 않거나, 아니면 기억의 의미망 내의 한 부분 과정으로 개념화하였다. 이러한 접근에 대한 비판이 심리학이나 철학의 일각에서 있었으나, 정서의 인지과학적 연구를 살리지는 못하였다. 그러나 인지신경과학 연구들이 집적되면서 관점이 달라지기 시작하였다. 대뇌피질과 피질하 구조에서의 정서 기능을 탐구한 신경과학적 연구결과들은 인지과학으로 하여금 정서를 인지과학 연구의 울안으로 적극적으로 끌어들여 새로운 이론적 모형들의 발전을 가져오고 있다. 그러나 이러한 접근도 상당수는 신경과학적, 생물적 기초의 편향 위에서 진행되어왔다. 따라서 다음 절에서 제기하는 측면의 사회-문화 환경적, 의미적 측면에서의 정서 연구는 충분히 고려되고 있지 못하다.

인지과학의 청년기 2: 환경 속의 마음 1980년대 중반 이래 인지과학을 변화시키고 있는 접근, 인간 마음의 이해에서 환경과의 상호작용의 중요성을 인정하는 접근이 있다. 이 접근은 마음을 연구하는 데 있어서 신경적, 생물적 단위 수준에서 모든 것을 설명하려는 하위 설명 수준적 접근인 연결주의나 인지신경과학적 접근, 그리고 상위 추상 수준에서 명제 중심으로 논리적 체계에 의해 마음을 설명하려는 전통적 컴퓨터 유추적 접근이 지니는 제한점을 벗어나려 한다. 즉 인간 마음의 본질은 환경과 독립적으로 작동하는 뇌 안에서 일어나는 과정이거나 뇌에 저장된 내용이 아니라, 물리적 환경이나 사회적 환경에 확장, 분산되어 있으며, 환경과의 상호작용 실시간에 존재하게 되는 과정이라는 것이다.

마음의 본질에 대한 이러한 개념적 재구성에 따라 연구의 분석 단위가 달라진다. 마음이 단순히 뇌 내 과정에 그치는 것이 아니라 환경에 확장, 분산된 과정이라면, 인지 연구의 기본 분석 단위는 '뇌-몸-환경 상호작용'이 되어야 한다. 마음과 물리적-사회-문화적 환경과의 상호작용을 포함하는 단위로서의 이해를 탐구해야 하는 것이다. 즉 환경이 인간 인지의 특성, 한계를 규정, 제약하고 또한 인간의 인지구조가 환경을 규정하고 변화시키는 상호작용의 관계 속에서의 인지를 연구하고자 하는 것이다. 이는 마음의 설명에 대해 '밖으로의 끌어냄(outwards-pull)'에 의해서 그 설명 접근을 수정하려는 시도이다. 이러한 '밖으로의 끌어냄'은 하위 추상 수준에서는 동역학체계적 접근과의 연결을 의미하고, 상위 추상 수준에서는 인류학, 문화-사회학, 나아가서는 화용론적 텍스트 언어학과의 연결의 필요성을 시사하는 것이다.

'제3의 인지 혁명'이라고도 불리는 이러한 움직임은(이정모, 2007) "인지과학 내에서 재현된 하이데거적 존재론과 인식론 논의, 언어학의 썰 등의 언어 화행(話行)론적 논의, 바와이즈 등의 상황 의미론적 논의, 레이코프 등의 체험적 심상도식(embodied image schema) 논의, 심리학에서의 기브슨, 나이서 등의 생태심리학적 논의, 그리고 심리학, 교육학 등에서의 비고츠키 관점의 부활과 이를 반영한 '상황 지어진 마음(situated mind)'의 논의 및 HCI 연구 등에서의 이의 도입과 구현화 시도, 레스닉(L. Resnick) 등의 인지사회심리학적 논의, 문화심리학적 논의, 인공지능에서의 분산 표상적 연구들, 인지인류학에서의 인지 양식에 관한 논의 등에서 나타나고 있다. 레이코프 등의 '체험적 실재론(experiential realism)', 바렐라(F. Varela) 등의 '신체에 구현된 마음(embodied mind)', 그 외에 '존재적 인지(existential cognition)', '분산적 인지 (distributed cognition)', 레이브(J. Lave) 등의 '상황 지어진 인지(situated cognition)', 아레(R. Harré) 등의 '담화적 마음(discursive mind)' 등으로 불리는 이러한 '안에서부터 밖으로의 끌어냄(from inner to outwards-pull)'의 흐름과 기존의 전통적인 물리적 상징주의의 정보처리적, 연결주의적 접근 및 인지신경학적 접근과의 통합적 재구성의 시도가 앞으로 인지과학에서 진지하게 모색되어야 할 것이다"(이정모, 2001, 14장).

동역학체계적 접근: 환경으로의 확장과 관련되어 또 다른 움직임을 생각할 수 있다. 그것은 동역학적 접근(dynamic systems approach)을 인지과학에 도입하는 것이다(van Gelder, 1997). 기존의 인지심리학 이론들이 인지 상태와 시간의 관계를 소홀히

대하거나 시간을 거시적인 제약조건 정도로 보고 이론을 세워온 것에 반해, 동역학체계적 접근은 인지 상태가 '실시간'에 따라 어떻게 변하는가를 연구하는 것이 인지과학의 본령이라고 보는 것이다. 종래의 전통적인 계산주의적 관점보다는 동역학적 수리적 모형을 사용하여 인지 현상들을 설명하려는 입장이다. 이 입장에서는 기존의 인지 이론들이 종국적으로 이러한 비선형적, 동역학적 수리적 모형들로 대체될 것이라고 본다.

응용인지과학 연구 1980년대 이후 인지과학 연구의 중요한 경향 하나는 응용적 인지과학의 연구이다. 본래 인지과학의 탄생 배경 자체가 제2차 세계대전을 전후로 현실 장면에서의 인간의 정보처리적 적응에 관한 연구 아이디어에서 출발하였고, 인지과학 초창기의 체스나 게임 프로그램 등과 1970년대 이후의 전문가 시스템 연구 등은 인지과학 연구의 발전에 큰 영향을 주었다. 따라서 인지과학 연구에서 순수 이론 연구와 응용 연구를 구분하고 차별한다는 것은 어려운 일이다. 그만큼 응용인지 연구는 인지과학 연구의 기초 이론과의 발전과 검증에 중요한 부분이 되고 있는 것이다.

그간의 각종 전문가 시스템 연구나 HCI(Human Computer Interaction) 연구, 인간공학적 연구, 교육공학 연구를 포함한 인지공학적 연구들은 지능적 시스템의 개발은 물론, 각종 생활 장면에서 효율적으로 학습, 인식, 기억, 판단, 추리, 결정하는 인간 인지체계의 이론적 모형과 각종 문화적, 문명의 이기(利器)인 인공물들의 효율적 활용에 대한 실용적 모형을 제공해주고 있다. 이와 관련하여 인간의 감성적 측면을 고려한 인공물과 정보환경의 디자인 및 활용의 인지과학적 개념화가 중요한 문제로 부각된다(이구형, 1999).

응용적 인지과학의 연구가 보다 더 발전되면, 미래에는 정보 공간, 사이버 공간에서의 인지적, 정보적 공간과 거리(타인의 정서적, 인지적 안정감을 해치지 않는) 개념의 재구성과 조정이라든가, 적시에 적절한 정보를 다량으로 빨리 훑어보고 즉각 선택, 추출하는 인지적 기술과 이에 부합되는 최적 환경을 디자인하는 기술, 개개인 또는 집단이 각종 정보 환경에서 효율적으로 사고하고 문제해결하는 인지적 기술 등의 인지생태공학적 응용 기술이 발전되리라 본다.

청년기 현재의 종합 위에 열거한 새로운 접근들은 전통적인 정보처리적 패러다임의 인지주의와는 다른 관점에서 인지과학의 기초를 재구성해야 할 필요성들을 제시하고 있다. 그렇다고 해도 이러한 새 접근들은 서로 경계가 확연하지도 않고 중첩된 부분이 많으며, 어느 하나가 옳다든지, 어느 하나가 모두를 다 설명할 수 있다든지, 서로 모순된다든지 하는 것은 아닌 것 같다. 마음과 인지에 관하여 서로 다른 점을 강조하고, 다른 방법을 사용하고, 다른 설명 수준에서 접근하는 것일 뿐이다. 이러한 여러 접근들이 제시되고 있지만, 인간의 인지는 어느 하나의 접근에 의해 모두 설명될 수는 없다고 본다. 현재 제시된 여러 접근 중에서 어느 한 접근이 다른 모든 접근들을 대치할 수 있다기보다는, 서로 다른 설명 수준에서 더 좋은 설명을 해줄 수 있는 것 같다. 여러 설명적 접근들이 서로를 보완하고 또한 새로운 접근에 자극받아 기존의 접근들이 문제점이 더 적은 방향으로 재구성되는 과정을 거치는 것이 과학적 이론 틀의 발전 과정이며, 그러한 과정을 인지과학이 현재 거쳐 나가고 있다고 하겠다.

요약하자면, 인지과학이 정보처리 패러다임으로 출발한 이래 컴퓨터 유추에 바탕을 둔 인지과학이 급성장한 것은 1950년대 말에서 1970년대 초까지의 인지과학 초년기 1기이며, 인지과학의 초년기 2기는 1970년대 후반에서 1980년대 초에 이루어진 인지과학의 정착과 제도화가 큰 특징이라고 할 수 있겠다. 인지과학의 청년기 1기는 1980년대 중반에 등장한 연결주의에 의한 인지과학의 정립과 확장이었고, 인지과학의 청년기 2기는 1980년대 후반에서 1990년대 초까지의 신경과학의 대두와 인지신경과학 분야의 정식 출범이 그 시대를 대표한다고 할 수 있다. 1980년대 후반에 시작하여 1990년대를 넘어가는 인지과학의 청년기 3기에는 1990년대 중반에 의식, 정서가 문화사회적 환경 요인에 의하여 결정되는 측면의 중요성을 인정하는 관점이 확산되고, 특히 체화된 인지 접근에 의하여 인지과학의 설명 폭을 넓히고 주제를 확장하려는 시도들이 있었다. 같은 시기에 동역학체계적 접근이 제시되고 인지과학의 영역이 의식, 정서 등의 주제에까지 확장되기 시작하였다.

3. 인지과학의 의의: 과거 및 현재의 역할

1950년대 후반에 사이버네틱스, 커뮤니케이션학, 정보 이론, 심리학, 철학, 언어학,

그리고 아직 태어나지 않았던 인공지능 관련 분야에서 학제적 성향을 지닌 학자들을 중심으로 하여 미국에서 과학계에 하나의 과학혁명이 일어났다. 과학철학자들이나 과학자들에 의하여 인지혁명(cognitive revolution)이라고 불리는 패러다임의 전환이 일어나 종래의 인간관, 물질관, 기계관, 학문관, 과학기술관을 대폭 수정하게 하는 새로운 관점인 인지 패러다임이 형성된 것이다. 이러한 인지과학의 출현과 발전이 그동안 인류 문화사에서 차지한 의의와 역할을 분석해본다면 다음과 같은 영향을 열거해볼 수 있을 것이다.

먼저 인지과학의 과학사적, 과학철학적 의의를 살펴보면, 이는 1장 7절에서 과학사적 의의, 순수 이론적 측면의 의의, 학제적 측면의 의의, 응용과학적 측면의 의의, 임상교정적 의의, 기타 일반 사회문화적 의의 등을 언급한 바 있다. 이 중에서도 학문의 전개 면에서 본다면 과학사적 의의와 순수 이론적 의의가 중요하다고 생각된다.

인지과학은 마음의 과학, 인간의 마음, 뇌, 동물의 행동, 기계의 지능, 정보과학, 디지털 모형의 개념적 기초 등을 엮는 정보처리 패러다임을 등장시켜서 전통적으로 과학의 특징을 규정짓던 물리학 중심의 미시적(botom-up) 과학관에 거시적(top-down) 관점을 도입하여 양방향 결정론적 과학관, 세계관이 형성되게 하였다. 인지주의의 등장으로 과학적 혁명이 일어났다는 과학사적 중요성이 거론될 수 있는 것이다.

또한 인지과학은 순수 이론적 측면에서 전통적으로 철학 등에서 다루어왔던 심신론, 인식론 주제를 새로운 관점에서 보거나, 문제를 재구성하게 하거나 정립하여 철학 자체의 발전을 가져왔고, 마음의 탐구가 자연과학적으로 접근해야 하며 할 수 있는 주제임을 드러내주었다. 이러한 과학사적 의의 이외에 인지과학이 해낸 역할들을 개괄하며 다음과 같이 나누어볼 수 있을 것이다.

1) 주판과 같은 산술적 계산기에 지나지 않던 컴퓨터를 정보처리하는 컴퓨터로 개념화하고, 인간의 지능을 정보처리 시스템으로 이론화한 공헌(이 책 3장, 4장 내용)

20세기 후반에 '정보'라는 개념 자체를 인류에게 제시하고, '정보 사회'라는 개념을 가능하게 하며, 인간의 마음, 뇌, 컴퓨터를 연결하는 개념적 틀 중심으로 세상을 보게 한 과학적 혁명이 바로 '인지 혁명'이다. 단순한 숫자 처리 계산기에 지나지 않았던 계산기를 정보처리와 지능을 지닌 컴퓨터로 대변혁을 할 수 있게 한 이론적, 개념적 틀을 제공한 것이 인지과학이다. 현재 모두가 논하고 있는 IT의 개념, 예를 들어 정보처리라든가 지식표상 즉 데이터베이스, 세만틱웹 등의 개념을 제시한 것 또한 인지과학이다. IT의 하드웨어 측면을 제외하면 인지과학은 IT과학의 모태 학문이다. 미래 디지털 기술 사회의 개념적, 이론적 바탕을 인지과학이 만들어낸 것이다.

2) '인간 이성은 합리적이다', '인간은 감정이 개입되지 않는 한 이성적 존재이다' 라는 전통적인 이성주의적, 상식적, 사회과학적 관점을 경험적 증거에 의하여 무너뜨린 공헌(이 책 12장 내용)

'인간은 본능과 감정에만 의존하지 않는 이성적 존재이며 인간의 이성은 합리적이다' 라는 관점은 17세기 계몽시대 이후에 인류가 가지고 온 통념적, 상식적인 관점이고, 이러한 관점에 바탕하여 법, 경제, 행정 등의 사회제도가 형성되었으며, 이러한 관점은 사회과학의 기본 전제로 유지되어왔다.

그러나 인지과학의 등장 이후, 1960년대에 인지과학자 사이먼(1976년 노벨경제학상 수상)이 인간 이성의 합리성에 대하여 의문을 이론적으로 제기하였다. 즉 인간 이성은 논리적 합리성을 지니기보다는 인간의 주의와 기억 등 인지적 능력의 한계로 인하여 제한된 한계적 합리성(bounded rationality)의 특성을 보임을 주장하였다.

1970년대 후반과 1980년대에 인지심리학자 트버스키와 카네먼(2002년 노벨경제학상 수상) 등은 인간 이성이 판단과 결정, 선택의 상황에서 합리적으로 작용하는 것이 아니며 인간은 자신에게 돌아올 효용성을 극대화하는 냉철한 합리적 존재가 아님을 여러 실험 증거에 의해 증명하였다. 이러한 연구결과는 이성적 존재로서의 인간, 인간 이성의 합리성을 당연한 것으로 생각해온 사회과학의 기본 전제를 무너뜨리고 새로운 관점에서 인간과 인간의 행동을 이해해야 할 절실한 필요성을 제기하였다. 사회과학의 전통적 가정과 전제였던 '이성적 결정 및 행위의 존재로서의 인간' 틀은 경험적, 실험적 증거에 의하여 무너지게 된 것이다. 이 결과로 경제학에서는 행동경제학이 탄생하고 인지경제학이라는 분야가 창출되었다.

3) 신경망 이론(연결주의)을 출발, 발전시키고 뇌영상기법을 바탕으로 한 인지신경과
학을 출발, 발전시킴으로써 인류가 '마음-뇌-컴퓨터(MBC: Mind-Brain-
Computer)'의 연결 주제를 과학의 새 프런티어로 삼고, 이 셋을 연결하여 생각하
며, 탐구하게 한 공헌(이 책 7장, 8장 후반 내용)

인지과학은 전통적인 논리적 알고리즘 중심의 인공지능의 한계(일반적 지식을 사전
에 정의하여 입력하는 것을 추구하던 개념 주도적[top-down] 식의 접근)를 극복하는
대안으로, 1980년대 중반에 낱개 풀뿌리 단위인 신경세포 단위에서 자료 주도적
(bottom-up)으로 계산하여 상위 지식을 형성하고 문제를 해결하는 틀인 신경망 접근
(연결주의)을 발전시키고, 이후에 신경과학과 인지과학을 연결하여 인지신경과학을 출
발시킴으로써 요즈음 각광받고 있는 뇌 연구(단순히 해부학적, 생물적 구조의 탐구가
아니라 인간의 인지적, 행동적 기능과 연결시켜 이해하는 뇌의 신경적 구조와 과정들
에 대한 연구)를 과학적 연구의 총아로 만들었다

4) '마음의 작용은 신체나 물질로 환원할 수 없는 고차적 수준의 과정이다'라고 생각
한 데카르트적 심신이원론의 전통을 일차적으로 깨뜨리고, 이로 인하여 형성된 '마
음 = 뇌(의 신경적 과정)'라는 환원주의적 생각을 다시 수정하여 마음 개념이 확장
될 수도 있는 가능성을 제안한 공헌(이 책 6장 내용)

인지과학의 등장과 인지과학 내에서 전개된 연결주의(신경망적 접근)나 인지신경과
학, 심리철학 등의 발전은 과거에 전통적으로 서구 학계의 기본이 되었던 데카르트적
심신이원론에 대한 심각하고 적극적인 반론을 전개하여 마음을 신경 현상으로 환원하
는 일원론의 떠오름을 촉진시켰다. 이러한 관점이 인지과학 일반이나 자연과학 학계를
지배해왔다.

그러나 21세기에 들어서면서 이에 대한 대안적 관점이 떠오르고 있다. 마음(Mind)
의 모든 과정을 뇌의 신경 과정으로만 환원할 수는 없다는 '확장된 마음, 연장된 마음
(extended mind)' 관점이다(Clark & Chalmers, 1998; Clark, in press). 이 새 관점
에 의하면 마음이나 인지는 뇌의 신경 과정으로만 생각해서는 부족하고, 몸이나 몸이
내재해 있는 환경을 통하여 행위로 구현되는 과정적 전체(뇌-몸-행위-환경의 총체)

로서 이해되어야 한다는 것이다. 뇌, 몸, 환경자극 등의 세 요소가 하나의 불가분의 통합된 단위로 엮어지며 신체를 지닌 인간의 행위로서 구현되는 것으로 마음을 이해해야 한다는 입장이 전개되고 있다(이정모, 2007; 이정모, 2008ㄴ).

이러한 입장은 비록 '마음은 곧 뇌의 신경적 현상일 뿐이다'라는 환원주의 입장의 신경과학자와 인지과학자들에 의하여 강한 비판을 받고 있지만, 러시아의 사회심리학자 비고츠키나 오스트리아의 경제학자 하이에크 등이 이미 오래전에 언급한 관점의 재구성이며, 유럽의 현상학철학자들이 인간 존재의 본질에 대하여 이전에 이미 주장한 내용이 최근의 인지과학자들에 의해 재구성되어 제시되는 틀인 것이다.

이와 같은 환경과 통합된 실체로서의 마음 개념은 환경의 여러 맥락, 여러 대상들과 떼어놓을 수 없고 괴리되지 않는 역동적 마음을 지칭하는 것이고, 이는 환경을 구성하고 있는 대상인 인공물과 인간 마음을 하나의 연결선상에서 볼 수 있는 가능성을 열어 놓는다. 자연히 최근의 커즈와일(R. Kurzweil, 2005) 등이 제시한 '특이점' 개념, 즉 인간의 지능과 기계 지능의 경계선이 허물어지는 단계의 도래 개념이 인지과학의 첨단적 마음 이론 입장과 연결될 수 있는 여지를 제공한다. 이에 따라 '인간의 마음과 인간이 만들어낸 인공물이 함께 공진화' 한다는 개념 틀이 그 중요성을 지니게 되는데, 이는 4절에서 더 언급하기로 한다.

5) 학제적 학문의 전형, 그리고 인문-사회-자연과학-공학의 수렴의 전형을 보여준 공헌(이 책 1장, 4장, 13장, 14장 내용)

인지과학은 그 특성상 정보처리적(Information Processing) 패러다임을 적용하는 과정에서 여러 학문들이 수렴되어 이루어진 학제적 학문이다.

① 인지과학은 전통적 인문학의 중심인 철학의 핵심 문제인 '앎'의 문제, 심신의 문제 등을 초점으로 출발하였지만 그것을 인문학의 또 다른 영역인 언어학 등과 연결하고,

② 자연과학의 핵심인 수학에서의 중심 주제인 '계산(computation)' 및 튜링기계의 개념과 수학, 논리학의 형식인 기호논리, 형식주의(formalism)를 연결하고,

③ 이에 인공지능이라는 새로운 공학 분야를 1950년대에 창출하여 연결하고,

④ 사회과학의 기초 학문이었던 심리학이 행동을 버리고 인지를 중심으로 재탄생하

며 연결되게 하고,

⑤ 해부학과 동물생리학 중심이었던 생물학의 한 영역이 신경과학으로 재구성되어서 인지과학과 연결되어 인지신경과학(cognitive neuroscience)이라는 영역을 출발시킴으로써 인간과 동물의 뇌의 신경구조와 과정의 측면을 탐구하고, 이를 인간의 인지-행동이라는 사회적이며—인문적(의미 해석이기에 인문적)이며—생물적이며—기호로 형식화할 수 있는(논리학과 컴퓨터과학적) 측면과 연결지어 이해할 수 있는 가능성, 영역을 출발시키고,

⑥ 인공지능, 인간공학, 감성공학, 인지공학, 인간-컴퓨터-상호작용(HCI), 응용사회인지심리 등의 분야에서와 같이 컴퓨터를 비롯한 각종 인공물의 디자인, 지능 시스템의 구성, 효율적 활용(사용성[usability]의 문제 등), 그리고 각종 사회적 조직, 기관, 제도 등에서의 인간간의 상호작용 특성의 이해 및 개선 등에서 다른 어떤 학문에 뒤지지 않을 만큼 학문 간 그 융합적, 응용적 효용성을 보여주어왔다.

⑦ 응용과 순수 이론의 경계를 허문 경우들이 다른 학문 분야에서도 일어났지만, 인지과학을 구성하고 있는 '인공지능' 등 분야의 특성상, 인지과학은 다른 분야와 다른 독특한 면이 있다. 인지과학은 그 본질상 인간 및 동물뿐만 아니라 인공적 지능 체계에서 일어나는 인지적, 정보적 처리 구조와 과정을 문제 삼기에 자연히 인지과학에서는 응용과 순수 이론의 경계의 구분이 부적절해진다.

따라서 인지과학에서는 인지공학 등의 응용인지과학이나 응용인지기술(Cognitive Technologies) 분야가 차지하는 비중이 커지며, 이러한 응용 분야가 순수 이론 탐구(예: 정보처리적 심적 구조나 과정의 탐구)에 이론적으로 도움이 되고 시사하는 바가 커지게 된다. 또한 앞으로는 로보틱스 연구 분야가 인간 인지 과정 이론의 주 검증대(test-bed)의 역할을 하게 될 가능성이 크다. 최근의 인지 로보틱스, 뇌-컴퓨터 상호작용(인터페이스: BCI), 인지공학, 그리고 기타 응용인지과학 분야(예: cognitive ergonomics, cognitive systems 등)의 연구와 발전은 인지과학의 응용과 순수 이론이 얼마나 밀접히 연결되어 있는지를 보여준다.

이러한 모든 측면은 인지과학이 오늘날 국내외에서 논의되고 있는 학문 간, 분야 간 '수렴', '융합', '통섭'의 가장 대표적인 전형임을 보여주고 있다고 할 수 있다. 국내 교육계나 과학계가 문과 이과 간, 학문 간의 융합, 통섭을 찾고 이루려 한다면, 다른 곳에서 융합을 찾거나 새로 만들려는 연목구어 식의 시도를 하기 전에 먼저 인지과학을

탐구하고 육성해야 할 것이다.

이러한 몇 가지 중요한 영향, 공헌을 인지과학이 과거에 이루어왔고, 또 현재에 이루어내고 있다. 그러면 이러한 인지과학의 영향으로 미래의 인간 사회와 과학계가 어떻게 달리 전개될 것인가? 인지과학의 영향에 의해 달라지는 미래의 전개 특성을 일부 재정리해보면 다음과 같다.

4. 인지과학의 일반적 변화 추세

1) 인지과학의 접근의 변화

전통적 인지주의 패러다임인 고전적 계산주의(classical computationalism)가 다른 흐름의 대두에 의하여 수정 보완되고 있다. 연결주의(신경망)적 접근, 인지신경과학적 접근, 실용적 합리성의 접근, 상황 인지 접근, 동역학체계적 접근, 진화심리적 접근, 인지과학과 로보틱스의 연계 접근, 마음 개념의 재개념화 등의 수렴에 의하여 인지과학은 계속 변화되고 있다. 여기에서는 인지과학을 구성하는 학문 중심으로 인지과학의 현재 및 미래 변화 추세를 약술해보겠다.

먼저 인지신경과학 측면을 보면, 신경과학과 인지과학이 점차로 연결되어 인지신경과학이 형성되던 초기 단계에는 감각 지각과 같은 하위 과정 중심으로 연구가 진행되었는데, 앞으로는 고차 심리 과정, 고등 인지 과정 중심의 연구가 증가할 것이다. 그 다음에는 정서 · 동기 등의 정(情)적 과정에 대한 연구 추세가 더 강해질 것이며, 다음에는 의식이라는 주제가 그동안 자연과학이나 인지과학에서 무시되거나 잘 다루어지지 않았는데 앞으로는 의식에 대한 연구가 신경과학과 연결되어 증가되리라 본다. 다음에 통합처리 과정 연구가 증가될 것이라 보는데 감각 따로, 지각 따로, 언어 따로, 사고 따로가 아니라 감각, 기억, 언어, 정서, 사고 등이 통합적으로 처리되는 측면의 연구가 더 진행될 것이다. 또한 뇌영상 기법이 정교화되고 새로운 방법론들이 추가되면서 인지과학의 연구가 확장될 것이고, 다음에 인지신경과학적 연구와 IT나 로보틱스 등과의 연결이 더 확산, 증가될 것이다.

순수 인지심리학 또는 순수 인지과학 영역을 보면, 과거에 연구해오던 감각, 지각, 주의, 기억, 언어, 사고 등의 기존의 주제를 계속 연구하겠지만, 신경과학적 측면과 사회적 측면이 연결된 영역의 연구가 더 활발해지리라 보겠다.

인공지능, 로보틱스, 인공생명 영역을 보면, 감각운동 통합(binding; integration)을 하는 상위 인지 과정을 탐색하는 측면의 인공지능 및 로보틱스나 로보틱스 연구가 촉진되리라 보고, 로보틱스의 연구 세력이 확장되며, 로보틱스 연구가 생명과학에 의존하는 추세가 증가되고, 로보틱스의 발달로 인하여 인지과학의 이론 자체가 로보틱스를 통해서 검증되는 추세가 점증하리라 본다.

언어과학적 측면에서는 촘스키의 통사 이론 일변도에서 탈피하여 의미론, 화용론의 중요성에 대한 인정이 더 널리 확산될 것이며, 진화론이나 신경과학에 의존하거나, 사회인류학과 연결하는 그런 영향이 더욱 강하여 질 것이다. 언어과학에서는 방법론적으로 그전에는 직관적 분석만 했는데 실험을 하는 경향이 상당히 강해질 것이다. 컴퓨터 시뮬레이션 연구도 상당히 진척되고, 시각-청각 등의 감각 간 통합처리 과정의 연구가 이루어질 것이라 생각된다.

철학적 접근에서는 방법론적 측면에서 사변적, 직관적인 분석만 하는 것이 아니라 경험적 연구도 증가하리라고 볼 수 있다. 즉 철학에서도 심리학적, 신경과학적 실험이 이루어지고 경험적 결과들을 근거로 한 이론이 증가되리라 볼 수 있다. 주제의 측면에서는 의식의 문제에 대한 논의가 증가되리라 볼 수 있겠으며, 또 인공물과 인간의 상호작용 측면에서 인간 마음의 존재론적 개념적 기초의 재구성 논의가 증가되고 관련 이론이 발전되리라 본다. 또한 인간 존재, 마음 개념, 의식의 개념을 재구성하고 재조명하는 주제가 빠르게 진행되고 현상학의 역할이 증대되리라 본다.

인류학, 사회학, 수학, 교육학, 사회과학, 인지환경학, 문학 등에서도 나름대로 인지과학과 연결되는 측면이 발전되리라 보는데, 이런 내용은 3장의 인지과학의 패러다임적 특성과 관련하여 기술한 내용이나 14장의 인지과학의 응용 내용을 참고하기 바란다.

기타 응용인지과학적 측면에서는 넓은 의미의 인지공학, 인지생태학적 연구가 확산되리라 본다. 이는 14장에서 설명하였기에 추가 언급은 생략한다.

이외에도 학문 영역별 구분보다는 연구 접근 중심으로 살펴보면 다음과 같은 변화 추세를 생각해볼 수 있다. 앞으로의 인지과학의 이론적 연구는 연결주의(신경망) 접근, 카네먼 등의 실용적 합리성 접근, 사회적 접근, 상황 지워진 인지(situated cognition) 또는 체화된 인지(embodied cognition) 등의 접근, 동역학체계적 접근(dynamic systems approach), 진화심리적 접근 등이 인지신경과학적 접근과 연계되고 수렴되어 마음, 인지의 이론적 정교화와 이론의 설명 범위 및 경험적 증거의 확장을 촉진시켜주리라 본다.

5. 융합과학기술과 인지과학의 응용 연결, 변화 추세

인지과학은 여러 학문들이 수렴되어가면서 기존의 고정된 틀을 계속 유지하는 것이 아니라 학제적인 과학, 수렴적인 과학으로서 계속 변화하고 있다. 초기에는 인공지능, 언어학, 인지심리학, 철학 등의 분야가 강조되었는데, 중기에는 인지심리학과 신경과학이 강조되고, 현재와 미래를 봤을 때는 인지신경과학과 뇌 연구가 가장 비중이 크며 그 다음이 인지심리학, 인공지능, 로보틱스, 언어학의 순서로 인지과학을 구성하는 학문들의 중요성이나 영향의 추세가 조금씩 변화한다고 하겠다. 인지과학이 발전해갈수록 인지과학의 응용과 순수 이론의 경계가 모호해지고, 둘 사이의 연결이 밀접해지며, 많은 실제적 응용적 의의를 파생시키고 있다.

미래에 어떤 응용적 분야, 연구가 강조될 것인가를 다시 살펴보면, 미래에 강조될 인지과학의 연구로는 인지공학이나 인공지능(또는 새로운 개념으로 인지컴퓨팅이라는 분야), 인지로보틱스, 신경과학의 강조로 인한 응용인지신경과학, 학습과학, 인지기능 향상, 인지생태학, 진화심리학의 사회과학적 응용 등의 측면을 들 수 있다.

이러한 인지과학의 미래 응용 분야의 특징적인 전개 양상을 미래에 융합과학기술과 인지과학이 연결되면서 발전되는 측면을 중심으로 생각해볼 수 있다(14장 내용 참조).

응용적 의의, 응용적 미래 추세를 종합하면 여러 분야가 있겠지만, 이런 분야들이 연결되어 인간, 인간 사회, 인간과 환경, 인간과 인공물의 상호작용 등의 영역에서 인간의 인지적, 정서적, 신체적, 사회적 적응과 삶의 질을 높여줄 응용들이 인지과학기술에 의해서 이루어질 것이라고 볼 수 있다.

1) 융합과학기술의 전개와 인지과학[112]

1장에서 언급한 바와 같이, 최근 서구에서 발표된 미래 융합과학기술 예측 보고서를 보면 서구의 과학기술은 크게 두 단계를 거쳐서 제3단계에 진입하고 있다고 할 수 있다.

20세기 중반까지의 제1단계는 인간에게 유용한 물질과 기계의 연구 개발을 강조하던 '물질/기계' 중심 시대였다. 20세기 중반 이후에 시작된 2단계는 이에 더하여 정보와 생명이 강조되는 '물질/기계+정보+생명' 중심 과학기술 단계였다. 그런데 지금 21세기에 이르러 과학기술은 '물질/기계+생명+정보+인지/mind' 중심의 융합과학기술 체제로 변하고 있다(ETAG, 2006).

이미 1장과 14장에서 언급한 바와 같이, 미국 과학재단이 도출한 미래 NBIC 융합과학기술의 4대 핵심 축은 나노기술(NT), 바이오 기술(BT), 정보기술(IT), 인지과학기술(CogT)이다. 더욱이 주목할 점은 NBIC 융합과학기술 틀이 나노과학자들이 주축이 되어 만들어낸 틀임에도 불구하고, 미래 융합과학기술 추진의 궁극적 목표가 '획기적인 물질이나 기계의 발명' 또는 '인간의 장수'가 아니라 인간 개개인이 각자의 일상생활, 학교, 일터에서 자신의 능력을 최적으로 발휘할 수 있도록 하는 'Improving Human Performance'의 과학기술 개발에 있다는 것이다(Roco & Bainbridge, 2002). 다시 말하면 개개인의 인지적 능력, 정서적 적응력, 신체 능력을 최적으로 효율적으로 향상시키는 기술 개발을 미래 융합과학기술의 궁극적 목표로 삼고 있다.

미래에는 우리가 과거에 지녀온 물질 중심의 과학기술관을 넘어서야 한다는 것이 새 틀의 중요한 시사점이다. 미국과학재단에 이어 유럽공동체의 신기술 예측 고위 전문가

---

112 이하 '7. 인지과학의 인문학에의 영향' 까지의 내용의 일부는 이정모(2009)에서 일부 기술된 바 있다.

위원회는 유럽이 추구해야 할 미래 과학기술의 틀로 미국의 NBIC 틀에 유럽의 과학기술 및 문화 특성을 가미한 CTEKS(유럽 지식 사회를 위한 융합과학기술, Converging Technologies for European Knowledge Society) 틀을 2004년에 제시하였다(EC Commission, 2004). 이 틀의 특징은 미국의 미래 융합과학기술 틀에, 사회과학, 환경과학 등을 추가하며, 미래 과학기술의 기획과 발전에서 사회과학적 측면의 중요성을 강조하는 것이다. 미국과 유럽공동체가 제시한 틀의 공통점 중 하나는 미래 융합과학기술의 발전 및 미래 사회 전반에서의 인지과학의 중요성을 제기하고 있다는 것이다.

같은 맥락에서 IBM 알마덴 연구소의 스포러와 엥글바트(Spohrer & Englebart, 2004) 등이 '인지 시스템'을 물리 시스템, 생명 시스템과 함께 자연계의 3대 시스템으로 분류하고, 이 셋을 모두 정보적 복잡계라고 규정한 것(1장의 〈표 1-1〉 내용 참조)을 재음미해볼 필요가 있다.

이러한 최근의 흐름들을 종합하여 되돌아본다면, 그동안 과거 물질/기계 중심의 과학기술 발전의 1단계를 통하여 인류가 '편하게' 살고, 2단계의 생명 과학기술의 강조를 통하여 '병 없이 오래' 사는 것도 중요하였다. 그러나 21세기에는 '그렇게 편하게 오래 살아서 무엇을 하며 살 것인데? 뭘 할 것인데?'라는 물음을 던지면서 미래 시대의 과학과 테크놀로지의 향방 및 궁극적 목표를 도출해야 한다. 바로 이에 대한 미국의 지도적 과학자들이 도출해낸 미래 테크놀러지적 답변이 '물질/기계＋생명＋정보＋인지'의 융합과학기술이 지향하는 방향인 것이며, 바로 그러한 이유에서 '인지과학기술'이 미국이나 유럽의 미래 융합과학기술 틀의 핵심 중 하나로 떠오른 것이다. 인간과 인공물의 경계가 무너지는 미래 시점에서 그 2개를 연결하고, IT(정보과학공학기술)를 다리로 하여 새로운 미래를 창출할 과학기술로 서구 국가들은 인지과학기술을 꼽고 있다.

2) 기타 인지과학의 공학적 응용 관련 미래 변화 특성

이외에도 이러한 틀의 변화와 관련하여 인공지능, 로보틱스, 신경과학 등의 분야에서 최근 몇 년 사이에 많은 변화들이 있어왔다. 8장, 14장에서 언급한 바와 같이 전통적 인공지능(AI: Artificial Intelligence)이라는 개념은 점진적으로 뒷전으로 밀리고, 인공지능이 인지컴퓨팅(CC: Cognitive Computing) 등의 분야로 재개념화되어 정착되어 가는 경향이 있다. 인공지능 연구와 개발 관련 학계, 기업 등에서 인공지능 대신에 인지컴퓨팅이라는 개념을 사용하며, 인공지능 시스템(AIS: Artificial Intelligence System) 대신에 응용인지 시스템(ACS: Artificial Cognitive System)이라는 개념을 사용하고 인지 시스템, 인지인간공학(cognitive ergonomics)의 연구가 강조되고 있다.

또한 14장에서 언급한 바와 같이 로보틱스 연구에서 인간처럼 스스로 발달, 학습하고, 지식을 넓혀가며, 적응적 문제해결을 하는 인지로보틱스(Cognitive Robotics), 발달로보틱스(Developmental Robotics), 후성로보틱스(Epigenetic Robotics) 등의 연구가 MIT Media Lab과 유럽의 유명한 연구소 등에서 이루어지고 있다. 미국 국방성 및 에너지성과 연계하여 미국의 핵무기, 국가안전 관련 기술, 에너지 기술 등을 개발해온, 전통과 영향력 있는 미국 국립 연구소의 하나인 Sandia National Laboratories (SNL) 등이 최근에 인지과학기술 연구를 하나의 주 연구 축으로 하는 조처가 최근에 이루어졌다. 또한 유럽, 이스라엘 등에서 인공인지시스템(Artificial Cognitive Systems), 인지기술(Cognitive Technologies) 등의 연구가 국가적인 주요 연구 주제로 채택되어 연구 개발되고 있다. 즉 인지 시스템, 인지기능 향상 (cognitive enhancing) 기술 개발이 미국, 유럽, 이스라엘 등지에서 활발히 일어나고 있으며 지원을 받고 있다. 과거 20세기의 과학기술 추구의 목표처럼 물질 중심으로 단순히 편하게, 오래 살게 하는 것이 미래 인류 과학기술의 목표가 아니라 개개인이 자신의 능력을 최상으로 향상 개발, 발휘할 수 있게 돕는 소프트 과학기술, 곧 인지과학-인지공학 기술의 개발이 미래 테크놀로지의 중요한 목표로 추구되고 있다.

3) 인지과학의 공학적 응용이 여는 미래

미래 사회 변화를 위해서 인지과학이 어떻게 응용될 것인가? 첫째로, 인간 자신의 인지적, 정서적, 사회적 적응 기술의 향상(enhancement)을 통한 삶의 질 향상이 인지과학 응용을 통해서 이루어지리라고 볼 수 있다.

정상적인 인간이건, 유전적인 이유로 정상적이지 않은 인간이건, 사고나 병으로 뇌가 손상된 인간이건 간에 뇌 기능 및 인지기능의 이상 또는 결함의 본질의 이해와 이의 보완, 재활, 개선을 통한 개개인의 삶의 질을 향상시키는 영역이 인지과학의 주 응용 영역의 하나로서 자리 잡아가고 있다. 이러한 응용 작업들이 특히 신경과학, 인지과학(인지심리학 및 신경심리학 등), 정보과학들의 보다 밀접한 연결에 의하여 발전될 것이라 볼 수 있겠다.

또한 다른 면에서는 인간과 환경의 상호작용 효율화를 통한 삶의 질 향상을 인지과학이 가능하게 해줄 것이다. 보다 인간 친화적인 하드웨어, 소프트웨어 인공물을 디자인하고, 인간과 환경의 상호작용 과정이 시스템 내에서 지능화된 인공 시스템, 즉 인간과 인공물이 괴리되지 않고 통합된 시스템으로서 공진화하는 측면의 연구를 통하여 인간 삶의 질을 향상하는 데 인지과학이 기여할 수 있다는 것이다.

다음으로 사회 환경과 관련된 사회인지적 지식 및 기술과 관련하여 정치나 행정, 경제 등의 상황에서 비합리적, 비논리적으로 사고하는 잘못된 사고 틀이 분석되고 그런 현상들이 설명·이해되며 해결 응용 방안들이 응용인지과학에서 도출되리라 본다. 인간 사고가 제한적 합리성을 지니고 있다는 카네먼 교수 등의 연구결과들의 응용이 경제학뿐만 아니라 법학, 행정학, 정치학 등의 여러 사회과학 분야로 확산되어 이루어지리라고 본다.

위의 두 주제와 관련하여 인지생태공학적 문제를 생각해볼 수 있겠는데, 미래 사회에서 당면할 가장 큰 문제 중의 하나는 복잡한 정보 환경에서 개개인이 효율적으로 적응하는 문제일 것이다. 인지적 기술과 지식의 부족으로 인하여 복잡한 디지털 정보 환경에서 효율적으로 적응하지 못하거나 부적응하는 개인이(노년의 어르신이나, 환경이 열악한 농어촌 지역 사람들을 포함하여) 다량 발생할 것이다. 이것은 개인 능력의 차이로만 돌릴 수 없는 사회 정책적 문제이다(학력, 교육 격차의 문제처럼). 이런 상황에 대해서 각 개인이 잘 적응할 수 있도록 도움을 제공하는 것이 미래 사회가 당면할 큰 문제 중의 하나라고 예측할 수 있다. 바로 그러한 문제를 해결해주는 미래 학문의 분야가 14장에서 언급한 바와 같은 인지생태공학 영역이라고 하겠다.

14장에서 언급한 바와 같이, 미래 사회가 과거의 고정된 위치에 독립적으로 있는 단순한 디지털 컴퓨터 중심의 세계를 넘어서 인공지능 시스템과 자율적 움직임을 지닌 로봇이 복합되어 이루어진 물리적 에이전트(agent)들이 생활 및 일의 공간의 언제 어디서나(ubiquitous) 사이버 시스템과 연결되는 미래의 사이버물리 시스템(CPS: Cyber Physical Systms)들의 세계가 인간이 매일 직면해야 할 삶의, 일의 장면이라면 인지생태공학의 과제는 더 커진다. 사람들이 이러한 복잡한 디지털 세계에 효율적으로 적응하여 제대로 기능한다는 것은 상당히 고도의 인지적 정보처리 기술을 요하는 일이 될 것이다. 이와 관련하여 사람들이 이러한 복잡한 사이버물리 시스템 세상에 적응하도록 사람들의 인지적 기술을 최적화시키는 일과 그러한 인간 특성에 맞도록 일반 인공물과 사이버물리 시스템을 디자인하는 일이 앞으로 인지과학, 특히 인지생태공학 분야가 해결해야 할 중요한 과제 중의 하나이리라 본다.

또한 같은 국가, 같은 사회 계층, 같은 성별 내에서 디지털 기술을 잘 알고 활용하는 사람과 그렇지 못한 사람 간에 괴리가 생겨나고, 두 집단 구성원의 (경제적 격차를 넘어서서) 정보처리적 인지적 기술과 지식의 격차가 두 집단 구성원을 더욱 소원하게 만들며, 이러한 측면에서의 약자들이 제기하는 사회적 왜곡 현상이 사회 문제화가 될 수 있다. 이러한 문제는 인지생태공학, 인지사회심리학, 인지커뮤니케이션학, 인지정치학 등이 연계되어 해결해야 할 문제라고 본다.

종합한다면 미래학으로서의 응용인지과학은 뇌-마음-지능의 정보처리적 본질과 신경과학적 기초를 제공해왔고 또 앞으로도 제공해줄 것이며, 진화적 적응 생명체로서의 인간의 환경과의 지능적 상호작용 과정에 대한 과학적 이해와 문제 상황에서 어떻게 대처할 것인지에 대한 공학적 기술을 제공할 것이고, 뇌-마음-인공물 연결의 본질의 이해를 통해서 인간에게 친화적이고 지능적이며 사용성이 높은 인공물로 디자인하는 원리를 제공해줄 것이다. 즉 과거 테크놀로지의 중심이었던 물질적 복지보다는 사회적, 심리적, 인지적 복지(well-being) 중심의 원리와 기술을 제공해줄 것이다.

인지과학이 지향하는 미래 사회를 보면, 개개인이 행위적으로 심리적으로 끊임없이 최상의 퍼포먼스를 내는 상태로 새로운 지식, 인지적 기술을 학습하고, 생물 신체적이라기보다는 인지기능적으로 진화하며, 다른 사람들과 함께 이루어나가는 역동적 학습 공동체로서 각 개개인이 최상의 능력을 발휘할 수 있도록 최적으로 디자인된 사회로 만들어가는 것이 응용인지과학이 지향하는 사회라고 할 수 있다. 이것이 어떻게 이루어질 것인가 하는 주요 방안의 하나는—개인의 인지기술을 직접 훈련시켜 향상, 증진시키는 것 이외에—각종 소프트(언어, 문화 등) 및 하드 인공물(artifacts)을 잘 디자인하는 것을 통해서라고 하겠다.

미래에는 새로운 형태의 진화가 부각될 것인데 생물적, 신체적인 진화가 아니라 테크놀로지의 발전 및 인공물의 디자인과 인공물의 발전에 의해서 인간의 마음과 인지기능, 신체기능이 확장된다고 볼 수 있겠다. 인간의 인지, 심적 기능과 인공물의 발전이 서로 공진화해서 그 결과로, 비록 신체적 진화는 멈췄지만 새로운 형태의 진화가 이루어질 수 있을 것이다. 인지과학이 앞으로 이러한 진화의 매개체가 되는 인공물과 인간과의 관계성 개념을 정교화하며 자연과학으로서의 심리학, 인문학으로서의 철학, 사회과학으로서의 심리학, 인류학, 진화심리학 등의 분야들을 컴퓨터과학과 다른 공학 분야와 연결하는 추가적 작업, 개념적 재구성 및 경험적 연구 작업이 더 심층적으로 이루어져야 하리라 본다.

6. 인지과학의 사회과학적 적용과 영역의 확장

인지과학이 응용공학적 의의를 지닌 과학기술에만 영향을 주는 것은 아니다. 인문학, 사회과학도 변화시키고 있고, 또 이와 관련하여 미래 사회에 중요한 몇몇 변화를 가져올 것이다. 인지과학은 인지주의라는 과학적 패러다임(보는 틀)에 기초해 있다. 인간, 동물, 인간과 동물이 이루어내는 사회, 그리고 컴퓨터 등의 인공물과 그 인공물이 (인간과 상호작용하여) 만들어내는 각종 상황들에 대하여 인지주의적 접근으로 현상을 이해, 설명하며 응용 원리와 기술을 도출한다. 따라서 인지과학은 인간이 만들어낸 현상인 인문 현상이나 사회 현상 그리고 자연 현상 등에 적용되어 새로운 관점의 이해, 설명과 응용적 모형 및 기술을 도출한다.

자연히 인문학, 사회과학 등의 여러 분야들에서 인지주의와 인지과학적 탐구, 인지적 이해 패러다임이 적용되면서 여러 학문들이 변화되고 있다. 그러한 변화 추세로 인지과학의 영향을 받아 인문학, 사회과학, 예술 등에서 인지과학과의 연결에 의하여 새로 열린, 또는 열리는 분야를 열거해보면 다음과 같다.

①경제학: 신고전경제학 → 행동경제학 → 인지경제학

②법학: 행동법학 → 인지법학

③기타 사회과학 분야: 인지사회학, 인지인류학, 인지정치심리학,

　커뮤니케이션학의 인지적 접근, 조직-행정학의 인지적 접근,

　광고학의 인지적 접근 및 신경적 접근

④철학: 실험철학, 신경철학, 윤리의 인지적 · 신경적 · 진화심리학적 접근

⑤언어학: 인지언어학, 인지-계산언어학

⑥종교학: 인지종교학, 인지신학, 신경신학

⑦문학: 인지문학

⑧예술학: 인지미학, 인지음악학 등

⑨기타: 진화심리학, 인지생태학, 인지동물행동학, 인지의학

이 중에서 사회과학 영역의 변화 추세의 일부를 다음에서 개략적으로 보충 설명하겠다.

1) 경제학의 변화

앞서 언급한 12장의 내용에 의하면, 인지과학은 사회과학의 기본적 전제였던 '이성의 합리성' 관점을 실험적 증거에 의하여 무너뜨리는 큰 변화를 일으켰다. 경제학, 법학 등의 사회과학 학문은 전통적으로 인간 이성의 합리성을 전제하고 세워진 학문 분야이다. 인지과학의 경험적 연구결과에서 얻어진 이러한 실험 증거의 제시에 따라서 경제학, 행정학 등의 사회과학 분야들은 크게 변화하기 시작하였다. 물론 학문에 따라서 이러한 변화에 대한 강한 저항이 있었다. 특히 경제학이 그러하였다.[113]

왜냐하면 인지과학의 경험적 연구결과나 이론을 인정한다면 경제학의 전통적 틀이 지녀온 기본 가정이 그 기초부터 재구성되어야 했기 때문이다. 그러나 이러한 저항이 해외에서는 점차 약화되고, 미국이나 영국의 상위권 대학을 중심으로 경제학 내의 변화가 진행되고 있다. 경제 행위는 인간이라는 생물적 존재가 사회적, 심리적, 문화적, 역사적 맥락과 상호작용에 의해 이루어지는 복잡한 행동인데, 과거의 전통적 경제학은 이러한 측면을 소홀히 하거나 단순 추상화하여 수리적 모델 중심으로만 접근하려 했다

고 비판할 수 있다. 이러한 문제점을 지니고 있는 신고전주의적 경제학의 전통에 대하여, 특히 합리적으로 개인의 기대 효용성을 극대화하는 경제인('Homo Economicus') 가정 개념을 비판하고 심리학, 인지과학의 실험 결과 및 이론을 연결하며 등장한 것이 행동경제학, 인지경제학이다. 인지과학의 영향으로 인하여 일어난 경제학의 변화 추세에 대해서는 이미 14장의 3-9절과 〈심층분석 14-1〉에서 언급한 바 있다.

2) 법학의 변화

이미 14장에서 언급한 것처럼 인지과학의 영향을 받아 미래에 크게 변화될 분야 중의 하나가 법학 분야이다. 법이란 인간이 오랜 진화 역사를 통해 사회적으로 상호작용하면서 인간의 인지적 능력을 통하여 만든 소프트 인공물 중의 하나이다. 불문율적 관습에

---

113 경제학 내의 신고전주의 경제학 전통의 이러한 강한 저항을 보다 못한 프랑스 대학의 경제학 전공 학생들이 2000년에 공개적으로 이에 항의하였고, 일부 진보적 성향의 경제학 교수들이 공개적 호응을 하였다. 그래도 변화하지 않는 경제학계의 전통에 항의하기 위하여 2001년에 케임브리지 대학의 경제학 박사 과정 학생들도 마찬가지로 변화를 위한 공개적 청원을 하였다. 유럽의 다른 나라에서도 비슷한 지지가 있었다. 같은 해에 세계 경제학 전공 학생, 연구자들이 미국 캔자스 시에 모여서 '경제학은 변화되어야 한다'는 집단적 이의 제기 공개서한을 발표하였고, 2003년에 하버드 대학의 경제학 전공 학생들이 '제발 이런 경제학을 가르치지 말아달라'는 공개적 청원을 하게 되었다. 이러한 흐름에 동조하는 각국의 진보적 경제학자들이 연결되어 PAE(Post-Autistic Economics: 자폐적 경제학을 넘어서)라는 조직을 결성하였고, 경제학 내에서 'sanity, humanity and science'를 회복하자는 구호를 내걸었다. 캔자스 시에서 발표된 공개서한의 내용은 다음과 같다.
'An International Open Letter to all economics departments': 경제학은 근본적인 개혁이 이루어져야 하는데, 지금이 바로 그 변화를 위한 시점이다. 이 서한은 22개 국가의 75명의 학생, 연구자, 교수들이 미국 캔자스 시에 모여서 경제학의 현 상태에 대하여 일주일 동안 토론한 결과이다. ⋯⋯우리는 역사적 흐름과 변화를 무시한 전통(접근), 추상적이고 형식(정형)주의적인 접근에 의하여 억압받는 경제학 이론이란 경제 행동의 도전적인 복잡성에 대하여 아주 제한된 이해만 제공해줄 뿐이라고 믿는다. 기존 경제학의 편협한 방법론적 접근은 실용적이고 현실적인 정책적 처방을 생성해주지도, 다른 사회과학과의 생산적 대화를 가능하게 해주지도 못한다. 모든 대학 경제학과는 경제학의 밑바탕에 있는 방법론적 가정에 대한 성찰을 포함하는 경제학 교육으로 개혁해야 한다. 책임 있는 효율적인 경제학은 경제 행동을 더 넓은 맥락에서 볼 수 있고, 철학적 도전과 토론을 장려하는 경제학이라야 한다⋯⋯. 경제학은 즉각적으로 다음과 같은 경제 분석 영역을 포함해야 한다.
① 인간 행동에 대한 더 넓은 개념화. 기존 경제학에서 규정한 자율적이고 합리적인 최적 결과의 추구자로서의 경제적 인간 개념은 다른 요인의 역할을 허용하지 않고 있다.
② 문화의 역할을 인정해야 한다.
③ 역사적 변화의 측면을 고려해야 한다.
④ 가치 중립적인 지식이 있을 수 없다는 새 지식 이론을 수용해야 한다.
⑤ 경험적 바탕이 있어야 한다. 경제학에서 경험적 근거가 없는 수리적, 이론적 주장의 특권적 지위는 오히려 그 이론, 설명에 의심을 불러일으킨다.
⑥ 방법론을 확장해야 한다. 수리적, 형식적 모델링 방법 이외에 참여 관찰, 사례 분석, 담화 분석, 실험 등이 경제학 방법론으로서의 적법성을 인정해야 한다.
⑦ 학제 간 대화를 해야 한다. 다른 학문, 특히 사회과학 분야의 학문적 발전 특성을 잘 알고 있어야 한다.

서부터, 법이 필요하다고 생각하기, 법을 만들기, 법을 지키거나 어기기, 법정 내에서 이루어지는 여러 다양한 언어적, 판단 추리적, 행동적, 사회인지적, 인지정서적 상황들, 법 지식과 현재 주어진 상황 간의 관련성을 파악하여 법률가들이 법을 적용하여 판단 결정하고 변호하기, 법 적용의 적절성, 정당성, 타당성에 대하여 일반인들이 공감하거나 반발하기 등의 대부분의 법적 상황과 과정들이 인간의 인지적 과정과 지식에 의존하고 있다. 따라서 법이라는 것을 거론한다면 인간의 인지 과정을 따로 떼어놓거나, 무시하고 생각하기는 곤란하다. 법의 본질, 법과 관련된 인간의 개념적, 언어적 이해 및 사고와 행위들을 제대로 파악하고, 그것을 고려하여 보다 현실적인 올바른 법을 만들고 또 적용하는 데에는 법과 관련된 모든 사람들(법관, 일반인 등)의 마음, 인지 과정의 이해, 특히 언어적 이해가 기본이 된다는 생각이, 그리고 인지과학의 이론적 틀의 적용과 경험적 증거의 적용이 앞으로 점진적으로 더 확장되고 또 인정되리라고 본다. 따라서 해외에서 지금 막 행동경제학을 중개로 출발되고 있는 분야인 행동법학 분야의 발전을 거쳐서 종국에는 인지과학과 직접 연결된 인지법학 분야가 발전될 것이다. 이러한 측면이 14장의 3-10절에서 인지과학의 응용과 관련해 언급되었다.

3) 기타 사회과학에 대한 인지과학의 영향

기타 사회과학에서도 인지과학의 영향이 크다. 사회학, 정치학, 행정학, 커뮤니케이션학, 경영학 등에서도 인지과학의 인지적 관점과 실험 결과를 적용하려는 추세가 상당히 있고, 특히 사회인지심리학이나 신경인지심리학을 적용하려는 추세가 증가하고 있다. 커뮤니케이션학이나 정치학, 행정학의 주요 핵심이 인지의 영역이다. 지면 관계상 이 분야들에 대한 인지과학적 연결에 대한 설명은 생략한다.

7. 인지과학의 인문학에의 영향

사회과학 분야뿐만 아니라 인문학에서도 인지주의, 인지과학의 확산에 따라 많은 변화가 일어나고 있다. 그러한 변화의 일부를 소개하면 다음과 같다.

1) 철학의 변화

인지과학이 가져온 철학의 변화 인문학의 기초 학문인 철학에서는 인지과학의 구성 학문 중 하나로 참여하면서 전통적인 심리철학, 과학철학, 윤리학, 방법론 등에서 많은 변화를 겪고 있다. 인지과학과 연결됨으로써 전통적인 심신론이 재구성되고 여러 갈래의 심리철학 이론이 제기되었을 뿐만 아니라, 과학철학에서 종래에 과학의 전형으로 삼던 물리학 대신에 인지과학을 과학철학적 논의의 핵심 분야(전형)로 삼게 되었고, 그냥 논리적, 사변적 분석만 하던 철학 연구방법론에 경험적 실험방법이 도입되어 연구방법 틀이 변화되었고, 인지신경과학과 연결되어 신경철학 등의 새 분야가 생겨났으며, 인지과학 및 진화심리학 등의 관점을 도입하여 종래의 도덕 개념이 재구성됨으로써 윤리학을 인지적 관점에서 접근하는 등의 변화를 맞고 있다. 6장 7절과 8절에서 기술한 바 있는 철학과 인지과학의 관계를 재정리하면 다음과 같다.

과학 일반에서의 철학의 역할 인류 문화사에서 과학의 탄생이 철학의 자연철학적 탐구에서 배태되었음은 주지의 사실이다. 과학의 탄생 이후에도 철학은 과학 일반에 대하여 그 탐구 대상인 자연 현상과 관련된 세계관을 제공하며 그 대상을 어떻게 개념화, 범주화할 것인가를 제시해주었고 이론적, 개념적으로 잘못 접근되었을 때 이를 벗어나는 대안적 생각의 틀을 때마다 제공해주었다. 철학은 이외에도 과학철학을 통하여 과학을 어떻게 해야 하는가에 대한 지침과 평가를 계속 제시하였다. 그러기에 과학 탐구에서의 철학의 이러한 안내자 내지는 '권투 연습 상대(sparring partner)'의 역할은 미래의 과학기술 탐구에서도 계속 중요한 역할을 차지하리라 본다.

인지과학적 탐구를 인도하는 철학의 역할 철학은 과학적 탐구로서의 인지과학에서도 빼놓을 수 없는 역할을 하였고 또 미래에도 계속할 것이다. 인지과학의 연구 아젠다 또는 핵심 주제는 철학이 과거의 탐구를 통하여 설정해놓은 것이다(인식론, 심신론, 의식 등의 하위 주제 등). 철학은 인지과학이나 신경과학이 탐구해야 할 인간 현상의 범주 (예: 기억, 언어, 지각, 의식) 등의 개념, 범주를 규정, 분석하였고, 현재에도 이러한 역할을 계속하고 있다. 최근에는 위에서 언급한 바와 같이 인지과학, 인공지능, 로보틱스가 직면한 몸-뇌-마음의 관계 개념을 재구성하며 심신 관계 문제에 대한 대안적, 개념적 돌파구의 가능성을 제시하고 있으며(Rockwell, 2005; Wheeler, 2005; 이정모, 2007; van Dijk, Kerhofs, van Rooij, Haselager, 2008), 이러한 철학의 역할은 계속되리라 본다. 철학이 인간 심리 현상에 대한 기본 개념, 범주를 규정하면, 인지심리학을 비롯한 인지과학이 이 개념, 범주들의 기능적, 과정적 측면을 중심으로 세분하고 규정하여 기본 특성을 탐색하고, 이러한 범주적, 개념적 규정과 분석의 존재론적, 인식론적 전제를 수용한 위에서 비로소 뇌에 대한 신경과학이 전개되는 것이다.

그리고 인지과학을 구성하고 있는 여러 학문들의 연구 결과의 통합은 그 학문들 보다 한 수준 위의 메타 수준에서의 개념적, 이론적 작업에 의하여 비로서 가능한데, 이러한 작업을 철학이 할 수 있는 것이다. 인문학인 철학은 과학 일반과 인지과학의 계속적인 발전을 위해 필수적으로 연결되어 이 분야들의 재구성을 인도해야 한다고 볼 수 있다.

2) 문학과 종교학, 신학, 예술에의 영향

인문학에 대한 인지과학의 영향은 철학에 머무르지 않고 문학, 종교학, 신학, 예술학 등의 분야에까지 영향을 주어 이들 영역에서 인지과학적 설명과 이해를 목표로 하는 접근들이 대두되었으며, 이러한 학제적 연결 접근의 발전 경향은 계속되리라 본다. 이와 관련된 내용을 14장에서 설명한 바 있다. 인지과학의 인문학, 예술에 대한 영향이 더욱 확산되고 그 중요성이 인정되리라 본다. 또한 14장에서 언급한 바와 같이, 과학에 대한 학문인 과학학의 하나로서 과학인지과학(Cognitive Science of Science)이 인정되고 발전되리라 본다(이정모, 2001; 13장).

8. 인지과학의 과제

50여 년의 역사를 지닌 인지과학이 많은 발전을 이루어내기는 했지만, 고정되지 않고 역동적으로 변화하는 학제적 학문인 인지과학은 앞으로 해결해야 할 여러 가지 과제를 지닌다. 학문 내적인 과제, 학문 외적인 과제 등으로 나누어 생각해볼 수 있다.

인지과학은 다음의 주제들을 해결하거나 재구성해야 하는 내적인 과제를 지니고 있다고 하겠다.

첫째는 패러다임적 과제로 이론적 보는 틀의 재정립 과제이다. 전통적인 고전적 인지주의의 한계성의 지적과 그에 대한 대안적 틀이 연결주의, 사회문화적 접근, 동역학체계적 접근, 진화심리학적 접근, 해석학적 접근, 생태학적 접근 등에 의하여 제기 되었다. 인간의 마음을 정보처리적 기호체계로 보는 고전적 틀이 수정 내지는 보완되어야 한다는 이의를 이러한 접근들이 강력히 제기해왔다. 이러한 대안적 접근을 어디까지 수용하며 또 기존의 물리적 기호체계적 접근을 어느 수준까지 수정하는가, 기존의 형식주의 중심의 인지과학적 접근을 넘어서 자연과학적 방법 중심으로 전개해온 인지과학에 의식의 문제, 감각질 문제 등과 관련하여 대안적 접근인 현상학적−해석학적 방법을 어떻게 수용하고 통합하는가가 가장 큰 과제라고 본다. 계산주의를 어디까지 적용할 수 있을지가 다시 논의되어야 할 것이다. 이와 관련한 수정 보완이 이루어진다면, 인지과학의 기존 연구 방식 및 관습들이 상당히 변화되어야 하리라 본다.

마음 개념의 재구성 문제 이러한 인지과학의 개념적 기초의 재구성 과제와 관련하여 가장 기본적인 물음의 하나로 다시 떠오르고 있는 것이 '마음', '인지' 개념의 재구성 과제라고 생각된다(이정모, 2007, 2008ㄴ).

인지과학이 발전하면서 최근에 마음 개념이나 인지 개념의 기초가 재구성되어야 할 필요성이 제기되고 있다. 뇌 속에 들어 있는 추상적인 정보처리적 계산적 과정으로서의 마음을 넘어서 물리적이고 사회적인 현실 환경에 구체적인 몸을 통하여 구현된 생체의 마음으로서, 그리고 마음의 구성 요소로서 명시적(explicit) 표상이 있어야 하는 것이 아니라 표상이 없을 수도 있는 암묵적(implicit) 체계로서의 마음으로서 환경과 인간이 상호작용할 때 비로소 존재하게 되는 마음 측면에 강조점을 두기 시작하는 것이다(van de Laar & de Regt, 2008; van Dijk, 2008; Calvo & Gomila, 2008).

선험적이고 생득적이며 태어날 때부터 갖고 태어나는 지식, 잘 변하지 않는 정적인 지식이 생득적으로, 알고리즘 등으로 미리 내장되어서 이것이 모든 것을 결정하는 체계로서의 마음도, 머릿속에 모든 것이 다 들어 있어야 되는 것도 아니라, 뇌 속에는 최소한의 지식만 가지고 있고 나머지는 밖에 인공물 등에다 분산 저장해두는 체계가 대안적 틀로서 제시되는 것이다. 환경과의 상호작용 행위 가운데에서 매 상황에 대한 역동적 적응 반응들이 단편적 한 시점에 고립되는 것이 아니라 모든 시점에 연결이 되어 순간순간 상황들을 인식하고 그 인식된 것들이 연결되어서 이루어낸 마음이 미래 인지과학이 밝혀내려 하는 마음의 특성이라고 할 수 있겠다.

또한 이런 마음은 한 사람의 머릿속에만 갇혀 있는 마음이 아니라 여러 다른 사람의 마음, 다른 컴퓨터나 인공물들의 인공적 인지능력에 의하여 지원을 받거나 상호작용을 하면서 그들과 함께 구성하며 공유되는(shared mind) 것에 의해 특징지어지는 마음, 그리고 사회적, 문화적, 역사적으로 제약을 받기는 하지만 또한 사회적, 역사적 환경 특성에 의해서 결정되는 마음이다. 생득적, 유전적 특성에 의해 결정되는 특성이 있지만, 환경에 적응하고 환경과 상호작용하면서 환경에 있는 인공물과 함께 공진화하는 마음인 것이다.

인지과학이 발달하면서 튜링기계 관점으로부터 신경망적 접근으로 옮겨가고 인지신경과학처럼 뇌를 강조하는 접근 및 진화심리학적 접근 등의 대두 그리고 로봇 연구와 인지과학의 연결 등의 변화 추세들을 살펴보면, 이러한 것들을 제대로 연결해서 이해하고 새로운 기술을 발전시키기 위해서는 인간의 마음과 인지 현상에 대해 재개념화하는 것이 필요하다는 인식이 생기게 된다. 인지신경과학 연구기법이 계속 발전하면서 (뇌영상 방법, 기타 뇌기능 측정 방법들) 여러 학문들이 수렴되는 관점에서 자연적 인간의 마음과 인공적으로 만들어낸 인공적 마음을 하나로 연결하여 수렴하는 하나의 틀이 필요하다는 인식이 일어나게 된 것이다.

최근 클라크와 찰머스(Clark & Chalmers, 1998) 등의 철학자들에 의해 마음의 개념을 재구성하는 시도가 이루어지고 있는데, 마음이라는 것은 곧 뇌의 신경적 활동인 것만도, 뇌라는 기계 속에 갇힌 도깨비도 아니고, 마음과 뇌가 동일한 것도 아니며, 마음은 뇌를 넘어서서 비신경적 몸, 그리고 환경, 이 셋을 포함한 총체적인 집합체상에서 일어나는 어떤 과정 내용으로서 개념화해야 한다는 것이다(Rockwell, 2005; van Dijk 외, 2008). 말하자면 확장된 마음(extended mind), 확장(공간에 연장된) 인지의 개념으로 마음 개념을 재구성해야 한다는 입장이다(이정모, 2007; Wheeler, 2005; van de Laar & de Regt, 2008).

미래학자 커즈와일(2005)에 의하면 2025년경에는 컴퓨터의 계산력이 인간의 지능을 능가하게 되는데, 바로 이런 시점이 인간보다 못한 컴퓨터라는 상식적인 관점을 깨는 시점이 되고, 그것이 바로 특이점(The Singularity) 시점이 되는 것이다. 그리고 이 특이점 이후에는 인간의 마음과 기계의 지능이 수렴 연계되는 미래가 열린다고 그는 주장한다. 인간의 지적 능력을 능가하는 계산력을 지닌 컴퓨터가 나온다면, 인간의 마음이 컴퓨터보다 우세하다는 개념이 깨지면서 인간의 마음과 컴퓨터의 지능, 컴퓨터의 마음을 연결하는 새로운 입장이 제기될 수 있을 것이다.

커즈와일 등이 지적하는 바는 30여 년 후의 미래 어느 시점에서 인간과 기계, 즉 인간이 만들어낸 인공물과 그것을 만든 인간과의 경계가 허물어지는 시점이 온다는 것이다. 커즈와일의 특이점 개념이 지금은 터무니없는 이야기처럼 들릴지 모르지만, 영화 「매트릭스」의 내용이 허구만이 아니라 실현 가능해지는 것이다. 실제로 그 허물어짐이 얼마나 완전하게 실현될 것인가는 차치하고라도, 그 무너짐이 상당한 정도일 것이며, 그 영향이 우리의 일상생활에 밀접히 연결되어 있을 것임은 우리가 일상에서 자동차 운전 시에 사용하는 내비게이션 기기 예를 보더라도 충분히 예측 가능하다.

자동차 운전하는 사람으로서 내비게이션에 전적으로 의존하여 장소를 찾아가는 자기 자신을 돌아보거나, 펜을 들고 글을 쓰려면 생각이 잘 안 되고 글이 잘 써지지 않지만 컴퓨터 앞에 앉아 워드 프로세서 프로그램을 가동시키고 키보드에 손을 얹어놓자마자 글이 술술 써지기 시작하는 자신을 돌아본다든지, 몇 년 전만 해도 일일이 기억하였던 전화번호들을 이제는 핸드폰에 다 저장해놓고 잊고 있는 자신을 돌아보면, 내 머릿속에 있어야 할 기억, 나의 생각하는 인지능력이 내 안에 있지 않고 저 밖에 있는 인공물에 의존하여 이루어짐을 깨닫게 된다. 인간과 인공물의 구분이 무너지는 가능성이 무섭게 빨리 현실로 닥쳐오고 있는 것이다.

인간과 인공물, 인간의 마음/지능과 인공적(기계적) 지능 간의 경계가 허물어진다면 마음, 지능의 개념, 인간 존재의 개념이 밑뿌리부터 재구성되어야 하는 시점이 닥쳐오는 것이다. 이러한 변혁은 '신 중심에서→인간 중심으로'의 17세기 '제1의 계몽시대'의 생각 틀의 변혁에 못지않은 생각 틀의 변혁을 시사하는 것이다. 이와 같은 인간 존재 개념의 재구성의 도래를 '제2의 계몽(깨달음) 시대'의 도래라고도 할 수 있을 것이다.

　이러한 큰 변혁, 즉 인간과 인공물(기계)의 경계가 허물어지고 인간 존재 개념을 바탕부터 재정립해야 할 이 시점에서 마음 개념을 우리는 재구성해야 하는 것이다.

　그 이후의 마음 개념의 탐구는 생득적, 생물적 마음과 기계적 지능이 결합된 개념으로 재구성되어야 하는 것이다. 지금까지는 생체로서의 인간의 마음과 컴퓨터 기계의 지능을 이분법적으로 나누어서 생각했는데, 미래에 가서는 그것을 쉽게 나누기 어려운 시점이 오게 되고 둘을 연결하는 관점이 필요하게 된다는 것이다. 그러한 관점은 말하자면 통합적 유물론이라 볼 수 있다. 몸과 마음을 이분법적으로 생각해왔던 관점을 떠나서 모든 것을 뇌로 환원시키려는 일원론적 유물론이 그동안 지배해왔는데, 미래의 시점에서는 이를 넘어서서 인간의 뇌와 환경이 상호작용하면서 작용하는 몸-마음, 인공물의 지능과 구분하기 어려워지는 마음을 생각한다면 통합적 유물론과 같은 관점이 제기되어 모든 것을 수렴 통합하는 이론이 제기되어야 한다고 할 수 있겠다.

　마음을 정보처리체계, 계산체계, 환경 및 몸과 괴리되지 않은 채 작동하는 체계로 볼 것인가 하는 개념적 기초의 문제 못지않게 중요한 두 번째 과제로 제기되는 것이 마음에 대한 탐구의 방법론적 충분성 확립의 과제이다. 5장에서 논의한 바와 같이, 인지과학에는 연구 주제나 참여 학문에 따라 서로 다른 방법론들을 적용하여 인지 현상에 접근해왔는데, 특정 연구 패러다임에의 쏠림을 지양하고 주제에 따라 다른 연구방법론을 적용하는 논리의 적절성, 타당성 문제, 다양한 방법론적 접근과 그 경험적 연구결과를 연결, 통합하는 문제 등이 해결되어야 할 방법론적 과제로 남는다. 앞으로 가장 중요한 논쟁의 대상이 될 것은 인지 현상 일반의 연구에 있어서 전통적인 자연과학적 방법론의 적용과 그러한 자연과학적 방법의 적용으로 다루는 데 한계가 있는 영역인 의식, 감각질 같은 주관적 인지 경험에 대한 해석학적 접근방법의 조화의 문제라 볼 수 있겠다. 그에 못지않게 논의되고 해결되어야 할 과제는 연구자들, 그리고 일반인들의 '인지 현상 연구에서의 신경과학적 방법 적용 지상주의식' 통념에 대한 건설적인 비판과 이러한 방법론적 쏠림의 대안책을 모색하는 과제라고 할 수 있다. 5장과 7장에서 언급한 것처럼 신경과학적 연구방법에 의하여 마음의 내용과 작용 특성을 충분히 이해할 또 수 있는가 하는 문제는 인지과학이 해결할 또 다른 중요한 과제이다.

　이상의 인지과학의 내적인(intensive) 과제에 덧붙여, 인지과학의 외적(extensive) 측면과 관련하여 다음과 같은 과제를 생각해볼 수 있을 것이다. 미래 융합과학기술의 한 핵심 축으로서의 인지과학은 그 기초 학문적 연구에서 도출된 인지 원리를 응용 분야에 적용함에 있어 형식언어(formal language)화하여 계산적 절차로서 적용할 수 있는 컴퓨터나 로봇 시스템과 같은 계산적 시스템 응용 분야가 있는가 하면, 아직은 그런 형식화가 가능하지 않거나 그러한 형식적, 계산적 시도가 비효율적인 사고나 정서 관련 영역들이 있다. 두 분야에서 공통적으로 인식되고 있는 것이, '마음과 인지에 대한 인지과학적 탐구 결과의 중요성을 인정하지만, 현재까지 밝혀진 인지과학의 원리가 이 두 분야 각각에 쉽게 적용할 수 있는 형태로 가다듬어져 있지 않거나 충분한 상태의—특히 절차적 지식으로 환원할 수 있는 형태의—지식을 제공하지 못한다'는 것이다. 따라서 인지과학이 앞으로 해결해야 할 중요한 과제는 인지과학의 순수 학문적, 기초 이론적 연구결과들을 어떻게 하면 용이하게 응용 장면에 적용할 수 있는 형태로 변형하여 제공할 수 있는가 하는 것이라고 하겠다. 그러한 방도가 강구된다면(서술지식을 절차지식으로 변환하는 것 자체도 인지과학의 연구 영역 중 하나이다), 인지과학의 응용은 그 영역 범위의 확장이나 영향 면에서 상당한 발전을 이루리라 본다.

9. 종합

인지과학은 마음, 두뇌, 컴퓨터를 연결하여 인간 마음을 비롯한 지(知, Intelligence) 체계의 본질을 밝히려는 학자들의 지적 호기심에서 생각의 진화적 과정을 거쳐 자연적, 점진적으로 형성되었고, 그 이론 체계와 방법론적 틀, 경험적 증거들을 기초로 하여, 그리고 인지과학적 물음들의 본질적 중요성과 의의로 인하여 20세기의 핵심 과학으로 발돋움하였다.[114]

인지과학은 21세기의 다른 어떤 학문들보다도 주변 학문들에 커다란 영향을 주고 있

---

114 IBM의 스포러 박사는 서비스과학에 관한 코멘트에서, 인지과학이 물리학, 화학, 생물학, 컴퓨터과학과 마찬가지로 현대적 세상의 기초를 제공하고 있다고 언급하고 있다. 인지과학이 'established sciences'의 하나임을 인정하는 것이다(http://news.zdnet.com/2424-9595_22-210337.html 참조).

으며 인간, 신체, 마음, 환경, 정보 및 정보처리 활동, 과학, 세계에 대한 기존 관점들의 재구성을 초래하고 있다. 인지과학이 출범하여 이와 같이 21세기의 핵심 과학으로 자리 잡는 데는 튜링기계 이론에 기초한 고전적 계산주의의 힘이 컸다. 계산주의에 힘입어 인지과학과 언어학 및 컴퓨터과학이 연결되고, 오늘날과 같은 폭넓은 학제적 연구가 가능할 수 있었다.

그러나 최근의 인지과학 연구 경향은 전통적인 고전적 튜링기계 계산주의(물리적 기호체계 이론)가 더 이상 인지과학을 독점하지 않는 방향으로 흐르고 있다. 그렇다고 해서 전통적 계산주의가 인지과학에서 중심적 위치를 내주었다는 말은 아니다. 전통적 계산주의, 정보처리적 관점은 아직도 인지과학의 주류로서 활발한 생산적 연구를 통해 인지과학을 이끌어나가고 있다. 컴퓨터 은유의 계산적 접근은 인지과학자들이 마음의 구조와 과정에 대한 좋은 아이디어를 얻게 하였고, 다른 어떤 이론적 접근보다도 상세하고 정확한 설명과 기술을 도출하게 하였으며, 심신 관계에 대하여 행동주의적 일원론도, 신비적 이원론도 아닌 관점을 도입할 수 있게 하였고, 계산적 가설을 세우고 이를 시뮬레이션하여 검증하는 좋은 방법론을 제공하였다. 이러한 계산적 접근의 결과로 우리는 마음의 과정들이 얼마나 복잡한 것인가에 대하여 깨닫게 되었으며, 동시에 그 계산적, 시뮬레이션적 이론과 방법의 한계 및 가능한 성과의 양면을 인식하게 된 것이다.

한때 전통적 계산주의를 대치할 것 같은 기세를 보였던 연결주의도 그 한계가 인식되었고, 다소 정체 상태를 거쳐 이제는 이를 극복하려는 시도로서 다른 새로운 접근과의 유대가 시도되어 혼합 시스템(hybrid systems) 모형들이 제시되고 있다. 연결주의란 동역학체계적 접근의 형성을 위한 중간 단계라는 주장도 제기되고 있고(van Gelder, 1997), 신경과학과의 새로운 형태의 연계도 시도되고 있다.

연결주의를 비롯한 새로운 접근들은 본질적으로 '마음'의 개념, '인지'의 개념의 확장의 시도들이라 볼 수 있다(Bem & Keijzer, 1996). 전통적인 정적(靜的), 협의의 마음의 개념을 넘어서서 물리적, 사회적 환경에서 구체적인 몸에 구현된 마음, 비표상 체계인 마음, 환경과 상호작용할 때 비로소 존재하게 되는 마음으로서, 그리고 많은 생득적, 본유적, 정적 지식이 내장된 체계로서의 마음이 아니라 최소한 지식/표상을 지니고 있지만 많은 정보를 환경에 분산 저장(distrivuted representation)하여 역동적으로 활용하며, 환경과의 상호작용 행위 가운데에서 매 상황에 대한 역동적 적응 반응들이 연계되어 이루어지는 순간적 앎(moments of knowing)의 연결들로서 많은 것을 이루는 마음으로서, 여러 다른 마음들(multi-agents)에 의해 사회적, 문화적, 역사적으로 제약되고 결정되는 마음, 유전자 알고리즘의 원리에 의해 결정되는 마음으로서의 개념적 확장이 이루어지고 있다. 이에 따라 앞 절에서 언급된 것처럼, 환경에 상황 지어진 인지의 문제를 다루는 문화적 접근, 생태학적 접근, 현상학적 접근, 동역학체계적 접근, 진화론적 접근 등이 기존의 접근에 대한 보완적 접근으로서 첨가되고 있고, 연결주의와 동역학체계 접근의 접합, 또는 연결주의와 진화론적 접근의 접합적 접근이 시도되고 있다. 특히 앞서 14장에서 언급한 하이퍼네트워크 기반의 초상호작용주의적(hyperinteractionistic) 정보처리 모델 연구는 이러한 방향의 인지 기반 지능 정보처리 모델 형성의 시도 중 하나로 볼 수 있다.

당장 현 시점에서 생산적인 유망 접근은 인지신경적 접근과 진화 이론적 접근 및 체화적 인지 접근이라고 할 수 있을 것 같다. 인지신경적 접근은 고전적 계산주의의 인지과학에서 충분히 다루지 못했던 주제들에 대하여, 또는 인지-행동적 수준에서만 제한적으로 기술하고 설명했던 심적 현상에 대하여 새로운 기술 및 설명을 제시하고 있으며, 급격한 이론적 발전 가능성을 제시하고 있다. 진화 이론적 접근 역시 이러한 인지신경적 접근 및 문화사회적 접근과의 연결을 통하여 인지 현상에 대한 기술과 설명의 개념적 폭을 확장시켜주고 있다. 이 두 접근의 발전이 마음의 개념을 확장하여 재구성하게 하는 체화적 인지(Embodied Cognition) 접근과 함께 인지과학의 미래의 경험적, 이론적 발전을 주도하리라 본다(Calvo & Gomila, 2008).

이러한 다양한 접근들은 인간의 마음, 인지 현상에 대한 재개념화의 필요성을 제기하며(van de Laar & de Pegt, 2008), 인지과학의 개념적 기초에 대한 재구성을 강요하고 있다. 인지과학자들의 상당수가 종래에는 어느 한 접근에 안주하여 연구를 진행할 수 있었다. 그러나 이제는 점점 더 다원적 설명 수준에서 다원적 접근을 연결하거나 통합해야 하는 외적 절박감이 연구자들을 압박하고 있다. 방법론적으로도 예전과 같이 어느 한 방법만으로 영향력 있는 연구를 수행하기가 점점 더 힘들어지고 있다. 특히 신경인지과학적 연구방법의 중요성이 점증하고 있다. 인지신경과학적 연구기법의 장래 발전은, 기존의 인지과학이 지니고 있던 물음들과 현상에 대한 분류체계 등을 변화시키고 새로운 관점, 새로운 범주, 새로운 물음들을 제시할 가능성이 크다.

인지과학의 미래는 타 학문과의 연계성의 증대와 그 발전 속도의 빠름으로 인하여 정확히 예측하기가 힘들다고 하겠다. 그러나 현재 진행되고 있는 인지과학 연구의 전반적 흐름을 근거로 예측할 수 있는 것의 하나는, 이러한 새로운 접근들과의 상호작용을 통하여 인지과학, 인공지능학, 신경과학, 물리학, 철학, 언어학, 수학, 인공생명학, 로보틱스, 진화생물학, 인류학, 동물행동학 등의 연구들이 서로간의 경계 없이 '자연적 마음', '인공적 마음'의 과학적 이해와 실제적 구성을 위해 하나로 수렴되어 가며 인지과학이 21세기 과학의 핵심 학문이 되는 모습이 우리가 쉽게 생각할 수 있는 인지과학의 미래의 모습이라는 것이다.

이러한 인지과학의 역동적인 모습을 볼 때, 학제적이지 않고는, 즉 다른 학문 분야와의 수렴적 연결이 없이는(한국적 용어로는 '융합과학기술적 접근' 없이는) 어느 한 학문만으로 인지과학을 한다는 것은 이제는 터무니없는 시도라는 생각, 인지의 본질을 안다는 것이 초기의 계산주의자들이 생각했던 것처럼 단순한 이론 체계를 적용하여 이룰 수 있는 작업이 아니라는 생각, 그리고 인지과학이란 끊임없이 변화, 진화하는 포괄적, 역동적 학문이라는 생각이 깊어진다. 앞으로의 갈 길이 멀음에 대한 두려움이 앞선다.

그러나 다른 한편으로 생각하면, 이전의 19세기의 심리철학이나 행동주의 심리학 또는 20세기의 고전적 계산주의나 초기의 연결주의와 같은 좁은 관점을 벗어나 보다 넓은, 보다 다양한, 보다 적절한(relevant) 종합적 관점을 지닐 수 있는 길이 열린다는 가능성과 우리의 그동안의 무지를 조금이라도 더 줄일 수 있게 된다는 가능성, 그리고 앞으로 펼쳐질 다양한 인지과학 연구의 가능성에 고무될 수도 있다.

인지과학은 지금도 수많은 학문들이 역동적으로 상호작용하며 종합되어 끓는 소용돌이의 용광로와 같은 학문이라고 할 수 있다. 이 용광로에서 끊임없이 새롭게 형성되어 나오는 산물들은 인간의 생각과 현실적 응용기술 문명과 및 과학의 형태를 새로운 모습으로 계속 바꾸어놓으리라 예측된다.

참고 문헌 ● ● ●

강은주 (2002). PET과 fMRI를 이용한 기억의 기능해부학 연구 및 임상적 적용. **한국심리학회지: 실험 및 인지**, 14, 4, 243~256.

강은주, 이정모, 김완석, 김명선, 김성일, 김문수, 손영숙, 성영신, 장현갑, 지상현, 최진영, 권준수, 민성길 (지음). **뇌를 움직이는 마음, 마음을 움직이는 뇌**. 중 (64~97쪽). 해 나무.

김광웅 (2006). '미래의 학문, 대학의 미래.' 서울대학교 개교 60주년 기념 심포지엄 발표논문

김선희, 백도형, 선우환, 신상규, 이종왕, 이좌용, 정대현, 최훈, 하종오, 홍창성 (2008). **김재권과 물리주의**. 아카넷.

김영정 (1996). **심리철학과 인지과학**. 철학과 현실사.

김재권 (1994). **수반과 심리철학**. 철학과 현실사.

(지음), 하종호, 김선희 (옮김) (1997). **심리철학**. 철학과 현실사.

(지음) 하종오 (옮김) (2007). **물리주의**. 아카넷.

김정오 (2002). 뇌, 마음, 행동. **한국심리학회지: 실험 및 인지**. 14, 4, 229~241.

나덕렬 (2008). **앞쪽형 인간: 잠자는 CEO, 당신의 앞쪽뇌를 깨워라**. 허원미디어.

다니엘 데닛 (지음), 정대현, 이정모, 이태수, 윤보석, 김기현, 이병덕 (옮김) (2002). **의식의 과학적 탐구: 철학적 장애를 넘어서**. 아카넷.

다마지오, A. R. (지음), 임지원 (옮김). (2007). **스피노자의 뇌**. 사이언스 북스(원제 Looking For Spinoza : Joy, Sorrow And The Felling Brain, 2003).

다이아몬드 (지음), 최인수 (옮김) (2006). **매직트리: 뇌과학이 밝혀낸 두뇌성장의 비밀**. 한울림.

대니얼 길버트 (지음) (2007). 서은국, 최인철, 김미정 (옮김). **행복에 걸려 비틀거리다**. 김영사.

대니얼 L. 샥터 (지음), 박미자 (옮김) (2006). **기억의 일곱 가지 죄악**. 한승.

(원제: The Seven Sins of Memory).

도경수, 박창호, 김성일 (2002). 인지에 관한 뇌 연구의 개괄적 고찰, 평가, 및 전망. **한국심리학회지: 실험 및 인지**, 14, 4, 321-343.

도날드 노먼 (저), 인지공학심리연구회 (역) (1998). **생각 있는 디자인: 인간심리에 맞는 디자인**. 학지사.

박문호 (2008). **뇌, 생각의 출현: 대칭, 대칭의 붕괴에서 의식까지**. 휴머니스트.

박태진 (2002). 인간 기억의 암묵적 인출과 외현적 인출의 인지신경심리학. **한국심리학회지**: 실 험, 14, 4, 267~290.

박희경 (1999). 외현기억과 암묵기억: 구조인가 처리인가? **한국심리학회지: 일반**, 18, 65~85.

소흥렬 (1989). 인지과학과 철학. 조명한 외 (공저), **인지과학: 마음, 언어, 계산.** 민음사. (31~46쪽).

야마구치 마사미 (지음), 김성빈 (옮김) (2004). **아기는 얼굴을 읽는다.** 예솜.

이구형 (1999). 인간 중심의 기술과 제품 개발을 위한 인지과학. **1999년도 한국인지과학회춘계 학술대회 발표논문집.** 6~11.

이익환 (1989). 인지과학과 언어학. 조명한 외 (공저), **인지과학: 마음, 언어, 계산.** 민음사. (271~275쪽).

이일병 (1989). 인지과학과 인공지능학. 조명한 외 (공저), **인지과학: 마음, 언어, 계산.** 민음사. (349~363쪽).

이정모 (1983). Gestalt 개념의 형성사 (I): Descartes에서 Hamilton까지. **한국심리학회지**, 4, 97~118.

_____ (1988). 실험의 논리: 과학적 설명과 추론. 한국심리학회 (편), **실험연구법 총론: 가설설정, 설계, 실험 및 분석.** 성원사. (73~116쪽).

_____ (1989). 글 이해의 심리적 과정의 한 모델. 조명한외 저. **인지과학: 마음, 언어, 계산.** 민음사. (215~268쪽).

_____ (1996ㄱ). 마음은 기계인가: 튜링기계와 괴델 정리. 이정모 (편), **인지심리학의 제 문제(I): 인지과학적 연관.** 성원사. 265~283.

_____ (1996ㄴ). 인지심리학이 과학이론과 인식론에 주는 의의. 이정모 (편), **인지심리학의 제 문제(I): 인지과학적 연관.** 성원사. 303~334.

_____ (1998ㄱ). 언어심리학의 형성사 (I): Chomsky 이전 언어학과의 상호작용. 이정모, 이재호 (편), **인지심리학의 제 문제 (II) : 언어와 인지.** 학지사. (15~47쪽).

_____ (1998ㄴ). 「언어심리학의 형성사 (II): Chomsky 언어학과의 상호작용」. 이정모, 이재호 (편), **인지심리학의 제 문제 (II) : 언어와 인지.** 학지사. (49~75쪽).

_____ (1999). 인지심리학과 뇌. **과학사상**, 29, 여름호, 64~92.

_____ (2001). **인지심리학: 형성사, 개념적 기초, 조망.** 아카넷. (대우학술총서 511).

_____ (2002). 인지과학의 과거, 현재, 미래: 한국적 조망. **인지과학**, 13, 69~79.

_____ (2003ㄱ). 언어와 사고. 조명한, 이광오, 김정오, 이양, 이광오, 신현정, 김영진, 고성룡, 김소영, 정혜선, 도경수, 이정모, 이현진 (지음). **언어심리학.** 학지사. (12장; 375~409쪽).

_____ (2003ㄴ). 언어, 뇌, 진화. 조명한, 이광오, 김정오, 이양, 이광오, 신현정, 김영진, 고 성룡, 김소영, 정혜선, 도경수, 이정모, 이현진 (지음). **언어심리학.** 학지사. (13장; 411~459쪽).

_____ (2004). 뇌와 마음: 무엇이 문제인가. 강은주, 이정모, 김완석, 김명선, 김성일, 김문수, 손영숙, 성영신, 장현갑, 지상현, 최진영, 권준수, 민성길 (지음). **뇌를 움직이는 마음, 마음을 움직이는 뇌.** 해나무. (64~97쪽).

_____ (2007). 심리학의 개념적 기초의 재구성 (II): 인지과학적 접근에서 본 '마음' 개념의 재구성과 심리

학 외연의 확장. **한국심리학회지: 일반**, 26, 2, 1~38.

(2008ㄱ). 제한적 합리성 및 인지과학의 변화 흐름이 인지경제학에 전개에 주는 시사. **제도와 경제**, 2, 65~82.

(2008ㄴ). 마음의 체화적(embodied) 접근: 심리학 패러다임의 제6의 변혁. **한국실험심리학회 2008 년 겨울 제43차 학술대회 논문집**, 143~152.

(2009). 인지로 모인다: 인지과학의 전개와 미래 융합학문(103~159쪽). 김광웅, 홍성욱, 장회익, 이정 모, 최재천, 문대원, 김춘미, 이규연, 오세정, 유영만, 이순종, 김형준.

(2009). **우리는 미래에 무엇을 공부할 것인가**. 생각의 나무.

이정모, 강은주, 김민식, 감기택, 김정오, 박태진, 김성일, 신현정, 이광오, 김영진, 이재호, 도경수, 이영애, 박주용, 곽호완, 박창호, 이재식 (2008). 인지심리학(3판). 학지사.

이정모, 김성일, 이건효 (2003). 뇌기반 학습과학 패러다임: 과학교육과 과학기술 인력 육성 의 혁신 틀. **뇌 기반학습과학 심포지움 자료집**.

이정모, 박희경 (2001). 기억 이론 개관: 기억의 인지심리학적 연구의 흐름. 양병환, 백기청, 이정모, 박희경, 김정오. 박태진, 강봉균, 정민환, 손현, 강연욱, 조연규 (지음), **기억**. 하나의학사. 53~150.

이정모, 방희정 (1996). 기억 표상의 이론적 모형. 이정모 (편), **인지심리학의 제 문제(I): 인지과학적 연관**. 성원사. 199~221.

이정모, 이건효, 이재호 (2004). 사이버 인지심리학의 개념적 틀의 재구성: 인공물과 인지의 공진화. **한국 심리학회: 실험**, 16, 365~391.

이정모, 이재호 (1996ㄱ). 기억의 본질: 구조와 과정적 특성. 이정모 (편), **인지심리학의 제 문제(I): 인지과학 전 연관**. 성원사. 133~157.

(1996ㄴ). 기억 체계 이론. 이정모 (편), **인지심리학의 제 문제(I): 인지과학적 연관**. 성원사. 159~197.

이재호 (2002).

이흥철 (1999). 정서의 계산주의 모형. 미출간 논문.

장대익 (2005). **이보디보 관점에서 본 유전차, 선택, 그리고 마음**. 서울대학교 박사학위 논문.

정찬섭 (1989). 시지각 정보처리 계산모형. 조명한 외 (공저), **인지과학: 마음, 언어, 계산**. 민음사. (128~161쪽).

(1998). **표정/제스처에 의한 감성측정기술 및 DB개발**. 연세대학교.

조명한 (1989). 「언어 처리 이론으로서의 단원성의 문제」. 조명한 외 (공저), **인지과학: 마음, 언어, 계산**. 민 음사. (191~214쪽).

조명한, 이정모, 소흥렬, 김영정, 정대현, 정찬섭, 김정오, 이익환, 이기용, 이병혁, 이일병, 최 기선 (지 음) (1989). **인지과학: 마음, 언어**, 계산. 민음사.

조숙환 (2009). **촘스키 & 스키너: 마음의 재구성**. 김영사. [지식인 마을 시리즈 31].

조지프 르두 (지음) 강봉균 (옮김) (2005). **시냅스와 자아. 소소**. - [원저: LeDoux, J. E. (1998). *The emotional brain*. New York: Simon Shuster].

존슨레어드(Johnson-Laird, P. N.) (지음). 이정모. 조혜자 (옮김) (1991). **컴퓨터와 마음**. 민음사.

찰스 다윈 (1872; 1998). **인간과 동물의 감정표현에 대하여**. 서해문집; 과학고전시리즈.

플룻칙(Plutschik, R.) (지음), 박권생 (옮김) (2004). **정서심리학**. 학지사.

Banich, M. T. (지음), 김명선, 강은주, 강연욱, 김현택 (옮김) (2008). **인지 신경과학과 신경심리학**. 시그마프레스.

골드스타인(E. B. Goldstein) (저). 정찬섭, 김정오, 도경수, 박권생, 박창호, 김유진, 남종호 (공역) (2007). **감각과 지각 (제7판)**. 시그마프레스.

Paul Whitney (지음), 이승복, 한기선 (옮김) (1999). **언어심리학**. 시그마프레스.

Amabile, T. M. (1983) *The social psychology of creativity*. New York: Springer-Verlag.

Anderson, J. R. (1976). *Language, memory, and thought*. Hillsdale, NJ: Erlbaum.

(1990). *The adaptive character of thought*. Hillsdale, NJ: Erlbaum.

Andresen, J. (2007). Introduction: Towards a cognitive Science of religion. In Jensine Andressen (Eds.). *Religion in mind: Cogitive perspectives on religious belief, ritual, and experience*. Cambridege University Press.

Angner, E., & Loewenstein, G. (2007). "Behavioral Economics". In Uskali Maki (Ed.). *Philosophy of Economics*. Amsterdam: Elsevier.

Arbib. M. A. (1964). *Brains, machines, and mathematics*. New York: McGraw-Hill.

Arnold. M. (1960). *Emotion and personality* (Vol. 2). New York: Columbia University Press.

Attneave F. (1959). *Applications of information theory to psychology: A summary of basic concepts, methods, and results*. New York: Holt, Rinehart, and Winston.

Baars, B. J. (1986). *The cognitive revolution in psychology*. New York: Guilford Press.

Baddeley, A. (1986). *Working memory*. Oxford: Clarendon.

Baddeley, A. D. (1992). Working Memory. *Science*, 255, 556-559

Baddeley, A. D. (2000). The episodic buffer: a new component of working memory? *Trends in Cognitive Sciences*, 4, 417-423.

Baddeley, A., & Hitch, G. (1974). Working memory. In G. H. Bower (Ed.), *The psychology of learning and motivation*, (Vol. 8, pp.47-89). New York, NY: Academic Press.

Bainbridge, W. S., & Roco, M. C. (Eds.) (2006). *Managing Nano-Bio-Info-Cogno Innovations:*

Converging Technologies in Society." Dordrecht, Springer.

Bainbridge, W. S. (2007). *Nanoconvergence: The unity of nanoscience, biotechnology, information technology, and cognitive science.* Upper Saddle River, NJ: Prentice Hall.,

Bainbridge, W. S., & Roco, M. C. (2006). Progress in convergence: Technologies for human wellbeing. *Annals of the New York Academy of Sciences.* V. 1093.

Balzac, Fred (2006). "Exploring the brain's role in creativity". *NeuroPsychiatry Reviews.* 7, 19-20.

Banich, M. T. (2000). *Neuropsychology: The neural basis of mental function* (2nd ed.). Boston: Houghton Mifflin.

Baron, J. (1994). *Thinking and deciding* (2nd ed.). Cambridge: Cambridge University Press.

Bartlett, F. C. (1932). *Remembering.* Cambridge: Cambridge University Press.

Bechtel, W., & Abrahamsen, A. (1991). *Connectionism and the mind: An introduction to parallel processing in networks.* Oxford: Blackwell.

Bechtel, W., & Graham, G. (Eds.) (1998). A companion to cognitive science. Oxford: Blackwell.

Bechtel, W., Abrahamsen, A., & Graham, G. (1998). The life of cognitive science. In W. Bechtel, A. Abrahamsen, & G. Graham (Eds.), *A companion to cognitive science* (pp. 1-104). Oxford: Blackwell.

Bem, S., & Keijer, F. (1996). Recent changes in the concept of cognition. *Theory & Psychology,* 6, 449-469.

Bennet, M. R., & Hacker, P. M. S. (2003). *Philosophical foundations of neuroscience.* Oxford: Blackwell.

Bickerton, D. (1990). *Language and species.* Chicago: University of Chicago Press.

Biederman, I. (1987). Recognition-by-Components: A Theory of human image understanding. *Psychological Review,* 94, 115-147.

Bliss, T. V. P, & Lømo, T. (1973). Long-lasting potentiation of synaptic transmission in the dentate area of the anaesthetized rabbit following stimulation of the perforant pathway. *J. Physiol.* 232, 331-356.

Boden, M. A. (2006). *Mind as machine: A history of cognitive science.* Oxford: Clarendon Press.

Bourgine, P., & Nadal, J-P. (2004). *Cognitive economics: An interdisciplianry approach.* Berlin: Springer,

Braine, M. D. S. (1994). Mental logic and how to discover it. In J. Macnamara and G. E. Reyes (Eds.), *The logical foundations of cognition.* New York: Oxford University Press.

Bresnan, J. 1978 A realistic transformational grammar. In Halle, M., Bresnan, J., and Miller, G.

A., (Eds.), *Linguistic theory and psychological reality.* Cambridge,

Broadbent, D. E. (1958). *Perception and communication.* Oxford: Pergamon.

Brooks, R. A. (1986). A robust layered control system for a mobile robot. *IEEE Journal of Robotics and Automation,* 2, 14-23.

Brooks, R.A. (1991). Intelligence without representation. *Artificial Intelligence,* 47, 139-159.

Brown, C.M., & Hagoort, P. (Eds.) (1999). The neurocognition of language. Oxford: Oxford University Press.

Bruce V, Young A, (1986). Understanding face recognition. *British Journal of Psychology.* 77, 305 ~ 327.

Bruner, J. (1990). *Acts of meaning.* Cambridge, MA: Harvard University Press.

Bruner, J. S., Goodnow, J. J., & Austin, G. A. (1956). *A study of thinking.* New York: John Wiley & Sons.

Buck, R. (1984). *The communication of emotion.* New York: Guilford Press.

Buss, D. M. (2004). Evolutionary psychology: *The new science of the mind.* Allyn & Bacon.

Cacioppo, J. T., Berntson, G. G. (Eds.) (2004). *Essays in social neuroscience.* Cambridge, NJ: MIT Press.

Calvin, W. (1990). *The ascent of mind.* New York: Bantam.

Calvo, P. & Gomila, T. (2008). *Handbook of cognitive science: An embodied approach.* Amsterdam: Elsevier.

Caramazza, A. (1986). On drawing inferences about thestructure of normal cognitive systems from the analysis of patterns of impaired performance: The case for single-patient studies. *Brain & Cognition,* 5, 41-66.

Carmichael, L., Hogan, H.P., & Walter, A.A (1932). An experimental study of the effect of language on the reproduction of visually perceived form. *Journal of Experimental Psychology,* 15, 73-86.

Carpenter, M. B. (1991). Gross anatomy of the brain, In M. B. Carpenter, (Ed). *Core text of neuroanatomy* (4th Ed.) (pp.23-56). Williams & Wilkins, Baltimore, Maryland, USA.

Chalmers, D. (1996). *The Conscious Mind: In Search of a Fundamental Theory.* Oxford University Press.

Chalmers, D. (2004). How can we construct a science of consciousness? In M. Gazzaniga,(ed) *The cognitive neurosciences III.* MIT Press

Chater, N., &Oaksford, M. (2001). Human rationality and the psychology of reasoning: Where do we go from here? *British Journal of Psychology,* 92, 193-216.

Chemero, A. (in press). *Radical embodied cognitive science.* MIT Press.

Chi, M., Glaser, R., & Rees, E. (1982). Expertise in problem solving. In R. Sternberg (Ed.). *Advances in the Psychology of Human Intelligence* (Vol. 1). Hillsdale, NJ: Erlbaum.

Chomsky, N. (1957). *Syntactic structures.* The Hague: Mouton

Chomsky, N. (1959). A review of B. F. Skinner's verbal behavior. *Language,* 35, 26-58.

Churchland, P. M. (1986). *Neurophysiology: Toward the unified science of the mind/ brain.* Cambridge, MA: MIT Press.

Churchland, P. M. (1988). *Matter and consciousness* (2nd ed.). Cambridge, MA: MIT Press.

Churchland, P. M. (2002). *Brain-Wise: Studies in neurophilosophy* Bradford Book/MIT Press, Cambridge MA4

Clark, A. & Chalmers, D. (1998). The extended mind. *Analysis,* 58, 10-23.

Clark, A. (2001). Reasons, Robots and The extended mind. *Mind and Language,* 16, 121-145.

Clark, A. (2003). *Natural - born cyborg: Minds, technologies, and the future of human intelligence.* London: Oxford University Press.

Clark, A. (in press). Memento's revenge: Objections and replies to the extended mind" to appear in R. Menary (ed.) *Papers On The Extended Mind.*

Clark, A. & Chalmers, (1998). The extended mind. *Analysis.* 58, 7-19.

Collins, A. R, & Quillian, M. R. (1969). Retrieval time from semantic memory. *Journal of verbal learning and verbal behavior,* 8, 2, 240-248.

Corbalis, M. C. (1999). The gestural origins of language. *American Scientist,* 87, 138-145.

Corbalis, M. C. (2002). *From hand to mouth: The origin of language.* Princeton: Princeton University Press.

Cosmides L., & Tooby, J. (1992). "Cognitive adaptations for social exchange". In J. Barkow, L. Cosmides, & J. Tooby (Eds.), *The adapted minds* (pp. 163-228). New York: Oxford University Press.

Cowan, N. (2005). *Working memory capacity.* New York, NY: Psychology Press.

Csikszentmihalyi, M. (1988), 'Society, culture and person: a systemsview of creativity'. In R. Sternberg (Ed.) *The Nature of Creativity.* Cambridge: CambridgeUniversity Press.

Cummins, R. (1983). *The nature of psychological explanation.* Cambridge, MA: MIT Press.

Cutland, N. (1980). *Computability:* An introduction to recursive function theory. Cambridge: Cambridge University Press.

Damasio, A. R. (1994). *Descartes' error: Emotion, reason, and the human brain.* New York: Putnam. [번역서: 데카르트의 오류, 역자: 김린, 중앙문화사, 1999.]

de Groot, A. D. (1965). *Thought and choice in chess.* The Hague: Mouton.

de Groot, A. D. & Gobet, F. (1996). *Perception and memory in chess: Studies in the heuristics of the professional eye.* Assen: Van Gorcum.

Dennet, D. C. (1991). *Consciousness explained.* Boston: Little & Brown.

Dennett, D. C. (1996). *Darwin's dangerous idea: Evolution and the meanings of life.* New York: Touchstone.

Dreyfus, H. (1991). Being-in-the world: *A commentary on heidegger's being and time, division I.* Cambridge, MA: MIT Press.

Dreyfus. H. L. (2006). Why Heideggerian AI failed and how fixing it would require making it more Heideggerian (with the help of Merleau – Ponty). Special Address, 2006 *American Philosophical Association Conference.*

EC Commission Tech reports: "CTEKS: Converging Technologies for the European knowledge society."
http://europa.eu.int/comm/research/conferences/2004/ntw/pdf/final_report_en .pdf

Edelman, G. (1992). *Bright air, brilliant fire.* New York: Basic Books.

Ekman P., & Friesen, W. V. (1971). Constants across cultures in the face and emotion. *Journal of Personality and Social Psychology,* 17, 124-129

Ekman, P. (1992). An argument for basic emotions. *Cognition and Emotion,* 6, 169-200.

Ericsson, K. A., & Simon, H. A. (1984). *Protocol analysis: Verbal reports as data.* Cambridge: Cambridge University Press.

Evans, J. St. B. T. (1989). *Bias in human reasoning.* Hillsdale, NJ: Erlbaum.

Evans, J. St. B. T., Barston, J. L., & Pollard, P. (1983). On the conflict between logic and belief in syllogistic reasoning, *Memory & Cognition,* 11, 293-306.

Evans, J. St. B. T., Over, D. E., & Manktelow, K. I. (1993). Reasoning, decision making and rationality. *Cognition,* 49, 165-187.

Eysenck, M.W. (Ed.) (1990). *The blackwell dictionary of cognitive psychology.* Basil lackwell Ltd.

Eysenck, M. W., & Keane, M. T. (2005). *Cognitive psychology: A student's handbook.* (5th ed.) Hove: Erlbaum

Haselager, P., van Dijk, J., & van Rooij, I. (in press). A Lazy Brain? Embodied Embedded Cognition and Cognitive Neurosciece-To appear in P. C. Garz & oacute; n and A

Gomila(Eds.), Handbook of cognitive Science.

Heider, F. (1958). Psychology of Interpersonal Relations

Fancher, R. E. (1996). *Pioneers of psychology* (3rd ed.). New York: Norton.

Farah, M. J. (1990). *Visual agnosia: Disorders of object recognition and what they tell us about normal vision.* Cambridge, MA: MIT press.

Farah, M. J. (1994). Neuropsychological inference with an interactive brain: A critique of the "locality" assumption. *Behavioral and Brain Sciences,* 17, 43-104.

Farah, M. J. (2005). Neuroethics: The practical and the philosophical. *Trends in Cognitive Science,* 9, 1, 34-40.

Farah, M. J., Hammond, K. M., Levine, D. N., & Calvanio, R.(1988). Visual and spatial mental imagery: Dissociable systems of representation. *Cognitive Psychology,* 20, 439-462.

Fillmore, Charles J. (1968) "The case for case". In Bach and Harms (Ed.), *Universals in linguistic theory.*(1-88) New York: Holt, Rinehart, and Winston, .

Fiske, S. T., & Taylor, S. E. (1995). *Social cognition.* New York: McGrawHill.

Fodor, J. A. (1975). *The language of thought.* New York: Crowell.

Fodor, J. A. (1981). *Representations.* Cambridge, MA: MIT Press.

Fodor, J. A. (1983). *The modularity of mind: An essay of faculty psychology.* Cambridge, MA: MIT Press.

Fodor, J. A., & Pylyshyn, Z. W. (1988). Connectionism and cognitive architecture: A critical analysis. *Cognition,* 28, 3-71.

Fox, E., Lester, V., Russo, R., Bowles, R. J., Pichler, A., & Dutton, K. (2000). Facial Expressions of Emotion: Are Angry Faces Detected More Efficiently? *Cognition & Emotion.* 14, 1, 61-69.

Franklin, S. (1995). *Artificial minds.* Cambridge, MA: MIT Press.

Frijda, N. H. (1986). *The emotions.* New York: Cambridge University Press.

Gabrieli J. D. E. (1998). Cognitive neuroscience of human memory. *Annual Review of Psychology,* 49, 87-115.

Gallagher, S. (2005). *How the body shapes the mind.* Oxford: Oxford University press.

Gallese, V., & Lakoff, G. (2005). The brain's concepts: The role of the sensory-motor system in reason and language. *Cognitive Neuropsychology,* 22, 455-479.

Galotti, K. M. (1999). *Cognitive psychology: In and out of the laboratory* (2nd ed.). Boston: Wadsworth.

Garcia-Rill, E. (2002). Focussing the possibilities of nanotechnology for cognitive evolution and human performance. In Roco, M. C., & Bainbridge, W. S. (Eds.) (2002). *"Converging Technologies for Improving Human Performance: Nanotechnology, Biotechnology, Information Technology and Cognitive Science."*

Gardner, H. (1985). *The mind's new science: A history of the cognitive revolution.* New York: Basic Books.

Gardner, H. (1993). *Multiple intelligences: The theory in practice.* New York: BasicBooks

Gardner, R. A. & Gardner, B. T. (1969). Teaching sign language to a chimpanzee. *Science,* 165, 664-672.

Garnham, A., & Oakhill, J. (1994). *Thinking and reasoning.* Oxford: Blackwell.

Garreau, J. (2005). Radical evolution: The promise and peril of enhancing our minds, our bodies - and what it means to be human, NY: Broadway.

Gauld, A., & Shotter, J. (1977). *Human action and its psychological investigation.* London: Routledge & Kegan.

Gauthier, I. (2000). What constrains the organisation of the ventral temporal cortex? *Trends in Cognitive Science,* 4, 1-2.

Gauthier, I., Anderson, A.W. , Tarr, M.J., Skudlarski, P. & Gore, J. C. (1997). Levels of categorization in visual recognition studied using functional magnetic resonance imaging. *Curr. Biol.* 7. 645-651.

Gazzaniga, M. S. (1967). The split brain in man. *Scientific American,* 217, 24-29.

Gazzaniga, M. S. (1970). *The bisected brain.* New York: Appeton Century-Crofts.

Gazzaniga, M. S. (1983). Right hemisphere language following brain bisection: A twenty year perspective. *American Psychologist,* 38, 525-547.

Gazzaniga, M. S. (1998). *The mind's past.* Berkeley, CA: University of California Press.

Gazzaniga, M. S. (2008). *Human: The Science Behind What Makes Us Unique.* New York: Ecco/HarperCollings.

Gazzaniga, M. S., & Hillyard, S. A. (1971). Language and speech capacity of the right hemispere. *Neuropsychologia,* 9, 273-280.

Gazzaniga, M.S., & Le Doux, J.E. (1978). *The intergrated mind.* New York: Plenum Press.

Gazzaniga, M. S., & Sperry, R. W. (1967). Language after section of the cerebral commisure. *Brain,* 90, 131-148.

Gazzaniga, M. S., Ivry, R. B., & Mangun, G. R. (1998). *Cognitive neuroscience: The biology of the mind*. New York: Horton.

Gazzaniga, M. S.. Ivry, R. W., Mangun, G. R. (2002). *The cognitive neurosciences*. (2nd. Ed.). Cambridge, MA: MIT Press.

George A. Miller (2003). The cognitive revolution: a historical perspective. *Trends in Cognitive Sciences*. 7, 3, 141-144.

Gibson, J. J. (1979). *The ecological approach to visual perception*. Boston: Houghton-Mifflin.

Godden, D. R., & Baddeley, A.D. (1975). Context dependent memory in two natural environments: On land and under water, *British Journal of Psychology*. 66, 325?332.

Goel, V. (2007). Anatomy of deductive reasoning. *Trends in Cognitive Science*, 11, 435-441.

Goleman, D. (1995). *Emotional intelligence*. New York: Bantam Books.

Graesser, A.C., Chipman, P., Haynes, B.C., & Olney, A. (2005). AutoTutor: An intelligent tutoring system with mixed-initiative dialogue. *IEEE Transactions in Education, 48*, 612?618

Green, S. D. (1996). Where did the word "cognitive" come from anyway? *Canadian Psychology, 37*, 31-39.

Gregory, R. L. 1972 Cogitive contours. *Nature, 238*, 51-52.

Gunderson, K. (1985). *Mentality and machines* (2nd ed.), London: Croom Helm.

Hagoort, P. (2005). Broca's complex as the unification space for language. In A.Cutler (Ed.), *Twenty-first century psycholinguistics. Four cornerstones* (pp. 157-173). Mahwah, NJ: Lawrence Erlbaum.

Hamilton, W. D. (1964). The genetical evolution of social behaviour I and II. *Journal of Theoretical Biology* 7, 1-52.

Hamming, R. W. (1980). *Coding and information theory*. New York: Prentice-Hall.

Hebb, D. O. (1949). *The organization of behavior*. New York: Wiley.

Heider, E. A. (1972). *Probabilities, sampling and ethnographic method: The case of Dani colour names*. Man, 7, 448-466.

Humphreys, G.`W., & Riddoch, J. (1987). *To see but not to see. A case study of visual agnosia*. New Jersey: Lawrence Erlbaum.

Humphreys, G. W. & Riddoch, M. J. (1993) Interactions between object and space vision revealed through neuropsychology. In D. E. Meyer & S. Kornblum (Eds.) *Attention and Performance XIV*. Hillsdale, N. J.: Erlbaum

Hubel, D., & Wiesel, T. (1962). Receptive fields, binocular interaction and functional architecture in the cat's visual cortex. *Journal of Physiology of London, 160,* 106-154.

Hubel, D., & Wiesel, T. N. (1979). Brain Mechanisms of Vision. *Scientific American, 249,* 150-162.

Imbert, M., Bertelson, P., Kempson, R., Osherson, D., Schelle, H., Streitz, N., Thomassen, A., & Viviani, P. (Eds.). (1987). *Cognitive science in Europe: A report from the FAST programme of the commission of the European communities.* Berlin: Springer-Verlag.

Izard, C. E. (1972). *Patterns of emotions: a new analysis of anxiety and depression.* New York: Academic Press.

Izard, C. E. (1993). Four systems for emotion activation: cognitive and noncognitive processes. *Psychological Review,* 100, 68-90.

Jackson, Jr. P. C. (1985). *Introduction to Artificial Intelligence.* New York: Dover.

Johnson-Laird, P.N. (1983). *Mental Models: Towards a cognitive science of language, inference, and consciousness.* Cambridge: Cambridge University Press

Kahneman, D., Slovic, P., & Tversky, A. (Eds.) (1982). *Judgment under uncertainty: Heuristics and biases.* New York: Cambridge University.

Kanwisher, N. (2000). Domain specificity in face perception. *Nature: Neuroscience, 3,* 759 - 763.

Kanwisher, N., McDermott, J., & Chun, M. (1997). The Fusiform Face Area: A Module in Human Extrastriate Cortex Specialized for the Perception of Faces. *Journal of Neuroscience. 17.* 4302-4311.

Kay, P. & McDaniel, C. (1978). The linguistic significance of the meanings of basic color terms. *Language, 54,* 610-646.

Kendler, H. H. (1987). *Historical foundations of modern psychology.* Chicago: Dorsey Press.

Kintsch, W. (1974). *The representation of meaning in memory.* Hillsdale, NJ: Erlbaum.

Kintsch, W., Patel, V., & Erisson, A. (1999). The role of long-term working memory in text comprehension. *Psycholgia,* 42, 186-198.

Koestler, A. (1967). *The Ghost in the Machine.* London: Penguin.

Kosslyn, S. M. (1994). *Image and brain: The resolution of the imagery debate.* Cambridge, MA: MIT Press.

Kosslyn, S. M., & Thompson, W.M. (2003). When is earlyvisual cortex activated during visual mental imagery?. *Psychological Bulletin,* 129, 723-746.

Kuhn, T. S. (1970). *The structure of scientific revolutions* (2nd ed.). Chicago: University of Chicago Press.

Kurzweil, Raymond (2005). *The singularity is near*. New York: Viking.

Lachman, R., Lachman, J. L., & Butterfield, E. C. (1979). *Cognitive psychology and information processing: An introduction*. Hillsdale, NJ: Erlbaum.

Lakatos, I. (1970). Falsification and the methodology of science research programs. In I. Lakatos & A. Musgrave (Eds.), *Criticism and growth of knowledge*. London: Cambridge University Press.

Lambert, Craig A. (2006). The marketplace of perceptions. *Harvard Magazine*, March-April, 50-95.

Langacker, R. W. (1987, 1981). *Foundations of Cognitive Grammar* (Volume I: Theoretical Prerequisites; Volume: II, Descriptive Application). Stanford, California: Stanford University Press,

Lazarus, R. S. (1981). A cognitivist's reply to Zajonc on emotion and cognition. *American Psychologist, 36*, 222-223.

Lazarus, R. S. (1982). Thoughts on the relations between emotion and cognition. *American Psychologist*

Lazarus, R. S., Averill, J. R., & Opton, E. M., Jr. (1970). Towards a cognitive theory of emotion. In M. Arnold (Ed.), *Feelings and emotions* (pp. 207-232). New York: Academic Press

Lawson, T. (2000). Towards a cognitive Science of religion. *Numen, 47*, 338-349.

LeDoux, J. E. (1998) Fear and the Brain: Where have we been and where are we going? *Biological Psychiatry 44*, 1129-1238.

Lee, D., Rushworth, M. F., Walton, M. E., Watanabe, M., & Sakagami, M. (2007). Functional specialization of the primate frontal cortex during decision making. *Journal of Neuroscience, 27*, 8170-8173.

Leventhal, H. (1982) "The integration of emotion and cognition: A view from the perceptual-motor theory of emotion", in: M. S. Clark, S. T. Fiske (Eds.). *Affect and cognition: The 17th annual symposium on cognition*. Hillsdale, NJ, Erlbaum.

Libet, B. (1985), 'Unconscious cerebral initiative and the role of conscious will in voluntary action' , *Behavioral and Brain Sciences*, 8, 529-566.

Libet, B. (1999), 'Do we have free will?' *Journal of Consciousness Studies*, 6, 47-57.

Libet, B., Gleason, C. A., Wright, E. W., and Pearl, D. K. (1983). Time of conscious intention to act in relation to onset of cerebral activity (readiness-potential). The unconscious initiation of a freely voluntary act. *Brain, 106*, 623-642.

Loftus, E. F. (1979). *Eyewitness testimony*. Cambridge, MA: Harvard University Press.

Loftus, E. F., & Zanni, G. (1975). Eyewitness testimony: The influence of the wording of a question. B*ulletin of the Psychonomic Society, 5*, 86-88.

Mandler G. (1985). *Cognitive psychology: An essay in cognitive science*. Hillsdale, NJ: Erlbaum.

Marr, D. (1982). *Vision*. San Francisco, CA: Freeman.

McCorduck, P. (1979). *Machines who think*. New York: W. H. Freeman.

McCulloch, W., & Pitss, W. (1943). A logical calculus of the ideas immanent in nervous activity. *Bulletin of Mathematical Biophysics, 5*, 115-133.

McNaughton. R. (1982). *Elementary computability, formal languages, and automata*. Englewood. Cliffs. NJ: Prentice-Hall.

Miller, G. A. (2003). The cognitive revolution: A historical perspective. *Trends in Cognitive Sciences. 7*, 141-144.

Miller G. A., Galanter, E., & Pribram, K. H. (1960). *Plans and the structure of behavior*. New York: Holt.

Minsky, M. (1975) A Framework for Representing Knowledge. In P. Winston (Ed.). *The Psychology of. Computer Vision* (pp. 95-128). New York: McGraw-Hill.

Minsky, M., & Papert, S. (1969). *Perceptrons*. Cambridge, MA: MIT Press.

Mithen, S. (1996). *The prehistory of mind: A search for the origin of art, religion, and science*. London: Thames and Hudson.

Nader, K. (2003) Memory Traces Unbound. *Trends in Neuroscience, 26*, 65-72.

Navon, D. (1997). Forest before trees: The precedence of global features in visual perception. *Cognitive Psychology, 9*, 353-383.

Neisser, U. (1967). *Cognitive Psychology*. New York: Appleton-Century-Crofts

Nesse, R. M. (1990). Evolutionary explanations of emotions. *Human Nature, 1*.

Newell, A. (1990). *Unified theories of cognition* MA: Harvard University Press.

Newell, A., & Simon, H. A. (1972). *Human problem solving*. Englewood Cliffs, NJ: Prentice-Hall.

Norman, D. A. (1988). *The Psychology of Everyday Things*. New York: Basic Books

Norman, D. A. (1990). *Four (more) issues for cognitive science* (Tech. Rep. No. 9001). La Jolla, CA: University of California, San Diego, Department of Cognitive Science.

Norman, D. A. (1993). Things that make us smart.

Nysberg, L., Cabeza, R., & Tulving, E. (1996). PET studies of encoding and retrieval: The HERA model. *Psychomomic Bulletin Review, 3*, 134-147.

Ornstein, R. (1991). *The evolution of consciousness: Of Darwin, Freud, and Cranial Fire - The origins of the way we think.* New York: Prentice-Hall.

Palmer, S. E., & Kimchi, R. (1986). The information processing approach to cognition. In T. J. Knapp & L. C. Robertson (Eds.), *Approaches to cognition. Contrasts and controversies.* Hillsdale, N.J.: Erlbaum.

Palmer, S. E., & Rock, I. (1994) Rethinking perceptual organization: The role of uniform connectedness. *Psychonomic Bulletin and Review, 1,* 29-55

Penfield, W., & Ramussen, T. L. (1950). *The cerebral cortex of man: A clinical study of localization of function.* New York: Macmillan.

Pinker, S. (1994). *The language instincts: How the mind creates language.* New York: William Morrow. (역서: 스티븐 핑커 (지음), 김한영 (옮김)(2004). 언어 본능: 마음은 어떻게 언어를 만드는가. 서울: 소소.)

Pinker, S. (1997), *How the mind works.* New York: Norton.

Pinker, S. (2002). *The blank slate: The modern denial of human nature.* New York: Penguin Putnam.

Pinker, S., & Bloom, P. (1990). Natural language and natural selection. *Behavioral and Brain Science, 13,* 585-642.

Plutschik, R. (1962). *The emotions: facts theories and a new model.* New York: Random House,

Plutschik, R. (1980). *Emotion: A psychoevolutionary synthesis.* New York: Harper & Row.

Posner, M. I. (1978, 1995). *Chronometric explorations of mind* (2nd ed.). New York: Oxford University Press.

Posner, M. I. (Ed.) (1989). *Foundations of cognitive science.* Cambridge, Mass.: The MIT. Press,. 1989

Posner, M. I., & DiGirolamo. G. J. (2000). Cognitive Neuroscience: *Origins and Promise.* Psychological Bulletin, 126, 6, 873-889.

Premack, A. J., & Premack, D. (1972). Teaching language to an ape. *Scientific American, 227,* 92-99.

Pylyshyn, Z. W. (1984). *Computation and cognition: Toward a foundation of Cognitive Science.* Cambridge, MA: MIT Press.

Pylyshyn, Z. W. (1999). Is vision continuous with cognition? The case of impenetrability of visual perception. *Behavioral and Brain Sciences, 22,* 341-423.

Pyysiäinen, I. (2001). "*How Religion Works: Towards a New Cognitive Science of Religion.*" Brill,

2001.

Pyysiäinen, I. (2006). Amazing Grace: Religion and the Evolution of the Human Mind. In Patrick McNamara (Ed.). *Where God and science meet; How brain and evolutionary studies alter our understanding of religion.* VOL. I: Evolution, genes, and the religious brain. Praeger.

Raichle, M. E. (1998). Behind the scenes of functional brain imaging: A historical and physiological perspective. *Proceedings of National Academy of Science,* Vol. 95, pp. 765-772, February 1998. (p.766)

Ramachandran, V. S., & Blakeslee, S. (1998). *Phantoms in the brain: Human nature and the architecture of the mind.* London: Fourth Estate

Rapp, B. (2001). *The handbook of cognitive psychology: What deficits reveal about the human mind.* Philadelphia: Psychology Press.

Reif, J. (1979). Complexity of the mover's problem and generalizations. In *Proceedings of the 20th IEEE Symposium on Foundations of Computer Science,* 421-427.

Rescorla, R.A. (1988) Pavlovian conditioning: It's not what you think it is. *American Psychologist, 43,* 151-160.

Rescorla, R. A., and Wagner, A. R. (1972) A theory of Pavlovian conditioning: Variations in the effectiveness of reinforcement and nonreinforcement. In A. H. Black and W. F. Prokasy, Jr. (Eds.). *Classical Conditioning II.* NY: Appleton-Century-Crofts (pp. 64-99).

Rockwell, T. (2005). *Neither Brain nor Ghost: A nondualist alternative to the mind-brain identity theory.* Cambridge, MA: MIT Press.

Roco, M. C., & Bainbridge, W. S. (Eds.) (2002). "Converging Technologies for Improving Human Performance: Nanotechnology, Biotechnology, Information Technology and Cognitive Science." *NSF Report.*

Rorden, C., & Karnath, H-O. (2004). Using human brain lesions to infer function: a relic from a past era in the fMRI age? *Nature Reviews Neuroscience, 5,* 813-819.

Rorty, R. (1979). *Philosophy and the mirror of nature.* Princeton: Princeton University Press.

Rorty, R. (2005). The Pragmatic Turn in Philosophy: Contemporary Engagement between Analytic and Continental Thought

Rosch, E. (1973). Natural categories. *Cognitive Psychology, 4,* 328-350.

Rosenblatt, F. (1962). *Principles of neurodynamics.* New York: Spartan.

Rumelhart, D. E., & Ortony, A. (1977). The representation of knowledge in memory. In R. C. Anderson, R. J. Spiro, & W. E. Montague (Eds.), *Schooling and the acquisition of knowledge*. Hilldale, NJ: Erlbaum.

Rumelhart, D. E., McClelland, J. J., & PDP Group (1986). *Parallel distributed processing: Explorations in the microstructure of cognition*. Cambridge, MA: MIT Press.

Rumelhart, D.E., & Norman,D.A. (1988). Representation in memory. In R.C. Atkinson et al.(Ed.). *Handbook of Experimental Psychology*. vol. II, 511-588.

Russell, S., & Norvog, P. (2003). *Artificial intelligence: A moden approach* (2nd. Ed.). Upper Saddle River, NJ: Prentice Hall.

Salovey, P. & Mayer, J.D. (1990) "Emotional intelligence." *Imagination, Cognition, and Personality, 9*, 185-211.

Sandberg, A., & Bostrom, N. (2006). Converging Cognitive Enhancements. *Annals of N.Y. Academy of Sciences, 1093*, 201-227. doi: 10.1196/annals.1382.015

Schacter, D., & Tulving, E. (1994). What are memory systems of 1994? In D. Schacter & E. Tulving (Eds.), *Memory systems 1994*, (pp.1-38). Cambridge: MIT Press.

Schacter, D., Albert, N., Savage, C., Rauch, S, et al. (1996). Conscious recollection and the human hippocampal formation-Evidence from positron emission tomography. *Proc. Natl. Acad. Sci. U.S,A., 93*, 321-325.

Schachter, S., & Singer, J. (1962). Cognitive, social, and physiological determinants of emotional state. *Psychological Review, 69*, 379-399.

Selfridge, O. (1956). Pandemonium : A paradigm for learning. In Blake, D. V. & Uttley, A. M., (Eds.), *Proceedings of the Symposium on Mechanization of Thought Processes*, 511-529.

Searle, J. (1983). *Intentionality: An Essay in the Philosophy of Mind*. New York, Cambridge University Press

Searle, John (1980), "Minds, Brains and Programs", *Behavioral and Brain Sciences 3*: 417-457,

Shannon, B. (1990). Non-representational framework for psychology: A typology. *European Journal of Cognitive Psychology. 2*, 1-22.

Simon, H. A. (1973) The structure of ill-structured problems. *Artificial Intelligence, 4*, 181-201.

Simon, H. A. (1981). Studying human intelligence by creating artificial intelligence. *American Scientist, 69*, 300-309.

Simon, H. A., & Kaplan, C. A. (1989). Foundations of cognitive science. In M. I. Posner (Ed.), *The foundations of cognitive science* (pp. 1-47). Cambridge, MA: MIT Press.

Simonton, D. K. (1988). *Scientific genius: A psychology of science*. Cambridge: Cambridge University Press.

Skinner, B. F. (1957). *Verbal Behavior.* Acton, MI: Copley Publishing Group.

Soon, C. S., Brass, M., Heinze, H.-J., & Haynes, J.-D. (2008). Unconscious determinants of free decisions in the human brain. *Nature Neuroscience. April* 13, 2008.

Sperry, R. W. (1995). The future of psychology. *American Psychologist, 50,* 505-506.

Spohrer, J. (2004). NBICS (Nano-Bio-Info- Cogno-Socio) convergence to improve human performance: Opportunities and challenges. In Roco, M. C., & Montemagno, C.D. (Eds.) (2004), *"The coevolution of human potential and converging technologies".* The New York Academy of Science.(NSF NBIC Convergence 2003 Report)

Spohrer, J. C., & Englebart, D. C. (2004). "Converging Technologies for Enhancing Human Performance: Science and Business Perspectives." *Ann. N.Y. Acad.* Sci. 1013: 50-82.

Squire, L. R. (1986). Mechanisms of memory. *Science, 232,* 1612-1619.

Squire, L. R. (1987). *Memory and brain.* New York, NY: Oxford University Press.

Sternberg, S. (1969). The discovery of processing stages: Extensions of Donders's method. In. W. G. Koster (Ed.), *Attention and performance II.* Amsterdam: North Holland.

Sternberg, R., & Lubart, T. (1991). An investment theory of creativity, *Human Development, 34,* 1-32.

Sternberg, S. (1998b). Discovering mental processing stages: The method of additive factors. In D. Scarborough, & S. Sternberg (Eds.), *An invitation to cognitive science: Vol. 4. Methods, models, and conceptual issues* (pp. 703-863). Cambridge, MA: MIT Press.

Stillings, N. A., Weisler, S. W., Chase, C. H., Feinstein, M. H., Garfield, J. L., Rissland, E. L. (1995). *Cognitive Science: An Introduction* (2nd Ed.). MA:, MIT Press.

Swaab, T. Y., Brown, C. M., & Hagoort, P. (1998). Understanding ambiguous words in sentence contexts: *Electrophysiological evidence for delayed contextual selection in Broca's aphasia. Neuropsychologia,* 36, 737-761.

Sweeney, L. (2003), That's AI?, Carnegie Mellon University, School of Computer Science, Technical Report, CMU-CS-03-106.

Swets, J. A. (1966) *Signal detection theory and psychophysics.* New York: Wiley

Tarr, M. J., & Bülthoff, H. H. (1995). Is human object recognition better described by geon-structural-descriptions or by multiple-views? *Journal of Experimental Psychology: Human Perception and Performance, 21,* 1494-1505.

Tomasello, M. (1999). *The cultural origins of human cognition.* Cambridge, MA: Harvard University Press.

Tomasello, m. (2003). *Construtiing a language: A user-based theory of language acqristion.* Harvard University Press.

Tulving, E. (1972). Episodic and semantic memory. In E. Tulving & W. Donaldson (Eds.), *Organization of memory,* (pp. 381-403). New York: Academic Press.

Turing. A. M. (1950). Computing machinery and intelligence. *Mind. 59.* 433-460. (Reprinted from *Minds and Machines,* by A. R. Anderson, Ed., 1964. Englewood Cliffs, NJ: Prentice-Hall)

Ungerleider, L. G., & Mishkin, M. (1982). Two cortical visual system. In D. J. Engle, M. A. Goodale, R. J. Mansfield (Eds.), *Analysis of visual behavior,* (pp. 549-586). Cambridge, MA: MIT press.

van de Laar, T., & de Regt, H. (2008). Is Cognitive Science Changing its Mind? Introduction to Embodied Embedded Cognition and Neurophenomenology. *Theory & Psychology, Vol. 18, No. 3,* 291-296.

van Dijk, J., Kerkhofs, R., van Rooij, I., & Haselager, P. (2008). Can There Be Such a Thing as Embodied Embedded Cognitive Neuroscience? *Theory & Psychology, Vol. 18, No. 3,* 297-316.

van Gelder, T. (1997). The dynamical alternative. In D. M. Johnson, & C. E. Erneling (Eds.). *The future of the cognitive revolution.* Oxford: Oxford University Press.

Vargha-Khadem, F.; Watkins, K.; Alcock, K.; Fletcher, P. & Passingham, R. (1995). Praxic and nonverbal cognitive deficits in a large family with a genetically transmitted speech and language disorder. *Procedures of the National Academy of Science USA 92,* 930-933.

Vigneau M, Beaucousin V, Herv? PY, Duffau H, Crivello F, Houd? O, Mazoyer B, Tzourio-Mazoyer N. (2006). Meta-analyzing left hemisphere language areas: phonology, semantics, and sentence processing. *Neuroimage,* 30: 1414-1432.

von Bertalanff'y, L. (1968) *General systems theory.* New York: Braziller

Ward, J. (2006). *The student's guide to cognitive neuroscience.* Hove, East Sussex: Psychology Press.

Wertheimer, M. (1924/ 1938). *Gestalt theory.* Über Gestalttheorie [an address before the Kant Society, Berlin, '7th December, 1924], Erlangen, 1925. In the translation by Willis D. Ellis published in his "Source Book of Gestalt Psychology," New York: Harcourt, Brace and Co, 1938.

Wason, P. C., 1983. Realism and rationality in a selection task. In: St, J. and Evans, B.T. Editors,

1983. *Thinking and reasoning: psychological approaches.* Routledge & Kegan Paul, London, (pp. 47-75).

Wheeler, M. (2005). *Peconstructing the Cognitive world: the next step;* Ma: MIT Pess.

Wilson, M. (2002). Six views of embodied cognition. *Psychonomic Bulletin & Review,* 9, 625-636.

Wixted, J. T. (2004). The psychology and neuroscience of forgetting. *Annual Review of Psychology, 55,* 235-269.

Zajonc, R. B. (1980). Feeling and thinking: Preferences need no inferences. *American Psychologist, 35,* 151-175.

Zhang, B. (2008). Hypernetworks: A molecular evolutionary architechture for cogntive learning and memory. *IEEE Computational Intelligence Magazine,* August, 49-63.

색인 ● ● ●

인지과학 – 학문 간 융합의 원리와 응용

초판 1쇄 인쇄 2009년 2월 27일
초판 6쇄 발행 2018년 1월 31일

지은이 이정모
펴낸이 정규상
펴낸곳 성균관대학교 출판부
책임편집 신철호
편집 현상철 · 구남희
마케팅 박정수 · 김지현

등록 1975년 5월 21일 제 1975-9호
주소 03063 서울특별시 종로구 성균관로 25-2
대표전화 02) 760-1252~4
팩시밀리 02) 762-7452
홈페이지 press.skkup.edu

©2009, 이정모

ISBN 978-89-7986-784-8   93180